RITTER / STAATSKUNST UND KRIEGSHANDWERK BAND I

STAATSKUNST
UND KRIEGSHANDWERK

Das Problem des »Militarismus« in Deutschland

Erster Band:

Die altpreußische Tradition

(1740—1890)

von

GERHARD RITTER

3. Auflage

VERLAG R. OLDENBOURG

MÜNCHEN 1965

Meiner tapferen Frau

INHALTSVERZEICHNIS

VORWORT 9

ZUR EINFÜHRUNG 13

1. KAPITEL: Epoche des absoluten Fürstentums und der Berufsheere: Christliche Regentenpflicht und friderizianische Machtpolitik 25

2. KAPITEL: Rationelle Strategie und Kriegspolitik des Rokoko. Die gezähmte Bellona 50

3. KAPITEL: Revolution der Kriegführung und der Kriegspolitik: Napoleon und Clausewitz 60

4. KAPITEL: Volkserhebung und Kabinettspolitik: Gneisenau und Metternich in den Befreiungskriegen 97

5. KAPITEL: Von Boyen bis Roon: Volksheer oder königliche Garde? 125

6. KAPITEL: Der Heereskonflikt von 1860/62 und seine geschichtlichen Folgen 159

7. KAPITEL: Sonderstellung der königlichen Armee im Verfassungsstaat: Militärkabinett und Generalstab 207

8. KAPITEL: Moltke und Bismarck — Strategie und Politik 238

Erster Abschnitt: Die Persönlichkeiten 238

Zweiter Abschnitt: Moltkes militärische Theorie vom Lebensgesetz des absoluten Krieges 247

Dritter Abschnitt: Politische Haltung Moltkes: Der Krieg als Schicksal 262

Vierter Abschnitt: Die Haltung Bismarcks: Der Krieg als Hilfsmittel verantwortlicher Staatskunst 302

ANMERKUNGEN 330

NACHWORT ZUR ZWEITEN UND DRITTEN AUFLAGE 397

PERSONENVERZEICHNIS 401

VORWORT ZUR ERSTEN AUFLAGE

Dieses Buch ist eine Frucht seelischer und geistiger Erschütterungen des Zweiten Weltkriegs. Die Frage, ob und wie sich die Dämonie einer hemmungslos entfesselten Kriegstechnik bändigen lasse durch echte Staatsvernunft, ist noch keiner Generation zu einem so tief aufwühlenden Lebensproblem geworden wie der unsern. Für uns Deutsche nahm sie noch die besondere Gestalt an: wie es geschichtlich gekommen sei, daß unsere Nation zur Gefolgschaft eines so extremen Militaristen werden konnte, wie ihn die Welt noch nicht gesehen hatte — eines Dämons, der den guten deutschen Namen zum Schrecken und Abscheu Europas machte.

Ursprünglich (1941) als Essay im Rahmen eines größeren Sammelwerks geplant, wuchs die Arbeit mir unter den Händen zu einem umfänglichen Buche aus. Da mir die gedruckte Quellenliteratur nicht genügte, habe ich mehrere Archivreisen nach Berlin und Potsdam unternommen (19. November bis 2. Dezember 1942, 29. März bis 7. April 1943). Die Vorstände und Beamten der von mir aufgesuchten Archive (Hohenzollerisches Hausarchiv in Charlottenburg, Geheimes Preußisches Staatsarchiv in Dahlem, Heeresarchiv in Potsdam) kamen mir ebenso großzügig entgegen wie die Heeresbücherei (ehemalige Bibliothek des Großen Generalstabs) und die Bücherei des Heeresarchivs. Was ich nicht an Ort und Stelle gründlich durcharbeiten konnte, wurde mir trotz der damaligen Kriegsnöte nach Freiburg zur Benutzung in der hiesigen Universitätsbibliothek geschickt oder photokopiert; einen Teil der Akten konnte ich auch hier photokopieren lassen. Nicht ohne weiteres zugänglich war im Kriege das Politische Archiv des Auswärtigen Amtes. Doch wäre mir auch dazu wohl der Zugang mit Hilfe des Oberkommandos der Wehrmacht erschlossen worden, wenn mir meine akademischen Lehrverpflichtungen Zeit gelassen hätten, die dazu nötigen Schritte noch rechtzeitig, das heißt vor Beginn des großen Luftbombardements auf Berlin zu tun. Rückblickend muß ich es heute fast als ein Wunder betrachten, daß ich alle diese historischen Dokumente gewissermaßen noch im letztmöglichen Augenblick benutzen konnte. Nur weniges, das ich suchte (so der Hauptnachlaß König Wilhelms I.), war damals schon an Bergungsorte verbracht. Heute ist alles entweder verbrannt (wie fast das ganze Heeresarchiv) oder verlorengegangen (wie anscheinend große Teile des Hausarchivs) oder ins Ausland verbracht (so zum Beispiel der Nachlaß Roons und Schlieffens, der sich jetzt in Washington befindet, und die Heeresbücherei, die nach Rußland verschickt sein soll) oder infolge der Zonentrennung schwer zugänglich geworden.

Im Hausarchiv und im Dahlemer Archiv fand ich den Nachlaß des Generaladjutanten Edwin von Manteuffel, seine Denkschriften für Wilhelm I. während des Heereskonflikts sowie große Teile seiner Korrespondenz mit Roon, Wilhelm I., Alvensleben und Prinz Friedrich Karl, außerdem die handgeschriebenen Protokolle der Heereskommission des Preußischen Landtags von 1860/61. Diese Quellen eröffneten mir einen überraschenden Tiefblick in die politischen Hintergründe des Streites um die Heeresvorlage 1860 bis 1866, der allzu lange im Licht der nachträglich abmildernden offiziösen Darstellung Heinrich von Sybels gesehen worden ist. Im Heeresarchiv Potsdam nahm ich Einblick in die Akten des Militärkabinetts, des Kriegsministeriums und des Großen Generalstabs. Die erstgenannten, soweit sie sich auf „Mobilmachung und Operationen 1866 und 1870/71" beziehen, sind besonders wichtig für die Auseinandersetzung zwischen Bismarck und Moltke während des französischen Feldzugs; inzwischen wurden sie auch von anderer Seite (A. O. Meyer und Stadelmann) ausgewertet. Von den Kriegsministerialakten habe ich alles durchgesehen, was sich auf die Organisation der verschiedenen Militärbehörden, ihre Immediatstellung und ihre gegenseitige Kompetenzabgrenzung bezieht. So besonders die Acta betr. Generalstab und Adjutantur 1817 bis 1914, betr. Immediatvorstellungen, Vorträge und Kabinettsordres 1817 bis 1890 und betr. Feldzugspläne 1862 bis 1864. Aus dem Generalstabsarchiv studierte ich zunächst das Geheimjournal des Chefs des Großen Generalstabs, 1869 bis 1914, um mir vom Verhältnis seiner Tätigkeit zu den übrigen Reichsbehörden eine konkrete Vorstellung zu beschaffen und ließ mir gewisse, mich besonders interessierende Stücke der hier notierten Korrespondenz vorlegen. Weiterhin die „Korrespondenzen und Verhandlungen über Politica, Operationen usw. vom 4. März 1865 bis 22. Juni 1866" — sehr lehrreich für das Verhältnis zum Kriegsministerium und für Moltkes politische Haltung 1865/66; auch sie sind inzwischen schon von anderen ausgewertet; ferner: ältere Akten über die Organisation des Generalstabs 1814 bis 1831; die Acta betr. Militärbevollmächtigte (Militärattachés) 1853 bis 1918; schließlich die lange, höchst eindrucksvolle Reihe

Moltkescher Aufmarschpläne für den Kriegsfall, die der Präsident der kriegsgeschichtlichen Forschungsanstalt des Heeres (W. Foerster) mir dadurch
ergänzte, daß er mir freundlichst seine Abschriften der Aufmarschpläne
Waldersees 1890, Schlieffens 1891, 1892, 1894, 1897, 1898 bis 1900, 1899,
1902, 1905, 1912, des jüngeren Moltke 1911, 1913, Ludendorff-Moltkes 1912
zur Durchsicht überließ. Auf meiner Amerikareise 1953 habe ich diese Reihe
dadurch ergänzen können, daß ich im Nationalarchiv Washington unter den
(dem Heeresarchiv Potsdam entnommenen) Nachlaßpapieren Schlieffens
die verschiedenen Entwürfe und Reinschriften seiner Operationspläne von
1905 und 1912 wieder fand und mir mikrofilmen ließ.

Einen Teil der so in meinen Besitz gelangten historischen Dokumente hoffe
ich in nicht allzu ferner Zeit veröffentlichen zu können. Der Freiburger
Wissenschaftlichen Gesellschaft, die mir durch Zuschüsse zu den Reise- und
Kopierkosten behilflich war, bin ich zu aufrichtigem Dank verpflichtet.

Etwa die Hälfte des Manuskripts war bis Oktober 1942 vollendet und
wurde im Wintersemester 1942/43 im Rahmen einer öffentlichen Vorlesung
vorgetragen. Die Fortsetzung bis zum Abschluß des jetzt vorgelegten ersten
Bandes entstand bis zum Spätsommer 1944 — unter dem Erlebnis einer
Kriegsfurie, die das Deutschland meiner Jugend, das Deutschland des Bis-
marckreiches einschließlich seiner politisch-geistigen Traditionen, nun vollends
in Trümmer sinken ließ. Nach dem Kriege schien zunächst keine Hoffnung,
ein solches Buch in Deutschland jemals veröffentlichen zu können. Überdies
bestürmten mich neuartige organisatorische, wissenschaftlich-literarische und
politische Verpflichtungen in solchem Ausmaß, daß auch die zäheste Arbeitskraft davon überwältigt werden mußte. Immerhin: nach Überwindung der
ärgsten Nachkriegsnöte, also bald nach 1948, habe ich mich an die Überarbei-
tung des ersten Bandes und an die Vorbereitung und Ausarbeitung des zweiten
gemacht, der auch einen Überblick über die Probleme des „Militarismus" im
außerdeutschen Europa bringen soll. Ich hoffe, ihn in Kürze fertigstellen zu
können. Dabei wird mich das Bewußtsein beflügeln, daß mein Buch in einer
ganz unerwartet neuen Situation unseres Landes eine gewiß nicht unbedeutende Aufgabe zu erfüllen hat. Dem Verlag R. Oldenbourg bin ich aber auf-
richtig dankbar dafür, daß er den Mut gefunden hat, die nun schon neun
Jahre ruhende Arbeit nicht noch länger ruhen zu lassen, sondern bereits in
diesem ersten, inhaltlich ja völlig geschlossenen Bande der Öffentlichkeit vorzulegen. Wie sich der Gedankengang fortsetzen wird, kann der Leser aus
meinem Aufsatz „Das Problem des Militarismus in Deutschland", der in

der Historischen Zeitschrift Band 177 (1954) erschienen ist, wenigstens im Umriß erkennen.

Für Mitwirkung bei der Mundierung des Textes und bei der Druckkorrektur habe ich mancherlei freundlichen Hilfen zu danken, besonders Frau Tilla Feist, von der auch zum Teil das Personenregister stammt.

Ich widme dieses Werk meiner Frau, die um sein Schicksal während unserer gewaltsamen Trennung im letzten schrecklichen Kriegswinter 1944/45 unschätzbare Verdienste hat, und deren tapferer Beistand mir in den furchtbarsten Monaten meines Lebens die größte aller menschlichen Hilfen war.

Freiburg i. Br., Dezember 1953   *Gerhard Ritter*

Nachwort zur zweiten und dritten Auflage siehe Seite 397.

ZUR EINFÜHRUNG

Das Problem des „Militarismus" ist die Frage nach dem rechten Verhältnis von Staatskunst und Kriegstechnik. Militarismus ist eine Übersteigerung und Überschätzung des Soldatentums, durch die jenes Verhältnis ungesund wird. Militarismus ist immer da zu finden, wo die kämpferische Seite des Politischen einseitig überbetont wird und wo die (wirklichen oder angeblichen) technischen Zwangsläufigkeiten des Kriegführens das Übergewicht über die Erwägungen ruhiger Staatskunst gewinnen[1]). So betrachtet erscheint „Militarismus" als das extremste Gegenteil von „Pazifismus" — wenn darunter eine Haltung zu verstehen ist, die grundsätzlich und unter allen Umständen auf den Gebrauch von Waffen verzichtet, also höchstens einen Kampf mit Worten (als rein geistiges Kampfmittel) gelten läßt. Aber diese theoretisch klare Gegenüberstellung ist praktisch nicht recht vollziehbar. Die geschichtliche Wirklichkeit zeigt zwar militaristische Staatswesen recht häufig, aber radikal pazifistische höchstens in Ausnahmefällen und vorübergehend. Denn in einer Welt, wie sie geschichtlich allein bisher vor Augen liegt: ohne ausreichend gesicherte überstaatliche, universale Rechtsordnung, könnte es keinen radikalen Pazifismus der Staatsleitungen geben ohne Gefahr der Selbstvernichtung. Selbsterhaltung ist aber der Urtrieb jedes Lebewesens und so auch des Staates. Militarismus ist demnach in viel höherem Grade politische Realität als der Pazifismus, der (bisher jedenfalls) nur als Gesinnung vieler Einzelner (und damit unter Umständen als Moment der Zersetzung staatlicher Kampfkraft) politische Bedeutung gewinnen kann, nicht als praktisch durchgeführte Maxime der Staatskunst. Praktisch gibt es wohl „friedfertige" Regierungen neben den „militaristischen", aber keine „pazifistischen". Grundsätzliche Friedfertigkeit ist aber keine Einseitigkeit, wie grundsätzliches Kämpfertum, sondern ein unentbehrliches Stück echter Staatsmannschaft.

Das Problem des Militarismus ist nach alledem nicht zu klären ohne deutliche Vorstellungen davon, was denn nun eigentlich das gesunde Verhältnis von Staatskunst und Kriegstechnik sei. Wir sagen: „Kriegstechnik" (oder Kriegshandwerk), nicht „Kriegskunst", obwohl natürlich das Kriegführen genau ebenso eine „Kunst" ist wie das Regieren von Staaten, und gewiß keine geringere. (Was denn auch im Bewußtsein der Menschheit so sehr lebendig ist, daß gemeinhin den erfolgreichen Soldaten viel mehr öffentliche Denkmäler gesetzt werden als den erfolgreichen Politikern!) Indessen gehört es nun einmal zu einer gesunden Ordnung des öffentlichen Wesens, daß die Funktion des kriegerischen Elementes eine untergeordnete bleibt im Verhältnis zur allgemeinen Staatsleitung. Der preußische Kriegstheoretiker Clausewitz hat das vor hundertzwanzig Jahren auf die berühmte, seitdem unzählige Male wiederholte Formel gebracht: die Kriegführung sei nichts anderes als die Fortsetzung der Politik mit anderen Mitteln. Was er damit aussprach, war nichts Neues, sondern eine damals längst anerkannte, durch viele Generationen überlieferte Maxime monarchischer Regierungen und ihrer Kabinettspolitiker: das Kriegführen als bloßes Handwerk zu betreiben, die Armee als bloßes, möglichst sparsam eingesetztes Werkzeug der Staatskunst zu betrachten zu ganz bestimmten, genau begrenzten Zwecken. Was Militarismus ist, kann man sich am einfachsten klarmachen aus der Umkehrung dieser Formel im 20. Jahrhundert durch General Ludendorff und seine Geistesgenossen. Da hört man nämlich kurzab: „Die Politik hat der Kriegführung zu dienen", oder gar: „Jede gesunde Politik ist eine Fortsetzung des Krieges mit anderen Mitteln im Frieden"[2]). Eine Theorie, die dann von Adolf Hitler zur Grundlage seines Handelns gemacht worden ist — mit den bekannten grauenhaften Folgen.

Es war ein langer geschichtlicher Weg, bis es zu dieser Sinnverkehrung kam, und wir wollen ihn in seinen Hauptetappen verfolgen. Aber zunächst bedarf das Problem des Militarismus, das heißt die Frage nach dem rechten Verhältnis von Staatskunst und Kriegstechnik, noch einer gründlicheren Erörterung. Denn offenbar genügt es nicht zu sagen, die Kriegführung sei nur als Mittel der Politik zu betrachten. Das ist eine Binsenwahrheit — sofern man unter Politik nichts anderes versteht als Kampf um die Macht. Und doch bietet die Kriegsgeschichte aller Zeiten und Völker Beispiele sehr vieler und sehr heftiger Konflikte zwischen politischer und militärischer Kriegsleitung, zwischen Staats- und Heerführung. Wir hören vom Streit der Athener um das sizilische Unternehmen des Alkibiades, von schweren innerrömischen und innerkarthagischen Auseinandersetzungen während der Punischen Kriege, von Kämpfen des Prinzen Eugen mit dem Wiener Hofkriegsrat, des Blücherschen Hauptquartiers gegen Metternichs temporisierende Diplomatie, von schweren Zerwürfnissen Bismarcks und Moltkes,

zuletzt von noch viel schwereren, den Staat in seinen Grundlagen erschütternden des Feldherrn Ludendorff mit Bethmann-Hollweg, um nur an
die bekanntesten Beispiele zu erinnern. Wie sind alle diese Konflikte zu
erklären, wenn doch Politik (als Machtkampf) und Kriegführung im Grund
dasselbe sind? Handelt es sich in allen diesen Fällen um weiter nichts als um
„Mißverständnisse", mangelhafte Abgrenzung der Sachzuständigkeiten,
Rivalitäten Ehrgeiziger, Unzulänglichkeiten der politisch-militärischen Einsicht? Man muß es wohl glauben, wenn man in der herkömmlichen historisch-
militärischen Literatur Lob und Tadel mit großer Sicherheit verteilen und
die übliche Schlußfolgerung ziehen hört: die sicherste Lösung sei die Vereinigung von Staats- und Heerführung in einer Hand. Aber enthält dieser
Satz nicht erst recht eine bloße Binsenwahrheit? Gewiß: im Soldaten-
herrscher erscheint nach außen hin der Konflikt überwunden, zumal dann,
wenn einmal kriegerisches und staatsmännisches Genie sich vereinigen, wie
in Alexander, Cäsar, Friedrich d. Gr. oder Napoleon. Aber wer sagt uns
denn, daß nicht im Innern dieser Männer genau dieselben Gegensätzlichkeiten miteinander ringen, die sonst in verschiedenen Persönlichkeiten einander gegenübertreten? Vor allem: wenn jene glückliche Vereinigung nicht
besteht, wessen Anspruch hat grundsätzlich den Vorrang im Kriege? Oder
gibt es da gar keine grundsätzliche Entscheidung, hängt das alles von den
historischen Zufälligkeiten ab?

Schon die Frage stellen, heißt den Finger auf die Tatsache legen, daß mit
„Politik" und „Kriegführung" zwei Begriffe einander gegenübergestellt
sind, von denen nur einer eindeutig bestimmbar ist: die Kriegführung, der
Kampf. Die „Politik" aber ist nichts Eindeutiges — trotz der Bemühungen
einer neueren, dem Nationalsozialismus dienstbaren Theorie, den „Begriff
des Politischen" schlechthin mit dem „Freund-Feind-Verhältnis", also mit
dem Kämpferischen, gleichzusetzen. Wäre das so, dann allerdings könnte es
keinen existentiellen Gegensatz zwischen Staats- und Heerführung geben,
und ihre geschichtlichen Konflikte entbehrten des tieferen historischen
Interesses: sie wären allenfalls eine Folge des Versagens politischer Einsicht,
menschlicher Unzulänglichkeit. Die Geschichte der Staaten aber böte unseren Augen weiter nichts als das eintönige Schauspiel sich ewig wieder-
holender Machtkämpfe.

Nun ist aber in Wahrheit das „Politische" nichts Eindeutiges, sondern
hat einen Doppelsinn, und die geheimnisvolle Dämonie, die alle politische
Historie umwittert, hängt eben damit aufs engste zusammen — ebenso

wie der unendliche, nie auszuschöpfende Gestaltenreichtum des wirklichen politischen Lebens, der wirklichen Staatengeschichte.

Wo immer der Staat in der Geschichte auftritt, erscheint er zunächst in der Tat als kämpferische Machtballung, Politik demgemäß als Kampf um die Macht, politische Tugend als kämpferische Haltung, Kampfbereitschaft mit allen sich daraus ergebenden Folgerungen totaler „Verfeindung", nötigenfalls Vernichtung des Gegners. Politische Tugend ist, so betrachtet, dasselbe wie soldatische Tugend: andreja, virtus, mannhafte Haltung, Tapferkeit der Seele, Klarheit und Entschlußfreudigkeit des Willens, Einsatzbereitschaft, Härte gegen sich selbst und, wo nötig, auch gegen andere, reizbares Ehrgefühl, Entschlossenheit, jeden Gegensatz bis zum äußersten durchzukämpfen, ohne Rücksicht auf die zerstörerischen Wirkungen jedes Kampfes. Die zerstörende Gewalt kann so stark sein, daß sie im Kampf sogar die Geltung derjenigen sittlichen Normen in Frage stellt, ohne die kein geordnetes Zusammenleben der Menschen, keine dauerhafte Friedens- und Rechtsordnung möglich ist. Sie wird sich um so hemmungsloser auswirken, je schwerer der Kampf ist, je größer die Gefahr der Vernichtung für die Streitenden, je wilder die Wut ihrer Leidenschaften entbrennt. Wer um sein Leben kämpft, fragt nicht eben viel nach den Normen bürgerlicher Gesittung. Im Krieg gilt jede List, jede Täuschung des Gegners als erlaubt, und die Anwendung rohester Gewalt findet ihre Schranke allein an der Erwägung der Gegenwirkungen, die sie auslösen, der Dauerzerstörungen, die sie (unter Umständen auch an sittlichen Werten im Kämpfenden selbst!) zur Folge haben muß. Zum mindesten sind solche Erwägungen sehr viel wirksamer als alles humanitäre und rechtliche Empfinden. Und ein ähnliches Lebensgesetz gilt auch außerhalb des Krieges. Was in den innerpolitischen Streitigkeiten der Parteien und in den großen Machtkämpfen der Staaten untereinander die Politiker vor allzu brutaler Mißachtung des bürgerlichen Sittengesetzes zurückscheuen läßt, ist viel weniger die innere Überzeugung von seiner verpflichtenden Kraft als die Besorgnis, durch seine offensichtliche Mißachtung den eigenen Ruf, die eigene Vertrauens- und Glaubwürdigkeit in Gefahr zu bringen. Denn auch das moralische Zutrauen ist ein Machtfaktor ersten Ranges.

Auf alle Fälle: die Moral des Kämpfens, die Machiavelli zuerst mit rücksichtsloser, ja brutaler Klarheit und Einseitigkeit geschildert hat[3]), ist eine völlig andere als die der friedlichen Geselligkeit. Sie ist ihr weithin geradezu entgegengesetzt. Aber der Staat ist nicht **nur** kämpfende Macht; seine Aufgabe ist bei weitem nicht so einfach und eindeutig wie die des Heeres, und echte Konflikte zwischen militärischem und politischem Denken beschränken sich niemals auf den Ressortgegensatz zwischen Soldaten und Politikern; sie sind deshalb auch nicht zu lösen durch technisch-organisatorische Maßnahmen, wie „Vereinheitlichung der Führung" oder „engste Fühlungnahme" zwischen militärischer und politischer Kriegsleitung. Solche Konflikte greifen vielmehr in die Sphäre des Politischen selbst hinüber. Denn zum Wesen des Staates gehört es noch viel mehr, daß er Ordnungsmacht ist, Sicherung von Friede und Recht, als daß er sich im Kampf behauptet und durchsetzt. Dies ist sogar die höchste, die eigentliche Aufgabe der Politik: Bemühungen um friedlichen Interessenausgleich, Versöhnung nationaler und sozialer Gegensätze, Aufrichtung fester Rechtsordnungen, Förderung menschlicher Wohlfahrt, Überwindung des privaten und Klassenegoismus durch Erziehung zur Gemeinnützigkeit und bürgerlichen Rechtschaffenheit, zur Herstellung einer echten Volks- und Völkergemeinschaft. Von hier aus werden ganz andere Tugenden, nämlich strenge Rechtlichkeit, Gemeinsinn, soziale Hilfsbereitschaft, gesellige Verträglichkeit vorzugsweise als politische Tugenden, als „Staatsbürgertugenden" gelten, wie es zum Beispiel in der althellenischen Staatsphilosophie der Fall war, die gerechten Sinn, Frömmigkeit und Besonnenheit neben Mannhaftigkeit als Haupttugenden stellte; oder auch in der altrömischen Tugendlehre des Sallust, die neben virtus und audacia die moderatio und das justum imperium als Kardinaltugenden betrachtete. Überdies ist Politik als die „Kunst des Möglichen" immer auch auf kluge Vermittlung von Gegensätzen, Interessenausgleich angewiesen, wenn eine echte politische Gemeinschaft, ein erträgliches Zusammenleben der Menschen zustande kommen soll. Wie nun das eine dieser Elemente des Politischen mit dem andern in ein Verhältnis gesetzt werden soll, das ist ein theoretisch gar nicht auszumachendes, sondern immer nur durch praktische Entscheidung zu lösendes Problem.

Geschichtlich sind die Lösungen je nach der Grundgesinnung der Staatsmänner und je nach der äußeren Lage, in der sie ihren Staat vorfanden, sehr verschiedenartig ausgefallen. Es hat friedlose, stürmische Zeiten gegeben, in denen eine verfallende staatliche Ordnung ein Chaos hinterließ und erst mühsam aus wilder Gärung sich neue Machtkerne bildeten: Epochen roher Kämpfernaturen und Machtmenschen wie die fehdereiche Zeit des späten Mittelalters in Deutschland und im Italien der beginnenden Renaissance. In solchen Zeiten scheint die kämpferische Tugend, die virtù

Machiavellis, alles, die friedestiftende Tätigkeit des Gesetzgebers gerät in Mißachtung; nur noch der Erfolg des Augenblicks wird gesucht, bewundert, mit rücksichtslos zupackender Faust erkämpft — niemand fragt nach den Brandruinen, nach der Zerstörung moralisch-geistiger und materieller Werte im Kampf, wenn nur die Macht zu erobern gelingt. In solchen Zeiten gibt es keinen echten Konflikt zwischen Politik und Kriegführung; denn die Politik ist selbst nur noch Kampf. Hat sich aber schließlich das gärende Chaos beruhigt, eine neue Ordnung geboren, so strebt sie nach Dauer ihrer Herrschaft, und die friedestiftenden Elemente des politischen Lebens treten wieder ans Licht; sie werden suchen, die kämpferischen Instinkte niederzuhalten. Der Krieg wird aus dem Normalzustand zur Ausnahme, aus der Arena vielbewunderten Heldentums zur blutigen Metzelei, zum Landesunglück, zur Katastrophe[4]). Ist er unvermeidlich, so sucht man die Entfaltung seiner inneren Dynamik nach Möglichkeit zu zähmen, ihn abzukürzen, seine Ziele zu begrenzen, ihn möglichst rational zu gestalten, zu humanisieren, oder doch seine Schrecken einzuschränken auf eine streng begrenzte Zahl regelmäßiger, womöglich beruflicher Kombattanten, der Entfesselung von Mord- und Raubinstinkten vorzubeugen durch strenge militärische Disziplin. Das sind die Zeiten, in denen die Politik den größten Eifer entfaltet, auch während der Krisis die kämpferischen Instinkte nicht Herr werden zu lassen über die ruhige Staatsvernunft — diese als eine Vernunft der friedlichen Dauerordnung verstanden. Da erwachsen dann erst die eigentlichen Gegensätze zwischen Staats- und Kriegführung: wenn etwa die Heerführung den Einsatz der letzten Kraft für den Endsieg erfordert, die Politik aber zu berechnen anfängt, ob dieser Einsatz das Kampfziel auch lohnt; oder wenn das Heer auf seinem vollen kriegerischen Triumph besteht, der Staatsmann aber den Gegner durch Schonsamkeit zu versöhnen, aus dem Feind von heute einen Freund für morgen zu gewinnen strebt; oder wenn die Kriegskunst rät, keine Möglichkeit zur Vernichtung feindlicher Streitkräfte zu versäumen, der Politiker aber die Zerstörung großer Dauerwerte, unerwünschte politische Nebenwirkungen, Friedenshemmungen und dergleichen fürchtet; wenn der Feldherr nur auf die sicheren, sicht- und greifbaren Wirkungen physischer Gewalt vertraut, der „politisch" Denkende lieber mit psychologischen Effekten und politisch-diplomatischen Hilfsmitteln rechnet, deren Erfolg gewöhnlich weit unsicherer, deren Anwendung aber auch weniger kostspielig und gefährlich scheint; schließlich ganz allgemein: wenn das militärisch Zweckmäßige mit dem politisch Erwünschten (und das können unter Umständen auch eindrucksvolle Schlachtenerfolge sein!) sich nicht deckt.

Ganz ernsthaft können solche Konflikte offenbar nur dann werden, wenn beides gleichzeitig ganz ernst genommen wird: die Notwendigkeit des Kampfes um die Macht und das Bedürfnis der Herstellung und Bewahrung einer friedlichen Dauerordnung. Es gibt eben im Bereich der Hohen Politik so wenig eine handliche Dienstvorschrift, eine rational erkennbare und lehrbare Patentlösung, wie im Bereich der höheren Strategie — ebenso wie es ja auch im Bereich der Privatmoral keine handliche Moralvorschrift gibt, die mir sagt, wie ich mich in jedem einzelnen Konfliktsfall zu verhalten habe: ob ich jeweils mehr dem Gebot der Selbstbehauptung meiner Persönlichkeit oder mehr dem Gebot des Altruismus, der Nächstenliebe, der Soziabilität folgen soll. Das kann immer nur das Gewissen aus irrationalen Tiefen heraus entscheiden. Und doch besteht die Wirklichkeit unseres sittlichen Lebens fast ganz aus solchen Pflichtenkonflikten, wie jedem die tägliche Erfahrung zeigt.

Was aber für den Einzelnen gilt, wiederholt sich — nur auf höherer Stufe — im Leben des Staates. Auch hier, wo doch unter Umständen um das Leben von Millionen gespielt wird, ist jeder kritische Entschluß, jede große Entscheidung zuletzt ein Wagnis ohne rationale Gewißheit über das Gebot der Stunde; sie erfolgt wohl meist auch viel weniger aus rationaler Erwägung als aus dem staatsmännischen Instinkt oder besser aus dem Gesamtcharakter der handelnden Persönlichkeit heraus, die entweder mehr zur kämpferischen oder mehr zur friede- und ordnungsstiftenden Tat hinneigen kann. Jedenfalls: zwischen den Anforderungen kämpferischer Machtballung und friedlicher Dauerordnung muß der Staatsmann, gleichsam wie zwischen Scylla und Charybdis hin- und hergerissen, dennoch sich seinen festen und sicheren Weg suchen. Ja, man könnte sagen: die Größe seiner geschichtlichen Leistung hängt geradezu davon ab, daß beides ganz ernst genommen wird: die Notwendigkeit des Kampfes um die Macht als Mittel und die Herstellung und Bewahrung einer friedlichen Dauerordnung als letzter Zweck — daß die Spannung zwischen beiden durch die Tat überwunden, nicht aber ihr ausgewichen wird. Wenigstens gilt das für die großen Staatsbildungen der Geschichte, besonders für die kontinentalen Großstaaten, denen ihre Lage und ihre Tradition ein Ausweichen in die außenpolitische Neutralität nicht gestattete. Kampflose Neutralität, reine Wohlfahrtspolitik und Rechtspflege war bisher nur gewissen Rand- und Insel-

2*

staaten vergönnt, die sich dank besonderer Umstände außerhalb der großen Machtentscheidungen erhalten konnten; ihre Sonderexistenz erscheint den Angehörigen der Großvölker als schöne, aber ihnen selbst unerreichbare Ausnahme. Im Bereich der großen Mächte gab es echte staatsmännische Größe nur durch die Vereinigung beider Eigenschaften: des Machtsinns und der Kampfbereitschaft mit dem Ordnungswillen.

Freilich ist das Ideal immer die seltene Ausnahme, und praktisch ist die Geschichte voll von Ausweichversuchen. Reine Friedensfürsten ohne kriegerischen Ehrgeiz wollten zum Beispiel die frommen deutschen Landesväter des 16. und 17. Jahrhunderts sein, die sich mit der Fürsorge für ihr Hausgut und für das Seelenheil ihrer Untertanen begnügten. Aber wenn hier die Spannungen zwischen kämpferischer und Friedenspolitik zu fehlen scheint, so nur deshalb, weil ihre ohnmächtigen, unter dem Schutz der Reichsgerichte sich duckenden Kleinstaaten, halb fürstliches Kammergut, halb Staatswesen im modernen Sinn, gar nicht bis in die Sphäre der Hohen Politik hinauflangten. Ebensowenig wie den reinen Friedensfürsten gibt es in der historischen Wirklichkeit das Extrem der reinen Kämpfernatur ohne allen und jeden Sinn für die Aufgaben friedlicher Dauerordnung. Aber freilich gibt es politische Aktivisten, denen hinter der kämpferischen Machtballung jede andere staatliche Aufgabe zur Nebensache, zur Aufgabe zweiten oder dritten Ranges wird. An Karl XII. von Schweden, Ludwig XIV. oder vollends an Napoleon I. braucht man nur zu erinnern; nicht zufällig ruft die extrem aktivistische Persönlichkeit des Letztgenannten mit ihrer großartig dämonischen Entfesselung kämpferischer Kräfte den ebenso einseitigen Gegenspieler auf den Plan: Metternich, den großen Vorkämpfer eines rein statisch gedachten Systems der Erhaltung von „Ruhe und Ordnung“, den Begründer der verhältnismäßig dauerhaftesten Friedensordnung, die unser Kontinent seit dem Mittelalter überhaupt erlebt hat. Die Schranke seiner Leistung ist aber ebenso deutlich: daß er eine Rechtsordnung zu konservieren suchte, die das fortwachsende Leben doch von innen her sprengte. Diesen neuen Lebenskräften wurde die dynamische, kämpferische Politik eines Bismarck viel besser gerecht. In seiner Person findet sich beides in seltener Weise vereinigt: Machtwille und Streben nach einer friedlichen Dauerordnung, nationaler Geltungsdrang und Bewußtsein einer europäischen Verantwortung. Man wird die Vereinigung freilich auch hier nicht ideal nennen dürfen; denn ohne Frage ist in ihm der kämpferische Machtwille viel stärker entwickelt als sein Rechtssinn, zumal in der Innenpolitik, die ihn als aristokratischen Herrenmenschen in ständigem Kampfe um die Behauptung der Macht gegen die Parteien zeigt, ohne daß er es verstünde, deren Ehrgeiz fruchtbar zu machen für den Dienst am Staat und so den innerpolitischen Kampf in einer höheren nationalen Gemeinschaft zu überwinden. Aber reine Idealgestalten gibt es in der Geschichte, wenn man ihre Heroen aus nächster Nähe besieht, überhaupt nicht, und was echte Staatsmannschaft ist, läßt sich — trotz allem — an der Erscheinung Bismarcks so deutlich studieren wie kaum irgendwo sonst in unserer Geschichte. Uns Deutschen wird das seit dem Erlebnis Hitlers, des extremsten aller Aktivisten und Militaristen, erst doppelt bewußt.

Der stärkste Eindruck solchen Studiums ist die überragende Bedeutung der „Staatsraison" — jener höheren Staatsvernunft, ohne die kein Staat wahrhaft gedeihen kann[5]). Richtig verstanden — und losgelöst von der besonderen historischen Färbung, die dieser Begriff in seiner Entstehungszeit, dem 16. und 17. Jahrhundert besaß[6]), — ist Staatsvernunft weder bloße Klugheit im Erfassen des eigenen Vorteils, noch bloße Einsicht in das „Staatsnotwendige", in die unvermeidlichen Zwangsläufigkeiten aller Politik. Sie ist auch nicht etwa ein Übergang von „naturhaft-primitivem" Machtstreben zu höherer „idealistischer" Rechts- und Kulturgesinnung, eine bloße Rationalisierung des Machtkampfes und damit Aufklärung „blinder" Machtinstinkte. „Staatsmännisch", von echter Staatsvernunft getragen, ist eine Politik noch nicht dann, wenn sie sich als beonders klug und anpassungsfähig, also „realpolitisch" im Sinn eines geschickten Opportunismus erweist, der jederzeit die „Notwendigkeiten des Augenblicks" richtig erfaßt; oder deshalb, weil sie besonders zweckmäßige Mittel im Machtkampf benutzt. Ebensowenig ist staatsmännisches Handeln ein idealistisches Streben nach irgendwelchen „Kulturidealen", in deren Dienst die Macht zu treten habe. Staatsmann in höherem Sinn ist nur der, dem keine Leidenschaft des Machtwillens, kein Triumph und keine Not des Machtkampfes das Bewußtsein seiner unabdingbaren Verantwortung trüben kann: seiner Verantwortung für die Herstellung, Bewahrung, Sicherung einer echten und darum dauerhaften Gemeinschaftsordnung. Zum staatsmännischen Denken gehört es deshalb auch, sich des Ausnahmecharakters der Kampfsituation bewußt zu bleiben — ein Wissen darum, daß irgendwo die Grenze des im Kampf Erlaubten liegt, deren Überschreitung zur Zerstörung unwiederbringlicher sittlicher Dauerwerte führt, zur Entseelung und Entmenschung der Kämpfenden selbst. Staatsmann im höheren Sinn ist nur der Kämpfer, der mitten in der Hitze des Kampfes keinen Augenblick die Überlegung vergißt: was soll der Ausgang sein, wie soll die Welt nachher aussehen? Auf welche neue Ordnung treiben wir hin? Soll der Kampf nicht verewigt werden, so muß er zu einer Gemeinschaftsordnung führen (zwischen den Staaten sowohl wie zwischen den Individuen und Klassen jedes Volkes), die Aussicht auf möglichst große Dauer hat. Dauerhaft aber ist nur eine Gemeinschaft, die als echte sittliche Gemeinschaft, nicht als bloße Zwangs-gemeinschaft empfunden wird, eine Ordnung, die als gesunde, das heißt dem wirklichen Leben, den wirklichen sozialen und nationalen Lebens-bedürfnissen und Kräfteverhältnissen angemessene Rechtsordnung er-scheint. Staatsraison, Staatsvernunft ist also, richtig verstanden, zuletzt doch sittliche Vernunft. Sie schließt ein Doppeltes in sich: eine klare staats-männische Einsicht in das Wirkliche, ein sicheres politisches Augenmaß, ohne das keine politische Gestaltung gelingen kann, und ein untrügbares Bewußtsein sittlicher Verantwortung, das auch der wildeste Kampfeslärm nicht übertäubt. In solcher echten Staatsvernunft wird die unlösbare Anti-nomie zwischen Machtkampf und Friedensordnung praktisch überwunden, weil der Machtkampf selbst zum Mittel wird, eine dauerhafte Friedens-ordnung zu gestalten. Allein von daher, nicht von dem Streben nach irgend-welchen „Kulturidealen" (der verschwommene Begriff der „Kultur" und des „Kulturideals" ist für das Verständnis politischer Probleme überhaupt unbrauchbar), empfängt der politische Machtkampf seine sittliche Recht-fertigung. Die geschichtliche Einsicht, daß praktisch keine Staatsvernunft klar und stark genug ist, um „blinde" und „maßlose", also rein zerstöreri-sche Leidenschaften der Kämpfenden völlig niederzuhalten, daß es prak-tisch keine Gemeinschaftsordnung gibt, die allen Forderungen wahrer „Gerechtigkeit" genügt, (schon darum nicht, weil das Leben beständig weiterdrängt, so daß es keine Rechtsordnung von „ewiger" Dauer geben kann, und weil immer wieder Lebensanspruch gegen Lebensanspruch, das natürliche Interesse des Einen gegen das eines Anderen steht) — diese Ein-sicht ist nichts weiter als ein Stück jener Erfahrung von der Unzulänglich-keit des Menschlichen überhaupt, die unser ganzes irdisches Leben begleitet. Nur wird uns freilich nirgends so deutlich wie in den großen politischen Machtkämpfen bewußt, daß unser irdisches Dasein sich ständig auf der Grenze bewegt, wo menschliches Wollen und Vermögen mit übermensch-lichen, dämonischen Kräften, mit oft unlenkbaren Schicksalsmächten zu-sammenstößt.

Blicken wir von hier aus zurück auf den Ausgangspunkt unserer Betrachtungen, so zeigt sich, daß eine recht verstandene Analyse der vielen Konflikte zwischen Staats- und Heerführung zuletzt in das Kernproblem des Politischen überhaupt hineinführen muß. Es wäre äußerst reizvoll, die Geschichte dieser Konflikte in universalhistorischer Betrachtung zu verfolgen. Sie müßte im Vergleich der analogen Vorgänge bei den verschiedenen Nationen Europas die innerste Struktur ihrer nationalen Staatsgebilde vor uns enthüllen. Aber das Dringendste muß zuerst geschehen: die Analyse der eigenen, preußisch-deutschen Vergangenheit. Wie vordringlich sie ist, braucht man dem heutigen deutschen Leser erst gar nicht zu sagen. Es geht um ein zentrales Stück unserer historisch-politischen Selbstbesinnung. Diese Studien, während des zweiten Weltkriegs begonnen und in ihrem ersten Hauptteil abgeschlossen, haben nie einen anderen Zweck als eben diesen verfolgt. Sie wollten die uns schon damals hart bedrängende Frage klären helfen, wie es kam, daß unser deutsches Volk, jahrhundertelang eine der friedfertigsten unter den Nationen des Abendlandes, zum Schrecken Europas und der Welt werden konnte, indem es einem Gewaltmenschen und Abenteurer zujubelte, der als der Zerstörer der alten Ordnung Europas in der Geschichte fortleben wird. Die Entstehungs- und Entwicklungsgeschichte dessen, was man heute den preußisch-deutschen „Militarismus" nennt, sollte ohne alle Hemmungen durch alteingewurzelte Vorurteile unserer Nationalhistorie klargelegt werden — aber auch ohne die natürlichen Vorurteile des Ausländers, der vom Boden ganz andersartiger politischer Voraussetzungen aus urteilt. Das Wort „Militarismus" ist eines der vorschwommensten und darum verwirrendsten Schlagworte unserer Zeit. Die Einsicht, daß echtes Soldatentum und Militarismus beileibe nicht dasselbe sind, daß sie sich ebenso weit voneinander unterscheiden wie charaktervolle Haltung von Eigensinn, tapfere Selbstbehauptung von Egoismus und rohem Draufgängertum, Treue von hündischer Unterwürfigkeit, echte Macht von roher Gewalt, scheint immer mehr verdunkelt zu werden. Was hier, im Untertitel dieses Buches, mit „Militarismus" gemeint ist, wurde schon erörtert. Es ist die Einseitigkeit eines Kämpfertums, das die Politik verfälscht, weil es die wesentlichste und oberste Aufgabe aller staatlichen Ordnung verkennt. Dies also soll ergründet werden: wie es kam, daß in Deutschland das natürliche Verhältnis von Staatskunst und Kriegstechnik sich zuletzt geradezu umgekehrt hat — der Weg vom politischen Krieg (so könnte man es formulieren) zur kriegerischen Politik. Dieser

Weg führte zugleich vom Söldnerheer zur militarisierten Nation. Beides hängt ziemlich eng miteinander zusammen; aber es ist doch nicht dasselbe, wie sich noch zeigen wird. Denn es gibt auch noch einen Unterschied zwischen wehrhafter und militarisierter Nation.

Heute hat das deutsche Volk auch als wehrhafte Nation alle seine Traditionen verloren. Anders als 1918 erscheint Vielen unsere militärische Vergangenheit wie ein quälender Albtraum, dem sie für immer entfliehen wollen; anderen wird unser Rückblick auf so manche Fehllösungen unserer Geschichte wehe tun. Wieder andere werden vielleicht fragen, ob es heute noch für uns lohnend ist, das Verhältnis von Staatskunst und Kriegstechnik historisch zu erörtern; hat sich doch ebenso die „Staatsraison" wie die Kriegskunst und das Soldatentum im Zeitalter der großen Weltmächte, der modernen Massendemokratien und der Atombombe so völlig verändert, daß die im 19. Jahrhundert und zu Anfang unseres Säkulums geltenden Begriffe und Normen bereits überholt erscheinen. Der Krieg selbst scheint untauglich geworden zu sein als Mittel großer Politik, seit seine zerstörende Wirkung so groß wurde, daß sie alles Leben schlechthin bedroht. Man kann ernsthaft fragen, ob es überhaupt noch eine Staatskunst geben kann, die den Dämonen einmal entfesselter Kriegstechnik Zügel anzulegen vermag.

Aber gerade wenn es so ist, wird eine historische Betrachtung des Weges, der in diesen Abgrund führte, erst recht notwendig sein. Was die Zukunft bringen wird, wissen wir nicht. Aber das erleben und spüren wir deutlich: daß wir in einem Eisernen Zeitalter leben, in dem die Welt von so weit ausgedehnten und so fürchterlichen Kriegsgefahren erfüllt ist wie noch nie in der Geschichte der Menschheit. Nach den großen europäischen Kriegen der Vergangenheit, jeweils zu Anfang des 18., des 19. und unseres Jahrhunderts, hat man auf eine dauernde Friedensordnung gehofft. Heute ist die Menschheit von solchen Hoffnungen weiter entfernt als je.

Damit aber ist die Behandlung unseres Themas, denke ich, erst recht zu einer Notwendigkeit geworden. Ohne historische Einsicht gibt es kein wirkliches Verständnis der Gegenwart und ihrer Nöte. Solche Einsicht wird aber nicht gewonnen durch politisch bestimmte Publizistik, sondern allein durch geduldiges und sorgsames Ausschöpfen der originalen Quellen.

1. Kapitel

EPOCHE DES ABSOLUTEN FÜRSTENTUMS UND DER BERUFSHEERE.
CHRISTLICHE REGENTENPFLICHT
UND FRIDERIZIANISCHE MACHTPOLITIK

Jahrhundertelang, seit dem Ausgang des Mittelalters, hat die Masse der Deutschen in ohnmächtigen Kleinstaaten dahingelebt, in denen Kriegsruhm und militärischer Ehrgeiz recht wenig bedeuteten. Innerhalb der europäischen Gesamtentwicklung nehmen sie so eine höchst merkwürdige Sonderstellung ein. Die großen Kriegsstürme, die Deutschland fortwährend an seinen Grenzen mit Türken und Franzosen zu bestehen hatte, waren in erster Linie Sache des Kaiserhauses und der großen europäischen Potentaten, wenn auch das Reich hin und wieder die bescheidenen Kontingente der mittleren und kleinen Reichsstände zum Defensionswerk mit aufbot. Zeitweise hat freilich der Dreißigjährige Krieg den Ehrgeiz, die Abenteurerlust und den Machtdrang auch kleinerer deutscher Herren mächtig aufgeregt; aber irgendein größeres Machtgebilde von Dauer ist nicht daraus entstanden. Später suchten die Mitglieder des deutschen Hochadels, die militärischen Tatendrang in sich spürten, gewöhnlich die Dienste europäischer Großmächte, mit besonderer Vorliebe des habsburgischen Kaiserhauses auf — ihr eigenes Landerbe bot ihnen dafür zumeist keinen Raum. Das Kriegführen war, seit die Lehnsaufgebote der alten Feudalzeit nicht mehr genügten, eine viel zu kostspielige Sache geworden, als daß die bescheidenen Einnahmen fürstlicher Domänenverwaltung und die sparsamen Steuerbewilligungen der Landstände dafür genügt hätten; oft langte es kaum dazu, eine stehende, kleine Haustruppe für Wach- und Paradezwecke zu besolden. Selbst so ansehnliche Herren wie Friedrich Wilhelm I. von Brandenburg, der „große Kurfürst", und sein Nachfolger, der erste König von Preußen, waren außerstande, ihren miles perpetuus ohne ausländische Subsidiengelder zu unterhalten und ins Feld rücken zu lassen.

In älterer Zeit kamen zu den finanziellen Nöten noch sittlich-religiöse Bedenken der frommen deutschen Landesherren gegen jede aktiv aus-

greifende Machtpolitik hinzu. Die mittelalterlich-christliche Lehre, daß
„Frieden und Gerechtigkeit" zu wahren die eigentliche Aufgabe des Fürsten,
der Krieg aber nur als reiner Verteidigungskampf sittlich zu rechtfertigen
sei, hat in Deutschland außerordentlich lange praktisch nachgewirkt. Die
Reformation hat sie mit Nachdruck wiederholt. Luthers Predigt war gewiß
nicht „pazifistisch" im Sinn eines radikalen Verzichts auf die Wahrung
gerechter Ansprüche; im Gegenteil: „ein Herr und Fürst", rief er den
deutschen Obrigkeiten zu, „ist nicht eine person für sich selbst, sondern
für andere, das er yhn diene, das er sie schütze und verteydinge"; so kann
es wohl kommen, daß ihn sein „auffgelegtes ampt zwinge zu kriegen".
„Als denn so lasts gehen und hawet drein, seyt denn menner und beweiset
ewern harnisch. Da gilts dann nicht mit gedancken kriegen. Es wird die
sache selbst ernst gnug mit sich bringen, das den zornigen trotzigen stoltzen
eissenfresser die zeen so stumpf sollen werden, das sie nicht wol frische butter
beissen konnen[1]." Aber das alles gilt nur für den Fall der reinen „Notwehr": daß ein Fürst „wehren und schützen muß", wenn ihn „sein Nachbar dringt und zwingt" und sich auf keinerlei friedlichen Vergleichsvor-
schlag einlassen will. Jeder andere Krieg ist von Gott verworfen. Tatsächlich
sieht man denn auch die deutschen Landesobrigkeiten wenigstens der zweiten Hälfte des 16. Jahrhunderts vielfach bemüht, kriegerische Konflikte
durch Anrufen der Rechtshilfe des Reiches oder freiwilliger Schiedsgerichte
zu vermeiden. So ohnmächtig die Reichsgewalt auch praktisch war: solange ihre Organe überhaupt noch funktionierten, half sie die kriegerischen
Fehden deutscher Landesobrigkeiten in friedliche Rechtshändel zu ver-
wandeln.

Wie sich aus diesen Überlieferungen heraus die Anschauungen deutscher
Fürstenhöfe über das Verhältnis von Politik und Kriegführung gestalteten,
dafür haben wir höchst anschauliche Zeugnisse aus allen neueren Jahrhunderten seit der Reformationszeit. So warnt etwa der sächsische Rat
Melchior von Osse in seinem berühmten Politischen Testament „von gott-
seliger, weislicher, vernünftiger und rechtmäßiger Regierung und Justizien"
von 1556 die Fürsten dringend vor jedem Streben nach „heidnischem"
Kriegsruhm: „denn daraus gemeinlich nichts anderes denn Totschlag, Mord,
Brand, Raub, Frauen- und Jungfrauen-Schwächung und Verderb reicher und
armer Leute und alles Übel erfolgt, will geschweigen, dass bisweilen auch
dardurch die Religion ausgerottet oder gehindert, die Predigtstuhl verwüstet,
die Zucht und Disziplin aufgelöst wird und eine freche Jugend aufkommt,

die langsam wieder zurecht kann bracht werden." Der Krieg, (dem später ein Moltke nachrühmen wird, daß „in ihm sich erst die edelsten Tugenden des Menschen entfalten, die sonst schlummern und erlöschen würden: Mut und Entsagung, Pflichttreue und Opferwilligkeit mit Einsetzung des Lebens[2])" — der Krieg erscheint hier noch durchaus als roher Sittenverderber, als das große Landesunglück, das der redliche Fürst mit allen Mitteln zu vermeiden trachten muß; denn seine eigentliche Aufgabe ist es, des Landes „gemeinen Nutz und Notdurft" zu suchen, das leibliche Wohl wie das seelische Heil der Untertanen zu fördern: durch eine strenge Justiz, gerechte Wirtschaftspflege, christliche Sittenpolizei, Fürsorge für Kirchen und Schulen, Erhaltung der reinen Lehre. Nicht viel anders spricht sich genau hundert Jahre später der lutherische Kanzler Herzog Ernsts des Frommen von Gotha, Veit Ludwig von Seckendorf in seinem „teutschen Fürstenstaat" aus. Hier erscheint der Staat wie ein großes Hausgut des Fürsten, der es gegen fremde Begehrlichkeit schützt, seine Einkünfte zu vermehren sucht, doch unter sorgsamer Schonung althergebrachter ständischer Rechte und der Vasallenpflicht gegen den Kaiser. Zu Waffengewalt wird er nur im äußersten Notfall greifen; auch dann, wenn er sich in wohlerworbenen Rechten angegriffen sieht, wird er sich blutige Gegenwehr dreimal überlegen, „sintemahl dieselbe eine gefährliche sache, also ist damit behutsam umzugehen, und sonderlich bey heutigen zeiten" (es ist kurz nach dem Dreißigjährigen Krieg) „glimpfliche mittel zu gebrauchen."

Als das geschrieben wurde, war freilich die große Zeit des konfessionellen Kirchenwesens schon stark im Abblühen, eine neue Fürstengeneration im Aufstieg, die es viel stärker nach weltlichem Ruhm gelüstete und die (wie etwa der strebsame Herzog Ernst August von Lüneburg-Hannover) selbst ihr religiöses Bekenntnis der politischen Konvenienz zu opfern bereit war. Bald wurde es der Ehrgeiz dieser deutschen Fürsten, mit dem Glanz des Versailler Hofes zu wetteifern, und dazu gehörten nun einmal auch militärische Schauspiele. Soweit das Geld dazu fehlte, bemühte man sich um Subsidien im Dienst der großen Potentaten Europas, und durch ein beständiges Lavieren zwischen ihren Machtgruppen suchte man die eigene Macht möglichst weit voranzubringen. Kurfürst Max Emanuel von Bayern hat sein Leben lang nach dem Erwerb von ausländischen Königskronen gestrebt und wäre bereit gewesen, dafür allenfalls auch sein bayrisches Erbland einzutauschen; er scheute sich auch nicht, als Gefolgsmann Frankreichs das Ungewitter eines europäischen Krieges über die süddeutschen Länder heraufzubeschwören um seiner ehrgeizigen Pläne willen. Der sächsische Kurfürst Friedrich August II., das geborene Haupt der evangelischen Fürstenpartei, schwor ohne jede seelische Hemmung seinen lutherischen Glauben ab, um die polnische Flitterkrone zu gewinnen und verband sich als Polenkönig mit den Moskowitern und Dänen zum Kampf gegen das protestantische Schweden. Dauerhafter als die Erfolge dieser Ehrgeizigen, die teils rasch wieder scheiterten, teils bloßer glänzender Schein waren, erwies sich der politische Aufstieg des Kurhauses Brandenburg-Preußen, dessen überaus verschlagene Außenpolitik schon unter dem großen Kurfürsten durch eine sorgsam gepflegte Wehrmacht unterstützt wurde. Aber gerade hier sieht man besonders deutlich, wie zäh sich die altererbten Anschauungen des deutschen Fürstenstandes über das Verhältnis von Kriegführung und Politik auch in der neuen Zeit behaupten konnten. Es war der Stolz Friedrich Wilhelms I., des Potsdamer Soldatenkönigs und Schöpfers der friderizianischen Armee, nicht mehr als „Mietskönig" (roi mercenaire) im Dienst fremder Höfe zu fechten, sondern nur „nach eigener conniventz" (Konvenienz). Der Geist einer rücksichtslosen Anspannung aller Kräfte im Dienst staatlicher Macht, den er seiner Armee und Verwaltung eingehaucht hat, bedeutete eine revolutionäre Umgestaltung deutscher Territorialpolitik und den Anfang zu einer Neuprägung des preußisch-deutschen Menschen. Trotzdem hat er in dem außenpolitischen Teil seines Testamentes von 1722 dem Nachfolger auch nichts anderes zu empfehlen gewußt als eine vorsichtige Schaukelpolitik, die aus den Kriegsaffären der europäischen Großmächte bescheidene Vorteile herauszuschlagen sucht: „denn wehr die Ballance in die weldt halten kahn, ist ümer was dabey zu Profittieren vor eure lender, und Respectable vor eure freunde und formidable vor eure feinde ist." Dringend warnt auch er vor einem voreiligen, leichtfertigen und „ungerechten" Krieg:

„Die wohlfahrdt ein(es) Regendt ist das sein land guht Peupliret ist; das ist der rechte reichtuhm eines landes. Wen(n) euer Armée außer landes Marchieret, so werden die accissen (d. i. Torsteuern) nicht das 3.te teill so viell tragen, als wen(n) die Armée im lande; die Rerum Precium werden fallen alsden die emter (das ist die Domänenverwaltungen) nicht Ihre Pacht werden richtig abgehen Können, ist ein totall Ruin. Mein lieber Successor bitte ich umb Gottes willen kein ungerechten krihg anzufangen und nicht ein agressör sein; den(n) Gott die ungerechte Krige verbohten und Ihr iemahls müsset rechenschaft gehben von jedem Menschen, der dar in ein ungerechten Krig geblieben ist. Bedenkt was Gottes gericht scharf ist;

lehset die Historie, da werdet Ihr sehen, das die ungerechte Krige nicht guht abgelauffen sein³).“

So also dachte noch der Vater Friedrichs des Großen über das Verhältnis von Politik und Kriegführung. Die eigentliche Aufgabe des Regenten ist, die „Peuplierung“ des Landes zu mehren und seine wirtschaftliche Wohlfahrt zu hüten. Der Krieg ist in jedem Fall ein gewagtes Abenteuer, das die knappen Staatseinnahmen ruiniert, darum gilt es, den Frieden und die Sicherheit des Landes zu schützen durch „etrette freundschaft und alliance“ „mit grohsse herren“, besonders mit dem Kaiser und mit dem russischen Zaren; zugleich aber muß man durch starke Rüstung sich ein martialisches Aussehen geben, eine gute Reputation verschaffen und die „gerechten Pretentionen“ des fürstlichen Hauses mit Anstand „suttenieren“. Nicht der Krieg, sondern die Diplomatie ist also eigentlich das entscheidende Mittel hoher Politik, wobei aber der König selbst gesteht, daß ihm die „Staatsfaxen“ und „Teufelsgeschichten“ der Diplomaten im Grunde unheimlich und zuwider sind. Neu gegenüber dem älteren deutschen Kleinfürstentum ist die große, mit höchster Anstrengung zusammengebrachte, von der Umwelt als übergroß betrachtete Armee als „formidable“ Waffe in den Händen der Politik, und infolgedessen auch ein neues, wesentlich verstärktes Selbstvertrauen — zuweilen ein betontes, wenn auch praktisch noch ganz erfolgloses Auftrumpfen an Stelle furchtsamer Selbstbescheidung; aber die grundsätzliche Friedfertigkeit bleibt davon unberührt.

Aus dieser ganzen jahrhundertealten Tradition springt, in jäher Aufstiegskurve, gänzlich unerwartet, das kriegerische Genie König Friedrichs II. hervor. Er zum erstenmal hat den Stil großer europäischer Machtpolitik in die Welt der deutschen Mittel- und Kleinstaaten hineingetragen⁴), er zuerst die preußische Armee auf die Bahn des kriegerischen Ruhmes gebracht. Erst mit ihm beginnt sie als die beste Armee der Welt bekannt zu werden. Und wie begründet er selbst seinen Entschluß, die österreichische Provinz Schlesien mitten im Frieden, ohne vorhergehende Verhandlung mit dem Wiener Kabinett, zu überfallen und zu besetzen? „Beim Tode meines Vaters fand ich ganz Europa in Frieden ... Die Minderjährigkeit des jungen Zaren Iwan ließ mich hoffen, daß Rußland sich mehr um seine inneren Angelegenheiten bekümmern würde als um die Garantie der pragmatischen Sanktion. Außerdem war ich im Besitz schlagfertiger Truppen, eines gut gefüllten Staatsschatzes und von lebhaftem Temperament: das waren die Gründe, die mich zum Kriege mit Theresia von Österreich, Königin von Böhmen und Un-

garn, bewogen ... Der Ehrgeiz, mein Vorteil, der Wunsch, mir einen
Namen zu machen, gaben den Ausschlag, und der Krieg war beschlossen[5]).“

Das schrieb der junge König 1742, unmittelbar nach Beendigung seines
Ersten Schlesischen Krieges. Nimmt man hinzu, wie er die Erörterung der
rechtlichen Ansprüche seines Hauses auf Teile von Schlesien selbst durchaus
en bagatelle behandelte und seinen Kabinettsminister von Podewils, der sie
der Welt sorgsam und umständlich zu beweisen sich mühte, in übermütiger
Laune als „trefflichen Charlatan“ belobte[6]), so scheint es auf den ersten
Blick, als ob hier alle Traditionen „teutscher fürstlicher Ehre, Biederkeit
und Treue“ sehr leichten Herzens über Bord geworfen wären. Jedenfalls
brachte er ganz Europa damit in Bewegung, und er hat sein ganzes Leben
lang, in einem immer schwerer werdenden Ringen, darum kämpfen müssen,
die Erfolge jenes ersten raschen Eroberungszuges zu behaupten; sieben
Jahre lang schien es, als hätte er damit selbst den Untergang über sein Haus
und seinen Staat heraufbeschworen. Der ganze preußische Staat wurde (nach
dem bekannten Wort eines englischen Gesandten) zum „bewaffneten Feldlager mitten im Frieden“. Der Krieg schien sein eigentliches Lebenselement
geworden, der Frieden nur eine Erholungspause, um neue Kräfte gegen
den äußeren Feind zu sammeln, mit Hilfe einer Verwaltung, die ganz und
gar auf die Kriegserfordernisse zugeschnitten war. So haben schon die aus
ihrer Ruhe gestörten deutschen Zeitgenossen dieses höchst unbehagliche,
unidyllische Staatswesen beurteilt: als seelenloses Werkzeug eines gewalttätigen, ungläubigen und darum zynischen Despoten, der seine Untertanen
unter die rohe Disziplin des Korporalstocks zwingt — durch seine Rekruten-
werbungen und -pressungen alle Grenznachbarn bedrängt und so zuletzt die
Freiheit aller Deutschen bedroht. Die Furcht vor dem harten Zwang dieses
„Militarismus“ hat besonders in Süddeutschland noch bis in die Tage der
bismarckischen Reichsgründung nachgewirkt. Der Gegensatz des althistorischen und des neuen Deutschland, der Gegensatz von Weimar und Potsdam
hat noch in der antideutschen Propaganda des 20. Jahrhunderts eine große
Rolle gespielt. Immer wieder wurde das friedliebende, philosophierende,
dichtende und träumende, weltbürgerlich gestimmte, kleinstaatliche Deutschland der alten Zeit dem neudeutschen, kriegerisch-gewalttätigen, herrsch-
und eroberungssüchtigen Geist von Potsdam gegenübergestellt. Alles, was
jemals darüber gesagt worden ist, schien eindeutig bestätigt zu werden, als
Hitler zur Macht kam und seine Regierung in einer bekannten Theaterszene
als wahre Erbin des Geistes von Potsdam, sich selbst als echten Fortsetzer

und Vollender friderizianischer Machtpolitik der Welt vorstellte. Keine seiner Geschichtslegenden hat draußen und drinnen soviel Glauben gefunden wie diese; sie scheint bis heute noch unerschüttert.

Wäre sie richtig, so wäre im Grunde die ganze Fragestellung und Untersuchung dieses Buches überflüssig. Wir hätten es dann mit einer einfachen Fortdauer friderizianischer Methoden in Kriegführung und Politik bis ins 20. Jahrhundert zu tun. Das im einzelnen zu verfolgen, müßte ein sehr reizloses Unternehmen sein, weil uns immer wieder dasselbe ebenso eintönige wie abstoßende Bild roher Gewaltpolitik und einseitigen Kämpfertums entgegenträte.

Nun hätte die deutsche Geschichtschreibung wohl darauf hinweisen können, daß König Friedrich seinen eigenen Zeitgenossen keineswegs nur als Kriegsfürst, Eroberer und Störer des Weltfriedens erschien; daß er in ganz Europa bewundert wurde, gerade auch in Frankreich und England, als Meister einer kühl-rationalen Staatskunst, vor allem aber als aufgeklärter, fortschrittlicher und pflichteifriger Regent, als Begründer einer vernunftgemäßen, modernen Rechtsordnung; daß man ihn zeitweise geradezu feierte als Vorkämpfer westeuropäischer Bildungsideale gegen das katholische Erbhaus Österreich und gegen alle Mächte der Reaktion; daß man ihm sein schlesisches Abenteuer um so leichter verzieh, als die Kabinettspolitik jenes Zeitalters moralische Empfindlichkeiten und nationale Bedenken gegen die Eroberung benachbarter Provinzen noch nicht kannte, ja eben damals in koloniale Machtkämpfe verstrickt war, in denen es um die Zukunft ganzer Erdteile ging; daß also die scharfe moralische Verurteilung seiner Politik erst neueren Datums ist und mitbedingt durch viel spätere Erfahrungen, die Europa mit der kriegerischen Energie des Preußenstaates gemacht hat[7]. Man hat das alles natürlich nicht übersehen; aber das Hauptgewicht legte die preußische Historiographie doch immer wieder darauf, daß Deutschland eines festen Machtkerns bedurfte, um seine traditionelle außenpolitische Schwäche zu überwinden, und daß es diese neue Machtbildung eben dem Preußenkönig verdanke; daß kein Staat ohne große Opfer die Bahn zu politischer Größe betritt; schließlich: daß es für Brandenburg-Preußen keinen anderen Weg gegeben habe als die gewaltsame Eroberung, um aus der Enge und dem Dunkel kleiner Verhältnisse hindurchzubrechen zu europäischer Geltung. So galt die patriotische Verehrung in Deutschland doch immer am meisten dem kriegerischen Genius des Königs und wurde der unerschütterliche Mut, mit dem er sich und seinen Staat gegen alle Feinde behauptete, als seine größte geschichtliche Leistung gefeiert. Sein Vorbild wurde immer wieder heraufbeschworen, wenn es in Notlagen (wie nach Jena und in den beiden Weltkriegen) politischen Opfermut anzufachen galt. Das hat ihn immer mehr in das Licht einer einseitig militärischen Heldenverehrung gerückt. Heute scheint die Zeit gekommen, um diese Einseitigkeit zu berichtigen und seine Gestalt aus seiner eigenen Zeit heraus, ohne die Vorurteile einer späteren Epoche, zu deuten.

Ist es überhaupt richtig, so fragen wir zunächst, Friedrich den Großen als Vertreter eines grundsätzlich kriegerischen Aktivismus aufzufassen, für den politisches Handeln nichts anderes war als die Entfaltung kämpferischer Energie? Hat er die Ideale des friedfertigen und gerechten Völkerhirten, denen so viele seiner Vorgänger mit Pflichteifer nachstrebten, vollständig preisgegeben — oder hat er sie nur durch eine kühnere, rücksichtslosere Anwendung seiner Machtmittel gewissermaßen ergänzt?

Schon die früheste politische Äußerung, die wir überhaupt von ihm kennen, ein vertrauliches Schreiben des in Küstrin arretierten Kronprinzen an seinen Kammerjunker von Natzmer (Februar 1731) weist uns für die Antwort auf den richtigen Weg[8]). Mit erstaunlicher Klarheit sieht er den geopolitischen Zwang, unter dem alle Außenpolitik Brandenburg-Preußens steht: ein Land der Mitte, quer durch Mitteleuropa hingestreckt, dabei in viele Fetzen zerstückelt, ein Königreich bloßer Grenzstriche (wie Voltaire das später nannte) scheint es darauf angewiesen, sich mit allen seinen Nachbarn gut zu stellen; dann aber wird es ewig in ängstlicher Ohnmacht verharren müssen, bei jedem Konflikt in hoffnungslose Defensive geworfen, weil von mehreren Seiten zugleich angreifbar. „Wer aber nicht vorwärts kommt in der großen Politik, der geht zurück." Ein Herrscher, der schöpferische Phantasie besitzt, wird sich mit diesem Zustand nicht begnügen. Er wird sich „notwendig" (also ohne Rücksicht auf die üblichen Zufälligkeiten dynastischer Verbindungen), in den Besitz solcher Provinzen zu setzen trachten, die sein zerstückeltes Gebiet abrunden — wobei die Frage zunächst noch offen bleibt, ob das notwendig mit kriegerischen Mitteln geschehen muß. Die Erhaltung des Friedens erscheint nach wie vor als ein höchst erstrebenswertes Gut — aber nur dann, wenn der König von Preußen „einzig und allein aus Gerechtigkeitssinn und nicht aus Furcht den Frieden aufrechterhielte", weil er nicht länger als Ohnmächtiger bedroht wäre, sondern „unter den Großen der Welt eine gute Figur machte und eine bedeutende Rolle spielte" und weil er, „sobald die Ehre des Hauses und des

Landes es verlangte, mit Nachdruck Krieg führen könnte." „Hätte er doch nichts anderes zu fürchten als den Zorn des Himmels, und der wäre nicht zu fürchten, solange in seinem Lande Gottesfurcht und Rechtssinn über Unglauben, Parteihader, Habgier und Selbstsucht herrschen. Ich wünsche dem preußischen Staate, daß er sich aus dem Staube, in dem er gelegen hat, völlig erhebe und den protestantischen Glauben in Europa und im Reiche zur Blüte bringe, daß er die Zuflucht der Bedrängten, der Hort der Witwen und Waisen, die Stütze der Armen und der Schrecken der Ungerechten werde." Also eine großmächtliche Stellung für den König von Preußen ist das Ziel; aber diese Machtstellung wird ihm dazu dienen, in Gerechtigkeit und Frieden zu regieren, Gottesfurcht und Rechtssinn in seinem Lande zu pflegen und sich als Hort des rechten Glaubens, der Witwen und Waisen und aller Bedrängten zu erweisen — mit fast überraschender Stärke und Selbstverständlichkeit sieht man die Ideale des protestantischen Landesvaters und christlichen Ritters in den Wunschträumen des Neunzehnjährigen weiterleben. Diese christliche Hülle wird nun freilich unter den Strahlen französischer Aufklärungsphilosophie sehr rasch verwelken und abfallen; aber das Ethos ritterlicher Haltung, eines gerechten und humanitären Regiments wird ebenso bleiben wie das Wunschbild eines starken, auf seine kriegerische Kraft vertrauenden, eben darum aber auch *friedesichernden* deutschen Staates der Zukunft, der die natürliche Ungunst seiner Lage durch die unentbehrliche Abrundung seines Staatsgebietes überwunden hat.

Ein entschlossener Machtwille, der das Wagnis der kriegerischen Machtprobe nicht scheut, ist noch lange nicht dasselbe wie eine grundsätzlich kämpferische Gesinnung, für die sich das Wesen der Staatskunst im ständigen Ringkampf um die Macht erschöpft. Sogar bei Machiavelli, dem Theoretiker kämpferischer Machtpolitik, finden sich wenigstens Ansätze zu einer Staatslehre, die über die bloße Technik des politischen Kämpfens hinausstrebt: Hinweise auf die Notwendigkeit einer virtù ordinata, einer politischen Tüchtigkeit, die sich mehr in der weisen Ordnung eines Staatswesens durch Gesetze als in der Kraft und Gewandtheit der Machteroberung bewährt[9]). Nur daß diese Hinweise in der Gesamtwirkung der machiavellistischen Schriften verschwinden hinter dem Eindruck einer wahrhaft dämonischen Entschlossenheit des politischen Kämpfers zur Preisgabe aller hemmenden Rücksichten auf die Gebote von Moral und Recht. Eben dies war der Punkt, an dem die Kritik des Kronprinzen Friedrich in seinem „Antimachiavelli" von 1738 einsetzte: seiner Jugendschrift, durch die er sich der Welt als gelehriger Jünger der humanitären Staatsphilosophie von Locke und Fénélon bis zu Voltaire vorstellte. Wie oft hat man sie als unreifes Produkt eines jugendlichen Enthusiasten belächelt und ihre politische Moralpredigt der rauhen Wirklichkeit, den „machiavellistischen" Methoden friderizianischer Bündnis- und Kriegspolitik gegenübergestellt! Und sicherlich steckt in ihr ein naiver Vernunftsoptimismus, der das eigentliche Anliegen Machiavellis gar nicht versteht, und der von der echten Dämonie des Politischen noch gar nichts ahnt. Gleichwohl: von dem, was der Kronprinz über das Verhältnis von Politik und Kriegführung schrieb, hätte auch der spätere König wohl kaum einen Satz widerrufen.

„Wahrung des Rechtes ist eines Herrschers erste Obliegenheit" (Kap. 1); denn eben zu diesem Zweck haben die Völker (nach naturrechtlicher Gemeinanschauung) Throne und Herrschaften errichtet. In dem noch halbbarbarischen 15. Jahrhundert, dem Zeitalter Machiavellis, und unter den armseligen principini Italiens gab man freilich „dem düsteren Ruhm der Eroberer, ihren aufsehenerregenden Taten, die sich durch ihre Großartigkeit eine gewisse Achtung erzwingen, den Vorzug vor der Milde, der Gerechtigkeit, der Gnade und allen Tugenden". In unserer aufgeklärten Zeit dagegen „ist man von dem Wahnwitz geheilt, die wilden und grausamen Leidenschaften, die es auf den Umsturz der Welt und die Vernichtung tausendfachen Lebens absehen, noch obendrein zu feiern und zu ermutigen. Über allem thront die Gerechtigkeit, vom Heldentum des Eroberers und seinen kriegerischen Gaben mag man nichts mehr wissen, sobald sie Verderben drohen." „Ein mannhafter Sinn, ein offener Kopf, Erfahrungsfülle und Macht über die Gemüter, das sind gewiß Züge im Bild des Eroberers, die auch an sich ihre Bewunderung finden werden; doch mißbraucht wird solche Gaben nur Herrschbegier und Bosheit des Herzens. Ruhm gewinnt sich allein, wer seine Kräfte daran setzt, daß Recht Recht bleibe, und zum Eroberer nur wird, wenn die Notwendigkeit, nicht aber sein wilder Sinn es gebietet" (Kap. 3). Das alles sind zunächst einfach schulmäßige Sentenzen im Stil der humanistischen Staatsphilosophie eines Fénélon, auf den auch ausdrücklich verwiesen wird (Kap. 7). Aber es fällt schon auf, wie das Erobern nicht als solches verworfen, sondern nur dann getadelt wird, wenn es „Verderben droht" oder wenn es nicht aus „Notwendigkeit", sondern „aus wildem Sinn" entspringt. So gewinnt denn auch das Bild des Idealfürsten sofort persönliche Farbe, sobald von den kriegerischen Pflichten des

Herrschers die Rede ist. „Alles, aber auch alles verpflichtet ihn, die Führung seiner Truppen auf sich zu nehmen und der Erste zu sein in seinem Heer wie in seinem Hoflager..." „Welch ein Ruhm für einen Fürsten, der mit Gewandtheit, mit Klugheit und mit tapferem Herzen seine Staaten vor der Eroberung der Feinde deckt, durch Kühnheit und Geschicklichkeit über alle machtvollen Anschläge der Gegner triumphiert" (Kap. 12). Darum muß er ein ernstes Studium an das Kriegshandwerk setzen, muß lernen, wie man ein Lager anlegt, Disziplin aufrechterhält, für Verpflegung sorgt, muß Feldstrapazen ertragen, rasche und schnelle Entschlüsse fassen, es nie an Voraussicht fehlen lassen. Andererseits muß er sich aber doch wieder hüten vor pedantischer Einseitigkeit des Berufssoldatentums. Ein König soll weder ein kleinlicher Exerziermeister noch ein bramarbasierender Maulheld sein. „Ein Fürst erfüllt nur die Hälfte seiner Bestimmung, wenn er sich bloß dem Kriegshandwerk widmet; es ist geradezu verkehrt, daß er nichts als Soldat sein soll ... Fürsten sind in erster Linie Richter; sind sie Feldherren, so sind sie's im Nebenamt" (Kap. 14). Stets sollen sie dessen eingedenk sein, daß es nicht nur den Weg gewaltsamer Eroberung gibt, um ihr Reich zu mehren, sondern noch einen zweiten, nicht minder Erfolg versprechenden: „den der rührigen Arbeit." Planmäßige Wirtschaftspflege (im merkantilistischen Stil), aber auch Förderung von Wissenschaften und schönen Künsten gehört zu den wichtigsten Herrscherpflichten (Kap. 21).

Man sieht deutlich, wie beide Wunschbilder nebeneinander stehen: das des glänzenden, erfolgreichen Heerführers und das des großen Mäzens und friedsamen Völkerhirten. Einstweilen überwiegt noch stark die humanitäre Empfindung. Wie glücklich wäre die Welt daran, könnte sie ohne das „grausame, verhängnisvolle und hassenswerte" Gewaltmittel des Krieges auskommen! Weil es aber keinen Richter über den Königen gibt, der über die Gerechtigkeit ihrer Ansprüche entscheidet, so kann in vielen Fällen das Recht und die Freiheit der Völker auf keinem anderen Weg geschützt werden als durch die Waffen — das sind dann Fälle des „gerechten Krieges", die ganz nach der uralten, abendländisch-christlichen Überlieferung aufgezählt werden; darunter erscheint allerdings auch der Angriffskrieg — aber nur zur Abwehr einer riesenhaft anwachsenden Großmacht, zur Verteidigung also der Völkerfreiheit. „Alle Verhandlungen von Staat zu Staat haben naturgemäß nur einen Endzweck: das ist der Friede und das Wohlergehen des Landes. In diesem Mittelpunkt müssen alle Wege der Staatskunst immer wieder zusammenlaufen." Und immer ist Mäßigung in den

Kriegszielen sowie möglichst schonsamer Einsatz von Blut und Leben der
Krieger geboten: „Der Krieg ist ein solcher Abgrund des Jammers, sein
Ausgang so wenig sicher und seine Folgen für ein Land so verheerend, daß
sich's die Landesherren gar nicht genug überlegen können, ehe sie ihn auf
sich nehmen." „Ich bin überzeugt, sähen die Könige einmal ein schonungs-
loses Bild von all dem Elend des Volkes, es griffe ihnen ans Herz": die
erdrückende Steuerlast ihrer Untertanen, das Massensterben der Jugend,
die Not der Verkrüppelten, die hoffnungslose Lage und die Tränen der
Witwen und Waisen. „Kein Tyrann hat noch je solche Schrecknisse kalten
Blutes zu begehen vermocht. Ein Fürst, der einen ungerechten Krieg anfängt,
ist grausamer, denn ein Tyrann." „Genug, die Walter und Herren der Welt
können nicht vorsichtig und umsichtig genug jeden ihrer Schritte bedenken,
können nicht sparsam genug mit dem Leben der Ihren geizen; denn jene
sind ja nicht ihre Hörigen, sie sollen ihresgleichen in ihnen sehen, in gewissem Sinn ihre Gebieter" (Kap. 26).

Mit solchen humanitären Ermahnungen klingt die Schrift aus, die man
im Literatenkreise von Rheinsberg als eine Art von Regierungsprogramm
ihres Verfassers betrachtete. An der Echtheit ihres Pathos ist gar nicht zu
zweifeln: aus jeder Zeile glüht uns der Wunsch des jungen Prinzen entgegen, ein neues, besseres Zeitalter heraufführen zu helfen, in dem die
Sonne der Vernunft über die dunklen Haß- und Machtinstinkte barbarisch-
roherer Epochen triumphieren wird[10]). Es ist die große Hoffnung, die das
ganze Jahrhundert der Aufklärung beherrscht. Und daran ändert sich auch
nichts, als bald darauf der König die Erfahrung an sich selber macht, daß
die günstige Gelegenheit zur Machterweiterung, sein „Ehrgeiz und der
Wunsch sich einen Namen zu machen" stärker sind als alle angelernten
Ideale des friedlichen Völkerhirten. Denn von irgendwelchen Haß- und
Raubinstinkten gegen das Haus Österreich und seine ritterliche Gegnerin
Maria Theresia weiß er sich völlig frei. Sein Ehrgeiz ist von höherer Art.
Er glaubt ihn gerechtfertigt durch das Lebensbedürfnis seines Staates, sich
„aus dem Staube, in dem er gelegen, endlich zu erheben", wie es in jenem
Jugendbrief von 1731 hieß. Schon in einer Flugschrift von 1738 hatte er
geschrieben, es sei „der stehende Grundsatz der Herrscher, sich zu ver-
größern, soweit ihre Macht es gestattet"[11]). Freilich hatte er das auf die zu
allen Zeiten lebendigen Mächte dämonischen Ehrgeizes und wilder menschlicher Leidenschaften zurückgeführt und kräftige Ermahnungen an die
Fürsten hinzugefügt, sich auf ihre Aufgabe als Hüter der Wohlfahrt ihrer

Völker zu besinnen. Nach den Erfahrungen des Ersten Schlesischen Krieges dagegen muß er bekennen, es sei für den praktischen Staatsmann unmöglich, sich dem Getriebe von Lug, Treulosigkeit und Gewalt ganz zu entziehen, das die hohe Politik beherrscht, wolle er nicht seine Großmut von anderen zu ihrem Vorteil mißbraucht sehen[12]). „Machiavelli sagt", heißt es 1752, „eine selbstlose Macht, die zwischen ehrgeizigen Mächten steht, müßte schließlich zugrunde gehen. Ich muß leider zugeben, daß Machiavelli recht hat." Aber diese realpolitische Erkenntnis veranlaßt ihn keineswegs zu trüber Resignation. Gewiß: ohne ein gewisses Maß von Gewalt und List kann kein handelnder Staatsmann sich behaupten; aber zuletzt kommt alles darauf an, daß man beide maßvoll gebraucht. „Die Fürsten müssen notwendigerweise Ehrgeiz besitzen, der aber muß weise, maßvoll und von der Vernunft erleuchtet sein"[13]). Friedrich selbst ist überzeugt, im Vergleich mit anderen Potentaten sich während des schlesischen Krieges noch „ziemlich hochherzig" benommen zu haben, „und wenn auch der allgemeine Brauch meinen Verstand unterjochte, so ist mein Herz doch nicht verdorben". Schließlich bleibt noch am äußersten Horizont der Blick in ein späteres Jahrhundert, da „eine noch aufgeklärtere Zeit der Ehrlichkeit den ihr gebührenden Platz einräumen wird"[14]).

Es ist der unerschütterliche Glaube an die sieghafte Leuchtkraft der Vernunft, der es Friedrich ermöglicht, den Gegensatz zwischen humanitären Pflichten des Friedensfürsten und kämpferischem Ehrgeiz des Kriegshelden in sich selbst zu überwinden. Auch den Ehrgeiz und das Machtbedürfnis weiß er zuletzt gezügelt durch vernünftige Einsicht, durch Staatsräson. Darum kann er beides in sich hegen: echten Glauben an die Humanität und eine ebenso echte Begeisterung für kriegerischen Ruhm. Cäsar, der Eroberer, und Marc Aurel, der philosophische Friedenskaiser — beide Heldenbilder stehen in seiner Seele dicht nebeneinander. Hatte nicht auch Voltaire, der literarische Apostel der großen humanitären Bewegung der Epoche, die Geschichte des Soldatenkönigs Karls XII. von Schweden als ein Heldenepos geschrieben? Den Schluß des Buches hatte freilich die Betrachtung gebildet, daß Ehrbegierde, Ruhm- und Rachsucht, also unvernünftige Leidenschaften, den nordischen Löwen gehindert hätten, ein großer Staatsmann zu werden; er sei zuletzt noch mehr einzigartig als wirklich groß zu nennen, und „aus seinem Leben sollten Fürsten lernen, daß eine friedliche und glückliche Regierung weit über noch so viel Ehre und Ruhm steht". Dieser Urtypus des rein kämpferischen Aktivisten hat schon den Kronprinzen Friedrich viel beschäftigt, und genau wie Voltaire kam er zu dem Schluß, daß einseitige Übertreibung die kriegerischen Tugenden des großen Abenteurers in gefährliche Laster verwandelt hätte[15]). Er eigne sich wenig zum Vorbild — nicht einmal militärisch, weil heutzutage auch die Kriegskunst mehr als bloße Tapferkeit und körperliche Kraft erfordere, nämlich militärisches Wissen, Fähigkeit zu kluger Berechnung: „List siegt jetzt über Gewalt, Kunst über Tapferkeit. Der Kopf des Heerführers hat mehr Einfluß auf den Erfolg eines Feldzuges als die Arme seiner Soldaten." „Tapferkeit ohne Klugheit ist nichts, und ein berechnender Kopf siegt auf die Dauer über tollkühne Verwegenheit." Ein „berechnender Kopf" — das heißt nicht nur: ein Feldherr, der die neue, strategische Technik beherrscht, sondern zugleich ein kühl rationaler Politiker, der die Kampfleidenschaft zu zähmen weiß und das nüchterne Staatsinteresse stets im Auge behält — eben das, was Karl XII. nicht vermochte. Humanität und nüchterne Staatsräson gehören für König Friedrich eng zusammen — beide bedeuten eine Einschränkung der Leidenschaften, der Haßinstinkte, des reinen Kampfwillens[16]).

Das alles sind keine bloßen Theorien geblieben; vielmehr zeigt nun auch die Lebensgeschichte Friedrichs II. an jedem Punkt, daß es ihm ebenso ernst war mit der Fürsorge für das Wohl der Regierten wie mit der Selbstbeschränkung der Machtziele. Trotz seines kriegerischen Ehrgeizes war er alles andere als ein „Soldatenkönig" im Sinn des blinden Draufgängers und rauhen Haudegens. Wie leidenschaftlich hat er immer wieder das Schicksal beklagt, das ihn gezwungen habe, die besten Jahre seines Lebens in Waffenlärm, unter den blutigen Trophäen des Krieges zu verbringen — statt im Umgang mit den geliebten Musen von Sanssouci[17])! (Dabei sind es im ganzen kaum mehr als zehn von den sechsundvierzig Jahren seiner Regierung, die er im Felde gestanden hat!) Mehr noch: mit bitteren Worten hat er immer von neuem in seinen Briefen und Versepisteln aus dem Felde das blutige Handwerk des Soldaten verflucht, mit stärkster Erschütterung die grausigen Eindrücke des Schlachtfeldes in sich aufgenommen. Wie seltsam sticht doch überhaupt die Erscheinung dieses Heerführers, der nach kriegerischem Tagewerk abends in seinem Zelt lange Szenen aus Racine deklamiert und davon immer wieder bis zu Tränen erschüttert wird, der in elender Bauernstube bei Kerzenlicht an französischen Elegien und Sonetten schmiedet, in denen er sein eigenes heroisch-tragisches Erleben oder den drohenden Untergang seines Vaterlandes besingt — wie seltsam sticht das alles von den gewohnten Bildern kriegerischer Manneshaltung ab! Hier

pochte, quoll, drängte im geheimen eine Fülle menschlicher Empfindsamkeit
ans Licht, die keinen anderen Ausweg fand. Daß sie den König und Feldherrn
niemals in der kalten und klaren Nüchternheit seiner Entschlüsse beirrt
hat, war nicht einfacher Ausdruck einer im Innersten machiavellistischen
Natur, sondern das Ergebnis immer neu erkämpfter, eiserner Selbstzucht.

Aber die Ideale des humanitären Friedensfürsten haben nicht nur als
vorübergehende Stimmungen, sondern höchst positiv als Antriebe auf
König Friedrich gewirkt. Das zu erkennen und zu würdigen erschwert
allerdings die hochmütig-zynische Menschenverachtung des durch und
durch volksfremden Aristokraten. Trotzdem war es der Staatsverwaltung
Friedrichs ebenso ernst mit dem Bemühen, den Untertanen das höchste
Maß irdischer Wohlfahrt zu verschaffen, das sich auf dem kargen Boden
des altpreußischen Landes und mit den beschränkten Mitteln einer streng
obrigkeitlichen Regierung überhaupt erreichen ließ, wie es das Anliegen
seiner Vorfahren, der christlichen Landesväter gewesen war. Von Ausbeutung der Untertanen für den Prunk und äußeren Glanz des Hofes, von
liederlicher Verschwendung der Staatsgelder und dergleichen kann man in
Preußen am allerwenigsten sprechen. Es ist viel mehr als ein bloßes Programm, wenn Friedrich in seinen geheimen, nur für den Nachfolger bestimmten politischen Testamenten immer wieder darauf dringt, das Regiment des preußischen Königs müsse und könne milde sein, weil er über
ein im ganzen höchst gutwilliges, fleißiges Volk regiert, von dem innerer
Widerstand nicht ernsthaft zu befürchten ist; er soll (in betontem Gegensatz zu den Ratschlägen Machiavellis) lieber durch Belohnungen ermuntern
als durch Strafen schrecken, soweit als irgend möglich drückende Staatslasten
zu erleichtern suchen, stets eingedenk bleiben, daß er nur erster Diener des
Staates ist, dem Staatsinteresse als einzigem Leitstern folgen und ihm das
ganze Leben weihen. Kurzum: er muß ein Ehrenmann (honnête homme)
sein. „Die Wohlfahrt seines Volkes muß ihm am Herzen liegen; sie ist
unzertrennlich von der seinen"[18]). Man kennt die Taten, die solchen Vor-
sätzen entsprachen. Unendlichen Fleiß vieler Jahrzehnte hat Friedrich II.
auf die „Peuplierung" und „Melioration" des Landes, auf die Hebung der
Gewerbe und Kommerzien, schließlich auch auf die Verbesserung des Schulwesens und der wissenschaftlichen Anstalten verwendet. Gewiß: nicht so sehr
um der Untertanen wie vor allem um des Staates und seiner militärischen
Schlagfähigkeit willen. Aber so wenig der Staat dem König als Selbstzweck
erschien[19]), so wenig auch die Steigerung staatlicher Macht, der Erwerb

kriegerischen Ruhms; beides sollte nur die äußeren Voraussetzungen schaffen einer größeren, schöneren und reicheren Zukunft des ganzen Volkes.
Nicht zufällig werden in dem Politischen Testament von 1752 unter den
vier „Hauptpfeilern" einer guten Regierung die Rechtspflege und Finanzwirtschaft an erster Stelle genannt, werden Justiz, Finanzen, wirtschaftlich-
soziale und kirchliche Probleme *vor* den Aufgaben äußerer Politik und der
Kriegführung behandelt. So harte Ansprüche auch der preußische Kriegerstaat an seine Untertanen stellte: deutlich erkennbar schwebte seinem Baumeister das Ideal eines Rechts- und Kulturstaates vor; darum zog er sich
auch eine ganz bestimmte, unüberschreitbare Grenze für die Ausdehnung
staatlichen Willens: die Grenze des Rechts und der geistigen Toleranz.

Dasselbe System einer streng rationalen Selbstbegrenzung der Macht zeigt
bei genauer Betrachtung auch die Wehr- und Außenpolitik des friderizianischen Staates. Im Rahmen eines Staatswesens, in dem alles nach genau
berechneten Regeln verläuft, Finanzen, Politik und Heerwesen nach Friedrichs bekanntem Wort von einem Punkt aus und „in gradgestreckter
Flucht, Stirn an Stirn, gelenkt werden wie das Viergespann im olympischen
Wettkampf", werden auch die Ansprüche der Kriegführung in den festen
Schranken politischer Zweckmäßigkeit gehalten. Gewiß: den Zeitgenossen,
die ein viel geringeres Maß kriegerischer Kraftanstrengung gewöhnt waren,
erschienen diese Schranken unerhört weit — uns Heutigen werden sie
immer noch verhältnismäßig eng vorkommen. Die Dienstpflicht der Landeskinder war praktisch auf einen Teil der Bauernsöhne und Handwerksgesellen beschränkt; aber nur zögernd und ungern, erst in der Not des
Siebenjährigen Krieges, hat Friedrich diese Menschenreserve bis zum letzten
ausgeschöpft. Die Staatsökonomie, die Rücksicht auf unabweisliche Bedürfnisse der Landwirtschaft, erforderte das; sie zwang auch dazu, ungefähr ein
Drittel der Mannschaften durch ausländische Werbungen zu beschaffen.
Militärisch war das ein höchst unerwünschter, ja gefährlicher Notbehelf;
aber aus politisch-ökonomischen Gründen hat Friedrich sogar gewünscht,
volle zwei Drittel der Kompaniebestände mit Ausländern zu besetzen. Das
gewerbetreibende Bürgertum und die akademischen Berufe waren grundsätzlich von der Aushebung „eximiert". Hätte der Krieg ihre Tätigkeit
gelähmt, so wären die „Akzisen", die wichtigsten Steuerquellen des Staates,
zurückgegangen. In Friedenszeiten durfte auch der bäuerliche Frondienst
auf den Gutshöfen und die Eigenwirtschaft der Bauern nicht zu sehr gestört
werden. Deshalb war der Soldat den größten Teil des Jahres über nach

Hause beurlaubt, und die zwei „Exerziermonate" wurden möglichst vor beziehungsweise hinter die Haupterntezeit gelegt. War das Ernteergebnis schlecht, das Getreide im Lande knapp, so wurde der Inhalt der Militärmagazine auf den Markt gebracht, um ein übermäßiges Steigen der Preise zu verhindern. Überhaupt war das Heer mit seinem großen Warenbedarf, aber auch mit der zunftfreien Gewerbeproduktion, die dem Soldaten zur Aufbesserung seiner knappen Löhnung in dienstfreien Nebenstunden gestattet war, auf das sorgfältigste in das System der merkantilistischen Wirtschaftspolitik einkalkuliert. Und mit seiner scharfen Unterscheidung zwischen kantonspflichtigem Bauern- und Arbeiter-, eximiertem Bürger- und privilegiertem Adelsstand (dem die Offiziersstellen grundsätzlich vorbehalten blieben), fügte er sich genau in die Sozialordnung des alten Dreiständestaates ein — man blieb weit entfernt davon, an dieser durch gleichmäßige Mobilisierung aller Volksschichten zu rütteln.

Nach alledem ist deutlich: die Militärmonarchie Friedrichs des Großen, die seinen Zeitgenossen als reiner Kriegerstaat erschien, blieb hinter der „totalen" Militarisierung der modernen festländischen Volksstaaten noch immer sehr weit zurück. Ein „bewaffnetes Feldlager" war sie, im Vergleich mit der späteren Entwicklung, nicht einmal im Kriege. Denn so wenig wie von einer Nation in Waffen wußte Friedrich von einer „totalen Kriegführung", die alle Lebensgebiete ergreift. Vielmehr war er gerade stolz darauf, seine Kriege so führen zu können, daß „der friedliche Bürger in seiner Behausung ruhig und ungestört bleibt und gar nicht merkt, daß sein Land im Kriege ist, würde er es nicht aus den Kriegsberichten erfahren". „Unter dem Schutz der edlen Vaterlandsverteidiger bestellt der Landwirt seine Felder; die Gesetze werden von den Gerichten aufrecherhalten; der Handel blüht und alle Berufe werden ungestört betrieben[20]" Der Krieg war ein Instrument der Machtpolitik, das eine weise Staatskunst nur mit höchster Vorsicht — trotz aller Kraftanstrengung — handhaben sollte: unter möglichst weitgehender Schonung friedlicher Lebensinteressen und darum auch möglichst leidenschaftslos.

Je geringer die Leidenschaft des Kampfes, um so stärker wird der Einfluß politischer und ökonomischer Erwägungen auch auf den Gang der Kriegführung im einzelnen. Von irgendwelcher Autonomie des militärischen Kampf- und Vernichtungswillens, der sich gegen derartige Erwägungen als „sachfremd" wehrt und absperrt, weiß das Zeitalter der Kabinettskriege noch gar nichts[21]). Zumal in Koalitionskriegen war es üblich, daß die Kriegspläne auf diplomatischem Wege zwischen den verschiedenen Höfen verabredet wurden, in oft monatelangen Verhandlungen, in denen die politischen und ökonomischen Sonderinteressen jedes der Verbündeten reichlich sich auswirken konnten. Aus dem übermäßigen Schwergewicht solcher Rücksichten erklärt sich zum Teil auch die Manöver- und Ermattungsstrategie des 18. Jahrhunderts. Berüchtigt ist der lähmende Einfluß des Wiener Hofkriegsrates auf die Operationen österreichischer Heere im spanischen Erbfolgekrieg oder der „betaalsheeren" holländischer Stände auf die Kriegführung der Oranierprinzen. König Friedrich hatte den Vorzug, politische und militärische Kriegsleitung in seiner Person zu vereinigen. Aber gerade darum fiel es ihm nicht ein, politische Erwägungen aus der militärischen Planung jemals auszuschalten. Weil er von kühnerem Angriffsgeist erfüllt war als die meisten seiner Zeitgenossen und weil ihn seine ganze Lage — das Bedrohtsein von mehreren Seiten zugleich, die Knappheit seiner Kampfmittel an Geld und Menschen — zu raschen und kräftigen Schlägen gegen den Feind, zuweilen zu gewagten Offensivstößen drängte, hat man gemeint, ihn als Ausnahmeerscheinung innerhalb seiner Epoche auffassen und bereits den „Vernichtungsstrategen" einer späteren Zeit zurechnen zu dürfen[22]. Aber wenn es deren besonderes Kennzeichen ist (wie noch zu zeigen sein wird), daß sie grundsätzlich nur ein absolutes Kriegsziel kennen: das vollständige Wehrlosmachen des Gegners mit Hilfe physischer Waffengewalt, und daß sie sich gegen jede Einschränkung solchen Vernichtungswillens aus politischen Gründen sträuben, so ist Friedrich der Große ganz gewiß kein Vernichtungsstratege gewesen. Vielmehr zeigt jedes tiefere Eindringen in die Einzelheiten seiner Feldzüge aufs deutlichste, daß seine Kriegführung keineswegs „absolut" oder „total", sondern in doppelter Richtung begrenzt war: durch die Notwendigkeit, fortwährend diplomatische Aushilfen zu gebrauchen, wenn die erwünschte Entscheidung auf rein militärischem Wege nicht zu erzwingen ist, und durch die Bereitschaft, sich mit militärischen Teilerfolgen zu begnügen in der Hoffnung, den Kampfwillen des Gegners auch ohne förmliche Vernichtung seiner Kampfkraft und ohne letztes Auspumpen der eigenen Kräfte zu ermatten.

Schon der erste schlesische Eroberungszug, scheinbar die Ausgeburt eines hemmungslosen Ehrgeizes und blinden militärischen Draufgängertums, das alle politischen Warnungen in den Wind schlägt, ist in Wahrheit zugleich aus sorgsam rationaler Berechnung der politischen Möglichkeiten hervorgegangen. Schwerlich hätte Friedrich das Unternehmen gewagt, hätte er nicht felsenfest geglaubt, daß zum mindesten eine der beiden Westmächte, England oder Frankreich, aus Gründen der Staatsräson ihm sehr bald zur Seite treten müsse, daß es ein Leichtes sein würde, den völlig ungerüsteten Gegner militärisch zu überrumpeln und daß seine Gegnerin, eine hilflose Frau, zu ernstlichem und zähem Widerstand nicht imstande, ihr Gatte, der landfremde Lothringer, dazu nicht willens sei. Ja, er glaubte seine Gegnerin womöglich durch ein Hilfsangebot gegen alle Welt zu freiwilligem Verzicht auf Schlesien bewegen zu können. Als beide Berechnungen täuschten, der österreichische Gegner bei Mollwitz sich als überaus gefährlich erwies und statt der erwarteten österreichfeindlichen Allianz sich zeitweise eine preußenfeindliche zu bilden schien, hat der König durch viele Monate — von April 1741 bis in den Spätherbst, also gerade während der militärisch günstigen Jahreszeit! — den Krieg fast einschlafen lassen, um sich zunächst durch diplomatische Verhandlungen einen besseren politischen Rückhalt zu verschaffen. Als es dann endlich gelungen war, die Franzosen zum Bruch mit dem Wiener Hof, ihre Armee zum Vorstoß gegen Oberösterreich zu bewegen, als das englisch-russische Gegenbündnis zerbrach, Sachsen und Bayern sich ebenfalls gegen Maria Theresia erhoben, die Sache der Habsburgerin verloren schien — da stieß der Preußenkönig nicht etwa energisch vor zum letzten Vernichtungsschlag, sondern traf sich in tiefer Heimlichkeit mit Neipperg, dem Feldherrn des einzigen Heeres, das die Österreicherin damals noch im Felde stehen hatte, auf dem Schlosse von Kleinschnellendorf. Er erteilte ihm gute Ratschläge, wie er den Verbündeten Preußens am besten zu Leibe gehen könnte, und schloß mit ihm ein militärisch-politisches Abkommen, das den Österreichern freien Abzug aus einer schwer gefährdeten Lage, dem König aber militärisch nichts weiter einbrachte, als was er ohnedies schon ziemlich sicher in Händen hielt: die Übergabe der Festung Neiße und ungestörte Winterquartiere in Oberschlesien; dafür versprach er, in den bevorstehenden Friedensverhandlungen seine Erwerbsansprüche auf Niederschlesien zu beschränken. Rein militärisch war das alles kaum zu begründen, wenn auch der ungeduldige Wunsch, ohne neuen Winterfeldzug rasch zum Ende zu kommen, eine gewisse Rolle dabei gespielt hat; tatsächlich hat sich Friedrich ohne dringende Not (das ist gegen alle neueren Erklärungsversuche festzuhalten) selber der Möglichkeit beraubt, den Feldzug zu einer eindeutigen militärischen Entscheidung zu bringen; und wie seltsam wirkt (vollends für heutige Vorstellungen von Kriegführung!) die Abrede einer Scheinbelagerung und -beschießung von Neiße, fortdauernder Scheingefechte zwischen den Vorposten, um die Alliierten Preußens zu täuschen! Dahinter steckten natürlich politische Absichten: aus Furcht vor allzu großem Kriegsgewinn des sächsischen, vor allzu eigenwilliger und herrischer Haltung des französischen Verbündeten ließ Friedrich seine Gegnerin freiwillig wieder zu Atem kommen. Eben daran wird der Stil seiner schlesischen Kriegführung besonders deutlich: es ist (zunächst jedenfalls) noch durchaus der Stil der Kabinettskriege, mit klar und engbegrenztem Kampfziel; mit sorgfältiger Berechnung von Risiko und Gewinnmöglichkeit, mit fast launischem Wechsel der Bündnisse, mit möglichst sparsamem Kräfteeinsatz, mit sehr viel diplomatischem Bluff und gegenseitiger Überlistung.

Ein ununterbrochen fortlaufendes Spiel von Allianzen, Bündniserbietungen, Verträgen, die rasch wieder aufgegeben und ebenso rasch wieder aufgenommen werden, begleitet die Feldzüge Friedrichs bis 1745. Nicht etwa Vernichtung der habsburgischen Macht ist das Kriegsziel, sondern die Behauptung Schlesiens, eine unabhängige und ansehnliche Stellung im Reich, aber auch Frankreich gegenüber. Siegreiche Schlachten verschaffen dem Preußenkönig am meisten politische Reputation und sind darum nicht zu entbehren; aber auch diplomatische Gewandtheit, rücksichtslose Ausnützung günstiger politischer Augenblickssituationen dient dazu. Es ist sein Ehrgeiz, alle Mitspieler in solchen Künsten zu übertreffen, und offensichtlich ist er darin zu weit gegangen: bis zu sehr ernstlicher Schädigung seines außenpolitischen Kredits. Dreimal kurz nacheinander überrascht er seine Verbündeten durch vorzeitige Friedensschlüsse: er wünscht gar nicht den Krieg bis zur völligen Wehrlosigkeit des Gegners durchzukämpfen, sondern immer nur bis zu dem Augenblick, der den „politischen Konvenienzen" Preußens entspricht.

„Es ist mit der Kriegskunst wie mit allen Künsten: sie ist bei rechtem Gebrauch nutzbringend und bei Mißbrauch verderblich." Noch in dem politischen Testament von 1768, das die Summe seiner Lebenserfahrungen zusammenfaßt, hält Friedrich an der Lehre fest, daß nur ein „gerechter", das heißt ein durch unabweisbare politische Lebensbedürfnisse geforderter Krieg zu rechtfertigen, jeder andere aber „strafwürdig" sei[23]). „Ich werde fortan keine Katze mehr angreifen", versicherte er nach dem Dresdener Friedensschluß von 1745, „es sei denn, um mich zu verteidigen." Und sieben Jahre später noch erklärte er, nunmehr endgültg zum „System der Erhaltung des Friedens" übergehen zu wollen — freilich nur, „solange es möglich ist, ohne die Majestät des Staates zu verletzen." „Es frommt uns nicht, noch einmal den Krieg anzufangen. Eine glänzende Tat wie die Eroberung Schlesiens gleicht den Büchern, deren Originale einschlagen, aber deren Nachahmungen abfallen." Jetzt seien alle Nachbarn gegen Preußen aufgeschreckt. „Mein Leben ist zu kurz, um sie uns gegenüber wieder in Sicherheit einzuwiegen²⁴)." Wohl malte er sich in den „politischen Träumereien" seines Testamentes von 1752 aus, welche anderen Erwerbungen für eine spätere Zukunft noch zur Vergrößerung Preußens nützlich wären: Ansbach-Bayreuth, Mecklenburg, Sachsen, Polnisch-Preußen und Schwedisch-Pommern; davon ließe sich Sachsen nur durch kriegerische Eroberung, unter ganz besonders günstigen Umständen, gewinnen, die anderen durch Erbrecht, Vertrag und Diplomatie. Aber er bezeichnet diese Pläne selbst als bloße „Chimären"; sie sollten kaum mehr als eine allgemeine Richtung preußischer Erwerbspolitik für das nächste Menschenalter, vielleicht erst für die übernächste Generation, bezeichnen. Für absehbare Zeit gab ihm die Ungunst der europäischen Lage keine Möglichkeit mehr, an ihre Verwirklichung zu denken. Und ein Abenteurer wie Karl XII. wollte er nun einmal nicht sein.

Tatsächlich ist denn auch der Versuch späterer Historiker gescheitert, sein Losschlagen zu Beginn des Siebenjährigen Krieges als eine Art von Wiederholung des Geniestreiches von 1740 (nur diesmal gegen Sachsen statt gegen Schlesien gerichtet) zu deuten. Nicht durch ungestümen Eroberungsdrang ist diese letzte, entscheidende Machtprobe seines Staates hervorgerufen, sondern aus der Sorge um die Sicherung, Verteidigung, Rettung der preußischen Großmachtstellung entsprungen. Es galt den Ring einer höchst gefährlichen Einkreisung zu zersprengen, die sich um Preußen zusammenzog. Daß er dies durch das — politisch immer fragwürdige — Mittel eines Präventivkrieges versuchte, wird man allerdings als eine Trübung politischer Räson durch militärtechnische Erwägungen deuten müssen; politisch ist es bekanntlich verhängnisvoll geworden und hat das Zustandekommen der Großen Allianz wesentlich erleichtert. Aber gleich darauf fiel nun wieder die politische der militärischen Räson in den Arm: durch verzweifelte, aber erfolglose und kostbare Wochen verschlingende Versuche der preußischen Diplomatie, die feindliche Koalitionsbildung noch im letzten Augenblick zu verhindern, ging Friedrich die lockende Möglichkeit verloren, den noch ungerüsteten Hauptgegner mitten im Anmarsch zu überfallen und zu schlagen. Auch die vollständige Besetzung und Ausbeutung Sachsens, aus

rein politisch-ökonomischen Erwägungen durchgeführt, kostete viel Zeit.
Der Feldzug von 1756 endete ohne entscheidenden Erfolg. Der Überrumpe-
lungsversuch wurde erst im nächsten Frühjahr unternommen, auf dringendes Anraten des Feldmarschalls Schwerin und des Generals Winterfeldt.
Friedrich selbst hatte ursprünglich eine mehr defensive Haltung geplant,
gelenkt von politischen Rücksichten: je nach dem Ausfall seiner Verhandlungen mit den Koalitionsmächten und mit dem englischen Verbündeten
hatte er seine Truppen auf verschiedene Fronten zu verteilen gedacht.
Zuletzt entschloß er sich doch, ohne ängstliche Rücksicht auf die Neben-
fronten alle Kraft seiner Armee zu einem Hauptschlag gegen den Hauptgegner zu vereinigen[25]). Im Feldzug von 1757, bis zur Schlacht von Prag,
erreicht seine Strategie den Punkt, an dem sie den Methoden Moltkes am
meisten ähnlich sieht. Überhaupt ist die Wucht des Kampfwillens, die
innere Dynamik dieses Krieges unvergleichlich größer geworden als in
den früheren Feldzügen. Zu politischen Seitensprüngen bot sich keine
Möglichkeit mehr: Preußen verteidigte sein staatliches Dasein gegen die
vereinigten Großmächte des europäischen Kontinents. Aus dem kavaliers-
mäßigen Kreuzen der Klingen, dem Kampf um engbegrenzte Ziele, war
auf einmal ein Ringen auf Leben und Tod geworden. Aber mit kriegerischen
Mitteln allein war ein so ungleicher Kampf nicht zu gewinnen — schon
die viel zu geringe Größe, Schwerfälligkeit und ungleichmäßige innere
Struktur damaliger Heere verbot ein Ausholen zu wirklichen Vernichtungs-
schlägen, wie sie erst Napoleon später erreicht hat; darüber war sich auch
Friedrich vollkommen klar, wie aus allen seinen militärischen Lehrschriften
erhellt. Gleich nach dem Unglückstag von Kolin sieht man ihn wieder mit
diplomatischen Versuchen zur Lockerung der Einkreisung beginnen. Tausend verschiedene Kanäle werden benützt, um immer von neuem, zwischen
den Schlachten und in den Winterpausen, die Möglichkeit politischer Verständigung, billigen Ausgleichs mit den Verbündeten Maria Theresias abzu-
tasten, die heimlichen Risse im Ring der Koalition zu erspähen und womöglich zu erweitern. Wer die lange Bändereihe der „Politischen Korrespondenz" in diesen Kriegsjahren durchgeht, mit ihrem wunderbaren
Durcheinander von politischen und militärischen Schriftstücken, wer hier
den König gleichzeitig als Oberkommandierenden, Generalstabschef und
Leiter der Diplomatie beobachtet, der gewinnt eine lebendige Vorstellung
davon, daß in der Tat die Verbindung zwischen Politik und Heerführung
keinen Augenblick abreißt, beständig eines das andere ergänzen muß, die

politische Erwägung aber zuletzt immer den Ausschlag gibt. Schließlich war es denn auch ein politisches, nicht ein militärisches Ereignis, das Friedrich die Rettung brachte: der Tod der Zarin Elisabeth und daraus folgend der Abfall Rußlands von der großen Koalition.

Und doch hatte der König nicht dem politischen Zufall, sondern dem zähen, unerschütterlichen Kampfwillen, der seelischen Kraft des Durchhaltens seinen Enderfolg zu verdanken. Ohne diese soldatischen Eigenschaften hätte er längst vor jenem glücklichen Ereignis von 1762 seine „Konvenienz" gesucht, wie es ihm die Kompromißpolitiker rieten: unter Opferung Schlesiens oder doch großer schlesischer oder rheinischer Gebietsteile. Indem er das abwies, behauptete er seine Stellung als Begründer der preußischen Großmacht — geriet freilich hart an die Grenzen des politisch noch „Vernünftigen". In England jedenfalls hat man seinen damals bewiesenen „Starrsinn" hart kritisiert. Und doch war dieser Starrsinn in keiner Weise mit der eines Adolf Hitler zu vergleichen, der 1944/45 die Zukunft Deutschlands bewußt opferte, um damit die Lebensfrist seines längst verlorenen Regimes noch einmal zu verlängern — unter Berufung auf das Vorbild Friedrich des Großen. Denn wie der Enderfolg zeigte, hatte dieser vollkommen richtig auf die Erschöpfung der Hilfsmittel auch seiner Gegner gerechnet. Es erwies sich also doch als richtige Spekulation, wenn er glaubte, den Krieg durch zähe Ausdauer zuletzt noch gewinnen zu können. Und auch im Erfolg blieb er nüchtern, beherrscht von der kühlen Staatsräson: niemals hat er sich dazu verleiten lassen, den Sinn dieses Verteidigungskrieges durch phantastische neue Eroberungspläne zu verfälschen; und je gründlicher und bitterer er die Grenzen seiner Macht kennengelernt hatte, um so sorgfältiger war er nun darauf bedacht, seinen Staat keinen neuen äußeren Gefahren mehr auszusetzen. Mehrere Jahrzehnte lang sammelte er nun alle Energie einzig darauf, in systematischem Aufbau die inneren Kräfte der Monarchie zu stärken. Die große Erwerbung seiner Altersjahre, die Provinz Westpreußen, errang er allein mit den Waffen der Diplomatie. Als er sich schließlich in seinen letzten Lebensjahren dennoch entschloß, für die Erhaltung des Gleichgewichts der deutschen Großmächte noch einmal ins Feld zu rücken, lieferte er (im böhmischen Feldzug von 1778) das letzte geschichtliche Beispiel eines reinen Kabinetts- und Manöverkrieges, in dem die Diplomatie weit mehr ausrichtete als die kriegerische Aktion.

Kriegführung und Politik scheinen in der Geschichte Friedrichs des Großen zu vollkommener Einheit gebracht, und in den schweren Kämpfen, die das folgende Jahrhundert zwischen deutschen Staatsmännern und Strategen erlebte, hat man immer wieder auf ihn als leuchtendes Vorbild zurückgeblickt. Sicherlich mit Recht, sofern ihm nicht die Feder des Diplomaten verderben konnte, was das Schwert gewonnen hatte, und niemals kriegerischer Ehrgeiz und Tatendrang die feingesponnenen Netze der Diplomatie zerstörte. Aber wer tiefer hineinblickt in seine Geschichte, der sieht oder ahnt doch auch, daß hinter der Außenseite eines stets geschlossenen königlichen Willens sich ganz gewaltige Spannungen verbargen — Spannungen, die auch hier aus der unaufhebbaren Gegensätzlichkeit militärischer und politischer Erwägungen und Strebungen entspringen mußten. Zuweilen hört man sie sehr kräftig explodieren. So gleich zu Anfang seiner Regierung, wenn der achtundzwanzigjährige Herrscher seine erfahrenen Minister und Generäle, denen das schlesische Unternehmen ohne diplomatische Vorbereitung als ein höchst gewagtes Abenteuer erschien, sehr ungnädig anfährt: „Wenn die Minister von Politik reden, so sind sie recht geschickte Leute, aber wenn sie von Krieg reden, so ist es, als wenn ein Irokese von Astronomie spricht." Oder während des Krieges, als dem getreuen Minister Podewils bange zu werden anfängt vor dem europäischen Kriegsbrand, den der junge Herr da zu entfesseln im Begriff ist, und er vor dem Kriegsbündnis mit dem unzuverlässigen Frankreich gegen das Kaiserhaus zurückscheut: „Ich habe Grund, sehr unzufrieden mit Ihnen zu sein, und wenn Sie nicht Ihren groben Fehler wieder gut machen, so mögen Sie wissen, daß es genug Festungen in meinem Lande gibt, um Minister festzusetzen, die gegen den Willen ihres Herrn handeln." Ihm selbst war schon sehr bald darauf bei dieser französischen Allianz nicht mehr wohl, und es deutet doch wohl auf eine geheime Unsicherheit seiner Entschlüsse, wenn er die Konvention von Kleinschnellendorf abschloß, ohne seinen Minister darum zu befragen. Doch ging es dabei zunächst nur um Fragen politischer und militärischer Zweckmäßigkeit. Tiefer reicht der geheime Widerstreit zwischen Kampfwillen und Ruhmbegier auf der einen, Friedens- und Wohlfahrtspolitik auf der anderen Seite, der das ganze Wesen Friedrichs durchdrang. Indem er die ungeheure Last der Verantwortlichkeit für sein Volk zuweilen ins Unerträgliche steigerte, hat er den König in seinen dunkelsten Stunden bis nahe an den Selbstmord herantreiben können. Weil er diese inneren Kämpfe zuletzt ganz allein mit sich austragen mußte, ohne die Möglichkeit, mitverantwortliche Berater, Träger der Politik und Heerführung, in befreiender Aussprache daran zu beteiligen, ist er zuletzt zu dem einsamen Fremdling, dem „steinernen Gast" unter den Menschen geworden, der ihnen so leicht als die fleischgewordene, aber seelenlos kalte Staatsvernunft erschien. Und doch war es eben diese Staatsvernunft, und nur sie, die den beständigen Ausgleich zwischen politischen und militärischen Erfordernissen, zwischen friedlicher Wohlfahrts- und kämpferischer Machtpolitik ermöglicht hat, wie er für das Regiment Friedrichs des Großen so charakteristisch ist. Noch hing nicht das Schwergewicht der Erwartungen, Sehnsüchte und Hoffnungen der Völker, der Millionen, an den politischen und militärischen Entschließungen des Herrschers und beeinträchtigte noch nicht ihre Wendigkeit, ihre Fähigkeit, sich wechselnden politischen Konstellationen anzupassen. Noch konnten die Kriege begonnen, durchgeführt — und je nach Bedarf abgebrochen werden, ohne die Leidenschaften und Haßinstinkte der Massen aufzupeitschen. Wenn der König eine Bataille verlor, so war in der Heimat „Ruhe die erste Bürgerpflicht", wie es ein hoher Bürokrat der Epigonenzeit nach Jena durchaus zutreffend im Stil der alten Monarchie formuliert hat. Und wenn er siegte, so kümmerte ihn der Beifall der Regierten herzlich wenig. Er allein bestimmte das Maß der Anstrengung, das dem Volk im Interesse staatlicher Machtsteigerung und -erhaltung zuzumuten war.

Aber die Zeiten werden sich wandeln. Die Erscheinung Friedrichs steht am äußersten Ende einer fast dreihundertjährigen Entwicklung des fürstlichen Absolutismus. Drei Jahre nach seinem Tode wird eine Umwälzung der europäischen Staatenordnung beginnen, die alle äußeren und inneren Voraussetzungen seiner Regierungskunst und damit auch das Verhältnis von Politik und Kriegführung grundlegend verändert.

2. Kapitel

RATIONELLE STRATEGIE UND KRIEGSPOLITIK DES ROKOKO.
DIE GEZÄHMTE BELLONA

Es wird jetzt deutlich geworden sein, was das Auftreten Friedrichs des Großen für die Entwicklungsgeschichte unseres Problems bedeutet. Solange die Politik deutscher Landesfürsten im wesentlichen nur friedliche Ziele der Behauptung ererbten Machtbesitzes und innerer Landeswohlfahrt verfolgt hatte, war in ihrem Bereich der ewige Widerstreit zwischen den Aufgaben des Machtkampfes und der Friedensordnung noch kaum sichtbar geworden. Erst Friedrich dem Großen wurde ihre Antinomie zu einem sein ganzes Leben durchwühlenden Problem. Aber er wußte es praktisch zu meistern — nicht ohne unsichere Schwankungen, vor allem in seinen Anfängerjahren, aber doch ohne ernstliche Erschütterung seines königlichen Selbstbewußtseins, das getragen wurde von einem überaus starken Vertrauen auf die Macht der Vernunft. Spätere Zeiten, denen dieses Vertrauen nicht mehr so selbstverständlich sein wird und in denen sich die ungeheure Dynamik moderner Volkskriege entfesselt, werden es viel schwerer haben, den Primat ruhiger Staatsvernunft über die Leidenschaften des Krieges zu behaupten. Die Schwierigkeit wird sich noch wesentlich steigern, wenn die Verantwortung der Obersten Kriegsleitung sich auf ressortmäßig nebeneinandergestellte Persönlichkeiten, auf Berufssoldaten und Berufspolitiker, verteilt — eine Entwicklung, zu der die gewaltige Komplizierung der modernen Kriegs- und Staatsmaschine sehr bald nach Friedrichs Tode drängt. Schließlich wird jener Widerstreit sich geradezu katastrophal auswirken, sobald er aus der Sphäre der Regierenden in die breite Masse der Regierten hinunterdringt und die kämpfende Nation in zwei Teile zerreißt, die einander nicht mehr verstehen können.

Das wird das Ergebnis der Entwicklung vom 18. Jahrhundert bis zum Ersten Weltkrieg sein.

Hüten wir uns indessen, ihren Verlauf allzu geradlinig zu sehen! Ohne das Eingreifen einer fremden Macht in das deutsche Leben, ohne die große Zeitwende der französischen Revolution und der Revolutionskriege wäre alles ganz anders gekommen. Zunächst schien es doch so, als sollte der kriegerische Preußenkönig eine ganz vereinzelte Ausnahmeerscheinung bleiben — sein eigener Staat in ein friedliches Stilleben zurücksinken. Die Armee Friedrichs des Großen war sechs Jahre nach seinem Tode, wie der Feldzug von 1792 zeigte, bereits im Verfall. Die Härte seiner inneren Staatsverwaltung wurde abgelöst durch eine Ära humanitärer Reformer, der Beyme und Mencken, die an allen möglichen Stellen Milderungen und Verbesserungen im Geist des aufgeklärten und empfindsamen Zeitalters versuchten[1]); außenpolitisch verfiel man nach kurzer Betriebsamkeit unter Friedrich Wilhelm II. sehr rasch, ja viel zu rasch, in ein System rein passiver und unbedingter Neutralität. Und wie war die Wirkung Friedrichs auf die andern deutschen Fürstenstaaten? Ohne Zweifel ist sie sehr stark gewesen — nicht nur in Österreich, wo Josef II. sein glühender Bewunderer war und Leopold von Toskana sich zum Musterbild eines „aufgeklärten", reformeifrigen Monarchen entwickelte, sondern gerade auch an solchen Höfen, die ihrer außenpolitischen Ohnmacht wegen nicht daran denken durften, die „militärische Regierungsart" der Preußen nachzuahmen und mit ihrem Kriegsruhm zu wetteifern. Nur war diese Wirkung von vornherein zwiespältig: eine Mischung von (oft überschwänglicher) Bewunderung des Genies mit unverhohlener Eifersucht und Furcht des Schwächeren, nicht selten auch mit heftiger Abneigung gegen ein so anspruchsvolles, opferheischendes Regierungssystem. In den höchsten Tönen pries etwa der hessen-darmstädtische Hofrat Friedrich Carl von Moser den „unzubeschreibenden Geist" Friedrichs in seiner Schrift „Der Herr und der Diener" (1759), dem bekanntesten und für die Zeitstimmung am meisten charakteristischen Fürstenspiegel des aufgeklärten Jahrhunderts. „Er ist der König unter den Helden, er hat Verstand vor mehr als eine Erde, er dreht sich, wie die Sonne, in seiner eigenen Axe und glänzt in seinem eigenen Licht, er hat ihre Hitze und ihre Flecken, er hat das Maas eines großen Geistes, Jahrhunderte nach uns werden seine Höhe, Größe und Natur noch mit Sorgfalt erforschen ... Seine Thaten sind mein Gedankenfest, ich schleiche ihm oft nach, um seine geheimen Wege zu erraten, der Adler schwingt sich aber in Höhen, die niederm Gefieder unersehlich bleiben" usw.[2]). Freilich fügte Moser sogleich hinzu: „Er braucht den Raum von Colossen... Ich weiß mir keinen vornehmern Menschen zu gedenken, so bald ich an den König gedenke. Schade aber für uns, daß er nicht eine Welt vor sich alleine hat." Als „Erretter der Teutschen Freyheit" gegen den „Despotismus des Wiener Hofs"

4*

wird der Preußenkönig hochgelobt; aber „die preußische Hof-, Kriegs-
und Cameral-Verfassung gleicht Scanderbecs berühmtem Säbel, sein Arm
gehörte mit dazu." Die militärische Regierungsart ist ein System, „welches
Monarchien groß und kleine Staaten arm machen kann". Ähnlich dachte man
wohl überall in den Mittel- und Kleinstaaten: man bewunderte Friedrich
und seinen Ruhm; aber man blickte staunend und schaudernd auf die Opfer
an behaglichem Lebensglück, die (wie man glaubte) dieser preußische Militarismus von allen Ständen forderte. „König Friedrich", schrieb Wieland
einmal aus der Stimmung durchaus unpolitischen, geistigen Hochmuts heraus, wie er im Literatenkreise von Weimar herrschte, „ist ein großer Mann,
aber vor dem Glück, unter seinem Stock sive Zepter zu leben, bewahre uns
der liebe Herrgott." Die aufgeklärten Staatsmänner des benachbarten Hannover verglichen in immer neuen, selbstgefälligen Wendungen die Vorzüge
ihrer altständischen Staatsverwaltung mit dem preußischen „Despotismus",
der „seinen großen Beruf auf dem Parade-Platze studiert hat" und darum
„alles zerstört, was nicht in Reihe und Glieder treten kann", alles, „was
aus alter Landesart hervorgegangen und im eigentümlichen Charakter der
Einwohner einer besonderen Gegend begründet ist, um allenthalben Vor-
schrift und Befehl an die Stelle zu setzen", — erfüllt von „dem Gefühl der
Größe, das in der Unterdrückung anderer liegt"[3]). Der konservative Geist
des altdeutschen Partikular- und Ständewesens mit seinen lässigen Regierungsformen wehrte sich gegen die straffe Anspannung der Zügel, gegen die
Mechanisierung und Zentralisierung des bürokratischen Regiments, die dem
modernen Machtstaat nun einmal unentbehrlich sind.

Trotz alledem: die Erfolge des friderizianischen Systems waren zu überwältigend, als daß sie nicht zur Nachahmung gereizt hätten. An vielen
deutschen Höfen begann jetzt „ein läppisches Soldatizieren" nach preußischem Muster, auf Kasernenhöfen, Exerzier- und Paradeplätzen, in dem der
ungestillte Tatendrang kleiner deutscher Despoten seine Befriedigung suchte
zum Entsetzen ihrer bürgerlichen Minister und vielfach zum Ruin der bescheidenen Landesfinanzen. Aufs schärfste verurteilte F. C. v. Moser diese
Soldatenspielerei. Er kannte sie aus bitterer Erfahrung mit seinem eigenen
Landesherrn, dem er vergeblich immer wieder eine „stille, patriarchalische
Regierung" empfahl. „Die Uhr des Regiments im richtigen Gang und Be-
wegung zu erhalten", schrieb er[4]), „ist das rühmlichere, obgleich stille
Werk eines weisen und gesetzten Mannes"; und er hatte damit für die
Welt der Kleinstaaten sicherlich Recht.

In der Tat hatte der Verlauf des Siebenjährigen Krieges den Teilnehmern des „Reichskrieges" gegen Preußen, auch den mittelgroßen Höfen, nur allzudeutlich die Zwecklosigkeit, ja Lächerlichkeit ihrer militärischen Anstrengungen offenbart; nur elende Trümmer hatten sie von ihren ruhmlosen Feldzügen heimgebracht. Und da sich nun Europa einer fast drei Jahrzehnte währenden Epoche zwar nicht ganz ungestörten Friedens, aber doch weit weniger stürmischer Bewegung erfreute, waren für die deutschen Militärdespoten auch keine Subsidien auswärtiger Mächte mehr zu haben. In dieser Zeit kam das Militär der süddeutschen Reichsstände, vor allem in Bayern und Württemberg, so herunter, daß es nicht einmal die Engländer für ihre Kolonialkriege in Indien und Amerika (seit 1775) mietweise abnehmen wollten. Andere kleinere Reichsfürsten wie Hessen-Kassel, Braunschweig und Ansbach hatten mit dem Soldatenverkauf nach Amerika besseres Glück. Aber sie brachten sich damit schon bei den Zeitgenossen in bösen Ruf; niemand hat schärfer über dieses „Viehtreiben" geurteilt als gerade Friedrich der Große, der es als äußerste Entwürdigung des Soldatenstandes empfinden mußte. Uns Nachlebenden erscheint es vor allem als Symptom einer letzten, äußersten Entartung des deutschen Fürstenstandes und seiner landesväterlichen Traditionen: die Unnatur, das Überlebte dieser Kleinstaatenwelt, die es wagen konnte, den biederen deutschen Untertanengehorsam so schändlich zu mißbrauchen und reine Finanzgeschäfte der fürstlichen Hauskassen mit dem Schein machtpolitischer Allianzen zu verkleiden, konnte sich gar nicht deutlicher offenbaren.

Zum Glück für das deutsche Volk war aber das Pflichtbewußtsein deutscher Landesfürsten bei weitem nicht überall so verkommen. Im Gegenteil: eben damals erfuhr es unter dem beflügelnden Antrieb der europäischen Humanitätsbewegung eine neue Belebung. Friedrich II. nicht als Kriegsheld, wohl aber als Friedensfürst, als der „erhabene Antimachiavell"[5]), machte Schule, und Josefs II. stürmischer Reformeifer fast noch mehr. Auf dem Gebiet der inneren Staatsreform ist die stärkste Wirkung des friderizianischen Vorbildes zu suchen. Wie in ganz Europa so stieg auch in Deutschland in diesen letzten, vergleichsweise friedlichen Jahrzehnten des ancien régime das Selbstbewußtsein, der Fortschrittsoptimismus und der Beglückungseifer der Aufklärung auf ihren höchsten Gipfel. Während des Siebenjährigen Krieges hatte der Frankfurter Professor Thomas Abbt den „Tod für das Vaterland" als höchste Bewährung männlicher Tugend im Stil antiker Staats- und Moralphilosophie gepriesen und einen leidenschaftlichen Patrio-

tismus des Preußentums gepredigt. Für die stillen Jahrzehnte nach 1763
schien dieser Patriotismus unpassend, ja gefährlich. Bezeichnend dafür war
eine Akademierede des preußischen Justiz- und Kultusministers von Zedlitz
von 1777, der die patriotische Leidenschaft der Kriegsjahre einen „unnatür-
lichen Zustand", ja eine „wahre Krankheit der Vorstellungskraft" nannte,
nur in außergewöhnlichen Notzeiten von Nutzen. Im Frieden dürfe man
Patriotismus nur als „sanfte Leidenschaft" gelten lassen, als treue Ergeben-
heit gegen den Fürsten und staatsbürgerliches Pflichtbewußtsein; in dieser
nützlichen Form sollte man ihn im staatlichen Schulwesen sogar züchten[6]).
Das entsprach vollkommen der humanitären Stimmung und den rationalen
Bedürfnissen der Zeit. Es wurde der Ehrgeiz vieler wohlgesinnter Landesväter, als fortschrittlich und aufgeklärt zu gelten: der christliche Patriarcha-
lismus von ehedem fand ein neues, zeitgemäßes Gewand. Bald schwelgten
die obrigkeitlichen Erlasse — im Stil des empfindsamen Spätrokoko — in
Beteuerungen, wie „liebreich" die Gesinnung des Regenten gegen seine
Untertanen sei und ermahnte diese zu überschwänglicher Dankbarkeit für
das Glück, einen so einsichtigen „Menschenfreund" als Herrn über sich zu
wissen. Bald als „natürlichen Vormünder" und gestrengen Erzieher, der
seine Landeskinder durch weise ökonomische Gesetze zu ihrem Glücke
zwingt, zu rationaler Wirtschaftsführung nötigt, bald als Befreier von veralteten Feudallasten, der dafür sorgt, daß jeder „ungestört die Früchte
seines Fleißes und seines Witzes genießen" kann — immer gab sich der
aufgeklärte Monarch als uneigennütziger Wohltäter, als Förderer des
Völkerglücks. Das Interesse der Landeswohlfahrt sollte also auch jetzt
wieder dem Machtinteresse voranstehen, genau so wie schon im konfessionellen Zeitalter — nur daß jetzt mehr von vernünftiger Volksaufklärung
als von der Hut der „reinen Lehre" die Rede war und statt der wirtschaftlichen Ehrbarkeit von ehedem ein „geschickter Gewerbefleiß" angestrebt
wurde. In der patriarchalischen Gestalt des Markgrafen Karl Friedrich von
Baden, der seinem „freyen, opulenten, gesitteten, christlichen Volk", wie er
es nannte, die Lehren der Religion und die der neuen physiokratischen
Nationalökonomie nebeneinander als Richtschnur vernünftigen Lebens-
wandels predigte[7]), tritt die Fortdauer dieser altfürstlichen Überlieferungen
bis in die Revolutionsepoche hinein besonders eindrucksvoll in Erscheinung.
    Diese friedlich gestimmte, humanitär gesinnte, vernunftstolze und außen-
politisch ohnmächtige deutsche Staatenwelt war ein schlechter Nährboden
für kriegerischen Stolz und kämpferische Tugend. Hatte der Ausgang des

siebenjährigen Ringens nicht gezeigt, daß die großen Kontinentalmächte mit ihren damaligen Machtmitteln sich gegenseitig doch nichts Ernsthaftes anhaben konnten? War das Kriegführen damit nicht als zwecklos erwiesen? Schien es nicht, als ob selbst der alternde Preußenkönig seinen Ehrgeiz als Eroberer für immer begraben wollte? Die Außenpolitik seiner letzten Jahrzehnte war rein defensiv und bewegte sich mit einer gewissen Vorsicht im Fahrwasser Rußlands; sie schien nichts mehr zu fürchten, als neue Konflikte mit den Ostmächten, bot gegen den unruhigen Machtdrang Josephs II. das ganze Gerümpel der alten Reichsverfassung und reichsständischen „Freiheiten" auf und zog höchst ungern, wie es schien, vom Leder, als der kriegerische Konflikt schließlich doch unvermeidlich wurde. Mit dem ruhmlosen und lahmen „Kartoffelkrieg" von 1778, dem Musterbeispiel einer Manöverstrategie, die keinen äußersten Einsatz der Kräfte wagt, weil ihn das politische Ziel nicht zu lohnen scheint, schloß der Eroberer Schlesiens die glanzvolle Reihe seiner militärischen Taten ab. Es schien also wirklich, als wäre der kriegerische Genius jetzt durch „Vernunft" gezähmt — als wäre der Zeitpunkt erreicht, wo moralische Einsicht und rationale Technik hoffen dürften, den Krieg, dieses irrationale Element des blinden Zufalls und der vernunftlosen Leidenschaft, wo nicht gänzlich aus der Welt zu schaffen, so doch weitgehend zu beschränken, zu zähmen, rational berechenbar zu machen.

Eben dahin drängte die allgemeine Tendenz der europäischen Aufklärung schon lange. Zumal die neue westeuropäische „Staatsphilosophie", erwachsen aus der Kritik am absoluten Königtum mit seinem stehenden Söldnerheer, in Frankreich noch besonders aus der Opposition gegen den überspannten machtpolitischen Ehrgeiz Ludwigs XIV., trug ein entschieden antimilitaristisches, großenteils utopisch-pazifistisches Gesicht. In Deutschland, wo die antimonarchische Strömung fehlte, in vielen der kleineren Staaten das Heerwesen kaum eine Rolle spielte, hatte die Kritik der Fénélon, Montesquieu, Voltaire an den stehenden Heeren zunächst kein stärkeres Echo geweckt. Als Friedrich der Große gegen die radikaler werdende Kritik der Rousseau, Quesnay, Helvetius, Holbach das stehende Heer preußischen Stils literarisch verteidigte durch Hinweise auf seine Rolle als unentbehrliches Rückgrat der merkantilistischen Volkswirtschaft und auf die Entlastung des friedlichen Bürgerstandes von kriegerischen Aufgaben und Gefahren, fand er den Beistand sehr bedeutender deutscher Kameralisten wie Justi und Büsch. Indessen seit der Jahrhundertmitte drang die kriegsfeindliche und antimilitaristische Stimmung doch auch in der deutschen Literatur, zumal in der von kleinstaatlicher Herkunft, mehr und mehr vor. Gerade die führenden Geister der neuen deutschen Nationalliteratur, von Justus Möser bis zu Herder, Kant und dem jungen Fichte hatten daran teil. Wie das im einzelnen vor sich ging, ist hier nicht zu schildern, auch nicht die bunte Mischung der Motive: humanitäre Empörung über die Roheiten des herkömmlichen Werbesystems und Söldnerwesens und über die blutigen Grausamkeiten des Schlachtfeldes, physiokratische Bedenken gegen die wirtschaftliche „Unproduktivität" des Berufskriegertums, halbromantische Vorliebe für das wehrhafte Volkstum germanischer Frühzeit, vor allem doch naturrechtliche Erwägungen über die „vernünftige Barbarei" eines Weltzustandes, der die gegenseitigen Beziehungen der Völker nicht anders zu regeln wisse als durch brutale Gewalt — was dann zu immer erneuten Vorschlägen eines Völkerbundes mit dem Ziel „ewiger" Friedenswahrung im Stil des Abbé de St. Pierre führte. In den Friedensschriften Kants, in denen diese Literatur gipfelt, kommt mit strenger Ausschließlichkeit die rechtsphilosophische Erwägung, keineswegs die humanitäre Empfindung zu Wort. Er erhielt sich sogar ein Gefühl lebendig für die Schönheit, „innere Würde" und „Erhabenheit" kriegerischer Leistung und heroischer Kampfgesinnung und blieb sich bewußt, daß sein Projekt eines „Ewigen Friedens" nicht als politischer Vorschlag für die Gegenwart, sondern nur als ideale Aufgabe Bedeutung besitze, welche die Menschheit in einer „ins Unendliche fortschreitenden Annäherung" zu lösen habe[8]). Kleinere Geister kannten solche Vorbehalte nicht. Allen gemeinsam aber war der leidenschaftliche Ernst, mit dem man sich bemühte, das irrationale Element der rohen Gewalt nach Möglichkeit einzudämmen — den Bedürfnissen friedlicher Dauerordnung mitten im Toben der kriegerischen Leidenschaften Geltung zu verschaffen.

Manches davon hat sich auf längere Dauer, manches bis heute behauptet. Einen großen Fortschritt hatte schon die Ablösung der rohen Landsknechtkämpfe des 17. Jahrhunderst mit ihren sinn- und zwecklosen Zerstörungen friedlichen Lebens durch die streng disziplinierten, mit überlegter Sparsamkeit eingesetzten, aus eigenen Magazinen und durch ein wohlgeordnetes Nachschubsystem verpflegten Berufsheere der absoluten Monarchie gebracht. Die Kriegsbräuche waren seitdem viel humaner geworden; jetzt wurden sie nach und nach in ein festes juristisches System gebracht; die Behandlung, der Austausch und Loskauf der Kriegsgefangenen, die Übergabe fester Plätze, das Feldsanitätswesen, die Pflege feindlicher Verwundeter, das Quartier- und Beutewesen, der Verzicht auf unnötig grausame Geschoßarten und ähnliches mehr wurde durch internationale Verträge geregelt. Es entstanden die ersten großen Sammlungen und Ordnungen des Kriegs- und allgemeinen Völkerrechts (E. v. Vattel, Friderici, J. J. v. Moser, G. Fr. v. Martens unter anderen), die auch ihrerseits dazu beitrugen, die Kriegführung zu humanisieren. Das Endziel war, die Schrecken des Krieges in so engen Grenzen zu halten, daß der friedliche Bürger kaum etwas davon merken sollte. Friedrich der Große selbst war stolz darauf (wir hörten es schon), daß ihm das weitgehend gelungen sei. Seinem Bruder Heinrich wurde von einem Bewunderer nachgerühmt, er habe den Krieg so human zu führen verstanden, daß „zwischen den entgegengesetzten Vedetten die Landleute ackerten und ernteten, und beladene Frachtwagen quer durch die Vorposten giengen, von Streifpartheyen unversehrt[9])". Daß während des Krieges der Privatverkehr zwischen Angehörigen einander feindlicher Staaten kaum gestört weiterging, galt am Ende des 18. Jahrhunderts als Selbstverständlichkeit. Dabei muß man sich freilich erinnern, daß die Kriege dieses Jahrhunderts überhaupt noch von einer Adelsgesellschaft geführt wurden, die sich über die nationalen und Staatsgrenzen hinweg als eine große Einheit empfand[10]). Wunderbarer erscheint, daß die kämpfende Truppe selbst in Notfällen durch strenge Kriegsgesetze am Requirieren, Plündern und Marodieren gehindert wurde. Noch in den Kämpfen der Preußen gegen Napoleon 1806 kam es vor, daß die Soldaten frierend und hungernd auf freiem Felde biwakieren mußten, während doch Bäume und Zäune, ja wohl gar große Stapel geschlagenen Holzes den besten Brennstoff, die nahen Vorratskammern und Scheunen des nächsten Dorfes oder Städtchens reichlich Lebensmittel darboten. Auch für die Fortdauer ritterlicher Ehrbegriffe im Offiziersstand gibt es bis in die napoleonische Epoche hinein Beispiele, die den modernen Betrachter in Erstaunen setzen[11]).

Kriegführung möglichst ohne Leidenschaft, nach Grundsätzen ruhiger Staatsvernunft — nach diesem Ideal hatte sich natürlich auch die Technik des Kampfes zu richten. Man kennt die gewaltigen Fortschritte einer planmäßig durchdachten Kriegstechnik im Zeitalter des Rationalismus: von Moritz von Oranien, Turenne und Montecuccoli bis zu Friedrich dem Großen. Eine bloß handwerksmäßige Routine war hier zur Höhe „wissenschaftlicher" Betrachtung, zu einer allseitig ausgebildeten Theorie der Strategie und Taktik erhoben worden. Wir hörten aber auch schon aus der Geschichte Friedrichs II. von den vielfachen Hemmungen, die das System der geworbenen Söldnerheere der Entfaltung freier kriegerischer Initiative in den Weg stellte. Die Beschränkung der fürstlichen Staatsfinanzen begrenzte die Zahl der verfügbaren Truppen und machte sie zu einer Kostbarkeit; die Anwerbung von Ausländern zur Schonung der eigenen Landeskinder erhöhte gewaltig die Desertionsgefahr und lähmte dadurch den Gang der Kriegführung auf Schritt und Tritt; sie wirkte sich bis in die Schlachtentaktik mit ihrem starren Linearsystem aus; auch die einseitige und überstrenge Durchführung der Magazinverpflegung hing damit zusammen; und eben dieses Magazinsystem wurde eine neue Fessel der Strategie: es erschwerte die strategische Vorbereitung großer Vernichtungsschlachten und verführte zugleich zur bloßen Manöverstrategie, die sich auf das Abschneiden feindlicher Zufuhren und Etappenlinien versteift, in der Sicherung der eigenen „Operationsbasis" das größte Meisterstück rationaler Feldherrenkunst erblickt. Indem sich das alles nun im späteren achtzehnten Jahrhundert mit humanitären Erwägungen verband, wurde die militärische Theorie erst recht zu einseitiger Betonung des rationalen Elements der Kriegführung verleitet. Als die höchste Leistung des Feldherrn konnte es nunmehr erscheinen, den Krieg womöglich ganz ohne blutige Entscheidungen zu gewinnen [12]); das war dann ein Triumph der technischen Virtuosität und der Humanität zugleich. Bellona, die wilde Kriegsgöttin, sollte vernünftig gemacht, sollte gleichsam zu einer Hauskatze gezähmt werden. So pries der Engländer Lloyd die gründliche Kenntnis mathematisch-geometrischer und topographisch-geologischer Verhältnisse als das eigentliche Arkanum der Kriegführung: „Wer sich auf diese Dinge versteht, kann Kriegsunternehmungen mit geometrischer Strenge einleiten und beständig Krieg führen, ohne jemals in die Notwendigkeit zu kommen, schlagen zu müssen" [13]). Und da sich nun die rationalen Elemente der Kriegführung weit leichter in Befestigungs- und Defensivanlagen als in Offensivplänen entwickeln lassen, die Notwehr aber im allgemeinen auch moralisch leichter zu rechtfertigen scheint als der Angriff, so bildete sich eine ausgesprochene Vorliebe für defensive Kriegsformen. Man verstieg sich zu der Hoffnung, die Welt werde überhaupt friedlicher werden, wenn erst einmal alle kleineren Staaten vor dem Eroberungsdrang der größeren durch gute Verteidigungsanlagen geschützt wären. In diesem Sinn schrieb Graf Wilhelm von Schaumburg, der Lehrer Scharnhorsts, in seinen Mémoires pour servir à l'art militaire défensif: „Den Krieg offensiv führen, heißt den bösen Leidenschaften dienen, sich der Defensive weihen, heißt sich dem Wohl der Menschheit weihen[14])". Die Hauptsache aber war, den Krieg zu einem möglichst exakt berechenbaren Vorgang, zu einem rational verwendbaren Instrument der Politik zu machen. Terrainlehre und Kartenkunde, das Studium von „Schlüsselstellungen" und günstigen Operationslinien, wurde die Lieblingsbeschäftigung gelehrter Militärs und der aus ihnen gebildeten Generalstäbe. Sicherlich nicht ohne praktischen Nutzen. Aber das wichtigste Kriegsinstrument, das Heer und seine Führer, erschien in diesen Doktrinen nur noch als seelenloses, nach Gesetzen reiner Mechanik arbeitendes Werkzeug. Und immer wieder zeigte die gelehrte Theorie die Neigung zur starren Doktrin zu entarten, wie sie uns noch am Vorabend des Krieges von 1806 in den strategischen Studien und Denkschriften preußischer Generalstäbler, bei Massenbach, Grawert, Phull und Venturini entgegentritt. Die neue Wissenschaft der „Militärmathematik", eine Kombination von geometrischer Aufmarschtaktik mit geologisch-kartographischer Geländetheorie und strategischer Manöverlehre, trieb höchst seltsame Blüten. „Ein echter Stratege jener Periode glaubte" (so hat später von der Goltz gespottet[15])) „ohne Logarithmentabelle nicht mehr drei Mann über die Gosse führen zu können." Selbst ein so fortschrittlich gesinnter und in vielem klarblickender Reformer wie der Militärschriftsteller Heinrich Dietrich von Bülow verlor sich in extrem mathematischen Doktrinen, nach denen der Erfolg einer Operation wesentlich dadurch bedingt sein sollte, daß sie in einem „Operationswinkel" von mindestens sechzig, möglichst aber mehr als neunzig Grad angelegt würde. Gelang es so, mit Hilfe mathematischer Formeln den Krieg zur reinen, universalen Wissenschaft zu machen, Zufall und Kriegsglück auszuschalten, so hofften viele, würde er sich zuletzt von selbst aufheben. Andere freilich, wie der vielgelesene Berenhorst, glaubten demselben Ziel auf umgekehrtem Weg sich zu nähern: durch Nachweis der gänzlich irrationalen, chaotischen Natur des wirklichen Krieges, der als die Einflußsphäre des blinden Zufalls, zuletzt doch sinnlos sei und somit einer barbarischen, vom aufgeklärten Denken zu überwindenden Kulturstufe der Menschheit angehöre.

3. Kapitel

REVOLUTION DER KRIEGFÜHRUNG UND DER KRIEGSPOLITIK: NAPOLEON UND CLAUSEWITZ

Niemals sind Hoffnungen grausamer enttäuscht worden als die des aufgeklärten Jahrhunderts auf den Anbruch einer Zeit des „Ewigen Friedens".
In der französischen Nationalversammlung von 1789 schwelgte man
förmlich in dem stolzen Bewußtsein, mit dem Sieg der Freiheit über den
Despotismus der Könige auch dem Kriege, dieser höllischen Ausgeburt
dynastischen Ehrgeizes, ein Ende zu machen. Feierlich erklärte die von ihr
beschlossene liberale Verfassung vom 3. September 1791 in ihrem Haupt-
titel 6: „Die französische Nation verzichtet darauf, irgendeinen Krieg zu
unternehmen in der Absicht, Eroberungen zu machen." Selbst ein so klarblickender Politiker wie Mirabeau, der die Gefahren chauvinistischer Leidenschaft in einer parlamentarischen Versammlung doch sehr genau kannte,
verkündete pathetisch (am 25. August 1790): „Vielleicht ist der Augenblick
nicht mehr fern von uns, wo die Freiheit das Menschengeschlecht von dem
Verbrechen des Krieges freisprechen und den allgemeinen Frieden ver-
kündigen wird... Dann werden die Leidenschaften nicht mehr durch blutige
Streitigkeiten die Bande der Brüderlichkeit zerreißen, dann wird sich der
Bundesvertrag des Menschengeschlechtes vollenden." Und noch im Januar
1791 sprach er von der erfreulichen Aussicht, „die Grenzen aller Reiche
wegzuwischen, um aus dem Menschengeschlecht eine einzige Familie zu
bilden... dem Frieden einen Altar zu errichten aus allen Werkzeugen der
Zerstörung, die Europa bedecken". In Wahrheit bereiteten sich damals
schon längst innere schwere Spannungen zwischen dem revolutionären
Frankreich und den konservativen Höfen des Auslandes vor, die ein Jahr
später über Europa eine neue endlose Kette von Kriegen heraufführen
sollten. Wie aber diese Revolutionskriege aussehen würden, das ließ schon
die donnernde Rhetorik eines Brissot im Jakobinerklub ahnen: „Ein Volk,
welches die Freiheit nach zehn Jahrhunderten der Sklaverei erobert hat,
braucht den Krieg. Es braucht den Krieg, um sie zu befestigen; es braucht
ihn, um sie von den Lastern des Despotismus zu reinigen; es braucht ihn, um

aus ihrem Schoße die Menschen verschwinden zu lassen, welche sie verderben könnten ... Wir müssen uns rächen, indem wir diese Horde von Räubern vernichten."

Bürgerkriege von entsetzlicher Grausamkeit, durch lange Jahre hindurch zu immer wilderem Rasen gesteigert, mußten die politische Einheit der Nation gewaltsam herstellen, ihre religiöse und allgemein geistige Uniformität sichern. Unterdessen zog der Abwehrkampf gegen die europäische Reaktion, je länger er dauerte und je gewaltiger sich seine Fronten von der Kanalküste bis zum Mittelmeer ausdehnten, immer mehr das ganze Leben der Nation in seinen Bann. Nur durch eine totale Mobilisierung des Landes, durch schonungslose Anspannung aller seiner Kräfte vermochte die Revolution sich zu behaupten. Vor der Härte dieses Kämpfens verblaßte alles, was der alte absolutistische Königsstaat seinen Untertanen jemals an politisch-militärischen Anstrengungen, an Einsatz von Gut und Blut für seine Machtzwecke zugemutet hatte. Und wer es wagte, gegen die Anforderungen des Krieges die wirtschaftliche Wohlfahrt des Landes zur Geltung zu bringen oder gar sich auf sein privates Eigentumsrecht, auf irgendwelche „zivilen" Interessen, auf die eben erst so laut gepriesenen und so feierlich zugesicherten Freiheitsrechte des Individuums zu berufen, der galt schlechthin als Volksverräter. Zehntausende von Köpfen mußten die Guillotinen abhacken, um den geschlossenen Kampfwillen der französischen Nation zu sichern. Aber das Ergebnis war ein Triumph des politischen Aktivismus, wie ihn Europa noch nicht erlebt hatte.

Es war zugleich eine radikale Verschiebung des bisherigen Verhältnisses von Politik und Kriegführung. Zwar behaupteten die bürgerlichen Kommissare der neuen Volksregierung jederzeit ihre politische Obergewalt über das Militär — sogar mit äußerster Härte. Alle politisierenden Generale aus der alten königlichen Armee haben sie nach und nach auf das Schafott gebracht (soweit sie nicht ins Ausland flüchteten). Aber was die Kriegspolitik der revolutionären Regierungen bestimmte, war nicht mehr die nüchterne, durch mancherlei Wohlfahrtsrücksichten mitbestimmte Staatsräson der alten fürstlichen Kabinette, die sich festbegrenzte Kriegsziele setzt, sie je nach dem Maß der vorhandenen Kriegsmittel bemißt und die Energie der Kriegführung fortwährend von Erwägungen rationaler Zweckmäßigkeit abhängig macht; es war vielmehr die Leidenschaft eines nationalen Siegeswillens, der sich weit mehr durch kämpferische Moralbegriffe, wie „nationale Ehre", und durch weltanschauliche Kampfesmotive als durch irgendwelche Erwägungen politischer Zweckmäßigkeit bestimmen läßt; der sich im Kämpfen selbst noch fortwährend steigert und seine Ziele immer weiter hinausrückt, je mehr die kriegerischen Erfolge wachsen. Die ehemals so viel erwogene Frage, ob der Einsatz der letzten Kraft auch lohne, verliert ihre Bedeutung, wenn die Leidenschaft weltanschaulicher Gegensätze den Kämpfer vorantreibt und vor allem dann, wenn er über Kräfte von so unabsehbar weiter Steigerungsfähigkeit verfügt wie eine moderne Volksregierung. Es kommt hinzu, daß der moderne Volkskrieg, um voll wirksam zu werden, eines gewaltigen Propagandaapparates bedarf. Der Kampfeshaß muß den Massen mit allen Mitteln eingehämmert werden, damit sie um so williger dem Rufe des Vaterlandes folgen. Emigranten, auf die man im Kampfe stieß, waren rücksichtslos niederzumachen; über dreihundert hat man als Gefangene massakriert; dasselbe geschah, auf Konventsbefehl, später mehr als achttausend Spaniern, und Robespierre drohte es auch den englisch-hannoverischen Truppen an. So wurde die gnadenlose Form der Bürgerkriege auf den auswärtigen Feind übertragen. Einmal entzündet, wird solcher Haß aber nicht leicht wieder zur Ruhe zu bringen sein, ehe er sich nicht ausgetobt hat bis zur Vernichtung und Demütigung des Gegners, bis zum vollen Triumph — oder auch bis zur gänzlichen Erschöpfung der eigenen Kraft. Eine Volksregierung, die vorher nachgibt, sich mit halben Erfolgen begnügt — etwa im Hinblick auf eine künftige Friedensordnung, die Dauer versprechen soll —, wird gerade bei den eifrigsten Patrioten in Verruf geraten, wird den Verdacht auf sich ziehen, lebenswichtige vaterländische Interessen ohne Not zu verraten.

Das ist der Kampfstil einer neuen, weltgeschichtlichen Epoche — doch wohl das wichtigste, jedenfalls das dauerhafteste Erbe der großen Revolution an die moderne Staatenwelt. Diese neuartige Dynamik des politischen Kampfwillens hat sich sehr rasch durchgesetzt, unbekümmert um alle girondistisch-liberalen Freiheitsideale, und hat deren europäische Geltung bis heute ungeschwächt überdauert. Ihr gegenüber erscheint die Kriegführung der alten Kabinette wie ein bloßes Kreuzen von Rokokodegen ohne letzten Ernst, nach wohlabgezirkelten Spielregeln.

An der vollen Auswirkung seiner nationalen Kampfkraft nach außen war nun freilich das Frankreich der eigentlichen Revolutionszeit durch die fortdauernde Unordnung und Korruption seiner inneren Zustände gehindert. Gleichwohl waren die Schwüre von 1790 und 1791, niemals wieder die historischen Grenzen des Landes und Volkstums erobernd zu über-

schreiten, sehr rasch vergessen; aus den historischen wurden die „natürlichen" Grenzen, und deren Begriffe waren in hohem Grade dehnbar. Wie
die Flut eines hochgestauten Stromes bedrohte die militärische Kraft Frankreichs seit der Reorganisation seiner Volksheere durch Carnot alle an-
grenzenden Länder. Sobald sich in Napoleon Bonaparte der geniale Führer
gefunden hatte, der Politik und Heerführung mit gleicher angeborener Virtuosität zu meistern wußte, durchbrach sie vollends alle Dämme und überschwemmte ganz Europa.

Man hat Napoleon den Bändiger und Erben der großen Revolution zugleich genannt. Mit Recht. Was er bändigte, war aber nicht eigentlich die
Revolution der Gasse, die Schreckensherrschaft jakobinischer Aktivisten
(die war im wesentlichen schon seit dem Sturz Robespierres gebrochen),
sondern der anarchische Liberalismus einer bürgerlichen Gesellschaft, die
mit der panischen Angst vor der Guillotine zugleich den elementaren Re-
spekt vor der Souveränität des Staates verloren hatte und nur noch nach
Erlösung vom harten Druck der neuen Zwangsgewalt seufzte. Ein solches
Wunschziel schloß vor allem den Abschluß der endlosen Kriegswirren und
die Herstellung einer neuen friedlichen Dauerordnung Europas ein. Die
Friedenssehnsucht des französischen Volkes war so übergewaltig, daß sich
sogar der siegreiche General Bonaparte ihr äußerlich anpassen mußte, als
er nach glücklich beendetem Feldzug 1797 nach Paris zurückkehrte und
sich nun, um seine Popularität zu steigern, als Friedensbringer und Mann
einer bürgerlichen Dauerordnung gab. In Wahrheit hatte er schon am
13. Vendémiaire mit seinen Kanonen der Kriegspartei des Konvents gegen
die bürgerlichen Pazifisten zum Sieg verholfen — derselben, deren Staatsstreich er auch am 18. Fructidore unterstützte und durchführen ließ. Als
Helfer der Montagnards, der radikalsten Imperialisten und Kriegshetzer,
hat er seinen Aufstieg zur Macht genommen; und als Erbe und Fortsetzer
ihrer Eroberungspolitik, als die große „Eroberungsbestie" schlechthin hat
ihn auch die deutsche Geschichtschreibung, in der die Empfindungen nationalen Hasses aus der Erhebungszeit noch lange nachzitterten, immer wieder hingestellt. Erst gegen Ende des vorigen Jahrhunderts, als die deutsche
Nation im Gefühl ihrer neugewonnenen Kraft und Sicherheit zu schwelgen
begann, wurde jener Historikerstreit um das „Napoleonproblem" möglich,
in dem einzelne deutsche und französische Geschichtschreiber gemeinsam
den Korsen zu verteidigen suchten. Nicht aus hemmungslosem Ehrgeiz und
Machtdrang, hieß es jetzt, habe er Europa in immer neue Kriege gestürzt,

sondern gezwungen durch ein übermächtiges Schicksal, das er dann freilich auch bewußt, als ein echter Willens-Titan, auf sich genommen habe: durch die Nötigung nämlich, den Kampf mit England als einen Kampf des ganzen Festlandes gegen die Insel zu Ende zu bringen.

Diesen Streit der Auffassungen haben wir hier nicht zu entscheiden. Er bewegt sich, in zahlreichen Einzeldiskussionen, immer wieder um die Frage, ob es mehr der französische oder mehr der englische Kriegswille und Machtdrang gewesen sei, der einen dauerhaften Frieden in Europa unmöglich machte. Dabei hat sich, wie zu erwarten, herausgestellt, daß die Quellen eine ganz eindeutige Antwort auf solche Fragen nicht bieten. Denn wer von den Mitlebenden oder Späteren vermöchte im einzelnen wohl je zu entscheiden, welchen Anteil jeweils kämpferischer Wille der Handelnden und überpersönliches Staatsinteresse, freier Entschluß und sachlicher Zwang der Umstände an den großen politischen Entscheidungen hatten? Immer ist ja in der großen Politik der Spielraum ganz freier Entschließung sehr eng begrenzt. Es gibt natürlich keinen einzelnen Augenblick in der Geschichte Bonapartes, in dem sich nicht sein Kampfwille aus irgendwelchem konkreten Zwang oder durch Bedürfnis der Machtbehauptung oder -steigerung rechtfertigen ließe; denn noch nie hat ein bedeutender Staatsmann aus reiner Willkür Krieg begonnen. Etwas anderes ist die Frage, ob Napoleons Politik als Ganzes mehr dem jeweils aktuellen kämpferischen Machterfolg oder mehr der Begründung einer friedlichen Dauerordnung Europas nachstrebte. Sie ist nicht erst nachträglich, sondern schon von den Zeitgenossen, ja von dem sachkundigsten außenpolitischen Mitarbeiter Napoleons gestellt und eindeutig beantwortet worden: von seinem Minister und Großwürdenträger Talleyrand. Seine ganze politische Kunst hat dieser bedeutende Diplomat dafür eingesetzt, den Zustand des Dauerkrieges zu beenden, Wege der Verständigung, der Wiederherstellung jenes klassischen „Gleichgewichts" der Mächte zu finden, von dem die politische Kunst des 18. Jahrhunderts gelebt hatte, und seinen Herrn und Meister dafür zu gewinnen. Als dies immer wieder mißlang, hat er sogar eine Art von diplomatischem Hochverrat nicht gescheut, um ihm den Weg beständig weiterer Machtexpansion zu verbauen[1]). In dem Gegensatz der beiden Staatsmänner tritt die Antinomie, von der hier fortwährend die Rede ist: zwischen einer Politik der kämpferischen Machtballung und der einer friedlichen Dauerordnung, mit geradezu klassischer Klarheit heraus. Von Talleyrand her gesehen erscheint Napoleon als die erste ganz große Inkarnation des machiavellistischen

Heldenideals[2]) in der neueren Geschichte: als Mann der grenzenlosen Aktivität, des reinen und unbedingten Machtwillens; als der große Emporkömmling, der sich an keine herkömmliche Ordnung gebunden weiß, dem es deshalb auch nicht gelingt, sich jenes Vertrauen zur Dauer seiner Herrschaft zu erwerben, das die rohe „Gewalt" erst zur wirklichen „Macht", zur legitimen Ordnung erhebt; dessen Handeln immerfort die ganze Welt herausfordert, weil sie es als Bedrohung jeder friedlichen Dauerordnung empfindet. Dabei wäre es ungerecht zu verkennen, daß auch er sich sehr ernsthaft um Legitimierung seiner Herrschaft bemüht hat: nicht nur durch Verbindung seines Hauses mit den alten Erbdynastien Europas, sondern zugleich durch eine Art von schöpferischer Neuordnung des Abendlandes: weitgehende Vereinfachung und Rationalisierung der Staatsgrenzen, Ersatz des längst überfällig gewordenen Feudalsystems durch zweckmäßigere, modernere Staatsverfassungen und Rechtsordnungen, Aufbau eines Gesetzgebungswerkes von imponierender Größe und Durchsichtigkeit, verkehrstechnischen und politischen Ausbau großer Staatsräume. Ganz gewiß hat sein Schaffen nicht bloß zerstörend gewirkt. Aber es widersprach dem innersten Lebensgesetz des alten Europa: der freien Vielgestaltigkeit seines staatlichen und geistigen Lebens, die sich nicht unter das Kommando eines Mannes beugen ließ; und vor allem: Napoleon wußte es niemals glaubhaft zu machen, daß ihm eine friedliche Dauerordnung des europäischen Lebens wirklich das höchste Ziel sei.

So wie seine Natur und sein Schicksal einmal angelegt war, gab es kein Innehalten und kein Zurück auf der Bahn des ständigen Emporkämpfens zu immer neuen, in die Augen fallenden Waffenerfolgen; er hätte sich selbst und seine Sache verloren geben müssen, um den klugen Ratschlägen eines Talleyrand zu folgen und sich selbst zu beschränken[3]). In der optischen Gesamtwirkung seiner Taten auf Mit- und Nachwelt ist darum das Entscheidende schließlich doch die unbändige Dynamik eines kämpferischen Machtwillens, der sich „einen Dreck um das Leben einer Million Menschen schiert" (wie er einmal zu Metternich sagte)[4]), dem die Wohlfahrt der Regierten im Grunde ebenso gleichgültig ist wie die nationale Idee (da ja Frankreich nicht sein Vaterland ist) und dem auch die Ideale der großen Revolution zuletzt nichts weiter sind als Hilfsmittel zur Ausbreitung und Festigung seiner persönlichen Macht.

Als Ausgeburt eines neuen titanischen Kampf- und Machtwillens erscheint auch die napoleonische Strategie im Vergleich mit der Kriegführung der vorhergehenden Epoche. Napoleon verdankt seine Siege nicht etwa der Erfindung neuer strategischer Kunstformen oder einer neuen Waffentechnik. Er war überhaupt kein fachmäßig geschulter Stratege im Sinn der gelehrten Kriegstheorie seiner Zeit. Kriegsgeschichtliche oder theoretische Studien über Strategie hat er vor St. Helena fast gar nicht getrieben, sondern sich vielmehr mit historischen, moralphilosophischen und politischen Schriften befaßt. Deshalb erschien auch seine Kriegführung den gelehrten Manöverstrategen seiner Epoche zunächst eher kunstlos und roh als genial[5]). Was ihm seinen Vorsprung gegenüber allen Feinden gab, war im wesentlichen die unerhörte Wucht seiner Offensive, die unbekümmert um alle strategischen Künsteleien die Kräfte zusammenhielt zum entscheidenden Stoß an der entscheidenden Stelle; Geschwindigkeit und verblüffende Kühnheit der Operationen ohne viel ängstliche Rücksicht auf rückwärtige Verbindungen; das Bestreben, an den Brennpunkten der Schlachtentscheidung stets mit überlegenen Massen zur Stelle zu sein, insbesondere starke Reserven zur Verfügung zu halten, den ganzen Feldzug auf eine entscheidende Vernichtungsschlacht anzulegen und den geschlagenen Gegner sogleich bis zur völligen Auflösung zu verfolgen — das alles gab der Kriegführung eine neue, bedeutend vereinfachte Gestalt, vor allem eine ganz neuartige Dynamik. Erst so wurden die von der Revolution bereitgestellten neuen Kräfte national einheitlicher Massenheere wirklich ausgenutzt. Und dem Stil dieser neuen Kriegführung entsprach der neue Stil des diplomatischen Verhandelns: auch hier eine Ballung höchster Energie, die dem kämpferischen Mittel des Einschüchterns und Auftrumpfens, der Lähmung des Gegners durch den bloßen Schrecken, ihre besten Triumphe verdankt, aber auch die Kriegsmittel des Überlistens, Täuschens, Verlockens meisterhaft anzuwenden versteht, über Recht und Verträge dagegen sich sehr leichten Herzens hinwegsetzt.

Es hat unbegreiflich lange gedauert, bis die monarchischen Kabinette des alten Europa sich klar darüber wurden, daß hier eine ganz neuartige Dynamik des politischen Machtkampfes in Gang gekommen war, der gegenüber alle ihre gewohnten politischen und militärischen Methoden versagen mußten. Die Geschichte der sogenannten Revolutionskriege und der napoleonischen Eroberungskämpfe zeigt die vollendete Hilflosigkeit ihrer Versuche, mit den kleinen diplomatischen Künsten und den sparsam eingesetzten finanziellen und militärischen Hilfsmitteln der alten Zeit auszukommen — durch schwache und billige Holzzäune gleichsam einen gewaltigen Bergrutsch abzudämmen. Eins nach dem anderen wurden sie (unfähig sogar zum festen Zusammenhalt!) bei diesen Versuchen verschüttet. Dabei entsprach ihre militärische Hilflosigkeit genau der politischen: auch das Wesen der neuen Kriegführung hat man bis nach Jena und Auerstädt nicht begriffen[6]). Aber der entscheidende Fehler wurde, wie schon Clausewitz klar erkannt hat[7]), nicht auf dem Felde militärisch-strategischer Technik gemacht, sondern auf dem der Politik: er lag in der falschen Einschätzung des ungeheuren Kräftevorsprungs, den das innerlich erneuerte Frankreich vor dem alten Europa besaß. Da war nicht mit irgendwelchen strategisch-technischen Künsten zu helfen, sondern nur mit einem Aufgebot ebenso starker und ursprünglicher Kräfte. Vor allem mußte an die Stelle des seelenlosen Machtinstrumentes der alten Zeit, des käuflichen (und unter Umständen auch wieder verkäuflichen) Berufsheeres, die kämpfende Nation selber treten. Aber mehr noch: das ganze Verhältnis der Politik zur Kriegführung mußte sich ändern: die Politik mußte in einem Maße kämpferisch werden, wie man es noch nie erlebt hatte. Es handelte sich nicht mehr bloß um Fragen rationaler Kriegsplanung, strategischer Zweckmäßigkeiten, verständiger Einsicht, sondern um etwas Irrationales: um einen moralischen Entschluß. Daß dieser moralische Entschluß zuerst in dem am schwersten gedemütigten Preußen, dem Lande friderizianischer Traditionen, gefunden wurde, hat den weiteren Gang deutscher und europäischer Geschichte entscheidend bestimmt. Und so ist es auch nicht zufällig ein preußischer Offizier gewesen, der zuerst und am tiefsten das Wesen der großen Wende erfaßt hat, die mit dem Auftreten Napoleons für die Kriegsgeschiche Europas angebrochen war.

Schon lange vor Jena sieht man in den Briefen und Studienblättern des jungen *Carl von Clausewitz* ein neues politisches Empfinden heranreifen, das ihn von der geistigen Welt des 18. Jahrhunderts scharf abtrennt. Was auf den ersten Blick auffällt, ist die ungewöhnliche Leidenschaft seines Hingegebenseins an die historisch-politischen Fragen; sie erfüllen ihn ganz und gar; er erklärt sich für unfähig, „den Blick davon abzuwenden und noch etwas zu sein unabhängig von Vaterland und Nationalehre. Alles, was ich bin oder sein könnte, verdanke ich diesen beiden Erdengöttern, und ohne sie wird nichts als eine kern- und saftlose Hülle von mir übrig bleiben"[8]). Aber sein Patriotismus ist nicht nur Gefühl, sondern zugleich und vor allem lebendiges Fragen nach den inneren Zusammenhängen großer Politik. Nicht mehr als ein mechanisches „Gleichgewichtssystem", sondern als beständiger

Ringkampf erscheint ihm das Konzert der europäischen Mächte — als ein Ergebnis beständiger „moralischer Anstrengung"[9]). Für ihn ist der Staat weder, wie für den aufgeklärten Bildungsmenschen des 18. Jahrhunderts, ein Ergebnis von Nützlichkeitserwägungen, eine rationale Veranstaltung zur Sicherung individueller Wohlfahrtsinteressen, noch ein Produkt unbewußt schöpferischer Volkskräfte im Sinn der Romantik. Er ist vielmehr die Organisation eines sehr bewußten, sehr angespannten nationalen Gemeinschaftswillens, eines stolzen, kämpferischen Willens, der seine Freiheit eifersüchtig verteidigt, ja dem „Freiheit und Unabhängigkeit" geradezu Lebensprinzip sind. Eine Nation ist für Clausewitz nur da, wo dieser selbstbewußte Wille lebt. Wohl bleibt auch in ihm ein Bewußtsein lebendig von universalen Aufgaben der europäischen Völkergemeinschaft[10]); aber wenn Romantiker und Idealisten sich damit hinwegtrösten über die politische Ohnmacht des eigenen Volkes, so hält er das für leere Schwärmerei. Was ihn vor allem beschäftigt, ist die Frage nach dem Maß der ursprünglichen Vitalität, nach der politischen Aktivität der großen Nationen und ihrer Staaten[11]). In schärfstem Gegensatz zur Idealität etwa Schillers bestreitet er, daß ein Volk sich durch Künste und Wissenschaften „von der Sklaverei fremder Herrschaft loskaufen" könne: „ins wilde Element des Kampfes muß sie sich werfen, tausend Leben gegen tausendfachen Gewinn des Lebens einsetzen"[12]). Poesie und Wissenschaften streben nach überzeitlichen Werten; die Politik aber hat es mit dem Hier und Jetzt zu tun, und „der Staatsbürger, der überhaupt nur für beschränkte Zeiten schafft und baut, darf keine Zeit verlieren, sich nicht mit dem Heil begnügen, was ferne Zeiten ihm zuführen werden". „... die Zeit ist euer; was sie sein wird, wird sie durch euch sein"[13])! Für eine Nation genügt nicht das bloße Selbstbewußtsein des Individuums: „sie muß frei und gefürchtet leben; ohne diese Bedingung wird das Selbstbewußtsein, wenn es ja nicht bloß in den einzelnen, sondern in der ganzen Nation vorhanden wäre, sehr bald verschwinden"[14]).

Schroffer als irgendwo sonst in der Literatur der Erhebungszeit wird so das kämpferische Wesen des Staates hervorgekehrt, die Politik als beständige Willensanspannung erfaßt. Es war die natürliche Reaktion des deutschen Geistes auf das niederschmetternde Erlebnis der Ohnmacht unseres Reiches, wie denn eben damals auch der junge Hegel schrieb: „Eine Menschenmenge kann sich nur einen Staat nennen, wenn sie zur gemeinschaftlichen Verteidigung der Gesamtheit ihres Eigentums verbunden ist"

— und zwar „durch wirkliches Wehren sich verteidigt"[15]). Ebenso wie Hegel und Fichte in diesen Jahren hat auch Clausewitz den Weg zu Machiavelli gefunden, um sich von diesem Prediger des politischen Aktivismus neue vertiefte Einsicht in die notwendige Dämonie der Macht zu holen. Er erklärt es für eine Pflicht der Staatsmänner, wo es die Staatsnotwendigkeit erfordert, ihr sogar die eigene Moralität zum Opfer zu bringen, nicht aber „den Staat zum Opfer ihrer Rechtlichkeit zu machen" — denn das hieße egoistisch handeln: „sich selbst als Zweck, den Staat als ihnen beigegeben betrachten"[16]). Er eifert gegen die politischen Moralisten, denen über lauter Kritik an den Fehlern und Schwächen deutscher Nation jede Zuversicht eines kommenden Aufstiegs entschwindet. Vor allem aber sieht er, daß politisches Rechnen niemals genügt, um zu wahrhaft großen Entschlüssen zu kommen. Er stößt in letzte Tiefen des politischen Verständnisses vor, wenn er begreift, daß politisch verantwortliches Handeln zuletzt immer ein Wagnis ist — ein irrationales Sichentscheiden zwischen lauter unbestimmten, im besten Fall mit hoher Wahrscheinlichkeit zu erwartenden Möglichkeiten; alles kommt darauf an, daß einer den Mut findet, jeweils einige dieser Möglichkeiten „wegzuwerfen", um nicht in einem „Labyrinth von Alternativen" steckenzubleiben. „Daher handeln gewöhnliche Menschen in großen Krisen nicht eher vernünftig, als bis sie auf die Spitze der Verzweiflung gestellt, gar keinen anderen Rettungsweg mehr sehen, als einen gewagten Sprung zu tun; dieser Zustand gibt ihnen Mut, Einheit und Energie; weg ist aber dieser ganze Geistesreichtum, wenn entfernte Möglichkeiten törichte Hoffnungen erwecken[17])". So wird die bittere Not zur besten Lehrmeisterin des Handelns.

Von hier aus rückt nun auch der Krieg in eine ganz neuartige Beleuchtung. „Der Krieg, große Gefahr, großes Unglück sind imstande, den reinen Menschen über sein gewöhnliches Dasein zu erheben, das heißt ganz abzusehen von den bürgerlichen Vorteilen, die er einzubüßen hat oder nicht." Er ist das weitaus sicherste Mittel, die Nation herauszureißen aus ihrer erbärmlichen Schwäche, an die Stelle „kalter Klügelei" die „verzehrende Glut" zu setzen, auf die jetzt alles ankommt. „Große Zwecke sind die Seele des Krieges[18])". „Der Friede ist die Schneedecke des Winters, unter welcher (die Kräfte der Erhebung) schlummern und sich langsam entwickeln; der Krieg ist die Glut des Sommers, die sie schnell entfaltet und zur Reife treibt[19])". Die bürgerlichen Reformer Preußens erwarten alles von Verbesserungen der inneren Staatsverfassung. Der Soldat Clausewitz sieht ihnen nicht ohne Skepsis zu. Auch er glaubt, daß solche Verbesserungen notwendig und für die Sicherung der künftigen Existenz Deutschlands unentbehrlich sein werden. „Aber in dem Augenblick der Not auf diese doch immer langsame Wiedergeburt... zu warten, scheint mir lächerlich." Zuletzt kommt doch alles auf die mitreißende Tat, auf das augenblickliche Handeln, auf die Fähigkeit des Führers zum großen Entschluß an. „Was ist denn kaum sechs Jahre nach Friedrichs des Großen Tode von diesem (preußischen) kriegerischen Geist noch übrig gewesen[20])"? Daß den Führern der preußischen Armee von 1806 bei allem korrekten Pflichteifer und schulmäßigen Können die spezifisch militärische Genialität, das heißt die starke Entschlußfreudigkeit im Blick auf große, einfache Ziele fehlte, das war nach Clausewitz die entscheidende Ursache ihrer Niederlage[21]).

Eben diese Niederlage kann und soll nun zum Stachel einer neuen Erhebung werden. Nur wo ein starker Reiz ausgeübt wird, bilden sich starke Willenskräfte. Nur wo die Not den Menschen bedrängt, greift er über sich selbst hinaus, überwindet er seine natürliche Trägheit und Feigheit. „Im Kriege eröffnet sich ein weites Feld energischer Mittel, und wenn ich die geheimsten Gedanken meiner Seele sagen soll, so bin ich für die allergewaltsamsten; mit Peitschenhieben würde ich das träge Thier aufregen und die Kette zersprengen lehren, die es sich feig und furchtsam hat anlegen lassen. Einen Geist wollte ich in Deutschland ausströmen, der wie ein Gegengift mit zerstörender Kraft die Seuche ausrottete, an der der ganze Geist der Nation zu vermodern droht[22])".

Der Krieg als Erziehungsmittel, als wirksamster Stachel zur Politisierung der ganzen Nation, zur Straffung ihres kämpferischen Machtwillens — das ist ein ganz neuer Aspekt! Davon hatte selbst Machiavelli noch nichts gewußt[23]). Das 18. Jahrhundert hatte sich zwar (in der Philosophie Kants) bis zu der Anerkennung aufgeschwungen, daß der Krieg eine Triebfeder sei, „alle Talente, die zur Kultur dienen, bis zum höchsten Grade zu entwickeln", ja daß er, „wenn er mit Ordnung und Heilighaltung der bürgerlichen Rechte geführt wird, etwas Erhabenes an sich hat und zugleich die Denkungsart des Volkes, welches ihn auf diese Weise führt, desto erhabener macht, je mehren Gefahren es ausgesetzt war und sich muthig darunter hat behaupten können", während ein langer Friede den „bloßen Handlungsgeist" und damit Eigennutz, Feigheit und Weichlichkeit zu befördern pflegt[24]). Aber dieses mehr ästhetische als moralische Lob bezog sich offensichtlich nur auf einen aufgezwungenen Verteidigungskrieg (und auch auf diesen nur, sofern er streng „humanitär" geführt wurde!); es stand also der allgemeinen Mißachtung des Krieges als barbarisches und vernunftloses Hilfsmittel einer noch nicht aufgeklärten Politik keineswegs entgegen[25]). Was Clausewitz beschäftigte, war überhaupt kein moralisches, aber auch kein kulturphilosophisches oder gar ästhetisches, sondern ein spezifisch politisches Problem: die Frage nämlich, wie eine bloße Kulturgemeinschaft zu einer politischen Willensgemeinschaft umgeschaffen werden könne — zu einer selbstbewußten, wehrhaften, auf ihre Freiheit und ihr äußeres Ansehen eifersüchtigen Staatsnation.

Daß eine solche Frage überhaupt gestellt und mit solcher Leidenschaft erörtert werden konnte, während das Problem der sittlichen Rechtfertigung des Krieges an sich völlig aus dem Interessenkreis verschwand, erscheint uns als ein Symptom der großen — fast möchte man sagen: kopernikanischen — Wendung, die sich eben damals in der deutschen Geistesgeschichte anbahnte. Wie einseitig hatte sich die deutsche Bildung bis dahin mit theologisch-philosophischen Spekulationen und ästhetischen Gegenständen befaßt! Jetzt erst, unter dem erschütternden Eindruck der politischen Katastrophe, begann eine entschiedene Hinwendung zu politisch-historischen Fragen, zugleich aber eine bewußte Umstellung vom „weltbürgerlichen" zum „nationalstaatlichen" Denken — jener Umwandlungsprozeß, den uns Fr. Meinecke an der inneren Entwicklung der größten deutschen Geister von Humboldt bis zu Hegel und Ranke veranschaulicht hat. Innerhalb dieser Gedankenbewegung nimmt Carl von Clausewitz eine ausgesprochene Sonderstellung ein. Was er in sie hineinträgt, ist zunächst einfach das stolze Selbstbewußtsein des Soldaten, des preußischen Offiziers, der weiß, daß das friderizianische Preußen nur durch kriegerische Leistung emporgekommen ist und durch sie allein sich behaupten kann. Da bedarf es keiner langen Umwege des Gedankens, um zu einem ausgeprägten Nationalbewußtsein zu gelangen; die militärische Niederlage selbst, von dem Berufsoffizier ganz persönlich als brennende Schmach empfunden, fordert ihn auf, über ihre tieferen Ursachen nachzudenken; und der Vergleich Deutschlands mit dem siegreichen Frankreich, den er in französischer Kriegsgefangenschaft grübelnd unternimmt, zeigt ihm, daß es gerade gewisse Vorzüge des deutschen Nationalcharakters zu sein scheinen, die den geschlossenen Einsatz unserer Nation zu politischen Machtzwecken so sehr erschweren: „die Unbeschränktheit" des schwer lenkbaren deutschen Geistes mit seinem Hang zur Gründlichkeit und zur theoretischen Spekulation, mit seiner nüchternen Sachlich-

keit und unbedingten Prinzipienfestigkeit, „die Mannigfaltigkeit und
Originalität der Individuen... das unausgesetzte Streben nach einem
höheren, selbstgesteckten Ziel"[26]). Dem Franzosen erleichtert es seine Ober-
flächlichkeit und Eitelkeit, sich „zu einem einförmigen Ganzen zu ver-
einen" und ein lenksames Instrument für politische Zwecke zu bilden; dem
Deutschen fehlt es an dem leicht entflammbaren nationalen Enthusiasmus
seiner Nachbarn, weil er die „heilsamen Vorurteile" (!) nicht besitzt, ohne
die es nun einmal kein nationales Selbstbewußtsein gibt; statt dessen liebt
er das „Räsonnement" und die Selbstkritik. Während jene sich „oft ganz
verlieren in der öffentlichen Meinung", legt der gebildete Deutsche oft
sehr geringen Wert auf sie, ja er trotzt ihr geradezu — eine Tugend, die
politisch betrachtet doch sehr gefährlich, ja zu einem Übel werden kann.

Man sieht deutlich: um des politischen Nutzeffektes willen ist dieser leidenschaftliche Patriot, wenn es sein muß, sogar zu einer Verengung und Ver-
flachung des deutschen Geistesreichtums bereit. Gerade auch die niederen
Instinkte und Leidenschaften der Menschen sollen für die Machterhöhung
der Nation nutzbar gemacht werden[27]). Dem idealisierenden Nationalgedanken und dem sittlichen Pathos eines Fichte steht Clausewitz ebenso
fremd gegenüber wie dem schwärmenden Deutschempfinden romantischer
Patrioten oder den Bemühungen eines Humboldt, eine deutsche Erhebung
durch Steigerung der geistigen Kräfte der Nation zu fördern. Näher liegt
ihm der Gedanke Steins (oder auch Gneisenaus), daß man die Deutschen zur
Politik erziehen müsse „durch gesetzesmäßigen Anteil an der Regierung" —
aber nur ganz gelegentlich taucht einmal eine solche Wendung auf. Und
selbst für das weitschichtige und mühsame Werk der Heeresreform, dem
Scharnhorst, sein bewunderter Lehrer, die beste Lebenskraft widmete, hat
Clausewitz nur ein begrenztes Interesse aufgebracht. Ungeduldiger und
unmittelbarer als alle anderen drängte ihn sein revolutionäres Temperament zur kriegerischen Tat an Stelle des bloßen Organisierens, Vorberei-
tens, Erziehens. Dabei ist er nichts weniger als eine fachmännisch begrenzte
Natur, kein bloßer Techniker des militärischen Handwerks, vielmehr eine
echte und reiche Künstlerseele (wie schon seine poetisch ausdrucksvolle
Sprache zeigt), aufgeschlossen allen Sinnesreizen der Natur und allen Reich-
tümern menschlichen Geistes — alles in allem eine höchst merkwürdige und
so sehr seltene Vereinigung von philosophischem Grübelsinn mit ungedul-
digem Aktivismus, von kältestem und klarstem Intellekt mit leidenschaftlicher Empfindung, von kontemplativer Weltbetrachtung mit stärkster

(und praktisch stets unerfüllt gebliebener!) Sehnsucht nach der heroischen Tat. So war er berufen, den geistigen Gehalt des preußischen Soldatentums in eine literarische Form zu fassen, wie sie noch keiner vor ihm gefunden hatte. Gewiß: sein Drängen zur schnellen Tat, sein Glaube an den unbedingten Primat der Außenpolitik vor allen innerpolitischen Erwägungen, seine rein kämpferische Zielsetzung für die Politik — das alles entsprang einer recht einseitigen, mehr soldatischen als staatsmännischen Sicht des politischen Lebens. Aber es war eine geniale Einseitigkeit, weil sie vollkommen zielsicher das dringendste Bedürfnis des historischen Moments erfaßte[28]).

Und nicht nur dieses einen Momentes! Was Clausewitz als erster begriff, war die Tatsache, daß Deutschlands ungesicherte äußere Lage, das Eingekeiltsein zwischen mächtigen Nachbarn, auch eine besonders kampfbereite Politik erzwang. Härter als viele Zeitgenossen empfand er zudem den grellen Widerspruch zwischen der jahrhundertelangen außenpolitischen Ohnmacht unseres Landes und seinem strotzenden Reichtum an physischen und geistigen Kräften. Indem den Deutschen dieser Widerspruch unter dem Druck der napoleonischen Fremdherrschaft voll zum Bewußtsein kam, brach die große geistige Wende herein, von der wir schon sprachen. Das Erlebnis der äußeren Katastrophe hat sie herbeigeführt — nicht irgendwelche „friderizianischen" Traditionen; die waren auch in Preußen schon um die Jahrhundertwende durch einen milden Humanitarismus abgelöst oder zum mindesten überdeckt. Aber aus der Tiefe der nationalen Niederlage entsprang die neue Ideenwelt: der Idealismus der deutschen Erhebung — eine Bewegung von ungewöhnlichem geistigen Reichtum, weil das politische Erlebnis mitten hineinfiel in die schon seit Jahrzehnten im Gang befindliche Emanzipation des deutschen Geistes vom westeuropäischen Rationalismus. Ein schicksalhaftes Zusammentreffen von unabsehbaren Folgen! Denn es hat uns, nachwirkend bis in unsere Tage, der westeuropäischen Bildungswelt tief entfremdet und in eine Sonderstellung innerhalb Europas hineingedrängt. Für das politische Programm der „deutschen Bewegung" fand Carl von Clausewitz die am meisten soldatische Formulierung: daß eine große Nation „frei und gefürchtet leben" müsse, wenn sie ihr Selbstbewußtsein und ihre nationale Eigentümlichkeit bewahren wolle[29]). Seine „Bekenntnisschrift" von 1812, mit der er den Übertritt preußischer Offiziere in russische Kriegsdienste rechtfertigen wollte, und seine große Lehrschrift „Vom Kriege" haben für das Deutschland des 19. Jahrhunderts geradezu klassische Bedeutung gewonnen. Es ist nicht zufällig, daß der Name Clausewitz nur in Deutschland so hellen Klang gewan.

Seine „Bekenntnisschrift" von 1812[30]) ist weitaus der reinste und stärkste Ausdruck des neuen kämpferischen Geistes, der die Patrioten von 1812/13 beseelte. Sie enthält unter anderem einen förmlichen Katalog politischer Tugenden und Laster, eine kurzgefaßte Summa gleichsam der neuen kriegerisch-politischen Ethik. Der Bekennende sagt sich feierlich los von allem, was die eiserne Notwendigkeit des Kampfes auf Leben und Tod verhüllen oder den Menschen zum Ausweichen vor ihr verleiten möchte: „leichtsinnige Hoffnung" auf günstigen Zufall, untätig-dumpfes und blindes Erwarten der Zukunft, „niedrige Untertänigkeit und Schmeichelei" zur Versöhnung des Tyrannen, „falsche Resignation" und „unvernünftiges Mißtrauen" gegen die eigene Kraft, „sündhafte Pflichtvergessenheit" gegenüber dem allgemeinen Besten, vor allem feige Unterwürfigkeit und „schamlose Aufopferung aller Ehre des Staates und Volkes, aller persönlichen und Menschenwürde". Statt dessen gelobt er für die Freiheit und Würde des Daseins den letzten Blutstropfen einzusetzen, die Ehre des Königs und Volkes über alles zu stellen, ihre Erhaltung als „heiligste Pflicht" zu betrachten, mit „männlichem Mute, das heißt mit ruhigem aber festem Entschluß und klarem Bewußtsein der Gefahr zu begegnen", ohne Angst und ohne falsche Klugheit, frei von jeder Selbstsucht, begeistert von dem „herrlichen Kampf um Freiheit und Würde des Vaterlandes", bereit zu einem „glorreichen" Opfer des Lebens. Eine solche Gesinnung ist über den bloßen loyalen Untertanengehorsam der friderizianischen Zeit weit hinausgewachsen; sie setzt voraus, daß jeder Kämpfende die Sache des Staates als seine eigene betrachtet. Außer dem pathetischen Bekenntnis enthält die Denkschrift auch sehr ausführliche Erwägungen der politischen und militärischen Lage; sie weicht der Frage nicht aus, ob Preußen überhaupt noch die physische und technische Möglichkeit besitzt, sich dem französischen Bündnis gegen Rußland zu entziehen und in einem Kampf auf Leben und Tod zu behaupten. Aber nichts zeigt deutlicher als gerade dieser Abschnitt, wie völlig sich die Zeiten gewandelt haben: vom Geist des „klügelnden Berechnens", der die Politiker des 18. Jahrhunderts bestimmte, findet sich hier nicht die geringste Spur mehr — gerade weil Clausewitz die Miene annimmt, ganz nüchtern-rationale Erwägungen der Vorteile und Nachteile eines französischen Bündnisses anzustellen, leuchtet um so stärker aus jeder Zeile die kämpferisch-heroische Gesinnung hervor, die entschlossen ist, alles an alles zu setzen und die zuletzt auch über das rationale Argumentieren entscheidet[31]). Grundvoraussetzung ist, daß die völlig irrationale Dämonie der napoleonischen Politik kein echtes Paktieren gestattet, sondern nur die Wahl zwischen Selbstpreisgabe und Kampf auf Leben und Tod übrigläßt. Dabei ist wichtig und für Clausewitz charakteristisch, daß er dieser Dämonie völlig frei von moralischer Wallung ins Auge sieht: nicht als „Scheusal", nicht als „satanische" Macht erscheint ihm Bonaparte, sondern als ein titanischer Kämpfer von größtem Format. „Wie ist Mäßigung überhaupt einem Staat möglich, der mit ungeheuern Mitteln ungeheuern Zwecken nachstrebt, bei dem jeder Atemzug neue Gewaltsamkeit ist; da wäre Mäßigung ebenso unvernünftig als anderswo die Schlaffheit." Steht es aber so, dann kann es gar keinen wirklichen Vorteil friedlicher Verständigungspolitik geben, und der Gegensatz zwischen ihren Befürwortern und denen des Kampfes ist in Wahrheit nur noch ein moralischer: „Ohne Mut und Entschlossenheit kann man in großen Dingen nie etwas tun, denn Gefahr gibt es überall, und die Politik ist nicht immer eine feige Hinterlist, womit sie mancher für gleichbedeutend hält." „Die Menschen müssen schlecht werden, wenn man sie zwingt, ihr Blut zu vergießen für eine Sache, die sie verabscheuen." Was bedeuten Schwierigkeiten angesichts einer solchen moralischen Gefahr? Wo der kategorische Imperativ der Pflicht uns anruft, haben alle bloßen Nützlichkeitserwägungen zu schweigen. „Der Entschluß soll aus der Notwendigkeit der Rettung hervorgehen, nicht aus der Leichtigkeit derselben." Damit ist der Grundgedanke all der vielen Erhebungspläne ausgesprochen, mit denen die patriotischen Offiziere und Minister Preußens seit 1808 immer wieder ihren König bestürmten: daß moralische Kräfte ersetzen müßten und könnten, was dem Staat an materiellen Machtmitteln noch fehlte. Die düstere Entschlossenheit, mit der Clausewitz diesen Gedanken formulierte, erinnert an die Haltung des Freiherrn vom Stein 1808, unterscheidet sich aber von ihm in dem Verzicht auf alle moralische Verdammung des Gegners; es ist eine eiskalte Entschlossenheit, weit entfernt auch von dem sieghaften Optimismus eines Gneisenau[32]). Aber gemeinsam ist allen diesen Patrioten der heroische Kampfwille, der auch das augenscheinlich Unmögliche wagt, weil er es durch moralische Anstrengung zu ertrotzen hofft. Das ist beste soldatische Überlieferung; sie hat die preußisch-deutsche Armee zu vielen Siegen — aber auch weit darüber hinausgeführt. Wo sie zu politischer Maxime wurde, wie am Ende des Ersten Weltkriegs und in der Hitlerzeit, führte sie rettungslos ins Verderben.

Denn was für den Soldaten höchste Tugend ist, kann für den Staatsmann verantwortungslose Vermessenheit bedeuten. Die historische Forschung hat inzwischen längst festgestellt, daß die Patrioten von 1808 und 1812 die dem preußischen Staat von Napoleon unmittelbar drohende Gefahr stark überschätzten[33]). Und warum ihre Erhebungspläne politisch verfrüht, in ihrer Anlage sogar verfehlt erscheinen, das werden wir später noch zu erwägen haben. Hier kommt es zunächst nur darauf an, das Erwachen des neuen Kampfgeistes zu verfolgen, ohne den eine Erhebung Deutschlands überhaupt nicht in Gang zu bringen war. Und da ist eines gewiß: mochten auch die Patrioten von 1808 die Gegebenheiten der tagespolitischen Lage nicht durchschauen — ein höchst Wesentliches haben sie doch richtig erfaßt: die Dynamik des napoleonischen Machtwillens, mit dem es kein anderes Paktieren gab als unter Verzicht auf die eigene Freiheit. Es war ihre historische Leistung, sich dieser unzähmbaren Energie mit einem ebenso unzähmbaren Freiheitstrotz entgegenzuwerfen und damit eine politische Bewegung auszulösen, die den Stil der neuen Kriegführung bewußt nach Deutschland übertrug, die dem rücksichtslosen Einsatz französischer Volkskraft durch den Korsen mit ebenso rücksichtslosem Einsatz deutscher Volkskraft begegnete. Das Clausewitzsche Buch „Vom Kriege" hat später diesen neuen Kriegsstil nach allen Seiten theoretisch entwickelt. Indem es die Summe aus den Erfahrungen der napoleonischen Epoche zog, ist es zum Grundbuch für alle spätere deutsche Kriegskunde geworden.

*

Um das Neuartige dieses bedeutenden Buches zu sehen, bedarf es nicht erst einer Analyse aller seiner strategisch-taktischen Lehren[34]). Unmittelbar anschaulich wird es schon in dem Kapitel „Der kriegerische Genius" (1. Buch, Kap. 3), wo Clausewitz das Wesen des großen Feldherrn in höchst eindrucksvoller Weise schildert. Hier sind die Vorstellungen des 18. Jahrhunderts von einer „methodischen", mit mathematischer Sicherheit rechnenden Kriegführung, überhaupt von einem „Kriegshandwerk" mit bestimmten, schulmäßig erlernbaren Handgriffen radikal durchbrochen. Nicht die Beherrschung technischer Kunstgriffe und gelehrten strategischen Wissens macht die wahre Meisterschaft aus, sondern eine Vereinigung von Geist und Charakter. Das Wichtigste für den militärischen Führer ist die Fähigkeit, mitten im Drang der Gefahr klare und sichere Entschlüsse zu fassen, und zwar auch dann, wenn das Rechnen mit sicher bestimmbaren Größen aufhört. Denn „der Krieg ist das Gebiet des Zufalls", mehr als irgendeine andere menschliche Tätigkeit; nirgends ist also die starre, klügelnde Doktrin weniger am Platz, nirgends mit „geometrischer Methode" so wenig auszurichten wie hier. Der große Feldherr ist gerade das Gegenteil eines Fachmenschen, eines bloßen Technikers; er ist aber für Clausewitz ebensowenig ein bloßer Willensathlet. Ihn zeichnet vielmehr ein harmonischer Verein der Kräfte aus, ein Gleichgewicht des Verstandes und Willens, wie es nur in der wahrhaft großen Persönlichkeit sich findet. Wackere Haudegen, blinde Draufgänger gibt es massenhaft auch unter rohen Völkern, dagegen „nie einen eigentlich großen Feldherrn und äußerst selten, was man ein kriegerisches Genie nennen kann, weil dazu eine Entwicklung der Verstandeskräfte erforderlich ist, die ein rohes Volk nicht haben kann." Die größten Feldherrnnamen fallen immer erst in die Zeiten einer höheren Bildung. Und alles, was Clausewitz an Führereigenschaften schildert, versteht er nicht im Sinn jener Alltagsbegabung und roh-animalischen Kraft, die auch dem Durchschnittsmenschen eignen kann, sondern immer als Ausdruck einer überlegenen Geistigkeit: Mut, nicht als bloße Bravour, sondern zugleich als Mut zu verantwortlichem Handeln und als Ausfluß eines echten Enthusiasmus; Verständigkeit nicht bloß als gesunder Menschenverstand, sondern als Fähigkeit, unerwartete und undurchsichtige Lagen mit instinktiver Sicherheit im Augenblick zu erfassen und zu meistern; Entschlossenheit nicht als bloße Dreistigkeit, sondern als Überlegenheit des Geistes gegenüber drängenden Zweifeln, und zwar auch in höchst verantwortlicher Lage, wo der gewöhnliche Wagemut versagt; Geistesgegenwart nicht als bloße Routine, sondern als Ergebnis einer tiefen inneren Gleichgewichtslage des Gemütes; Energie nicht einfach als bloße Willenskraft, sondern als Fähigkeit eines überlegenen Geistes zum Durchhalten, zur Überwindung der unzählbaren inneren Friktionen der Kriegsmaschine, vor allem in scheinbar verzweifelten Lagen, „wenn die ganze Inertie der Masse auf dem Willen des Feldherrn lastet" und verbunden mit den edelsten seelischen Wallungen, mit dem „Seelendurst nach Ruhm und Ehre", einem Ehrgeiz, der nach den höchsten Kränzen greift; Festigkeit, die vom Verstande unterstützt und damit zur Standhaftigkeit wird; Gemüts- und Seelenstärke als Fähigkeit, auch im Sturm der heftigsten Leidenschaften und unter dem Ansturm erregendster Eindrücke allein „dem Verstand zu gehorchen", vollkommene Selbstbeherrschung zu bewahren, was nur möglich ist bei hochentwickeltem Gefühl der Menschenwürde und edelstem Stolz; ihre schönste und praktisch wirksamste Form gewinnt diese Tugend nicht etwa bei indolenten Phlegmatikern, sondern bei „wenig beweglichen, aber darum tief bewegten Menschen mit tief und versteckt liegenden Leidenschaften", die sich zu dem Sanguiniker verhalten wie die Glut zur Flamme; zu alledem tritt schließlich noch die Charakterstärke, die fest an ihren Überzeugungen hält, weil diese aus einer klaren und tiefen Einsicht entsprungen sind.

So entsteht das Idealbild eines Führertums, das die Masse als eine höhere Form des Menschentums überragt, das echter Adel ist, stählerne Energie verbunden mit überlegener Intelligenz, männliche Würde mit geschmeidiger Kraft. „Eine durch vorherrschenden Geist geleitete Kühnheit ist die Seele des Helden", „heroische Entschlüsse aus Gründen der Vernunft" zu finden die Aufgabe des Feldherrn[35]). Aus jeder Zeile ist zu spüren, wie diese Schilderung nicht theoretisch erdacht, sondern aus lebendiger Anschauung gewonnen ist: aus der Verehrung großer geschichtlicher Vorbilder, aber auch aus dem praktischen Erleben, dem nahen persönlichen Umgang mit Geistern wie Gneisenau und Scharnhorst und im Kampf wider einen Napoleon[36]). Es weht uns daraus der Geist des klassischen deutschen Idealismus entgegen, der noch nichts wußte von fachmäßiger Abrichtung, Technisierung und Verengung der Menschen. Und so gehört es zu der Universalität dieses großen Menschentums notwendig und selbstverständlich hinzu, daß der wahrhaft bedeutende Feldherr, der kriegerische Genius, über das rein „Militärische" hinauswächst in die Sphäre der großen Politik. „Um einen ganzen Krieg oder seine größten Akte, die wir Feldzüge nennen, zu einem glänzenden Siege zu führen, dazu gehört eine große Einsicht in die höheren Staatsverhältnisse. Kriegführung und Politik fallen hier zusammen, und aus dem Feldherrn wird zugleich der Staatsmann." Gleichwohl darf er nicht aufhören, Feldherr zu sein: „er umfaßt mit seinem Blick auf der einen Seite alle Staatsverhältnisse, auf der anderen ist er sich genau bewußt, was er mit den Mitteln leisten kann, die in seiner Hand liegen." Das erfordert freilich eine Weite des geistigen Horizonts, die überaus selten ist; auch so bedeutende historische Erscheinungen wie Karl XII. oder Heinrich IV. haben nach Clausewitz' Meinung diese Stufe des militärisch-politischen Genies nicht erreicht. „Was hier von höheren Geisteskräften erfordert wird, ist Einheit und Urteil, zu einem wunderbaren Geistesblick gesteigert, der in seinem Fluge tausend halbdunkle Vorstellungen berührt und beseitigt, welche ein gewöhnlicher Verstand erst mühsam ans Licht zieht und an denen er sich erschöpfen würde." Nur von den höchsten geschichtlichen Erscheinungen ist also hier die Rede. Was Clausewitz vor der Seele steht, ist klassisches Menschentum, lebend aus der Universalität und Einheit des Geistes.

Eben aus diesem Begriff der geistigen Universalität ist denn auch alles zu verstehen, was er über die wesenhafte Einheit von Politik und Kriegführung auseinandersetzt — in jenen berühmten Formulierungen, die so unendlich oft mißdeutet worden sind: „Der Krieg ist eine bloße Fortsetzung der Politik mit anderen Mitteln." Er ist „nicht bloß ein politischer Akt, sondern ein wahres politisches Instrument, eine Fortsetzung des politischen Verkehrs, ein Durchführen desselben mit anderen Mitteln. Was dem Kriege nun noch eigentümlich bleibt, bezieht sich bloß auf die eigentümliche Natur seiner Mittel" (1. Buch, I, 24). „Der Krieg ist nur ein Teil des politischen Verkehrs, also durchaus nichts Selbständiges . . . er ist nichts als eine Fortsetzung des politischen Verkehrs mit Einmischung anderer Mittel" (8. Buch, III b). Warum wiederholt Clausewitz diese Sätze so oft, so eindringlich, in immer neuen Umschreibungen? Zunächst deshalb, weil ihm alles daran liegt, die Behandlung des Kriegsproblems den Händen der militärischen Fachmenschen, den Rechenkünstlern der strategischen Theorie, den Drillmeistern der Exerzierplätze, den Taktikern der überlieferten Gefechtslehre zu entreißen. Weil er in der bittersten Erfahrung seines Lebens gesehen hat, wie kläglich dieses fachmäßig verengte Schulwissen, dem die große Gesamtansicht der politischen Lage fehlt, vor der Wirklichkeit des großen Krieges versagte[37]). Weil er tief davon durchdrungen ist, daß jetzt alles darauf ankommt, nicht etwa der preußischen Armee eine nach den neuesten Erfahrungen verbesserte strategische Kunstlehre und taktische Dienstanweisung zu schreiben, sondern darauf: festzuhalten, zu klären, zu steigern, zu überliefern, was immer die große Erhebung an neuem Geist in der deutschen Politik und Heerführung geweckt hat. Dem preußischen Offizier soll es immer wieder eingehämmert werden, daß es mit pünktlicher Erfüllung aller Dienstvorschriften im Stil des ancien régime allein nicht getan ist, daß alles Schulwissen und vollends alle sogenannte mathematische Berechnung im wirklichen Kriege versagt, weil der Krieg nun einmal die Sphäre der großen Gefahren, der ewigen Ungewißheit und des Zufalls ist; daß allein die Kühnheit und Stärke der Seele, die Sicherheit des militärischen Blicks, die rasche Entschlußfreudigkeit der unteren Führung, in den obersten Stellen aber zugleich die Weite des geistigen Horizonts entscheidet, die nicht an militärtechnischen Einzelheiten haften, sondern das Ganze der Kriegführung und ihre politischen Hintergründe mitumfaßt. Die Politiker aber sollen wissen, daß sie ganz wesentlich mitverantwortlich sind für den Erfolg oder Mißerfolg des Krieges und daß sie diese Verantwortung nicht abschieben können auf ihre militärischen Fachleute. Denn die Kriegführung ist nur ein Teil der Politik selbst.

Aber damit ist nur die eine Seite der Sache bezeichnet. Der Gedankenzusammenhang unseres Autors führt noch viel weiter. Bedenkt man die Radikalität und großartige Einseitigkeit, mit der er in den Aufzeichnungen und Briefen seiner jüngeren Jahre das kämpferische Wesen der Politik herausgestellt und zu rücksichtslosem Einsatz aller Kräfte für den Freiheitskampf aufgerufen hatte, so könnte man erwarten, daß auch sein kriegstheoretisches Hauptwerk dieselbe Einseitigkeit zeigen würde. Die Wesenseinheit von Politik und Kriegführung wäre danach so zu deuten, wie sie in unserer Generation vielfach verstanden worden ist: daß die Politik nichts anderes sei als ein fortwährendes Kämpfen um die Macht, der Krieg nur ihre Steigerung unter Einmischung gewaltsamer Mittel, politisches und militärisches Ziel im wesentlichen identisch: Überwältigung der feindlichen Macht. Die Aufgabe der Staatsleitung im Kriege wäre danach rein kämpferisch bestimmt: als Bereitstellung aller materiellen und seelischen Mittel für den Vernichtungskampf. Indessen: diese Erwartung täuscht. Wer die Ausführungen unseres Autors als Ganzes aufnimmt und nicht bloß einzelne Sätze herausgreift, kann nicht daran zweifeln, daß die eben erörterte Deutung eine unzulässige Modernisierung des echten Clausewitz darstellt. Natürlich ist es richtig, daß er die Politik zuerst und vor allem als Machtkampf auffaßt, nicht als Friedensordnung, wenn er den Krieg eine unmittelbare Fortsetzung des „politischen Verkehrs" nennt (eine beinahe zynisch klingende Wendung!). Gleichwohl sieht und sagt er ganz deutlich, daß die Ziele der Politik und die der Kriegführung keineswegs identisch sind, zum mindesten nicht immer; und statt jener im Krieg eine dienende oder helfende Rolle zuzuweisen, behauptet er mit großer Entschiedenheit ihren Primat: „Die Politik hat den Krieg erzeugt; sie ist die Intelligenz, der Krieg aber bloß das Instrument, und nicht umgekehrt. Es bleibt also nur das Unterordnen des militärischen Gesichtspunktes unter den politischen möglich" (8. Buch, VI B). Dabei erscheint die Politik durchweg nicht als das steigernde, sondern als das mäßigende Element.

Zu verstehen ist das nur aus dem Gesamtzusammenhang unserer Schrift.

Sie ist weder eine Kampf- noch eigentlich eine Lehrschrift, sondern ein durchaus und bewußt philosophisches Buch. Nicht mehr ein Produkt der großen Kampf- und Erhebungszeit, sondern der „halkyonischen" Friedens- und Restaurationsepoche (entstanden zwischen 1816 und 1830), als der deutsche Geist nach Abschluß der großen Kämpfe sich auf die inneren Zusammenhänge des Zeitgeschehens und auf die geschichtlichen Wurzeln seines eigenen Lebens besann. Das Streben dieser Epoche nach allseitigem Verstehen des geschichtlichen Lebens, nach historischer Gerechtigkeit, hat auch ihn erfaßt und verstärkt den ihm von jeher eigenen Zug zu illusionsfreier Sicht der politischen Wirklichkeit und zu individualisierender statt schematisierender Weltbetrachtung[38]). Der Begriff des Krieges, um den er sich müht, soll universal, soll umfassend sein, nicht doktrinär verengt, nicht aus einer bestimmten Geschichtsepoche allein gewonnen und nur auf sie zugeschnitten. Als kämpfender Patriot hatte Clausewitz mit harter Einseitigkeit nur die kriegerische Aufgabe der Politik und die politische Erziehungsaufgabe des Krieges betont. Als Kriegsphilosoph sieht er, daß politische und kriegerische Zielsetzung keineswegs immer sich decken und daß es über den militärischen Bedürfnissen noch höhere Staatsnotwendigkeiten gibt. Von der kämpferischen Leidenschaftlichkeit eines Gneisenau aber, die den Blick für politische Wirklichkeiten trübt, war er von jeher frei gewesen.

Ausgangspunkt seiner Überlegungen ist eine begriffliche Definition des Krieges, die auf den ersten Blick alle Einmischung des Politischen in das militärische Element auszuschließen scheint[39]). „Der Krieg ist nichts als ein erweiterter Zweikampf." „Er ist ein Akt der Gewalt, um den Gegner zur Erfüllung unseres Willens zu zwingen." „Gewalt, das heißt physische Gewalt, ist das Mittel; dem Feinde unseren Willen aufzudringen der Zweck. Um diesen Zweck sicher zu erreichen, müssen wir den Feind wehrlos machen, und dies ist dem Begriff nach das eigentliche Ziel der kriegerischen Handlung" (1. Buch, II, 2). Diese einfachen Sätze sind grundlegend; an ihnen hängt alles Weitere; und sie enthalten tatsächlich eine entscheidende Neuentdeckung. Wenn der politische Zweck des Krieges ist, dem Feind unseren Willen aufzudringen, und wenn dieser Zweck nicht anders erreicht werden kann als durch Wehrlosmachung des Gegners, dann gehört der Vernichtungskrieg notwendig zum Begriff des echten und wahren Krieges dazu. Keine Kriegführung hat ihr eigentliches Ziel erreicht, ehe sie nicht die gegnerische Streitmacht wirklich vernichtet hat, und nur das tatsäch-

liche Wehrlosmachen des Feindes darf (streng genommen) das Ziel der
militärischen Operationen sein. Damit ist, wenigstens grundsätzlich, die
gesamte Manöverstrategie der älteren Zeit überwunden, die keineswegs
immer auf Vernichtung ausging, sondern vorzugsweise auf Schwächung
und Ermattung des Gegners. Die Einsicht, daß mit bloßen Teilerfolgen
nichts Durchschlagendes erreicht wird[40]), daß der Feldherr seine Kräfte
nicht auf Nebenaufgaben zersplittern darf, daß alles darauf ankommt,
rasche, kräftige und entscheidende Schläge mit gesammelter Kraft zu führen
und diese durch rücksichtslose Verfolgung bis zu völliger Vernichtung des
feindlichen Widerstandswillens auszunützen, daß eine hinhaltende, ver-
teidigende Kriegführung nur solange Sinn hat, als sie auf die Zeit als ihren
Verbündeten rechnen darf und eines Tages offensiv wird — diese Einsichten
sind der wichtigste Ertrag der napoleonischen Epoche für alle spätere Kriegslehre geworden. Und es ist das entscheidende Verdienst des Clausewitzschen
Buches, die Folgerungen aus diesen einfachen Grundsätzen für die gesamte
Strategie und Taktik gezogen zu haben — nicht in systematisch geschlos-
sener, lehrbuchmäßiger Darstellungsweise, sondern in einer Summe locker
gefügter Betrachtungen: über die Natur des Krieges (Wesen des kriegerischen Genius, Gefahr und körperliche Anstrengung im Felde, innere Friktionen der Kriegsmaschine und dergleichen), über die Grenzen der Kriegstheorie und dessen, was sich methodisch überhaupt lehren läßt, über die
moralischen und materiellen Mittel der Strategie, Ökonomie der Kräfte,
Stillstand und Fortschritt im kriegerischen Akt, das Verhältnis von Angriff
und Verteidigung, über die Bedeutung des Gefechts als zentrales und zugleich allein entscheidendes Kriegsmittel und dergleichen mehr. Das alles
vorgetragen mit einer Fülle kriegsgeschichtlicher Beispiele, großenteils aus
der eigenen Erfahrung, vielfach übergreifend in politisch-historische Betrachtungen, die Probleme logisch entwickelnd, aber ohne doktrinäre Strenge,
anregend auf jeder Seite, aber durch die Fülle der Gesichtspunkte, die sich
teilweise überschneiden, der historischen Wirklichkeit ebenso angepaßt wie
verwirrend für den Anfänger[41]). Was von alledem auf die Schule des preußischen Generalstabes am stärksten gewirkt hat, war die Lehre von „der
blutigen Energie des Krieges", die alle Betrachtungen durchzieht. Und doch
bleibt auch sie — was später bei militärischen Lesern manchen Anstoß er-
weckt hat — nicht ohne starke Einschränkung.

Indem sich nämlich Clausewitz klarmacht, daß zum Begriff des absoluten (Ludendorff wird später mit einem Ausdruck Fichtes sagen: des wahr-

haftigen) Krieges notwendig das Wehrlosmachen des Gegners durch Vernichten seiner Streitmacht gehört, steigt ihm der Zweifel auf, ob dieser theoretisch „absolute" Kriegsbegriff auch der historischen Wirklichkeit entspricht. Die allem idealistischen Denken eigentümliche Unterscheidung zwischen „Idee" und „Wirklichkeit" tritt hier auf. Der Idee nach (könnte man sagen) ist der Krieg immer absolut. In der Wirklichkeit ist es nie. Der Idee nach zieht er das ganze Leben der Völker in seinen Bann; denn Gewalt als solche ruft immer Gegengewalt hervor. Wer sie rücksichtslos, ohne Schonung des Blutes gebraucht, muß ein Übergewicht bekommen, falls der Gegner es nicht auch tut. „Dadurch gibt er dem anderen das Gesetz und so steigern sich beide bis zum äußersten", das heißt bis zu völliger gegenseitiger Vernichtung. „Nie kann in die Philosophie des Krieges selbst ein Prinzip der Mäßigung hineingetragen werden, ohne eine Absurdität zu begehen." Aber kann, was hier als äußerste theoretische Konsequenz des kämpferischen Prinzips erscheint, im Ernst jemals das Ziel politischen Handelns sein? Lohnt denn das Kriegsziel immer die äußerste Anstrengung aller Kräfte? Offenbar nicht. „Es würde in manchen Fällen ein unnützer Kraftaufwand entstehen, welcher in anderen Grundsätzen der Regierungskunst ein Gegengewicht finden müßte; eine Anstrengung des Willens würde erfordert werden, die mit dem vorgesetzten Zweck nicht in Gleichgewicht stände." Der Krieg ist ja kein isolierter Akt, sondern steht mit dem früheren Staatsleben in unmittelbarem Zusammenhang; er enthält auch nicht eine in sich vollendete Erscheinung, sondern „der politische Zustand, welcher ihm folgen wird, wirkt durch den Kalkül schon auf ihn zurück" (1. Buch, I, 6).

Der politische Zustand, der auf den Krieg folgen wird, ist offenbar nichts anderes als die friedliche Dauerordnung, auf welche die Politik zusteuert. Man sieht, wie die Idee der Universalität, von der Clausewitz ausgeht, für sein ganzes Denken hier eine gewaltige Bedeutung gewinnt. Nichts Geringeres erwartet er von der politischen Kriegsleitung, als daß sie schon im Kämpfen selbst auf die spätere Friedensordnung Rücksicht nimmt. Ausdrücklich und schroff lehnt er es ab (als eine „grundfalsche Vorstellung"), den Krieg als eine isolierte Erscheinung zu betrachten, „als würde er von dem Augenblick an, wo er durch die Politik hervorgerufen ist, als etwas von ihr ganz unabhängiges sie verdrängen und nur seinen eigenen Gesetzen folgen, so wie eine Mine, die sich entladet, keiner anderen Richtung und Leitung mehr fähig ist, als die man ihr durch die vorbereitenden

Einrichtungen gegeben" (1. Buch, I, 23). In Wirklichkeit ist der Krieg keine bloße einmalige Entladung, sondern ein lang anhaltendes „Pulsieren der Gewaltsamkeit, mehr oder weniger heftig" je nach der wechselnden Stärke und Richtung seiner politischen Antriebe. Immer bleibt er dem Willen einer leitenden politischen Intelligenz unterworfen, die politische Bedürfnisse ebenso wie die militärischen im Auge hat. „Denn die politische Absicht ist der Zweck, der Krieg nur das Mittel, und niemals kann das Mittel ohne Zweck gedacht werden." „Je großartiger und stärker die Motive des Krieges sind, je mehr sie das ganze Dasein der Völker umfassen, je gewaltsamer die Spannung ist, die dem Krieg vorhergeht, um so mehr wird der Krieg sich seiner abstrakten (= absoluten) Gestalt nähern, um so mehr wird es sich um das Niederwerfen des Feindes handeln, um so mehr fallen das kriegerische Ziel und der politische Zweck zusammen, um so reiner kriegerisch, weniger politisch scheint der Krieg zu sein." Und umgekehrt: je schwächer die Motive und Spannungen sind, um so mehr weichen politischer Zweck und abstraktes kriegerisches Ziel auseinander, um so mehr scheint der Krieg „politisch" zu werden. Versteht man aber unter Politik nicht nur „eine der Gewalt abgewendete, behutsame, verschlagene, auch unredliche Klugheit", sondern die „Intelligenz des personifizierten Staates" (die natürlich als solche auch selbst kämpferischen Charakter tragen wird!), so trifft der Begriff des „politischen Instrumentes" auf beide Kriegsarten zu. Auch der Vernichtungskrieg (mit absolutem Charakter) ist ein bloßes Instrument der Politik — aber einer kühneren, radikaleren, die auf mehr als bloße Teilerfolge aus ist (1. Buch, I, 24—26).

Man sieht: die Definition des Krieges als Fortsetzung der Politik mit Einmischung anderer Mittel hat für Clausewitz noch eine besondere systematisch-methodische Bedeutung: sie soll ihm ermöglichen, alle nur denkbaren und in der Geschichte vorkommenden Formen der Kriegführung, vom absoluten Niederwerfungskrieg bis zu der halb spielerischen Kriegführung des Rokoko, einer „etwas verschärften Diplomatie", auf einen gemeinsamen Nenner zu bringen. „Nur mit dieser Vorstellungsart ist es möglich, nicht mit der sämtlichen Kriegsgeschichte in Widerspruch zu geraten" (1. Buch, I, 27). Er will kein abstraktes Begriffsschema bieten, sondern der Mannigfaltigkeit des geschichtlichen Lebens so nahe bleiben als möglich. Die Geschichte aber zeigt, „daß es im Kriege der Wege zum Ziele viele gibt, daß nicht jeder Fall an die Niederwerfung des Gegners gebunden ist", daß neben der Vernichtung der feindlichen Streitkraft auch die Eroberung oder Besetzung feindlicher Provinzen, die bloße Invasion oder gar ein bloß passives Abwarten der feindlichen Stöße, ein bloßes Ermüden des Gegners mit möglichst geringem Kräfteaufwand als Mittel zur Überwindung des feindlichen Willens gebraucht werden. „Da der Krieg kein Akt blinder Leidenschaft ist, sondern der politische Zweck darin vorwaltet, so muß der Wert, den dieser hat, die Größe der Aufopferung bestimmen, mit welcher wir ihn erkaufen wollen." In vielen Fällen wird die Kriegsleitung sich der politisch-diplomatischen statt der militärischen Hilfsmittel bedienen. Etwa der diplomatischen Drohung durch den Druck neuer Bündnisse, der Auflockerung feindlicher Koalitionen, Aufwiegelung feindlicher Untertanen oder auch persönlicher Verbindungen aller Art. So mannigfaltig die politischen Zwecke sind, die einen Krieg veranlassen können, so unabsehbar mannigfaltig sind auch die Mittel, und es wäre eine törichte Pedanterie, alle Kriegsformen, die nicht auf den Vernichtungssieg ausgehen, als seltene Ausnahmen zu betrachten und unter ihrem Wert zu schätzen. Zumal da, wo auf Vernichtungssieg keine Aussicht ist oder wo der Preis für seinen Gewinn unverantwortlich hoch wäre, sieht die Kriegsleitung sich zur Anwendung weniger radikaler Mittel oder aber zum rechtzeitigen Friedensschluß einfach genötigt. „Mit eben dem Recht, mit welchem man eine dieser Abstufungen in der Theorie verwerfen wollte, könnte man sie alle verwerfen, das heißt die wirkliche Welt ganz aus den Augen setzen[42]).

Aber wird mit solchen Betrachtungen nicht gerade *die* Einsicht wieder geopfert, die uns vorhin als die wichtigste Errungenschaft des Buches und als die wichtigste Lehre aus den Erfahrungen der napoleonischen Kriegsepoche erschien: daß die halben Maßnahmen im Kriege nichts taugen, daß nur das Streben nach Vernichtung der feindlichen Streitkraft das Ziel einer Kriegführung sein kann, die ihre Sache versteht? In der Tat könnte es an manchen Stellen des Buches so scheinen, als hätte Clausewitz die „Ermattungsstrategie" der älteren Zeit als eine vollkommen gleichberechtigte zweite Form der Kriegführung neben die neuere „Niederwerfungsstrategie" gestellt[43]). Indessen wird eine solche Deutung seiner eigentlichen Absicht ebensowenig gerecht wie die übliche Auslegung im Sinn einer späteren Epoche, der Moltkeschen Schule. Seine historische Stellung ist offenbar die eines Zwischengliedes zwischen alter und neuer Zeit; und eben diese Zwischenstellung, die seine Sätze oft recht vieldeutig macht, ist an vielen Mißverständnissen und Unklarheiten der Ausleger Schuld.

Zunächst wird aus vielen Stellen deutlich, daß unser Kriegsphilosoph trotz allem doch daran festhält, die Niederwerfungsstrategie als die bessere, der wahren Natur des Krieges gemäßere, gewissermaßen als Normalform zu betrachten, so daß „die Vernichtung der feindlichen Streitkraft unter allen Zwecken, die im Kriege verfolgt werden können, immer als der über alles gebietende erscheint" (1. Buch, II)[44]. Wo die eigentliche große Waffenentscheidung vom Gegner in Anspruch genommen wird, kann dieser Rekurs niemals versagt werden; und alle Ermäßigungen der Kriegführung gegenüber dem abstrakten Begriff des Vernichtungsprinzips, welche die Umstände erzwingen, entbinden uns doch nicht davon, „die blutige Entladung der Krisis, das Bestreben zur Vernichtung der feindlichen Streitkraft als den erstgeborenen Sohn des Krieges geltend zu machen." Sie ist „immer das höherstehende, wirksamere Mittel, dem alle anderen weichen müssen" (S. 29) — was natürlich nicht heißen soll, daß sie im Sinn eines blinden Draufgängertums, ohne behutsame Geschicklichkeit gesucht werden müßte. Im Grunde betrachtet Clausewitz die verschiedenen Formen der Ermattungsstrategie doch vorzugsweise als eine Folge menschlicher Unzulänglichkeit, der Trägheit der Masse, der natürlichen Scheu vor allzu großen Anstrengungen, die große Entscheidungen möglichst lange vertagt[45]); besonders die lahmen Entschlüsse, die in Koalitionskriegen üblich sind und erst neuerlich im Kampf mit der Revolution so erschreckende Wirkungen hatten, sind „eine Halbheit, eine Anomalie; denn Krieg und Friede sind im Grunde Begriffe, die keiner Graduation fähig sind" — freilich „tief in der natürlichen Beschränktheit und Schwäche des Menschen begründet"[46]). In der Theorie sind beide Formen der Strategie unentbehrlich; in ihrem Gebrauch aber ist ein großer Unterschied zu machen: es ist zu fordern, „die erstere (die Niederwerfungsstrategie) als die Grundvorstellung auch überall zugrunde zu legen und die letztere (die Strategie der bloßen Teilerfolge) nur als Modifikation zu gebrauchen, die durch die Umstände gerechtfertigt wird". „Es ist Pflicht der Theorie, die absolute Gestalt des Krieges obenan zu stellen und sie als einen allgemeinen Richtpunkt zu gebrauchen, damit derjenige, der aus den Theorien etwas lernen will, sich gewöhne, sie nie aus den Augen zu verlieren, sie als das ursprüngliche Maß aller seiner Hoffnungen und Befürchtungen zu betrachten, um sich ihr zu nähern, wo er kann oder wo er muß"[47])

Danach ist klar: Clausewitz will zwischen seiner kriegsphilosophischen Theorie und ihrer praktischen Nutzanwendung unterschieden haben. Wenn er neben der absoluten Kriegführung auch noch eine Form der Strategie mit

beschränktem Ziel gelten läßt, so soll das rein theoretische, mehr kriegsgeschichtliche als praktische Bedeutung haben. Er sieht und schildert immer
wieder höchst eindringlich[48]), wie das System der revolutionären Volksaufgebote und Napoleons jene älteren Formen des „halben Krieges" grundsätzlich überwunden, zum erstenmal die wirkliche Kriegführung dem
Charakter der „absoluten Vollkommenheit" angenähert hat; wie es das
Verhängnis der alten Mächte Europas wurde, daß sie nicht den Entschluß
und die Kraft in sich fanden, diesem Kräfteaufgebot von vornherein mit
gleichwertigen Anstrengungen zu begegnen. Und er weiß auch, daß seine
eigene Theorie erst durch dieses Vorbild ermöglicht worden ist. „Ohne
diese warnenden Beispiele von der zerstörenden Kraft des losgelassenen
Elementes würde sie sich vergeblich heiser schreien." So merkwürdig es
klingt: seine eigentliche Originalität liegt gar nicht in der Lehre, an die
heute jeder denkt, der seinen Namen zitiert: in dem Satz von der höheren
Einheit von Politik und Kriegführung — den übernahm er inhaltlich aus
der militärwissenschaftlichen Literatur seiner Zeit (vgl. unten Kap. 7). Seine
eigentliche Entdeckung ist doch der Begriff des absoluten Krieges — den er
freilich als solchen keineswegs absolut setzen wollte. Wesentlich um dieser
Entdeckung willen ist er von Späteren so viel gelesen und gefeiert worden,
hat er vor allem im preußischen Generalstab so hohes Ansehen erlangt. Aber
ist nun das, was ihm als Regel für die moderne Kriegführung und ihr Verhältnis zur Politik vorschwebt, wirklich schon der Vernichtungskrieg moderner politisierter und militarisierter Nationen widereinander, mit seiner
unwiderstehlichen Eigendynamik und mit seinen herrischen Ansprüchen an
die Dienstleistungen der Politik?

Da fällt sogleich auf, daß es ihm keineswegs sicher ist, ob die gewaltigen
Krisenerscheinungen des napoleonischen Zeitalters als Geburtsstunde einer
neuen Geschichtsepoche oder nur als Episode ohne bleibende Wirkung zu
betrachten sind. Die Restauration von 1815 hatte inzwischen die alten
monarchischen Kabinette wieder zur Macht zurückgeführt, die Völker wieder zum Gehorsam gegen das Gottesgnadentum gezwungen, die Außenpolitik unter das Prinzip der Legitimität gestellt, in Europa eine neue friedliche Dauerordnung, ein sorgsam ausgewogenes Gleichgewicht der großen
Mächte hergestellt und sie zu einem förmlichen „Konzert" mit genau bestimmter Rangordnung und diplomatischen Spielregeln vereinigt. War da
nicht zu erwarten, daß auch die frühere eingeschränkte Form des Kriegs-
einsatzes wieder in Übung kommen würde? Gewiß dünkt es Clausewitz

unwahrscheinlich, daß einmal eingerissene Schranken sich jemals künstlich wieder sollten aufbauen lassen. Aber er überlegt: ist nicht der Krieg mit begrenztem Ziel und Kraftaufwand zu allen Zeiten geschichtliche Wirklichkeit gewesen, schon seit den Tagen Alexanders des Großen — bis auf den einen Bonaparte? Vielleicht bringt schon das nächste Jahrzehnt wieder eine Kriegführung der althistorischen Art. „Ob alle künftigen Kriege in Europa mit dem ganzen Gewicht der Staaten, und folglich nur um große, den Völkern naheliegende Interessen stattfinden werden, oder ob nach und nach wieder eine Absonderung der Regierung von dem Volke eintreten wird, dürfte schwer zu entscheiden sein." „Es ist ebenso unwahrscheinlich, daß die Kriege fortan alle diesen großartigen Charakter haben werden, als daß die weiten Schranken, welche ihnen geöffnet worden sind, sich je wieder ganz schließen können"[49]).

Der Blick in die Zukunft bleibt also immerhin verschleiert. Aber auch das, was Clausewitz als Kriegsstil der napoleonischen Epoche vorschwebt, darf nicht ohne weiteres mit dem totalen Vernichtungsprinzip heutiger Volkskriege gleichgesetzt werden. Das wird vor allem an jenen Stellen deutlich, wo er von dem „allgemeinen Kriegsplan" spricht. Wer einen Krieg unternehmen will — heißt es — muß zuvor erwägen, ob die politischen Verhältnisse seine Durchführung im Stil der „absoluten" Kriegführung erfordern oder nicht. Dabei sind die eigenen Kräfte und ihr Verhältnis zu dem politischen Zweck, der erreicht werden soll, ebenso zu bedenken wie die des Feindes; das wird freilich weniger Sache einer exakten Berechnung als vielmehr eines gewissen politischen „Taktes", einer intuitiven Erkenntnis sein müssen, in der sich echte staatsmännische Begabung zu bewähren hat. Als Grundstaz muß der „Kriegsunternehmer" festhalten, „nur diejenigen Kräfte aufzuwenden und sich im Kriege dasjenige Ziel zu stellen, welches zur Erreichung seines politischen Zweckes eben hinreicht. Um diesen Grundsatz ausführbar zu machen, muß er jeder absoluten Notwendigkeit des Erfolges entsagen, die entfernten Möglichkeiten aus der Rechnung weglassen." Andernfalls „würde die Rücksicht auf die Größe der politischen Forderungen verloren gehen, das Mittel alles Verhältnis zum Zweck verlieren und in den meisten Fällen die Absicht einer äußersten Anstrengung an dem Gegengewicht der eigenen inneren Verhältnisse scheitern"[50]). Ganz deutlich ist hier an jene Art von politischem Kalkül gedacht, wie er den Kabinettsregierungen des 18. Jahrhunderts geläufig war: ob das Kriegsziel überhaupt einen kriegerischen Einsatz lohnt und welches

Maß von Anstrengungen dafür allenfalls aufzuwenden ist. Der Krieg ist noch nicht in jedem Fall, sobald er einmal losbricht — ganz gleich aus welchem Anlaß — ein Unwetter, das alle in einem Staatsvolk schlummernden Kräfte mit einem Schlag, explosionsartig, zur Entzündung und zum Einsatz bringt, ohne viel danach zu fragen, ob das Aufgebot so ungeheurer Kräfte und Zerstörungen auch in einem vernünftigen Verhältnis zu den Kriegszielen steht; noch nicht ein Ringen auf Leben und Tod, in dem man überhaupt kein anderes „Kriegsziel" mehr zu kennen scheint als die Wehrlosmachung und Demütigung des Gegners, die unwiderrufliche Feststellung der eigenen Übermacht; noch nicht ein Aufpeitschen aller populären Leidenschaften ohne Rücksicht auf eine spätere Friedensordnung. Die Organisation des Krieges ist noch nicht eine technische Maschinerie, deren Zahnräder mit absoluter Präzision jede private Existenz erfassen, jeden noch so kleinen Wirtschaftsbetrieb, jede noch so geringe Arbeitskraft, bis zu den Frauen, Kindern und Alten hin, und sie alle für ihren Zweck in Bewegung bringt, ohne daß ein „innerer Widerstand" (eine ernstliche innere „Friktion") überhaupt aufkommen könnte. Wir hörten schon früher[51]), daß Clausewitz es ausdrücklich ablehnt, die äußerste Anstrengung der Kräfte in jedem Kriegsfall zu fordern und noch entschiedener sich weigert, eine naturhafte Eigengesetzlichkeit des Krieges gegenüber der Politik von dem Augenblick an, wo die Initiativzündung vollbracht ist, anzuerkennen. „Wer, wie so häufig geschieht", heißt es in einer Denkschrift von 1830 mit betonter Schärfe, „die Behauptung aufstellt, daß die Politik sich nicht in die Kriegführung mischen müßte, der hat nicht das ABC der großen Kriegführung begriffen"[52]). Der Krieg ist für ihn weder eine einmalige Explosion noch ein „Akt blinder Leidenschaft"[53]); das langanhaltende „Pulsieren der Gewaltsamkeit", das sein Wesen ausmacht, soll fortdauernd regulierbar, das Maß der aufzuwendenden Kräfte soll gewissermaßen dosierbar bleiben, je nach den Erwägungen einer leitenden politischen Intelligenz, das heißt der nüchternen Staatsraison. „Denn die politische Absicht" (immerfort wiederholt er solche Sätze) „ist der Zweck, der Krieg nur das Mittel, und niemals kann das Mittel ohne Zweck gedacht werden." Der Krieg darf also niemals als Selbstzweck betrachtet werden. Einen Krieg, der ohne Rücksicht auf das politische Kriegsziel sich ausrast, der seine Ziele sich je nach dem erreichten Erfolge gewissermaßen erst nachträglich steckt, kann er sich offenbar gar nicht als sinnvoll vorstellen. „Der Krieg hat freilich seine eigene Grammatik, aber nicht seine eigene Logik"[54]).

Was Clausewitz nicht sieht oder jedenfalls nicht gelten lassen will, ist die Möglichkeit, daß der Krieg, einmal losgebrochen, nun eben doch seine eigene Logik entwickelt, weil die Kriegsereignisse selbst auf den leitenden Willen zurückwirken und ihn verändern. Daß er fortrast wie eine Lawine, über alle anfänglichen Kriegsziele, alle Wünsche und Bedenken der Politiker hinweg, wie in den beiden Weltkriegen, hemmungslos, bis zur Zertrümmerung nicht nur von Millionen Menschenleben, sondern zugleich jeder dauerhaften europäischen Friedensordnung für Generationen hinaus. Clausewitz weiß eben noch nichts von einer „totalen" Kriegführung. Wo er über die Kriegsmittel spricht, vermißt der heutige Leser jede Erwähnung des unermeßlichen „Kriegspotentials", das in der wirtschaftlich-technischen Entwicklung eines Landes liegt[55]). Er erwähnt auch nichts — trotz der Erfahrungen mit dem revolutionären Frankreich! — von der publizistischen Aufreizung der Massen zur Kriegsstimmung; denn im monarchischen Preußen hatte diese eine verhältnismäßig bescheidene Rolle gespielt — trotz aller Kriegspredigten seiner Geistlichen und Professoren und aller offiziösen Publizistik. Was ihm vor Augen steht, ist das Bild einer Volkserhebung, die doch aufs strengste von oben her diszipliniert und gezügelt wurde — einer Unterordnung populärer Bewegungen unter monarchisch-obrigkeitliche Leitung, die ziemlich genau den monarchisch-konstitutionellen Verfassungsidealen des 19. Jahrhunderts entspricht. Eben dies erklärt wohl auch das kanonische Ansehen des Clausewitzschen Lehrsatzes vom Wesen des Krieges bis 1914. Man spürt übrigens auch an diesem Punkt, daß das Buch in der Restaurations- und nicht in der Sturmzeit entstanden ist. Wie sollte man sich sonst die gänzliche Vernachlässigung der seelischen Führung des Volkes im Kriege bei dem Verfasser der großen Bekenntnisschrift von 1812 und publizistischen Gehilfen Scharnhorsts erklären?[56]) Trotz jener Erfahrungen besaß Clausewitz offenbar keine Vorstellung von der Macht der öffentlichen Meinung in einer politisierten Nation[57]), von der Gewalt der politischen Leidenschaften, die sich hier im Kriege entzünden können, und von ihrer Rückwirkung auf die politische Kriegsleitung. Mit einem Wort: er kennt noch nicht den Massenkampf der modernen, durch und durch politisierten und militarisierten, auch wirtschaftlich für den Kriegsfall durchorganisierten Nationen, sondern nur den Krieg mit Berufsheeren, die durch große Volksaufgebote verstärkt sind, aber willig und selbstverständlich der Leitung monarchischer Kabinette folgen. Zwar spricht auch er gelegentlich von Rückwirkungen des Krieges auf die Politik: „Der politische Zweck ist kein despotischer Gesetzgeber, sondern er muß sich der Natur des Mittels fügen und wird dadurch auch ganz verändert." Aber dabei denkt er nur an die selbstverständliche Notwendigkeit, daß die Staatsleitung vom Feldherrn nichts verlangen darf, was der „eigentümlichen Natur" des Krieges widerspricht[58]). An dem Grundsatz, daß nicht nur Ziel und allgemeine Richtung, sondern auch Dauer und Durchführung des Krieges nach politischen Gesichtspunkten und nicht nach „rein militärischen" bestimmt werden sollen, ändert sich dadurch nichts. „Beurteilt die Politik den Verlauf der kriegerischen Ereignisse richtig" (was man natürlich von ihr verlangen muß), „so ist es ganz ihre Sache und kann nur die ihrige sein, zu bestimmen, welche Ereignisse und welche Richtung der Begebenheiten dem Ziel des Krieges entsprechen." „Nach dieser Ansicht ist es eine unzulässige und selbst schädliche Unterscheidung, daß ein großes kriegerisches Ereignis oder der Plan zu einem solchen eine ‚rein militärische' Beurteilung zulassen soll; ja, es ist ein widersinniges Verfahren, bei Kriegsentwürfen Militärs zu Rate zu ziehen, damit sie ‚rein militärisch' darüber urteilen sollen, was die Kabinette zu tun haben; aber noch widersinniger ist das Verlangen der Theoretiker, daß die vorhandenen Kriegsmittel dem Feldherrn überwiesen werden sollen, um danach einen rein militärischen Entwurf zum Kriege oder Feldzuge machen"[59]). Noch deutlicher sich auszudrücken wird kaum möglich sein. Die ganze spätere Unterscheidung des 19. Jahrhunderts zwischen militärischen und politischen Fachzuständigkeiten ist hier radikal abgelehnt; der Vorrang der politischen Kriegsleitung vor der Heerführung ist vollkommen eindeutig festgestellt. Der Kriegsplan, so könnten wir auch sagen, als eine politisch-militärische Totalität wird von dem Feldzugsplan — als einer bloß technischen Erwägung des ausführenden Organs — aufs schärfste unterschieden.

Jetzt endlich übersehen wir vollständig die doppelte Frontstellung, die Clausewitz im Sinn hat, wenn er den Krieg eine Fortsetzung des politischen Verkehrs mit anderen Mitteln nennt. Er kämpft damit einerseits gegen jene künstliche Isolierung des Krieges und Heeres gegenüber dem Ganzen des politischen Lebens, die den Berufsheeren des 18. Jahrhunderts eigen war und sowohl durch den eifersüchtigen Berufsstolz des Offiziersstandes wie durch das Bedürfnis der absoluten Monarchie unterstützt wurde, den Krieg nicht als „Sache des Volkes", sondern als abgesondertes „Geschäft der Regierung" zu führen[60]). Aber man darf über dieser einen Richtung seiner Abwehr nicht die andere vergessen, die dem Kriegsphilosophen ebensosehr am Herzen liegt: angesichts der ungeheuren Zerstörung, welche die napoleonische Kriegs-

epoche über Europa heraufgeführt hat, sinnt er immer wieder über das
vernunftgemäße Verhältnis von Zweck und Mittel im Kriege nach und
kommt zu dem Ergebnis, daß beide einander entsprechen müssen und daß die
Kriegsfurie nur dann zähmbar, das Kämpfen nur dann sinnvoll bleibt,
wenn eine klare „politische Intelligenz" die Leitung fest in der Hand behält.
Sein Denken ist durchaus idealistisch; und als echter Idealist zeigt er sich
ganz durchdrungen von einem sieghaften Glauben an die Macht der Vernunft, darın doch wieder ein Erbe des rationalistischen 18. Jahrhunderts. Es
gibt für ihn eine selbstverständliche Überlegenheit der „politischen Intelligenz", in der sich alle Gegensätze zuletzt wieder auflösen müssen. Weil er
an eine letzte Einheit der vernünftigen Einsicht glaubt, darum kennt er auch
zwischen Kriegführung und Politik keinen existentiellen Konflikt.

Eben an diesem Punkt — und nur an ihm — wird eine fruchtbare Kritik
der Clausewitzschen Grundthese einsetzen dürfen. Einen schädlichen Einfluß
der Politik auf die Kriegführung (und damit einen Konflikt zwischen beiden)
kann sich unser Autor nicht anders vorstellen als durch eine rein zufällige,
nicht in der Sache liegende Trübung der politischen Intelligenz bedingt. Ausdrücklich versichert er, daß von seinem Standpunkt aus gesehen „ein Streit
zwischen den politischen und kriegerischen Interessen wenigstens nicht mehr
in der Natur der Sache liegt, und also da, wo er eintritt, nur als eine Unvollkommenheit der Einsicht zu betrachten ist". Streit kann nur dadurch entstehen, daß die Politik das militärische Instrument, das sie gebrauchen will,
nicht genügend kennt und also daran unmögliche Forderungen stellt. Aber
einer solchen Gefahr ist nicht allzu schwer zu begegnen: es bedarf nur der
sachverständigen Aufklärung. Dazu ist es keineswegs nötig, daß man die
Generäle zu leitenden Ministern macht — das hat nicht selten zu recht üblen
Folgen geführt (wie Clausewitz an historischen Beispielen zu zeigen sucht);
denn es kommt weniger auf das Fachwissen als auf die allgemeinen Führereigenschaften an. Vielmehr genügt es, wenn der politischen Führung eine
„gewisse Einsicht in das Kriegswesen" vermittelt wird. „Sind Staatsmann
und Soldat nicht in einer Person vereinigt, so ist nur ein gutes Mittel übrig,
nämlich den obersten Feldherrn zum Mitglied des Kabinetts zu machen,
damit dasselbe teil an den Hauptmomenten seines Handelns nehme"[61]),
gleichzeitig aber die Regierung in die Nähe des Kriegsschauplatzes zu verlegen, damit sie den kriegerischen Ereignissen rascher folgen kann. Damit
hat das österreichische Hauptquartier 1809 und das Hauptquartier der Verbündeten 1813 bis 1815 die besten Erfahrungen gemacht.

Man sieht: die so viel erörterte Gegensätzlichkeit zwischen Politik und Kriegführung reduziert sich für Clausewitz auf eine sachlich wenig belangreiche, jedenfalls ziemlich einfach zu behebende technische Störung. Aber hat er denn ganz vergessen, daß es nirgends stärkere Gegensätze zwischen Politikern und Soldaten gegeben hat als gerade im Hauptquartier der Verbündeten 1813 bis 1815, dessen gutes Funktionieren er erwähnt? Hat man irgendwo in der Welt ärger gelästert über die Feder der Diplomaten, die alles verderben, was das Schwert des Soldaten gewonnen hat, als im Generalstab Blüchers, dem er doch selbst ganz nahe stand? Hat ihm etwa seine idealisierende Geschichtsbetrachtung nachträglich das alles verwischt? Keineswegs! Aber zunächst ist festzustellen, daß Clausewitz die *politische* Opposition Blüchers und Gneisenaus in den großen Kampfjahren keineswegs überall geteilt hat; daß er ihre Haltung gegenüber dem besiegten Frankreich unnobel und politisch unklug fand, wie er überhaupt das Einmischen „rein militärischer" Erwägungen in die große Politik, seiner Theorie getreu, mißbilligte[62]). Dagegen hat er die *militärische* Opposition der beiden Freunde gegen die lahme Kriegführung des Schwarzenbergschen Hauptquartiers im Winterfeldzug 1813/14 auch noch im historischen Rückblick auf das lebhafteste gebilligt[63]). Aber er sah darin keinen Zwiespalt zwischen Kriegführung und Politik, sondern nur einen Gegensatz zwischen guter und schlechter Strategie. Im übrigen hält er es für einen Irrtum, wenn man die Unzulänglichkeiten der älteren Kriegführung, insbesondere gegenüber dem revolutionären Frankreich, einer verfehlten Einwirkung der Politik auf die Kriegführung Schuld gibt: nicht darin lag der Fehler, daß die Politik den Generälen des ancien régime zu viel in ihre Operationen hineingeredet hätte, sondern darin, daß diese Politik selbst fehlerhaft war, indem sie die Dynamik der revolutionären Bewegung verkannte[64]). Nicht in der Sphäre des Militärischen, der Kriegstechnik, sondern in der Sphäre des Politischen hätte deshalb auch die Reform anzusetzen.

Eine tiefe und richtige Einsicht! Aber ist damit die Tatsache aus der Welt geschafft, daß die gesamte Kriegsgeschichte aller Zeiten erfüllt ist von immer neuen Konflikten zwischen politischer Kriegsleitung und Heerführung, und daß sich diese Konflikte nicht vermindert, sondern an Heftigkeit eher noch gesteigert haben seit dem Aufkommen des neuen „absoluten" Kriegsstils? Sind sie wirklich alle zu erklären aus bloßer mangelhafter Einsicht der Staatsmänner in die technischen Möglichkeiten der militärischen Leistung? Und selbst wenn es so wäre: besteht irgendwelche Sicherheit dafür, daß bessere

Einsicht, sachliche Verständigung zwischen Feldherrn und Staatsmann genügt, um sie aus der Welt zu schaffen? Birgt nicht der Krieg, als die Krisis aller staatlichen Kräfte, in sich die Gefahr der Entwicklung aller Leidenschaften, die sowohl auf der politischen wie auf der militärischen Seite stärker werden können als alle Bemühungen ruhiger Vernunft? Kann nicht der Ehrgeiz der Soldaten und der Politiker, der Machtdrang, der wildaufgepeitschte Haß der Völker aufeinander bald das politisch, bald das militärisch Vernünftige und Mögliche verdunkeln, überschreien, in Vergessenheit bringen? Und wird diese Gefahr nicht immer größer und unheimlicher, je mehr die Kriege zu Volks- und Massenkriegen werden, die Regierungen sich nur noch als Funktionäre eines nationalen Gesamtwillens betrachten — je mehr die ungeheuerliche Verstärkung der technischen Waffenwirkung und Aufschwellung des technischen Kriegsapparates die zerstörenden Wirkungen des Krieges vervielfacht, immer größere Teile der Bevölkerung in den Kriegsstrudel unmittelbar hineinzieht?

Wer die geschichtlichen Erfahrungen des 19. und 20. Jahrhunderts befragt, kann über die Antwort nicht zweifelhaft sein. Die Kriegstheorie des Clausewitz setzt offenbar Staatsmänner voraus, die zwar von großen nationalen Impulsen beseelt, von heroischem Drang nach Ehre, Macht, Freiheit des Vaterlandes ganz erfüllt und über kleinliche politische Geschäftemacherei erhaben sind, aber gleichzeitig frei von blindem Haß, Träger einer nüchtern-kalten Staatsräson. Und sie rechnet mit Soldaten, die gewöhnt sind, sich als treue Diener ihres obersten Kriegsherrn zu betrachten und deren persönlicher Ehrgeiz und Ressorteifersucht politisch ungefährlich bleiben, weil sie gar nicht daran denken dürfen, dem Kriegsherrn politische Opposition zu machen oder gar die Volksgunst als Stütze für ihren Eigenwillen in Anspruch zu nehmen. Jedenfalls deutet Clausewitz mit keiner Zeile an, daß es auch sehr wohl anders sein könnte.

Aber auch damit sind wir noch nicht bis zum Kern unseres Problems vorgestoßen. Man könnte uns erwidern: die Kriegstheorie hat es nur mit der rationalen Gestalt der Dinge zu tun und darf darum von allen „bloß tatsächlichen" Trübungen absehen, welche die Idee des wahren Krieges in der geschichtlichen Wirklichkeit erfährt. Aber kann die „politische Intelligenz", die nach Clausewitz das Ganze des Krieges regieren soll, ihrer Sache selbst immer so sicher sein? Ist die Idee des wahren Krieges und der wahren, vernunftgemäßen Politik, der sie folgen soll, in sich selbst ein einheitliches Ganzes? Was versteht Clausewitz eigentlich unter der „Politik", die er der

„Kriegführung" (besser wohl: Heerführung oder Führung der Wehrmacht)
so kurzab gegenübergestellt? Ausdrücklich äußert er sich, soviel ich sehe, darüber
nur an einer Stelle (8. Buch, VI B). Bei Kriegsentwürfen, heißt es dort, sei ein
zwei- und mehrfacher Standpunkt der Betrachtung, zum Beispiel vom Standpunkt des Soldaten, des Administrators, des Politikers usw. um der Einheitlichkeit willen nicht zulässig. Vielmehr müsse „die Politik" allein maßgebend
sein. „Daß die Politik alle Interessen der inneren Verwaltung, auch die der
Menschlichkeit und was sonst der philosophische Verstand zur Sprache
bringen könnte, in sich vereinige und ausgleiche, wird vorausgesetzt, *denn die
Politik ist ja nichts an sich, sondern ein bloßer Sachwalter aller dieser Interessen gegen andere Staaten.* Daß sie eine falsche Richtung haben, dem Ehrgeiz, dem Privatinteresse, der Eitelkeit der Regierenden vorzugsweise dienen
kann, gehört nicht hierher; denn in keinem Fall ist es die Kriegskunst, welche
als ihr Präzeptor betrachtet werden kann, und wir *können hier die Politik
nur als Repräsentantin der ganzen Gesellschaft betrachten."*
Daraus ist zu entnehmen: erstens, daß Clausewitz sich als wesentliche
Aufgabe der Politik die Vertretung der gemeinschaftlichen Interessen eines
Staatsvolkes nach außen denkt. Die Einseitigkeit seines außenpolitischen
Interesses haben wir schon aus seinen Jugendschriften kennengelernt; sie
wird durch viele Äußerungen auch noch der späteren Jahre bestätigt[65]).
Interessenvertretung gegenüber anderen Staaten — das wird in den meisten
Fällen auf diplomatischen oder kriegerischen Machtkampf hinauslaufen.
Die kämpferische Seite der Politik steht also für ihn entschieden im Vordergrund, und eben daraus erklärt sich die Tatsache, daß er so gar keine Schwierigkeit in dem Unterordnen des militärischen unter das politische Prinzip
findet. Gleichwohl sieht er aber zweitens, daß sich das Wesen der Politik
in der Interessenvertretung nach außen nicht völlig erschöpft; denn sie soll
ja „die Interessen der inneren Verwaltung, auch die der Menschlichkeit und
was sonst der philosophische Verstand zur Sprache bringen könnte, in sich
vereinigen und ausgleichen". „Sie ist nichts an sich" — das kann doch nur
heißen: der Machtkampf ist nichts an sich; er erfolgt nur um der Bewahrung
und Sicherung einer Gemeinschaft willen, deren Lebensordnungen gleichfalls
der Regelung durch die Politik anheimfallen. Die Ausdrucksweise unseres
Autors, der hier einer näheren Erklärung sichtlich ausweicht, ist freilich
dunkel genug. Aber nimmt man hinzu, daß in dem ganzen Buch die „Politik"
immer wieder als das „ermäßigende Prinzip" im Kampf um die Macht auftritt — und nicht nur deshalb, weil die „Inertie der Masse" in ihr zur

Geltung kommt, sondern auch deshalb, weil die Politik schon im Kampf an einen künftigen friedlichen Dauerzustand zu denken hat[66]), so ist wenigstens eines deutlich: daß Clausewitz sich (ohne freilich tiefer darüber zu reflektieren) der friedestiftenden, ordnungschaffenden Aufgaben der Politik recht wohl bewußt war. Er verlangt, daß beides „in sich vereinigt und ausgeglichen" werde: das kämpferische und das friedestiftende Prinzip. Eben in diesem „Vereinigen und Ausgleichen" aber steckt das Problem, von dem wir hier immerfort sprechen: hier steckt jene nicht rational, sondern immer nur praktisch aufzulösende Antinomie, aus der geschichtlich alle tieferen Konflikte zwischen Kriegführung und Politik entsprungen sind. Auch der Scharfsinn eines Clausewitz hat diese Antinomie weder klar enthüllen noch aus der Welt schaffen können. Wohl aber hat er die Voraussetzungen ziemlich deutlich bezeichnet, unter denen ihre Überwindung allein möglich ist. Nur ist das, was er, der Idealist, als Normalfall vorauszusetzen scheint, in Wahrheit der seltene Idealfall: daß sich das soldatische Denken des Feldherrn zur Höhe und Weite staatsmännischer Einsicht erhebt, während sich im Geiste des Politikers gemeinschaftstiftender Rechts- und Ordnungssinn mit nüchtern-klarer Staatsräson und mit heroischer Kampfbereitschaft vereinigt.

4. Kapitel

VOLKSERHEBUNG UND KABINETTSPOLITIK:
GNEISENAU UND METTERNICH IN DEN BEFREIUNGSKRIEGEN

Aus der lebendigen Anschauung eines klassischen Menschentums von universaler, noch nicht technisierter oder spezialisierter Bildung hatte Clausewitz sein Idealbild des Feldherrn geschöpft, in dessen Geist sich Heerführung und Politik zu einer höheren Einheit vereinigen sollte. Wenn es jemals einen preußischen General gegeben hat, der diesem Idealbild entsprach, so war es sein vielbewunderter Freund Neithard von Gneisenau — ohne Zweifel die genialste Persönlichkeit unter allen Heerführern, die sich mit Napoleon im Kampf gemessen haben. Ein Generalquartiermeister ohne eigentlich fachmäßige Schulung (wie er selbst wußte und offen eingestand), aber mit den seelischen Eigenschaften und geistigen Fähigkeiten des geborenen Feldherrn; eine Führergestalt von hohem seelischem Schwung, noch für den Nachlebenden eindrucksvoll durch die Wucht seines Pathos, den Glanz seiner oft dichterisch bildhaften Rhetorik; ein Soldat, der zugleich den großen politischen Ideen seiner Epoche aufgeschlossen blieb, äußeres und inneres Staatsleben mit gleichem Enthusiasmus umfaßte, immer nach den höchsten nationalpolitischen Zielen jenseits der bloßen Geschäftemacherei strebte[1]). Und dennoch: gerade im Leben dieses Mannes, der so wenig beschränkt schien auf die rein militärische Sphäre, ist der ewige Zwiespalt zwischen politischem und soldatischem Denken so häufig und jedesmal mit solcher Heftigkeit aufgebrochen wie nur in seltenen Fällen. Gerade an seiner Geschichte läßt sich deutlich zeigen, daß es hier gar nicht um einen Gegensatz der Ressorts, der Fachzuständigkeiten geht, sondern um etwas viel Tieferes: um das Doppelwesen der Politik selber als kämpferische Machtballung und als friedliche Dauerordnung.

Auf die kämpferische Machtballung im Dienst hoher Ideale, aber zuletzt doch auf sie allein, kommt es dem Soldaten Gneisenau an. Als ein Schauspiel gewaltiger Kräfteballung erlebt er die Französische Revolution: weder doktrinärer Anhänger noch konservativer Gegner ihrer Freiheitsprinzipien, aber Bewunderer ihrer politischen Stoßkraft. „Die Revolution", schreibt er 1808,

„hat alle Kräfte geweckt und jeder Kraft einen ihr angemessenen Wirkungskreis gegeben. Dadurch kamen an die Spitzen der Armeen Helden, an die
ersten Stellen der Verwaltung Staatsmänner, und endlich an die Spitze eines
großen Volkes der größte Mensch aus seiner Mitte." „Die Revolution hat die
ganze Tatkraft des französischen Volkes in Tätigkeit gesetzt, durch die
Gleichstellung der verschiedenen Stände und die gleiche Besteuerung des
Vermögens die lebendige Kraft im Menschen und die tote der Güter zu
einem wuchernden Kapital umgeschaffen und dadurch die ehemaligen Verhältnisse der Staaten zueinander und das darauf ruhende Gleichgewicht
aufgehoben. Wollten die übrigen Staaten dieses Gleichgewicht wieder herstellen, dann müßten sie dieselben Hilfsquellen eröffnen und nutzen." Aus
dieser allgemeinen Voraussetzung ergeben sich für Gneisenau alle politischen
Reformforderungen in wunderbar einfacher, ungehemmter Konsequenz. Es
scheint ihm undenkbar, daß ein Volk bereit sein könne, das Letzte für die
Erringung äußerer Freiheit herzugeben, um dafür despotischen Zwang im
Inneren einzutauschen. „Die stärkste Stütze der Macht des Regenten ist
unstreitig das Volk." Denn im Volk schlummern die Kräfte, deren der Staat
zu seiner äußeren Freiheit bedarf. „Welche unendlichen Kräfte schlafen im
Schoße einer Nation unentwickelt und unbenutzt! In der Brust von tausend
und tausend Menschen wohnt ein großer Genius, dessen aufstrebende Flügel
seine tiefen Verhältnisse lähmen. Währenddem ein Reich in seiner Schwäche
und Schmach vergeht, folgt vielleicht in seinem elendesten Dorf ein Cäsar
dem Pfluge, und ein Epaminondas nährt sich karg von dem Ertrage der
Arbeit seiner Hände." Unerschöpflich sind die Kräfte eines Volksheeres,
während die geworbenen Heere der alten Zeit den kriegerischen Geist der
Völker zerstört, die Interessen des Regenten von denen des Volkes getrennt
und dieses mit unerträglichen Lasten beschwert haben. Dem Mietling ist es
gleich, wem er diene und wessen Sache er führe: „aber der Bürger im Staate,
der sein Vaterland kennt und das Glück einer gerechten Regierung unter
milden Gesetzen und den Fortschritt zum besseren in jedem Zweige des
inneren Lebens und die Hoffnungen der Zukunft zu schätzen weiß, bringt
mit Freuden seine Opfer dar, um diese höchsten aller Güter wo nicht sich,
doch denen zu sichern, denen nach ihm der vaterländische Boden grünt."
    Man hört die Sprache der Empfindsamkeit, des philantropischen Jahr-
hunderts. Aber man sieht zugleich: hier erscheint die „gerechte Regierung
unter milden Gesetzen" ebenso als Höchstwert an sich wie als Mittel zur
Kräftesteigerung des Staates. „Die Aufgabe ist, eine von anderen Völkern

beneidete Konstitution zu haben; dabei die Mittel vorbereitet, um zur entscheidenden Stunde gerüstet dazustehen, andere Staaten zu überleben. — Dahin führen Wohlstand, Aufklärung, Sittlichkeit, bürgerliche Freiheit; ein Volk arm, roh, unwissend und sklavisch wird es nie mit einem an Hilfsmitteln und Kenntnissen reichen aufnehmen können." Aufhebung der Hörigkeit, Weckung des Gefühls für Menschenwürde in jedem Untertan, Abschaffung der alten rüden Disziplin in der Armee, Hebung des kriegerischen Geistes im Volke durch alle Mittel der Nationalerziehung — das sind die Voraussetzungen für die Schaffung eines Volksheeres, dessen Tugenden auf Ehrgefühl und Vaterlandsliebe statt auf sklavischem Gehorsam beruhen. „Man gebe (den Einwohnern der verschiedenen Provinzen) *ein* Vaterland, *eine* Verfassung, die ihnen lieb werden muß; man schaffe ein moralisches Prinzip, das die Masse in Bewegung setzt und ineinander verschmilzt." — „Es ist billig und staatsklug zugleich, daß man den Völkern ein Vaterland gebe, wenn sie ein Vaterland kräftig verteidigen sollen." Nur so, unter dem Gesichtspunkt der Steigerung politischer Stoßkraft, erscheinen ihm die Reformgesetze des Freiherrn vom Stein notwendig und nützlich. Aber sie gehen ihm längst nicht weit genug, und er wünscht dem Reformminister zur Durchführung seiner Aufgaben viel radikalere Vollmachten, als dieser selbst beansprucht. Die Steinsche Verwaltungsreform möchte er der Öffentlichkeit bereits als „Durchführung des repräsentativen Systems" schildern: „Die aufgeklärten und rechtlichen Männer aller Stände haben dabei ein Stimmrecht." Als Napoleon 1808 Unterwerfung unter ein schmähliches Kontributionssystem fordert, will er „kühn in das Zeughaus der Revolution greifen" und Frankreich mit den eigenen Waffen schlagen. Er rät dem König, sofort eine Nationalrepräsentation zu berufen, die ihm helfen solle, den Zumutungen Napoleons zu widerstehen und die Mittel zur Kriegführung zu beschaffen. Überhaupt ist er der Meinung, daß Preußen um seiner nationalen Aufgabe willen dringend einer freien Verfassung bedürfe — als unentbehrliches Mittel zur Steigerung seiner Macht, seiner kämpferischen Energie. Als sich diese in den Freiheitskriegen so glänzend bewährt hat, verkündet er laut den Anspruch Preußens auf die führende Rolle in Deutschland und berät während der Konflikte, die sich auf dem Wiener Kongreß zwischen Metternich und Hardenberg erheben, mit Boyen und Grolman einen Kriegsplan, wie man diesen Anspruch mit den Waffen durchkämpfen könne. Wichtiger aber und sicherer erscheint ihm das Hilfsmittel der freien Verfassung, durch die man moralische Eroberungen in Deutschland machen könne. „Der dreifache Primat der Waffen, der Konstitution, der Wissenschaften ist es allein, der uns aufrecht zwischen den mächtigen Nachbarn erhalten kann." Freie Verfassung des Inneren und Förderung der Wissenschaften erscheinen also ganz unmittelbar als Verstärkung der außenpolitischen Kampfkraft des Staates.

Ist es ein Wunder, daß eine so radikale Entschlossenheit, alles politische Herkommen im Kampf um die Macht über den Haufen zu werfen, den Vertretern des Alten, der herkömmlichen Ordnung in der preußischen Monarchie, vorab dem König selbst, als geradezu revolutionär erschien? Was kümmerten diesen Soldaten, der aus süddeutschem Hause als eine Art von Glücksritter mit abenteuerlicher Vergangenheit in die preußische Armee verschlagen war, die geheiligten Rechtsordnungen des altpreußischen Drei-Stände-Staates? Was insbesondere die Privilegien der ostelbischen Junkerklasse? Rücksichtslos schritt er darüber mit seinen Reformvorschlägen hinweg. Mehr noch: sobald die ersten schweren Niederlagen französischer Truppen in Spanien die Aussicht auf einen Umschwung der allgemeinen Lage eröffneten, wollte er in Preußen durch die königlichen Behörden einen Volkskrieg entfesseln lassen, dessen wilde Schrecklichkeit alle bisherigen Begriffe von Kriegs- und Völkerrecht, ja von Disziplin und Ordnung außer Kraft gesetzt hätte. Bewaffnung jeder Mannsperson schlechthin vom siebzehnten Jahre an; sofortige Amtsentsetzung aller Behörden, die sich als lau erweisen, Kontrolle ihrer Amtsführung durch die Geistlichen; Wahl der Offiziere und Unteroffiziere durch die Aufständischen selbst; königliche Kommissare in den Provinzen mit Vollmacht über Leben und Tod, über alles öffentliche und private Eigentum, ohne Verantwortlichkeit für ihre Kriegsmaßnahmen, mit Befehlsgewalt über alle Behörden; Befreiung aller Bauern, die sich am Krieg beteiligen, vom Frondienst; Einziehung der Güter aller Feigen und Landesverräter und deren Verteilung an die Kriegsopfer; vollständige Verwüstung aller Landschaften, in die der Feind eindringt, Flucht der Frauen und Kinder in die Wälder und Einöden; nächtlicher Überfall auf den ermüdeten Feind, unablässiger Kleinkrieg der Heckenschützen und Franktireurs gegen seine Flanken und seine Etappenlinien; Absetzung aller deutschen Fürsten, die es mit Frankreich halten, und Neuwahl würdigerer Regenten durch die Untertanen; ihre Minister sind vogelfrei, wenn sie nicht mithelfen; aller Adel ist hinfällig, der nicht durch hervorragende Kriegsleistungen neu verdient wird! Das alles wagte Gneisenau, unterstützt von Scharnhorst und Stein, dem König 1808 in Denkschriften vorzuschlagen, die ihre Vorbilder offensichtlich in den Kämpfen der Spanier, aber auch der jakobinischen Schreckensmänner und ihrer Todfeinde, der königstreuen Chouans und Vendéer suchten. Es war die äußerste Steigerung radikalen Kampfwillens, die stärkste Verleugnung aller Grundsätze friedlicher Dauerordnung, die sich denken läßt. Und gerade die strahlende Siegeszuversicht, in der Gneisenau diese Pläne vortrug und sich „mit seinem Kopf" für ihren Erfolg verbürgen wollte, beweist, daß ihn, den Soldaten, keine von den „bürgerlichen" Hemmungen drückte, die hinter der düsteren, ja verzweifelten Entschlossenheit des Ministers Stein recht deutlich zu erkennen sind[2]). Der Soldat empfindet das Ganze nicht eigentlich als Wagnis, sondern geradezu als Ergebnis rationaler Zweckmäßigkeitserwägungen. „Nur mutigen und festen Schrittes auf der Bahn fortgeschritten", schreibt er, „die *Klugheit und Notwendigkeit* uns vorschreiben."

Die Ablehnung dieses Aufstandsplanes durch Friedrich Wilhelm III. geschah nicht bloß aus der ängstlichen Unsicherheit eines Mannes heraus, dem für seine geschichtliche Rolle zweifellos das geistige Format fehlte: sie war die notwendige Folge eines gegensätzlichen politischen Prinzips. Kampfwille und Friedensordnung treten einander gegenüber: in dem revolutionären Aktivisten auf der einen, dem konservativen Legitimisten auf der anderen Seite. Zum erstenmal stoßen wir hier auf den Fall, der sich seitdem noch oft in der Geschichte des 19. Jahrhunderts wiederholen wird: daß der Kampfgedanke von dem Berufssoldaten, der Ordnungsgedanke von der politischen Leitung vertreten wird, so daß die Auseinandersetzung als ein Konflikt zwischen „Heerführung und Politik" erscheint. Zwar zeigt schon die Stellungnahme Steins, des verantwortlichen Staatsministers, auf seiten Gneisenaus, daß der Gegensatz sich mit dem Unterschied „militärischen" und „zivilen" Denkens keineswegs deckt; aber es ist doch natürlich, daß der Soldat immer zuerst (und oft einseitig) an die Erfordernisse des Kampfes denkt, während dem verantwortlichen Politiker auch die Sorge um die Erhaltung einer friedlichen Dauerordnung jenseits des Kämpfens auferlegt ist. Daraus erwächst eine Problematik, die sich als natürlicher Gegensatz „militärischen" und „zivilen" Denkens schildern läßt.

Es gehört zum Wesen des Soldaten, daß er weniger nach dem Möglichen als nach dem Notwendigen fragt. Und es gehört zum Wesen der Politik (ohne daß diese damit schon zureichend umschrieben wäre!), daß sie zuletzt eine Kunst des Möglichen ist. Das „Unmögliche" dennoch möglich zu machen, wird dem Ehrgeiz des Soldaten immer als ein höchstes Ziel vor Augen schweben. Eben das ist das Wesen jenes vielberufenen „Frontgeistes", wie er

sich in Völkerkämpfen auf Leben und Tod zu höchster Kraftäußerung entwickelt. Für den Politiker, der die Existenz seines Staates niemals so rücksichtslos aufs Spiel setzen darf, wie der militärische Anführer das Leben
seiner Truppe, ist eine solche Gesinnung gefährlich — in Grenzfällen, wo
politische Kühnheit sich zur Waghalsigkeit steigert, wohl gar verbrecherisch.
Jedenfalls bedarf die politische Führung noch dringender als die militärische
der nüchtern-kühlen Berechnung, der wägenden Voraussicht. Gewiß: beide
bewegen sich (mit Clausewitz zu reden) in der Sphäre des Ungewissen, des
Zufalls; aber inmitten der abnorm gesteigerten Energie aller Lebensverhält-
nisse, wie sie der Krieg mit sich führt, bleibt zu reiflicher Besinnung nicht
immer die Zeit. Hier *kann* selbst das Abenteuer unter Umständen gerechtfertigt, ja notwendig sein, wenn es keinen anderen Weg zur Klärung der Lage
und zum Erfolge gibt — in der Politik ist es niemals zu rechtfertigen. Wer
mit so großem und schlechthin unersetzbarem Einsatz zu spielen gezwungen
ist wie der verantwortliche Staatsmann, darf nur mit ganz großen Gewinn-
chancen rechnen. Er wird die Kunst des Abwartens ebensogut verstehen
müssen wie die des Handelns, obwohl sie gewiß noch schwerer zu erlernen
ist und oft genug unerträglichen seelischen Druck mit sich bringt. Er wird das
Schicksal nur dann herausfordern dürfen, wenn es schlechterdings keinen
anderen Ausweg mehr gibt. Zur Kunst des wahren Staatsmannes gehört ein
ewig sich wiederholendes Abwägen zwischen vorwärtstreibenden und ver-
zögernden Motiven, zwischen enthusiastischem Tatwillen und Vorsicht —
gehört das Maßhalten ebenso wie das Wagen. Aber wie ungemein selten
findet sich in der Geschichte die ideale Verbindung von Kühnheit und Vorsicht, von Leidenschaft und Nüchternheit, die den echten Staatsmann sowohl
aus den blinden Draufgängern wie aus den ängstlichen Durchschnitts-
könnern heraushebt! Vollends da, wo die Leidenschaften, Meinungen, Vorurteile und Ängste der Masse für die hohe Politik unmittelbar bedeutsam
werden — wie in so vielen Kriegen seit der großen Revolution — ist es nicht
leicht zu verhindern, daß beides auseinanderfällt: daß Heroismus und nüchterne Vorsicht einander als feindliche politische Prinzipien gegenübertreten,
als „waghalsige Verblendung" und „feige Verzagtheit" sich gegenseitig erbittert bekämpfen. Es ist nur eine besondere Erscheinung der großen, hier
immer wieder erläuterten Antinomie des Politischen, daß ohne die Entschlossenheit, alles an alles zu setzen, nichts wahrhaft Großes zustande
kommt — daß aber eben diese Tugend zum Fehler, ja zum Verhängnis, zum
entscheidenden Hindernis des Gelingens werden kann.

Ganz gewiß hätte ein Friedrich Wilhelm III. ohne den stürmischen, immer wieder drängenden Kampfwillen der Scharnhorst, Gneisenau und ihrer Freunde niemals den Entschluß zum Befreiungskampf gefunden. Es hat auch so noch, selbst nach der Katastrophe von 1812 in Rußland, sehr schwer gehalten, ihn dazu zu bringen, und beinahe wäre der rechte Augenblick versäumt worden. Dennoch hielt ihn nicht nur persönliche Schwäche und Unzulänglichkeit solange zurück, sondern zugleich doch ein echtes, freilich schwungloses, ohne Größe erfaßtes Ethos der Regentenpflicht. Daran jedenfalls ist kein Zweifel möglich, daß gerade die berühmtesten politisch-militärischen Denkschriften Gneisenaus, die über den Landsturm (1808 und 1811), in ihren Forderungen die Grenze weit überschritten haben, wo das praktisch und sittlich Mögliche aufhört und das Phantastische beginnt. Es sind Erzeugnisse einer revolutionären Phantasie, deren wilde Großartigkeit — nur vergleichbar den wutschnaubenden Racheliedern eines Heinrich von Kleist — ebenso viel Bewunderung für die heroische Gesinnung ihres Urhebers wie Zweifel an seinem politischen Augenmaß, ja selbst an der gesunden Nüchternheit seines militärischen Urteils weckt. Welch eine Utopie: die zu loyalstem Untertanengehorsam durch ihre Gutsobrigkeiten und Stadtregimenter erzogene friedliche Einwohnerschaft der altpreußischen Provinzen durch obrigkeitliche Anordnung plötzlich zu einer Verschwörerbande im Stil der spanischen Junten umschaffen zu wollen! Selbst in der gewaltigen patriotischen Erregung von 1813 ist das nicht gelungen. Zwar vermochte damals der stürmische Eifer der Patrioten, dem König ein Landsturmedikt nach ihren Wünschen zu entreißen; aber seine praktische Durchführung war gar nicht möglich, weil sie das Oberste zu unterst gekehrt hätte; sie blieb in sehr bescheidenen Ansätzen stecken. Die maßlose Erbitterung aber, mit der Gneisenau damals auch patriotisch gesinnte Gegner des Ediktes verfolgte, setzt ihn nur selber ins Unrecht[3]).

Indessen läßt sich nur selten so eindeutig der Punkt bestimmen, wo der kämpferische Wille des Aktivisten an seine natürliche Grenze stößt und den Lebensbedürfnissen friedlicher Dauerordnung vernünftigerweise zu weichen hat. In den meisten Fällen ist nachträgliche Betrachtung ebensowenig imstande, mit Sicherheit die Erfolgschancen abzuwägen zwischen einer Politik die den Kampf sucht und einer solchen, die ihm ausweicht, wie der Handelnde selbst. Je tiefer der Historiker eindringt in das wirre Geflecht von Erwägungen, Mutmaßungen, Befürchtungen und Hoffnungen, das jeder großen politischen Entscheidung voranzugehen pflegt, um so deutlicher sieht er, wie selten dem Handelnden rationale Gewißheit, eine klare Übersicht seiner wirklichen Lage beschert ist; wie häufig sowohl die kämpferische als die friedliche Entscheidung gleichgewichtige Argumente für sich geltend machen können; wie es meist viel weniger die rationale Erwägung des Zweckmäßigen als vielmehr die Grundrichtung des Charakters ist, die den letzten Ausschlag gibt. Das alles mahnt zu vorsichtiger Zurückhaltung im historischen Urteil. Denn wer könnte nachträglich mit Gewißheit sagen, ob eine Entscheidung, die sich später durch ihren Mißerfolg als verfehlt erweist, nach dem Charakter des Handelnden überhaupt anders möglich war? Zuletzt sucht jeder Handelnde *den* Weg zum Erfolg, für den er sich von Natur am meisten befähigt glaubt; und wird nicht auch das Urteil des historischen Betrachters am liebsten der Seite zuneigen, zu der einen die eigene Natur oder Lage zieht?

Wenn uns die Erhebungspläne Gneisenaus und der Patrioten im Jahre 1808 heute als verfrüht und in ihrer Anlage als verfehlt erscheinen, so ist es schon fraglich, ob nicht eine kriegerische Entscheidung spätestens 1811 vor Beginn des russischen Feldzuges ernsthafte Erfolgsmöglichkeiten geboten hätte. Die Scharnhorst, Gneisenau, Clausewitz glaubten sie aus der militärisch-politischen Gesamtlage mit Gewißheit errechnen zu können. Aber der König entschied sich gegen ihre Ratschläge; bald darauf entschloß er sich zum Eintritt Preußens in die Reihe der Rheinbundstaaten, die dem verhaßten Korsen gegen Rußland Heeresfolge zu leisten hatten. Es war die tiefste Demütigung preußischer Geschichte, zugleich aber der Augenblick tiefster Entzweiung zwischen militärischem und politischem Denken. „Unser Schicksal", schrieb Gneisenau damals an Stein, „wird uns erreichen, wie wir es verdienen. Mit Schande werden wir untergehen; denn wir dürfen es uns nicht verhehlen, die Nation ist so schlecht als ihr Regiment." Zeitweise schien es, als würde die preußische Monarchie alle die hoffnungsreichen Talente wieder verlieren, die sich ihr aus ganz Deutschland in den letzten Jahrzehnten zugewandt hatten. Um seinen eigenen Übertritt und den vieler preußischer Offiziere in den russischen Dienst zu rechtfertigen, schrieb Clausewitz jene „Bekenntnisschrift", deren Inhalt wir schon kennen[4]): sie stellt das Ethos kämpferischer Tatbereitschaft und soldatischen Ehrgefühls mit höchstem, erbittertem Trotz gegen alle Erwägungen politischer Klugheit. Auf der anderen Seite besaß Friedrich Wilhelm III. nicht etwa einen großzügigen politischen Plan, der den kommenden Umschwung voraussah und so der Ungeduld seiner Offiziere überlegen war. Er folgte einfach seiner Natur:

dem nüchternen Selbsterhaltungsdrang, der sich dem Sturm zu beugen riet; zunächst waren seine Gedanken einzig darauf gerichtet, seine Dynastie und ihre Hausmacht für eine „bessere Zukunft" zu erhalten. Aber eben dadurch wurde er seinen tapfersten und geistig bedeutendsten Offizieren nahezu verächtlich. „Der König", heißt es weiter in Gneisenaus Schreiben, „steht noch immer neben dem Thron, auf dem er nie gesessen hat, und ist noch immer Rezensent desselben und derer, die auf dessen Stufen stehen. An dieser Individualität wird ewig jeder Gehülfe scheitern, der, Staatsmann im höheren Sinn, erhabene Anordnungen zu machen gedenkt. Im Militärwesen sowie in den auswärtigen Verhältnissen behauptet er noch immer seine ungeheure Stärke und wirkt entmannend auf diejenigen, die gute Ratschläge erteilen."

Die bald darauf eintretende Katastrophe in Rußland und Hardenbergs politische Geschicklichkeit haben dann doch erreicht — schneller, als man hoffen und erwarten konnte —, daß die Kluft zwischen dem Monarchen und der Patriotenpartei sich wieder schloß, soweit jedenfalls, daß eine gemeinsame Arbeit an dem Werk der deutschen Erhebung möglich wurde. Gleichwohl dauerten heftige Spannungen während des ganzen Befreiungskampfes fort zwischen dem Kampfeseifer der militärischen Führer, insbesondere des Blücherschen Hauptquartiers, und der politischen Vorsicht der preußischen Diplomatie. Sie steigerten sich noch wesentlich, seit Österreich sich der antifranzösischen Koalition anschloß. Denn seitdem trat diejenige Persönlichkeit führend hervor, in der und um die sich alles sammelte, was dem kämpferischen und revolutionären Charakter des Zeitalters widerstrebte: Fürst Metternich. Er ist gewissermaßen die fleischgewordene Idee einer friedlichen Dauerordnung Europas — sein ganzes „System", wie es uns neuerdings eindringlich geschildert und aus der Ideenwelt des 18. Jahrhunderts abgeleitet ist[5]), stellt nichts anderes dar als den gewaltsamsten und praktisch erfolgreichsten Versuch, der jemals unternommen ist, die Dämonie des Machtkampfes zu bändigen: durch Wiederaufrichtung und Sicherung legitimer Autoritäten im Inneren der Staaten, durch Wiederherstellung und kunstvolle Befestigung des Gleichgewichtes unter den großen Mächten. Den Kampf gegen Napoleon führte Metternich nur unter diesem Gesichtspunkt — gänzlich fremd den moralischen Wallungen, dem aufs äußerste gereizten nationalen Ehrgefühl und Rachedurst der preußischen Soldaten. Von Anfang an war er bestrebt, den militärischen Einsatz und die Kriegsgefahr im Interesse seines stark mitgenommenen Staates möglichst gering zu halten, vor allem: so rasch wie möglich wieder zum Frieden zu kommen, und zwar mög·

lichst durch diplomatischen Interessenausgleich, der weder ein französisches noch auch ein russisches Übergewicht zuließe. Es war der Versuch, den Welteroberer durch eine hinhaltende Kriegführung im Stil des 18. Jahrhunderts zu bekämpfen, ihn in Schranken zu zwingen, ohne ihn jedoch zu vernichten — kein Wunder, daß er auf den heftigsten Widerspruch der preußischen Patrioten im Feldlager stieß. Beide Parteien vertraten so mit höchster Einseitigkeit entgegengesetzte Prinzipien politischen Handelns. Und so wurde der Befreiungskampf, vor allem der Winterfeldzug 1813/14, ein klassisches Beispiel für den unversöhnlichen Gegensatz zwischen einer Kriegspolitik, die Vernichtung des Feindes und einer solchen, die seine Versöhnung erstrebt.

Wir brauchen die Entwicklung dieses Konflikts nicht im einzelnen zu verfolgen, auch nicht seine tiefe Verbitterung durch menschliche Antipathien, die bei dem extremen Gegensatz der Charaktere (patriotische Leidenschaft und sittliches Pathos auf der einen Seite, kaltherzigste Weltklugheit und sittliche Frivolität auf der anderen) unvermeidlich war. Es genügt, auf diejenigen Züge hinzuweisen, die für Konflikte dieser Art typisch sind und auch in den späteren Kriegen des 19. Jahrhunderts wiederkehren.

Da ist zunächst der Streit um die Fortsetzung des Krieges nach Frankreich hinein. Im preußischen Hauptquartier hatte man von Napoleon gelernt, daß nicht Geländegewinn, sondern Vernichtung der feindlichen Streitkräfte bis zur völligen Lähmung des gegnerischen Willens das Ziel eines wahren Krieges ist. Man kannte hier seinen großen Gegner, hatte die rastlose Dynamik seiner Machtpolitik durchschaut und wußte, daß mit diesem Dämon der Gewalt kein Dauerfriede zu schließen war. Zugleich war man sich darüber klar, daß nur durch eine unablässig vorwärtsdrängende Verfolgung der große Vernichtungsschlag von Leipzig voll ausgenutzt werden konnte. Ließ man den Gegner gar nicht erst zur Ruhe kommen, so würde er außerstande sein, überhaupt noch eine beachtliche Streitmacht zusammenzubringen. Alle Erwägungen, militärische wie auch politische, drängten also hier auf rascheste Fortsetzung des Krieges bis zum Vernichtungssieg. Um so größer war die Empörung der Soldaten, als nun die politische Leitung sich hemmend dazwischen warf und sieben kostbare Wochen verstreichen ließ, ehe sie den Entschluß zum Fortgang der Operationen fand. Blücher tobte über die Diplomaten: „Schufte, die den Galgen verdienen", die ihm „das und jenes tun könnten", und auch Gneisenau meinte von ihnen: „Wenn die Generäle sie nicht fortreißen, so machen sie das albernste Zeug. Nach Paris zu gehen und dort den Frieden, wie wir ihn haben müssen, vorzuschreiben, ist ihnen rasende Verwegenheit"⁶). Es war aber nicht eigentlich Furchtsamkeit, was die große Zögerung verursachte, sondern in erster Linie ein geheimer politischer Interessengegensatz zwischen den Alliierten. Metternich wünschte, im Gegensatz zu Rußland, die völlige Niederwerfung Napoleons gar nicht, weil er unendliche Schwierigkeiten in der Frage der Neuordnung Frankreichs nach seinem Sturz voraussah und doch eine starke französische Macht im Interesse des europäischen Gleichgewichts brauchte. Sie sollte vor allem das Gegengewicht gegen Rußland, den großen östlichen Nachbarn bilden, jedoch ohne die Möglichkeit, sich eines Tages mit dem Zarismus gegen die Habsburger Macht zu verbünden. Ebensowenig wollte er große militärische Triumphe und Eroberungen zulassen; denn sie würden dem Zaren moralischen Anspruch auf großen Landgewinn im Osten verschaffen. Er würde dann ganz Polen für sich fordern und das Haus Österreich auf Entschädigung am Rhein, etwa im Elsaß oder Belgien, verweisen und dieses dadurch für immer mit Frankreich zu verfeinden trachten. Man sieht: die Erwägungen dieses Kabinettspolitikers gingen viel weniger von den militärischen Bedürfnissen des Augenblicks als von der Frage aus: was kommt danach? Wie wird sich die neue Dauerordnung Europas gestalten lassen? Aus dieser Lage erklären sich seine immer neu wiederholten Versuche, Napoleon durch günstige Friedensangebote — zuerst die Rhein- und Alpengrenze, später wenigstens die Grenzen von 1792 — zum sofortigen Friedensschluß zu bewegen. Ob Metternich selber ernstlich an einen Erfolg dieser Bemühungen geglaubt hat, ist zweifelhaft; unzweifelhaft dagegen ist seine Absicht, durch öffentliche Erklärungen an das französische Volk die alliierten Mächte auf sehr gemäßigte Friedensziele festzulegen und die Franzosen, falls Napoleon nicht darauf einging, zum Abfall von ihnen zu bewegen; denn die allgemeine Kriegsmüdigkeit des französischen Volkes war ihm sehr wohl bekannt, und er wollte vermeiden, diese Stimmung durch unmittelbare Bedrohung des französischen Bodens wieder zum Umkippen zu bringen. Es ging also zugleich darum, lieber durch politische als durch kriegerische Kampfmittel zum Frieden zu kommen.

Dieser Friedenspolitik der „Diplomaten", für die Metternichs überlegene Klugheit auch den Vertreter Englands zu gewinnen verstand, stand nun der unzähmbare Siegeseifer, Tatendrang und Rachedurst der Gneisenau und Blücher gegenüber. Offenbar konnte es hier zwischen „Politik und Heerführung" keinerlei Vermittlung mehr geben. König Friedrich Wilhelm III., der ewig Skeptische, Schwunglos-Nüchterne und sein kluger, aber wenig charakterfester Berater Hardenberg, die es dennoch mit einer Mittelstellung versuchten, wurden haltlos schwankend zwischen ihren Generälen, dem von allen Todfeinden Napoleons aufgestachelten Zaren und der Diplomatie Metternichs hin- und hergerissen. Auch nachdem endlich der Rhein überschritten war, milderten sich die Spannungen keineswegs; im Gegenteil, sie wuchsen jetzt erst recht zu höchster Erbitterung an. Metternich suchte, um eine Steigerung der Siegeshoffnungen und Gebietsansprüche seiner Alliierten zu verhindern, große, entscheidende Schläge zu vermeiden und viel der ohnedies zögernden, ängstlichen, in veralteten strategischen Anschauungen steckengebliebenen Kriegführung des österreichischen Oberfeldherrn Schwarzenberg fortwährend in den Arm[7]). Das hatte für die Lage der allein noch offensiv tätigen sogenannten schlesischen Armee die verhängnisvollsten Folgen und wurde im Blücherschen Hauptquartier geradezu als Verrat empfunden; die Gegensätze wurden so scharf, daß der Zar drohte, sich von den Österreichern zu trennen und mit den Preußen allein weiter vorzurücken, während Metternich einen österreichischen Sonderfrieden mit Napoleon ankündigte; tatsächlich kam es dahin, daß der Winterfeldzug, der bei einigermaßen energischem Vorgehen der Hauptarmee unter Schwarzenberg wahrscheinlich in einer einzigen Hauptschlacht hätte beendigt werden können, zeitweise in einen allgemeinen Rückzug ausartete. Eben dadurch aber wurde die Siegeszuversicht Napoleons, der unter dem überwältigenden Eindruck der ersten Schlachterfolge Blüchers schon nahe daran gewesen war, seine Sache verloren zu geben und alles zu bewilligen, was man von ihm forderte, von neuem gestärkt. Durch die Maßlosigkeit seiner Ansprüche brachte er selbst die Friedensverhandlungen in Chatillon zum Scheitern, und aus aufgefangenen geheimen Korrespondenzen mußte zuletzt sogar Metternich erkennen, daß mit diesem Gegner, der jeden Friedensschluß ausdrücklich nur als Waffenstillstand, als Etappe auf dem Weg zur Rückeroberung seines Großreiches betrachtete, kein echter Dauerfriede möglich war. Um dieselbe Zeit aber widerlegte die frische Initiative der preußischen Generäle alle düsteren Befürchtungen des österreichischen Oberfeldherrn von der Gefährlichkeit offensiven Vorgehens: ihr kühner Vorstoß gegen Paris weit hinter dem Rücken der feindlichen Hauptarmee brachte das Glück Napoleons endgültig zum Scheitern.

So behielt der Wille zur Tat, zur militärischen Vernichtung des Gegners zuletzt doch Recht gegen die politischen und militärischen Bedenklichkeiten des österreichischen Hauptquartiers. Es ist nicht zu bezweifeln, daß ohne den frischen, stürmischen Siegeswillen der preußischen Feldherren das große Unternehmen der Befreiung Europas auf halbem Wege steckengeblieben oder gar kläglich gescheitert wäre; ebensowenig, daß Metternichs diplomatische Klugheit an dem entscheidenden Punkt völlig in die Irre ging: in der Einschätzung Bonapartes. Für dessen dämonischen Kampf- und Machtwillen fehlte ihm jedes kongeniale Verständnis; er betrachtete ihn mit den Augen des echten Kabinettspolitikers: als kühl und nüchtern rechnenden Gegenspieler, als Vertreter der reinen Staatsraison. Hier wird die Grenze der politischen Begabung Metternichs deutlich; eben das, was ihm seine Überlegenheit gab, war zugleich seine Schwäche: die leidenschaftslose Rationalität seines Denkens. Daß er sich in seinen Berechnungen niemals stören ließ durch moralische Wallungen, befähigte ihn, jenseits aller wirren, aufgeregten, oft wirklichkeitsblinden und widerspruchsvollen Bestrebungen der Patrioten[8]) das politisch Mögliche zu erkennen, mit souveräner diplomatischer Meisterschaft durchzusetzen und unbeirrt auch im Kampf auf Tod und Leben das Ziel einer friedlichen Dauerordnung Europas im Auge zu behalten. Aber die Staatsklugheit dieses noch mehr europäischen als österreichischen Diplomaten hatte doch etwas Abstraktes, gleichsam Unwirkliches. Nicht durch Blutserbe, wie später Bismarck, unmittelbar verwachsen mit der Geschichte und den Machtinteressen des Staates, dem er diente, noch weniger verbunden mit dem Lebensinteresse des deutschen Volkstums — da die Habsburgermonarchie ein Vielvölkerstaat war — blieb er auch den großen und starken Machtantrieben fremd, die eben damals, aus irrationalen Tiefen des Volkstums hervorbrechend, die Welt in so gewaltige Bewegung setzten. Sie möglichst bald und für möglichst lange Zeit wieder zur Ruhe zu bringen und in Ruhe zu halten, wurde das einzige Ziel seiner Politik — sei es auch auf Kosten noch so vieler schöpferischer Lebenstriebe.

Wie anders die preußischen Patrioten und Vorkämpfer deutscher Einheit, die sich damals im Stabe Blüchers und in dem von Stein geführten „Zentralverwaltungsrat" für die eroberten deutschen Länder zusammenfanden und einen ganzen großen Kreis publizistischer Helfer auf ihrer Seite hatten: „fanatische Freiwillige, Literaten und Poeten jeden Schlages", wie Metternich verächtlich diese „deutschen Jakobiner" nannte! Hier, unter den Gneisenau, Grolman und Clausewitz, den Stein, Arndt, Görres und Jahn lebte recht eigentlich der Geist der Erhebungszeit, der so tief und nachhaltig auf die politische Ideenentwicklung Deutschlands im 19. und 20. Jahrhundert eingewirkt hat: der Geist eines kämpferischen Idealismus, in dem alles zu ungeschiedener Einheit zusammenfloß, was immer die Zeit an moralischen, religiösen und politischen Impulsen nationalen Selbstbewußtseins in sich barg. Da mischte sich der Stolz auf die großen Schöpfungen des deutschen Geistes im Zeitalter von Weimar mit urtümlichem, rein instinktivem Haß gegen die Fremdherrschaft; der Protest eines neuerwachten religiösen Bewußtseins beider Konfessionen gegen die Verstandesdürre des welschen Rationalismus mit friderizianischem Soldatengeist; romantische Verherrlichung deutscher Vergangenheit und vertieftes Verständnis für die alte Schicksalsgemeinschaft deutscher Nation mit neuzeitlichem Freiheits- und Einheitsstreben und höhnischer Verachtung des alten deutschen Fürstenstandes, der dem Fremdherrn jetzt die Schleppe trug; Bewunderung für die kriegerische Kraft der Französischen Revolution mit erbitterter Feindschaft gegen ihre zerstörenden Prinzipien; Freiheitsdrang mit konservativem, ja legitimistischem Rechtsempfinden. Höchst wunderbar und folgenreich für die spätere Geistesgeschichte ist vor allem die Art, wie sich moralisch-religiöse und politische Ideen zu einer neuen Ethik des politischen Kämpfertums vereinigten, so daß der Kampf für die Freiheit der Nation geradezu als heiliger Kampf, als ein Kreuzzug im Namen Gottes wider den Satan, oder doch im Namen des Guten und Rechten wider das Schlechte und Böse erscheinen konnte. Es hing mit unserer jahrhundertealten Zersplitterung in viele machtlose Kleinstaaten zusammen, daß die öffentliche Meinung der Nation solcher Umwege bedurfte, um sich des Rechtes ihrer politischen Geltungsansprüche, ihres Freiheits- und Machtdranges zu versichern; das historische Gerümpel der altdeutschen Staatenwelt, die würde- und verdienstlosen Hausstaaten der deutschen Dynastien hätten von sich aus keinen Enthusiasmus für ihre Wiederherstellung zu erwecken vermocht. Aber jenseits dieser nüchternen und dürftigen politischen Wirklichkeit glänzte jetzt den Deutschen das Idealbild eines einigen und mächtigen Nationalstaates auf, wie sie ihn einst im Mittelalter besessen hatten und erweckte ein erstes, noch ganz naives Entzücken; vor allem blieb, über alle innerdeutschen Grenzen hinweg, ein Bewußtsein gemeinsamen Volkstums und Vaterlandes, gemeinsamer deutscher Geistesart lebendig, das jetzt, im Kampf mit dem Fremden, eine ungeahnte Stärke, eine geradezu religiöse Verklärung empfing. Als „Hülle und Verflößungsmittel des Ewigen in die Welt", als „Träger und Unterpfand der irdischen Ewigkeit" hat Fichte damals Volk und Vaterland gepriesen. Für die Erhaltung, aber auch Ausbreitung dieser Deutschheit, für ihre Kulturmission in Europa zu kämpfen, predigte er als höchste sittliche Pflicht und wollte dafür auch machiavellistische Kampfmittel eingesetzt wissen. Der Freiherr vom Stein erklärte, kein höheres Ziel zu kennen, als „einen sittlichen, religiösen, vaterländischen Geist in der Nation zu heben, ihr wieder Mut, Selbstvertrauen, Bereitwilligkeit zu jedem Opfer für Unabhängigkeit von Fremdem und für Nationalehre einzuflößen." Die selbstverständliche Nebeneinanderordnung des Religiösen, Sittlichen und Vaterländischen ist dabei das am meisten Charakteristische; in den Schriften eines Arndt (zum Beispiel im Soldatenkatechismus) wird sie bis zu voller Vermischung des Politischen und des Religiösen gesteigert, und überhaupt gehört das Bestreben, die religiöse Gesinnung unmittelbar als Hilfsmittel des politischen Kampfes zu aktivieren, zu den auffallendsten Merkmalen der Epoche. Die neue Ethik des kämpferischen Nationalismus, die wir in den Aufzeichnungen des jungen Clausewitz sich entwickeln sahen, war auf dem Wege, sich nachgerade alles höhere geistige Leben dienstbar zu machen[9]).

Die nächste Folge war — im Gegensatz zur kühlen Rationalität der Metternichschen Staatraison — eine starke Geladenheit des politischen Denkens mit moralischen Wallungen. Der militärische Tatendrang des Blücherschen Hauptquartiers verbündete sich mit stärkster moralischer Entrüstung nicht nur über den Tyrannen Napoleon selbst, den „Feind der Menschheit", sondern zugleich über die Franzosen, seine Landsleute und Helfershelfer, diese „unreine, unverschämte und unzüchtige Rasse voll ekelhafter Gier", wie Stein sich ausdrückte. So ging es diesen Patrioten auch nicht um die Wiederherstellung eines Gleichgewichtes der großen Mächte, sondern zunächst und vor allem um Freiheit der Völker von der Tyrannei — und um Rache. „Die Vorsehung hat uns hierher geführt", schrieb Gneisenau Ende Januar 1814 an Stein. „Wir mögen Rache nehmen für so viele über die Völker gebrachte Leiden, für so viel Übermut, damit das ‚discite justitiam moniti non temnere divos' bewährt werde. Thun wir das nicht, so sind wir Elende, die es verdienen, alle zwei Jahre einmal aus ihrer trägen Ruhe geschreckt und mit der Sklavengeißel bedroht zu werden"[10]). Schon gleich nach dem Rheinübergang träumte er davon, durch einen triumphalen Einzug in Paris „Völkerrache" an der verhaßten Nation zu nehmen: „Wir müssen die Besuche der Franzosen in unseren Hauptstädten in der ihrigen erwidern. Solange dies nicht geschehen ist, ist die Rache und der Triumph nur unvollständig. Kommt die schlesische Armee zuerst nach Paris, so lasse ich sogleich die Brücken von Austerlitz und Jena nebst dem Siegesmonument sprengen"[11]). Man spürt, wie hier ein wilder, seit vielen Jahren mühsam gebändigter

Haß sich einen Ausweg sucht. Solche Stimmungen sind als seelischer Stachel der großen Erhebung, des deutschen Kampfwillens gar nicht wegzudenken. Eben in ihnen offenbart sich das Neuartige des Befreiungskampfes als echter Volkskrieg im Gegensatz zu allen früheren Kriegen monarchischer Kabinette. Aber wenn nicht die Verewigung des Völkerhasses, sondern eine neue, dauerhafte Ordnung Europas das Endziel alles Kämpfens sein sollte, war es dann nicht doch notwendig, solche Stimmungen zu zähmen? Gneisenau geriet mit sich selbst in Widerspruch, wenn er einerseits an den Parisern Rache für die Gewalttaten Napoleons nehmen wollte, anderseits dieselben Pariser zum Abfall von ihrem Zwingherrn aufzurufen empfahl.

Für diesmal traten die Monarchen, die berufensten Repräsentanten des alten Europa, dazwischen. Sogar Zar Alexander, bisher die stärkste Stütze der Patriotenpartei im Großen Hauptquartier, wollte nichts wissen von einer unnötigen Verbitterung der besiegten französischen Nation. Vor und in Paris, am Ende eines Feldzuges voll unerhörter Kämpfe und Strapazen, durften die Führer der siegreichen schlesischen Armee nur noch eine Nebenrolle spielen — was sie begreiflicherweise mit schwerer Verstimmung aufnahmen. Auch an den Friedensverhandlungen wurden sie nicht beteiligt — deren Grundzüge hatte der kluge Metternich schon vor Beendigung des Feldzuges durch Verträge unter den Alliierten festgelegt. Aber man sieht aus den Privatbriefen Gneisenaus, wie er sich den Frieden gewünscht hätte: als eine Zerstörung der inneren Einheit Frankreichs zur größeren Sicherheit Deutschlands, vor allem zum Vorteil Preußens, das als die eigentliche Vormacht des Befreiungskampfes nun auch zur Vormacht der deutschen Staatenwelt aufsteigen sollte. Wenn der Widerstand der anderen Mächte dagegen sich allzu offen und feindselig zeigen sollte (wie es zum Beispiel während des sächsischen Konflikts auf dem Wiener Kongreß geschah), riet Gneisenau, auch die gewagtesten Mittel nicht zu scheuen: Napoleon von Elba zurückzurufen, ihn gegen die Bourbonen zu unterstützen, Frankreich so „den Bürgerkrieg einzuimpfen" und es dadurch „nach außen untätig zu machen", Bayern in Gemeinschaft mit Württemberg und Baden zu vernichten, Österreich gemeinsam mit den Russen anzugreifen, in Italien den Aufruhr gegen die Wiener Regierung in Gang zu bringen, dieser so in „wenigen Feldzügen" Italien, Galizien und Mähren abzunehmen, Bamberg, Würzburg, Ansbach und Bayreuth für Preußen zu erwerben, die übrige Beute, einschließlich Alt-Bayern, an Baden und Württemberg zu verteilen und in Frankreich den ständigen Bürgerkrieg zu nähren. „Wer weiß, ob bei einigem Glück man es nicht dahin bringen könnte, zwei Reiche in Frankreich zu gründen, ein Bourbonisches und ein Napoleonisches, in stetem Kampf miteinander begriffen. Das wäre freilich das Höchste."

Also neue Revolution und Kampf ohne Ende! Schon Clausewitz, dem diese Pläne mitgeteilt wurden, fand sie „etwas zu unkosmopolitisch für einen, der nicht König von Preußen selbst ist"[12]. Man sieht: zum Friedensgründer war diese Kämpfernatur nicht geschaffen. Auch seine bekannten Bemühungen, den Erwerb Elsaß-Lothringens für Deutschland durchzusetzen, hat er in erster Linie mit militärischen Bedürfnissen begründet: Es sollte so die linke Flanke des deutschen Befestigungssystems am Rhein gesichert, daneben allerdings Entschädigungsland für norddeutsche Fürsten geschafft werden, deren Gebiet sich dann Preußen aneignen könnte[13]. Vom deutschen Volkstum des Elsaß war dagegen noch kaum die Rede. Der Gedanke aber, eine einmal errungene Landesgrenze durch den Erwerb weiteren Gebietes als militärisches Vorgelände zu sichern, wird in den späteren Kriegen des 19. und 20. Jahrhunderts von militärischer Seite immer wieder vorgebracht werden. Auf den Pariser Friedenskonferenzen und auf dem anschließenden Wiener Mächtekongreß hatten solche Anregungen noch keinen Erfolg. Hier überwog noch das Streben der Kabinette, vor allem Österreichs und Englands, die nationalen Reibungsflächen tunlichst zu vermindern und dadurch einen dauerhaften Frieden zu sichern.

Aber ehe das gelang, wurden noch einmal alle Kriegserfolge und Friedensabreden in Frage gestellt durch die Rückkehr Napoleons von Elba. Der Feldzug von 1815, der wieder Blücher und Gneisenau an der Spitze eines preußischen Invasionsheeres sah, hat die Spannungen des Vorjahres zwischen Heerführern und Diplomaten sofort wieder erneuert, in gewissem Sinn sogar noch gesteigert. Aber sie trugen diesmal doch einen anderen Charakter. In den Gang der militärischen Operationen hat keine Politik wieder hineingeredet — wenigstens seit den großen Schlachtentscheidungen nicht mehr. Der stürmische Vormarsch der Preußen von Waterloo bis nach Paris wurde keinen Tag dadurch aufgehalten. Aber nun boten Blücher und Gneisenau alles auf, um ihrerseits den Diplomaten zuvorzukommen und die Hauptentscheidungen des Friedensschlusses in der Form militärischer Verfügungen soviel als möglich vorwegzunehmen, ehe die verbündeten Monarchen im Zentrum der Entscheidung eintreffen konnten. Daher ihr unablässiges Drängen auf kriegerische Überwältigung und Besetzung der feindlichen Hauptstadt ohne Rücksicht auf die Waffenstillstandsersuchen französischer Ge-

nerale, Abgeordneter und Minister; daher die Eile ihres Vorrückens, auch
dann, als es längst keine eigentliche Gefahr im Felde mehr gab. Daß die
Diplomaten, wenn man ihnen freie Hand ließe, auch diesmal wieder „alles
verlieren würden, was der Soldat mit seinem Blut errungen hat", stand im
Blücherschen Hauptquartier vom ersten Tage des Feldzuges an fest[14]). Aber
diesmal hofften die Soldaten ihnen das Handwerk legen zu können, indem
sie selbst große Politik machten. Auf das erste Waffenstillstandsangebot nach
der Absetzung Napoleons antwortete Blücher sogleich mit Forderungen, die
den späteren Friedensverhandlungen bereits weit vorgriffen: Tod oder Auslieferung Bonapartes, Übergabe aller Festungen an der Sambre, Maas, Mosel
und Saar, Einräumung der französischen Provinzen bis zur Marne; bald
darauf wurden sie (gegenüber einer Friedensgesandtschaft in Laon) noch
gesteigert. Jetzt kam noch Übergabe der Städte Paris, Laon, Soissons, Lafère
und die Auslieferung sämtlicher aus den verschiedenen Ländern geraubten
Kunstwerke hinzu[15]). Wie das alles gemeint war, ließ Blücher in einem
Schreiben nach Hause deutlich erkennen: „Bis man mir von da (vom Hauptquartier der Monarchen) Zaum und Gebiß anlegt, hoffe ich, mit der Hauptsache fertig zu sein. Das Eisen ist warm, ich werde es schmieden... ich
habe noch manches zu berichtigen"[16]). Die Generale wollten nachholen, was
der Friede von 1814 nach ihrer Meinung versäumt hatte. Die preußenfeindliche Haltung der bourbonischen Diplomatie auf dem Wiener Kongreß hatte
inzwischen ihren Haß gegen Frankreich, auch unter monarchischer Regierung,
noch wesentlich gesteigert. Nur durch bedeutende Landabtretungen an der
französischen Nord- und Ostgrenze war nach ihrer Überzeugung Mitteleuropa gegen künftige Anfälle zu sichern. Gneisenau meinte, daß der Erbfeind Deutschlands auf den Gebietsumfang unter Ludwig XIII. zurückgeführt werden, alle Eroberungen seit Ludwig XIV. jetzt verlieren müsse.
Hierfür sollte der Boden schon im Waffenstillstandsvertrag vorbereitet werden. Den Gedanken einer späteren Aussöhnung mit dem besiegten Feind
hielt er für bare Torheit: jeder Versuch dazu würde nur als Schwäche aufgenommen werden[17]). Zu diesen militärisch-politischen Erwägungen trat
aber noch der ungestüme Rachedurst der Patrioten hinzu, der den „Verrat"
des „bundbrüchigen und eitlen Volkes" am Frieden Europas nicht ungestraft
lassen wollte. Gneisenau empfand sich geradezu als „Werkzeug der Vorsehung", dazu berufen, „ewige Gerechtigkeit" zu üben; er wollte Napoleon
ausliefern und dann an derselben Stelle erschießen lassen, wo einst der Herzog
von Enghien einem Justizmord des Korsen zum Opfer gefallen war[18]). Nach

seiner Meinung erforderte die „Ehre der Armee" eine empfindliche Demütigung des französischen Nationalstolzes durch förmlichen Einmarsch in Paris,
den er gegen den Willen des englischen Verbündeten auch durchsetzte. Die
Sprengung der Jenabrücke wurde angeordnet, der Stadt Paris eine Kontribution von hundert Millionen Franken auferlegt, außerdem die Verpflichtung, eine neue Ausrüstung (nebst Pferden) für hundertzehntausend Mann
zu beschaffen, dazu den Betrag eines zweimonatlichen Soldes für die Armee
als Ehrengabe und noch besondere Ausrüstungsgelder für die Offiziere; weitere Kontributionen wurden in der Provinz ausgeschrieben; Präfekten und
Bankiers, die sich weigerten, bei der Beschaffung der Gelder mitzuwirken
und sich auf Verbote ihrer vorgesetzten bourbonischen Behörden beriefen,
wurden gefangengesetzt und zum Teil als Geiseln auf deutsche Festungen
verbracht.

Das alles war sinnvoll nur vom Standpunkt eines Kämpfertums, das
ohne viel Rücksicht auf das Ganze des bevorstehenden Friedenswerkes zunächst nur einfach seinen Triumph auskosten wollte; und es war vorauszusehen, daß es darüber Streit mit den „Diplomaten" geben mußte. Weitere
Forderungen des Blücherschen Hauptquartiers kamen in den nächsten Monaten hinzu. Sie liefen darauf hinaus, ohne Rücksicht auf die beginnenden
Friedensverhandlungen das militärische Übergewicht der Sieger noch mehr
zu verstärken: auch solche Festungen, die sich inzwischen den Bourbonen
unterstellt hatten, wollte Blücher erstürmen lassen, schließlich das Land
nicht eher mit der preußischen Hauptarmee räumen, als bis die Franzosen
alle Friedensbedingungen genau erfüllt, insbesondere alle festen Plätze über-
geben hätten — was den Abmachungen der Friedenskonferenz eindeutig
widersprach. Über alledem kam es zu immer heftigeren Zusammenstößen
mit der politischen Leitung. Schon daß man die von Blücher eigenmächtig
ausgeschriebenen Kontributionen sistierte, erbitterte ihn aufs äußerste. Er
betrachtete den Eingang dieser Gelder und die Neueinkleidung seiner abgerissenen Truppen als eine „Ehrensache" der Armee. Eine vorläufige Entschädigung aus preußischen Kassen, die ihm der König anbot, da sich die
französischen völlig erschöpft zeigten, wies er entrüstet zurück. Da er sich
auf keine Weise beschwichtigen ließ, erreichte er schließlich doch noch einen
verschärften Druck auf den französischen Finanzminister. Um so heftiger
wurde der Streit um die Festungen und die Dauer der Besatzung; schließlich
führte er bis zu direkter politischer Auflehnung des Soldaten. Der Sieger von
Belle-Alliance und Eroberer von Paris wußte — oder empfand doch — sehr

wohl, daß die öffentliche Meinung ihm und nicht dem Monarchen zujubelte, der ja persönlich sehr wenig an den letzten Feldzügen beteiligt gewesen war. Ein Bewußtsein davon spricht schon deutlich aus seinem barschen, an Hardenberg gerichteten Abschiedsgesuch vom 26. Juli: „Ich werde mein Betragen dem Könige, der Armee, der ganzen Nation und dem deutschen Vaterlande zur Entscheidung (!) öffentlich vorlegen[19].“ Dieser Zwischenfall erregte großes Aufsehen, drohte die Uneinigkeit im Lager der Verbündeten in peinlichster Weise bloßzustellen und wurde nur mit Mühe durch Hardenbergs und Gneisenaus Vermittlung wieder beigelegt. Blüchers Selbstbewußtsein aber, von seinem Generalstabschef Grolman immer wieder gegen die „Deplomatiquer“ aufgehetzt, kannte bald keine Grenze mehr. In seinen Eingaben an den König sieht man ihn bald trotzig auftrumpfen, bald den Monarchen gleichsam ermunternd auf die Schulter klopfen. Den Kriegsminister Boyen läßt er durch Grolman auffordern, die königlichen Entschließungen solange hinzuhalten, bis er selbst Zeit gefunden habe, die umstrittenen Festungen erstürmen zu lassen und dadurch die Beschlüsse der Diplomatenkonferenz zu sabotieren! Direkte, vom königlichen Hauptquartier an seine Unterführer ergehende Befehle will er nicht anerkennen: diese haben ihm allein zu gehorchen! Zuletzt bleibt alles vergeblich. Die Friedenskonferenz geht über die Wünsche der preußischen Heerführer hinweg, das Oberkommando der Armee wird am 3. Oktober ausdrücklich in allen politischen Fragen dem Staatskanzler unterstellt. Blücher muß Frankreich räumen, der Rest der Besatzungstruppen erhält andere Führer. Dem Verzögerungsversuch des alten Haudegens macht Hardenberg, unter scharfer Betonung seines alleinigen Anspruchs auf politische Führung, ein Ende. Aber nun führt dieser, tief verbittert, seinen letzten Schlag: er sucht die Machtstellung des Ministers durch eine Eingabe zu erschüttern, in der er ihn als gefährlichen Streber verdächtigt und dem König vorstellt: „wie traurig und nachteilig es ist, von Premierministern abzuhängen, und wie zerstörend es für die Armee sein würde, wenn dieser Einfluß fortdauerte und *Ew. Majestät nicht die unmittelbare Leitung der Armee ferner beibehielten.* Überhaupt ist es wohl die höchste Zeit“ (so fährt die Eingabe vom 20. November 1815 fort), „daß diese sonderbare Versammlung, die bis jetzt unter dem Namen der bevollmächtigten Minister der verbündeten Höfe Europa beherrschen, aufhört, und daß die Männer, die zwar nur Untertanen doch unter diesem Titel ihre Monarchen beherrschten und Gesetze gaben, wieder in ihre vorigen Schranken zurücktreten, um so mehr, da ihr elendes Machwerk sie in der

Meinung der ganzen Welt zurückgesetzt hat und Preußen und Deutschland trotz seiner Anstrengungen immer wieder als das betrogene vor der ganzen Welt dasteht"[20]).

Hardenberg wußte diesen Schlag sofort zu parieren: durch einen Immediatbericht, in dem er den König auf die Gefahr aufmerksam machte, die seiner Autorität drohe, wenn erst einmal die Armee anfinge ein corps délibératif zu werden, das nach eigenem Gutdünken handelt[21]). Friedrich Wilhelm, der ja niemals auf seiten der patriotischen Stürmer und Dränger gestanden hatte, war derselben Meinung, und so blieb der Schritt Blüchers ohne unmittelbare praktische Folgen[22]). Dennoch ist er im Zusammenhang unseres Themas bedeutsam: als ein erster Versuch preußischer Heerführer, sich unter Berufung auf den Willen der Armee und Nation von der politischen Leitung zu emanzipieren und die eigene Immediatstellung zum Monarchen gegen die „zivile" Staatsregierung auszuspielen. Im Heereskonflikt 1860—62 und im böhmischen Feldzug von 1866 wird er eine schwächere, im ersten Weltkrieg eine wesentlich verstärkte Wiederholung finden.

Lag diesem scharfen Zusammenstoß nun ein echter, das heißt rational nicht auflösbarer, durch keinerlei Kompromiß überwindbarer Konflikt militärischer und politischer Interessen zugrunde? Mir scheint, seine *sachliche* Bedeutung war sehr viel geringer, als man nach der Hitze Blücherscher Wutausbrüche über die „Dispotie der Deplomatiquer" annehmen sollte. Die Forderungen, auf die er sich versteifte, bildeten im Grunde doch nur Streitfragen zweiten Ranges. Weder die Frage der Festungsbesatzungen noch die der Kriegskontributionen konnte ja anders geregelt werden als im Zusammenhang der allgemeinen Friedensverhandlungen, also in Gemeinschaft mit allen Siegermächten. Das sah offenbar auch Gneisenau sehr bald ein[23]), den Hardenberg diesmal klugerweise als Vertreter der Armee zu den diplomatischen Verhandlungen zuzog. Die Wichtigkeit der Festungsbesatzungen haben Blücher und Grolman, wie der weitere Verlauf der Ereignisse zeigte, bei der ungeheuren Kriegsmüdigkeit und Erschöpfung Frankreichs offensichtlich übertrieben; je rascher man zum Frieden kam, um so leichter konnte man darauf verzichten. Nicht zu leugnen war das Bedürfnis der stark abgerissenen Armee nach Neueinkleidung und Soldzulage; aber grundsätzliche Bedeutung hatte auch diese Frage offenbar nicht. Was die Franzosen an Kontributionen zahlten, hing schließlich mehr davon ab, was sich aus dem besiegten und erschöpften Land allenfalls noch herauspressen ließ, als von der grundsätzlichen Entscheidung, auf die jetzt alles ankam: erstens ob man

das geschlagene Frankreich nur als besiegten Gegner oder zugleich als straf-
baren „Feind der Menschheit" zu betrachten habe — und zweitens: ob man
sich gegen die Gefahren, die in Zukunft aus diesem Lande drohen mochten,
mehr durch dauernde Schwächung oder mehr durch dauerhafte Gegenallian-
zen sichern sollte.

In der ersten dieser beiden Fragen ist bereits ein grundsätzlich wichtiger,
immer wiederkehrender Gegensatz der Meinungen angedeutet: der Gegensatz zwischen rein agonaler und moralischer Auffassung des politischen
Kampfes. Jene stellt sich uns als die konsequenteste Auswirkung eines streng
machtpolitischen Denkens im Stil Machiavellis dar: wer einmal durchschaut
hat, daß alles politische Treiben zuletzt auf ein fortwährendes Sich-Abringen
einander feindlicher Kräfte, auf einen Wettkampf um die Macht hinausläuft — wenn auch vielfach getarnt hinter Ideologien der verschiedensten
Art —, der wird geneigt sein, dieses Ringen als eine Art Kampfspiel, als
einen ἀγών, mit mehr intellektueller Neugier als mit moralischer Wallung
zu betrachten. Er wird sich darüber im klaren sein, daß in der großen Politik
selten eindeutig Recht gegen Unrecht, sehr häufig aber Recht gegen Recht,
besser noch: Lebens- und Machtdrang gegen Lebens- und Machtdrang steht,
und daß in den meisten Fällen die Frage nach Recht oder Unrecht schwer
oder gar nicht zu entscheiden ist. Wer sich mit dieser Einsicht tief durchdrungen hat, den wird sie auch im Kampf selbst nicht ganz verlassen.
Sie wird ihm vielleicht in der Hitze des Streitens hinter den Leidenschaften
zurücktreten, die seinen Siegeswillen beflügeln, kann aber dann doch
wieder aufleuchten, sobald die Entscheidung gefallen ist — zumal dem
Sieger ziemt die Haltung großmütiger Anerkennung, daß auch der Gegner
nicht ohne gutes Recht seinen eigenen Lebensanspruch verteidigt habe. So
entsteht eine Kampfeshaltung, die nicht von moralischer Empörung lebt,
sondern von der grimmigen Entschlossenheit, alle Kraft an eine als sachlich
notwendig erkannte Siegesaufgabe zu setzen — einfach Hindernisse aus dem
Weg zu räumen, die dem Lebens- und Geltungsdrang der eigenen Partei
im Wege stehen.

Aber es bedarf nicht einmal einer tieferen „realpolitischen" Einsicht, um
eine solche Entschlossenheit zu erzeugen. Tatsächlich gibt es eine natürliche rein agonale Haltung des berufsmäßigen Kämpfertums: das Ethos der
„Ritterlichkeit", wie es sich aus den sportlichen Wettkämpfen der Frühzeit
der europäischen Adelsgesellschaft entwickelt und weitervererbt hat auf die
stehenden Heere der Neuzeit mit ihren adeligen Offizierskorps. Der Berufs-

soldat gehorcht nur dem Befehl seines Lehns- oder Kriegsherrn, wenn er zum Kampf antritt. Es ist nicht seine Sache, nach Recht oder Unrecht des Krieges zu fragen; er gibt einfach sein Leben hin ... „wie das Gesetz es befahl". Die sittliche und politische Verantwortung dafür tragen andere. Er selbst ist nur Werkzeug, politisch gewissermaßen blind, ja wohl gar (wie in den Zeiten der Landsknechte und Söldner) innerlich neutral. Wer an die Front geht, entflieht damit den politischen Diskussionen und ihren Qualen; er ist der politischen Entscheidung enthoben, statt dessen mitten in die kriegerische Entscheidung gestellt.

Diesem berufsmäßigen Kämpfertum mit seinem gleichsam versachlichten Ethos tritt nun freilich in der Erhebungszeit die Idee des politischen Volksheeres gegenüber: dem Bestreben, den kämpferischen Akt gewissermaßen zu isolieren, aus den allgemeinen Lebenszusammenhängen mit ihrem Haß und ihrer Liebe herauszulösen, der Aufruf an Ehrgefühl, Vaterlands- und Freiheitsliebe der Nation, zugleich die Aufreizung ihres urtümlich-instinktiven Hasses gegen die Fremden, ihres Geltungsdranges und ihrer Begehrlichkeiten, die Verklärung des Machtkampfes (wir hörten schon davon) durch sittlich-religiöse Ideen aller Art. Von den Ideen des Volkskrieges aus gesehen erscheint das Berufskriegertum der älteren Zeit — auch das der friderizianischen Epoche — als ein seelenloser Machtapparat, dessen „toten Dienstmechanismus" es gerade zu überwinden gilt durch Leidenschaften, seelische Erregungen höherer und höchster Art. Wer aus solcher Erwägung heraus kämpft, wer für die Sache des Guten gegen das Böse schlechthin streitet, der wird sich selbst als Werkzeug einer höhern Macht betrachten, berufen zur Vollstreckung des Richterspruchs einer Ewigen Gerechtigkeit; sein eigener Rachedurst wird ihm als sittliches Empfinden, seine Demütigung des Gegners als gerechter Strafakt erscheinen.

Aber es fehlte doch viel daran, daß eine solche Auffassung des Kampfes auch nur in der preußischen Armee allgemein gewesen wäre. Sie war ja gar kein reines „Volksheer" im Sinn der Patrioten, sondern schloß nur ein Volksaufgebot an den festen Kern einer Berufsarmee mit friderizianischen Traditionen an; von den großen politischen und geistigen Auseinandersetzungen, die nach dem Krieg aus diesem Doppelcharakter entsprangen, werden wir noch später hören; aber jedermann weiß, daß die rein agonale Kampfgesinnung des Berufskriegertums in ihr bis in unsere Tage nicht ausgestorben war. Auch in den Befreiungskriegen wird es nicht anders gewesen sein. Ganz deutlich hört man das Ethos des adlig-ritterlichen Berufskriegers aus dem

Tagesbefehl heraus, mit dem sich General Yorck am 4. Juli 1814 von seinem Korps verabschiedete: „Mitten unter den Schrecknissen eines mit Erbitterung geführten Nationalkrieges, der seine Schritte durch Barbarei und Verwüstung bezeichnete, habt Ihr bewiesen, daß der wahre Soldat der Menschlichkeit nicht fremd werden darf. Die Zeugnisse fremder Generale und Obrigkeiten sind schöne Denkmäler des Geistes, der unter Euch waltet und Eure Schritte zum Ruhme und zur Menschlichkeit geleitet hat." Aus demselben Geiste stammte wohl der Einspruch, den General von Bülow gegen die Sprengung der Jena-Brücke erhob (die übrigens durch einen technischen Fehler des Ingenieur-Offiziers mißlang): sie entspreche als kleinliche Rachemaßnahme nicht der historischen Größe des Geschehenen[24]). Ähnlich dachte General von Müffling, Gneisenaus Oberquartiermeister im Feldzug von 1814, das Urbild eines modernen, kriegstechnisch glänzend geschulten, ganz aus den Idealen strengster Sachlichkeit und Selbstzucht lebenden Generalstabsoffiziers. In der Frage der Behandlung Napoleons stand er innerlich ganz auf der Seite Wellingtons; auf dessen Wunsch zum Gouverneur von Paris ernannt, führte er eine Verwaltung durch, die sich ebenso durch Festigkeit wie durch vollendet korrektes, gerechtes und schonsames Auftreten auszeichnete[25]). Interessanter noch ist die Kritik, die Clausewitz an der Haltung des sonst von ihm so hoch verehrten Gneisenau übte. Denn hier ist mehr als das bloß instinktive Bedürfnis des Berufsoffiziers nach strenger Sachlichkeit und Ritterlichkeit des Kampfes: hier ist jene klare und nüchterne Einsicht in das Wesen aller Politik als Machtkampf, die wir aus den Schriften Clausewitz' schon kennen — eine Einsicht, die dennoch die Leidenschaft des Kämpfens selbst keineswegs schwächt[26]).

Clausewitz stellte die nüchterne Frage, welchen politischen Zweck eigentlich das betont barsche Auftreten der Preußen in Paris verfolge. Irgendeine dauerhafte Friedensordnung müsse doch schließlich das Ende des Krieges sein. Während Blücher sich auf alle Weise sträubte, die militärische Macht aus der Hand zu geben und schließlich halb gewaltsam genötigt werden mußte, die Überwachung des Friedensgeschäftes den Diplomaten zu überlassen, schrieb Clausewitz schon im Juli: „Mein sehnlichster Wunsch ist, daß dieses Nachspiel ein baldiges Ende nehmen möchte. Denn eine Stellung mit dem Fuß auf dem Nacken eines anderen ist meinen Empfindungen zuwider und der unendliche Konflikt von Interessen und Parteiungen meinem Verstande." Wie aber sollte man anders zum Frieden kommen als dadurch, daß man Ludwig XVIII. anerkannte, durch diesen die Entwaffnung des Landes durchführen ließ und der französischen Nation so „die Waffen und den Geist aus den Händen wand"? Der Widerwillen des preußischen Hauptquartiers gegen den bourbonischen Hof war nach den Erfahrungen des Wiener Kongresses nur zu begreiflich. Aber wenn man der Restauration dieses Hofes widerstrebte, warum seine Rückkehr nach Paris widerstandslos zulassen? Warum dann vor allem die französische Nation, die in ihrer Mehrzahl gleichfalls dem Bourbonen widerstrebte, aufs äußerste erbittern durch Hinrichtung Napoleons, Sprengung seiner Siegesmonumente, durch willkürliche Kontributionen, Requisitionen und mancherlei Plünderungen, gegen die erst sehr spät eingeschritten wurde? Sah man aber schließlich doch keine andere praktische Möglichkeit als Restauration der Bourbonen, warum dann deren Autorität vom ersten Tage an schwächen und ihre Feindschaft auf sich ziehen durch Gewalttätigkeiten und Unfreundlichkeiten aller Art? Waren hier die Soldaten nicht im Begriff, politische Fehler zu begehen, die keine Diplomatie wieder ausgleichen konnte? Hatten sie überhaupt ein klares politisches Ziel? „Das Schlimmste scheint mir", schrieb Clausewitz seiner Frau, „daß wir uns zwischen zwei Stühle setzen — wir verderben es mit der französischen Regierung und mit dem Volk zu gleicher Zeit — und daß wir eigentlich nicht wissen, was wir wollen." Die mißlungene Sprengung der Jena-Brücke weckte vollends seinen Unmut: „Ich finde, daß unser Benehmen nicht den noblen Charakter hat, der Siegern gerade am schönsten steht, und daß es im Konflux dieser wunderlichen Gegenwirkungen sogar etwas Gauches und Lächerliches bekommt."

Man kann die Bitterkeit dieser Selbstkritik übertrieben finden und etwa darauf hinweisen, daß Preußen als die aktivste unter den Siegermächten in *jedem* Fall auf die Feindschaft Frankreichs zu zählen hatte. Ganz deutlich wird aber doch, wie hier sich ritterlich-agonales Empfinden des Berufssoldaten mit nüchtern-machtpolitischem Denken verbindet. Eben um dieser Verbindung willen bewunderte Clausewitz das Auftreten des Herzogs von Wellington[27]). Er übersah dabei nur, entfernt vom Zentrum der politischen Entscheidungen, wie sehr das politische Interesse der Engländer, das ihr schonsames Auftreten in Frankreich bestimmte, diesmal dem Interesse der Preußen zuwiderlief.

England war nicht, wie Preußen, durch eine Epoche tiefster Demütigung und Ohnmacht hindurchgegangen; im Gegenteil: es hatte während der langen Kontinentalkriege seinen unerhörten Aufstieg zur Weltmacht recht eigentlich erst vollendet. Kein Wunder also, daß hier die Stimme der poli-

tischen Klugheit durch keine so elementaren Haßempfindungen übertönt
wurde, wie bei den preußischen Patrioten. Immerhin: als Wellington der
Hinrichtung Napoleons widersprach, gab Gneisenau zwar widerwillig, doch
ohne langes Zögern nach. „Will man theatralische Großmut üben", schrieb
er ärgerlich, „so will ich mich dem nicht widersetzen. Es geschieht dies aus
Achtung gegen den Herzog und — aus Schwäche"[28]). Wer die stolze Sprache
dieses Mannes kennt, wird nicht zweifeln, daß hinter seiner halbverlegenen
Wendung das Eingeständnis sich birgt, er selbst fühle sich nicht ganz frei
von jener ritterlich-agonalen Empfindung, auf die Wellington sich berufen
hatte. Damit war der Ausbruch eines Konflikts über die Frage, ob Sieger-
recht oder Strafjustiz den Krieg zu beenden hätte, glücklich vermieden. Um
so ernster wurde der Streit über das zweite Problem: die künftige Sicherung
des Friedens.

Hier hatte Wellington seine Pläne von Anfang an auf die Wiederkehr der
Bourbonen gebaut. Alles in allem erschien der englischen Aristokratie, die
ihre Herrschaft selbst noch auf vorrevolutionären Zuständen begründet
wußte, die legitime, wenn auch künstlich restaurierte und daher vorerst noch
schwache Autorität eines ancien régime in Frankreich als die verhältnismäßig
beste Friedensgarantie. Darum hatten die englischen Heerführer in aller
Stille dem Hof Ludwigs XVIII. den Weg bereitet zur Rückkehr nach Paris
und damit — ohne viel Aufhebens — die wichtigste aller politischen Entscheidungen tatsächlich vorweggenommen, ehe die offizielle Diplomatie in
der französischen Hauptstadt eintraf. Sollte die Restauration aber gelingen,
so mußte alles getan werden, um den Franzosen die Rückkehr der Bourbonen
als höchst heilsam erscheinen zu lassen. So hielten denn die Engländer
streng an dem Grundsatz fest, ihr Krieg gelte Bonaparte, nicht der französischen Nation und behandelten von dem Augenblick an, wo sie französischen Boden betraten, alle bourbonisch gesinnten Franzosen als ihre Verbündeten. Die strenge Disziplin und das langsamere Vorrücken ihrer
Söldnerarmee erleichterte ihnen die genaue Durchführung dieser Grundsätze, während das preußische Volksheer, zum zweitenmal innerhalb eines
Jahres der heimischen Scholle entrissen, sich nur in Feindesland wußte und
bald viele Klagen über gewalttätiges Auftreten hervorrief. Der Gegensatz
griff sofort auf die Friedensverhandlungen über. Die Engländer fühlten sich
seit der Errichtung des niederländischen Königreiches und der Festsetzung
Preußens im Rheinland gegen die französische Gefahr ausreichend gesichert
und wünschten keine allzu große Schwächung der bourbonischen Macht;

Ludwig XVIII. sollte sein Regiment nicht mit großen Landabtretungen beginnen müssen; dabei fanden sie die Unterstützung des russischen Zaren, der jetzt den Protektor Frankreichs spielte und so dessen Freundschaft — als Rückendeckung zur Durchführung seiner Befreiungspläne auf dem Balkan — zu gewinnen hoffte. Eben diese Hoffnungen aber mußte die österreichische Politik durch Annäherung an Frankreich zu durchkreuzen suchen. Darum war Metternich ebensowenig wie im Vorjahr für eine Forderung des Elsaß und Lothringens zu gewinnen, wenn er auch gewisse strategische Verbesserungen der deutschen und belgischen Grenze jetzt für notwendig hielt. So wurden die preußischen Patrioten mit ihren Hoffnungen abermals schwer enttäuscht: ihre Forderung, Frankreich müsse einen breiten Grenzgürtel von den französischen Alpen bis zum Ärmelkanal als Sicherungszone verlieren, stieß bei den Großmächten überall auf Widerstand. Es gab monatelange erbitterte diplomatische Kämpfe; zeitweise hat Gneisenau sogar die Fortsetzung des Krieges mit Wendung gegen England ernstlich erwogen. Aber einen erneuerten Konflikt zwischen Politik und Heerführung kann man das alles gleichwohl nicht nennen. Denn in dieser Zentralfrage des Friedensschlusses standen die leitenden preußischen Staatsmänner, Hardenberg ebenso wie Humboldt, mit Gneisenau als Vertreter der Armee einträchtig zusammen — so einträchtig, daß Gneisenau dringend das Abschiedsgesuch Blüchers widerriet, weil es die Stellung Hardenbergs nach außen hin schwächen würde. Wenn auch er in diesen Monaten gegen die Diplomaten und ihre „Scheelsucht, Selbstsucht und Schwachheit" wetterte, so nahm er den Staatskanzler Hardenberg und Wilhelm von Humboldt ausdrücklich davon aus[29]). Die kämpferischen Grundsätze der Patriotenpartei hatte diese so oft enttäuschte preußische Diplomatie sich jetzt, wie es schien, selbst zu eigen gemacht. Zum mindesten zog sie es vor, mit ihnen in einer Front zu kämpfen, ja selbst den Frh. vom Stein zu ihrer Unterstützung nach Paris zu rufen und dadurch die Patrioten an der Verantwortung für den Ausgang des diplomatischen Ringens unmittelbar zu beteiligen. Dieser Ausgang konnte, seit der Zar sich als Helfer versagte, nicht zweifelhaft sein. Stein selbst sah sich zu Kompromißvorschlägen genötigt, die dann schließlich, zugunsten Frankreichs noch weiter vermindert, im zweiten Pariser Frieden verwirklicht wurden. Deutschland, die Niederlande, die Schweiz und Savoyen erhielten bescheidene Grenzverbesserungen — die eigentliche Garantie des europäischen Friedens aber suchte der Kongreß nicht in einer Verstümmelung des französischen Staatsgebietes, sondern in einem umfassenden Alliansystem der konservativen Mächte.

Man kennt die Mängel dieses Systems der Tetrarchie und der monarchischen Restauration aus den Klagen eines ganzen Jahrhunderts. In Frankreich hat es, wie Gneisenau voraussah, nicht länger als ein halbes Menschenalter sich behaupten können; und auch im übrigen Europa haben seine Fehllösungen nach und nach eine ganze Kette von Revolutionen zur Folge gehabt. Trotz alledem bleibt die Tatsache bestehen, daß die 1814/1815 geschaffene Friedensordnung als Ganzes die dauerhafteste gewesen ist, die das Abendland seit den Tagen des Hochmittelalters erlebt hat. Trotz aller gewaltigen Spannungen, die das Innere der europäischen Staaten erfüllten, erscheint das 19. Jahrhundert als das weitaus friedlichste der neueren Geschichte, zugleich als die Zeit des rapidesten Wachstums europäischer Zivilisation. Es ist kein Zweifel daran möglich, daß der in Wien geschaffene Ausgleich zwischen den großen Mächten dazu den Grund gelegt hat.

5. Kapitel

VON BOYEN BIS ROON:

VOLKSHEER ODER KÖNIGLICHE GARDE?

Restauration der legitimen Gewalten, Wiederanknüpfen an die vorrevolutionären Zustände in Staat und Gesellschaft — das war der Weg, auf dem Monarchen und Staatsmänner der Metternichschen Epoche sich vor neuen Stürmen zu schützen, den Dauerfrieden Europas zu sichern hofften. Natürlich wirkte dieses Streben sogleich auf das Heerwesen zurück. In Österreich und den meisten deutschen Staaten richtete man Konskriptionsheere ein, die in wesentlichen Zügen wieder den Berufsheeren des 18. Jahrhunderts glichen. Die restaurierte Monarchie glaubte ihre Autorität nur durch ein langdienendes Söldnerheer im Stil der alten Kabinettspolitik gesichert. Nur in Preußen gelang es, wenigstens in den Grundzügen der Wehrverfassung etwas vom Geist der großen Volkserhebung zu verfestigen: durch das berühmte Wehrgesetz Boyens von 1814 mit seiner allgemeinen, durch keinen Loskauf der besitzenden Stände geschwächten Wehrpflicht und seiner selbständig organisierten Landwehr neben dem stehenden Heer. Es war ein erster bedeutender Versuch, die innere Problematik des modernen Volksheeres zu überbrücken. Aber voll befriedigt hat er von Anfang an nicht, und je mehr man sich um seine Verbesserung mühte, um so deutlicher trat die Tiefe der hier zu überwindenden Gegensätze ans Licht.

Der Kampf um die Befreiung des vaterländischen Bodens von fremder Tyrannei hatte ungeahnte Kräfte des deutschen Volkstums in Bewegung gebracht. Sittlich-religiöses Empfinden war, durch Prediger von der Art Schleiermachers und Fichtes angefeuert, in die politische Bewegung miteingeströmt und hatte jenen gläubigen Patriotismus erzeugen helfen, der den Gegensatz zwischen bürgerlichem und kriegerischem Ethos zu überwinden schien. Aber konnte diese Überwindung von Dauer sein? War zu erwarten, daß der Schwung der großen vaterländischen Erhebung, der den friedlichen Bürger zum kampfesdurstigen Soldaten machte und der den adligen Berufsoffizier seinen Hochmut, seine Verachtung der bürgerlichen „Roture" und „Kanaille" vergessen ließ, auch in der Nüchternheit des friedlichen Alltags anhalten würde? Nicht ungestraft hatte nun einmal das absolut regierende Fürstentum seit Jahrhunderten die (im Mittelalter noch selbstverständliche) Wehrhaftigkeit des Bauern und Bürgers unterdrückt und seine Kriege von besoldeten Knechten unter berufsmäßigen Anführern ausfechten lassen. Die scharfe klassenmäßige Absonderung des Heeres vom Volke, die sich daraus ergeben hatte, ließ sich ebensowenig mit einem Schlage überwinden wie die friedlich-unpolitische Haltung des gehorsamen Untertanen. Es war das Bestreben der Reformer gewesen, auch in dem gemeinen Mann das Bewußtsein seiner Staatsbürgerschaft und damit die rechte Vaterlandsliebe zu erwecken[1]). Aber konnte dieses Bewußtsein lebendig bleiben, wenn gleich nach dem Friedensschluß die alten Klassenunterschiede wieder betont, die Reformen abgebremst, die noch bestehenden Adelsprivilegien sorgfältig konserviert wurden?

Indessen es handelt sich hier nicht bloß um einen historisch erwachsenen, also mehr oder minder zufälligen, sondern um einen zu tiefst wesenhaften Gegensatz! Um den uralten, in den nachmittelalterlichen Jahrhunderten nur noch verschärften Gegensatz von Bürger und Soldat, der aus der totalen Verschiedenartigkeit ihrer geistig-moralischen Welten entspringt. Was sich überwinden ließ, war die Verachtung des „Soldknechtes" durch den Bürger und des „Spießbürgers" durch den Offizier von Stand — jener beiderseitige Standesdünkel, der früher jede Form von geselliger Gemeinschaft (etwa am Wirtshaustisch) ausgeschlossen hatte. Nicht aufheben ließ sich dagegen der natürliche Gegensatz bürgerlicher und soldatischer Berufsethik; ja er mußte einem Volksheer, das aus Bürger-Soldaten und Berufsoffizieren bestehen sollte, erst recht bewußt werden. Solange kriegerische und bürgerliche Pflichten sich auf verschiedene Berufsstände verteilt hatten, war ihre Unvereinbarkeit gewissermaßen verdeckt geblieben. Jetzt rückte sie dem Bürger, der mitten aus friedlicher Berufsarbeit zum Soldatenhandwerk gerufen wurde, ganz unmittelbar und bedrohlich auf den Leib. Wer nicht als Berufssoldat, sondern nur als Wehrpflichtiger in das moderne Volksheer eintritt, sieht sich gezwungen, seine ganze Persönlichkeit gewissermaßen umschmelzen zu lassen, sich einzupassen in eine völlig veränderte Welt: mit anderen Lebenssitten nicht nur, sondern zugleich mit einer andersartigen Sittlichkeit. Nicht so natürlich, als hätte keine der Tugenden, zu denen er hier erzogen wird, auch im bürgerlichen Leben ihren Wert. Im Gegenteil: pünktliche Dienstbereitschaft, kameradschaftliches Zusammenhalten, selbstloser Einsatz für höhere Zwecke, straffe körperliche Selbstzucht, ruhige Sicherheit im Auftreten und Handeln, Klarheit und Entschiedenheit des Willens, besonnene Kühnheit des Entschlusses sind Mannestugenden, die überall gelten und die sicherlich nirgends mit solchem Massenerfolg gezüchtet werden können wie in der Gemeinschaft des Heeres. Es ist nicht auszudenken, was die durch Volksheere erzogenen modernen Nationen einer solchen Erziehung verdanken. Gleichwohl sind bürgerliche und soldatische Tugenden in ihrem Wesenskern so verschieden, daß daraus eine eigene, von unseren Vorvätern sehr schwer empfundene Problematik des modernen Volksheeres entspringt; zumal in der ersten Hälfte des 19. Jahrhunderts hat sie immer neue politische Kämpfe erzeugt.

Was ist der Kern des Gegensatzes zwischen bürgerlichem und soldatischem Geist? Das Heer, in das der bürgerliche Mensch eintritt, ist reine Kampfgemeinschaft, als solche ganz und gar bestimmt durch einen begrenzten Zweck: durch die Aufgabe der Vernichtung feindlichen Willens. Normen der allgemeinen Sittlichkeit werden nur anerkannt, sofern sie diesem bestimmten Zweck nicht im Wege stehen, Tugenden, intellektuelle und überhaupt geistige Leistungen nur, insofern sie ihn zu fördern geeignet sind. Was der einzelne als Persönlichkeit bedeutet, was er an geistiger Eigenart besitzt, wird nur insoweit geschätzt, ja auch nur geduldet, als es sich mit seinem Soldatenberuf verträgt und diesem dient. Widerstrebendes wird mit allen Mitteln und ohne Scheu vor öffentlicher Demütigung bekämpft und unterdrückt. Denn die soldatische Kampfgemeinschaft kann ihren Zweck, den militärischen Erfolg, nur bei völlig geschlossenem Handeln aller ihrer Glieder erreichen; weil sie diese Geschlossenheit unter allen Umständen sicherstellen muß, kann sie nur ein begrenztes Maß von persönlicher Eigenart in ihren Reihen dulden; sie muß zum mindesten der völligen Gleichförmigkeit des Handelns sicher sein, auch wo sie zu selbständigen Entschließungen die Freiheit läßt[2]). Gewiß: der einfache Soldat des Volksheeres ist nicht mehr bloßer „Coujon", „Subjekt", „Pursche" oder gar „Canaille" wie einst der Söldling des friderizianischen Berufsheeres, sondern Vaterlandsverteidiger — ein Wehrmann, der den Namen des „Soldaten" als Ehrentitel empfinden soll. Gleichwohl geht es in keiner Armee ohne einen gewissen „Vermassungsprozeß" ab, der zwar mehr die äußere Form des Handelns, die soldatische „Haltung", als den Kern der Persönlichkeit betrifft, aber auch diese nicht ganz unberührt läßt. In den unteren Dienstgraden gibt es für den Einzelnen keine private Ehre, sondern nur die Ehre der Kampfgemeinschaft, auf die er verpflichtet wird. Gehorsam, fragloser und blinder Gehorsam, wird hier zur wichtigsten Soldatentugend,

während die reiche und eigenartige Entfaltung der Persönlichkeit, im bürgerlichen Leben Voraussetzung jeder höheren geistigen Leistung, hier sehr
unwichtig wird, in den meisten Fällen sogar als störend erscheint. Der Soldat
soll Befehle pünktlich ausführen, nicht zu viel, in den niederen Dienstgraden
im allgemeinen gar nicht nach dem Wieso und Warum fragen — auch das
Nachdenken über politische Zusammenhänge, die nächstliegende Pflicht des
zu politischem Selbstbewußtsein erweckten Staatsbürgers, ist hier nur insoweit zulässig, als es zur Steigerung des Kampfeifers dienlich ist. Übrigens
bedarf der richtig durchgebildete Berufssoldat (wir hörten schon davon)
nicht eigentlich eines politischen Enthusiasmus, um mit vollkommener Hingabe seine Kampfespflicht zu tun; denn auf den militärischen Erfolg als
solchen kommt es ihm in erster Linie an — der politische Zweck beschäftigt
nicht den Soldaten, sondern den Staatsbürger in ihm. Der Erfolg als solcher
ist sein Ruhm — mehr noch die im Erfolg bewährte Geschicklichkeit und
Tapferkeit: „virtù“, Kampfestüchtigkeit schlechthin. Nun ist Tapferkeit
gewiß nicht nur eine militärische Tugend; aber gerade an ihr wird die Besonderheit des soldatischen Moralkodex sehr deutlich. Der Ruhm des tapferen Soldaten ist die Verachtung körperlicher Gefahr — eine seelische Haltung, die ebensowohl aus den edelsten Entschlüssen eines hochgemuten,
wahrhaft souveränen Geistes hervorgehen kann wie aus seelischen und
physischen Eigenschaften, die eigentlich jenseits der Sphäre des Sittlichen
stehen: vom Leichtsinn des Gedankenlosen bis hinab zur bloßen Stumpfheit
des physisch Derben und Unempfindlichen, ja bis zur bloßen Wut, Rachsucht
und Roheit. So erklärt sich die merkwürdige Erscheinung, die man besonders
nach dem Ersten Weltkrieg beobachten konnte: daß so viele bewährte Front-
soldaten, ja heldische Draufgänger im bürgerlichen Leben gerade das kläglich vermissen ließen, was Bismarck die „Civilcourage“ genannt hat, eine
Tapferkeit, die noch mehr ist als „Haltung“, nämlich sittlicher „Halt“ —
eine Bewährung des Charakters, ein Gehaltenwerden von Kräften, die aus
letzten Tiefen des sittlich-religiösen Bewußtseins zuströmen. Oder, wie es der
Freiheitskämpfer Rühle von Lilienstern formuliert: „Mut als die klare und
allgegenwärtige Disposition der Seele zur Freiheit in allen Gestalten.“ Auch
soldatische Tapferkeit kann natürlich aus solchen Quellen stammen, und
ganz gewiß empfängt sie ihre höchste Weihe, ihre festeste Verankerung von
dort[3]); aber ihr Wesen wird keineswegs dadurch bestimmt. Denn die Gewaltsamkeit alles militärischen Handelns bringt es mit sich, daß alle seelischen
Kräfte des Menschen daran beteiligt sind, ohne daß eben viel nach ihrer Art

und Herkunft gefragt würde; wo man auf Tod und Leben kämpft, haben unter Umständen auch niedere Haß- und Racheinstinkte, ja bloße Rauflust, rohes Draufgängertum, primitive Raub- und Beutegier einen gewissen kämpferischen Wert[4]). Je größer die Leidenschaft des Kämpfens, um so stärker ist praktisch der Anteil solcher unedlen Motive, um so fragwürdiger auch (vom Standpunkt bürgerlicher Sittlichkeit) die von den Militaristen so oft gerühmte erziehliche Wirkung des Krieges auf die kämpfenden Massen. Wenn er die erhabensten Mannestugenden weckt, so ganz gewiß auch die rohesten Instinkte der Männlichkeit — eben dies macht seine Zweideutigkeit, sein dämonisches Wesen aus; es ist nur eine gesteigerte Form der Dämonie, die in aller Machtpolitik waltet. Wer den Krieg (mit Hegel oder Ranke)[5]) eine „sittliche Bewährungsprobe der Völker" nennt, muß sich deshalb bewußt sein, daß kriegerischer Erfolg als solcher noch lange kein Beweis für sittliche Überlegenheit zu sein braucht (sonst müßten alle besiegten Völker als moralisch minderwertig, alle kriegerisch tüchtigen als moralisch hochstehend gelten), sondern daß hier rein physische Kraft und Übermacht eine oftmals entscheidende Rolle spielen. Wenn die Patrioten der Erhebungszeit den Krieg als großen Nationalerzieher und als die sittliche Feuerprobe der Völker priesen, so waren sie (im Unterschied zu den Rhetoren und Publizisten des späteren akademischen Nationalismus von der Art Treitschkes) doch viel zu kriegserfahren, um nicht zu wissen, daß die Stunde der heroischen Taten zugleich die Stunde der ganz großen Versuchungen ist und daß die sittlich-religiöse Friedenserziehung eines Volkes sich gerade darin zu bewähren hat, wie es diesen Versuchungen widersteht, und wie es (um mit Rühle von Lilienstern zu sprechen) die im Kriege sich bildenden wilden Triebe zu beschneiden weiß[6]).

Das alles deutlich zu sehen ist in unserem Zusammenhang deshalb notwendig, weil die Entwicklung des Verhältnisses von Politik und Kriegführung im 19. Jahrhundert aufs engste zusammenhängt mit der hier angedeuteten Problematik: mit dem natürlichen Gegensatz zwischen bürgerlichem und militärischem Denken, zwischen Friedens- und Kampfgeist, der doch nun einmal im modernen Volksheer überwunden werden muß. Die Spannung wurde naturgemäß am stärksten in den oberen Volksschichten, zumal in der akademischen Bildungsschicht empfunden, die doch gleichzeitig im Befreiungskampf mit ihrem patriotischen Eifer allen anderen voranging. Ernst Moritz Arndt pries im Frühjahr 1813 Landsturm und Landwehr als Erneuerung altdeutscher Wehrhaftigkeit des ganzen Volkes und schwelgte mit seinem Freunde Steffens in der frohen Erwartung, daß nunmehr ein wahrer Volkskrieg entbrennen und die stehenden Heere, die Söldnerscharen fürstlicher Tyrannei für immer verschwinden würden „zum Heil der Welt"[7]). So konnte kriegerischer Enthusiasmus sich mit erbittertem Haß gegen den militärischen „Kastengeist" ganz eng verbinden! Weniger tief ging die Opposition gegen das alte Militärwesen in den unteren, von jeher dienstpflichtigen Bevölkerungsteilen. Die meisten Regierungen des Kontinents wichen deshalb der ganzen Problematik aus, indem sie dem Besitzbürgertum den Loskauf von der Dienstpflicht, die Stellvertretung des Wohlhabenden durch irgendeinen armen Teufel gegen Geldentschädigung gestatteten. Eine echte Lösung war das natürlich nicht: sie bedeutete eine offensichtliche soziale Ungerechtigkeit. Indessen war der Glaube an die völlige Gleichheit aller Stände vor dem Gesetz noch längst nicht wirklich durchgedrungen. Noch empfand das gebildete und besitzende Bürgertum seine Besserstellung ebenso als eine Selbstverständlichkeit wie einst der Adel seine Privilegien.

Wie heftig das Widerstreben der bisher befreiten („eximierten", „privilegierten") Klassen gegen den Gedanken war, auch außerhalb der unmittelbaren Kriegsnot sich auf Kasernenhöfen „trillen" zu lassen, können wir uns heute, nach mehr als einem Jahrhundert militärischer Volkserziehung, kaum noch vorstellen. Es wird aber aus zahllosen Befreiungsgesuchen, in den altpreußischen Provinzen so gut wie in den Rheinlanden[8]), zugleich aus vielen publizistischen Stimmen der Zeit vernehmlich, in denen nun freilich privater Egoismus und Bequemlichkeit oft unüberhörbar mittönen.

Am lautesten erklang der Protest aus dem äußersten Südwesten des Reiches, aus dem idyllischen Breisgau, dessen politisches Winkeldasein durch Jahrhunderte von der weitentfernten österreichischen Regierung nur selten durch schärfere Inanspruchnahme für gesamtstaatliche Zwecke gestört war. Der Freiburger Universitätslehrer und Publizist Karl von Rotteck sammelte in seiner Schrift „Über stehende Heere und Nationalmiliz" (1816) so ziemlich alles, was das gebildete Bürgertum der Zeit gegen die stehenden Heere, diese „Werkzeuge des Despotismus" und „Brutstätten feilen Sklavensinns", auf dem Herzen trug. Er lieferte auch darin ein getreues Spiegelbild zu den Ideen des französischen Liberalismus im Zeitalter der Restauration. Diesen Liberalen standen nicht mehr, wie dem Bürgertum des 18. Jahrhunderts, die Mietstruppen des fürstlichen Absolutismus als Schreckbild vor Augen, sondern die aus allgemeiner Konskription gewonnenen Troupiers Napoleons. Rottecks Schrift, im Februar 1815 entstanden, ist von grenzenloser Bewunderung erfüllt für die Leistungen der preußischen Landwehr und der spanischen Volksmilizen, die er mit den Volksheeren der Athener und Römer und mit dem Heerbann (den „Heermannen") altgermanischer Völkerschaften vergleicht. Überall in der Weltgeschichte sieht er die wahrhaft ruhmvollen Kriegstaten aus dem Massenaufgebot wehrhaft freier Völker erwachsen, während der Kriegsruhm besoldeter Berufsheere immer und überall auf Zerstörung von Kulturgütern, gewaltsame Eroberungen und Machtballungen ohne geschichtliche Dauer hinausläuft. Daß die modernen Staaten „mächtiger Streitkräfte bedürfen, dem größten Kampf gewachsen und jeden Augenblick schlagfertig", ist ihm durch die neueste geschichtliche Erfahrung ebenso eindeutig bewiesen und selbstverständlich wie die „natürliche Verpflichtung jedes streitfähigen Bürgers zum Kriegsdienst"[9]). Aber er sieht deutlich, was das Zentralproblem der neuen Volksheere im 19. Jahrhundert sein wird: soll das Heerwesen verbürgerlicht werden oder die Nation militarisiert? „Wollen wir die Nation selbst zum Heer, oder wollen wir die Soldaten zu Bürgern machen"[10])? Mit Schrecken denkt er an die Aussichten, die Napoleons Vorgehen eröffnet hat: daß „alle nachwachsenden Jünglinge (mit Hilfe der Konskription) zum stehenden Heer berufen werden", „eine darauf berechnete Erziehung erhalten", die ganze Nation soldatisch, das heißt „von den Gesinnungen des Mietlings oder Kriegsknechts durchdrungen" wird, alle Bürger „die Schule des soldatischen Gehorsams gegen den Herrn und des soldatischen Übermuthes gegen das Volk durchlaufen", „in alle Zweige der Verwaltung ... die Grundsätze und der Geist der militärischen Subordination eindringt". So wird „das Volk gleich einer Maschine beherrscht und geleitet werden, der Staat selbst einem Kriegslager oder einem militärischen Erziehungshaus ähnlich seyn", „alles freye und selbständige Leben erlöschen". „Es wird im Grund keine Regierung, sondern nur mehr Beherrschung seyn." „Ein solcher Staat hat den Krieg zu seinem Prinzip, und zwar ... den Herrscherkrieg, demnach Eroberung, Unterdrückung der Völker, Verfechtung persönlicher Leidenschaft und Anmaßung oder Behauptung eines ungerechten Erwerbes. Dem allen ist die Nation jetzt dienstbar." Ja sie wird bald von den gewalttätigen Grundsätzen ihres Despoten mitangesteckt, mitschuldig an seinen Unternehmungen und demnach bald der Gegenstand des Hasses und des Abscheus aller anderen werden. „Ein einziger solcher Staat — wir haben es an Frankreich gesehen — mag einen Weltteil mit Trümmern und Leichen füllen." Ahmen andere Staaten sein Beispiel nach, indem auch sie zur Konskription der Massen greifen, so „ist das Elend

vollends rettungslos" — es beginnt wieder der Krieg aller gegen alle wie
in grauer Vorzeit, nur schrecklicher bei größerem Kräfteaufgebot als je zuvor.
Der Krieg wird mit seinen Ansprüchen alles wirtschaftliche und geistige
Leben überschatten. Die totale Mobilisierung des nationalen Lebens als Folge
der totalen Militarisierung der Völker wird also schon vorausgeahnt[11]); nur
daß der liberale Publizist, in seinem breisgauischen Winkel ohne lebendige
Anschauung eines großen Staats- und Heerwesens, sich diese Dinge rein
doktrinär, mit viel naivem moralischen Pathos ausmalt. Fürchterlich erscheint
ihm der Gedanke, alle Staatsbürger ohne Unterschied zwischen die „Lohn-
knechte" des stehenden Heeres zu stecken; er prophezeit den Niedergang aller
Gewerbe, Künste, Wissenschaften, „Tod des Geistes, sinesischen, unheilbaren
Stupor". Dazu den Ruin des Familienlebens, Entfremdung zwischen Eltern
und Kindern, sittliche Verderbnis der soldatisch erzogenen Jugend. Arbeits-
scheu geworden, ein roher Verführer, in seinen Sitten entartet, unter wüsten
Gesellen ein gefährliches, asoziales Element, kehrt der Jüngling aus den
Lagern der Kriegsknechte zurück. Verlernt hat er die bürgerlichen Ehrbegriffe: „das gerechte Hochgefühl des freyen Mannes, der als solcher jede
Tugend liebt und jede Schlechtigkeit scheut"[12]), und dafür ein rein soldatisches Ehrgefühl angenommen, das nichts als rohe Tapferkeit kennt, sich aber
mit „Sittenlosigkeit, Härte, Bürgerfeindlichkeit, Sclavensinn und vielen anderen gehässigen Eigenschaften" sehr wohl verträgt. Statt hingebender Teilnahme des freien Mannes an der Sache des ganzen Volkes hat er einen
hündischen Gehorsam gegen seine despotischen Kriegsherren gelernt; statt
des Gesetzes verehrt er die Person, kurz: alles was dem Bürgertum lieb und
teuer ist, alle „seine Ideen von bürgerlicher Gesellschaft, Besitz, Bildung,
Glück, Humanität . . ., von Ehre, Treue und Gehorsam" sieht Rotteck durch
den Militarismus der stehenden Heere bedroht — während er gleichzeitig
die erzieherische Wirkung der „Nationalmiliz" ebenso überschwenglich
rühmt. Erst im Volksheer sollen die soldatischen Tugenden der Disziplin,
der Ehre und Treue ihre wahre Veredelung und „freye Idealisierung" empfangen. Alle Schlagworte des späteren radikalen Liberalismus gegen den
„Kommißgeist" des Berufssoldatentums findet man schon hier vorgebildet.
„Nicht die physische Kraft oder die Masse verleiht den Sieg, sondern der
Geist"; im Volksheer aber lebt ein reinerer, stärkerer, schönerer Geist als
im Heer der „Mietlinge": nämlich der Geist der Freiheit und selbstlosen
Vaterlandsliebe, nicht der Geist der Furcht und des knechtischen Gehorsams.
Auf solche seelischen Antriebe kommt unendlich viel mehr an als auf die

„mechanische Fertigkeit", wie man sie in stehenden Heeren erzeugt. Der Mietling ist für jeden, auch für den unmoralischen Zweck zu gebrauchen, das Nationalheer dagegen — falls nicht das Volk durch „ränkevolle oder leidenschaftliche Demagogen irregeleitet" oder durch herrschsüchtige Magistrate oder ehrgeizige Klassen unterdrückt ist — fast immer nur für gerechte Kriege, besonders zur Verteidigung des vaterländischen Bodens und schon gar nicht zur Unterdrückung populärer Freiheit. Stehende Miettruppen sind also Werkzeuge der Despotie, Volksheere eine Garantie der Freiheit.

Das klingt alles so, als würde hier der Kampf der preußischen Heeresreformer gegen die Berufstruppen des 18. Jahrhunderts einfach auf süddeutschem Boden fortgesetzt und in entschieden liberaler Parteitendenz erweitert. In Wahrheit dient aber der ominöse Name „Mietlinge" und „Kriegsknechte" nur dazu, um das stehende Heer in *jeder* Form — auch in der des länger dienenden Volksheeres auf Grund der allgemeinen Wehrpflicht — zu bekämpfen. Die publizistische Wirkung der Schrift (die man noch in der achtundvierziger Revolution, ja noch bis in die sechziger Jahre spürt) beruhte gerade auf dieser Unklarheit in der Bezeichnung des Gegners: alles, was dem bürgerlichen Liberalismus irgendwie unbequem oder verdächtig war am Militärwesen, ließ sich mit solchen Argumenten angreifen. Die Gefahr, daß aus der Militarisierung des ganzen Volkes eines Tages die Vernichtung aller bürgerlich-liberalen Freiheits- und Persönlichkeitsideale folgen könnte, hat Rotteck fast prophetisch vorausgespürt. Aber wenn es ihm ernst war mit seiner laut betonten Anerkennung der Tatsache, daß nur ein stark gerüstetes Volk den Daseinskampf bestehen könne, ein unbewaffnetes dagegen kraftlos und feige werde (S. 83): wie wollte er dann ohne „stehendes" Heer auskommen? Wenigstens auf eine kleine Berufstruppe, als Schutzwehr „gegen plötzlich eintretende Gefahren" und als Pflanzschule militärischer Führer, wollte auch er nicht verzichten; und wenn er auch die Masse der Milizoffiziere aus „geeigneten" zivilen Persönlichkeiten durch die „Municipal-Autoritäten" wollte wählen lassen, so sollten doch die Befehlshaberstellen „vorzugsweise" aus den Zöglingen der Kriegsschulen besetzt werden. Damit erkannte er selbst die Unentbehrlichkeit beruflich geschulter Kräfte im modernen Volksheer an. War es aber dann nicht eine bloß noch technische Frage, welchen Umfang sie haben müßten, um den Heeren anderer Großmächte gewachsen zu sein? Die innere Ohnmacht der späteren liberalen Opposition gegenüber den technischen Zwangsläufigkeiten des modernen Heerwesens wird schon in diesem frühesten Reformprogramm sichtbar: in dem hilflosen Bemühen, das Berufsheer als „ständige Nationalwehr" zu tarnen, seine Zahl im Verhältnis zur Miliz möglichst niedrig zu halten, ohne jede konkrete Vorstellung von dem praktischen Bedürfnis; in der doktrinären Behauptung, der Staatsbürger sei als solcher nur zu „vorübergehendem Kriegsdienst in Notfällen, nicht aber zum bleibenden Kriegerstand" verpflichtet (S. 112) — als ob es eine ernsthafte kriegerische Leistung ohne dauernde und gründliche Schulung in Friedenszeiten geben könnte! Weiter in der ängstlichen Besorgnis, auf keinen Fall die „Nationalmiliz" als Reserve des stehenden Heeres auftreten zu lassen — weil sie dann „die Blüte der Jugend" an dieses verlieren und von der Regierung zurückgesetzt, ja wohl gar mit Mißtrauen betrachtet würde; schließlich in der Furcht vor dem aktiven Bürgerrecht des Berufssoldaten[13]). Das wichtigste Schutzmittel gegen die drohende Militarisierung des öffentlichen Lebens und Verrohung der Außenpolitik scheint Rotteck schließlich doch eine liberale („republikanische") Staatsverfassung: wenn nur auf gesetzlicher Grundlage, das heißt unter Mitwirkung der ordentlichen Volksrepräsentanten Krieg geführt und die Aufrüstung organisiert werden kann[14]). „Wo der Krieg nach seinem Gegenstand oder Beschluß nicht Nationalsache ist, da läuft es gegen den Begriff der Nation, daß diese ihn führe; und thut sie es gleichwohl, durch des Herrschers Macht dazu gezwungen, so ist sie keine Nation mehr, sondern ein leibeigener Haufe" (S. 108/09).

Rottecks Milizvorschlag stellt die eine der beiden radikalen Lösungen in der Organisation des modernen Volksheeres dar, die theoretisch denkbar sind: möglichst weitgehende Verbürgerlichung des Soldatentums. Die andere: möglichst weitgehende Militarisierung des bürgerlichen Lebens, wird ernsthaft erst in den autoritären Volksstaaten des 20. Jahrhunderts durchgeführt werden. Zwischen diesen beiden Extremen liegt die preußische Heeresverfassung des 19. Jahrhunderts als ein höchst bedeutender Versuch, bürgerliches und militärisches Denken, Volk und Heer zwar noch nicht zu einer vollen Einheit zu verschmelzen (wie es im „totalen Krieg" des 20. Jahrhunderts wenigstens idealiter geschieht), aber doch einander möglichst nahe zu bringen, miteinander zu versöhnen. Und innerhalb dieses Versuches gibt es wieder eine wichtige Fortentwicklung: von der volkstümlichen Landwehrverfassung Boyens zur Heeresreform König Wilhelms I. Sie hat auch das gegenseitige Verhältnis von zivilem und militärischem Denken, von Politik und Kriegführung in entscheidender Weise verändert.

Was das höchste Ziel der Reformpatrioten von der Art Boyens war, hat der schon einmal zitierte Rühle von Lilienstern die „Zusammenschmelzung des öffentlichen und Privatlebens" genannt — eine „vaterländische Verbindung", in der aller bloße Mechanismus des toten Machtapparates dahinschmelzen müsse, um einem „ganzen und lebendigen Volk" Platz zu machen[15]. Den ersten Schritt auf diesem Wege hatte schon die Heeresreform von 1808/09 gemacht: mit ihrer Humanisierung des Dienstes, Abschaffung der Prügelstrafe, Weckung des soldatischen Ehrgefühls, grundsätzlicher Beseitigung des adeligen Vorrechtes auf die Offiziersstellen, Ausrottung alter Mißbräuche in der Militärverwaltung — alles mit dem Ziel, den Waffendienst aus einem verhaßten, entwürdigenden Sklavenjoch zu einer Ehrensache freier Staatsbürger zu machen[16]. Den nächsten Schritt brachten die Wehrgesetze von 1813/14 mit ihrer Einführung der allgemeinen Wehrpflicht und Schaffung der Landwehr. In ihr vor allem sollte sich der neue vaterländische, nicht bloß königstreue Geist der Erhebungszeit verfestigen. Diesen Geist nicht verlorengehen zu lassen im Alltag des Gamaschendienstes und Paradedrills war die Hauptsorge Boyens. Darum stellte er mit Bedacht seine Landwehr als einen selbständigen Heerkörper neben das stehende Heer mit seinen Berufsoffizieren, seinem großen Stamm von langdienenden Unteroffizieren, Kapitulanten und dreijährig dienenden Mannschaften. Sie sollte nicht etwa eine „Nationalmiliz" im Stil der Rotteckschen Vorschläge (und der ältesten Scharnhorstschen Entwürfe) darstellen, sondern im wesentlichen aus Reservisten der Linie, also aus mehrjährig gedienten, fachmännisch exerzierten Mannschaften bestehen — also nicht eine Freiwilligenarmee im Stil der Freiheitskriege bilden, sondern eher eine secunda acies der Altgedienten nach altrömischer Art. Aber sie sollte anderseits doch auch nicht ein bloßes Sammelbecken der Linienreserve bilden, im Ernstfall dazu bestimmt, nur die Rahmenverbände des stehenden Heeres aufzufüllen und zu ergänzen — ein bloßes Hilfsorgan der Linie also und von dieser beherrscht; vielmehr sollte sie im Kriege ebenso wie im Frieden in eigenen Verbänden zusammentreten, während die Linie ihre Kriegsverstärkungen aus den beiden jüngsten, noch nicht zur Landwehr überführten Jahrgängen der ausgedienten Mannschaft (der sogenannten „Kriegsreserve") entnahm. Diese Landwehrbataillone sollten in freieren, auf das nächste Bedürfnis des praktischen Felddienstes beschränkten Formen eingeübt werden — alljährlich nur kurze Zeit (vier Wochen im ersten, acht Tage im zweiten Aufgebot, außerdem noch an Sonntagnachmittagen in freiwilligen Übungen) und unter einem eigenen Offizierskorps. Nur eine sehr beschränkte Zahl von Stabsoffizieren der Linie wurde den Landwehrverbänden zugeteilt, dazu ein kleines Stammpersonal beruflicher Unteroffiziere; im übrigen fielen fast sämtliche unteren Führerstellen gewählten Landwehroffizieren, Männern des bürgerlichen Lebens, zu, und Boyen war ängstlich darauf bedacht, das Eindringen allzuvieler Linienoffiziere und -unteroffiziere, ja sogar die regelmäßige und gründliche Heranziehung der Landwehroffiziere zum Ausbildungsdienst in der Linie zu verhindern. Denn alles kam ihm darauf an, daß der freie, fröhliche Schwung vaterländischer Begeisterung, der die Erhebung von 1813 beseelt hatte, nicht erstickt werde durch adligen Kastengeist und ödes militärisches Formenwesen, wie er sie im Offizierkorps der Linie sich trotz aller Reformen forterben sah. Im Offizierkorps der Landwehr sollten vaterländischer Eifer, soziales Ansehen und männliche Reife des Charakters ersetzen, was dem einzelnen an fachlicher Schulung und Übung fehlte. Für die Kampfkraft des Staates sollte nutzbar gemacht werden, was immer an politischem Idealismus, Opferbereitschaft, kriegerischer Gesinnung, Freude am Waffenhandwerk in der Nation lebte, ohne die militärischen Ansprüche an diese Opferbereitschaft zu überspannen, das heißt ohne den ruhigen Gang des bürgerlichen Daseins ernstlich zu stören und ohne den Bürger, vor allem den gebildeten, allzu gewaltsam in die Lebens- und Denkformen des Berufssoldaten einzupressen. Für Boyen war es noch eine unmögliche Vorstellung, daß man den gebildeten, in ansehnlicher Lebensstellung befindlichen Bürger dem Drill unwissender, ungebildeter Unteroffiziere oder auch dem Kommando jüngerer, menschlich unreifer Berufsoffiziere unterstellen könnte. Darum konnten nach der Landwehrordnung von 1815 sogar militärisch völlig unausgebildete Leute zu Landwehroffizieren gewählt werden, wenn sie nur kreisangesessen und von stattlichem Einkommen (zum Beispiel Gutsbesitzer) waren. Das Normale war indessen die Ausbildung des jungen Mannes aus gebildetem Hause in der Form des einjährig-freiwilligen Dienstes mit mancherlei Begünstigungen, vor allem auch bevorzugter Beförderung, Abgang aus der Linie mit dem Zeugnis der Reife für den Offiziersrang, später Wahl zum Landwehroffizier. Diese Einrichtung hat, in den Grundzügen, bekanntlich alle späteren Heeresreformen bis zum ersten Weltkrieg überlebt — nur daß der Zugang zum Einjährigendienst allmählich immer breiteren Volksklassen erschlossen wurde und die militärische Ausbildung des Einjährigen, die in den ersten Jahrzehnten sehr lasch gehandhabt worden war, später erheblich größeren Ernst gewann. Die eigentümliche Neigung des Boyenschen Wehrsystems zur Verbürgerlichung des Heeres drückt sich im Einjährigeninstitut ganz besonders deutlich aus.

Nun ist ja kein Zweifel, daß die preußische Wehrverfassung von 1814/15, so vorzüglich sie in allen Einzelheiten auf die Bedürfnisse ihrer Entstehungszeit berechnet war, auf die Dauer doch als eine große Halbheit erscheinen mußte. Es war vorauszusehen, daß die stehende Armee im Falle eines längeren, blutigen Krieges mit zwei Reservistenjahrgängen zu ihrer Ergänzung unmöglich auskommen konnte; aus dem Nebeneinander von Linie und Landwehr mußte sofort ein Miteinander, sehr bald eine Vermischung werden — beides bedurfte der planmäßigen Vorbereitung im Frieden. War die kriegstechnische Durchbildung der Landwehr und ihrer Offiziere von vornherein der schwächste Punkt des ganzen Wehrsystems, so wurden die hier bestehenden Mängel vollends ins Unerträgliche gesteigert durch die übermäßige Sparsamkeit, zu der sich der bürokratische Absolutismus Friedrich Wilhelms III. aus Furcht vor ständischen Machtansprüchen gezwungen sah. Da immer nur ein Bruchteil der waffenfähigen Jugend zum Dienst in der Linie ausgehoben wurde, ergänzte sich die Landwehr großenteils aus ungedienten Mannschaften, sogenannten Landwehrrekruten, denen nun überhaupt keine militärische Ausbildung mehr zuteil wurde. Solche Leute zu bewaffnen und unter Offiziere zu stellen, die infolge unzureichender eigener Ausbildung keine rechte Autorität genossen — das konnte in politischen Krisenzeiten geradezu eine Gefahr werden. Alle diese offenbaren Schäden sind von den militärischen Gegnern des Landwehrsystems in jahrzehntelanger Diskussion immer wieder in den Vordergrund gestellt worden, und ohne Zweifel konnte dieses System auf die Länge den technischen Bedürfnissen moderner Kriegführung nicht genügen. Dennoch werden wir uns hüten müssen, die Bedeutung des rein Technischen wenigstens in der langen Friedensepoche des Vormärz zu überschätzen. Von wirklichen Fortschritten der Waffentechnik und der taktischen Ausbildung war damals doch auch im Alltagsdienst der Linie noch kaum die Rede; mit erstaunlicher Zähigkeit hielt man am parademäßigen Exerzieren und an Gefechtsformen fest, oder bildete sie gar nach dem Vorbild russischer Gardetruppen neu aus, die für den Ernstfall überhaupt nicht in Betracht kamen, und überaus mühsam mußte jede Verbesserung und Vereinfachung erkämpft werden[17]). Anderseits haben die Leistungen der Landwehr, solange sie noch Kriegsteilnehmer von 1813/15 enthielt, nicht selten auch von höheren Führern Lob und Anerkennung erfahren. Eines jedenfalls ist sicher: daß neben der militärtechnischen Kritik von Anfang an auch politische Erwägungen im Kampf gegen die Landwehr eine bedeutende Rolle gespielt haben.

Die Landwehreinrichtung gehörte zu jenen Neuerungen der Reformzeit, die dem Geist des alten friderizianischen Obrigkeit- und Dreiständestaates bewußt entgegengesetzt waren. Der sich volkstümlich machende Absolutismus der Erhebungsjahre hatte sich damit abgefunden, weil er die Verstärkung des Heeres durch Landwehr und Freiwilligenkorps nun einmal nicht entbehren konnte. Nach der Rückkehr in den Friedenszustand regte sich aber sogleich das Mißtrauen jener Hofkreise, die sobald als möglich in die alten Zustände der vorrevolutionären Epoche zurückkehren wollten. Die Führer der Reaktionspartei am Berliner Hofe, Männer wie Herzog Karl von Mecklenburg, Chef des Gardekorps, und der Polizeiminister Fürst Wittgenstein vertraten die Meinung: „Eine Nation bewaffnen heiße den Widerstand und Aufruhr organisieren und erleichtern." Man fürchtete den neuen, bürgerlichen und liberalen Geist, der aus der Landwehr in die alte königliche Berufsarmee eindringen könnte. Das adlige Offizierskorps sah im Garnisondienst der Friedenszeit wieder hochmütig auf die bürgerlichen Kameraden von der Landwehr herab, denen nach seiner Meinung der „Point d'honneur" und der eigene „Esprit de corps" durchaus fehlte; war es nicht bedenklich, von ihnen die Hälfte des Heeres befehligen zu lassen, und würde nicht so die Landwehr das beste Mittel zur politischen Emanzipation des Mittelstandes? Um so eifriger und erfolgreicher war man darauf bedacht, die Kadettenanstalten dem Nachwuchs der adligen Offiziersfamilien vorzubehalten und in ihnen den überlieferten Esprit de corps und eine Gesinnung unbedingter Königstreue zu züchten, die Erhaltung dieses Standesgeistes durch eigene Ehrengerichte für den Offiziersstand zu sichern. Darüber hinaus galt es, die Zahl der Linienoffiziere in der Landwehr möglichst stark zu erweitern, vor allem: diese der Führung des Linienheeres zu unterstellen. Einzelne Heißsporne der Reaktion gingen in ihren Wünschen noch weiter. Schon zwei Jahre nach den Pariser Friedensschlüssen legte der Finanzminister von Bülow ein Projekt vor, das praktisch auf die Wiederherstellung des alten friderizianischen Heersystems, nur ohne die ausländischen Werbungen, hinauslief. Herzog Karl von Mecklenburg, der Schwager des Königs und Führer des Gardekorps, setzte sich für einen ähnlichen Vorschlag mit der merkwürdigen Begründung ein, daß die große Zahl preußischer Landwehrregimenter auch im Ausland Ombrage errege. Wirkungsvoller war seine Verdächtigung, daß ein demagogischer, jakobinischer Geist in der Landwehr

aufzukommen drohe, zusammenhängend mit der patriotischen Turnbewe-
gung der Jugend, und daß Bestrebungen im Gang wären, dem Monarchen
die Zügel über die Volksbewaffnung zu entwinden. Unmittelbaren Erfolg
hatten diese militärischen Restaurationspläne nicht; aber sie haben an ihrem
Teil dazu beigetragen, den Sieg der Reaktionspartei in dem zwei Jahre
später (1819) sich abspielenden Kampf um die große Verfassungsreform vorzubereiten, mitsamt dem Sturz Boyens und seiner Ersetzung durch einen
Militärbürokraten alten Stils. Denn was die Reaktionäre dem König an
Verdächtigungen des Geistes der Landwehr zutrugen, hatte nur sein altes
und tiefsitzendes eigenes Mißtrauen bestärkt.

Es war durch viele Erfahrungen schon der Sturmjahre begründet. Was
war das doch für eine stolze, ja herrische Sprache gewesen, mit der die
Patriotenpartei seit dem Mai 1806 wieder und wieder den zögernden Monarchen über die Grenzen seiner Natur hinauszureißen, auf die kühnen, ja
mitunter waghalsigen Bahnen ihrer Politik zu zwingen gesucht hatte! Waren
es nicht die aufgeregten Eingaben patriotischer Minister, Prinzen und Generäle gewesen, die ihn 1806 wider bessere Einsicht in das halsbrecherische
Abenteuer eines isolierten Kampfes gegen Napoleon hineingedrängt hatten?
Und hatten ihm nicht die Häupter des Reformerkreises schon 1808 und 1811
eine Wiederholung desselben Abenteuers zugemutet — nur in noch viel
hoffnungsloserer Lage und mit viel bedenklicheren, ja revolutionären Mitteln?
Unvergessen haftete in der Erinnerung des Königs die schwere Bloßstellung
seiner offiziellen Versöhnungspolitik im Jahre 1809, als Major Schill, auch
ein Mitglied des Berliner Patriotenkreises und der damit verbundenen Ge-
heimverschwörung, ein ganzes Regiment von den königlichen Fahnen deser-
tieren ließ, um gegen die Franzosen loszuschlagen. Noch viel tiefer hatten
ihn die zahlreichen Abschiedsgesuche preußischer Offiziere verwundet, die
sich 1812 weigerten, das französische Kriegsbündnis gegen Rußland mitzumachen. Und hatte nicht die Erhebung von 1813 begonnen mit dem Abfall
Yorks — eines strengen Monarchisten! — von der amtlichen preußischen
Politik? Die allgemeine Volksbewaffnung in der Form eines undisziplinierten
„Landsturms", die er noch 1811 als bloße „Poesie" überspannter Köpfe
abgelehnt hatte, war ihm dann doch in den Frühjahrsstürmen des Jahres 1813
von den politischen Eiferern aufgedrängt worden. Aber bald genug hatte
er dieses Zugeständnis bereut. Schon während des Waffenstillstands im
Juli hatte er das Landsturmedikt so gründlich umgestaltet, daß aus der
allgemeinen Volksbewaffnung eine Art von harmloser Hilfspolizei wurde.

Den äußeren Anstoß dazu hatte die Aufregung des Königs über das nächt-
liche Vivatschießen geboten, mit dem die Landsturmmänner von Charlottenburg die Rückkehr des geliebten Landesvaters in die Hauptstadt begrüßt
hatten. Schon damals hatten sich die Reaktionäre am Hof bemüht, seine
Furcht vor jakobinischen Gefahren zu schüren; selbst die Berliner Professoren
Savigny und Eichhorn, die späteren Minister Friedrich Wilhelms IV., wurden als Mitglieder des amtlichen Landsturmausschusses gefährlicher opposi-
tioneller Neigungen verdächtigt. Und so wie hier ging's in unzähligen anderen Fällen. Bald ist es mehr die Revolutionsfurcht, bald mehr die an-
geborene, nüchtern-hausbackene Verständigkeit, was den König im Gegensatz zu den genialischen Plänen, zu dem moralisch-politischen Enthusiasmus,
zu der kühnen Aktivität seiner bedeutendsten Berater und zu ihrem fast
grenzenlosen Vertrauen auf die patriotische Gesinnung der Regierten bringt.
Hält man die ganze Summe mehr oder minder offener, zuweilen recht vor-
wurfsvoller Kritik zusammen, die ihm durch so viele Jahre entgegen-
geklungen war, so kann man wohl die Selbstbeherrschung des gewissenhaften
Regenten bewundern, der das alles immer wieder schluckte — wenn auch
oft würgend — weil er von der Unentbehrlichkeit dieser Berater in der Not-
zeit überzeugt war. Er hat es sogar an reichen, ja königlichen Gnaden-
beweisen und Schenkungen nicht fehlen lassen, um sie an seinen Dienst zu
fesseln. Aber die innere Wesensfremdheit bricht zuletzt doch immer wieder
durch. Und wenn wir hören, wie gereizt er sich in vertraulichem Gespräch über
Gneisenau äußern konnte (einem englischen Militärbevollmächtigten gegenüber soll er ihn einmal „einen bösen, vorwitzigen Kerl" genannt haben, „der
beständiger Überwachung bedürfe")[18]), so glauben wir zu ahnen, wieviel sich
zuzeiten an Erbitterung und Abneigung in seiner Seele (aber auch in der
Gneisenaus!) ansammeln konnte. Die Erfahrungen der Feldzüge von 1814
und 1815 mit ihren heftigen Zusammenstößen zwischen dem Hauptquartier
der schlesischen Armee und der Kriegsleitung der verbündeten Monarchen,
die Selbstherrlichkeit Blüchers und seines Stabes, schließlich gar die gröbliche
Einmischung des alten Husaren in die hohe Politik werden die Abneigung
des Königs gegen politisierende Generäle noch wesentlich verstärkt haben.
Auch Hardenberg hatte diese Opposition in übelster Erinnerung und war
entschlossen, keinerlei politische Einmischungsgelüste der Militärs mehr zu
dulden. Er werde nicht ruhen, schrieb er im März 1816 an Gneisenau, „bis
Ordnung, Subordination und Gehorsam im Staate wiederhergestellt sind."
Unzweifelhaft ein berechtigtes Bestreben! Aber es wurde sofort von der

politischen Reaktion für ihre Zwecke ausgenützt. Schon 1815 hatte es am Hoflager des Königs Reaktionäre gegeben, die das polternde Auftreten des alten Marschalls dazu benutzten, um Mißtrauen gegen den neuen Geist der vaterländischen Erhebung überhaupt zu säen. Wäre ein solches Auftreten preußischer Offiziere etwa unter Friedrich dem Großen denkbar gewesen? Bedrohte dieser neue Geist vaterländischer Erhebung nicht offensichtlich die monarchische Disziplin? Besorgnisse dieser Art konnten sich recht wohl mit der Abneigung des mehr technisch als politisch denkenden Berufsoffiziers gegen das Eindringen des neuen politisierenden Geistes in die Armee verbinden. Beides findet sich in einem Schreiben, in dem der einflußreiche Generaladjutant von der Knesebeck, ein naher Freund Müfflings[19]), dem russischen Staatsrat Pozzo di Borgo im Oktober 1815 sein Herz ausschüttet[20]): der König selbst sei beunruhigt, heißt es da, über den Einfluß der Gneisenau, Grolman und ihrer Gesinnungsgenossen auf das Kabinett, sei aber jetzt entschlossen, die Sekte zu zertrümmern. Das Echo von russischer Seite waren mehrfache Warnungen des Zaren Alexander an Friedrich Wilhelm, sich vor den heimlichen Jakobinern unter seinen Generälen und hohen Staatsbeamten in acht zu nehmen. Mit ihrer eifrigen Verfechtung preußischer Gebietsansprüche beim Pariser Friedensschluß waren sie der russischen Politik schon längst recht lästig geworden. „Meine Herren", soll der Zar einmal in Paris zu mehreren seiner Generäle gesagt haben, „es ist sehr möglich, daß wir dereinst dem König von Preußen gegen seine Armee zu Hilfe kommen müssen"[21]). Überhaupt gab es in Paris viel Gerede ausländischer Diplomaten über den preußischen König, der seine Armee nicht mehr fest in der Hand habe, weil Friedrich Wilhelm und Hardenberg sich so oft auf die Stimmung des Heeres und der Nation beriefen in ihrem Kampf gegen die Schmälerung der preußischen Siegesbeute[22]). Solche Stimmen drangen nur allzu rasch auch nach Berlin. Der Zweite Pariser Friede war noch nicht geschlossen, als schon (mit der berüchtigten Denunziation des Professors Schmalz) der Kampf einer absolutistisch-bürokratisch gesinnten Polizeireaktion gegen die „Tugendbündler", patriotischen Gesellschaften und angeblich jakobinischen Geheimverschwörungen der Erhebungszeit einsetzte.

Das allmähliche Vordringen dieser Tendenzen in der inneren preußischen Politik in den nun folgenden Friedensjahren, die schwankende, zuweilen geradezu zweideutige Haltung des Staatskanzlers Hardenberg zwischen gemäßigten Reformen und absolutistischer Reaktion, die Einwirkung der konservativen Großmächte Österreich und Rußland, die große Wendung zur entschiedenen Reaktion seit dem Aachener Kongreß und den Karlsbader Konferenzen — das alles haben wir hier nicht zu verfolgen. Für unsere Betrachtung wichtig ist nur zu sehen, wie der Kampf gegen das Boyensche Landwehrgesetz von Anfang an im engsten Zusammenhang steht mit dem Bemühen hochkonservativer Kreise, die preußische Armee aus einem Organ der Volkserhebung wieder zu einem ganz unpolitischen Werkzeug der Krone im Sinn der alten friderizianischen Berufsarmee zu machen. Die Reformer selbst haben das deutlich gespürt. Auch diejenigen unter ihnen, die liberalen Gedankengängen innerlich kühl und kritisch gegenüberstanden, wie Clausewitz, empfanden teils mit Empörung, teils mit trüber Resignation, wie hier unter dem Schild militärtechnischer Besorgnisse eine ganze Phalanx kleinlicher Alltagsmenschen, gedankenloser Schleicher und Streber am Werk waren, den großen idealen Schwung der Erhebungsjahre abzudrosseln[23]). Unleugbar war in dem Schicksalsjahr 1819, in dem sich die Wendung gegen alle politischen Verfassungspläne der Reformer entschied, der stärkere Zukunftsglaube und auch der stärkere preußische Machtwille auf seiten der Humboldt, Boyen, Grolman, Gneisenau, Stein und ihrer Gesinnungsgenossen. Was sich durchsetzte, die Gruppe der Wittgenstein, Schuckmann, Kircheisen, Kamptz, Ancillon und des Herzogs Karl von Mecklenburg, zählte nicht zufällig dieselben Männer zu sich, die in den Jahren der napoleonischen Fremdherrschaft immer zu den mutlosesten Entschlüssen geraten hatten. Ihr Sieg war daran Schuld, daß auch in der preußischen Aristokratie nicht die dort von jeher lebenden und in den Befreiungsjahren erst recht erweckten Kräfte eines zuversichtlichen preußischen Machtwillens und deutschnationaler Gesinnung von der Art eines Marwitz die Führung gewannen, sondern ein ängstlicher Legitimismus, ein hochkonservatives Kleben an den (immer noch sehr beträchtlichen) Resten alter Herrenstellung der adligen Gutsherrschaft auf dem Lande, an adligen Privilegien im Offizierskorps, an provinzialem Herkommen und altständischer Sozialordnung — alles Traditionen, die dem Geist der allgemeinen Wehrpflicht aufs tiefste zuwider waren. Sowohl außen- wie innenpolitisch wurde Preußen in einen Zustand des bloßen Beharrens, des Stagnierens der Kräfte hineingedrängt, der sich auch auf die Militärorganisation höchst ungünstig auswirkte: in einer ängstlichen Sparsamkeit, die jeden technischen Fortschritt lähmte und durch unzureichende Ausnützung der allgemeinen Wehrpflicht die Mängel der Landwehr nur immer noch vergrößerte.

Vor allem: diese verlor ihren ursprünglichen Sinn. Sie war gedacht als

Wehrorganisation eines Volkes, das gleichzeitig durch ständisch-liberale Verfassungseinrichtungen in Gemeinde, Kreis, Provinz und Gesamtstaat an den Aufgaben öffentlicher Verwaltung und staatlicher Gesetzgebung mitwirken sollte, wie es das berühmte Verfassungsversprechen vom 22. Mai 1815 vorsieht. Der Geist vaterländischer Opferbereitschaft und freiwilligen Einsatzes für das öffentliche Wohl, zu dem die Organe politischer Selbstverwaltung das Volk erziehen sollten, war auch als ethisches Fundament der Landwehr und als ideales Ziel ihrer Erziehungsarbeit vorgestellt. Das politische Selbstbewußtsein des freien Staatsbürgers sollte in dem freiwilligen militärischen Diensteifer des Landwehrmannes sein Gegenstück finden. Eben deshalb war auch die Einteilung der Landwehrbataillone den Verwaltungsbezirken der verschiedenen Provinzen angepaßt und waren gewisse Vorzugsrechte gedienter Wehrmänner in der Kommunalverwaltung vorgesehen. In jedem Dorf war öffentlich eine Tafel aufgestellt, auf der zu lesen stand, zu welchem Kreis und Regierungsbezirk, aber auch zu welchem Landwehrregiment und Bataillon, wohl gar zu welcher Landwehrkompanie der Ort gehörte. Nun wird niemand die inneren Schwierigkeiten einer Verfassungsreform verkennen, die im wesentlichen aus der vernünftigen Einsicht aufgeklärter Staatsmänner hervorgehen sollte ohne starken Druck der öffentlichen Meinung, ohne stürmisches Reformverlangen der Regierten, und deren Urheber zwischen altständischen und modern-liberalen Ideen zu vermitteln hatten. Aber indem nun alle Reformbemühungen scheiterten und der alte, bürokratisch organisierte Absolutismus mit seinem Gegensatz von Obrigkeit und Untertanen wieder hervortrat, mußte das Landwehrinstitut je länger je mehr als ein seltsamer Fremdkörper im Staatsorganismus erscheinen[24]), — als ein bloßes Relikt vergangener Zeiten; die Freiheitsgesinnung, die dahinterstand, und die sich als staatsaufbauendes Element hatte betätigen wollen, sah sich in eine fruchtlose Oppositionshaltung abgedrängt. Und je mehr diese Opposition sich verschärfte, vor allem also seit den vierziger Jahren, um so ernster mußten wiederum die politischen Bedenken gegen eine Bewaffnung mangelhaft disziplinierter Volksaufgebote im Stil der Landwehr werden.

Aus diesem unglückseligen Zirkelgang der Entwicklung konnte nur eine Heeres- und Staatsreform herausführen, die einerseits das gesamte Heer zu einem technisch einwandfreien, geschlossenen, straff disziplinierten Werkzeug der Krone machte, anderseits aber auch die in den Freiheitskriegen aufgebrochenen seelischen Kräfte durch neue großartige Zielsetzungen preußischer Politik neu zu beleben und für den Staat zu gewinnen verstand. Diese Kräfte mußten nutzbar gemacht werden, statt sie dauernd zu unterdrücken; und dazu bedurfte es neuerer, freierer Verfassungsformen, so daß Staat und Volk einander näherkommen konnten, der alte bürokratische Obrigkeitsstaat auf allen Stufen seiner Verwaltung zum modernen Volksstaat wurde. Ein weiter Weg, wie er ohne den vorwärtstreibenden Zwang schwerer Erschütterungen wohl niemals durchschritten wird! Auch der Staat Bismarcks, der zuerst die außenpolitische Aufgabe mit voller Kraft anpacken und auf seine Art lösen wird, hat den im Vormärz (und dann nochmals in der Reaktionszeit der fünfziger Jahre) aufgerissenen Spalt zwischen Obrigkeitsstaat und Volkstum nicht wieder ganz überbrückt. Der Reichsbau, den er schuf, war viel mehr ein Werk monarchischer Regierungen als des Volkes — wenn auch so angelegt, daß aus den vielen Teilstücken des deutschen Volkes sehr rasch eine politische Gesamtnation zusammenwuchs. Und das Heer, mit dessen Hilfe dieser Weg geschaffen wurde, wich seiner ganzen Struktur nach sehr weit von den Idealen der Patrioten von 1813 ab. Es war inzwischen wieder viel mehr königliche Armee als Volksheer geworden und verließ sich weit mehr auf technische Schulung und Disziplin als auf vaterländische Gesinnung — obgleich diese im Militärwesen ihre bestimmte, aber streng disziplinierte Rolle zu spielen hatte. Der Schöpfer dieses königlichen Volksheeres ist König Wilhelm I. gewesen.

Schon in den frühesten militärischen Denkschriften des Prinzen Wilhelm tritt der Kampf um die Erhaltung der dreijährigen Dienstzeit der Fußtruppen als das wichtigste, jedenfalls für die Denkweise des Verfassers am meisten charakteristische Anliegen hervor. Immer wieder, durch viele Jahrzehnte, in zahllosen Kommissionssitzungen, Denkschriften, Eingaben, Erlassen sieht man den Prinzen und König dafür eintreten — mit größter Hartnäckigkeit, mehrfach im Gegensatz zu allen beteiligten Fachmilitärs, ohne Rücksicht auf finanzielle Schwierigkeiten und ohne auf den wichtigen, oft wiederholten Einwand zu hören, daß eine lange Dienstzeit die Zahl der ausgebildeten Reservisten vermindere, eine kurze sie erhöhe. Bekanntlich wäre selbst Roon, aber auch Bismarck ohne viel sachliche Bedenken bereit gewesen, sich mit einer zweieinhalb- oder auch zweijährigen Dienstzeit abzufinden, wie sie bereits 1834 bis 1856 bestanden hatte und dann 1893 wieder eingeführt worden ist. Wahrscheinlich hätte sich durch ein solches Zugeständnis der große Heeres- und Verfassungskonflikt der sechziger Jahre vermeiden lassen. Aber der hartnäckige Widerspruch des Königs machte das unmöglich. Lieber wollte er abdanken, als daß er in dieser Frage das geringste Zugeständnis machte[25]).

Was ist der Grund für diese starre, oft genug eigensinnig erscheinende Haltung? Sie wurzelt in einer ganz bestimmten, aus der friderizianischen Tradition des preußischen Offizierskorps stammenden, dem Geist der Erhebungsjahre innerlich fremden Auffassung des Soldatenstandes. Alles kommt dem Prinzen und König darauf an, den zum Heer Einberufenen soweit als nur möglich aus seinen bürgerlichen Lebensgewohnheiten zu entfernen, ihn gewissermaßen mit Leib und Seele zum Soldaten zu machen. Er soll nicht nur „gut gedrillt" und „ausexerziert" werden (das könnte schon in ein paar Monaten geschehen), sondern den Geist des Berufssoldatentums für sein ganzes Leben in sich aufnehmen. Er soll das Soldatsein nicht als einen rasch vorübergehenden Zustand empfinden, den er möglichst bald wieder von sich abstreift, sondern als besonderen „Soldatenstand", der das ganze Leben über dauert; in den aktiven Dienst soll er sich so tief einleben, daß er sich nur ungern davon wieder losreißt und am liebsten freiwillig (als Kapitulant) weiterdient. Wie Wilhelm sich selbst ganz als Berufssoldat empfinden gelernt hat, so soll es jeder Einberufene tun; und wie er selbst sich alles militärische Wissen und Können gewissenhaft, aber langsam angeeignet hat, so setzt er auch bei seinen Leuten voraus, daß sie viel Zeit zu der inneren Umstellung brauchen werden. Durch jede Verkürzung der dreijährigen Dienstzeit (auch nur um Monate) mußte nach seiner Meinung „das wahre Militärische", das „soldatische Wesen in seiner Totalität" immer mehr aus der Armee verschwinden; man würde dann „nicht Soldaten, sondern nur exerzierte Bauern" haben.

Den Einwand erfahrener Praktiker, daß allzulanger Kasernendienst im Frieden erfahrungsgemäß die Lust am Soldatenhandwerk eher abstumpfe als fördere, daß die „alten Leute" des dritten Jahrgangs keineswegs immer die besten Soldaten wären und daß gewöhnlich gerade diejenigen sich zum Weiterdienen entschlössen, die im bürgerlichen Leben nichts Ordentliches mit sich anzufangen wüßten, also oft recht rohe, ja unsittliche, für die Rekruten keineswegs vorbildliche Elemente — das alles berührte den Prinzen kaum. Seine eigene Begeisterung für das Militärische glaubte er durch gründliche Erziehung auf alle Soldaten übertragen zu können. Eigensinnig beharrte er darauf, daß nur bei langer Dienstzeit ein reichlicher und guter Nachwuchs für den Unteroffizierstand zu erwarten sei. Noch geringeren Eindruck machen ihm die Vorstellungen älterer Generäle wie Boyen und Grolman, die noch in der Tradition der Erhebungszeit leben und sehr viel mehr von der vaterländischen Begeisterung des großen Krieges erwarten als von der soldatischen Gewöhnung langer Dienstjahre im Frieden. Boyens Ideen über die Landwehr sind ihm (schon lange vor den ungünstigen Erfahrungen von 1848/49) fremd und unverständlich. „Die Landwehr muß exerzieren", schreibt er 1841, „manövrieren und das Schießen können wie die Linie, denn sie hat es bei ihr gelernt. Zu dem allen gehört aber zuerst Gehorsam, Disziplin und Subordination, diese *Kardinalpunkte des Soldaten* müssen festgehalten werden, und jeder Patriot muß es sich einprägen. Der Landwehr einbilden, daß sie unter dem Gewehr anders als die Liniensoldaten behandelt werden müsse, ist der erste Schritt zu einer revolutionären Truppe"[26]).

Der Gegensatz, in dem sich Prinz Wilhelm hier zu Boyen befindet, erscheint zunächst und in erster Linie als der des rein militärtechnisch denkenden Berufssoldaten zu dem politischen Idealisten, der vaterländische Gesinnung über militärischen Drill, freie Hingabe über anerzogene Haltung setzt und einen mit Zwangsmitteln der Kaserne erzeugten „Soldatengeist" sich offenbar gar nicht vorstellen kann. Ausdrücklich verwirft Boyen die rein technische Betrachtung der Militärfragen: „Nicht taktische oder sogenannte Dienstansichten können dabei entscheiden, sie sind im Gegenteil hier nur die Diener, die von höheren Rücksichten Befehle annehmen müssen. Auch nicht die Strategie kann allein als Gesetzgeberin auftreten, sondern nur indem sie mit der Politik und inneren Staatswissenschaft in gerechter und inniger Vereinigung das unter den gegebenen Verhältnissen bestmöglichste Resultat zu ermitteln sucht." Insbesondere soll das für die Einordnung der Landwehr in die Linie gelten: ihre Notwendigkeit „müßte erst aus Gründen der Kriegs- und Staatsgesetzgebung, der Politik, nicht durch augenblickliche Forderungen des friedlichen Exerzierplatzes bewiesen werden"[27]). Ein Gedankengang, der einer reinen Soldatennatur von der Art des Prinzen Wilhelm gänzlich unverständlich bleibt. Freilich darf man das militärtechnische Moment seines Denkens doch auch nicht allzu einseitig betonen: auch politische Motive sind darin schon sehr früh zu erkennen. Schon 1832 begründet er die Notwendigkeit dreijähriger Dienstzeit damit, daß nur eine im rechten Soldatengeist erzogene Armee den Thron gegen „die Tendenzen der revolutionären oder liberalen Partei in Europa" zu schützen vermöge. „Die Disziplin, der blinde Gehorsam sind aber Dinge, die nur durch lange Gewohnheit erzeugt werden und Bestand haben und zu denen daher eine längere Dienstzeit gehört, damit im Augenblick der Gefahr der Monarch sicher auf die Truppe rechnen könne. Dieser blinde Gehorsam ist es aber gerade, was den Revolutionären am störendsten entgegentritt." Daher überall der Kampf der Parlamente um Kürzung des Militärbudgets und der Dienstzeiten. Auch an diesen politischen Vorstellungen hat Wilhelm dauernd und unverändert festgehalten. Die historische Monarchie, ständig bedroht durch revolutionäre Bewegungen der Masse, wirksam zu sichern nur durch eine zuverlässige Garde langgedienter, straff disziplinierter Prätorianer, Herrscher und Volk in einer Art von latentem Kriegszustand — das war das monarchische Gegenstück zu der dualistischen Staatsidee des neuen liberalen Radikalismus. Am Ende des Restaurationszeitalters war das Vertrauen der Regierenden auf die Königstreue der Massen unsicher geworden, aber auch die Popularität der Monarchie bei den Regierten stark im Schwinden. Die Nachwehen der Pariser Julirevolution auf deutschem Boden löschten den Geist der Erhebungszeit vollends aus. Die politische Gesinnung des Prinzen Wilhelm ist ganz wesentlich durch diese Ereignisse — die ersten großen Erlebnisse seines reifen Mannesalters! — bestimmt. Sie unterscheidet sich deutlich von der Haltung jener Reaktionäre, die in der Krisis von 1819 gesiegt hatten: niemals hat Wilhelm daran gedacht, hinter das Wehrgesetz von 1814 zurückzugehen, die allgemeine Wehrpflicht etwa zu beschränken (im Gegenteil: er wollte sie erst zur Wirklichkeit machen!), die Berufsarmee des ancien régime wiederherzustellen oder durch kleinliche Sparsamkeitsrücksichten die Schlagkraft der Armee mindern zu lassen. Überhaupt lebte in ihm wieder viel mehr von großmächtlichem Ehrgeiz, von Stolz auf die große friderizianische Tradition als unter den hochkonservativen Bürokraten am Hof seines Vaters; auch mit dem romantischen Legitimismus seines Bruders, des Kronprinzen und späteren Königs Friedrich Wilhelm IV. und der mit ihm verbündeten Aristokraten hat er nichts zu tun; trotz seiner offensichtlichen Vorliebe für den preußischen Militäradel wäre er doch niemals für die Unterstützung adeliger Klassenselbstsucht zu haben gewesen. Aber noch viel fremder stand er den liberalen Ideen des Zeitalters gegenüber. Den Kern seiner politischen Überzeugungen bildete das Pflichtbewußtsein des preußischen Gardeoffiziers, der sich berufen weiß, die überlieferten Rechte und Ansprüche der Krone gegen alle Feinde von innen und von außen zu verteidigen und der im parlamentarischen Wesen im Grunde nur Unordnung und Umsturzgefahr, auf jeden Fall aber Lähmung der Bewegungsfreiheit der Krone sieht[28]). Daran haben die bitteren Erfahrungen von 1848 nur so viel geändert, daß sich Prinz Wilhelm

nunmehr entschloß, mit strenger Rechtlichkeit den veränderten Verfassungs-
zustand anzuerkennen. Das brachte ihn in Gegensatz zu der reaktionären
Richtung seines Bruders und zu dessen romantischen Freunden. Aber während er so in eine Art von politischer Oppositionsstellung hineingeriet, die
durch seine Weimarische Gemahlin noch unterstrichen wurde, und schließlich
seit 1858 gar zur Hoffnung der Liberalen werden konnte, haben sich seine
wehrpolitischen Anschauungen durch die Erfahrungen von 1848 nicht etwa
gemildert, sondern erst recht im Sinn der alten absolutistischen Überlieferung
versteift.

Die Revolutionsjahre von 1848 sind für die Entwicklung des deutschen
Heerwesens — und damit zugleich des Verhältnisses von militärischem und
politischem Denken — epochemachend gewesen. Sie brachten den Höhepunkt
und zugleich das endgültige Scheitern der vielfältigen Bestrebungen des älteren
deutschen Liberalismus, Heer und Volk in eins zu verschmelzen, die alten
monarchischen Truppenkörper der deutschen Fürstenhöfe zu verbürgerlichen
oder durch Bürgerwehren zu ersetzen[29]). Nichts von alledem, was in dieser
Richtung versucht worden ist, gelang. Die Vereidigung der Truppen auf die
Verfassung, zuerst in Kurhessen durchgesetzt (1831), führte nur zu qual-
vollen Gewissenskonflikten der Offiziere im Fall von Streitigkeiten zwischen
Krone und Parlament; vor allem: sie löste alle militärische, ja alle staatliche
Ordnung auf, indem sie die Ausführung militärischer Befehle abhängig
machte von der vorgängigen Prüfung ihrer Rechtmäßigkeit durch sachlich
ganz unzuständige Organe, nämlich durch die Truppenführer; sie schob zwischen die staatliche Exekutive und ihre Vollzugsorgane eine unfaßbare Größe,
das geschriebene Verfassungsrecht, ein. Die allgemeine deutsche Volksbewaffnung durch das Frankfurter Parlament, das Organ der großen revolutionären
Erhebung, war undurchführbar gegen den Willen der monarchischen Einzel-
regierungen. Ebenso scheiterte die Vereidigung der einzelstaatlichen Truppen
auf den provisorischen Reichsverweser Erzherzog Johann. Dieser blieb also
praktisch ohnmächtig, mit ihm die Frankfurter Reichsversammlung und die
dahinterstehende Volksbewegung, sobald die unbestimmte Revolutionsfurcht
der monarchischen Regierungen geschwunden war. Die überall eingerich-
teten Bürgergarden versagten sowohl im Kampf gegen revolutionäre Straßen-
aufstände wie gegen die geordneten Truppenkörper der monarchisch-abso-
lutistischen Reaktion; ja, sie wirkten vielfach als lächerliches Zerrbild einer
modernen Truppe. Noch viel unglücklicher verliefen die Versuche, den
„blinden" Soldatengehorsam durch „freiere", das heißt durch parlamentari-

sierende Formen der militärischen Organisation zu ersetzen, mit Offiziers-
wahl, Soldatenräten, Lockerung oder Aufhebung der Grußpflicht, Politisierung der Truppe durch Beteiligung an allen staatsbürgerlichen Rechten,
Überwachung der politischen Gesinnung und dergleichen mehr. Fürchterliche
Zersetzungserscheinungen waren die Folge, am schlimmsten in Baden, das eine
zweite, völlig chaotische Revolution durch Soldatenmeutereien erlebte. Das
Ende der großen, hoffnungsreichen, von den Besten der Nation so jubelnd
begrüßten Erhebung war tiefe, verzweifelnde Resignation. Ihr fiel auch der
Glaube an die Möglichkeit eines wahren Volksheeres anheim, das mehr sein
könnte als eine politisch-blinde Schutztruppe höfisch-dynastischer Sonderinteressen, einer nationalen Miliz, in der die Geister der Befreiungskriege
noch einmal hatten auferstehen sollen. War jetzt nicht vor aller Augen
klar bewiesen, daß politische Freiheitsgesinnung als Grundlage militärischer
Organisation nichts taugt, daß zuletzt alles auf straffe Zucht, Subordination
und technisches Können der Truppe ankommt, ja daß Verbürgerlichung und
Politisierung eines modernen Heeres geradezu dessen Auflösung bedeuten?

Jedenfalls faßte Prinz Wilhelm, der die preußischen Truppen zur Niederwerfung des Aufruhrs nach Baden hatte führen müssen, seine Erfahrungen
so auf. Er sah durch sie nur bestätigt, was er schon immer als wehrpolitische
Forderung vertreten hatte. Jener wenig rühmliche Feldzug in Baden brachte
mancherlei Schäden der preußischen Armee ans Licht, Mängel der Organisation, aber auch der Führung. Die Mobilmachung des Jahres 1850, die mit
der politischen Niederlage von Olmütz endete, beleuchtete die Unzulänglichkeit der preußischen Heeresorganisation nur noch greller. Von allem, was
hier zu bessern war, blieb dem Prinzen Wilhelm das Wichtigste: die Verlängerung der Dienstzeit und die straffe Eingliederung der Landwehr in den
Rahmen des stehenden Heeres; denn deren unglückliche Organisation und
mangelhafte Schulung hatte nach seiner Meinung die Hauptschuld an der
Schwäche der preußischen Armee im Entscheidungsjahr 1850 getragen. Als
Kampftruppe gegen revolutionäre Unruhen hatte sie sich allerdings — im
ganzen genommen — überraschend gut gehalten. Daß es mitten im Aufruhr
aller politischen Elemente überhaupt möglich war, die Landwehr als Verstärkung der königlichen Schutzgarde einzuberufen und einzusetzen — dieselben Landwehrmänner, die sich eben noch an liberal-demokratischen
Straßendemonstrationen und Volksaufläufen beteiligt hatten, zum Kampf
gegen die Insurrektion aufzubieten und, zu eigenen Bataillonen unter bürgerlichen Offizieren formiert, in den Bürgerkrieg zu schicken —, diese Tatsache

war wunderbar genug und wurde von nachdenklichen Offizieren auch so empfunden[30]). Sie ließ zum erstenmal erkennen, daß in der modernen, auf allgemeiner Wehrpflicht beruhenden Armee die Haltung des Führerkorps unendlich viel wichtiger ist als alle politische Gesinnung der Mannschaft und daß die eiserne Kriegszucht eines gutdisziplinierten Militärapparates bis zu einem gewissen Grade sogar aus widerwilligen Elementen ein brauchbares Kriegsinstrument zu schmieden vermag, sofern sie nur auf die Loyalität (oder doch Fügsamkeit) der Masse ihrer Mannschaft zählen darf — was in Deutschland bisher noch immer die Regel war. Für viele Liberale war das sicherlich eine unerwartete Erfahrung, die den Vorstellungen der Patrioten von 1813 eigentlich zuwiderlief; aber die Offiziere der Landwehr empfanden sich nun einmal durchaus nicht als „Volksoffiziere", sondern „rechneten es sich zur Ehre an" (wie einer von ihnen später im Landtag bekannte)[31]), „Offiziere Seiner Majestät des Königs zu sein" — sie eiferten ihren Kameraden von der Linie nach. Die preußische Landwehr wurde also auch 1848 keine Bürgerwehr oder Volkswehr. Immerhin verlief ihre Mobilmachung nicht überall nach Wunsch. An manchen Orten kam es doch zu Widersetzlichkeiten, grober Unordnung, sogar zur Plünderung von Landwehrmagazinen[32]); im badischen Feldzug von 1849 liefen einzelne Landwehrbataillone im Feuer davon oder waren schwer in Marsch zu bringen. Diese Fälle waren schließlich entscheidend. Sollte die Landwehr eine ebenso zuverlässige Waffe werden wie die Linie, so war ihre volle Einschmelzung in das stehende Heer notwendig. Sie ist, nachdem die Reformbemühungen der fünfziger Jahre über bloßes Flickwerk nicht hinauskamen, zu einem Hauptstück der großen Heeresreform geworden, mit der Wilhelm I. seine Regierung als Prinzregent und König begann.

Die Auffassung vom Wesen des Soldatenstandes, aus der diese Reform lebte und die ihr von Anfang an so viel Mißtrauen von seiten der Liberalen zuzog, stammt aus der festen Überlieferung des preußischen Offizierkorps, die bis in das friderizianische Zeitalter zurückreicht. Die wesentlichen Grundzüge findet man schon in der militärrechtlichen Literatur der zwanziger Jahre, etwa bei Blesson und bei Rudloff, dessen Handbuch aber auf noch ältere Vorbilder zurückweist[33]). Da erscheint das Heer als ein abgesondertes „Militärinstitut", das Soldatentum als ein besonderer Stand, in den man mit dem Fahneneid eintritt, um damit sogleich auf einen Teil seiner staatsbürgerlichen Rechte zu verzichten. Der gesamte innere Betrieb des Heeres beruht auf unbedingter Subordination, die jedes selbständige Urteil nachgeordneter

Stellen über die moralische Zulässigkeit, die Zweckmäßigkeit und Rechtmäßigkeit gegebener Befehle, abgesehen von bestimmten Grenz- und Ausnahmefällen für höhere Offiziere, ausschließt[34]). Unbegrenzte Treue gegen den König und unbedingter Gehorsam gegen dessen unmittelbare oder mittelbare Befehle sind der Kern aller Soldatenpflichten; der bürgerlichen Welt gehört der Soldat nur noch mit einem Teil seiner Privatverhältnisse an, und keines seiner bürgerlichen Rechtsverhältnisse kann seiner unbedingten Treue- und Gehorsamspflicht im Wege stehen. Auch die Ehre des Soldaten ist ihr ausdrücklich untergeordnet; ja sie besteht in nichts anderem als in dem moralischen Bedürfnis, durch pünktliche Pflichterfüllung sich die Achtung anderer, besonders der Vorgesetzten, zu erwerben. Mit dem patriotischen Nationalstolz des Freiheitskämpfers, wie ihn Ernst Moritz Arndt idealisch geschildert hatte, besitzt sie keine Ähnlichkeit mehr; sie ist mehr Teilhabe an der Ehre des Truppenteiles, der auf seine braven Soldaten stolz ist, als persönlicher Besitz. Immerhin gibt es doch jetzt im Gegensatz zur friderizianischen Zeit eine Ehre auch des einfachen Soldatenstandes (der ein „ehrenvoller Beruf" geworden ist), nicht bloß des Offizierkorps. Sogar von einer „Pflicht der Vaterlandsliebe" ist die Rede, die unmittelbar neben Treu- und Gehorsamspflicht gegen den König gestellt wird; doch erscheint sie, ebenso wie „Ehrliebe" und „religiöses Pflichtbewußtsein", nur als ein erwünschtes und von der Armee bewußt gepflegtes Hilfsmittel zur Stärkung militärischen Diensteifers; weder gehört sie zu den besonderen Wesensmerkmalen des Soldatenstandes, noch gibt sie dem Einzelnen irgendwelchen Anspruch auf besondere Achtung. Daß sein staatsbürgerliches Recht zu politischer Kritik und freier politischer Meinungsäußerung innerhalb des Soldatenstandes keine Geltung besitzt, ist selbstverständlich; gehört es doch zur militärischen Disziplin, daß alles ferngehalten wird, was „die Gesinnungen treuer Anhänglichkeit an König und Vaterland stören" könnte.

Diese scharfe Loslösung des „Militärinstituts" und „Soldatenstandes" aus dem allgemeinen Staatsbürgerverband entsprach aufs genaueste der streng royalistischen Gesinnung des immer noch vorwiegend adligen[35]) Offizierkorps. Das Heer sollte als Ordnungsmacht innerhalb der in Unruhe geratenen bürgerlichen Gesellschaft auftreten; dann mußte es frei bleiben von allen bürgerlichen Bindungen, Rücksichten, politischen Strömungen. Nicht Bürgeroffiziere, sondern nur königliche Offiziere können diese Freiheit besitzen — so erklären die publizistischen Verteidiger altpreußischer Dienstverfassung gegen die liberale Zeitströmung. Der „gute

Geist" einer Armee (heißt es schon 1831) wird keineswegs von ihrer Überzeugung bestimmt, eine gerechte Sache zu vertreten, sondern ausschließlich
von dem Grad ihrer Disziplin. Sonst „müßte das Heer darüber entscheiden,
ob der Kampf gerecht, ob er nothwendig und unvermeidlich sey — fürwahr
eine lächerliche Forderung"[36]). Schroffer ließ sich der Gegensatz zum Geist der
Reformer von 1808 bis 1813 kaum ausdrücken. Ein solches Auseinanderreißen
von Heer und Volk zerstörte nach dem Empfinden der Liberalen alles,
was die Erhebungszeit von 1813 an wehrhaftem Patriotismus im Volk aufgebaut hatte und setzte statt dessen den „seelenlosen Mechanismus" des alten
friderizianischen Machtapparates wieder in Bewegung. Aber die Erfahrungen
von 1848 ließen sich nicht überhören — sie wurden zur stärksten Stütze der
altpreußischen Militärbegriffe. Vergeblich blieb der Kampf des Liberalismus
gegen die Absonderung des Heeres als „Staat im Staate", gegen die „Aristokratie des Degens" und ihren Kastengeist und für die Durchdringung der
Armee mit verfassungsfreundlicher Gesinnung. Die Gefahr einer inneren
Auflösung des Heeres durch Eindringen der liberalen Ideen war allzu deutlich geworden, und auch liberal gesinnte Offiziere wußten keinen praktisch
gangbaren Weg anzugeben, wie man Disziplin und politische Freiheitsgesinnung in der Armee miteinander vereinigen sollte.

Aus dieser Lage heraus ist die Haltung Roons in jener berühmten Reformdenkschrift vom 21. Juli 1858 zu verstehen, durch die er sich das Vertrauen
König Wilhelms für immer gewann[37]). Wohl ist darin von einem „kriegerischen Schwung des Volksgeistes" die Rede, den Preußens Monarchen weise
benutzt hätten, um ihrem Staatswesen „Sitz und Stimme in dem großmächlichen Areopagus" zu erkämpfen, „der die politischen Geschicke der Völker
bestimmt und damit zugleich die Entwicklungen und Wandlungen des sittlichen Daseins der Menschheit nach Gottes Ratschluß zu gestalten und zu
leiten berufen ist". Aber in dem stolzen und schwerfälligen Pathos dieses
Machtbewußtseins, das die preußische Großmachtstellung ohne weiteres in
eins setzt mit dem „sittlichen Dasein", den „edelsten und höchsten Interessen
der Menschheit", klingt nicht das geringste von nationalem Enthuasiasmus
mit, und die Ideen des Volksheeres von 1813 sind dem Berufsoffizier nichts
weiter als eine bloße Illusion. „Die Landwehr war nichts als ein Notbehelf;
ihre praktischen Leistungen im Felde wurden meist stark überschätzt. Unter
dem Eindruck dieser Überschätzung und der in einer geistig schwungvoll
angeregten Zeit durch Zeitungsphrasen und Tischreden angefachten falschen
Vorstellung von der Unwiderstehlichkeit und Unbezwinglichkeit einer all-

gemeinen Volksbewaffnung wurde aus dem Notbehelf die Grundlage eines Systems gemacht."

Unter den Gründen, die gegen die Fortdauer dieses Systems vorgebracht werden, stehen jetzt die politischen an erster Stelle. „Die Landwehr ist eine politisch falsche Institution, denn sie imponiert dem Auslande nicht und ist für die äußere wie für die innere Politik von zweifelhafter Bedeutung." Sie führt dazu, daß die Regierung im eigenen Hause nicht Herr ist, denn sie nötigt sie bei jeder ihrer Schritte zu Rücksichten auf die Stimmung des bewaffneten Volkes. „Ihre Existenz bindet der Regierung also in gewissem Grade die Hände, macht sie schwach, wo sie im Interesse des Landes stark, unentschlossen und zaudernd, wo sie entschieden und rasch auftreten sollte." Diese Milizen von zweifelhafter Botmäßigkeit machen die Regierung abhängig vom Wind der öffentlichen Meinung, während Preußen doch in seiner stets bedrohten äußeren Lage der größten Handlungsfreiheit für seine Führung bedarf. Vollends im konstitutionellen Staat, in dem jeder Landwehrmann auch noch Wähler und „nicht bloß den Arm, sondern auch die Zunge zu brauchen berufen und berechtigt ist", bedeutet die Landwehr eine stete Gefahr. Der Grundsatz: „die bewaffnete Macht deliberiert nicht, sie führt bloß aus", ist bei der korporativen Landwehrverfassung bedroht. Der Landwehrmann besitzt nicht den „richtigen, festen Soldatengeist". „Er fühlt sich als Bürger, als Hausvater; er will für sich und seine Familie erwerben; all sein Sinnen und Trachten ist auf bürgerliche Zwecke gerichtet." Sein Militärverhältnis bedeutet ihm darin nur eine störende, unerwünschte Unterbrechung. Er macht selbst in der Uniform bürgerliche Rechte und Rücksichten soweit als irgendmöglich geltend. „Der Landwehrmann ist eben nicht Soldat; er hat das Waffenhandwerk allerdings in einem gewissen Grade erlernt, aber seine Seele hängt an seinen Feldern, seinem Meissel, seinen Leisten, an seiner Heimath, nicht an seinen Fahnen." Gewiß bleibt, sofern die militärische Disziplin versagt, der Appell „an den guten Willen und an die zuweilen nur supponierte patriotische Gesinnung... Aber die Impotenz dieser moralischen Potenzen wird durch die Erfahrung (insbesondere von 1849) ins grellste Licht gestellt." Es sind höchst gefährliche Illusionen, wenn man sich einreden will, in Zeiten äußerer Gefahr werde die patriotische Wallung ersetzen, was in den trüben Revolutionskämpfen von 1849 an Diensteifer fehlte. Dafür, daß die Landwehr „in der ernsten Stunde der Entscheidung tapfer streiten werde", fehlt jeder direkte Beweis „abgesehen von den ganz absonderlichen Zuständen und Stimmungen des Freiheitskrieges". Patriotische Begeisterung kann selbstverständlich sehr nützlich wirken; aber es wäre töricht, darauf ein Militärsystem zu gründen. „Eine gute und gesunde Organisation muß jeder solcher durch patriotische Stimmungen hervorgerufenen Steigerung fähig, nicht aber darauf berechnet sein." Moralische Potenzen solcher Art bilden sich in großen Armeen (zum Beispiel unter Friedrich dem Großen und Napoleon) von selbst aus. „Der Korpsgeist, die Ehrliebe, die Treue und Hingebung für die Person des Kriegsfürsten, des Feldherrn zählen dahin, aber es sind Wirkungen, hervorgerufen nicht durch die Paragraphen des Mobilmachungsplanes, sondern durch gemeinsame Thaten, Gefahren und Leiden, gegenseitige Schätzung und verdientes und erwidertes Vertrauen." Unentbehrlich dagegen ist als Grundlage aller militärischen Größe die Kriegszucht.

Das Ziel aller dieser Ausführungen läßt sich in einem Wort zusammenfassen: restlose Entbürgerlichung des Heeres. Sie wurde, neben der Verjüngung und strafferen Organisation der Armee, Vermehrung der Linienkadres, der Offiziers- und Unteroffiziersstellen, stärkerer Ausnutzung der allgemeinen Wehrpflicht und beschleunigter Mobilmachung eines der Hauptziele — oder eigentlich das Hauptziel — der großen Heeresreform Wilhelms I. Wir wissen heute, daß ihre Grundgedanken, die damals die Öffentlichkeit überraschten, ja vielfach bestürzten, schon seit zehn Jahren herangewachsen und im wesentlichen — trotz mancher Gegensätze im einzelnen — zum Gemeingut der führenden Männer des preußischen Heeres geworden waren[38]). Es gab 1859 noch einzelne Generäle, wie Bonin, Steinmetz und Fürst Radziwill, die aus politischen Gründen oder aus Anhänglichkeit an eine ehrwürdige Tradition gegen eine radikale Beseitigung der Landwehr Bedenken trugen; daß sie gründlich reformbedürftig sei und ihren milizartigen Charakter verlieren müsse, darüber bestand allgemeine Einigkeit. Eine neue Offiziersgeneration war in den langen Friedensjahrzehnten herangewachsen: nüchterner als die Reformer von 1813, dem politischen Idealismus jener Epoche entfremdet, in ihrer Bildung viel enger fachmäßig begrenzt, aber zu pünktlichem Diensteifer und gutem Fachwissen erzogen, in der praktischen Truppenführung gut geschult und um so strenger monarchisch gesinnt, je mehr die liberale Strömung der Zeit gegen den „militärischen Kastengeist" und „Sklavengehorsam" Sturm lief. Reichlich zur Hälfte ging der Offiziersersatz schon längst aus Kadettenanstalten hervor (deren Erziehung auch Roon genossen hatte); in den Generalsstellen stieg der Anteil des Adels auf über neunzig Prozent; neben dem Nachwuchs aus Offiziersfamilien, insbesondere dem Landadel mit militärischer Tradition, spielten die Söhne des höheren Bürgerstandes in den meisten Regimentern kaum eine Rolle. Das alles ergab einen Offiziersstand von außerordentlich großer innerer Geschlossenheit und fester Tradition[39]). Die politische Ideenwelt, in der diese Offiziere lebten, stand zu dem bürgerlichen Denken der liberalen Epoche in schroffem Widerspruch. Eben diese Absonderung aber vom bürgerlichen Leben, dieser scharf ausgeprägte militärische Standesgeist wurde durch das Reformgesetz von 1860 noch wesentlich verstärkt.

Vor allem ordnete es die Landwehr in ihren jüngeren Jahrgängen der Linie als bloße Kriegsreserve ein und schaltete damit den Einfluß der bürgerlichen Landwehroffiziere mehr oder weniger aus. In derselben Richtung wirkte die starke Vermehrung der Offiziers- und Unteroffiziersstellen der stehenden Armee: sie vergrößerte das Gewicht des Berufssoldatentums und verlieh diesem Stand, der solange an stockendem Avancement gelitten hatte, neue Anziehungskraft. Eine Vermehrung der Kadettenhäuser und höheren militärischen Fachschulen war die natürliche Folge. Die Denkschrift Roons von 1858 schlug deshalb Wiederherstellung des Kadettenkorps im ursprünglichen Sinn vor: als Benefiz für die Söhne unvermögender Offiziere und des armen Adels; damit wurde gegen alle früheren Reformbemühungen, die schon Boyen begonnen hatte mit dem Ziel, das Adelsprivileg und den Standesgeist der Kadettenkorps zu durchlöchern und statt dessen im Sinn der Reformer von 1813 ein Vorrecht der (bürgerlichen) Allgemeinbildung zu schaffen, ausdrücklich Front gemacht. Roon begründete das mit der wirtschaftlichen Notlage vieler Offiziersfamilien. Aber lag die weitere Absperrung bürgerlichen Nachwuchses, die daraus folgen mußte, wirklich im recht verstandenen Interesse des Offiziersstandes? War es wohlgetan, die Kluft, die ihn vom gesellschaftlichen und geistigen Leben der Nation trennte, immer weiter zu vertiefen, statt sie rechtzeitig zu überbrücken? Angesichts der inneren Entfremdung zwischen demokratischer Volksströmung und adligem Kastengeist des Offizierskorps, die schon in der Restaurationsepoche sich anbahnte, hatten einzelne deutsche Militärschriftsteller schon längst empfohlen, durch stärkere Anteilnahme der Offiziere an den Bildungsgütern der Nation eine Gemeinsamkeit von Offiziersstand und Bürgertum zu begründen, die unter Umständen auch gegen das neuaufkommende Industrieproletariat von Nutzen sein könnte[40]). Tieferen Eindruck hatten sie nicht damit gemacht, und die preußischen Militärbehörden hatten fortdauernd Mühe, angesichts der Bildungsfeindlichkeit großer Teile des Offiziersnachwuchses

— aber auch mancher älteren Generäle — das geistige Niveau der militärischen Bildungsanstalten auf einiger Höhe zu halten. Vom Geist jener universalen, humanistischen Bildung, die aus den Briefen und Schriften der
Gneisenau, Boyen, Clausewitz zu uns redet, ist in dem schriftlichen Nachlaß
preußischer Generäle im Zeitalter der Reichsgründung nicht mehr allzuviel
zu bemerken; freilich ist auch das halbbarbarische Haudegentum, wie es aus
der friderizianischen Zeit noch bis in die Epoche Blüchers hinüberreichte, so
gut wie ganz verschwunden; und geistig sehr hochstehende, auch wissenschaftlich und literarisch vielseitig angeregte Generalstabsoffiziere haben
die preußische Armee immer geziert: Männer wie Moltke, Griesheim, Roon[41])
überragen auch an literarischer Bildung den Durchschnitt weit. Im ganzen
wird sich die Durchschnittsbildung dank eines durchgreifenden militärischen
Schulwesens gegenüber dem Jahrhundertbeginn sogar beträchtlich gehoben
haben; aber sie war strenger fachlich geworden, technisch straffer ausgerichtet:
die solide Fachschulung beginnt an die Stelle der bloßen Intuition genialer
Köpfe zu treten. Der Geist des positivistischen Zeitalters wurde auch im
Heer bemerkbar — um so mehr, als die Ansprüche an militärtechnisches
Wissen und Können und die Intensität des praktischen Ausbildungsbetriebes
der Truppe sich wesentlich gesteigert hatten. Auf den Vorwurf der liberalen
Opposition gegen die Kadettenanstalten, sie züchteten eine einseitige Fach-
bildung, erwiderte Roon, nicht Universalität, sondern Einseitigkeit der
Bildung mache schneidig für den praktischen Zweck, den eine Berufsbildung
nun einmal verfolge[42]). Es war die Antwort eines modernen Realisten, dem
es vor allem auf den Machteffekt ankommt. Überhaupt war der Standesgeist
des Offizierskorps viel zu geschlossen, um etwa irgendwelche Bildungslücken
zu empfinden oder gar sich von bürgerlichem Bildungsdünkel imponieren
zu lassen. Weit entfernt davon, in die Schule der bürgerlichen Bildung gehen
zu wollen, betrachtete sich die Armee jetzt selbst als Schule der Nation.
Nicht die Achtung der übrigen Stände durch gesteigerte Bildung zu erwerben,
konnte für einen Mann wie Roon das Ziel des Offizierskorps bilden, sondern
den irregeleiteten Geist der Nation in die Schule der Armee zu nehmen.
Aus rohen, ungeschliffenen Rekruten saubere, adrette Soldaten von guter
äußerer Haltung zu machen, vor allem aber ihnen eine königstreue Gesinnung einzupflanzen und damit den „Verirrungen" des liberalen Zeitgeistes
entgegenzuwirken — darauf kam es jetzt an[43]). Die Besorgnis, die Bonin,
der Kriegsminister, gegenüber der Roonschen Denkschrift von 1858 äußerte:
auf dem Weg solcher Reformen würde die Armee dem Lande wieder gänz-

lich entfremdet, ja gleichgültig werden wie vor 1806, wird der Verfasser gar nicht verstanden haben. Das Heer, das er und König Wilhelm schaffen wollten, sollte ja keine Berufsarmee sein, wie die preußische vor 1806, sondern ein echtes Volksheer, eine Armee der ernsthaft durchgeführten allgemeinen Wehrpflicht. Weit davon entfernt volksfremd zu sein, sollte diese Armee eine große Volksschule werden, der Offizier Volkserzieher, Volksbildner im größten Stile. Den Vorwurf der Liberalen, die neue „Kommiß"-Armee ohne Landwehr sei nicht volkstümlich, konnte er durch den Hinweis auf die im Grunde königstreue Gesinnung der ländlichen Bevölkerung widerlegen, auf die er nach den Erfahrungen von 1848 ebenso wie Bismarck am meisten baute. Fremd und zuwider war dieser Kommißgeist freilich der bürgerlichen Bildung; aber diese dünne Schicht spielte für eine realistische Machtpolitik keine ausschlaggebende Rolle mehr. Die Reformer von 1813 hatten in den Gebildeten der Nation noch die eigentlichen Träger des neuen politischen Geistes, der großen nationalen Erhebung gesehen und auf ihren freiwilligen Einsatz den neuen Staat bauen wollen. Seit den Erfahrungen von 1830 und 1848 dachte man darüber anders; seitdem kannte man vor allem die praktische Ohnmacht dieser bürgerlichen Bildungsschicht, sowohl gegenüber der Revolution von unten wie gegenüber der Reaktion von oben. Seitdem schien auch das Landwehrinstitut mit seinen schonsamen Formen der Dienstverpflichtung im Grunde überflüssig geworden. Überhaupt war die allgemeine Wehrpflicht jetzt längst so tief eingelebt, daß man ruhig die „eisernen Schrauben" der Kriegszucht (wie Roon das nannte), um einige Drehungen schärfer anziehen konnte, ohne in der Masse der Bevölkerung allzu großes Wehgeschrei zu wecken: blieb doch überdies für die gebildete Jugend das Einjährigen-Institut unverändert erhalten! So konnte man es wagen, die Landwehr aufgehen zu lassen in einem königlichen Volksheer, das nicht mehr (oder doch in viel geringerem Grade) auf bürgerliche Bedürfnisse zugeschnitten war, gleichzeitig aber sich selbst als Volkserziehungsinstitut — auch im politischen Sinn! — betrachtete.

Im Zusammenhang unseres Gesamtthemas bedeutet das alles den Anbruch einer neuen Epoche, ja fast eine Umkehrung des Verhältnisses von Heerführung und Politik. Hatte die Landwehr von 1814 eine teilweise Verbürgerlichung des Heeres bedeutet, so zeigte das königliche Volksheer von 1860 bereits eine deutliche Neigung zur Militarisierung des ganzen Volkes. Ehedem hatten sich die Militärs bemüht, ihre Heeresorganisation bürgerlichem Denken anzupassen; jetzt trotzten sie nicht nur „bürgerlichen Vorurteilen", sondern schickten sich an, diese Vorurteile auszurotten durch planmäßige militärische Erziehungsarbeit am Volke. Freilich ging das nicht ohne harten Kampf ab. Die schwerste innerpolitische Krisis der ganzen preußischen Geschichte ist daraus erwachsen. In ihr kamen viel tiefere Gegensätze zum Austrag, als der Vordergrund des parlamentarischen Streites erkennen ließ: es ging recht eigentlich um einen grundsätzlichen Widerstreit zwischen bürgerlich-politischem und militärischem Denken. Die Wesensart des preußischen Staates selbst — ob Militärstaat, Kriegerstaat, ob Bürger- und Rechtsstaat — wurde umkämpft. Der Verfassungsstreit von 1862—66 ist in seinem Kern der zweite der großen Konflikte in Preußen zwischen „Heerführung und Politik" gewesen.

6. Kapitel

DER HEERESKONFLIKT VON 1860/62 UND SEINE GESCHICHTLICHEN FOLGEN

Daran kann gar kein Zweifel sein, daß die liberale Opposition gegen König Wilhelms Heeresreform aus irgendwie bürgerlichen Instinkten erwuchs. Aber es ist schwierig, ihre letzten Motive quellenmäßig exakt zu erfassen. Einmal deshalb, weil in die sachliche Diskussion der militärischen Organisationsfragen fast von Anfang an rein politische, das heißt Machtgegensätze, mithineinspielten, die sehr bald alles andere überdeckten. Zum anderen darum, weil die Haltung der preußischen Liberalen in diesen militärischen Fragen innerlich zwiespältig, unsicher, vielfach unklar war. Ihre Führer waren fast alle selbst durch die Schule des preußischen Heeres gegangen; sie spürten alle, sofern sie nicht zur Gruppe der doktrinären Achtundvierziger gehörten, irgend etwas von dem harten Sachzwang, der zur Abkehr von den Idealen der alten Landwehr, des reinen Volksheeres nötigte. Weil sie einer Machterhöhung Preußens über ganz Deutschland zustrebten (wenn auch auf sehr verschiedenartigen Wegen), blieb ihnen gar nichts übrig, als jeder Verstärkung preußischer — und damit auch königlich preußischer — Waffenmacht zuzustimmen, die sich nur einigermaßen mit ihren Freiheitsidealen vertrug. Vor allem: 1848—49 waren alle Versuche einer liberalen Heeresorganisation, einer Verbürgerlichung der königlichen Armee, restlos gescheitert — was blieb ihnen da an positiven Zielen, die sie der Regierungsvorlage mit ernstlicher Hoffnung auf Erfolg hätten entgegensetzen können? Es ist in der Tat viel leichter zu sagen, was sie ablehnten, als was ihnen selbst als Ideal einer Heeresverfassung vorschwebte.

Das gilt vor allem von der Gruppe der sogenannten Altliberalen, der gemäßigten Mittelpartei, die mit dem Kurswechsel des Prinzregenten Wilhelm im Oktober 1858 aus der Rolle der Opposition erlöst wurde und nun sich jahrelang eifrig bemühte, durch loyale Unterstützung des Ministeriums der „Neuen Ära" ihre Brauchbarkeit als Regierungspartei zu erweisen. Unter Führung Georg von Vinckes war diese Gruppe zunächst allein maßgebend für die Haltung des Abgeordnetenhauses — erst die Zuspitzung der politischen Gegensätze seit 1861 verschaffte dann auch wieder den Radikalen, den achtundvierziger Demokraten, Gehör. Was in deren Oppositionsreden (etwa von Waldeck oder Schulze-Delitzsch) an Kritik der Heeresreform vorgetragen wurde, bietet nicht allzu viel historisches Interesse: es läuft im wesentlichen auf eine Wiederholung des alten Mißtrauens gegen stehende Heere hinaus, wie wir es schon von Rotteck her kennen und wie es im Revolutionsjahr überall aufgebrochen war. Es war ein Kunstgriff der Konservativen und Reaktionäre, beide Flügel des Liberalismus als ungeschiedene Einheit hinzustellen[1]) und dadurch den Altliberalismus dem Regenten verdächtig zu machen; in Wahrheit reichten die Gegensätze zwischen ihnen über das Taktische weit hinaus: sie wurzelten im Grundsätzlichen, in der ganzen Staatsauffassung. Das macht jedes unvoreingenommene Studium altliberaler Landtagsreden, Briefe, vertraulicher Meinungsäußerungen deutlich. Von grundsätzlicher Militärfeindschaft oder von Mißtrauen gegen das stehende Heer überhaupt darf man hier keinesfalls sprechen. Da aber die Kritik an der Heeresvorlage Roons zuerst von der altliberalen Seite ausging und die praktische Wirkung hatte, deren politische Chancen als Regierungspartei völlig zu zerstören, wird die Frage um so dringender, was der ursprüngliche Kern ihrer Opposition gewesen ist.

Zu ihrer Beantwortung wird man sich vorzugsweise an die frühesten Äußerungen militärisch-politischer Sachkritik halten müssen, wie sie den Reformabsichten Wilhelms gegenüber seit 1859, noch ungetrübt von der späteren politischen Verärgerung und Enttäuschung, laut wurden. Da ist nun ganz deutlich, daß die Sorge um Erhaltung des populären Landwehrinstituts als selbständige Heeresformation zunächst im Vordergrund stand. Man hört zum erstenmal davon im April 1859, noch in der Blütezeit konstitutioneller Hoffnungen der Altliberalen. Frh. Karl von Vincke-Olbendorf[2]) als Berichterstatter der Kommission für den Heeresetat beantragt, diesen ungekürzt ohne Diskussion zu bewilligen und rühmt die Umsicht und Weisheit der Regierung, welche die Militärausgaben von 1850—59 nur um vier Prozent (von 42 Prozent auf 46,6 Prozent) der gesamten Staatsausgaben gesteigert habe. Auch die von der Regierung geforderten 409 neuen Offiziersstellen für aktive Kompanie- beziehungsweise Schwadronchefs der Landwehr will die Kommission bewilligen, jedoch mit dem Zusatz: man erwarte, „daß eine weitere Umgestaltung der Landwehrordnung nicht ohne gesetzliche Regelung erfolgen werde". Georg von Vincke, der Fraktionsführer der Altliberalen, hält das für eine unnötige Mißtrauensäußerung: einstweilen höre man nur gerüchtweise von Absichten der Regierung, den Charakter der Landwehr zu ändern, sie zu einer bloßen Armeereserve zu machen und mit der Linie mehr oder weniger zu verschmelzen. Sollten diese Gerüchte freilich auf Wahrheit beruhen, so würde das eine Zerstörung teuerster historischer Erinnerungen, eines „Palladiums preußischer Freiheit" bedeuten. Über die militärische Leistung der Landwehr könne freilich nur der Fachmann urteilen; aber sicherlich käme es doch nicht nur auf die technische Schulung, sondern „auch auf den Geist an, der in den Massen lebt, die gegen den Feind in Bewegung gesetzt werden sollen"; dieser Geist nicht zum wenigsten habe 1813 gesiegt. Sollten Umgestaltungen der Landwehr notwendig sein, so dürfe man wohl darauf vertrauen, daß die Regierung sie „nur auf Grund der allerreiflichsten und sorgfältigsten Prüfung und namentlich mit Rücksicht auf den Geist, wie er in unserer Landwehr lebt..." sowie nur unter Mitwirkung des Hauses vornehmen würde, sofern eine förmliche Gesetzesänderung nötig sein sollte. Diesen Erklärungen waren sehr besorgte Äußerungen ungenannter Abgeordneter in der Kommission vorangegangen: es scheine so, als ob das Avancement der Landwehroffiziere noch mehr als bisher zugunsten der Linie gelähmt werden sollte; schon jetzt würde die Führung der Landwehrkompanien und -eskadrons fast ausnahmslos an Linienoffiziere übertragen, dem Landwehroffizier dadurch die Dienstfreudigkeit genommen; bildeten doch die höheren Linienoffiziere, die über die Qualifikation ihrer Kameraden von der Landwehr zu urteilen hätten, diesen gegenüber Partei! Man solle doch die Landwehr nicht allmählich ruinieren, sondern offen sagen, ob man sie nicht mehr haben wolle. In diesem Fall würde sich's fragen, ob man es bei der allgemeinen Wehrpflicht ohne Stellvertretung lassen sollte[3])!

Das deutet auf eine tiefgehende Eifersucht des gebildeten Bürgertums, wie es die Altliberalen vertraten, gegen das Offizierkorps der Linie hin: es ist einfach der soziale und politische Geltungsdrang des Besitzbürgertums, der sich hier zu Worte meldet. Wie unsicher sich der halbliberale Kriegsminister von Bonin diesem Sturm gegenüber fühlte und wie fern er innerlich selber dem Geist des von Wilhelm I. geplanten Reformwerks stand, zeigt deutlich seine Antwort im Plenum. Er beeilte sich zu versichern, auch die Regierung betrachte die Landwehrordnung von 1815 als Gesetz; sie könne also nur auf gesetzlichem Wege abgeändert werden. Die Gerüchte über eine bevorstehende völlige Umgestaltung des Heerwesens wären aus der Luft gegriffen. Jedenfalls „in den Grundprinzipien, in der Grundform, auf welcher unsere Landwehrordnung beruht, an den Grundideen unseres ganzen Heerwesens für Linie und Landwehr wird nichts geändert werden". Eine erstaunliche Erklärung angesichts der Tatsache, daß schon seit Juli 1857 Entwürfe zu einer vollen Umschmelzung der Landwehr zur Linienreserve im Kriegsministerium bearbeitet wurden und daß der neue große Organisationsplan Roons, des späteren Ministers, vom Regenten dringend befürwortet, Herrn von Bonin schon seit dem 8. Januar vorlag[4])! Die Liberalen wurden dadurch in Illusionen gewiegt, der Prinzregent war empört[5]), und im Landtag nagelte sofort der konservative Fraktionsführer von Blanckenburg, Roons Neffe und politischer Intimus, die Entgleisung des Ministers öffentlich fest: die Landwehrordnung von 1815 sei keineswegs Gesetz, sondern königliche Verordnung, tatsächlich vom obersten Kriegsheern schon oft durchbrochen und in hohem Grade reformbedürftig; es sei eine Anmaßung der Kammer, durch irgendwelche Vorbehalte das königliche Recht zur freien Ernennung der Landwehroffiziere beschränken zu wollen.

Damit waren bereits — wie in einem Vorspiel — die Grundstellungen der Parteien bezeichnet, aus denen der spätere Heereskonflikt sich entwickeln sollte: die Altliberalen eifersüchtig auf die Geltung und selbständige Stellung der als irgendwie „bürgerlich" empfundenen Landwehr, zugleich aber ängstlich besorgt, durch allzu schroffe Opposition ihre Stellung als „Regierungspartei" zu verscherzen; die Konservativen eifrig bemüht, den Regenten von seinen liberalen Beratern und Ministern zu trennen, sich selbst als Verteidiger unbeschränkter Kronrechte in Heeresfragen zu empfehlen.

In ausführlicher Diskussion wurde indessen die Haltung der Liberalen erst 1860 entwickelt, bei der Beratung der von dem neuen Kriegsminister Roon vertretenen Regierungsvorlage in der Militärkommission[6]). Zur Landwehrfrage trat jetzt die Forderung nach Verkürzung der Dienstzeit hinzu. Sie ist dann in den weiteren Verhandlungen immer mehr in den Vordergrund gerückt, während die Unmöglichkeit, wesentliche Teile des alten Landwehrsystems noch zu retten, allmählich auch den Liberalen — zum mindesten ihrer Führerschaft — immer klarer wurde. Sehr denkwürdig aber ist der Versuch der Kommission von 1860 (unter Führung des Generals Stavenhagen), eine Kompromißlösung zu finden, die beiden gerecht würde: den strengeren militärischen Anforderungen der neuen Zeit und zugleich dem politischen Bedürfnis, das den Geist der Erhebung von 1813 und ihrer volkstümlichen Armeeorganisation lebendig erhalten wollte. Recht eindrucksvoll spricht der Kommissionsbericht von dieser großen Tradition. Die Boyen und

Grolman, so heißt es da, haben die Landwehr durchaus nicht als einen bloßen Notbehelf angesehen, sondern als das vollkommenste Mittel, um alle volkstümlichen Kräfte des verhältnismäßig kleinen preußischen Staates für den Krieg zu mobilisieren, ohne sie schon im Frieden zu erschöpfen. Was Preußen an materiellen Mitteln fehlt, muß es durch moralische Anstrengung ersetzen. Die aber findet ihre Begründung nur „in der warmen Liebe für König und Vaterland, welche das Volk erfüllt, in seinen großen geschichtlichen Erinnerungen, in seiner treuen Liebe und Aufopferungsfähigkeit". „Preußen kann gar keinen großen und entscheidenden Krieg führen ohne die Teilnahme des Volkes, da ein solcher Krieg zu schwere Opfer von ihm fordert, als daß sie dargebracht werden könnten, wenn das Volk nicht mit Liebe und Seele dazu steht." Solche Gefühle und Eigenschaften wachzuhalten und zu pflegen, ist recht eigentlich die Aufgabe preußischer Staatsmänner; und eben dieser Aufgabe wurde die Landwehrorganisation Boyens am besten gerecht. Die militärtechnische Kritik hat freilich schon bald nach 1815 eingesetzt; der Bericht darüber gibt einen recht sachverständigen geschichtlichen Überblick; aber die technischen Mängel des Instituts wurden von jeher aus politischen Gründen stark übertrieben. Um sie zu beseitigen, wird die Hauptsache sein: schon im Frieden einen ausreichenden Stamm von geschulten Offizieren und Unteroffizieren bei der Linie zur Verfügung zu halten. Dazu, also zu einer beträchtlichen Vermehrung der Etatsstellen des stehenden Heeres, erklärte sich die Kommission ausdrücklich bereit[7]).

Weiterhin bestand Übereinstimmung über die Notwendigkeit, das Heer zu verjüngen und die Kriegslasten durch stärkere Rekrutierung gerechter zu verteilen. Der Grundsatz, daß möglichst alle Diensttauglichen zu den Fahnen eingezogen werden sollten (zunächst jährlich etwa zwanzigtausend mehr, also eine Verstärkung um die Hälfte der bisherigen Quote), fand nicht nur „ungeteilte Anerkennung"[8]), sondern einzelne Mitglieder der Kommission wollten überhaupt von einer Beschränkung auf bestimmte Jahresquoten der Rekrutierung nichts wissen, sondern alle Wehrfähigen schlechthin einziehen. Und der Gedanke, den der Regierungsvertreter (vermutlich Roon) einmal hinwarf, man würde bei zweijähriger Dienstzeit am Ende auch in Preußen das System der Stellvertretung (des Besitzbürgertums durch angeworbene Berufssoldaten) einführen müssen, um sich brauchbare Unteroffiziere zu verschaffen, lehnte die Kommission mit solcher Heftigkeit ab, daß sie erklärte, lieber einer vierjährigen Dienstzeit als diesem durch und durch unpreußischen System zustimmen zu wollen[9]). Das stehende Heer erhielt also in Zukunft

gewaltig verstärkte Reserven; dadurch wurde es unnötig, im Ernstfall jedesmal, wie bisher, auch größere Teile der Landwehr zu mobilisieren. Die Regierungsvorlage wollte ihre jüngeren Jahrgänge zur Heeresreserve schlagen,
die älteren ganz aus der mobilen Feldarmee ausscheiden und im allgemeinen
nur noch als Heimattruppe verwenden. Auch der Kommissionsvorschlag lief
auf eine starke Verminderung des Anteils der Landwehr an der Mobilmachung hinaus; hatte sie früher etwa die Hälfte des gesamten Armee-
bestandes ausgemacht, so sollte sie jetzt auf ein Drittel reduziert werden[10]).
Wenigstens diesen Restbestand aber suchte die Kommission zu retten. Während die Regierungsvorlage der mobilen Armee nur acht Jahrgänge zur Verfügung stellte (drei aktive, fünf Reserve), sah die Kommission statt dessen
zwölf Altersklassen vor, davon sechs als Linie (zwei aktiv, vier Reserve),
weitere sechs als Landwehr. Das wären dann die 26 bis 32jährigen: lang-
geübte Soldaten im kräftigsten Lebensalter, unter geschulten Offizieren —
nicht eine Truppe zweiten Ranges, sondern eher eine „Elite". Aber war das
noch Landwehr im Boyenschen Sinn? Großenteils von aktiven Berufsoffizieren geführt, sollten diese Landwehrleute wohl zu eigenen Bataillonen formiert werden; aber diese sollten jeweils im Verband desselben Linienregi-
ments und unter demselben Kommandeur fechten, dem sie auch schon für
ihre Friedensübungen zugeteilt wären. Man sieht deutlich: praktisch wurde
auch so die Landwehr zur Linienreserve gemacht. Der Boyensche Grundsatz,
sie streng von der Linie getrennt und jeden maßgeblichen Einfluß des aktiven
Offizierskorps von ihr fernzuhalten, war völlig preisgegeben. Was bedeutete
es da schon, daß nach dem Kommissionsvorschlag zwei Jahrgänge noch als
„Landwehr" bezeichnet wurden, die in der Regierungsvorlage als „Reserve"
erschienen? Formell dehnte die Kommission die Dienstverpflichtung in der
Fronttruppe um vier Jahrgänge weiter aus als die Regierung; da aber diese
sich vorbehielt, je nach Bedarf auch noch weitere Teile der Landwehr zum
Felddienst oder zu den Ersatzbataillonen heranzuziehen und die Kommission
überzeugt war, daß die acht Jahrgänge der Regierungsvorlage niemals ausreichen würden, den wirklichen Kriegsbedarf zu decken, wären praktisch
wohl in jedem Fall ungefähr dieselben Jahrgänge voll ins Feld gerückt. Nur
daß nach dem Kommissionsvorschlag das ehrwürdige Institut der Landwehr
nicht förmlich zu einer bloßen Garnisontruppe degradiert und als Feldtruppe
abgeschafft wurde (denn so empfand es die liberale öffentliche Meinung), sondern als gleichwertige Kampftruppe anerkannt und wenigstens formell bestehen blieb — wenn auch nicht eigentlich als selbständiger Heeresteil.

So betrachtet erscheint der Unterschied beider Entwürfe recht unbedeutend
— fast nur als Ehrensache: die Landwehr (deren Offizierskorps die liberale
Führerschicht sicherlich selbst zum großen Teil angehörte) sträubt sich, als
bloße Garnison- und Besatzungstruppe hinter der Linie zurückzustehen; sie
hat den Ehrgeiz, vom ersten Kriegstage an mit gegen den Feind geführt zu
werden und an den Lorbeeren der Linie teilzunehmen[11]). Der Regierungsvertreter in der Kommission äußerte denn auch seine Verwunderung darüber,
daß die Opposition ja eigentlich auf eine noch engere Verschmelzung von
Linie und Landwehr abziele und noch mehr Jahrgänge ins Feld schicken
wolle als die Regierung. Und im vertrauten Kreise der ehemaligen Kamarilla
war man nicht wenig erstaunt, daß die altliberalen Minister der „Abschaffung" der Landwehr so gut wie keinen Widerstand entgegengesetzt hätten[12]).
    In der Tat sieht man, wie die Landwehrfrage sehr bald gänzlich aus den
Anliegen der Altliberalen verschwindet. Sie spielte in den nächsten Jahren
nur noch als Propagandamittel der Radikalen eine Rolle, wenn es galt, die
„Volksfeindlichkeit" der „Reaktionäre" und ihrer Heeresreorganisation
recht kraß auszumalen. So etwa, wenn der Demokrat Waldeck die populäre
Landwehr als besten Schutz gegen unnütze Kriege, ja geradezu als „eines
der besten Außenwerke unserer Verfassung und unseres Gemeindelebens"
pries[13]). Rein doktrinär war auch die Haltung des großen Juristen Gneist,
der die Ideale wehrhafter Volksfreiheit nach wie vor nur in der Form
einer Bürgerarmee verwirklicht sehen konnte, die bis in ihre Spitze, das
heißt bis zu den Generälen unabhängig bliebe vom Einfluß der Berufsarmee
und sogar im Rat der Krone ihre besondere Vertretung fände[14]). Das waren
Utopien, welche die meisten Altliberalen längst preisgegeben hatten. Was
dagegen der Kommissionsvorschlag von 1860 an Landwehreinrichtungen
noch festgehalten hatte, fand im Lande, wie Georg von Vincke 1862 selbst
bekannte, keinen Widerhall mehr. Im Gegenteil: das Land war froh über die
Erleichterung der Landwehrpflichten, welche die Roonsche Heeresreform
brachte, und gerade die Landwehroffiziere waren zumeist wenig entzückt
von dem Gedanken, nach dem Kommissionsvorschlag unmittelbar in den
Verband der Linienregimenter eingefügt und unter die direkten Befehle ak-
tiver Regimentskommandeure gestellt zu werden. Die Fraktion Vincke ließ
also diesen Punkt des Stavenhagenschen Entwurfs von 1860 ausdrücklich
fallen[15]). In der großen Militärdebatte, die dem Ausbruch des Verfassungs-
konflikts unmittelbar voranging, erklärten sich alle Größen des Rechts-
liberalismus: Heinrich von Sybel, beide Vinckes und Graf Schwerin-Putzar,

aber auch der gemäßigte Fortschrittler Twesten mit den Grundzügen der neuen Heeresorganisation Roons (abgesehen von der dreijährigen Dienstzeit) ausdrücklich einverstanden; ja sie begrüßten die Umwandlung der Landwehr jetzt geradezu als eine „Erleichterung": das stehende Heer der allgemeinen Wehrpflicht nannte Vincke-Olbendorf nicht eine Bedrohung, sondern eine „große Garantie für die Freiheit". Graf Schwerin ging soweit, jeden Unterschied zwischen einer königlichen Armee der allgemeinen Dienstpflicht und einem Volksheer zu leugnen, und Twesten meinte wenigstens, die politische Bedeutung der Landwehr werde von der demokratischen Opposition gewaltig übertrieben; sie „sei weder ein Förderungsmittel gewesen für die Herbeiführung des konstitutionellen Staatswesens von 1848, noch ein Sicherheitsmittel für die Rechte und Volksfreiheiten seit 1848". Ihre neuerliche Einschränkung sei die ganz natürliche, unvermeidliche Folge der vermehrten Rekrutenaushebung für das stehende Heer, und praktisch-politisch sei der Unterschied sehr gering, ob ein Reservist in die Kadres der stehenden Armee oder in besondere Landwehrbataillone eingereiht würde, wenn diese alle doch gleichmäßig unter einem Kommando ständen. Als wirkliches „Volksheer" könne man nur eine Miliz nach schweizerischem Muster betrachten; aber deren Einführung in Preußen werde ja niemand im Ernst für möglich oder wünschenswert halten[16]).

Aus alledem sieht man deutlich, daß in der liberalen Parteigruppe, die 1859/60 den preußischen Landtag beherrschte, der Glauben an die Landwehr von 1813 keine lebendige Kraft mehr besaß. Diese Altliberalen betrachteten sich selbst — nicht mit Unrecht — als die legitimen Geisteserben der Erhebungszeit und ihres Reformerkreises[17]), als Träger eines bewußt deutschen, den französischen Freiheitsidealen sich entgegenstemmenden, das heißt antidemokratischen Liberalismus. Aber als moderne Realisten, großenteils selber aus höheren Militärkreisen stammend oder mit ihnen in engster Fühlung, ließen sie sich ziemlich rasch davon überzeugen, daß die Landwehrordnung von 1815 hoffnungslos veraltet sei. So kam es in ihren Reihen nur noch zu einer Art von resigniertem Nachhall, nicht zu einer wirklichen Neubelebung des Volksheergedankens. Daß die Landwehrfrage 1863, auf dem Höhepunkt des Konflikts, doch noch einmal angeschnitten wurde, ging von den radikalen Fortschrittlern, nicht von den Altliberalen aus, die jetzt innerhalb der vereinigten Opposition nicht mehr die Führung hatten.

Nach alledem lag es bestimmt nicht an der Landwehrfrage, daß die Gegensätze von Landwehr und Regierung in den Verfassungskonflikt hineintrieben. Viel wichtiger war der Streit um die *zwei- oder dreijährige Dienstzeit.* Weshalb die liberale Kammermehrheit seit 1860 die Wiedereinführung der zweijährigen Dienstzeit forderte, ist bekannt. Sie verdankte ihre parlamentarische Machtstellung ganz wesentlich der Wahlenthaltung der achtundvierziger Demokratie; das nötigte sie doppelt zur Rücksichtnahme auf die Stimmungen ihrer Wähler. Sollte sie nun das liberale Regime eröffnen mit einer gewaltigen Vermehrung der Militärlasten (nebst einem fünfundzwanzigprozentigen Steuerzuschlag!) ohne irgendeinen Ausgleich, der dem Einzelnen als Erleichterung spürbar wurde? Sie berief sich auf die wirtschaftliche Notwendigkeit, den Ausfall von jährlich zwanzigtausend neuausgehobenen Arbeitskräften durch Verkürzung der Dienstzeit wettzumachen, auf zahlreiche ältere und neuere Gutachten angesehener Generäle, die eindeutig die zweijährige Dienstzeit befürworten[18]) und auf die Möglichkeit, mit Hilfe des so beschleunigten Mannschaftswechsels die gleiche Zahl ausgebildeter Reserven mit wesentlich weniger Friedensstellen, also wesentlich billiger zu erzielen[19]). Man hoffte nicht weniger als 2½ Millionen Taler allein im Ordinarium des Jahresetats (ohne Kasernen- und Lazarettbauten und dergleichen) zu ersparen. Wer nun die Vorgeschichte der Heeresvorlage von 1860 kennt — den verzweifelten Kampf zuerst der Referenten des Kriegsministeriums, dann des Gesamtministeriums gegen die Höhe der Kosten und insbesondere gegen das starre Festhalten des Regenten an der dreijährigen Dienstzeit (auch Roon war bereit gewesen, darauf zu verzichten), der ermißt die ganze Schwierigkeit für Roon, gerade an diesem entscheidenden Punkt die Sache seines Monarchen wirklich überzeugend und eindrucksvoll zu vertreten. Das stärkste Argument, das er immer wieder ins Feld führte, war die Notwendigkeit einer möglichst großen Zahl von Kadres der Linie und einer möglichst großen Präsenzziffer von langgedienten Soldaten, um damit die Mobilmachung und die feste Eingliederung der Reservemänner in die stehende Armee zu erleichtern. Aber gerade dieser Gedankengang reizte auch wieder zum stärksten Widerspruch der liberalen öffentlichen Meinung: jedermann sah nun das Land sich erfüllen mit massenhaften neuen Kasernenbauten, sah eine gewaltig gesteigerte Heranzüchtung von Unteroffizieren und Berufsoffizieren auf Militärschulen und Kadettenanstalten: das Wachstum eines Apparates, dessen Träger man in erklärtem Widerspruch wußte zum liberalen Zeitgeist und weithin entschlossen, den Kampf dagegen mit allen Mitteln (auch wohl denen der militärischen „Volkserziehung") aufzunehmen. Was aber der Minister sonst noch an Motiven für die dreijährige Dienstzeit im Sinn des Regenten vortrug, lief in der Hauptsache auf den uns wohlbekannten Kerngedanken des Prinzen Wilhelm seit 1833 hinaus: es müsse den Eingezogenen nicht bloß eine technische Fertigkeit übermittelt, sondern vor allem der „rechte kriegerische Geist" eingepflanzt werden. Dagegen führten die Liberalen sehr wirksame Äußerungen des früheren Chefs des Großen Generalstabes, General Krauseneck an: Es widerspreche dem Geist des preußischen Volksheeres, den einzelnen Soldaten von den übrigen Staatsbürgern abzusondern und mit einem eigenen soldatischen Standesgeist erfüllen zu wollen; das sei nur in Heeren mit vieljähriger Dienstzeit möglich. Militärisch sei diese langjährige Gewöhnung alter Troupiers übrigens durchaus nicht von unbestrittenem Wert. „Einen Standesgeist", folgerte daraus die Kommission, „mögen sich die Offiziere und Unteroffiziere bewahren; ihn auch auf den Soldaten, der seine Dienstpflicht ableistet, übertragen zu sehen, entspricht weder den Wünschen der Nation noch der Natur der Dinge, und es ist eine Täuschung, wenn man darin mehr in drei als in zwei Jahren zu erreichen denkt. Die Ableistung der Dienstpflicht ist für die große überwiegende Mehrzahl eine schwere Pflicht, der man sich aber dem Gesetz gemäß und aus Verständnis für das Bedürfnis des Vaterlandes unterzieht. Liebe zum kriegerischen Berufe wird nur ausnahmsweise sich zeigen, was aber keineswegs ausschließt, daß jeder bereitwillig zu den Fahnen eilt, wenn der König und das Vaterland zu den Fahnen rufen. Zucht und Ordnung lernt der Mann aber auch in zwei Jahren hinlänglich, und er wird sich ihr um so williger unterwerfen, wenn er einsieht, daß er nicht länger als nötig seinen heimatlichen Verhältnissen entzogen wird. Gerade darum kommen bei der im dritten Jahre dienenden Mannschaft verhältnismäßig die meisten Bestrafungen vor, weil sie zu begreifen glaubt, daß man ihr eine überflüssige Last auferlegt, und weil sie meint, daß sie das, was erlernt werden muß und soll, schon kenne." Ein ausreichender oder besserer Unteroffiziersstand werde nicht durch das dritte Dienstjahr, sondern nur durch größere, in jedem Fall notwendige Aufwendungen für die Unteroffiziere zu gewinnen sein.

Das sind denkwürdige Äußerungen: man sieht in ihnen noch einmal den Geist der Volksarmee sich wehren gegen das königliche Berufsheer — ein letztes Sträuben des Bürgertums gegen die Idee seiner totalen Militarisierung. Es war ein heikles Grenzgebiet zwischen militärtechnischen und rein politischen Erwägungen, auf denen sich diese Debatte bewegte, und in den nächsten Jahren ist ihr Roon, zumal im Plenum der Kammer, nach Möglichkeit ausgewichen[20]); praktisch waren ihm ja hier die Hände durch den unerschütterlichen Willen des Regenten gebunden.

Wesentlich verstärkt wurde der ungünstige Eindruck der Wehrvorlage auf die Liberalen durch eine Reihe von Forderungen, die weniger aus einem ernsthaften sachlichen Wehrbedürfnis als aus der höfischen Liebhaberei für Paradetruppen zu entspringen schienen: vor allem die starke Vermehrung der Garderegimenter, der übermäßige Präsenzstand der Gardebataillone im Frieden, große neue Aufwendungen für die Kavallerie und dergleichen. Wichtiger als diese „Amusetten", an denen auch eifrige Befürworter der dreijährigen Dienstzeit wie Th. von Bernhardi Anstoß nahmen und deren Bewilligung sogar dem hochkonservativen Abgeordneten und Intimus Roons M. von Blanckenburg-Zimmerhausen „blutsauer" fiel[21]), war das politische Mißtrauen der Liberalen gegen die Hintermänner des ganzen Reorganisationswerkes. Man erzählte sich im Kreise der Eingeweihten, erst die Junkerpartei, vertreten vor allem durch den einflußreichen Generaladjutanten Edwin von Manteuffel, habe die Militärforderungen zu solcher Höhe geschraubt: „teils in der Absicht, eine Armee von Berufssoldaten zu schaffen, deren Offiziere dem Junkerstand und der Junkerpartei angehörten — eine Armee, welche die Partei für ihre Zwecke brauchen könnte, mit der sie ‚die Revolution niederhalten', das heißt sich selber in der Herrschaft im Lande behaupten könnte, teils in der Hoffnung, bei dieser Gelegenheit das liberale Ministerium zu stürzen, wenn die Sache nicht durchginge und das renitente Haus der Abgeordneten zu sprengen", um dann konservative Neuwahlen mit amtlicher Wahlmache zu erzwingen[22]). Man hörte überdies von vergeblichen Bemühungen des Ministeriums, die allgemein als untragbar empfundene Höhe der Geldforderungen herabzusetzen[23]), besorgte neue, noch gar nicht abzusehende Steigerungen bei der praktischen Durchführung des Reorganisationswerkes und fürchtete, daß Preußen dadurch trotz glänzender augenblicklicher Finanzlage gelähmt werden könnte sowohl in seiner allgemeinen Wehrpolitik (Ausbau der Festungen, der Flotte und anderes mehr) wie in der Durchführung von Kulturaufgaben. Ihr eigentliches Gewicht erhielten solche Besorgnisse aber doch erst durch jene politischen Stimmungen: die Unbeliebtheit des königlichen Offizierskorps beim liberalen Bürgertum, entspringend aus Eifersucht, Mißtrauen und mancherlei bitteren Erfahrungen mit politisierenden Generälen der „Kamarilla" seit 1848. Lief nicht am Ende das ganze Reorganisationswerk auf eine Stärkung antiliberaler Elemente, auf eine Art von konservativer „Parteiarmee" hinaus? Befürchtungen dieser

Art mußten sich noch steigern, wenn General von Prittwitz gleich in der ersten Plenarsitzung, in der man über die Armeereform verhandelte, die Regierungsvorlage laut pries, weil sie „die älteste und festeste Säule alter preußischer Traditionen und Institutionen, das bisher noch unangetastete Bollwerk gegen alle nivellierenden Tendenzen der Neuzeit, ich meine die Armee", vor dem Eindringen demokratischer Prinzipien zu schützen und ihr den „rein soldatischen Geist" zu erhalten geeignet sei[24]). In den Kommissionsverhandlungen hagelte es Beschwerden über die Bevorzugung adliger, Zurücksetzung bürgerlicher Elemente, besonders solcher aus liberalen Kreisen, bei der Annahme von Offiziersaspiranten, über den „exklusiven Standesgeist" des Offizierskorps, über seine Entfremdung vom Volksleben. Alle Hinweise der Regierung auf die bestehenden Bestimmungen für den Offiziersersatz, die paritätisch lauteten, auf die gleichmäßige Heranziehung aller Berufsstände zur Wehrpflicht und auf die Notwendigkeit, einen gewissen korporativen Geist im Offiziersstand zu pflegen, blieben ohne Eindruck; allzu deutlich zeigte die Praxis der Regimenter, zumal der Garde und der Kavallerie, die tatsächliche Fortdauer aristokratischen Standesgeistes, gegen den sich das bürgerliche Selbstbewußtsein nun einmal empörte[25]).

Trotz aller dieser Verärgerungen schien aber im Frühjahr 1860 eine Verständigung zwischen Regierung und Abgeordnetenhaus noch keineswegs ausgeschlossen; vor allem die beiden Vinckes blieben fortdauernd darum bemüht; die Diskussion in Parlament und Presse vermied noch bewußt die äußerste Schärfe. Hätte die Regierung in der Hauptfrage der dreijährigen Dienstzeit nachgegeben und in einige Ersparnisse gewilligt, so war jedermann überzeugt, daß in den übrigen Fragen ohne allzu große Schwierigkeit eine Einigung zu erreichen war; denn natürlich fürchteten die Liberalen den offenen Bruch. Aber dazu gehörte eine Bereitschaft zum Kompromiß auch auf seiten des Regenten, die hier offensichtlich fehlte. Diesen großen Reformplan betrachtete Wilhelm als sein höchstpersönliches Werk — die bedeutendste Leistung eines mehr als sechzigjährigen Lebens. Wie sehr hatte aber gerade die dreijährige Dienstzeit von Anfang an im Mittelpunkt seiner Wünsche gestanden! Und überhaupt: wieviel Mühe hatte er doch schon gehabt, alle seine Forderungen gegen die Bedenken seiner Minister durchzusetzen! Nun kamen auch noch diese Abgeordneten und wollten es besser wissen! Ja, sie nahmen sich heraus, einen vollständigen Gegenentwurf vorzulegen! „Die Herren in der Militärkommission sind alle konfus geworden — die verabschiedeten Militärs sind die Schlimmsten — nun, ich werde noch in dieses

Wespennest fahren!" — so apostrophierte er den altliberalen Mittelsmann Freiherrn Vincke-Olbendorf vor Zeugen in einem Hofkonzert. Schon im Februar 1860, bald nach Beginn der parlamentarischen Beratungen, war er so erregt, daß Vincke seine Äußerungen den Abgeordneten nicht mehr mitzuteilen wagte. Wenn die Vorlage nicht ohne Änderungen durchginge, ließ er sich vernehmen, müsse er entweder die Kammer nach Hause schicken (das heißt auflösen), oder selbst die Regierung niederlegen und die Sache seinem Sohn überlassen[26]). Eine Drohung, die er seitdem viele Male bis zur Berufung Bismarcks wiederholt hat, um seine Minister zum „Gehorsam" zu zwingen. Es schien unmöglich, ihn auch nur in Nebenpunkten zu Konzessionen zu bringen[27]).

Die Liberalen selbst haben es später als die größte Torheit ihrer Geschichte beklagt, daß sie angesichts dieser Lage nicht bedingungslos ihre Opposition aufgaben und die Wehrvorlage, ebenso wie ihr Ministerium es tat, „in Bausch und Bogen" ohne jede Streichung annahmen, um sich nur ja in ihrer Stellung als Regierungspartei zu behaupten. Der Militärschriftsteller Th. von Bernhardi, ein kluger, ihnen innerlich nahestehender Beobachter, hat ihnen denselben Rat immer von neuem gegeben und war entsetzt über ihre Unnachgiebigkeit; auch ihre Mittelsmänner zum Hofe, wie der Historiker Max Duncker, neigten dieser Ansicht zu; überhaupt waren die liberalen Historiker mit ihrem starken Interesse für außenpolitische Fragen der Heeresreform günstig gesinnt, weil es ihnen in erster Linie auf eine verstärkte Machtstellung Preußens ankam. Seit dem Verfall der russischen und österreichischen Allianz schien ihnen das alte Defensivsystem von 1814 nicht mehr zureichend[28]); so kamen sie über finanzielle Bedenken leichter hinweg. Indessen geht es auch im Leben der Parteien zunächst immer um die Macht. Was war das schon für eine „Machtstellung" der „Regierungspartei", wenn diese bedingungslos zu allem Ja sagen mußte, was man ihr vorlegte, auch zu den unpopulärsten Gesetzen, ohne den geringsten Einfluß auf den Gang der Außen- und Innenpolitik zu gewinnen? Auf den Vorwurf Sybels, die altliberale Fraktion lasse ihre eigene Regierung im Stich, erwiderte Vincke: „Die Minister hätten oft genug gesagt, sie seien nicht das Ministerium einer parlamentarischen Partei, sondern das Ministerium eines Regenten"[29]). In den Augen Wilhelms I. war das zweifellos so; er erwartete und verlangte von seinen Ministern ganz persönliche Gefolgschaft und hätte sie ohne Zögern entlassen, sobald sie sich etwa als liberales Parteiministerium hätten aufspielen und auf die Wünsche der liberalen Parteien hätten berufen wollen.

Sie waren also zu höchster Vorsicht genötigt, und diese beständige taktische Rücksichtnahme brachte ihre ohnedies unsichere und unklare Politik vollends in den Ruf der Verzagtheit und Halbheit. In der Außenpolitk erntete die „Neue Ära" lauter Mißerfolge; das Mißtrauen in ihre Tatkraft, die Befürchtung, mit dem vergrößerten Heer würde diese Regierung doch nichts Rechtes anzufangen wissen, insbesondere der nationalen Einigung keinen Schritt näher kommen, und so würde zuletzt alles auf einen vergrößerten Militärapparat zu reinen Paradezwecken hinauslaufen — diese Besorgnis liberaler Kreise hat dem Reorganisationswerk mehr als irgend etwas anderes geschadet. Innenpolitisch war aber gerade im Frühjahr 1860 die Enttäuschung groß: in der inneren Verwaltung, deren personale Zusammensetzung noch aus der Reaktionsepoche stammte, hatte sich praktisch sehr wenig oder nichts geändert; die ersten schüchternen Reformversuche des liberalen Ministeriums, die Gesetze über Zivilehe und Grundsteuerausgleich (des adeligen Großgrundbesitzes), waren am Widerstand des Herrenhauses schon zum zweitenmal gescheitert, und an eine Reform des Herrenhauses war vorläufig gar nicht zu denken.

Unter solchen Umständen gewannen ganz von selbst die Stimmen derer an Gewicht, die jedes weitere taktische Rücksichtnehmen auf die Wünsche des Regenten und seiner hochkonservativen militärischen Umgebung für Verrat an den „liberalen Prinzipien" und Selbstaufgabe der Partei erklärten. In gewissem Sinn standen die liberalen Parteiführer mit ihren Entschlüssen jetzt zwischen Scylla und Carybdis. Lehnten sie die Militärvorlage der Regierung ab oder bestanden sie auch nur zähe auf ihren Änderungsvorschlägen, so liefen sie Gefahr, daß der Regent dem liberalen Kurs überhaupt den Rücken kehrte und sich willigere Helfer suchte, die sich ja — in Gestalt der königstreuen Junkerpartei — seit langem schon anboten[30]). Denn der Gedanke, den viele Liberale damals diskutierten: den Monarchen durch Schwierigkeiten, die man ihm in dieser seiner Herzensangelegenheit machte, zu einem entschiedener liberalen Kurs zu nötigen und das parlamentarische Budgetrecht dazu auszunützen, war zweifellos eine Illusion, wie Bernhardi und seine Freunde richtig erkannten. Aber war nun der gegenteilige Versuch weniger illusionär? Durfte die liberale Partei etwa sicher sein, durch das Opfer ihrer sachlichen Wünsche in der Militärfrage, unter Preisgabe ihrer Gefolgschaft unter den radikalen Gesinnungsgenossen und (wahrscheinlich) ihrer Popularität überhaupt, die Zuneigung Wilhelms für immer zu gewinnen? War es ganz ausgeschlossen, daß sie, sobald die Heeresreform durchgedrückt war, dem Regenten als entbehrlich erschien? Daß irgendein neuer Anlaß die tiefergehenden Richtungsgegensätze doch noch ans Licht brachte? Nach allem, was wir heute über Wilhelms politische Grundgesinnung und die politische Wühlarbeit seiner militärischen Umgebung wissen, wird man die Frage nicht mehr im Sinn jener Kritiker von 1860 beantworten dürfen, die Georg von Vincke wegen seiner Hartnäckigkeit jede „Faser von Staatsmann" absprachen[31]). Entscheidend für das historische Urteil bleibt, daß es sich in dem Streit um die Heeresreform zuletzt um weit größeres handelte, als um ein Mehr oder Weniger von Geldforderungen und Dienstverpflichtungen: nicht um Einzelbestimmungen, in denen man zu einem Kompromiß gelangen oder auch einfach nachgeben kann, sondern um eine grundsätzliche Frage: um die Stellung des Heeres im Verfassungsstaat. Wie weit reichte der „Oberbefehl über das Heer", den Artikel 46 der Verfassung dem König zusprach? Schloß er die freie Verfügungsgewalt auch über die allgemeine Organisation der Armee und über das Ausmaß militärischer Dienstverpflichtung der Staatsbürger in sich? Oder hatte da der Landtag als zweiter Faktor der Gesetzgebung ernstlich mitzusprechen? War überhaupt die Armee eine Staatseinrichtung wie andere auch, dem monarchisch-konstitutionellen Staatswesen in demselben Sinn wie andere eingefügt, das heißt in ihren allgemeinsten gesetzlichen Grundlagen von beiden Machtfaktoren dieses Systems zugleich abhängig — oder stellte sie ein außen- und innenpolitisches Machtmittel der Krone dar, eine einseitige Stütze für deren Autorität? Alle diese Zweifelsfragen, aus dem Dualismus der neuen Staatsverfassung entspringend, waren 1848/50 ungeklärt geblieben. In ihrer Beantwortung war niemals an eine grundsätzliche Übereinstimmung zwischen Wilhelm I. und dem Liberalismus zu denken; eben deshalb aber erscheint der nachträglichen historischen Betrachtung die Politik der „Neuen Ära" als eine bloße Illusion.

Sie konnte nur solange andauern, als der prinzipielle und wesenhafte, durch keinerlei Kompromiß zu überbrückende Gegensatz beiden Partnern noch nicht bewußt geworden war. Denn so stand es ja nicht, daß beide, Krone und Parlament, von Anfang an sich über ihre letzten Ziele und über den Kern der staatsrechtlichen Frage im klaren gewesen wären. Wir hören nichts von anfänglichem Widerstand des Prinzen Wilhelm gegen die Vorlage des Wehrgesetzes an das Abgeordnetenhaus[32]). Und umgekehrt beeiferte sich Vincke noch nach den ersten Konflikten in der Militärkommission, im Namen seiner Partei zu versichern, niemand dächte daran, die Befugnisse des Obersten Kriegsherrn beschränken zu wollen; man verlange nur die Kontrolle über die Finanzseite der Militärvorlagen[33]). Aber nach und nach trat das staatsrechtliche oder vielmehr politische, das heißt Machtproblem immer deutlicher heraus. Schon in der Militärkommission von 1860 wurde von Regierungsseite (vermutlich von Roon persönlich) angedeutet: eigentlich „hänge es ganz von dem Ermessen der Regierung ab, ob sie die Landwehr in gesonderten Truppenteilen formieren wolle oder nicht. „Man erwiderte: wozu dann eigentlich die Regierung ihr Wehrgesetz eingebracht hätte[34])? Bald genug schien sie das selber zu bereuen. Ihre Antwort auf den ausführlichen Gegenentwurf der Kommission war nämlich die Zurückziehung des Gesetzes und die Forderung des berühmten „Provisoriums": die Kammer wurde aufgefordert, zunächst nur eine Pauschalsumme von neun Millionen Talern bis 1. Juli 1861 zur Durchführung der Reorganisation zu bewilligen und deren Verwendung im einzelnen der Regierung zu überlassen. Der liberale Finanzminister von Patow bemühte sich freilich, den rein provisorischen Charakter dieser Maßnahme zu beteuern: es handle sich nur um die Mittel für eine einjährige erhöhte Kriegsbereitschaft, später würde die Kammer in voller Freiheit über die endgültige Organisation zu beschließen haben. In Wahrheit hat der Prinzregent niemals daran gedacht, die Organisation, für die er sich so das Geld erbat, eines Tages wieder auflösen oder ändern zu lassen. Um das recht deutlich zu machen, wurden noch vor Bewilligung des Provisoriums die neuen Linienregimenter errichtet und ihre Führer ernannt; der Kriegsminister Roon zeigte sich sehr empfindlich, als Vincke das im Abgeordnetenhaus als „Ungeschicklichkeit" der Regierung vorsichtig zu kritisieren wagte[35]). Gleichwohl empfanden die Liberalen die neue Wendung als eine wahre Erlösung; glaubten sie doch, nun wenigstens vorläufig jener unheilvollen Entscheidung zwischen Opposition und Selbstpreisgabe enthoben zu sein[36])! Ja, Vincke war so optimistisch, sich geradezu eines parlamentarischen Sieges zu rühmen! Die Tatsache, daß die Entscheidung noch einmal hinausgeschoben war, weckte ihm und seinen Freunden die Illusion, zu einem späteren Zeitpunkt werde die Regierung eher mit sich reden lassen. Das Gegenteil war der Fall. Der wahre Gegensatz der Prinzipien, einmal ins Bewußtsein gerufen, verhärtete und vertiefte sich nun jeden Tag mehr bis zur vollen Unversöhnlichkeit.

Dazu trug offenbar am meisten die nächste militärische Umgebung Wilhelms I. bei: der Generaladjutant Gustav von Alvensleben, der Chef des Militärkabinetts Edwin von Manteuffel sowie der neue Kriegsminister von Roon. Von ihnen hatte nur Manteuffel eine politische Vergangenheit, als

Mitglied der militärischen „Kamarilla" Friedrich Wilhelms IV., während Alvensleben und Roon dem Prinzen zuerst in seinen rheinischen Jahren, im weiteren Umkreis der halbliberalen „Wochenblattspartei", nähergetreten waren. Gleichwohl waren diese Männer allesamt im Herzen Absolutisten und der „ganzen konstitutionellen Wirtschaft von Herzen abgeneigt". Nur daß Roon (ähnlich wie seinem Freunde Alvensleben) die eigentliche Parteibindung fehlte: mit ständischen Vorurteilen hatte er nichts zu tun, sondern empfand sich, rein soldatisch, nur als Schildträger und Stütze einer starken Monarchie. Wenn es das Wesen der monarchisch-konstitutionellen Verfassung ausmacht, daß alle politischen Entscheidungen grundsätzlich auf dem Wege des Ausgleichs, der Verständigung zwischen Krone und Parlament getroffen werden sollen, so war eine solche Aufgabe der durch und durch kämpferischen Natur Roons völlig zuwider[37]). Und wenn man das Vorgehen der Liberalen eine politische Offensive nennen will, so stieß sie hier auf eine schon vorher planmäßig vorbereitete Gegenoffensive.

Von Manteuffel wird berichtet (er erzählte es selber gern), daß er sich in den ersten Jahren der Regentschaft Wilhelms gehütet habe, mit dem Prinzen jemals über andere als über rein militärische Fragen zu sprechen[38]) — natürlich: da er dessen scharfes Mißtrauen gegen die reaktionäre Umgebung seines Bruders kannte. Aber gerade durch diese Haltung gewann er mit dem Vertrauen des Prinzen den größten politischen Einfluß. Das Hauptinteresse des ehrgeizigen Mannes ging, soviel man sieht, unter der neuen Ära zunächst auf Erweiterung seiner amtlichen Machtstellung als Chef des 1858 erneuerten Militärkabinetts. Wir werden noch hören, wie er in diesem Bestreben jede ministerielle Bindung der monarchischen Kommandogewalt über das Heer zu beseitigen, den reinen Absolutismus auf militärischem Gebiet herzustellen suchte. Vielleicht ist auch sein anfängliches Widerstreben gegen die Heeresvorlage, von dem uns Gerlach berichtet[39]), aus dieser Tendenz zu verstehen: vielleicht wollte er die Reform vom Militärkabinett aus, durch Kabinettsordre statt durch Ministerialbeschluß erwirken? Sicher ist, daß die hochkonservative Gruppe, der er angehörte, dem liberalen Ministerium von 1858 den Triumph nicht gönnte, ein so großes Reformwerk zustande gebracht zu haben, wie es die Reaktionäre in der Zeit ihrer Alleinherrschaft niemals vermocht hatten[40]). Damit hängt wohl auch schon der Sturz Bonins, des Kriegsministers der Neuen Ära, und die Berufung Roons zusammen — das gemeinsame Werk Alvenslebens und Manteuffels. Roon selbst erklärte zwar, er übernehme sein Amt als unpolitischer Fachminister zur Durchführung der

Heeresreform; in Wahrheit bildete er vom Tage seiner Ernennung an einen politischen Sprengkeil in dem liberalen Kabinett. Denn als Hauptziel nannte er selbst den Kampf gegen die „verräterische" Ansicht, in dem Regenten sei „ein Childerich zu behofmeistern und zu bevormunden und sein berechtigter Pipin sei der konstitutionelle Kriegsminister"[41]). Mit anderen Worten: genau wie Manteuffel gedachte er auf dem militärischen Gebiet die Rückkehr zum vollen Absolutismus der Krone durchzusetzen.

Jeder Schritt zur Verwirklichung eines solchen Programms mußte ihn tiefer in Gegensatz zu seinen liberalen Ministerkollegen bringen. Kaum hatte der Landtag das Provisorium bewilligt, als Roon sich an die endgültige Durchführung der Heeresreorganisation machte, zu der ihn Manteuffel mit geradezu nervösem Eifer drängte. Der Erfolg eines Provisoriums wäre, schrieb dieser, daß „die Armee auf die Tribüne, nicht mehr auf den Kriegsherrn blicken würde; ad oculos wäre ihr demonstriert, daß nicht dieser die Regimenter formieren und die Zukunft seiner Offiziere sichern könnte, sondern daß Formation und Schicksal der Offiziere von Kammerbeschlüssen abhängig sei... Die Armee ist aus einer königlichen eine Parlamentsarmee geworden. Ich halte den Bestand der Armee in ihrer Moral und ihrer inneren Energie gefährdet und halte die Stellung des Prinzregenten kompromitiert, wenn die Regimenter nicht jetzt sofort definitiv errichtet werden"[42]). Wenn Roon dem nachgab, so handelte er im klaren Bewußtsein, damit „die Schiffe hinter sich zu verbrennen" und in höchster Kampfbereitschaft gegenüber dem kommenden Landtag; die Fahnenweihe der neuerrichteten Regimenter am 18. Januar 1861 betrachtete er selbst als das „Siegel" auf den Abschluß der neuen Dauerorganisation[43]). Gleichwohl konnte er es in der Militärkommission des Landtages von 1861 mit Rücksicht auf seine liberalen Ministerkollegen noch nicht wagen, sich offen zur absolutistischen Auffassung von den Befugnissen des „Obersten Kriegsherrn" zu bekennen. Er sprach nur in etwas zweideutiger Wendung davon, man habe die neue Heeresorganisation so schaffen müssen, „als ob sie dauernd wäre", und ließ die Frage noch offen, ob überhaupt ein neues Wehrgesetz noch nötig wäre, um zwei Jahrgänge der Landwehr zur Linie zu schlagen; ja, er stellte eine Novelle zum Boyenschen Wehrgesetz oder mindestens eine authentische Interpretation des umstrittenen Paragraphen 15 für das nächste Jahr in Aussicht[44]). Aber was der Minister nicht offen sagen konnte, verkündete um so lauter, in triumphierendem Ton, die konservative Fraktion.

Jeder Satz in der Rede des Kreuzzeitungsredakteurs Hermann Wagener

in der Plenarsitzung vom 27. Mai 1861 war auf die Lektüre durch den
Monarchen (nunmehrigen König) berechnet: vor allem die Versicherung, die
Konservativen ihrerseits würden nicht, wie die Liberalen, durch Übernahme
des erhöhten Militäretats in das Extraordinarium ein neues Provisorium zu
schaffen versuchen; möge der liberale Finanzminister sich nur mit seinen
Freunden wegen neuer Provisorien herumschlagen — für die Konservativen
stünde das endgültige Dasein der neuen Regimenter und Schwadronen fest:
kein Beschluß der Kammer würde sie je wieder aus der Welt schaffen! Diese
Sache würde noch einen Ausgang nehmen, von dem sich die Liberalen nichts
träumen ließen — sie sei längst eine politische (das heißt eine Machtfrage)
geworden. Möge man sich doch keine Illusionen machen: die Heeresreorganisation sei nicht etwa zustandegekommen auf Grund eines im Vorjahr beschlossenen Gesetzes, sondern „auf Grund der durch nichts beschränkten, in
unserer Verfassungsurkunde ausdrücklich anerkannten höchsten Machtvoll-
kommenheit unseres Obersten Kriegsherrn". Das Abgeordnetenhaus, dem
ausschließlich finanzielle Befugnisse zuständen, möge sich doch ja hüten,
sie politisch zu mißbrauchen — einseitige Überspannung müßte einen Staatsstreich zur Folge haben! Im Konfliktsfall würde es schwerlich an einem
„Civil-York" fehlen, der für die nötigen Zahlungen schon sorgen würde.
Was die Liberalen jetzt versuchten, sei nur die Vertagung eines Konfliktes,
der eines Tages doch unausbleiblich ausbrechen würde; die Konservativen
hielten sich dafür bereit; sie würden auf der Seite des Königs fechten. Ein
Fürst könne zwar abdanken, aber niemals durch Konzessionen „die Quelle
und Stütze seiner Macht für alle Zeiten zerstören"[45]).

Erregte Gegenangriffe der Liberalen nötigten den Fraktionsführer von
Blanckenburg, diese Provokation wieder etwas abzudämpfen und ausdrücklich anzuerkennen, daß aus dem Budgetrecht des Hauses auch wohl Änderungen und Abstriche der Heeresorganisation folgen könnten. Aber er goß
zugleich doch wieder Öl ins Feuer, wenn er der Kammer die Befugnis ab-
sprach, das parlamentarische Geldbewilligungsrecht zur Erreichung „politischer Zwecke" einzusetzen, ja sogar ein solches Bestreben einen „Versuch
zum Staatsstreich" nannte. Aber auch dem liberalen Finanzminister Patow,
der einer friedlichen Verständigung beider Faktoren der Gesetzgebung über
die Heeresfragen das Wort reden wollte, schleuderte er die offene Kampf-
parole ins Gesicht. Die Konservativen könnten sich nicht vorstellen, daß eine
königliche Regierung sich mit einer so schwächlichen Halbheit abfinden
würde, wie die liberale Mehrheit sie jetzt vorhätte: Verweisung des Heeres-

etats ins Extraordinarium, um dadurch den provisorischen, noch ungesetzlichen Charakter der in Wahrheit längst definitiven Heeresreform zu demonstrieren. Das hieße Chamade schlagen gegenüber ganz unberechtigten Machtansprüchen der Kammer, und dazu würde kein Konservativer die Hand reichen. Sollte sich die Regierung dennoch dazu drängen lassen, so müsse sie die Verantwortung allein tragen. Aber sollte sich denn wirklich kein Finanzminister finden lassen, der den Mut hätte, unter solchen Umständen lieber auf das ganze Extraordinarium zu verzichten und die offene Etatüberschreitung zugunsten der Armee vor dem Hause zu verantworten? „Ein Mann! Ein Mann! Ein Königreich für einen Mann!"[46])

Es läßt sich nicht mehr feststellen, ob und wieweit diese Taktik der kleinen, konservativen Oppositionsgruppe im einzelnen zwischen Roon und seinem Neffen Blanckenburg verabredet war[47]). Daran aber, daß beide an einem Strang zogen, ist gar kein Zweifel. Was ihnen als Ziel vorschwebte, hat Roon bald darauf seinem Freunde Perthes angedeutet: „Aus dem Schlammbad einer neuen Revolution kann Preußen neugestärkt hervorgehen, in der Cloake des doktrinären Liberalismus wird es unrettbar verfaulen"[48]). Der „doktrinäre Liberalismus", das ist jene beständig auf Ausgleich der Gegensätze, auf friedliche Verständigung zwischen den verschiedenen Machtfaktoren gerichtete Denkweise, auf die das ganze monarchisch-konstitutionelle System des 19. Jahrhunderts berechnet war. Damit sollte es jetzt in der Militärfrage ein Ende haben, die ausschließliche Befehlsgewalt der Krone in der Frage der Heeresorganisation durchgedrückt werden, ohne Rücksicht auf die wesentliche Verschärfung des innerpolitischen Kampfes, die daraus folgen mußte. Schien diese doch ohnehin unvermeidlich. Es war die letzte Session des 1858 gewählten Landtages; die Enttäuschung der Liberalen über den Gang der Innen- und Außenpolitik hatte seit 1860 noch wesentlich zugenommen. Beide Parteien, die Konservativen wie ihre Gegner, richteten sich auf den bevorstehenden Wahlkampf ein. So war der ganze Ton der Debatte diesmal wesentlich schärfer als im Vorjahr. Es gab scharfe Vorstöße einer radikalen Linken, die aus Vinckes Führerschaft ausgebrochen war; das Schlagwort von der Landwehr als wahrem Volksheer wurde wieder hervorgeholt, an tausend Einzelheiten der Heeresorganisation, vor allem an den Methoden des Offiziersersatzes und an den Kadettenanstalten scharfe Kritik geübt. Wie mißtrauisch inzwischen auch die Altliberalen geworden waren, hatte schon im April der rasch berühmt gewordene Vorstoß Karl Twestens gegen Edwin von Manteuffel und das System der militärischen

Kabinettsregierung gezeigt[49]). Während im Vorjahr das Provisorium fast einstimmig bewilligt worden war, hatte Vincke diesmal große Mühe, sein neues Kompromiß durchzudrücken. Schließlich wurden aber doch die Kosten des verstärkten Heeres noch einmal bewilligt, wenn auch nur im Extraordinarium, mit der Auflage, die Reorganisation durch ein später vorzulegendes Wehrgesetz nachträglich zu legalisieren, und mit starken Abstrichen am Gesamtetat. Es war eben derselbe „dilatorische Formelkompromiß", den Wagener als bloßes Ausweichen vor dem Konflikt und Blanckenburg als „Chamade" angeprangert hatten. Gleichwohl sah sich auch Roon als Mitglied der Regierung zu seiner Annahme genötigt.

Aber das sollte auch das letztemal gewesen sein! Schon längst hatte der Kriegsminister damit begonnen, das Vertrauen des Königs in seine liberalen Ministerkollegen systematisch zu erschüttern. Wir kennen von seinen vertraulichen Aussprachen mit dem Monarchen nur den Teil, der irgendeinen schriftlichen Niederschlag gefunden hat; aber dieser ist im Zusammenhang unseres Gesamtthemas höchst interessant, weil er zeigt, wie das autoritäre Prinzip, im Bereich der Heeresverfassung mit Strenge betont, ganz von selber danach strebt, über diesen Bereich hinauszugreifen, und wie dadurch die Armee selbst zu einem politischen Faktor ersten Ranges wird. Im März 1861 hatte der König, schon stark unter konservativen Einflüssen stehend, nur sehr widerwillig und unter dem Druck einer ministeriellen Vertrauenskrise[50]) gewissen Gesetzentwürfen zugestimmt, die im Sinn der liberalen öffentlichen Meinung den schon lange verheißenen „Ausbau der Verfassung" endlich in Angriff nehmen sollten: einer neuen Kreisordnung und Gesetzen über Ministerverantwortlichkeit und über die Etatkontrolle der Oberrechnungskammer. Der Brief, den Roon daraufhin seinem König schrieb, um ihn zum Widerstand zu ermutigen (am 1. März), ist denkwürdig als Zeugnis jener Gesinnung altpreußischer Vasallität, die sich mit ebensoviel Ehrerbietung wie Selbstbewußtsein dem Thron nähert, vor allem aber als Ausdruck politischer Geltungsansprüche des Soldaten, der seine Rolle als die eigentliche Stütze der Monarchie sehr genau kennt. Die Verfassung erscheint darin als freies Geschenk der königlichen Gnade[51]). Die verpflichtende Kraft ihrer Bestimmungen wird deshalb nicht etwa bestritten (das hätte Wilhelm, getreu seiner Haltung in der Reaktionszeit, abgelehnt); wohl aber steht die Erfüllung ihrer Verheißungen im freien Ermessen des Monarchen. Es gibt in Preußen keinen Regierungswillen gegen den König; denn er ist im vollen Sinn Souverän; die Minister haben ihm gegenüber, falls sie ihm nicht folgen können,

nur das Recht, ihre Entlassung zu erbitten. Jene Reformentwürfe nun, auch
wenn sie von den Ministern nicht ernst gemeint sein sollten, sondern nur als
politische Geste zur Stimmungsmache, würden eine sehr bedenkliche Rückwirkung auf den königstreuen Teil der Bevölkerung haben; „namentlich
in dem Teile der Nation, der E. M. Waffen führt, und in dem Allerhöchstdieselben immer die festeste Säule Ihres Thrones gefunden haben. Wer es
treu mit Ew. Majestät meint, kann nur mit Widerstreben an Möglichkeiten
denken, durch welche dieser „rocher de bronze" jemals untergraben werden
könnte."

Das war, in den devotesten Formen, eine unzweideutige Drohung mit
politischer Mißstimmung der Armee (beziehungsweise des Offizierskorps),
ja, mit Erschütterung ihrer Königstreue. „Das überlebe *ich* nicht!" schrieb
Wilhelm entsetzt an den Rand, versicherte den Ministern seines „aufrichtig-
sten Dankes für ewige Zeiten" und zog seine Zustimmung zu den liberalen
Reformgesetzen zurück[52]).

Dieses Aufgebot der „Armee" als politischer Machtfaktor zur Entscheidung
innerpolitischer Streitfragen, eines der meistgebrauchten Kampfmittel Manteuffels, steht auch bei Roon keineswegs vereinzelt. Schon 1848 hatte er,
verzweifelt über das Chaos nach den Märztagen, sich an die Hoffnung ge-
klammert, die Autorität des Thrones ließe sich mit Hilfe des politisch akti-
vierten Soldatentums wieder aufrichten. „Das Heer", hatte er damals geschrieben, „fühlt sich als ein Teil, als ein wesentlicher, ehrenhafter Teil des
Vaterlandes, und von einem durch ihn vertretenen abgesonderten Soldatentum ist gar nicht die Rede." Es ist ja nicht etwa „ein heerdloser Haufen von
erkauften Mietlingen, die rechtlos dem souveränen Willen der Spießbürger
und Proletarier unterworfen bleiben müssen". Es hat vielmehr durch seine
Leistungen, insbesondere durch die volkserziehende Tätigkeit des Offizierskorps, ein weit größeres Anrecht, bei der Neugestaltung des Staates eine entscheidende Rolle zu spielen, als jene „brotlosen Literaten", die durch ihre
Wühlarbeit das jetzige Chaos haben herbeiführen helfen. Das Heer verlangt
deshalb auch aktives und passives Wahlrecht[53]). Seitdem war ihm nun freilich
klar geworden, daß die königliche Armee, sofern sie Volksheer und also
Masse ist, sich nicht politisieren läßt, ohne sie genau denselben „zersetzenden
Einflüssen brotloser Literaten" auszusetzen wie die Gesamtnation, und damit
die Disziplin zu untergraben. Weil die Dienstzeit, auch die dreijährige, in
Wahrheit bei weitem nicht ausreichte, um den ausgehobenen Rekruten gänzlich von seiner heimatlichen Umgebung loszulösen und mit demselben politi-

schen Geist zu erfüllen wie das royalistisch-aristokratische Offizierkorps,
wollte Roon jetzt von dem politischen Wahlrecht der Militärpersonen nichts
mehr wissen und hat es bald nach dem Ausbruch des Verfassungskonfliktes
— hauptsächlich, wie es scheint, auf Drängen Manteuffels — unterdrückt[54]).
Die Armee als politischer Faktor war für ihn praktisch jetzt nur noch das Offizierkorps. Aber wenigstens dieses faßte er, wie selbstverständlich, als eine
geschlossene politische Einheit auf; als ihr Sprecher gleichsam trat er vor den
Thron. Nur um der Armee ihr politisches Selbstbewußtsein zu erhalten,
schrieb er Ende 1861 seinem Freunde Perthes, bleibe er trotz tausend Wider-
wärtigkeiten im Amt. „Die Armee, der bisher noch einzig verlaßbare Anker
und Pfeiler unserer Zukunft, darf in ihrem Selbstbewußtsein, in ihrer Gesinnung nicht beirrt werden; sonst bricht das Chaos herein." Und ähnlich
ein halbes Jahr später: „Das Armeegefühl darf nicht verletzt werden, denn
mit dem Ruin der Armee-Gesinnung wird Preußen rot, und die Krone rollt
in den Kot. Wird aber die Gesinnung nicht leiden, wenn man auch nur in
der Geldfrage nachgibt?"[55])

In solchen Äußerungen gelangt der Gegensatz, der uns hier fortdauernd
beschäftigt, zwischen „königlicher Armee" und „Volksheer", zu einer neuen
Steigerung. Der Kriegsminister Roon erklärt es für seine politische Haupt-
aufgabe, nicht etwa den Vermittler zwischen Krone und Parlament in Heeresfragen zu spielen, sondern die „Armee-Gesinnung" gegen den liberalen
Zeitgeist zu schützen. Diese Armee-Gesinnung — das ist der esprit de corps
der Berufssoldaten, in erster Linie des Offizierskorps, in dem nach wie vor
das Übergewicht des adligen Elements durch Militärkabinett und Militär-
bildungsanstalten sorgsam konserviert wird. Diese Offiziere betrachten sich
nicht als Soldaten der Nation (wie einst die Führer der Freiheitskriege),
nicht als Glieder einer politischen Volksgemeinschaft, sondern ausschließlich
als „Paladine" des Hohenzollernthrones, als engere Gefolgschaft des Monarchen, dem sie persönlich Treue geschworen haben, von dem sie aber nun
auch ihrerseits erwarten, daß er seinen Gefolgsmannen die Treue hält, das
heißt, daß er sie in ihren Standesvorrechten vor dem Andrängen des liberalen
Zeitgeistes schützt. Sie pochen auf ihre Unentbehrlichkeit als einzig zuverlässige Säule des Thrones und fordern, daß der König nicht nur die
Erfüllung aller ihrer militärischen Wünsche und Bedürfnisse durchsetzt,
sondern darüber hinaus, daß er sich allen Versuchen der liberalen Bourgeoisie
widersetzt, ihre politische Macht, ihren Einfluß auf die Staatsgeschäfte zu
erweitern. Denn diesen Einfluß nach Kräften niederzuhalten, das erscheint

ihnen als gemeinsames Interesse der Krone und ihrer militärischen Gefolgschaft. Welche Wandlung seit den Tagen der Freiheitskriege! Auch damals geschah es wohl, daß preußische Generäle mit politischen Forderungen vor den Thron traten; aber nicht als Sprecher einer Armee, die sich als gesonderter Stand und „Säule des Thrones" betrachtete, sondern im Namen der Nation selbst, die als Volksheer hinter ihnen stand und deren kämpferische Leidenschaft sie repräsentierten. Im Namen des nationalen Freiheitswillens hatte einst Gneisenau die Volkserhebung vom König gefordert, im Namen des völkischen Machtwillens Blücher die bessere Sicherung der deutschen Westgrenze. Aber zwischen jenen Erlebnissen und den sechziger Jahren lag die Revolution von 1848 mit ihrer tiefen Entfremdung zwischen Armee und Volk, mit dem unvergeßlichen Erlebnis einer tiefen Selbstdemütigung der preußischen Krone, mit ihrer chaotischen Auflösung aller altpreußischen Tradition und aller monarchischen Autorität. Seitdem witterte der preußische Offiziersadel in jeder volkstümlichen Bewegung, auch in der großen nationaldeutschen, etwas vom „Ludergeruch" der Revolution, fühlte er sich berufen, sich gleichsam schützend zwischen Krone und Volk zu drängen, mit dem Monarchen zusammen eine geschlossene Kampffront wider den Zeitgeist zu bilden. Der Gedanke des Volksheeres von 1813, der kriegerisch-politischen Volksgemeinschaft, war völlig verloren[56]) — mochte Roon in seinen Reden vor dem Landtag auch noch so oft betonen, daß ja das Heer der allgemeinen Wehrpflicht immer ein „Volksheer" sei: er und seine Gegner verstanden sich gar nicht mehr. Je mehr sich der Zwiespalt zwischen Königtum und bürgerlicher öffentlicher Meinung vertiefte, um so trotziger schloß sich der Offizierstand zu einer Art von Prätorianergarde zusammen; und rückwirkend steigerte diese seine Haltung wiederum die Erbitterung und den Radikalismus der liberalen Opposition.

Aber es war nicht bloß das zeitgeschichtliche Erleben, es war doch auch die Gemeinsamkeit des rein soldatischen Empfindens, was gerade König Wilhelm mit seiner militärischen Gefolgschaft so besonders eng verband. Es gehört zum Wesen des Soldatentums, daß in ihm der Sinn für Autorität und Disziplin weit stärker entwickelt ist als das Bedürfnis nach Freiheit. Der Soldat, der gewohnt ist zu führen und zu gehorchen, stellt sich das Wesen jeder Gemeinschaft am liebsten als Zwangsorganisation mit klaren Kommandoverhältnissen vor. Darin liegt seine Stärke, aber auch seine gefährliche Einseitigkeit. König Wilhelm, als reine Soldatennatur, besaß im Grunde nicht den geringsten Zugang zur geistigen Welt des Liberalismus;

schon deshalb war die ganze Politik der neuen Ära eine Illusion; jeder der unzähligen Konflikte zwischen ihm und seinen Ministern brachte es an den Tag. Wenn sie ihren Abschied forderten, weil sie irgendeine ihnen zugemutete politische Verantwortung ablehnten, so betrachtete er das als „Untreue" oder „Ungehorsam", fühlte sich von ihnen „im Stich gelassen", verweigerte ihre Entlassung, verlangte aber zugleich unter eigenen Abdankungsdrohungen ihren „Gehorsam", was sie in eine ganz unmögliche Lage zwischen zwei Feuern brachte. Starrsinn und innere Unsicherheit zugleich, einer ihm zu tiefst fremden Welt gegenüber, ließen ihn damals so oft an Rücktritt denken. Und wie dem Soldatenkönig, so ging es seinen militärischen Beratern. Im Innersten hat sicherlich auch Roon niemals das politische Anliegen des Liberalismus verstanden. Was dieser als mannhafte, aufrechte Haltung gegenüber den Machthabern empfand, erschien Roon, dem preußischen General, als Anmaßung, Undisziplin, wohl gar als revolutionäre Frechheit — das liberale Bedürfnis nach Anteil der Regierten an der öffentlichen Verantwortung als Streben nach Anarchie. Kritik- und bedingungslose Fügsamkeit gegenüber dem Inhaber der obersten Staatsgewalt als „Kriegsherrn" — dazu war das moderne Offizierkorps (im Gegensatz zur Feudalzeit) schon seit Jahrhunderten erzogen; daß der Offizier nicht zu „raisonnieren", sondern Ordre zu parieren habe, dieses Stück alt-friderizianischer Militärtradition wirkte auch auf seine politischen Vorstellungen ein — fortdauernd bis in unsere Tage. Daher stammt der oft quälende Zwiespalt, den Roon empfand zwischen seiner parlamentarischen Verantwortung als Kriegsminister und seiner Gehorsamspflicht als General, zwischen seiner staatsmännischen Einsicht und seinem soldatisch-royalistischen Instinkt[57]. Ohne solche, aus der amtlichen Stellung entspringende, innere Hemmungen erscheint der Royalismus der beiden Generaladjutanten Alvensleben und Manteuffel, die das dienstwillige Echo zu Wilhelms rein soldatischem Denken bildeten und deren militärische Disziplin zuweilen bis ins Höfisch-Servile gesteigert erscheint; als Ratgeber hinter den Kulissen brauchten sie auch starke Worte nicht zu scheuen. Für Gustav von Alvensleben stand es schon im August 1860 felsenfest, daß die liberale Opposition gegen die dreijährige Dienstzeit nur zu erklären sei aus der bewußten Absicht, Zucht und Disziplin in der Armee zu erschüttern, diese Stütze der Monarchie hinwegzuräumen und den Weg zu Revolution und Parlamentarismus zu eröffnen. Schon die Kritik der Liberalen an der Armee und dem Herrenhaus betrachtete er als einen „Rechtsbruch", der dem Monarchen die Freiheit gegenüber der

Verfassung wiedergäbe; jedes Nachgeben der Minister würde eine Art von Staatsstreich gegen die Monarchie bedeuten, indem das Abgeordnetenhaus so zum Oberbefehlshaber der Armee eingesetzt würde![58]) Diese Äußerungen finden ihre Parallele in den vertraulichen Unterhaltungen mit dem König, von denen Edwin von Manteuffel in einer geheimen Aufzeichnung vom 1. April 1862 aus Anlaß von neuen Abdankungsplänen Wilhelms selbst berichtet: „Ich erwiderte dem König, ich habe Ihm seit vier Jahren gesagt, daß wir in einer Revolution leben; die Frage sei aber, ob er es machen wolle wie Karl I. und Ludwig XVI. und seine Macht sich aus den Händen winden lassen, ehe es zum ausgesprochenen Kampf komme; heute habe er die Macht noch und habe die Armee; wenn er aber auf Kosten der Armee nachgäbe, um gute Wahlen zu erreichen, so werde er diese doch nicht erreichen, sondern nur das Vertrauen der Armee zu seiner Festigkeit erschüttern"[59]). Man sieht: auch hier eine Mischung von Warnungen und Drohungen, um den Monarchen im Sinn der Armee „fest" zu machen. Edwin von Manteuffel bildete geradezu eine Art von Orthodoxie des militärischen Royalismus aus, die sich in ungezählten, kunstvoll stilisierten Denkschriften und Mahnschreiben ergoß; selbst Roon, dem zuerst begönnerten, jetzt als Minister nicht ganz ohne Eifersucht betrachteten Mitkämpfer gegenüber nahm er sich eine Art von fortlaufender Kontrolle der politischen Gesinnungstüchtigkeit heraus — natürlich immer mit dem Anspruch, Sprachrohr der allerhöchsten Willensmeinung zu sein.

Nötig war das keineswegs. Spätestens seit Frühjahr 1861 war Roon entschlossen, sobald als möglich sich seiner altliberalen Ministerkollegen zu entledigen. Wir brauchen hier seine Bemühungen, sie durch vertrauliche Vorstellungen beim König zu Fall zu bringen, nicht im einzelnen mehr zu verfolgen, da es uns ja nicht um eine vollständige Geschichte des Heereskonfliktes zu tun ist, sondern nur um ein Erfassen der darin allein wirksamen politischen Motive. Wie es im politischen Kampf zu gehen pflegt: um stärker zu wirken, braucht man immer größeres Geschütz. Schon im April 1861 werden die Angriffe Roons gegen die liberalen Minister überaus massiv: sie „liegen in Parteifesseln", stellt er dem König vor, sie müssen also den freien königlichen Willen lähmen, sie bringen damit „das Vaterland an den Rand des Abgrunds". Ihm selbst liege nichts ferner, als „für irgendein anderes Parteiinteresse", etwa für die Kreuzzeitungspartei einzutreten[60]). (Roon kannte die tiefe Besorgnis Wilhelms, in das Fahrwasser der Kamarilla zu geraten, gegen die er sich in seiner Koblenzer Zeit so schroff gewendet hatte.) Gleichwohl berät er sich fortwährend mit Blanckenburg, von dessen mahnenden Zurufen an den König in der Militärdebatte des Landtags wir schon hörten. Nach dem Schluß der Landtagssession beginnt der Ansturm von neuem; diesmal gibt die Frage der Erbhuldigung der Provinzialstände den äußeren Anlaß. Daß sich Roon nach vergeblichen Versuchen, die Berufung Bismarcks durchzusetzen, schließlich doch mit dem liberalen Kompromiß (feierliche Krönung statt Erbhuldigung) zufrieden gibt, wird von dem Freunde Blanckenburg beinahe als Preisgabe der guten Sache empfunden[61]. Aber der König ist nicht so rasch für einen offenen Kurswechsel zu gewinnen; die häuslichen Einflüsse, die zugunsten der Altliberalen auf ihn einwirken, sind immer noch zu stark[62]. Im Herbst 1861, kurz vor den Wahlen, nimmt der Minister nun doch in einer großen Denkschrift offen für die „gemäßigten Konservativen" Partei und wehrt von ihnen den Vorwurf ab, sie planten Reaktion und Verfassungsbruch[63]. Auch dies bleibt zunächst ohne praktischen Erfolg. Aber der Ausfall der Neuwahlen mit seiner starken Radikalisierung des Abgeordnetenhauses und Bildung der halbdemokratischen „Fortschrittspartei" als entschiedener Oppositionsgruppe hat eine Verschärfung der Lage zur Folge, die das altliberale Ministerium völlig unmöglich macht. Schon im Dezember hält Roon die Sprengung des Ministeriums nur noch für eine Frage der Zeit; er selbst tut alles, um die innere Spannung zu verschärfen[64]. In den Wintermonaten entwickelt sich geradezu eine Bürgerkriegsstimmung. Da die „Militärpartei" am Hof (darunter auch Roon) von vornherein überzeugt ist, daß mit dem neugewählten Landtag sich nicht werde regieren lassen, seine Auflösung aber zu Straßenputschen führen könne, bereitet man im geheimen eine förmliche Kontrerevolution durch Einsatz massierter militärischer Streitkräfte gegen Berlin vor. Große Hoffnungen auf einen „Staatsstreich" mit Aufhebung der Verfassung knüpfen sich daran[65]. Daß der am 14. Januar 1862 zusammentretende Landtag sich keineswegs „revolutionär" aufführt, ist beinahe eine Enttäuschung für die Heißsporne des Militärkabinetts[66]. Immerhin gelingt es im März den vereinten Bemühungen Roons, Bernstorffs und von der Heydts, einen Konflikt zwischen dem Abgeordnetenhaus und dem liberalen Finanzminister Patow wegen technischer Budgetfragen zur Sprengung nicht nur des Landtags, sondern zugleich des altliberalen Ministeriums zu benutzen[67]. Das Ende der „Neuen Ära" ist da.

Zerstört war damit — wir sahen es längst — nur eine Illusion. Die Illusion, als ob dieser preußische Militärstaat ohne härtesten äußeren Zwang sein Wesen ändern würde. Als ob dieses Königtum der Kasernen und Exerzier-

plätze sich ernstlich von seinen Bürgern in seine Kommandogewalt würde
dreinreden lassen. Zerstört war auch die Illusion des Bürgerheeres von 1813.
Aber konnte es eine einfache Rückkehr zu den von Wilhelm I. als so ideal
empfundenen Zuständen seiner Jugend, dem Vormärz Friedrich Wilhelms III.
geben — nur verkleidet durch eine parlamentarische Fassade, eine gewisse
Öffentlichkeit der staatlichen Finanzgebarung? Konnte dieses Preußen sich
so völlig heraushalten aus der großen liberalen und nationalen Bewegung,
die soeben in ganz Europa triumphierte: in Italien zur Gründung eines neuen
völkischen Staates geführt hatte, in Rußland die größte politisch-soziale
Umwälzung des Jahrhunderts hervorrief, in Polen die Revolution entzün-
dete, in England die klassische Vollendung ihres politischen und wirtschaftlichen Systems erlebte, in Frankreich seit 1861 die ersten Lockerungen des
cäsaristischen Systems erzwang und die gesamte Außenpolitik des Volks-
herrschers in ihren Bann zog, in Schweden, Dänemark, Belgien eine Modernisierung des ganzen Staatsaufbaus durchsetzte, in Österreich-Ungarn den
Absolutismus zu Fall brachte und eine großdeutsch-nationale Reformbewe-
gung erweckte, in den meisten deutschen Mittel- und Kleinstaaten das reaktionäre System der fünfziger Jahre zusammenbrechen ließ? Seit 1859 bestand
der deutsche Nationalverein, der die öffentliche Meinung für eine Einigung
Deutschlands unter preußischer Führung reif machen wollte. Seine Tätigkeit
wurde durch den preußischen Heereskonflikt aufs schwerste gelähmt. Gewiß:
er bestand aus liberalem Bürgertum, zumeist von der radikalen Richtung,
und war dem preußischen Monarchen deshalb in der Seele verhaßt. Der
Konservative Wagener wagte es, ihn im Landtag von 1861 als ein bloßes
Werkzeug Napoleons zu beschimpfen[68]. Aber wenn nun die österreichische
Politik unter Schmerlings Führung die gegenwärtige Flaute kleindeutsch-
preußischer Stimmungen in Deutschland benutzte, um das habsburgische
Staatsschiff vor den Wind einer neuentfachten großdeutschen Begeisterung
zu bringen — gebot dann nicht die nüchternste preußische Staatsräson eine
Gegenaktion? Aber wie sollte sie zu fruchtbaren Resultaten führen, wenn
sich die preußische Monarchie der öffentlichen Meinung in ganz Deutschland
verhaßt machte? Es begann jetzt die Zeit, in der alle Anhänger und Propheten preußischer Führungsansprüche innerhalb wie außerhalb der schwarz-
weißen Grenzpfähle in Verzweiflung gerieten. König Wilhelm und seine
militärischen Berater sahen immer nur das revolutionäre Element in der
großen Nationalbewegung. Einen Trinkspruch von Schultze-Delitzsch auf
dem großen deutschen Schützenfest in Frankfurt (Juli 1862), in dem von

einem deutschen Volksheer der Schützen und Turner als Rückhalt der deutschen Einheits- und Freiheitsbewegung die Rede war, faßte Wilhelm als vollgültigen Beweis für die Absicht der Demokratie auf, die monarchischen stehenden Heere zu zertrümmern[69]).

Aber konnte eine starre Abwehrhaltung in nationalen Fragen jetzt noch genügen? Auch das konservative Ministerium von der Heydt-Roon-Bernstorff, das dem altliberalen folgte, konnte nicht umhin, dessen Spuren in der kurhessischen Frage zu folgen und zugunsten des hessischen Landtages gegen den Kasseler Despoten energisch einzugreifen, um Preußens Ansehen als „Schützer des Rechts" in ganz Deutschland zu wahren. Und im Inneren? Auf das dringendste warnte Freund Blanckenburg vor allen Gelüsten nach gewaltsamer Änderung des Wahlrechtes oder anderen staatsstreichähnlichen Experimenten. Sie würden nur die Folge haben, das Vertrauen der Bevölkerung in die redlichen Absichten der Regierung zu erschüttern und das Wahlergebnis nur verschlimmern. Lieber möge man das neue Regime durch einen Steuernachlaß populär machen[70]). Eben das geschah denn auch. Fast der erste Schritt des neuen Ministeriums war, den fünfundzwanzigprozentigen Steuerzuschlag für Rüstungszwecke fallenzulassen, den Militäretat erheblich zu vermindern, nicht ohne faktische Kürzung der dreijährigen Dienstzeit durch Winterbeurlaubungen, und eben die Spezialisierung des Jahresetats vorzunehmen, um derentwillen die Kammer soeben aufgelöst war — alles nur, um die öffentliche Meinung für regierungsfreundliche Wahlen zu gewinnen. Aber vergeblich! Alle agitatorische Tätigkeit des 1861 neugegründeten konservativen Volksvereins, alle vereinfachenden Wahlparolen „für das Königtum von Gottesgnaden gegen die Parlamentsherrschaft", alle amtliche Wahlmache und „Belehrung" der Urwähler konnte eine neue schwere Niederlage der Konservativen, den Durchfall sämtlicher Minister und ein weiteres Anschwellen der radikalen Opposition nicht hindern. Während Roon gehofft hatte, eine eindeutig konservative Wahlparole der Regierung würde die Stimmung im Lande umschlagen lassen und den altererbten Royalismus vor allem der ländlichen Wähler zur Geltung bringen[71]), schien der einzige Erfolg des Kurswechsels eine weitere gefährliche Radikalisierung der Opposition.

Eine sachliche Diskussion der militärischen Bedürfnisse im Abgeordnetenhaus war jetzt unendlich viel schwerer geworden als 1860, da jedes Argument der Regierung auf ein schwer gereiztes Mißtrauen und auf alteingewurzelte demokratische Vorurteile stieß. Was die Fortschrittspartei alles an Kritik in der Militärkommission vorbringen ließ, war ein buntes Gewirr zum Teil recht dilettantischer Wünsche. Eine große Rolle spielten jetzt Bedenken rein agitatorischen Ursprungs: die verfassungsmäßige Freiheit der Staatsbürger werde bedroht durch jede Heeresvermehrung, weil so die Militärjustiz und die Aufsichtsrechte der Militärbehörden über die Wehrfähigen im Beurlaubtenstand sich auf einen weiteren Personenkreis ausdehnen würden; die Landwehr sei billiger und mindestens (!) ebenso leistungsfähig wie das stehende Heer; solange sie mit ins Feld rücke, würden Kriege nur in Fällen dringender Notlage geführt, während die neue Heeresorganisation es erleichtere, unpopuläre Kriege vom Zaun zu brechen; eine Heeresverstärkung sei für Preußen überhaupt nicht notwendig, da die auswärtige Lage jetzt recht günstig sei und überdies die preußische Militärlast sich ganz von selbst erleichtern würde, sobald erst einmal der deutsche Nationalstaat gegründet sei — natürlich auf dem liberalen Weg „moralischer Eroberungen" nach italienischem Muster. Wie zu erwarten, wurde jetzt mit verdoppelter Leidenschaft gegen den „exklusiven Standesgeist" des Offizierskorps gestritten, die gänzliche Abschaffung der Kadettenanstalten gefordert; die Annahme von Offiziersaspiranten durch die Regimentskommandeure sollte geändert, der Aufstieg von Unteroffizieren in die niederen Offiziersstellen sollte ermöglicht, die soziale Stellung des Anwärters für gleichgültig erklärt werden — eine revolutionär-demokratische Umwälzung altpreußischer Tradition! Ganz unverhüllt wagte sich jetzt auch die staatsfremde Selbstsucht des liberalen Spießbürgers ans Licht: man berief sich auf das Interesse der Privaten, ihre Söhne dem Vaterland nicht so lange zur Verfügung stellen zu müssen, auf das öffentliche Bedürfnis, verfügbare Steuergelder lieber für Wohlfahrts- und Kulturzwecke zur Verfügung zu stellen, beklagte die Schwächung der Wirtschaft durch allzu zahlreiche Einberufungen und dergleichen mehr. Vor allem aber ging es darum, jetzt endlich das Etatrecht der Volksvertretung ohne jene Rücksichten auf die Wehrkraft des Landes zur Geltung zu bringen, die bisher noch immer von den gemäßigt Liberalen verfochten waren. Jetzt endlich sollte Schluß sein mit den „Provisorien". Mit Etatabstrichen (zur Erzwingung der zweijährigen Dienstzeit) wollte sich nur eine Minderheit der Kommission begnügen. Die Mehrheit beschloß blindlings, durch Streichungen im Militäretat die Rückkehr zum Stand von 1859 zu erzwingen[72]) — so lange bis ein neues Wehrgesetz vorgelegt und genehmigt sei —, mochte folgen, was da wollte! Unter diesen Umständen war vorauszusehen, daß überhaupt keine Vereinbarung über das Etatgesetz zustande kommen, also

der offene Verfassungskonflikt ausbrechen würde. Eine Aussicht, die nun
aber doch auf beiden Seiten tiefes Erschrecken auslöste! Man kennt den
Vermittlungsversuch, den jetzt der gemäßigte Fortschrittler Twesten in
Verbindung mit dem General Stavenhagen und dem Historiker Sybel unternahm: er lief auf eine abermalige Verlängerung des Provisoriums hinaus;
doch sollte die Regierung sich jetzt verpflichten, noch im Lauf des Winters
ein neues Wehrgesetz mit zweijähriger Dienstzeit vorzulegen. Für diesen
letzten Kompromißvorschlag haben im Lauf der siebentägigen Plenardebatte
des September 1862 die Häupter des gemäßigten Liberalismus: Sybel, beide
Vinckes, Graf Schwerin und Twesten mit einem Höchstaufwand von Beredsamkeit und Geist gekämpft — freilich in einer schon beinah hoffnungslos
gewordenen Lage, in der sie zunächst nur noch ein Fünftel der Stimmen
hinter sich brachten. Da sie die sachlichen Vorzüge des Reorganisationswerkes
von 1859/60 mit wärmsten Worten anerkannten, auf die Wiederherstellung
der alten Landwehr ausdrücklich verzichteten[73] und von den Forderungen
der demokratischen Opposition aufs schärfste abrückten, schien zwischen
ihnen und Roon kein sachlicher Gegensatz mehr zu bestehen, außer in der
Frage der zweijährigen Dienstzeit. Dahinter fühlten sie allerdings selbst den
politischen Gegensatz: den Widerwillen der konservativen Regierung, überhaupt noch das Parlament in Fragen der Heeresorganisation mitreden zu
lassen. Vor allem Heinrich von Sybel setzte hier — mit betonter Schärfe —
zum Angriff an. Das formelle Recht sei „auf das schreiendste verletzt worden"
durch die definitiven Ernennungen des Jahres 1860, trotz nur provisorischer
Bewilligung der Mittel. An jenem Tage ihrer Geburt habe die neue Organisation „den Stempel der Ungesetzlichkeit empfangen", und dieser Stempel
bleibe ihr mit unverlöschlichen Zügen so lange eingeprägt, bis die Regierung
dieses Unrecht anerkannt und dafür formell Indemnität erbeten habe.
Ganz richtig spürte er also (wie man heute sieht) den Punkt heraus, wo das
Eingreifen des Militärkabinetts und seiner royalistischen Heißsporne den
Gang der Verhandlungen entscheidend verändert hatte. Aber er versteifte
sich nicht, wie die Opposition der Linken, auf formal-rechtliche Streitfragen,
wie die angebliche Verletzung des Wehrgesetzes von 1814 durch die Reorganisation[74]. Und auf der anderen Seite hielt ja auch die Regierung
keineswegs starr an der königlichen Vollmacht fest, die Heeresreform auch
ohne Wehrgesetz durchzuführen. Im Januar 1862 hatte das altliberale Kabinett dem Herrenhause den Entwurf eines neuen Dienstpflichtgesetzes mit
der Begründung vorgelegt, „alle, selbst unberechtigt erscheinende Zweifel"

an der Tragweite des Gesetzes von 1814 „für immer zu beseitigen", ferneren
Debatten darüber vorbeugen zu wollen; eine strenge Notwendigkeit zu einem
solchen Schritt bestünde freilich nicht[75]). Dieser Gesetzentwurf, vom Herrenhaus debattelos und einstimmig angenommen, war dann allerdings dem
Abgeordnetenhaus nach dessen Auflösung und Neuwahl nicht mehr zugegangen. Aber auch die konservative Regierung von der Heydt-Roon hatte
den äußersten Schritt, eine förmliche Vollziehung der Reorganisation durch
königliche Verordnung an Stelle eines Gesetzes, *nicht* gewagt. Mehr noch: sie
versprach gleich zu Anfang der Plenarberatung „auf das Bestimmteste, eine
Gesetzesvorlage über die Dienstpflicht in der nächsten Wintersession ein-
zubringen" und erkannte ausdrücklich an, „daß die heutige Formation der
Armee, insoweit solche eine dauernde Erhöhung des Etats oder eine ander-
weitige gesetzliche Regelung der Dienstverpflichtung erfordere, so lange als
definitivum nicht betrachtet werden könne, bis dazu die verfassungsmäßige
Zustimmung des Landtages erteilt sein würde"[76]). Konnte man danach nicht
die in Aussicht gestellte Wehrvorlage als eine Art von Indemnitätsersuchen
im Sinne Sybels betrachten? Wirklich schien es einen Augenblick, als ob es
möglich sein müßte, auch über den Gegensatz der politischen, der Machtfrage
hinwegzukommen. Sybel und seine Freunde hofften, das Haus trotz allem
noch mit sich fortzureißen, wenn die Regierung nur in dem einen Punkt
Entgegenkommen zeigte[77]), an dem sich nach Sybels Meinung der Volks-
wille nun einmal unwiderruflich entschieden hatte: in der Frage der zweijährigen Dienstzeit[78]). Und eben über diesen Punkt sprach sich jetzt der
Kriegsminister höchst zweideutig, eher ausweichend als ablehnend aus.

Wir sehen längst nicht tief genug in die Erwägungen Roons in diesen
aufregenden Entscheidungswochen hinein. Aber so viel scheint doch sicher,
daß er mit von der Heydt und Bernstorff ohne die Hilfe und Führung durch
eine politisch stärkere Persönlichkeit, das heißt ohne Bismarck, sich nicht
politische Erfahrungen und Geschick genug zur Durchfechtung eines großen
Verfassungskonfliktes zutraute. Offenbar zielte seine Taktik darauf hin,
zunächst noch einmal die letzte Härte des Zusammenpralls durch allerhand
versöhnliche Gesten hinauszuschieben — so lange, bis es gelungen wäre, den
König zur Berufung Bismarcks als Ministerpräsident zu gewinnen. Mit diesem
Vertagungsbedürfnis hingen wohl schon die Zugeständnisse des Frühjahrs:
der Verzicht auf den Steuerzuschlag und die Spezialisierung des Budgets
zusammen; demselben Ziel dienten die beträchtlichen Ersparnisse im neuen
Militäretat, die Winterbeurlaubungen, das Ausweichen in der Frage der

Dienstzeit, die vertraulichen Besprechungen mit Vincke und Twesten, indirekt auch mit dem Fortschrittler Forckenbeck, um womöglich ein aufschiebendes Kompromiß zu finden[79]). Natürlich geriet das Militärkabinett ob dieser versöhnlich scheinenden Haltung sogleich in Unruhe. Manteuffel warnte dringend vor allzu großer Nachgiebigkeit: „Jede weitere Reduktion gefährde den Bestand der Armee, nicht nur effektiv, sondern auch moralisch, weil, wenn der König nicht mehr in den Augen der Nation und der Armee als oberster Regler ihrer Organisation dastände, die Basen, worauf die Armee beruht, erschüttert sein müßten. Hier ist die Scheidewand, hier tritt die Frage hervor, was wichtiger ist für den Staat und seine Zukunft, die momentane Nicht-Übereinstimmung mit der Kammer, oder die Untergrabung der Armee"[80]). Aber er erregte mit solchem Dreinfahren nur den heftigen Verdruß Roons. Unbeirrt ließ dieser (wahrscheinlich schon im September) in seinem Ministerium an einem neuen Reorganisationsplan arbeiten, der es ihm ermöglichen sollte, das Abgeordnetenhaus mit der Aussicht auf eine Verkürzung der Dienstzeit zu vertrösten, das liberale Bürgertum durch eine starke Entlastung von der Dienstpflicht zu locken, zugleich aber den Gedanken der Volksarmee noch stärker zurückzudrängen und schließlich die lästigen Verhandlungen mit dem Parlament über die Heeresfragen ein für allemal loszuwerden.

Man hat die überraschende „Episode" des 17. September, an dem Roon sich plötzlich versöhnlich zeigte und die größte Sensation hervorrief durch seine Andeutung, über die zweijährige Dienstzeit werde sich reden lassen, wenn dafür „gewisse Kompensationen" geboten würden, noch nie befriedigend zu erklären vermocht. Dieses so plötzliche Nachgeben gerade auf dem Höhepunkt der Krisis erschien seinen Bewunderern wie ein trüber Flecken im Charakterbild des unbeugsamen Helden — um so schlimmer, als die versöhnliche Geste zwei Tage danach auf Verlangen des Königs wieder zurückgenommen werden mußte, also offensichtlich schlecht überlegt und gesichert war; denn welchen Eindruck mußte nun dieses Schwanken im Lager der Gegner machen? Entweder erschien es als Symptom eines inneren Zwiespalts im Lager der Regierung oder als bewußtes Täuschungsmanöver. Selbst der Altliberale Bernhardi, als er davon durch die Zeitung erfuhr, war empört durch so viel Unsicherheit und erwartete davon den „Ruin der Armee" und des königlichen Ansehens[81]). Spätere haben von einem Versagen der Nerven Roons gesprochen, oder auch von seiner mangelnden Begabung als Politiker. Er selbst hat dieser Auffassung durch einen Brief an seinen Freund Perthes

Vorschub geleistet, in dem er, vom König in der peinlichsten Weise vor der Kammer bloßgestellt, ritterlich alle Schuld auf sich selber nahm und von einem „schwächlichen Versöhnungsversuch" des Ministeriums sprach, bei dem ihm leider die Hauptrolle zugefallen sei[82]).

In Wahrheit ist sein Auftreten am 17. September aber weder schwächlich noch inkonsequent gewesen, sondern läßt sich (wenn wir uns nicht täuschen) als Teilaktion eines großzügigen Planes verstehen, der dem ganzen Heereskonflikt eine neue Wendung geben sollte. Schriftlich ausgearbeitet ist dieser Plan dem König allerdings erst am 10. Oktober, also drei Wochen nach der Ernennung Bismarcks, vorgelegt worden. Aber vieles spricht doch dafür, daß er in seinen Grundzügen schon lange vorher zwischen Roon und seinem Gehilfen Oberst Bose verabredet war und bereits während der Septemberkrise dem Minister als Aushilfsmittel vorschwebte: zunächst wohl nur zur Vertagung des eigentlichen Verfassungskonfliktes[83]).

Danach sollte das für den Winter 1862/63 angekündigte neue Wehrpflichtgesetz umstürzende Neuerungen bringen. Als Kompensation für das Zugeständnis der bloß zweijährigen Dienstzeit sollte die Einstellung von so viel Berufssoldaten („Kapitulanten") in die Armee gefordert werden, daß sie etwa ein Drittel der Infanteriebataillone füllten — also praktisch den dritten Jahrgang Ausgehobener ersetzten. Die vermehrten Kosten sollten durch „Einstandsgelder" der ganz oder teilweise vom Wehrdienst Befreiten aufgebracht werden. Wer nicht zum aktiven Militärdienst eingezogen wurde (einerlei ob als körperlich Behinderter oder als Ausgeloster), hatte das „Einstandsgeld" als eine Art von Wehrsteuer zu zahlen; außerdem aber sollte es Loskaufgelder derjenigen wohlhabenden jungen Leute geben, die sich von der Pflicht eines dritten Dienstjahres bei der Infanterie, Fußartillerie und den Pionieren befreien wollten — für die übrigen Truppenteile war keine Loskaufmöglichkeit vorgesehen. Wer ein solches „Einstandsgeld" nicht zahlen konnte oder wollte, konnte je nach Bedarf zum Abdienen des dritten Dienstjahres bei der Truppe festgehalten werden. Denn man rechnete mit der Möglichkeit (oder Wahrscheinlichkeit), daß sich trotz der vorgesehenen finanziellen Vergünstigungen nicht genügend Freiwillige als „Kapitulanten" (für mindestens zwei Jahre) würden anwerben lassen, um damit den dritten Jahrgang zu füllen. Dazu kam ein zweite, wichtige Neuerung: Die Stärke der Friedensarmee sollte gesetzlich fest umgrenzt werden auf ein Prozent (oder 1,2 Prozent) der jeweiligen Bevölkerungsziffer, also automatisch wachsend mit deren Höhe; und auch die Höhe der Heeresausgaben wurde ein für allemal festgelegt in der Form eines festen Pauschquantums auf den Kopf jedes Soldaten. Bestimmungen also, die das Mitwirkungsrecht der Volksvertretung in Heeresfragen für den Augenblick ebensosehr zu erweitern wie für die Zukunft praktisch auszuschalten geeignet waren.

Wer von den sozialen Vorstellungen unserer Tage herkommt, wird diesen Organisationsplan nicht ohne Erschrecken lesen. Gewiß, das ominöse System des völligen Loskaufs vom Heeresdienst und der Stellvertretung nach französischem Muster war gerade noch vermieden: sofern es nicht vom Willen der Dienstpflichtigen, sondern der Aushebungskommissionen abhing, ob einer zum aktiven Wehrdienst eingezogen oder gegen „Einstandsgeld" davon befreit wurde. Aber zum mindesten der Verdacht, daß bei solcher Entscheidung auch finanzielle Erwägungen des Militärfiskus eine Rolle spielen könnten, lag doch nur allzu nahe. Überdies blieb unklar, ob die Zahlung einer Wehrsteuer etwa auch vom Einsatz des Lebens im Kriege befreien sollte. Und vollends die Frage des dritten Dienstjahres wurde so, statt gelöst zu werden, erst vollends verwirrt: seine Ableistung hing nun teils vom Zufall — der Zuweisung zu einer berittenen oder nichtberittenen Truppe —, teils einfach vom Geldbeutel ab; es würde künftig Leute geben, die wegen Geldmangel weiterdienen mußten neben solchen, die trotz dieses Geldmangels vorzeitig entlassen wurden, weil das betreffende Regiment genügend Kapitulanten besaß; und wer sich als „Kapitulant" auf vier aktive Dienstjahre im ganzen verpflichtete, konnte dasselbe dritte Dienstjahr mit erhöhtem Sold abdienen, das andere arme Teufel zu gemeinem Soldatenlohn ableisten mußten. Roon hatte sich gegen die bald einsetzende Kritik militärischer Behörden damit verteidigt, daß „der wohlhabende Gebildete, Besitzende ein größeres Opfer bei der persönlichen Ableistung der Dienstpflicht bringe als der Tagelöhner, Knecht oder Handwerker ... Was die Gerechtigkeit früher für die Einjährigen forderte, werde jetzt (bei stark veränderten sozialen Verhältnissen) auch für erweiterte Kreise, in denen Besitz und Bildung den dreijährigen Dienst als lästig und überflüssig (!) erscheinen lasse, verlangt." Praktisch lief es doch auf ein Privileg des Geldsacks, nicht der Bildung hinaus, und sehr mit Recht wandte einer der Kritiker (anscheinend Manteuffel) ein, es werde so „das ganze Verhältnis des Heeresdienstes verändert. Derselbe hat nicht mehr eine Ehrenverpflichtung, der jeder Fähige in gleicher Weise genügen muß, zur Grundlage, es wird ihm vielmehr die Signatur einer Last aufgedrückt, welche der Arme in ihrer ganzen Schwere tragen muß, der sich aber der Wohlhabende theilweise zu entziehen vermag." Tatsächliche Verschiedenheit der Dienstzeit zwischen den verschiedenen Truppenteilen sei etwas ganz anderes, als wenn es in das Belieben der Geldbesitzenden gestellt würde, ob sie zwei oder drei Jahre bei der Fahne bleiben wollten.

Ohne Zweifel: dieser Reformplan war unsozial gedacht. Was er schaffen wollte, war nicht die wahre Mitte zwischen königlicher Berufsarmee und Volksheer, nicht ein Ausgleich zwischen den Idealen des Obrigkeits- und des Volksstaates, sondern im Kern eben doch eine Prätorianergarde, in der die alten Troupiers vollends den Kasernenton beherrschen mußten. Noch viel mehr als bisher wurden so die Ideale der Erhebungszeit verleugnet. Auch als Verlegenheitslösung, als Ausweg aus einer verfahrenen politischen Lage ist dieser Plan kennzeichnend für den Geist seiner Urheber: er stammt aus einem rein militärtechnischen Denken, dem die Idee der wehrhaften Volksgemeinschaft völlig fremd geworden war. Statt auf die Vaterlandsliebe war hier auf die niederste Selbstsucht des liberalen Bürgertums gerechnet. Das Vorbild war ganz deutlich die Armee Napoleons III., deren Leistungen im italienischen Feldzug von 1859 den preußischen Generälen schon längst imponierten und deren langdienende Troupiers Roon schon 1860 der Kammer als Beweis für die Vorzüge langer Dienstzeit vorgehalten hatte[84]). Aber konnte er denn im Ernst darauf rechnen, die liberale Opposition für einen solchen Plan zu gewinnen? Wir erinnern uns, mit welcher Entrüstung die Militärkommission von 1860 den schon damals vom Kriegsministerium in die Debatte geworfenen Gedanken abgewiesen hatte, das französische System der Stellvertretung in Preußen einzuführen[85]). Sollte sich diese Haltung seither so plötzlich geändert haben? Es ist kaum zu glauben. Immerhin lagen Kompromißvorschläge von altliberaler Seite vor, die sich bereit erklärten, die Herabsetzung der Dienstzeit wettzumachen durch vermehrte Einstellung von Kapitulanten (in Höhe von achtzig Mann pro Bataillon) und durch stehende Übungslager nach französischem Vorbild zur Erhöhung der Kriegstüchtigkeit der Armee. Max Duncker, der diese Vorschläge an den Minister heranbrachte, schmeichelte sich mit der Hoffnung, die liberalen Abgeordneten würden in ihrer Furcht vor dem Verfassungskonflikt „mit beiden Händen zugreifen"[86]). Ob mit Recht, ist schwer zu beurteilen. Bernhardi äußerste schwere Bedenken: der „schöne ritterliche Charakter der Armee" werde durch die Kapitulanten wesentlich im Sinn eines „Söldnerheeres" alteriert[87]). Vincke-Olbendorf dagegen, der Vermittler zwischen den Altliberalen und dem König, war sogar für Entschädigungsgelder der nicht zum Heer Einberufenen zur Bezahlung der Kapitulanten zu haben: so stark war hier bereits der liberale Gedanke zum reinen Opportunismus verblaßt![38]) Es war der Anfang eines Entwicklungsprozesses, den die Regierung Bismarcks dann durch Jahrzehnte hindurch mit immer wachsendem Erfolg gefördert hat.

Sehr viel fruchtbarer und zukunftsreicher war der Gedanke, die Höhe der Aushebungen und der Heeresausgaben durch ein Wehrgesetz ein für allemal fest zu vereinbaren. Auch er knüpfte an eine liberale Anregung an. Roon hatte ihn öffentlich zuerst am 12. September in Erwiderung auf eine Rede Gneists ausgesprochen, der die Regierung dringend davor gewarnt hatte, die Organisation der Armee nach englischem Vorbild als eine bloße Etatfrage zu behandeln und damit alljährlich von neuem der Willkür wechselnder Majoritäten auszusetzen[89]). So mag der Minister doch wohl damit gerechnet haben, für seine Vorlage wenigstens den Beifall der gemäßigten Liberalen zu gewinnen, deren Furcht vor einem offenen Verfassungskonflikt er aus seinen vertraulichen Besprechungen wohl kannte. Zum mindesten ließ sich vielleicht die Krisis noch einmal hinausschieben; mit welchem Eifer und wieviel Spannung ging doch das Haus gleich auf die ersten versöhnlichen Andeutungen des Kriegsministers ein! Gelang es unterdessen, die Berufung Bismarcks beim König durchzusetzen, so mochte dieser Gelegenheit finden, durch eine tatkräftige Außenpolitik, auf die alle Liberalen sehnsüchtig warteten, die unerträglich gewordenen inneren Spannungen zu lösen.

Aber nur der zweite Teil dieses Programms ist schließlich Roon geglückt; der erste scheiterte am hartnäckigen Widerspruch des Königs gegen den neuen Wehrverfassungsplan. Nicht etwa gegen das System der Kapitulanten und Berufssoldaten als solches! Das wird ihm eher willkommen gewesen sein, weil es eine Prätorianergarde versprach, die sich als „Säule des Throns" gegen inneren Umsturz vortrefflich eignete[90]). Zwar fand er die „Willkür" in der Auswahl der Leute, die nur drei und die bloß zwei Jahre oder gar nur in der Ersatzreserve zu dienen hätten, recht bedenklich für den Geist der Truppe: sie werde Mißmut erzeugen. Entscheidend aber war für ihn auch hier wieder (neben mancherlei technischen Einzelbedenken wie Verkleinerung der Rekrutenkadres) die Kürzung der Dienstzeit. Er hatte sich nun einmal so fest auf die dreijährige Dienstzeit als einen Hauptpunkt seines Programms verbissen, daß ihm jedes Nachgeben an dieser Stelle als eine Art Selbstverrat erschien[91]). Ebenso anstößig war ihm, als „arge Beschränkung" der Kronrechte, daß der Landtag bei der Festsetzung der Heeresstärke sollte mitwirken dürfen[92]). Dahinter hört man deutlich die mahnenden Stimmen seiner höfisch-militärischen Umgebung. Manteuffel war gerade auf Urlaub, aber Alvensleben erklärte dem Kronprinzen: „Nachgeben sei Einsetzung des Abgeordnetenhauses zum Oberbefehlshaber des Heeres an Stelle des Königs, also gleich einem vom König eingeführten Verfassungsbruch"[93]). Vergeblich blieben alle beschwörenden Vorstellungen Roons, von der Heydts, Bernstorffs, alle Warnungen vor dem Verfassungsbruch, alle wiederholten Beschlüsse des Ministerrats — der König hatte sich nun einmal, von seinen Generaladjutanten aufgehetzt, entschlossen, den „Weg der Konzessionen und Kompromisse", den er nach ihrer Meinung bisher gegangen war, endgültig zu verlassen. Längst hatte er sich die konservative These von der „Verfassungslücke" angeeignet, nach der im Notfall auch ohne Etatgesetz regiert werden könne[94]), und war empört darüber, daß der Ministerrat zögerte, sie sich anzueignen. Das Ende höchst erregter Konseilsitzungen war sein feierlich verkündeter Entschluß, die Krone niederzulegen, da „seine Minister ihn im Stich ließen" — eben jener Entschluß, den Roon längst befürchtete und um dessentwillen er wohl am meisten vor dem offenen Konflikt zurückgebebt war[95]). Was blieb da den Ministern, zumal dem General, anderes übrig, als wiederum zu gehorchen? Nur von der Heydt und Bernstorff, denen die schwerste Verantwortung (für Finanzen und Außenpolitik) oblag, schieden aus. Das Konfliktsministerium wurde gebildet, an der Spitze (nach abermaligen harten Kämpfen um die Seele des Königs) Bismarck, der bedingungslos den Willen des Monarchen durchzufechten versprach. Das Abgeordnetenhaus hatte schon vorher das Etatgesetz für 1862 verworfen. Der *Heereskonflikt* war damit zum offenen *Verfassungskonflikt* geworden.

Seine weitere Entwicklung im einzelnen ist für den Zusammenhang unseres Themas ohne Interesse, weil neue Gesichtspunkte in den Streit um königliches oder Volksheer nicht mehr hervortraten. Die Fronten haben sich endgültig versteift. Für das Abgeordnetenhaus geht es jetzt um die Behauptung seiner verfassungsmäßigen Rechte überhaupt. Für den König um die Autorität der Krone schlechthin — ganz im Sinn jenes Streitrufes, den die Kreuzzeitung schon zu Neujahr 1862 ausgegeben hatte: „Für das Königtum von Gottesgnaden gegen die Herrschaft des Parlaments!" Je tiefer die Erbitterung dieses Machtkampfes auf beiden Seiten sich einfraß, um so weniger war an das Gelingen irgendeiner sachlichen Verständigung in den Heeresfragen jetzt noch zu denken. Wichtig ist aber zu sehen, daß Bismarck trotz seines Gelöbnisses bedingungsloser Gefolgschaft keinen Augenblick daran dachte, den starr ablehnenden Standpunkt König Wilhelms in der Frage der

Dienstzeit sich zu eigen zu machen. Sachlich war ihm die Frage der zwei- oder dreijährigen Dienstzeit vollständig gleichgültig, und wir wissen heute, daß seine Versicherung an Twesten und andere Liberale im Herbst 1862: er hoffe gemeinsam mit Roon den Monarchen doch noch für die zweijährige Dienstzeit zu gewinnen, keineswegs ein Täuschungsmanöver, sondern sehr ernsthaft gemeint war. Schon um die Opposition des Landtages zu verwirren und zu spalten, hätte er gern das neue Wehrgesetz im Sinn des Roonschen Vermittlungsentwurfes vom 10. Oktober gestaltet. Wirklich gewann er auch den Ministerrat für eine Fassung, welche die Grundzüge dieses Entwurfes übernahm, vor allem die gesetzliche Festlegung der Prozentziffer der Aushebungen, stieß aber dann auf zähen Widerstand des Militärkabinetts. Manteuffel erklärte schon jede gesetzliche Festlegung der Friedensstärke des Heeres unter Mitwirkung des Landtages für eine Kapitulation der Krone. Die Armee bekomme so „das Bewußtsein, daß das Gesetz und nicht mehr der König ihr Herr ist". Das „persönliche Regiment des Königs" gehöre aber unaufhebbar zum Wesen des preußischen Militärstaates, das gegen alle Machtgelüste der Fortschrittspartei verteidigt werden müsse; sich dieser unterwerfen heiße „Vernichtung des Staates"[96]). König Wilhelm, der die letzte Entscheidung über jenen Roonschen Kompromißvorschlag bis zur Rückkehr seines Generaladjutanten vom Urlaub hatte liegen lassen, entschied in dessen Sinn. Der Entwurf wurde von ihm als „das Todesurteil der Armee" bezeichnet und abgelehnt. Die Vorlage von 1863 für ein Dienstpflichtgesetz erhielt nach überaus zähen Kämpfen, in denen Bismarck und Roon wenigstens die gesetzliche Festlegung der Aushebungsziffer und womöglich irgendeine Art von Wehrsteuer der nicht zum Friedensdienst Eingezogenen zu retten suchten (beides vergeblich), die vom Militärkabinett gewünschte Form. Ausdrücklich wurde in den beigefügten Motiven versichert, die Formation und Organisation des Heeres gehöre zur verfassungsmäßigen Exekutivgewalt der Krone und berühre die Rechte der Landesvertretung nur mittelbar vermöge der Ausgabebewilligung. Auf diesem Standpunkt blieb dann die Regierung bis 1865 dauernd stehen: ein Dienstpflichtgesetz (mit dreijähriger Dienstzeit für alle Waffengattungen) legte sie immer von neuem vor; über den Umfang der Aushebungen, den Friedenspräsenzstand und die Formation von Linie und Landwehr behauptete sie jetzt auch ohne Gesetz frei entscheiden zu dürfen.

Das Echo von seiten des Parlaments blieb nicht aus. Hieß es nicht, sich der Willkür der Militärbehörden mit gebundenen Händen überliefern, wenn

man ihnen das Recht zugestand, über die Höhe der Friedenspräsenz nach
Belieben zu bestimmen, ihre Anforderungen immer höher zu schrauben, ohne
der Kammer mehr als eine nachträgliche Bewilligung der Kosten zu ge-
statten? Nirgends war die Verzweiflung und Empörung größer als im
Lager der Altliberalen, die mit ihren liberalen zugleich ihre kleindeutsch-
nationalen Hoffnungen glaubten dahinschwinden zu sehen. Mit flammendem
Pathos warf Heinrich von Sybel im Landtag von 1863 dem Kriegsminister
(den er für den Hauptschuldigen hielt) vor, er habe das Werk von 1862 ver-
stümmelt als Handlanger einer Reaktionspartei und „jener engen und zunft-
mäßigen Routine", die schon seit der verhängnisvollen Wendung von 1819
in der Militärverwaltung aufgekommen sei. Am stärksten tritt in seinen
Worten das liberale Bedürfnis nach Einschränkung königlicher „Willkür"
auf militärischem Gebiet durch feste gesetzliche Ordnungen hervor. Sein
eigener Gegenentwurf eines neuen Dienstpflichtgesetzes zeigte aber deutlich die Einwirkung der radikalen Linken: die ehemaligen Altliberalen
konnten jetzt nur noch als Bundesgenossen des Fortschritts auftreten. Aber
die Wünsche der liberal-demokratischen Mehrheit gingen jetzt noch viel
weiter: je schroffer die Krone ihre Alleingewalt auf militärischem Gebiet
betonte, um so weiter wünschte die Kammer ihre Rechte auf Mitwirkung
auszudehnen — bis zur gesetzlichen Regelung aller Einzelheiten der Heeresorganisation: durch ein Organisations-, Rekrutierungs- und Dienstpflichtgesetz (Frühjahr 1863). So wurde der Kampf nun wirklich, was die konservativen Wahlparolen schon längst behaupteten: ein Streit um „königliches
oder parlamentarisches Heer" — während es doch ursprünglich nur darum
gegangen war, sich über die allgemeinsten Grundzüge der Heeresverfassung
zu verständigen. Der Liberalismus erstrebte jetzt eine weitgehende Verbürgerlichung[97]), die Radikalsten wie Waldeck und Schulze-Delitzsch eine
Rückkehr zur Landwehr von 1814. Auf der anderen Seite verbot der
König seinen Ministern, in irgendeiner Form auch nur eine gesetzliche Festlegung der Aushebungsquote zuzulassen und machte vor wie nach dem
dänischen Krieg alle Bemühungen Bismarcks und Roons zunichte, durch
Verständigung mit dem gemäßigten Teil der Opposition diese zu spalten
oder wohl gar den unglückselig verfahrenen Militärkonflikt aus der Welt
zu schaffen[98]). Für ihn stand es jetzt ein für allemal fest, daß die Einmischung
des Parlaments in Organisationsfragen nichts anderes als die innere Auflösung der Armee und damit die unmittelbare Vorbereitung der Revolution
bezwecke[99]). Für die Konservativen aber hatte Kleist-Retzow im Herrenhaus

schon 1862 die zugkräftigen Kampfparolen ausgegeben: Es geht um Erhaltung des preußischen Königstums, das die Demokratie wieder genau so
wie 1848 demütigen und „aus der Verfassung entfernen" will; das Heer soll
desorganisiert, wo möglich durch demokratische Turner- und Schützengilden
ersetzt, die alte preußische Monarchie soll wieder unter die fremde Macht
eines gesamtdeutschen demokratischen Parlaments gebeugt werden. Also gilt
es, die königliche Armee als den Felsen zu behaupten, an dem die Wellen
der Revolution zerschellen. Jedes Kompromiß mit dem Abgeordnetenhaus
würde ein Abgleiten in die parlamentarische Regierung bedeuten; denn käme
ein Ausgleich zustande, dann hätte ja das Parlament und nicht der König die
Armee reorganisiert![100] Auf diese Tonart war auch die Propaganda des konservativen „preußischen Volksvereins" gegründet. Daß sie bis in die Armee
selbst vorzudringen und dort konservative Gesinnungsgenossen zu werben
versuchte[101], war eigentlich überflüssig; denn die politische Gesinnung des
Offizierskorps stand ohnehin fest. Daß liberale Ideen bis in diesen Bezirk
nicht eindringen oder doch keinen Raum darin gewinnen konnten, dafür
war gesorgt.

Der Konflikt hat die preußische Armee erst vollends zur Leibgarde der
alten Monarchie gemacht. Vergessen wir nicht, daß deren Autorität mit dem
Führertum späterer „autoritärer Staaten" nur eine ganz äußerliche Ähnlichkeit hat, und daß es darum vorschnell geurteilt ist, in dem Streit um die
Heeresreform von 1860 etwas dem Kampf späterer Tage zwischen „wehrhafter" und „pazifistischer" Massengesinnung ähnliches zu wittern. „Pazifistisch" und „international" bestimmt im modernen Sinn war das preußische
Bürgertum der sechziger Jahre nicht einmal auf seinem radikaldemokra-
tischen Flügel; das war erst das sozialdemokratische Proletariat späterer
Jahrzehnte. Und daran, daß diese Massen sich dem „wehrhaften" Denken
altpreußischen Stils so tief entfremden konnten, trägt auch der Verlauf und
Ausgang des Heereskonflikts von 1860—66 einen Teil der Schuld, und nicht
einmal den geringsten. Denn in Wahrheit ging es in diesem Konflikt nicht
eigentlich um Wehrhaftigkeit oder Abrüstung, sondern zutiefst um Obrig-
keits- oder Volksstaat. Gewiß: auch ein gut Teil Bequemlichkeit, Steuerscheu
und individualistischen Eigensinns spielte in der Opposition gegen die Roonsche Heeresorganisation eine Rolle — aber fast nur auf dem äußersten linken
Flügel, der erst seit 1861 politisch bedeutsam wurde — wesentlich erst in
Reaktion auf die Haltung des Königs und seiner militärischen Berater. Die
altliberale Führerschicht dagegen, auf die für die parlamentarische Ent-

scheidung zunächst alles ankam und die sich wohl noch in der entscheidenden Krisis von 1862 hätte durchsetzen können, wenn man ihr nur irgendeinen Teilerfolg gönnte (wozu ja denn auch Bismarck ebenso wie Roon von sich aus bereit gewesen wären) — diese Führerschicht ließ es an „Wehrwillen" keineswegs fehlen. Was sie bekämpfte, war nicht die monarchische Autorität, sondern der Absolutismus der Krone — genauer noch: das System einer hochkonservativen und hochadeligen Reaktion, die mit der Erinnerung an die trübsten Stunden preußischer Geschichte, an mehr als eine Epoche trostlosen Stillstandes, außenpolitischer Schwäche und Unselbständigkeit auf das engste verknüpft war. Daß in dem adligen Offizierskorps dieser königlichen Armee ein so zäher und enger preußischer Partikularismus lebte, daß darin so gar nichts zu spüren war von dem Feuer der nationalpolitischen Begeisterung, das die Liberalen beseelte, und daß diese königliche Regierung mit dem Fluch völliger politischer Unfruchtbarkeit geschlagen schien — das war (nach dem einmütigen Urteil der klügsten Beobachter und selbst Bismarcks) der tiefste Grund für ihr Mißtrauen gegen die Urheber der Heeresreform und gegen diese selbst. Bis zum Eintritt Bismarcks war die außenpolitische Aktivität unzweifelhaft weit mehr auf liberaler als auf konservativer Seite — und wer konnte im voraus wissen, daß dieser als reaktionär verschriene Junker sich eines Tages als außenpolitisches Genie entpuppen würde? Wer die Regierung Wilhelms von Bismarcks späteren Erfolgen her beurteilt, der übersieht, daß dieser König nicht nur eine ungewöhnlich günstige innerpolitische Lage ins Gegenteil verkehrt hat, sondern daß er auch auf dem besten Wege war, die großen außenpolitischen Chancen Preußens für immer zu verpfuschen, eine ganz seltene Gunst der europäischen Konstellation zu versäumen, in dem er den Verfassungskonflikt heraufbeschwor, statt die Führung der deutschen Politik an sich zu reißen. Die preußische Historie hat immer wieder die „heldenhafte Festigkeit" gerühmt, mit der er das eiserne Prinzip des preußischen „Soldatenstaates" gegen alle Erweichungs- und Unterhöhlungsversuche des Liberalismus behauptet habe. Er selbst hat zweifellos geglaubt, seine Pflicht als Erbe seiner Vorfahren und als Soldat zu erfüllen, indem er so zähe an seiner „Kommandogewalt" und an dem festhielt, was ihm militärisch notwendig schien. Aber wurde die königliche Autorität durch bloßes starres Festhalten an absolutistischen Traditionen wirklich gestärkt? Waren es denn die absolutistischen Regierungsformen oder war es nicht viel mehr die Energie einer unerhört aktiven Machtpolitik, die das Regiment Friedrichs des Großen der Nachwelt in so hellem Glanz erstrahlen ließ? Niemand hatte die tiefe Kluft, die dieses Regiment vom Volk trennte, leidenschaftlicher beklagt — und gerade im Interesse preußischer Machtverstärkung! — als die Reformer der Erhebungszeit. Und so war es auch vom Standpunkt preußischer Machtpolitik gewiß keine glückliche Wendung der Dinge, daß in dem Verfassungskonflikt diese Kluft von neuem aufbrach und in den Reden der liberalen Volksvertreter der „Militärstaat" wieder als Feind des „bürgerlichen Rechtsstaates" erschien. Echte Autorität wird nur durch die politische Leistung erworben, nicht durch bloßes starres Behaupten ererbter Machtbefugnisse. So selbstverständlich wurzelte (seit den Erlebnissen von 1848) der Glaube an das historische und göttliche Recht der Monarchie auch in Preußen nicht mehr in den Massen, daß sie sich ein für allemal gegen innere Erschütterungen gefeit glauben durfte. Ohne volkstümliche Politik konnte sie auf die Dauer nicht damit rechnen, als echtes Führertum empfunden zu werden. Erst durch die nationale Einigungspolitik Bismarcks wurde die preußische Monarchie aus der Gefahr befreit, als ein zwar ehrwürdiges, aber volks- und zeitfremdgewordenes Stück Vergangenheit sich mühsam in einer tief veränderten Welt zu behaupten. Indem er der Krone unerwartet neuen Glanz verlieh, hob er zugleich die preußische Armee über die Rolle einer königlichen Leibgarde, „Säule des Thrones" und Polizeitruppe hinaus.

Es war kein Volksheer im heutigen Sinn, was die Siege von Düppel und Alsen, Königgrätz, Metz und Sedan erstritten hat, sondern eine straff disziplinierte, durch ein vorwiegend adeliges Offizierkorps von starker innerer Geschlossenheit geführte königliche Armee. Von wirklich allgemeiner Aushebung zum Wehrdienst, von totaler Mobilisierung des Volkes war keine Rede — noch viel weniger als einst in den Freiheitskriegen. Eine gut geschulte Auslese der Wehrtüchtigsten unter der Jungmannschaft des Volkes, im Lauf des Siebzigerkrieges ergänzt durch eine verschwindend kleine Zahl Kriegsfreiwilliger, ist in den deutschen Einigungskriegen ins Feld gerückt[102]). Alles war auf schnellste Mobilmachung, auf rasche und kräftige, zu baldiger Entscheidung führende Offensive berechnet. Als die Franzosen im Winter 1870/71 wirkliche Massenheere aufstellten, und Paris sich zähe behauptete, entstanden ernstliche Verlegenheiten für das Roonsche Mobilmachungssystem[103]). Sie wurden nur dank der technischen Überlegenheit der preußisch-deutschen Heerführung und immer noch besserer Qualität der deutschen Truppen überwunden. Und so hat dieses königliche Heer nicht nur seinem Kriegsherrn höchsten Schlachtenruhm erworben, sondern zugleich die preußische Monarchie über Deutschland erhöht. Die Kaiserproklamation vom 18. Januar 1871 vollzog sich als ein rein militärisches Schauspiel.

Der Glanz dieses Schauspiels hat die Härte und Verbitterung der Kämpfe rasch vergessen machen, die noch wenige Jahre zuvor um „königliche Armee" oder „Parlaments"- und „Volksheer" geführt worden waren. Bismarck hatte wiederum das größte Verdienst daran, indem er nach dem siegreichen Ende des österreichischen Krieges den König zum Abbruch des Verfassungskonfliktes veranlaßt hatte, und zwar (trotz heftigen Widerstrebens) in einer Form, die der liberalen Auffassung vom Verfassungsrecht ziemlich weit entgegenkam[104]). Das Indemnitätsgesetz, das er im Spätsommer 1866 im Landtag einbrachte, war keine schwächliche Halbheit, kein bloßer „dilatorischer Formelkompromiß", der die Rechtslage verdeckte, statt sie zu klären, sondern eine offene Anerkennung des parlamentarischen Budgetrechts, doch ohne Beeinträchtigung der verfassungsmäßigen Kronrechte und der militärischen Kommandogewalt des Königs. Das Parlament wurde veranlaßt, den ohne Budget geleisteten Staatsausgaben nachträglich seine Zustimmung zu erteilen, das heißt ihre sachliche Notwendigkeit nachträglich anzuerkennen; in der wehrrechtlichen Streitfrage nach der Ausdehnung und den Grenzen der königlichen Kommandogewalt wurde absichtlich, entgegen den liberalen Wünschen[105]), keinerlei Zugeständnis gemacht — allerdings auch kein Weg der Verständigung für die Zukunft verbaut. Die ganze Frage wurde mit Stillschweigen übergangen; für die Vergangenheit wurde also ein Zweifel an der Gesetzlichkeit der preußischen Heeresorganisation gar nicht zugelassen; für die Zukunft wurde die Heeresorganisation vom Boden der preußischen auf den der nationalen Verfassung verlegt. Dort aber hat Bismarck keinen Augenblick gezaudert, in Kampf und Verständigung mit dem verfassunggebenden Norddeutschen Reichstag der Organisation des Bundesheeres eine feste gesetzliche, sogar in der Verfassung verankerte Grundlage zu geben, und zwar in Formen, die er auf preußischem Boden gegen den Willen des Königs nicht hatte durchsetzen können[106]).

Nicht Verewigung des Konflikts war also das letzte Ziel der bismarckischen Politik, sondern (wie Graf Eulenburg 1866 im Preußischen Landtag ausdrücklich versicherte) zunächst jedenfalls die Herstellung eines echten Ausgleichs. Sie war eine klar erkannte und ganz unzweifelhaft politische Notwendigkeit. Eine absolutistische Krongewalt unter Mißachtung des parlamentarischen Budgetrechtes und Niederhaltung der liberalen Opposition hätte sich nach dem Sieg auf dem Schlachtfeld wohl durchsetzen lassen; aber sie hätte der nationalen Politik Preußens, wie Bismarck selbst in seinen Memoiren mit einleuchtenden Gründen darlegt[107]), die Sehnen durchschnitten. Er fügt sogleich hinzu, er halte überhaupt „den Absolutismus für keine Form einer in Deutschland auf die Dauer haltbaren oder erfolgreichen Regierung... Absolutismus der Krone ist ebensowenig haltbar, wie Absolutismus der parlamentarischen Majoritäten, das Erfordernis der Verständigung beider für jede Änderung des gesetzlichen Status quo ist ein gerechtes, und wir hatten nicht nötig, an der preußischen Verfassung erhebliches zu bessern. Es läßt sich mit derselben regieren, und die Basen deutscher Politik wären verschüttet worden, wenn wir 1866 daran änderten." Nun werden wir freilich noch sehen, daß Bismarck auf dem militärischen Sondergebiet trotz allem eine Art von absolutistischer Krongewalt mit Hilfe der Bundesverfassung durchgesetzt hat. Aber entscheidend ist, daß es eben mit Hilfe von Verfassungsbestimmungen, durch Festlegung gesetzlicher, vereinbarter Normen geschah; denn das Bedürfnis nach der Einschränkung fürstlicher Willkür durch feste Ordnungen hat er durchaus mit den Liberalen geteilt. Mit den Staatsstreichplänen des Militärkabinetts und der reaktionären Heißsporne hatte er tatsächlich nichts gemein — auch in den Konfliktsjahren nicht, trotz der oft harten, in ihren Formen geradezu brutalen Gewalttätigkeit, mit der er sich auf dem Höhepunkt des Kampfes über Rechtsbedenken hinwegsetzen konnte. Der Begriff einer festen „gesetzlichen", das heißt durch Verständigung der beiden Machtfaktoren des monarchisch-konstitutionellen Systems zustandegekommenen Ordnung gehört zu den zentralen Wesensbestimmungen der bismarckischen Staatsverfassung; das Bedürfnis moderner Juristen dagegen nach eindeutiger Festlegung der Souveränität, nach starrer, strenger Begriffssystematik überhaupt, ist ihr fremd. Irrational in allen ihren Teilen, viel mehr dem praktischen politischen Bedürfnis und historischen Tatbeständen als theoretischer Erwägung entsprungen, sieht sie in der konkurrierenden Teilhabe populärer Elemente an der öffentlichen Gewalt keine bedrohliche Minderung, sondern eine wohltätige Begrenzung der fürstlichen Autorität.

Im Kampf und durch den Kampf zu einer dauerhaften Verständigung mit dem Gegner zu gelangen, war also das Ziel ebenso der inneren wie der äußeren Machtpolitik Bismarcks. Die Konflikthaltung sollte nicht verewigt, die kämpferische Machtballung der Krone nicht Selbstzweck werden. Der Normalzustand sollte nicht die Kampfhaltung, das gegenseitige Mißtrauen zwischen Regierenden und Regierten sein, sondern der Ausgleich innerer Interessengegensätze unter dem Schutz einer gesicherten königlichen Autorität. Eben dieses Ziel glaubten die Altliberalen von 1860, die sich nach der Indemnitätsbill von 1866 im Norddeutschen Reichstag als „Nationalliberale" zusammenfanden, bereits ganz nahe vor Augen zu haben. „Militärstaat" und „bürgerlicher Rechtsstaat", hofften sie, würden sich nun wieder in einer höheren Einheit zusammenfinden. Das Ideal einer wehrhaften, in freier Hingabe unter monarchischer Führung zusammengeschlossenen Volksgemeinschaft, wie es den Reformern der Erhebungszeit vorgeschwebt hatte, schien sich in dem größeren Rahmen eines neuen nationalen Staatswesens nun endlich zu verwirklichen. Daher das tiefe Glücksgefühl der besten Köpfe des deutschen Bürgertums in den Jahren der eigentlichen Reichsgründung, daher ihr beinahe stürmischer Übergang ins bismarckische Lager. Aber ihre Hoffnung ist doch nur sehr eingeschränkt in Erfüllung gegangen. Während die Außenpolitik Bismarcks nach 1871 ganz deutlich auf die Sicherung eines beständigen Interessenausgleiches der europäischen Mächte, auf die Bewahrung einer friedlichen Dauerordnung hinsteuerte (wir werden davon noch hören), stand seine Innenpolitik im Zeichen unaufhörlicher, zermürbender und verbitternder Kämpfe. Sie haben im einzelnen die verschiedensten Gründe gehabt. Aber letzten Endes hängen sie alle irgendwie damit zusammen, daß das bismarckische Reich nicht als Volksstaat, sondern als Obrigkeitsstaat, als Werk der preußischen Monarchie und ihrer königlichen Armee ins Leben getreten ist. Ganz hat die Kluft, die 1860—66 aufgerissen war, sich doch nicht wieder schließen wollen. Das gegenseitige Mißtrauen wirkte verhängnisvoll nach. Trotz allen militärischen Glanzes der Reichsgründung hat der bismarckische Staat das geistige Leben der Nation doch niemals so tief in seinen Bann gezogen wie einst die Befreiungskriege oder der Sturm von 1848.

Der Reichsgründer wollte es wohl auch gar nicht. Er dachte sehr nüchtern über den Inhalt und die Grenzen des Politischen. Aber indem das Reich seinen Charakter als Schöpfung monarchischer Kabinette dauernd behauptete, blieb die Politisierung — und damit auch die politische Erziehung — des deutschen Volkes auf halbem Wege stecken. Der konservative Adel behauptete viele seiner alten Machtpositionen: bei Hofe, in der Armee und Verwaltung, im Preußischen Herrenhaus, ohne doch jemals den politischen Wirklichkeitssinn, die Volkstümlichkeit und damit die Bedeutung als Träger politischer Traditionen und echte Stütze des Thrones zu gewinnen, deren sich die englische Aristokratie bis an die Schwelle unserer Zeit erfreute. Die von ihm begründete konservative Partei bildete sich mehr und mehr zur Agrarpartei, vorzugsweise zur Klassenpartei der Großgrundbesitzer um, zog aber auch großkapitalistische Elemente aus der Industrie und Bankwelt an. Die Wirkung des bismarckischen Regiments auf das liberale Bürgertum war zwiespältig. Ein Teil verlor in der Gefolgschaft des Kanzlers die politisch-geistige Selbständigkeit, auch die Volkstümlichkeit, entartete zur rein opportunistischen Partei des Besitzbürgertums und opferte seine Freiheitsideale dem Glauben an die Macht — ein Prozeß, der sich in der Biographie der meisten liberalen Führergestalten deutlich verfolgen läßt. Ein anderer Teil kam aus der blinden Opposition der Konfliktsjahre nie mehr heraus und verhärtete sich in doktrinärer Negation, in staatsfremdem Individualismus. Die Massen des katholischen Kirchenvolks konnten im bismarckischen Reich nur sehr schwer heimisch werden, vollends seit dem Kulturkampf, und der neue Stand der Industriearbeiter und -angestellten blieb ihm vollends fremd, ja feindlich gesinnt.

Inmitten so tiefer innerer Gegensätze versuchte die preußische Armee — und nach ihrem Muster auch die der anderen deutschen Bundesstaaten — das deutsche Volk zu monarchischer Gesinnung und vaterländischer Dienstbereitschaft zu erziehen. Die streng monarchische Haltung ihres Offizierskorps erhielt sich unverändert, und dieser Korpsgeist strahlte weithin auf die Söhne des gebildeten Bürgertums aus, die als Reserveoffiziere in der Armee dienten. Was so entstand, war ein Patriotismus, der mehr nach rückwärts als nach vorwärts blickte, mehr von ehrwürdigen Traditionen als von zukunftsträchtigen Ideen lebte; er war verbunden mit einem Esprit de corps, der die Gefahr der bürgerlichen Nachäffung adeliger Standessitten, nicht selten auch wohl des Standeshochmutes, in sich schloß. Die Klassengegensätze, die bei uns ohnedies aus vielen Gründen besonders scharf ausgeprägt waren, sind dadurch noch mehr versteift worden. Zugleich hat das deutsche Leben im Kaiserreich einen „militaristischen" Anstrich bekommen, der es westeuropäischem Empfinden stark entfremdete. Den studentischen Kriegsfreiwilligen und den Landwehroffizieren von 1813 war „militaristisches" Gehaben gänzlich fremd gewesen. Wir dürfen es wohl als eine indirekte Folgewirkung jener Entwicklung vom Volksheer zum königlichen Heer betrachten, die uns nun schon so lange beschäftigt hat. Der Ausgang des Heereskonfliktes hatte sie vollends befestigt.

Befestigt war aber auch — und das ist unvergleichlich wichtiger — die Sonderstellung der Armee im monarchisch-konstitutionellen Staatswesen: als ein rein monarchisches Machtinstrument jenseits der Parteikämpfe, an deren

inneres Gefüge nach den Erfahrungen der Konfliktszeit kein Parlament mehr
ernstlich zu rühren wagte. Damit war das Verhältnis von Staats- und Heerführung in Preußen-Deutschland bereits in ganz bestimmter Weise festgelegt
— und in sehr andersartiger Weise als in den parlamentarisch regierten
Staaten Westeuropas. Wesentlich mit dazu beigetragen hat die innere Entwicklung der obersten preußischen Militärbehörde, der wir uns nunmehr
zuwenden wollen: der Ausbau der monarchischen Kommandogewalt in
Militärkabinett und großem Generalstab.

7. Kapitel

SONDERSTELLUNG DER KÖNIGLICHEN ARMEE IM VERFASSUNGS-
STAAT. MILITÄRKABINETT UND GENERALSTAB

War die Armee eine Staatseinrichtung wie andere auch, oder nahm sie
als Machtinstrument der Krone — nicht des Verfassungsstaates schlechthin —
eine Sonderstellung ein? Diese Frage sahen wir im Hintergrund der Kämpfe
um die Heeresreorganisation von 1860 lauern[1]). Das Vorbild Friedrichs des
Großen, des „Roi connétable", der seine Armee höchstpersönlich ins Feld
führt und mit ihrem Offizierskorps, seiner persönlichen Gefolgschaft, sich
ohne alle Vermittlung staatlicher Behörden verbunden weiß, hat allen
Hohenzollern seither als Ideal vor Augen geschwebt — unverändert bis zum
Ende der Monarchie, trotz der ungeheuren Vergrößerung und Komplizierung des militärischen Apparates und trotz der Erweiterung der preußischen
Armee zum Reichsheer mit großen nichtpreußischen Bestandteilen. Das hat
auch in der Organisation der obersten Militärbehörden seinen Ausdruck
gefunden. Sie war ganz wesentlich durch das Bestreben mitbestimmt, dem
Monarchen eine möglichst ausgedehnte, von Einwirkungen des Parlaments
freie Sphäre militärischer Kommandogewalt zu sichern. Die politisch-organi-
satorischen und staatsrechtlichen Probleme, die dadurch entstanden, reichen
bis in den Kern aller Problematik des preußischen und deutschen Verfassungsstaates von 1848 bis in den Ersten Weltkrieg hinein. Denn wenn irgendein
innerer Schaden mitgeholfen hat, die Überwältigung des zweiten Kaiserreiches durch seine Feinde zu erleichtern, so war es der Mangel an Einheitlichkeit der militärischen Führung und der gesteigerte Gegensatz zwischen militärischer und politischer Reichsleitung. Beides aber hing aufs engste mit der
Sonderstellung des Heeres im Staat Bismarcks, als monarchische Gefolgschaft,
nicht als allgemeine Staatseinrichtung, zusammen. Und so wird an diesem
Punkt die schicksalhafte Bedeutung der Fragen erst recht deutlich, um die
unsere Betrachtung kreist.

Keine Heeresverfassung taugt etwas, die sich nicht auch im Kriege bewährt.
Die Erben der friderizianischen Monarchie hielten sich alle mehr oder weniger an das Vorbild des roi connétable, ohne doch persönlich die Voraus-

setzung zu erfüllen, von der hier alles abhing: die seltene Vereinigung von Staatsmannschaft mit Feldherrnbegabung. Das ist der Hohenzollerndynastie schließlich zum Verhängnis geworden; es hat sich aber schon viel früher, schon unter den ersten Nachfolgern Friedrichs II., zum Nachteil des Staates ausgewirkt.

Der große König war noch sein eigener Kriegsminister und Generalstabschef gewesen. Natürlich bediente auch er sich militärischer Gehilfen. Es gab einen „Kriegsminister" als Chef des Militärdepartements im Generaldirektorium, Generalinspekteure der verschiedenen Truppengattungen, eine militärische Suite, bestehend aus Ordonnanzoffizieren, Flügel- und Generaladjutanten und einem kleinen Generalquartiermeisterstab. Einer der Generaladjutanten, der im Siebenjährigen Krieg sehr verdiente Wilhelm von Anhalt, ist 1765 auch zum Generalquartiermeister ernannt worden. Vor wichtigen strategischen Entscheidungen zog der König wohl auch den einen oder anderen Truppenführer zur Beratung heran. Aber keiner dieser Gehilfen und Berater hatte irgendwelches Recht zu eigener Initiative. Der Wirkungskreis des Quartiermeisterstabes war sehr bescheiden. Er beschränkte sich in der Hauptsache auf Anlage verschanzter Lager und Feldbrücken, Auswahl von Stellungen („Castrametrie") und Geländeerkundung; eine förmliche Behörde, ein festes Korps von Generalstabsoffizieren ist nicht daraus geworden. Das Militärdepartement hatte es überhaupt nur mit der Heeresökonomie zu tun; und die Generaladjutanten, denen vor allem, wie es scheint, die Überwachung des Personalbestands der Armee zufiel, arbeiteten ohne regelmäßigen, fest abgegrenzten Geschäftskreis. Militärische und nichtmilitärische Kabinettsordres expedierten die zivilen Kabinettssekretäre ohne Unterschied. Keiner dieser Gehilfen hatte irgendwelche Vorschläge vorzutragen, sondern nur Befehle zu empfangen und für ihre Durchführung zu sorgen.

Dieses System setzte eine so detaillierte Personal- und Sachkenntnis des Monarchen voraus, wie es keiner der Nachfolger Friedrichs auch nur annähernd erreichen konnte — übrigens wurde schon zu Lebzeiten des alten Königs unendlich viel räsonniert über Willkür und mangelnde Detailkenntnis Allerhöchster Ordres. Unter Friedrich Wilhelm II. wurde deshalb ein „Oberkriegskollegium" geschaffen, das ursprünglich als eine Art von Zentralbehörde für alle Zweige des Militärwesens gedacht war; nur im Kriege sollte die Leitung der Operationen dem König oder seinen kommandierenden Generalen zufallen. Aber diese Behörde ist praktisch auf reine Verwaltungsarbeiten beschränkt und ohne Einfluß auf die eigentliche Kriegsvorbereitung geblieben, sehr bald auch durch neue Dienststellen zersplittert und gelähmt worden[2]). Neben ihr wurde unter anderem auch ein Generalquartiermeister-stab (Generalstab) als eigenes Korps mit besonderer Uniform geschaffen. Aber auch er gewann keine rechte Bedeutung: ein Kollegium unpraktischer Papierstrategen (nach dem Urteil von Boyen, Clausewitz, Müffling) ohne innere Einheit und vor allem ohne Fühlung und Zusammenhang mit der Truppenführung. Zur Person des Herrschers hatte er ebenso wie alle anderen Militärbehörden nur durch Vermittlung des Generaladjutanten Zugang, der aus der Rolle eines bloßen Handlangers und Sekretärs der königlichen Kommandogewalt zu einer zentralen Figur des Militärwesens heranwuchs. Seit 1787 war seine Tätigkeit büromäßig organisiert: das war der Anfang des später so viel kritisierten preußischen Militärkabinetts, das nun zusammen mit dem Zivilkabinett den Monarchen gleichsam abschirmte von der un-mittelbaren Einwirkung der obersten Militär- und Zivilbehörden.

Jeder Staatslenker, in der Republik ebenso wie in der Monarchie, bedarf einer eigenen Kanzlei, eines „geheimen Kabinetts" zur Erledigung der ihm täglich zufallenden Korrespondenzen und mancherlei privater Angelegen-heiten. Aber es ist ein öffentliches Interesse ersten Ranges, daß aus dem Vor-stand eines solchen Schreibbüros kein politischer Machtfaktor, kein Berater von irgendwie maßgeblichem Einfluß wird, sondern das Staatsoberhaupt nur auf die Ratschläge der für jeden Zweig der Staatsverwaltung verantwort-lichen höchsten Staatsdiener hört. Friedrich der Große hatte überhaupt keine Ratschläge von seinen Offizieren und Räten entgegengenommen, sondern sie alle nur als „königliche Bediente", als bloße Werkzeuge ohne Anspruch auf eigenen Willen betrachtet. Sein Ministerkollegium empfing er nur einmal im Jahr zur sogenannten Ministerrevue, einzelne Minister nur sehr selten in Sonderaudienzen. Fast der ganze Verkehr mit ihnen vollzog sich schriftlich: in der Form von ministeriellen Eingaben, die er durch Marginalglossen und Kabinettsordres verbeschied. Das Vorbild dieser Regierungsweise „aus dem Kabinett" war eine Versuchung für weniger bedeutende Nachfolger, die stolze Geste des Alleinherrschers äußerlich zu wahren und die eigene innere Unsicherheit zu verbergen, indem sie der mündlichen Verhandlung mit ganzen Ministerkollegien oder auch einzelnen, oft unbequemen, durch Sach-kenntnis überlegenen Ministern auswichen und gleichfalls alles in der Un-sichtbarkeit des Kabinetts entschieden — nur von geschmeidigen Höflingen beraten: Kabinettsräten oder Generaladjutanten von gefälliger Umgangs-form, anpassungsfähig an jede Neigung und Schwäche des Herrschers, in jedem Fall: subalternen Figuren ohne eigene öffentliche Verantwortung. Bei einer so charakterschwachen, zu stetiger Arbeit unfähigen Persönlichkeit wie Friedrich Wilhelm II. trat noch der Einfluß aller möglichen Günstlinge hinzu, um die Zerfahrenheit zu vollenden. Das Ergebnis war für die Armee: ein völliger Mangel an einheitlicher Führung. Die schlecht organisierten, schwerfälligen Militärbehörden waren außerstande, den Krieg planmäßig vorzubereiten, und das verhaßte Regiment der Günstlinge und General-adjutanten lähmte die Autorität und Tatfreudigkeit der im Felde komman-dierenden Generale.

Mit einem Vorschlag, wie dem abzuhelfen sei, trat gleich nach dem Ende des ruhmlosen Kreuzzuges gegen Frankreich ein begabter Generalstabsoffi-zier, Major Christian von Massenbach, hervor. Bemerkenswert an dem Organisationsplan, den er im November 1795 dem Herzog von Braun-schweig entwickelte, ist vor allem der Gedanke, Politik und Kriegführung durch organisatorische Maßnahmen in engere Übereinstimmung zu bringen, damit das planlose Nebeneinander der verschiedenen Befehlsstellen ein Ende nähme und ein wirklicher Kriegsplan höherer Ordnung zustande käme. Er verlangte ein enges Zusammenwirken der Minister des Auswärtigen, des Krieges und der Wirtschaft; alle drei sollten im Kronrat zu Gehör kom-men, politische Ziele, militärische und wirtschaftliche Möglichkeiten im Kriege miteinander erwägen und aufeinander abstimmen. Danach wäre dann der Operationsplan im einzelnen vom Generalstab zu entwerfen. Neu war vor allem die Forderung, daß der Generalstabschef das Recht zum Immediat-vortrag haben müsse. Unklar blieb, wie sein Verhältnis zu dem „Kriegs-minister" gedacht war, der im Kronrat Massenbachs als einziger Vertreter der Armee erscheint: vielleicht schwebte ihm eine Personalunion zwischen Kriegsminister im modernen Sinne, Generalstabschef und Oberkommandie-rendem vor. Das einzelne der Denkschrift ist vielfach unpraktisch, ja phan-tastisch. Massenbach war eine literatenhafte Erscheinung: ein einfallsreicher Kopf ohne strenge Selbstzucht, dazu unendlich betriebsam und ehrgeizig. Die zahllosen, weitschweifigen, phrasen- und blumenreichen Denkschriften im Stil der empfindsamen Epoche, mit denen er den Hof mehr als ein Jahrzehnt lang überschwemmte, auch über politische und ökonomische Dinge, sind noch heute der Schrecken des Archivbenutzers. In der praktischen Truppenführung hat er vor, während und nach der Schlacht von Jena aufs kläglichste versagt, und seine militärischen Schriften kennzeichnen ihn als echten Papierstrategen im Stil des Rokoko. Trotz alledem hat er ein bedeu-

tendes, von allen Seiten anerkanntes Verdienst um die Verbesserung des
preußischen Generalstabs, der gewisse Grundzüge seiner modernen Organisation auf die Vorschläge Massenbachs, des erfindungsreichen Schwaben und
Zöglings der Stuttgarter Hohen Karlsschule, zurückführt[3]). Und so ist auch
jene Denkschrift von 1795 nicht ohne tieferes geschichtliches Interesse: der
darin entwickelte Gedanke gemeinsamer Aufstellung eines Kriegsplanes
durch Politiker und Soldaten, der Schulung preußischer Generalstabsoffiziere
durch regelmäßige Auslandsreisen, zeitweilige Dienste in fremden Heeren
und Mitbeteiligung am diplomatischen Dienst (in der Art der späteren
Militärattachés) entsprang aus der richtigen Einsicht in die höhere Einheit
von Kriegführung und Politik. Massenbach selbst erklärt, daß er diese Einsicht seinem württembergischen Lehrer Oberst Nikolai verdanke; im preußischen Generalstab scheint sie bald eine Art von Gemeinplatz geworden zu
sein: wir hören sie gelegentlich aus Scharnhorsts und aus Boyens Munde[4]),
besonders eindrucksvoll aber wieder von Rühle von Lilienstern, dem späteren
Generalstabschef, formuliert[5]), und zwar unter Berufung auf Massenbach.
Die Sätze Scharnhorsts und Rühles erinnern schon so stark an Clausewitzsche
Gedankengänge, daß man deutlich sieht: die berühmte Grundthese der
Clausewitzschen Kriegsphilosophie ist nichts anderes als ein Erbstück des
18. Jahrhunderts.

Was Massenbach 1795 vortrug, war ein Versuch, die Einheit von Staat
und Heerführung, die der preußischen Monarchie seit dem Tod Friedrichs des
Großen verlorengegangen war, gewissermaßen wiederherzustellen durch
eine Neuorganisation der obersten Staatsbehörden. Praktischen Erfolg hatte
er damit nicht. Das Günstlingsregiment freilich nahm unter Friedrich Wilhelm III. ein Ende, und man konnte es damals schon als einen Fortschritt
betrachten, daß statt dessen eine straffere Organisation der Regierungs-
gewalt in einem verbesserten, mit einsichtigen Männern besetzten Zivilkabinett, der militärischen Befehlsausgabe in einer verstärkten Generaladjutantur erfolgte. Auch die innere Einrichtung des Generalstabs wurde
(eben nach Massenbachs Vorschlägen) noch kurz vor dem Krieg von 1806
verbessert. Aber wie alle Reformen vor Jena so blieben auch die des Militärwesens völlig unzulänglich, nicht zuletzt infolge der Besetzung entscheidender Posten mit unfähigen oder ungenügenden Persönlichkeiten. Der Feldzug
von 1806 bot das trostlose Bild, das uns Clausewitz und Boyen so eindrucksvoll gezeichnet haben: statt einer einheitlichen Kriegsleitung ein Chaos endloser Beratungen der Truppenführer, Generalstabsoffiziere und General-

14*

adjutanten, in dem sich keine feste Meinung bilden und selbst ein so begabter
Kopf wie Scharnhorst nicht mehr durchsetzen konnte. Die Anwesenheit des
Königs im Feldlager festigte nicht, sondern lockerte nur noch weiter die
Einheit der Führung: sie machte den Oberkommandierenden, den Herzog
von Braunschweig, erst recht unsicher und verschaffte der zufälligen Meinung
der königlichen Generaladjutanten ein ganz ungebührliches Gewicht.

So erhob sich gleich nach Jena der Kampf der Reformer gegen die Machtstellung des Kabinetts. Wie Hardenberg und der Freiherr vom Stein gegen
den „Kabinettsrat hinter der Gardine" fochten, so die Militärreformer unter
Scharnhorsts Führung gegen den Generaladjutanten als Zwischeninstanz. In
beiden Fällen ging es darum, den Willen des Monarchen stärker als bisher
an die Vorschläge seiner verantwortlichen Berater, der Minister zu binden —
die Staatsform des fürstlichen Absolutismus sollte übergeleitet werden in
die eines absoluten Bürokratismus. Es war aber klar, daß eine solche Ver-
fassungsform auf dem Gebiet des Heerwesens viel größere Schwierigkeiten
finden mußte als auf dem der zivilen Verwaltung; denn es gehörte nun
einmal zum Wesen des preußischen Königtums, daß der Monarch persönlich
als Oberbefehlshaber seines Heeres erschien. Überdies läßt sich eine Armee
durchaus nicht nach kollegialen Beschlüssen kommandieren — schon aus
diesem Grunde war das Bemühen des Freiherrn vom Stein, den König in
allen seinen Entscheidungen an die Mehrheitsbeschlüsse eines Ministerkolle-
giums einschließlich des Kriegsministers zu binden, von vornherein aussichts-
los. Aber auch das System des Einzelvortrags aller Minister beim Monarchen,
an das Hardenberg und Altenstein zeitweise dachten, mußte auf große
Schwierigkeiten stoßen — begründet nicht nur in der eigentümlich schüchternen und unsicheren Natur des Monarchen und den sehr geringen orato-
rischen Fähigkeiten preußischer Bürokraten[6]), sondern vor allem in der
Notwendigkeit, endlich die bisher fehlende Einheit und Planmäßigkeit in
den Gang der Regierungsgeschäfte zu bringen. Das Zweckmäßigste war
unter diesen Umständen die Einsetzung eines leitenden, alle Zweige der
Staatsverwaltung in sich zusammenfassenden Premierministers oder Staatskanzlers, der gewissermaßen in die Lücke trat, die seit dem Tode Friedrichs II. entstanden war, und der nun seinerseits die Einheit der Staatsleitung
sicherte. Dieses System hat sich denn auch in der eigentlich kritischen Epoche
des preußischen Staates durchgesetzt — zuerst unter Stein, dann unter Hardenberg (wenn auch in sehr verschiedener Weise), und es ist das größte
Verdienst Friedrich Wilhelms III., daß er selbstlos und einsichtig genug war,

diesen beiden Männern — trotz tausend innerer Nöte und Hemmungen — freien Schaffensraum zu gewähren. Der „Kabinettsrat hinter der Gardine" wurde jetzt wirklich eine Zeitlang (wenn auch erst nach hartnäckigen Kämpfen) in die Rolle eines bloßen Bürovorstandes zurückgedrängt.

Wie aber gestaltete sich in dieser Zeit das Verhältnis von Staatsleitung und Heerführung? Offenbar war eine wirkliche Einheit beider nur dann gesichert, wenn auch die Armee in irgendeiner Weise dem leitenden Staatsmann unterstellt wurde. Tatsächlich ist das denn auch unter Stein und Hardenberg geschehen. Stein beschränkte zwar seinen unmittelbaren Machtbereich auf die innerpolitischen, bürgerlichen Angelegenheiten und wahrte streng die formelle Selbständigkeit des außenpolitischen und des Militärressorts. Der Außenminister von der Goltz und der Vertreter der Militärreorganisationskommission (zuerst Graf Lottum, später Scharnhorst) hatten eigenen Immediatvortrag beim König. Aber sie waren nicht nur auf gemeinsamen Vortrag mit dem Premier angewiesen, sondern dieser hatte auch den formalen Vorsitz in den Konferenzen des auswärtigen Departements und sollte an den Sitzungen der Militärkommission teilnehmen, sofern diese „in den Finanzzustand, in die Politik und die künftige Staatsverwaltung eingriffen". Tatsächlich hat Stein die Außenpolitik Preußens während seiner kurzen Premierministerschaft in ganz entscheidender Weise mitbestimmt, an der Militärreform in engster persönlicher Fühlung mit Scharnhorst mitgearbeitet, ohne daß freilich sein Eingreifen im einzelnen genauer erkennbar würde. Von irgendwelchem Gegensatz zwischen Militär- und Zivilressort war damals so wenig zu spüren, daß die Heeresreformer selbst dringend die Mithilfe Steins sich erbaten und dieser während seiner Abwesenheit von Königsberg ausdrücklich die regelmäßige Teilnahme Scharnhorsts an allen Kabinettsvorträgen vor dem König forderte[7]). Wie weit er davon entfernt war, die preußische Armee als einen abgesonderten Militärstand, als „Säule des Throns" und engere Gefolgschaft des Monarchen zu betrachten, beweist sein Einspruch gegen ihre Vereidigung auf den „obersten Kriegsherrn": „Der Idee des Kriegsherrn", bemerkte er zu Gneisenaus Entwurf der Kriegsartikel, „entspricht die des Söldners, wird die Leistung des Kriegsdienstes als eine Folge des Verhältnisses des Bürgers gegen den Staat angesehen, so erscheint der König als Oberhaupt des Staates und nicht als Kriegsherr, der Soldat gelobt ihm als einem solchen und seinem Vaterlande Treue ... Aus dem Eyd würde ich den Kriegsherrn hinweglassen und an seine Stelle setzen: dem König und dem Vaterlande usw."[8]). Der Militärdienst der Staatsbürger gehörte also für ihn zu der allgemeinen Politisierung des Volkes, die Heeresreform zur allgemeinen Staatsreform; und wie es in dieser auf stärkere Konzentration, Vereinfachung und rationale Organisation des Behörden- apparates ankam, so auch in der Heeresverfassung. Darin stimmten die Militärreformer so völlig mit ihm überein, daß er in seinen großen Gesetz- entwurf über die neue Organisation der obersten Staatsbehörde (23. Novem- ber 1807) Scharnhorsts Vorschläge für die Neugestaltung der Militärbehörden einfach übernahm. Das schwerfällige Nebeneinander von Oberkriegskolle- gium, Militärdepartement, Provinzial-Magazin-Departements in Schlesien und Preußen, General-Intendantur, Heeresinspektion und Generaladjutan- tur verschwand; alle diese Dienststellen gingen in einer einzigen Behörde auf, dem Kriegsdepartement, das nach den ursprünglichen Plänen der Re- former eine einheitliche Behörde unter einem Kriegsminister und als solche eine eigene Abteilung des Staatsrates bilden sollte. Der persönliche Vortrag des Kriegsministers sollte den Generaladjutanten gänzlich verdrängen. Das Heer wurde den anderen Zweigen der Staatsverwaltung völlig gleich- geschaltet.

Dagegen hat sich nun aber der König doch gesträubt. Sehr gegen den Willen der beteiligten Militärs, insbesondere auch des Grafen Lottum, seines Generaladjutanten, aber merkwürdigerweise mit Unterstützung Steins[9]) setzte er durch, daß die beiden Hauptabteilungen des Kriegsdepartements einander völlig gleichgestellt wurden: eine für die Verfassung und das Kommando der Armee unter Scharnhorst, die andere für die Militärökono- mie unter Lottum. Beide Abteilungschefs sollten Immediatvortrag halten — vermutlich kam es dem König darauf an, neben Scharnhorst, dem Führer der oft so stürmischen Reformerpartei, auch den konservativen Lottum regelmäßig zu hören. Aber Scharnhorst, dem außer den militärischen Kom- mandosachen, Personal- und Verfassungsfragen auch die Generalstabs- geschäfte oblagen (er war in Personalunion zugleich „erster Offizier" des allein noch außerhalb des Departements verbleibenden Generalstabs) hatte natürlich weitaus das Übergewicht: er war tatsächlich Kriegsminister und Generalstabschef zugleich, wenn auch ohne diese Titel. Daß er dieses Über- gewicht benutzte, um auch auf das kräftigste in außenpolitische Fragen hineinzureden, wissen wir schon aus den Aufstandsplänen des Jahres 1808 (oben Kap. 4). Aber da es in engster Gemeinschaft mit Stein, dem leitenden Staatsminister, geschah, darf gleichwohl von einem Zwiespalt zwischen mili- tärischem und politischem Ressort nicht die Rede sein. Vielmehr war beiden der leidenschaftlichste Kampfwille gemein — dagegen vertrat der König seinen obersten Beratern gegenüber fast allein noch das „mäßigende" Element einer friedeerhaltenden Politik.

Noch deutlicher als unter Stein erscheint die organisatorische Unterordnung der militärischen Instanz unter die politische Staatsleitung während der Staatskanzlerschaft Hardenbergs. Schon in ihren großen Rigaer Reformdenkschriften vom September 1807 hatten Hardenberg und sein Gehilfe Altenstein die Frage der Heeresorganisation kurzweg als politische behandelt: beide dringen mit ihren Reformvorschlägen (im Gegensatz zu Stein) sehr tief in das technische Detail des rein Militärischen ein. Die unter Stein vorbereitete Konzentration aller Militärbehörden in dem neuen Kriegsdepartement wurde unter Altensteins Ministerium endgültig durchgeführt (Kabinettsordre vom 25. Dezember 1808, Publikandum vom 18. Februar 1809). Hardenberg hat daran zunächst nichts verändert; aber als Staatskanzler erhielt er eine Stellung oberhalb aller Minister, auch des Kriegsdepartements. Formell behielten sie das Recht des Immediatvortrags[10]), tatsächlich aber trug er, dessen liebenswürdige und anpassungsfähige Art den König bezauberte, alle wichtigen Angelegenheiten persönlich und allein dem Monarchen vor; überdies konnte er auch den Vorträgen der Minister beiwohnen, behielt also alle Staatsgeschäfte straff in seiner Hand. Auch die Militärfragen, sofern sie irgend allgemeinere politische Bedeutung und „Einfluß auf die Landesverwaltung" hatten, liefen durch sein Büro; nur die „rein militärischen" Angelegenheiten sollte das Kriegsdepartement ohne seine Mitwirkung mit dem König erledigen; doch auch hierüber war ihm zu berichten. Alle Kabinettsordres, außer den in „rein militärischen" Sachen ergangenen, wurden in der Staatskanzlei mundiert. Der Staatskanzler wurde also gleichsam selbst zum Chef des königlichen Kabinetts. Was in der alten Monarchie überhaupt getan werden konnte, um die Einheit der Staatsverwaltung zu sichern, war geschehen. Die Absonderung eines engeren, „rein militärischen" Geschäftsbereichs war sachlich sehr wohl begründet und bedrohte in keiner Weise die Einheit der politischen Leitung. Auch das persönliche Verhältnis zwischen Hardenberg und den Häuptern des militärischen Reformerkreises war freundschaftlich und vertrauensvoll. Dennoch blieben jene schweren Meinungsdifferenzen und Zusammenstöße zwischen dem leidenschaftlichen Kampfwillen der Soldaten und der zögernden Vorsicht des Königs nicht aus, die wir früher (im 4. Kapitel) kennen lernten. Der Staatskanzler aber, der die Einheit der politischen Führung sichern sollte, erlebte immer von neuem den Kampf der zwei Seelen in seiner Brust: jene unaufhebbare Antinomie des Politischen, die sich durch keine organisatorischen Maßnahmen aus der Welt schaffen läßt. Und da er als Persönlichkeit nicht stark und groß genug war, um den Zwiespalt in sich selbst mit sicherem Instinkt für das Mögliche und Notwendige zu überwinden (freilich war er 1811/12 in unendlich schwierige und undurchsichtige Verhältnisse verstrickt, im Befreiungskampf selbst gebunden an höchst eigenwillige Alliierte), so gab es immer wieder Zeiten, in denen er unsicher hin und her zu schwanken statt wirklich zu führen schien. Immerhin: ernstlich ist seine Staatsleitung nie durch die Militärs bedroht gewesen; nicht einmal zu einem ernsten persönlichen Zerwürfnis zwischen ihm und dem Reformerkreis ist es eigentlich gekommen — nur Blücher sahen wir schließlich gegen seine politische Machtstellung protestieren, ohne sie jedoch einen Augenblick erschüttern zu können. Ein förmlicher Zerfall der Staatsleitung, wie später im Ersten Weltkrieg, trat nicht ein.

Man kann also sagen, daß die Stein-Hardenberg-Scharnhorstsche Neuordnung der Militärverfassung sich im Ernstfall, im Kampf gegen Napoleon, durchaus bewährt hat[11]). Ihre Tendenz zur Zentralisation der Militärbehörden wurde in den Kriegsjahren noch gesteigert. Nach dem ersten Pariser Friedensschluß wurde Boyen zum Kriegsminister ernannt — als erster, der diesen Titel führte; dabei wurde die Teilung seiner Behörde in zwei gleichberechtigte Hauptabteilungen mit Immediatvortrag (das allgemeine Kriegs- und das Militärökonomiedepartement) aufgehoben und auch noch der Generalstab dem Ministerium als Unterabteilung (sogenanntes zweites Departement unter Grolman als Direktor) eingefügt. Der Kriegsminister bildete also jetzt die Spitze des gesamten Militärwesens: Generalstabsgeschäfte, Kommandosachen, Personalangelegenheiten, Organisations- und Verwaltungsaufgaben — alles war ihm unterstellt. Man hat diesen Zustand, der sich in so strenger Form allerdings nur wenige Jahre behauptet hat, angesichts der späteren Aufsplitterung des preußischen und des deutschen Kriegswesens in eine Vielzahl von Behörden und Kommandostellen mit Immediatverhältnis zum obersten Kriegsherrn als vorbildlich betrachtet[12]). Dabei schwebt den modernen Betrachtern offenbar als Ideal eine Organisation vor, wie sie Deutschland in den Jahren 1934 bis 1938 besessen hat: ein Wehrminister, der dem Staatsoberhaupt für das gesamte Kriegswesen verantwortlich ist, Kommando (als soldatischer Oberbefehlshaber) und Verwaltung (als Chef der Militärbürokratie) in seiner Person vereinigt. Aber dazu gehört dann auch, daß der Wehrminister Oberbefehlshaber des

Heeres im Kriege ist: ein wirklicher Feldherr und nicht ein bloßer Verwaltungsmann[13]). Denn es ist einleuchtend, was der deutsche Generalstab später immer gefordert hat: daß in einem modernen Krieg mit seiner schlagartigen Mobilmachung und seinen technisch ebenso komplizierten wie geschwinden Aufmarschbewegungen die Leitung des strategischen Aufmarsches und der Operationen im Felde in der Hand derselben Persönlichkeit liegen muß, die schon im Frieden das Ganze vorbereitet hat. Soll der Kriegsminister also zugleich Oberbefehlshaber des Heeres sein, so muß er der verantwortliche Chef des Generalstabes schon im Frieden sein. Man könnte noch weiter gehen und sagen: die technische Struktur der modernen Kriegführung mit Massenheeren macht die strategischen Operationen so stark abhängig von gründlichen Friedensvorbereitungen in der Bewaffnung, Ausrüstung, Schulung, Mobilisierung usw. des Heeres, daß der entscheidende Einfluß auf diese Dinge keiner anderen Befehlsstelle als dem Generalstab gebührt. Damit rückt dieser ganz von selbst an die erste Stelle, und der Verwaltungsapparat des Kriegsministeriums erscheint als bloßes Hilfsmittel im Dienst der von ihm aufzustellenden Operationspläne[14]); denn alle militärische Organisation steht ja nur im Dienst des kriegerischen Handelns. Von hier aus gesehen erscheint die Einordnung des Generalstabs in eine Verwaltungsbehörde als Unnatur.

In den Tagen Scharnhorsts und Boyens empfand man das so noch nicht. Die große Bedeutung der Generalstabsarbeit wurde damals erst nach und nach erkannt: erst die napoleonische Kriegführung mit ihren gehäuften, auf wenigen Straßen mit ungewohnter Schnelligkeit vorrückenden Massen und ihren kühn ausholenden Marschbewegungen hat den Generalquartiermeister mit seiner Plankammer, seinen genauen Aufmarschdispositionen, Geschwindigkeitsberechnungen und Marschtabellen ganz unentbehrlich gemacht. Noch Gneisenau, der Generalstabschef Blüchers, war kein geschulter Generalstäbler, sondern ein genialer Truppenführer, der die Methoden seines großen Gegners mit instinktiver Sicherheit nachahmte. Seinem urtümlichen Feldherreninstinkt, seiner Intuition und dem forschen Draufgängertum des alten Haudegens Blücher verdankte die preußische Armee ihre besten Erfolge, nicht irgendwelchen von Generalstabsoffizieren vorbereiteten und sorgsam durchgearbeiteten Feldzugsplänen, und erst in zweiter Linie der technischen Unterstützung des Feldherren durch höchst intelligente Fachleute vom Kartentisch wie Müffling und Grolman. Wenn Scharnhorst, der Reorganisator des preußischen Kriegswesens, wirklich die bedeutenden strategischen

Fähigkeiten besessen hat, die seine Schüler und die Nachwelt ihm zutrauten[15]),
so hätte sich in ihm allerdings das Feldherrentum in ganz einzigartiger Weise
mit dem Aktenfleiß und dem Organisationstalent des Verwaltungsmannes
verschmolzen. Jedenfalls vereinigte er den Posten des Kriegsministers mit
dem des Generalstabschefs und behielt diese Verbindung (bis zu seinem
allzufrühen Tode) auch im Kriege bei. Aber schon sein Nachfolger Boyen
war viel einseitiger Organisator und Verwaltungschef. Irgendwelchen Einfluß auf die militärischen Operationen hat er weder besessen noch beansprucht — auch im Feldzug von 1815 nicht, als sein Departementsdirektor
Grolman im Stabe Blüchers mitwirkte — als Gehilfe (Generalquartiermeister) Gneisenaus, nicht etwa als leitende Instanz! Boyen selbst blieb
damals im Hauptquartier des Königs vom Schauplatz der Operationen eben-
soweit getrennt wie der „oberste Kriegsherr" selbst; wir wissen nicht einmal,
ob er in den Pariser Konfliktsmonaten in der Richtung tätig geworden ist,
in der ihn Grolman als Mittelsmann für seine Pläne vorschieben wollte
(s. oben Kap. 4). Dieser Feldzug bot vielmehr genau dasselbe Bild wie alle
späteren der preußischen Armee: die Stellung des Kriegsministers an der
Spitze des ganzen Militärwesens erweist sich als bloßes Provisorium für
Friedenszeiten ohne praktische Bedeutung im Ernstfall; die wirkliche Kriegsleitung liegt an anderer Stelle, und nicht einmal in politischen Fragen (zum
Beispiel bei den Friedensverhandlungen) tritt der Kriegsminister als Sprecher
der Armee hervor; auch hier ist der Generalstabschef und der von ihm
beratene kommandierende General die allein aktive Kraft.

Man wird sich also hüten müssen, der formalen Organisation des Boyenschen Kriegsministeriums allzu große praktische Bedeutung beizumessen.
Die Einordnung des Generalstabs als zweites Departement verfolgte vor
allem die Absicht, dieser in den letzten Jahren stark aufgelockerten, auf
verschiedene Behörden verteilten Institution einen festen Platz im Behörden-
aufbau und eine feste innere Organisation zu verschaffen[16]). Schon wenige
Jahre später wurde die Einrichtung wieder geändert. Den äußeren Anstoß
gab eine personale Zufälligkeit: die Tatsache, daß Generalleutnant von
Müffling, der 1821 wieder im Generalstab verwendet werden sollte, dienst-
älter war als der damalige Chef des zweiten (Generalstabs-) Departements
im Kriegsministerium, Generalmajor Rühle von Lilienstern. So wurde dieser
zum Chef des „Großen Generalstabs" gemacht, der die bei der Berliner
Zentrale arbeitenden Generalstabsoffiziere zusammenfaßte, und blieb als
solcher Untergebener des Kriegsministers; Müffling aber erhielt die Leitung

des „Generalstabs der Armee", dem außer dem Großen Generalstab auch die zu den höheren Truppenbefehlshabern kommandierten Generalstabsoffiziere angehörten. Er war als solcher auch Rühles Vorgesetzter[17]). Mit anderen Worten: der Generalstab der Armee bildete seitdem nur noch zu einem Teil ein Departement des Kriegsministeriums, als Ganzes dagegen eine selbständige Behörde. Der neue Chef General Müffling legte indessen auf seine formale Selbständigkeit so geringen Wert, daß er vielmehr zu einer Vereinigung aller Geschäfte, die irgendwie den Generalstab berührten, im zweiten Departement des Ministeriums riet[18]). Vier Jahre später (1825) wurde diese Vereinigung im umgekehrten Sinn vollzogen, nämlich so, daß man alle Geschäfte des zweiten Departements mitsamt der Plankammer dem Generalstab der Armee überwies und das Departement auflöste. Von irgendwelcher Ressorteifersucht war also offensichtlich auf keiner von beiden Seiten die Rede. Übrigens blieb Rühle als Verbindungsoffizier („Generalstabsoffizier für die Geschäfte des Kriegsministeriums") beim Ministerium, und der Generalstabschef Müffling wurde (schon 1821) angewiesen, mit dem Kriegsminister „in einer nahen Verbindung zu bleiben"; daher habe er auch „seine Anordnungen und Vorschläge vor deren Ausführung dem Kriegsminister vorzulegen und stets mit demselben im Einverständnis zu handeln"[19]). Der Kriegsminister durfte sich also nach wie vor als Vorgesetzten, den Generalstab als sein Hilfsorgan betrachten. Eine förmliche Immediatstellung wurde dem Generalstabschef noch keineswegs zugewiesen. In der königlichen Armee des Vormärz war eben alles auf den reinen Friedensdienst zugeschnitten.

Gleichwohl vermochte die formal einheitliche Unterordnung der obersten Militärbehörden unter das Kriegsministerium nicht einmal in Friedenszeiten eine volle Einheitlichkeit in der Behandlung militärischer Geschäfte zu sichern. Ihr stand vor allem wieder die ehrwürdige (wenn auch nur noch im Frieden aufrechtzuerhaltende) Fiktion im Wege, daß der preußische König persönlich seine Armee anführt und seine Offiziere als seine persönliche Gefolgschaft hinter sich weiß. Sie fand ihren praktischen Ausdruck einmal darin, daß neben dem Minister auch noch die höchste Kategorie der Truppenführer, die kommandierenden Generäle (Korpskommandeure), unmittelbaren Zugang zum Monarchen hatten und den Kriegsminister nicht als soldatischen Vorgesetzten, sondern nur in gewissen Verwaltungsfragen als eine ihrem eigenen Militärbüro („Generalkommando") übergeordnete Instanz betrachteten. Neben dem preußischen König kann es in Friedenszeiten

keinen zweiten Oberbefehlshaber des Heeres geben. Es war erstaunlich genug,
daß Scharnhorst es überhaupt hatte erreichen können, seine Reorganisations-
kommission und sein Ministerium mit so jungen Offizieren (dem Dienstrang
nach) wie Gneisenau oder gar Boyen zu besetzen. Natürlich begehrten die
Würdenträger der alten Armee dagegen immer von neuem auf, und wie oft
ihre Beschwerden das Ohr des Königs erreichten, ist bekannt. Vor allem galt
das vom Gardekorps, dessen Führer unter Friedrich Wilhelm III. die nächsten Angehörigen des Königs waren: Herzog Karl von Mecklenburg und
Prinz Wilhelm; dieses Generalkommando war der Mittelpunkt aller hoch-
aristokratischen und reaktionären Bestrebungen in der Armee. Aber auch
sonst hat die Immediatstellung der kommandierenden Generäle die Stellung
des preußischen Kriegsministers bis ans Ende der Monarchie fortdauernd
geschwächt.

Dazu kam als zweites die Ausscheidung einer bestimmten Sphäre unmittelbarer „Kommandogewalt" des Monarchen aus der allgemeinen Leitung des
Heerwesens. Sie ist keine preußische Eigentümlichkeit, sondern findet sich in
allen deutschen Einzelstaaten des 19. Jahrhunderts als Ausdruck des Bedürfnisses der deutschen Fürsten, sich ihren Truppen gegenüber als Oberbefehlshaber zur Geltung zu bringen. Darüber hinaus ist sie (bis zu einem gewissen
Grad) eine Folge des natürlichen Unterschiedes zwischen eigentlicher Truppenführung (durch „Armeebefehl" oder „Kommando") und Verwaltung
der Heeresbedürfnisse, laufender Organisation des Rekrutenersatzes, Militär-
justizverwaltung und dergleichen mehr (durch „Armeeverordnung")[20]. Den
Kern dieser fürstlichen „Kommandogewalt" im Frieden bilden die Personal-
fragen, wie Ernennung, Beförderung, Verabschiedung von Offizieren,
Ordensverleihungen und Gnadenbeweise aller Art, dazu kriegsherrliche
Kundgebungen an die Armee (sogenannte „Armeebefehle"), Regelung des
militärischen Zeremoniells, ungezählte Uniformfragen, Ehrengerichtsverord-
nungen, Ausübung der oberstrichterlichen Gewalt in der Militärjustiz und
anderes mehr. Eine bestimmte, juristisch faßbare Abgrenzung beider Sphären
gegeneinander ist in Preußen nie erfolgt. Im Scharnhorst-Boyenschem Ministerium wurde der wichtigste Teil dieser Fragen, die Personalien, in einer
besonderen Unterabteilung des ersten (allgemeinen) Kriegsdepartements bearbeitet, in der sogenannten „ersten Division", seit 1824 „Abteilung für die
persönlichen Angelegenheiten" (A.f.d.p.A.) benannt. Ihr Direktor, der neben
dem Kriegsminister regelmäßig Immediatvortrag hatte, nahm schon dadurch
eine besondere Stellung unter den Ministerialdirektoren ein. Seine Stel-

lung war aber noch weiter dadurch gehoben, daß er neben den Personalien (als „Departementssachen") auch die Kommandosachen (als „Immediatsachen") vortrug und die Registratur der ehemaligen Generaladjutantur (Kabinettskorrespondenz) übernahm und fortführte[21]). Mit anderen Worten: der Direktor der A.f.d.p.A. war nur mit einem Teil seiner Befugnisse Untergebener des Kriegsministers, mit einem anderen der Nachfolger des ehemaligen Generaladjutanten und Chef eines Militärkabinetts, dem zunächst (bis 1817) nur dieser Name noch fehlte. Schon unter Major Boyen, der 1810 bis 1812, nach dem formellen Rücktritt Scharnhorsts, als dessen Vertrauter alle großen militärischen und politischen Anliegen der Militärreform beim König vertreten mußte, hat sich die Stellung dieses Abteilungschefs zu sehr großer Bedeutung entwickelt. Als dann Boyen selbst Kriegsminister wurde, hielt sich sein Nachfolger, Major von Thile, mit ängstlicher Gewissenhaftigkeit an seinen engeren Aufgabenkreis und fühlte sich verpflichtet, den Minister in jeder Weise zu unterstützen; das letztere gilt auch von dem Obersten von Witzleben, der Thile Ende 1816 ablöste, 1817 auch wieder den Titel Generaladjutant erhielt und 1834 ebenso wie Boyen zum Kriegsminister aufstieg, einer recht bedeutenden Persönlichkeit. Irgendwelche Spannungen zwischen Militärkabinett und Ministerium entstanden also in diesen Jahrzehnten nicht. Indessen wuchs die Stellung dieser Abteilungsdirektoren, die als Kabinettsleiter den täglichen Vortrag beim König hatten, diesen also viel öfters sahen als der Minister selbst, allmählich doch aus dem Rahmen des Ministeriums heraus. Ihre Vereinigung der Kommando- mit den Personalsachen, dazu ihre Unentbehrlichkeit als Adjutanten in vielerlei mehr privaten Angelegenheiten, als Reisemarschälle besonders auf militärischen Besuchsfahrten und Manöverreisen, eröffneten ihnen sehr vielfältige Wege, Einfluß an Allerhöchster Stelle zu gewinnen. So galt Witzleben schon lange vor seiner Ernennung zum Minister als Friedrich Wilhelms militärisches Orakel. Dieser Monarch brauchte nun einmal, seiner ganzen Natur nach, eine vertrauliche Beratung neben den offiziellen Ministervorträgen; er hatte auch nach 1806 noch lange seinen alten (höchst unbedeutenden) Generaladjutanten Köckeritz, ohne amtliche Stellung, zu den militärischen Vorträgen zugezogen. Was die neue Generaladjutantur von der alten unterschied, war die immerhin strengere Abgrenzung ihres Geschäftsbereichs, die Tatsache, daß sie den Kriegsminister nicht mehr vom Immediatvortrag absperrte und die dienstliche Unterstellung des Kabinettschefs als Abteilungsdirektor unter den Minister. Allzuviel hatte aber das letztere nicht zu bedeuten. Denn wer dem Monarchen am nächsten steht, hat immer den längeren Hebelarm in der Hand. Nicht wenige Kriegsminister sind von den Kabinettschefs zu Fall gebracht worden — das Umgekehrte ist nur ein einziges Mal (1841) vorgekommen. Tatsächlich wurde das Subordinationsverhältnis der A.f.d.p.A. von Jahrzehnt zu Jahrzehnt mehr (abgesehen von den ersten Jahren nach der achtundvierziger Revolution) zur bloßen Formalität; 1883 ist es förmlich aufgehoben worden.

Auf die Entwicklungsgeschichte des so wieder erstandenen Militärkabinetts im einzelnen ist ein großes Maß von juristischem Scharfsinn und archivalischem Fleiß verwendet worden. Sehr eingehend hat man die Gefahr einer unbegrenzten Machterweiterung des Kabinetts geschildert, die dem Kriegsministerium aus der unklaren Abgrenzung der Kompetenzen, der verschwommenen Unterscheidung von Verwaltungs- und Kommandosachen (Ministerial- beziehungsweise Kabinettssachen) erwuchs; man hat auf die zahlreichen und teilweise sehr heftigen Reibungen hingewiesen, die vor allem in der zweiten Jahrhunderthälfte aus diesem Anlaß zwischen Ministerium und Kabinett entstanden sind und hat diese inneren Spannungen der Militärverwaltung für die Katastrophe von 1918 mitverantwortlich gemacht. Indessen scheint es nicht, als ob sich im Lauf eines Jahrhunderts die Summe der im Militärkabinett zu „Allerhöchsten Kabinettsordres" verarbeiteten Gegenstände wesentlich über den Umkreis dessen hinaus erweitert habe, was von Anfang an als „Kommandosache" galt. Sicherlich war die allmähliche Absonderung dieser „Kommandosachen", vor allem auch der Personalangelegenheiten, aus dem unmittelbaren Einflußbereich des Kriegsministers in mancher Hinsicht bedenklich: sie zerteilte von neuem die verantwortliche Geschäftsführung, statt sie zu konzentrieren, schwächte die Autorität des Ministers in der Armee, machte den Generaladjutanten zu einer vielumschmeichelten Persönlichkeit und barg somit die Gefahr in sich, daß höfische statt streng sachlicher Maßstäbe in der Auswahl und Beförderung der höheren Offiziere sich durchsetzten. Die gewissenhafte Bemühung, die den meisten Chefs des erneuerten Militärkabinetts nachgerühmt wird, in der Personenauswahl streng sachlich nach den vorliegenden Qualifikationsberichten zu verfahren, konnte nichts daran ändern, daß diesen jahrzehntelang in rein höfischer Umgebung lebenden Männern die lebendige Erfahrung im Truppendienst und die damit zusammenhängende Personenkenntnis verlorenging. In ihrer Wirksamkeit sollte sich das angeblich unmittelbare persönliche Verhältnis des Königs zu seinen Offizieren — auch ein ehrwürdiges Erbstück friderizianischer Tradition! — manifestieren, indem sie die ministerielle Zwischeninstanz gleichsam übersprang. Aber je mehr das preußische und später das deutsche Reichsheer an äußerem Umfang wuchs — zuletzt bis zum Millionenheer —, um so mehr wurde auch dieses Verhältnis zu einer bloßen Fiktion: über den Umkreis der alten Garderegimenter reichte das Blickfeld des Monarchen in Wahrheit nicht allzuweit hinaus. Der Kriegsminister Bronsart von Schellendorf hatte also wohl nicht unrecht, wenn er (1888) die Abtrennung der Kommandosachen von seinem Ministerium sachlich unbegründet fand (da die Kommandogewalt des Monarchen genau so gut durch einen verantwortlichen Minister wie durch einen Generaladjutanten gewahrt werden könne) und die daraus folgenden Kompetenzstreitigkeiten als Vermehrung der ohnedies übergroßen Friktionen der Militärverwaltung beklagte[22]).

Trotz alledem: nicht in diesen Friktionen mit dem Kriegsminister, (die niemals, soviel man sieht, die Sphäre untergeordneter, oft rein formaler Grenzstreitigkeiten überschritten haben) lag die eigentliche Gefahr der Kabinettstätigkeit. Ernster war schon die Aussicht, daß sich aus ihr eine neue Zwischeninstanz zwischen Herrscher und Ministerium wie in der Epoche vor 1806 entwickeln könnte. Aber dem stand das 1808 bis 1814 begründete Immediatverhältnis des Kriegsministers zum obersten Kriegsherrn entgegen: es ist bis zum Ende der Monarchie ernstlich niemals unterbrochen worden — praktisch freilich ist es unter Wilhelm II., wie wir später noch sehen werden, in bedenklichem Maße außer Übung gekommen. Aber die eigentliche Gefahr der Kabinettstätigkeit war noch eine andere: sie bot ehrgeizigen und machtlüsternen Persönlichkeiten eine Möglichkeit zu unkontrollierbaren *politischen* Einflüssen „hinter der Gardine". Wenigstens dann, wenn ihnen auf seiten des Ministeriums keine willensstarke, machtvolle politische Führerpersönlichkeit gegenüberstand und die Einheit des politischen Kurses sicherte. Um gegen die täglichen Einflüsse der höfischen Umgebung des Herrschers aufzukommen, bedurfte es schon einer klaren, geschlossenen Haltung der Ministerialinstanz.

Eben daran aber fehlte es schon unter dem alternden Staatskanzler Hardenberg und vollends seit seinem Tode (1822) in bedenklichem Maße. Das Staatskanzleramt wurde nicht mehr besetzt, und damit ging auch die von Hardenberg errungene Überordnung des Premierministers über den Kriegsminister und seine Militärbehörde verloren — und zwar für immer! Eine Tatsache, die damals kaum bemerkt zu sein scheint; gleichwohl möchte ich ihre Auswirkung auf das spätere Verhältnis von Staats- und Heerführung für viel bedeutender halten als alle Verselbständigung einzelner Militär-

behörden gegenüber dem Kriegsministerium. Es gab überhaupt seit Hardenbergs Tod kein preußisches Ministerium mehr, das dem König als geschlossene
politische Einheit gegenübertreten konnte, so wie es sich die Reformer von
1808 bis 1814 gedacht hatten, mit Führungsanspruch auch in Fragen des
Heerwesens, sondern bloß noch ein ziemlich loses Nebeneinander von Ministern als Behördenvorständen. In der Armee aber vollzog sich in aller Stille
jener Übergang vom Volksheer der Befreiungskriege zur königlichen Garde,
den wir früher (Kap. 5) betrachtet haben. Im übrigen kam der später von
Bismarck so oft verfluchte Ressortpartikularismus rein bürokratisch gesinnter, im Grunde unpolitischer Fachminister jetzt recht eigentlich in Blüte.
Er barg die Gefahr einer erneuerten Regierung aus dem Kabinett in sich.
Zwar wurde das zivile Kabinettswesen alten Stils nicht erneuert, sondern
einer der Minister erhielt als Kabinettsminister den Vortrag über allgemeine
Landesangelegenheiten, den früher Hardenberg gehalten hatte; der zivile
Kabinettsrat des Königs war nach wie vor auf reine Sekretariatsgeschäfte
beschränkt. Dennoch blieb freier Raum genug für das Wirken eines „Premiers
hinter der Gardine": des Hausministers Fürsten Wittgenstein, eines gefährlichen Schleichers und Intriganten, Vertrauensmanns aller reaktionären
Cliquen; in den letzten Lebensjahren des alten Königs ist es ihm gelungen,
auch den Generaladjutanten und Chef des Militärkabinetts in seine Kreise
zu ziehen.

Diesem Treiben hat nun freilich der Thronwechsel von 1840 ein Ende
gemacht. Bis zur Revolution von 1848 spielte das Militärkabinett keine
politische Rolle mehr. Aber der Übergang zum Verfassungsstaat ließ seine
politische Bedeutung um so größer werden. Denn erst die Schaffung einer
Volksvertretung und einer vor dem Parlament verantwortlichen Staatsregierung brachte das von Stein und Hardenberg angeschnittene Problem
der Einordnung des Heeres in den Verfassungsstaat zu voller Reife.

Die Reformen Hardenbergs waren ein Versuch gewesen, das System des
fürstlichen Absolutismus gleichsam durch einen absoluten Bürokratismus
zu ersetzen. Die Staatsvernunft des modernen Staates verkörperte sich da
weniger im Monarchen als im Staatskanzler[23]), der seine höhere Einsicht
dem König unter Umständen aufzwingen mußte — gestützt auf die öffentliche Meinung der „Nation", das heißt vorzugsweise des höheren Beamtentums, fortschrittlich gesinnter Teile des Adels und des gebildeten Bürgertums, aber ohne staatsrechtlich festgelegte öffentliche Verantwortung. In
dieses System einer bürokratisch organisierten Staatsvernunft hatte sich das

monarchische Heer ohne größere Schwierigkeiten einbauen lassen: da die einzelnen Minister mehr Behördenvorstände, Leiter von Fachressorts als politische Persönlichkeiten waren, während die politische Gesamtleitung im wesentlichen dem Kanzler (später dem im Kabinett beratenen König) zufiel, hatte ein Widerspruch zwischen soldatischer Gehorsamspflicht und politischer Verantwortlichkeit des Kriegsministers nicht leicht entstehen können[24]). Wie aber, wenn der Kriegsminister Mitglied eines der Volksvertretung verantwortlichen Ministeriums war? Wurde diese Verantwortung ernst genommen, so setzte sie seine völlige politische Entschließungsfreiheit voraus. Mit anderen Worten: als Minister im monarchisch-konstitutionellen Staate ist eigentlich nur ein Politiker, nicht ein Soldat möglich; denn ein Soldat steht seinem Kriegsherrn nicht in völlig freier Selbstverantwortlichkeit als politischer Berater, sondern immer zugleich in einem militärischen Gehorsamsverhältnis gegenüber, das (wie es uns das Beispiel Roons zeigte) im Fall des Pflichtenkonflikts sich leicht als die stärkere Bindung erweisen wird.

Die dritte französische Republik hat deshalb in ihren späteren Stadien auch kein Bedenken getragen, bürgerliche Kriegsminister zu schaffen. In Preußen wäre das als unerträglich empfunden worden: vor allem deshalb, weil sich so eine bürgerliche Persönlichkeit zwischen das Heer und seinen Kriegsherrn geschoben hätte. Nach preußischem Empfinden widerspricht es dem Wesen der Armee, von anderen als soldatischen Führern direkte Befehle entgegenzunehmen, andere als militärische Autoritäten innerhalb ihres Dienstbereiches gelten zu lassen. Ein bürgerlicher Politiker besitzt keine andere als die politische Autorität, und die ist beständig dem Kampf der Parteien ausgesetzt; die militärische Autorität aber muß unbedingt und unbezweifelt gelten, sie muß durch militärische, nicht durch politische Führerqualitäten bedingt sein. Aus diesem Empfinden heraus hat man in England zeitweise den Ausweg gefunden, das Kommando der Armee im engeren Sinn einem rein soldatischen Höchstkommandierenden (Commander-in-Chief) anzuvertrauen, neben ihn aber für die Heeresverwaltung zwei politische Staatsbeamte zu stellen: den Generalverwalter des Materials und den Militärfinanzsekretär (beides Parlamentsmitglieder). Der Höchstkommandierende ist nicht dem Parlament, sondern nur dem Souverän verantwortlich, unterliegt aber ebenso wie die beiden Chefs der Militärverwaltung der politischen Kontrolle des Kriegsamtes (War Office), an dessen Spitze der Kriegsstaatssekretär als Mitglied des Kabinettes steht[25]). Diese Organisation war keineswegs ideal, sondern führte zu schweren Reibungen; immerhin suchte sie dem militärischen Bedürfnis nach Ausscheidung einer rein soldatischen Sphäre aus dem Getriebe des politischen Parteiwesens ebenso gerecht zu werden wie dem Bedürfnis des Verfassungsstaates nach politischer Kontrolle der Armee. In der preußischen Monarchie war sie deshalb nicht durchführbar, weil sie das unmittelbare Kommando der Armee dem König auch in Friedenszeiten aus der Hand nimmt und den Oberkommandierenden zwar nicht von dem militärischen Befehl, aber von der politischen Kontrolle eines Parteiministers abhängig macht, insofern also doch der vollen Befehlsgewalt des Monarchen entzieht. Mit anderen Worten: die englische Heeresverfassung setzte das englische Königtum voraus, das gar nicht mehr daran denken durfte, jemals die Armee als Leibgarde der Monarchie gegen „innere Feinde" einzusetzen und sich mit der abgeblaßten Souveränität einer parlamentarischen Monarchie begnügte — einer Souveränität, die sich formalrechtlich von der eines republikanischen Staatspräsidenten kaum noch unterschied. Eben dies wollten die preußischen Könige nicht, und der englische, unter parlamentarischer Kontrolle stehende Commander-in-Chief wurde von Edwin Manteuffel im Heereskonflikt 1862 geradezu als Schreckgespenst heraufbeschworen, um König Wilhelm vor jeder Nachgiebigkeit im Landtag zu warnen[26]).

Dann blieb aber, seit einmal die absolutistische Staatsverfassung durch die achtundvierziger Revolution beseitigt war, nichts anderes übrig, als der Volksvertretung die seltsame Zwittergestalt des monarchisch-konstitutionellen Kriegsministers gegenüberzustellen: einen Offizier, der den Abgeordneten doch immer nur als Werkzeug der Krone und Angehöriger seines Standes, nicht als ihr Vertrauensmann erschien, gleichzeitig aber in der Armee nur eine sehr begrenzte Autorität besaß: erstens weil er als Oberkommandierender im Krieg ja doch nicht in Betracht kam, zweitens weil seine Befehlsgewalt im Frieden durch das Immediatverhältnis der kommandierenden Generäle zum Kriegsherrn vielfältig durchbrochen war und drittens weil er die Regelung der Personalien und Kommandosachen an den Generaladjutanten hatte abgeben müssen. Man hat in den letzten Jahren vor dem Ersten Weltkrieg den preußischen Kriegsminister im Reichstag wohl als „Prügelknaben" des monarchisch-konstitutionellen Systems bezeichnet. Er hatte dieselbe Rolle schon vorher im Preußischen Landtag gespielt. Wieviel hat Roon in den Konfliktsjahren an Vorwürfen über sich ergehen lassen müssen für Entscheidungen seines Königs, die er decken mußte, ohne sie veranlaßt zu haben! Er hatte alles gegenzuzeichnen, was ihm an militärischen Kabinettsordres zu diesem Zweck aus dem Militärkabinett zuging, und wie oft ohne die Möglichkeit, Gegenvorstellungen noch rechtzeitig vorzubringen!

Erträglich war dieses System nur dadurch, daß der Begriff der parlamentarischen Verantwortlichkeit niemals juristisch näher bestimmt wurde und praktisch auf ein bloßes „Rede- und Antwortspiel" hinauslief. Immerhin lag den ersten Kriegsministern der konstitutionellen Epoche ihre Verantwortung vor dem Landtag doch noch schwer auf der Seele. Sie haben sich zunächst heftig gesträubt, die Doppelrolle zu spielen, die ihnen Friedrich Wilhelm IV. zumutete: als Werkzeuge des Absolutismus *gegen* den Landtag und als Staatsdiener des Verfassungsstaates *mit* dem Landtag. Es gab zwischen ihnen und dem König (wie Gerlachs Tagebücher erkennen lassen) immer neue, zum Teil recht heftige Konflikte und einen fünfmaligen Ministerwechsel zwischen April 1848 und Dezember 1851. In den folgenden Jahren hatte man es mit einem ganz gefügigen Landtag zu tun, vor dem die Verantwortung nicht allzu schwer wog. Die Minister fingen alle wieder an, sich mehr als Diener der Krone, als Staatsbeamte und bloße Ressortleiter im Stil des Vormärz zu betrachten, denn als Politiker mit selbständiger Verantwortlichkeit. Damit fiel aber das Ministerium als Ganzes, als politische Einheit, wiederum auseinander. Der Versuch des Ministerpräsidenten Otto von Manteuffel, seine Präsidialstellung schärfer zu betonen, führte nur zu halbem Erfolg. Es gelang ihm, jene Kabinettsordre vom 8. September 1852 zu erwirken, deren Wiederausgraben 1890 Bismarcks Sturz beschleunigt hat; danach sollten die Minister gehalten sein, sich über alle wichtigen Angelegenheiten ihres Ressorts vor der Entscheidung mit dem Ministerpräsidenten zu verständigen, ihm auch alle ihre Immediatberichte zur Weitergabe mit seinen Bemerkungen dazu vorzulegen, ferner ihm alle Immediatvorträge vorher mitzuteilen, damit er ihnen beiwohnen konnte. Es war ein Versuch, das politische Kontrollrecht über das ganze Staatsministerium zu erneuern (wenn auch in beschränkterem Umfang), das einst Hardenberg ausgeübt hatte. Aber diesmal blieben die regelmäßigen Immediatvorträge des Kriegsministers von der Kontrolle ausdrücklich ausgeschlossen — die politische Unterordnung des Heerwesens unter die allgemeine Staatsleitung wurde also nicht wieder hergestellt. Das Militärische galt vielmehr als ein Fachressort, in das der Zivilist nicht hereinzureden habe; vor allem: es war und blieb die Spezialdomäne der königlichen Gewalt. Die Sonderbehandlung des Kriegsministers erschien als eine Vorzugsstellung: er rückte dadurch im Rat der Krone an die erste Stelle neben den Ministerpräsidenten; aber indem sich so seine

Bindung an die politische Gesamtrichtung des Ministeriums lockerte und er dem Thron gleichsam um eine Stufe näher trat als die übrigen Minister, wurde zugleich seine politisch-parlamentarische Verantwortlichkeit geschwächt. Als man im Winter 1861/62 im Preußischen Staatsministerium über ein Ausführungsgesetz zur Frage der Ministerverantwortlichkeit beriet, suchte deshalb auch der König dem Kriegsminister eine Sonderbehandlung zu verschaffen, und Roon erklärte dabei ausdrücklich, er sei dem Oberbefehlshaber der Armee, dem König, als General zu unbedingtem Gehorsam verpflichtet[27]). Wenn er das liberale Ministerium der neuen Ära, das mit seiner parlamentarischen Verantwortlichkeit Ernst zu machen entschlossen war und dem König gegenüber seine politische Handlungsfreiheit zu wahren suchte, zu sprengen sich bemühte, um es durch ein Ministerium bedingungsloser Gefolgsleute der Krone zu ersetzen, so war das vom Standpunkt des Soldaten und von der besonderen Lage des Kriegsministers her gesehen völlig konsequent.

Aber auch ein soldatischer Kriegsminister mit streng monarchischen Pflichtbegriffen war doch immer noch ein weniger bequemes Werkzeug der Krone als ein Generaladjutant; er blieb doch immer noch gebunden an die Pflicht, seine Maßnahmen vor dem Forum des Landtages öffentlich zu rechtfertigen. So betrachtet, gewann das *Militärkabinett* für die Krone seit Einführung der konstitutionellen Verfassung noch eine wesentlich verstärkte Bedeutung. Wie hat es sich seit 1848 als *politische Instanz* entwickelt?

Den Ausgangspunkt bildete das Bedürfnis der Krone, im Kern ihrer Machtstellung sich eine Sphäre uneingeschränkter Befehlsgewalt zu sichern. War es schon einmal unvermeidlich, sich mit dem Dreinreden einer Volksvertretung in die Gesetzgebung und vor allem in die Finanzgebarung abzufinden, so bedurfte die Krone (vom Standpunkt des Absolutisten) um so dringender eines aller politischen Kontrolle entzogenen Organs zur praktischen Ausübung ihrer Kommandogewalt. Um einen wirklich durchgreifenden Erfolg zu erzielen, hätte es dazu wohl einer sehr stattlichen Behörde bedurft — etwa in der Art, wie es 1850 in Österreich durch Fürst Schwarzenberg versucht und nach 1866 noch einmal wiederholt wurde: man schuf dort ein förmliches Armeeoberkommando, in dem die Personalangelegenheiten mit den Organisationsfragen (im weitesten Sinn) und den Generalstabsgeschäften vereinigt waren, während dem Kriegsministerium nur die rein ökonomische Verwaltung verblieb. Das bedeutete freilich eine sehr starke Schwächung des parlamentarischen Einflusses auf das Heerwesen; eine solche Einrichtung wäre deshalb nur bei völliger Lähmung der Volksvertretung durchführbar gewesen. Sachlich hätte sie (wie in Österreich auch) eine vollständige Spaltung des Militärwesens und damit voraussichtlich unendliche Reibungen zwischen Armeeoberkommando und Armeeverwaltung zur Folge gehabt. Aber sie hätte wenigstens dem militärischen Führungsanspruch der Krone einen konkreten, im Kriege wie im Frieden gleich bedeutsamen Inhalt gegeben, statt ihn auf jene Ehrenvorrechte (zum Teil rein zeremonieller Art) zu beschränken, die man herkömmlicherweise unter dem Begriff der königlichen „Kommandogewalt" verstand. Freilich: wurde die Kommandogewalt so ernst genommen, so ganz vom Kriege her gesehen, dann war zu erwarten, daß sie dem Monarchen eine praktisch untragbare Last auferlegte und die Einsetzung eines wirklichen Feldherrn als Oberkommandanten (in Vertretung des Königs) erforderte. Schon diese Erwägung macht verständlich, weshalb man in Preußen einen solchen Ausbau der Kommandogewalt nie erwogen hat — wenigstens nicht für die Armee[28]). An die Stelle trat, was dem preußischen König seit jeher zur Hand war: die Generaladjutantur, bald wieder erweitert zu einer förmlichen Behörde, zum Militärkabinett.

Freilich ging diese Entwicklung nicht ohne schwere Hemmungen vor sich. Die ersten konstitutionellen Kriegsminister des Jahres 1848 bemühten sich naturgemäß, ihre Verantwortung wieder wie in Boyens Zeit auf das gesamte Militärwesen auszudehnen und den Einfluß des unverantwortlichen Generaladjutanten gänzlich auszuschalten. Sie beantragten die förmliche Abschaffung des Militärkabinetts. Das hat Friedrich Wilhelm IV. verweigert; doch verschwand der Name „Militärkabinett" aus dem Staatshandbuch, und die Behörde verwandelte sich wieder ganz in eine „A.f.d.p.A." (Abteilung für die persönlichen Angelegenheiten) des Kriegsministeriums, in dessen Amtsräume sie auch verlegt wurde. Trotzdem hielt der König an seiner Prärogative als Oberbefehlshaber der Armee grundsätzlich fest. Er ließ die Personalangelegenheiten durch einen Major (von Schöler) als Chef der A.f.d.p.A. im Kriegsministerium bearbeiten, behielt aber daneben seinen früheren Kabinettschef General von Neumann als Mittelsperson zwischen sich selbst und dem Ministerium bei. Um die Armee als „Staat im Staate" integer zu erhalten, verhinderte er ihre Vereidigung auf die Verfassung, bestritt dem Landtag das Recht, mit seinen Etatbeschlüssen in das Detail der Heeresorganisation einzugreifen und betonte in seinen Kundgebungen an die Minister aufs schärfste seine Ansprüche auf persönliche Führung der Armee nach Artikel 46 der Verfassung. Die von ihm als Oberbefehlshaber erlassenen Befehle (betr. „Angelegenheiten der Militärorganisation, Dislokation und Märsche von Truppenteilen, Truppenzusammenziehungen und Operationen, Besetzung von Stellen und Übertragung von Truppenkommandos") wollte er von jeder Einwirkung der Kammer ausgeschlossen wissen[29]). Indem er aber gleichzeitig die konstitutionelle Notwendigkeit der Gegenzeichnung aller seiner militärischen Ordres, auch in „Kommandosachen", durch den Kriegsminister formell anerkannte und praktisch auch in vielen (freilich nicht allen) Fällen[30]) durchführen ließ, verwischte er doch selbst wieder die Grenzen seiner Kommandogewalt. Sollte mit dieser Ernst gemacht werden, so war eine staatsrechtlich einwandfreie Interpretation des Artikels 46, um den Umfang der ohne parlamentarisches Einspruchsrecht zu regelnden Kommandosachen festzustellen, dringend notwendig. Aber zu nichts war die Regierung dieses romantischen Königs weniger geeignet als zur Schaffung eindeutig klarer Rechtsverhältnisse, und so blieb jene Unklarheit, deren politische Folgen wir aus der Geschichte des großen Heereskonfliktes schon kennen. Praktisch scheint es unter seiner Regierung bei einer Handhabung der Kommandogewalt im Rahmen des schon vor 1848 Üblichen geblieben zu sein. Doch spielte bis 1856 der Chef der A.f.d.p.A. neben dem Kriegsminister und den (gleich noch zu erwähnenden) inoffiziellen geheimen Kabinettschefs eine recht bescheidene Rolle; es ist bisher noch nicht einmal mit Sicherheit ermittelt worden, in welchem Umfang er in diesen Jahren den Immediatvortrag gehalten hat. Sicher ist, daß Friedrich Wilhelm IV. die rein militärische Seite seines Königsamtes nicht sehr wichtig genommen hat; er war eine ganz unmilitärische Natur.

Um so bedeutender war der *politische* Einfluß, den er seiner militärischen Umgebung einräumte — freilich nicht dem Kriegsminister und dem Chef der Personalabteilung (A.f.d.p.A.), sondern dem zweiten, geheimen Militärkabinett hinter den Kulissen, das er sich als ganz privaten Gewissensrat hielt. Die Rolle eines inoffiziellen militärischen Kabinettschefs übernahmen nach General von Neumann die Generaladjutanten: von Rauch und (nach dessen Tode) Leopold von Gerlach. Sie bildeten den Mittelpunkt einer ganzen Gruppe politischer Offiziere und Kabinettsräte, der vielberufenen „Kamarilla", auf deren Betreiben alle wesentlichen Entscheidungen preußischer Politik in dem Jahrzehnt nach der Revolution zurückgehen: die Abschüttelung der Revolutionsfurcht, die Berufung des Ministeriums Brandenburg, Oktroyierung und stufenweise Revision der Verfassung, der Abbau der deutschen Politik, der Rückzug von Olmütz, das System politischer und kirchlicher Reaktion in den fünfziger Jahren, die Neutralitätspolitik im

Krimkrieg. Als ein förmliches Ministère occulte überwachten diese feudal-konservativen Generäle die korrekt monarchische Haltung des bürgerlichen Ministeriums — nicht ohne seine Autorität durch Bespitzelung mit Hilfe untergeordneter Organe zu untergraben —, griffen direkt und indirekt in die verschiedensten Staatsgeschäfte ein und besaßen sogar eine eigene Auslandsverbindung: den preußischen Militärbevollmächtigten in Petersburg, einen preußischen Flügeladjutanten, der traditionell eine ganz besondere Vertrauensstellung beim Zaren genoß. Aber trotz dieser Machtfülle haben sie auf ihrem eigensten Fachgebiet, dem Militärwesen, keinerlei Fortschritte zustande gebracht: die königliche Kommandogewalt wurde grundsätzlich behauptet, aber weder in ihrem Umfang fest bestimmt noch über das Herkömmliche hinaus erweitert; die dringend nötige Reform der Heeresorganisation blieb in bloßen Ansätzen stecken. Auch auf diesem Gebiet zeigte sich die Unfruchtbarkeit, die der Regierung des Romantikers auf dem Thron als ein Fluch anhaftete.

Dafür hinterließ die Kamarilla der Regierung des Nachfolgers ihr jüngstes und feurigstes Mitglied als Chef der A.f.d.p.A., das berufen war, dem Militärkabinett einen ganz neuen Auftrieb zu geben: Edwin von Manteuffel. Eigene „politische Ideen" hat dieser Romantiker des preußischen Absolutismus kaum besessen; trotz aller Begeisterung für geschichtliche Studien, die er im persönlichen Umgang und Briefwechsel mit Ranke nährte, blieb sein Denken von der historischen Wirklichkeit soweit wie nur möglich entfernt. Seine Haltung in außenpolitischen Fragen war von nebelhaften, noch aus der Tradition des Restaurationszeitalters stammenden Vorstellungen dauernder europäischer Revolutionsgefahr beherrscht; innenpolitisch glaubte er mit mystischer Devotion an die Unfehlbarkeit des Herrschers von Gottes Gnaden und an die bedingungslose Pflicht des Vasallen, dem Willen seines Herrn Geltung zu verschaffen. Vom ersten Tag seiner Tätigkeit als Personalchef an (er übernahm dieses Amt vertretungsweise schon 1856)[31]) hat er sich bemüht, nachzuholen, was die Kamarilla bis dahin versäumt hatte: den Amtsbereich des verantwortlichen Kriegsministers einzuschränken zugunsten einer Machterweiterung seiner eigenen, konstitutionell unverantwortlichen Behörde und damit, wie er meinte, zugunsten der absoluten Krongewalt. Der König sollte der Armee wieder als „ihr Generalfeldmarschall" erscheinen, wie in den Tagen Friedrich Wilhelms I. Bald wußte er den Monarchen davon zu überzeugen, daß die Armee nur solche Befehle, die ohne Gegenzeichnung des Ministers aus dem Militärkabinett kämen, als persönliche Willensäußerungen von „Allerhöchster Stelle" empfinden würde und daß auch der Schriftverkehr des Monarchen mit den kommandierenden Generälen und Armeeinspekteuren nur durch das Kabinett, nicht aber durch das Ministerium laufen sollte, um altpreußischer Tradition zu entsprechen. Wilhelm I. war der erste preußische Monarch seit Friedrich dem Großen, der, als Berufssoldat aufgewachsen, mit dem persönlichen Kommando seiner Armee auch im Kriege Ernst zu machen gedachte. Dem sollten die Friedensverhältnisse entsprechen. „Der Kriegsherr kommandiert die Armee und nicht der Kriegsminister", schrieb er auf den Rand einer Eingabe Bonins, der ihm vorstellte, welche Geschäftsverwirrung entstehen müßte, wenn die Generalkommandos in allen Fällen direkt an Allerhöchster Stelle berichten und von dorther Befehle empfingen unter Umgehung des Ministeriums.

Unter einem solchen Herrn eroberte Manteuffel sehr rasch alle nach 1848 verlorenen Machtpositionen für das Kabinett zurück, und mehr als das. Vergeblich kämpfte Bonin für die Erhaltung einer im Ministerium zentralisierten Militärverwaltung. Schon im Winter 1857 auf 1858 erhielt das Militärkabinett wieder eigene Diensträume; 1859 wurde der alte Name wiederhergestellt. Bald darauf begannen die ersten Kompetenzkonflikte mit Bonin, in denen sich Edwin von Manteuffel rechtzeitig durch ein Entlassungsgesuch die restlose Unterstützung seines Herrn sicherte; sie endeten mit Bonins Sturz, und der neue Kriegsminister Roon war völlig einig mit Manteuffel in dem Bemühen, dem Monarchen eine freie, von parlamentarischer Kontrolle unberührte Sphäre militärischer „Kommandogewalt" mit Hilfe des Militärkabinetts zu sichern[32]); er war also auch bereit, die Zuständigkeit des eigenen Ministeriums bis zu einem gewissen Grad beschränken zu lassen — eine Lage, die Manteuffel nach Kräften ausnützte. Das praktisch Wichtigste, was so erreicht wurde, war die Herstellung eines unmittelbaren Schriftverkehrs zwischen König und Generalkommandos, die Bekanntgabe aller königlichen Ordres in Personal- und Kommandosachen an die Armee im ursprünglichen Wortlaut, ohne Umarbeitung in Ministerialverordnungen, eine strenge Begrenzung der selbständigen Ministerialverfügungen auf reine Verwaltungssachen, schließlich eine Einschränkung der Gegenzeichnung des Ministers in königlichen Erlassen an die Armee. Um die persönliche Willensmeinung des Königs in solchen Erlassen deutlicher hervortreten zu lassen, sollte die Kontrasignatur nur auf solchen Ordres erfolgen, die irgendwie den Etat berührten, aber auch auf ihnen teilweise nur geheim in den Akten ohne öffentliche Bekanntgabe. Diese Regelung, die dann bis zum Ende der

Monarchie gültig geblieben ist und später unendlich viel juristisches Kopf-
zerbrechen verursacht hat (Ordre vom 18. Januar 1861), entsprang gewiß
der Absicht, den Umfang freier königlicher Kommandogewalt äußerlich
recht groß erscheinen zu lassen, hielt sich aber doch mit solcher Vorsicht im
Rahmen des geltenden formalen Verfassungsrechtes[33]), daß nicht einmal die
Landtagsopposition daran Anstoß nahm — auch Twesten nicht, der doch
gerade damals das Militärkabinett aufs heftigste angriff und dessen Chef
(sehr mit Recht) als „unheilvollen Mann in unheilvoller Stellung" bezeichnete. Verwaltungstechnisch war es ganz gewiß von größter Bedeutung, daß
unter Manteuffels Leitung sich das Militärkabinett wieder eine selbständige,
dem Ministerium praktisch neben-, nicht untergeordnete Stellung erstritt,
daß sein Geschäftsbereich, vor allem die Verwaltung der Offizierspersonalien,
der Einwirkung des Kriegsministers mehr und mehr entzogen wurde. Die
Zersplitterung und Komplizierung der Geschäftsführung, die das zur Folge
hatte — besonders im Verkehr des Ministers mit den Generalkommandos —
scheint schließlich auch Roon mehr und mehr verdrossen zu haben, so daß
es darüber zu mancherlei Zusammenstößen kam.

Aber die politische Bedeutung dieser Kompetenzkonflikte darf man doch
nicht überschätzen. Nicht sie waren schuld daran, daß Manteuffels Stellung
schließlich unhaltbar wurde, sondern jene beständigen, die Einheitlichkeit der
Staatsführung gefährdenden Übergriffe in das politische Gebiet, von denen
wir früher hörten (Kapitel 6) und in denen er sich als echten Erben der Kamarilla erwies. Seine Versuche zu politischer Bevormundung des Kriegsministers
waren lästig, aber allenfalls zu ertragen, solange Militärkabinett und Ministerium gemeinsam gegen die Landtagsmehrheit fochten[34]). Sie wurden staats-
gefährlich in dem Augenblick, als Bismarcks Politik nach dem schleswig-holsteinischen Kriege aus dem inneren Konflikt zur Lösung der nationalen Frage,
zur Auseinandersetzung mit Österreich hinübersteuerte. Daß der Generaladjutant sich anmaßte, seinen königlichen Herrn in diesem entscheidungsvollen
Augenblick mit eigenen, höchst konfusen Ratschlägen im Stil des Gerlachschen
Romantikerkreises zu bestürmen[35]) und dadurch die Politik des Ministerpräsidenten gerade auf dem Höhepunkt äußerer und innerer Schwierigkeiten
zu durchkreuzen, machte seine Entfernung vom Hofe dringend notwendig.
Er wurde im Juni 1865 zum Gouverneur von Schleswig ernannt, später
durch immer neue militärische und diplomatische Aufträge vom Hofe ferngehalten. Seine Tätigkeit als politischer Berater des Königs hörte damit noch
längst nicht auf: in schier endloser Reihe findet man in seinem Nachlaß die

Konzepte ausführlicher Immediatschreiben, in denen er noch jahrzehntelang seine politische Meinung als Vertrauter des „Allerhöchsten Herrn" sehr nachdrücklich zu Gehör brachte. So blieb er fortdauernd eine bedeutende Figur im politischen Spiel, für Bismarck oft genug ein unbequemer, ja gefährlicher Gegenspieler, dessen Mattsetzung ebensoviel Vorsicht und Klugheit wie Zähigkeit erforderte, weil er jederzeit das getreue Echo der allerpersönlichsten Meinungen und Vorurteile des greisen Herrschers bildete und dessen absolutistische Neigungen reichlich unterstützte. In den Jahren 1873 bis 1879 konnte er ohne amtliche Dauerstellung auch wieder persönlich auf seinen alten Herrn einwirken. Wie schwer hat er es dem Kanzler noch 1879 gemacht, Kaiser Wilhelm für die große Neuorientierung der deutschen Bündnispolitik zu gewinnen! Immer wieder übte die feurige Beredsamkeit, die romantisch-ritterliche Natur des alten Hofmannes ihren Zauber auf den König aus, und nur durch Verleihung höchster Ehrenstellen, zuletzt als Statthalter von Elsaß-Lothringen, war es möglich, ihn für länger von Berlin zu entfernen. Schließlich ist es immer wieder gelungen, in allen kritischen Momenten, und keine schriftliche Beschwörung vermochte dann die Gewalt der unmittelbaren Gegenwart ganz zu ersetzen. Aber wer die Eigenart des bismarckischen Regierungssystems ganz verstehen will, muß sich immer die Gegenwirkung jenes höfisch-militärischen Absolutismus von Augen halten, den Edwin von Manteuffel verkörpert und der ein wesentliches, zäh festgehaltenes Stück altpreußischer Tradition darstellt. Sie bezeichnet für Bismarck eine ganz bestimmte Grenze seiner Macht.

Immerhin: das Militärkabinett durfte nach Manteuffels Abgang keine politische Rolle mehr spielen. Es war seit 1865 mit einem Offizier von tadellos korrekter und loyaler Haltung, dem Generalmajor von Tresckow, besetzt. Die Gefahr eines Konfliktes zwischen militärischen und politischen Stellen war damit stark vermindert. Denn Roon, der Kriegsminister, gehörte zum engeren Freundeskreis Bismarcks und kämpfte mit ihm politisch in einer Front — wenn er auch dem genialen Fluge seiner politischen Ideen nicht gewachsen war und insbesondere seiner nationalen Einigungspolitik als eingefleischter Altpreuße ohne rechte Freudigkeit folgte. Während der Einigungskriege hat er auch mit seinem militärischen Urteil stets — soviel man sieht — auf seiten Bismarcks gestanden. Das war um so wichtiger, als dieser formalrechtlich kein Mittel besaß, die Einheit militärischer und politischer Willensbildung zu erzwingen. An der Immediatstellung des Kriegsministers hat auch er nichts zu ändern vermocht — er konnte daran um so weniger denken, als er ja nicht nur die eigene Berufung ins Ministerium vorzüglich dem Betreiben Roons verdankte, sondern vom König Wilhelm ausdrücklich zu dem Zweck ernannt worden war, ihm die ungeschmälerte Vollgewalt als „Oberster Kriegsherr" verteidigen zu helfen, den Charakter des Heeres als immediate königliche Gefolgschaft auch im Verfassungsstaat zu sichern. Nur deshalb hatte König Wilhelm seine schweren Bedenken gegen die Ernennung überwunden, weil Bismarck feierlich versprochen hatte, sein Amt nicht als konstitutioneller Minister in der üblichen Bedeutung des Wortes zu führen, sondern mehr in der Haltung eines Generalstabschefs, der auch dann gehorcht, wenn der Befehl seines Kommandeurs den eigenen Überzeugungen widerspricht[36]). Zwar hat er sich durch dieses Versprechen nicht hindern lassen, in allen wesentlichen politischen Fragen seinen eigenen Willen gegen den des Königs durchzusetzen, nötigenfalls mit Hilfe von Abschiedsforderungen; aber an die Immediatstellung des Heeres hätte er niemals rühren dürfen, ohne das Vertrauensverhältnis zwischen sich und dem Monarchen für immer zu zerstören.

Es blieb also auch nach dem Abgang Manteuffels durchaus noch die Möglichkeit offen, daß die „Stimme der Armee" unmittelbar den Thron erreichte und unter Umständen mit dem verantwortlichen politischen Berater in Gegensatz geriet. Aber nicht mehr das Militärkabinett war dazu berufen, sie vernehmen zu lassen (eine Behörde von letztlich doch nur untergeordneter, allein auf Friedensverhältnisse berechneter Tätigkeit), sondern der *Generalstab*: die „Oberste Heeresleitung" der Zukunft.

Er ist aber erst sehr allmählich zu so zentraler Bedeutung emporgewachsen. Ursprünglich besaß er — wir hörten es schon — nicht einmal ein Immediatverhältnis zum Thron. An seiner formalen Abhängigkeit vom Kriegsministerium hat auch die Revolution von 1848 nichts geändert. Allerdings zeigt die Praxis der Aktenbestände, daß diese Abhängigkeit nicht allzu ängstlich gewahrt wurde und allmählich doch ein gewisser Immediatverkehr sich herstellte[37]). Seit 1857 läßt sich beobachten, wie der Generalstabschef immer häufiger vom Kriegsminister aufgefordert wurde, sich gutachtlich über kriegerische Möglichkeiten, Feldzugsaussichten und Feldzugspläne dieser oder jener Art zu äußern[38]) — je stürmischer die Zeiten wurden, um so häufiger empfand die Staatsleitung das Bedürfnis nach einer militärtechnisch-strategischen Beratung, die ihr Moltke in seinen berühmten Denkschriften so glänzend lieferte. Offiziell ging diese Beratung immer noch auf dem Wege über das Kriegsministerium vor sich; doch bedeutete das praktisch seit 1861

keine ernsthafte Schranke mehr für den Immediatverkehr des Generalstabschefs[39]). Auffallend ist immerhin, daß der Generalstab in keinem Stadium
zu den Vorberatungen der großen Heeres-Reorganisation von 1860 heran-
gezogen wurde; die blieb ausschließlich Sache des Kriegsministeriums und
einzelner gutachtlich beigezogener Truppenführer; der Generalstabschef ist
erst 1862 einmal gelegentlich über die Möglichkeit von Ersparnissen im
Militäretat befragt worden. Sogar über die Reorganisation des Generalstabes
selbst und die Vorbildung seiner Offiziere beriet man 1861 im Kriegsministerium, ohne die Initiative dazu dem Generalstabschef zu überlassen[40]).
Dessen zentrale Stellung in der Armee war noch so wenig anerkannt, daß das
Gardekorps 1861 seinen Mobilmachungsplan unter Meldung an das Kriegsministerium abändern konnte, ohne den Großen Generalstab auch nur zu
benachrichtigen![41]) Selbst zu Beginn der „schleswig-dänischen Verwicklungen
erschien es noch als selbstverständlich, daß die Initiative zu den kriegerischen
Vorbereitungen und Planungen beim Kriegsministerium, nicht aber beim
Generalstab lag. Und da es sich beim Einmarsch der Preußen in Jütland nur
um ein beschränktes Kriegsunternehmen handelte, bei dem nur ein Teil der
Armee in Aktion gesetzt war, der König selbst nicht die Führung übernahm,
blieb auch die Leitung der Operationen zunächst dem Truppengeneralstab
überlassen, der Chef des Großen Generalstabs monatelang ganz auf die Rolle
des Zuschauers — und zwar eines recht mangelhaft orientierten! — beschränkt. Nach der Schlacht von Düppel reiste der König ins Hauptquartier,
ohne Moltke mitzunehmen, und dieser klagte, daß er über die dort getroffe-
nen Entscheidungen nicht einmal in Kenntnis gesetzt würde. Seine Stellung
war also nicht besser als die der Generalstabsoffiziere bei den Truppenbefehlshabern, die ebenfalls zu klagen hatten, daß ihr Rat bei strategischen
Entscheidungen von größter Tragweite kaum gehört würde — dank der in
der preußischen Armee in langen Friedensjahrzehnten üblich gewordenen
Geringschätzung militärwissenschaftlicher Bildung und einseitiger Überschätzung der bloßen Willensenergie und praktischen Routine im Truppendienst[42]). Die Folge waren grobe strategische Fehler, die nur durch die
materielle Unterlegenheit des dänischen Gegners und das tapfere Draufgängertum der preußischen Truppen einigermaßen ausgeglichen wurden. Erst
als größere Schwierigkeiten auftraten, wurde der Chef des Großen Generalstabs ins Hauptquartier entsandt. Seitdem hat er sich Schritt für Schritt eine
Führerstellung erobert — aber ausschließlich vermöge der Überlegenheit
seines militärischen Könnens und der sachlichen Notwendigkeiten praktischer

Kriegführung. In der Hauptsache war es das persönliche Vertrauen, das er sich durch seine Erfolge bei König Wilhelm erwarb, das seine Stellung festigte. Seit 1865 wurde er auf Antrag des Generaladjutanten zu allen wichtigen, sein Ressort betreffenden Immediatvorträgen zugezogen. Aber erst durch Kabinettsordre vom 2. Juni 1866 wurde ihm der unmittelbare Verkehr mit den Truppenkommandos ohne Vermittlung des Kriegsministers ermöglicht und ergingen die von ihm unterzeichneten Befehle im Namen des Königs. Auch dann hatte seine Kriegsleitung noch immer viel zu kämpfen mit der Eifersucht und dem Eigensinn fürstlicher und anderer Armeeführer — Schwierigkeiten, denen er durch direkten Schriftverkehr mit den Truppengeneralstäben (auf dem sogenannten Generalstabsdienstweg, den er schon seit 1862 ausgebaut hatte)[43], zu begegnen wußte. Je gewaltiger seine Erfolge anwuchsen, um so stärker hob sich seine persönliche Autorität und die zentrale Stellung seines Amtes.

So ist also die bedeutendste und zukunftsreichste Militärbehörde Preußens durch lange Jahrzehnte in völliger politischer Windstille, von der Öffentlichkeit kaum beachtet, herangewachsen — zunächst nur ein Spezialbüro des Kriegsministeriums für topographische Vermessungen und Landesaufnahmen, kriegsgeschichtliche Arbeiten und Sammlung von Nachrichten über fremde Heere — im Frieden ohne allzu große Aufgaben, bescheiden ausgestattet und mit einem sehr gemächlichen Arbeitstempo auskommend. Höchst achtbar ist die Leistung der Männer, deren Stellung äußerlichem Ehrgeiz so wenig Verlockungen bot und deren Diensteifer doch durch mehrere Generationen unermüdet blieb, ohne durch Mangel an praktischer Kriegserfahrung jener Verknöcherung zu verfallen, die man in der preußischen Truppenführung des Vormärz vielfach beobachtet. Vielmehr blieb man eifrig bemüht, durch häufigen Wechsel der Generalstabsoffiziere zwischen Front- und Bürodienst dem Aufkommen einer pedantischen Papierstrategie vorzubeugen. Eine ganze Reihe tüchtiger Chefs nacheinander — von Müffling, Krauseneck, von Reyher —, von denen jeder ein eigenes neues Aufgabengebiet entwickelte, schuf eine feste Überlieferung und zog einen Stab wohlgeschulter Offiziere heran: das Material, aus dem sich dann Moltke, das strategische Genie, seinen berühmten Generalstab bilden konnte.

Die Persönlichkeit dieses Mannes und der Geist, der in seiner militärischen Gefolgschaft herrschte, müssen wir kennenlernen, ehe wir die große Auseinandersetzung zwischen Politik und Heerführung während der deutschen Einigungskriege betrachten, der unser Interesse sich nunmehr zuwendet.

8. Kapitel

MOLTKE UND BISMARCK - STRATEGIE UND POLITIK

Erster Abschnitt

Die Persönlichkeiten

Unsere Betrachtung gelangt damit auf ihren Höhepunkt. Das uns beschäftigende Problem bietet sich an keinem anderen Punkt deutscher Geschichte in so klassischer Vollendung dar wie in der Epoche Bismarcks, des anerkannten Meisters einer zugleich kämpferischen und verantwortungsbewußten, schöpferisch konstruktiven Politik, und Moltkes, seines großen Gegenspielers, in dessen Gestalt sich die besten Traditionen preußisch-deutschen Soldatentums wie in einem Idealtypus zusammenfinden. Wenn irgendwo, so dürfen wir hier hoffen, die eigentümlichen Lebensgesetze politischen und militärischen Denkens in voller, durch keine menschliche Unzulänglichkeit getrübter Klarheit sich auswirken zu sehen, das Wesen ihrer Gegensätzlichkeit gleichsam an der Wurzel zu erfassen.

Dabei ist aber nun wichtig, als erstes festzustellen, daß Moltke weit mehr war als ein Typus preußischen Soldatentums; eher könnte man ihn schon als eine Art von Idealtypus deutscher, insbesonderer norddeutscher Männlichkeit überhaupt betrachten. Nicht nur, daß niemals ein preußischer Offizier weniger beschränkt blieb auf das Fachlich-Militärische: in gewissem Sinn muß er geradezu als die große Ausnahme, jedenfalls als einmalige Erscheinung unter den preußischen Heerführern gelten. Eine erstaunlich vielseitig begabte, weltoffene, unendlich aufnahmefähige und aufnahmebereite Natur, hat er es selbst in höherem Alter als bloßen Zufall bezeichnet, daß man ihn ins dänische Kadettenkorps gesteckt und so auf die militärische Laufbahn gezwungen habe; hätte er seinen Neigungen frei folgen können, so würde er sich mit archäologischen oder geschichtlichen Studien befaßt haben und voraussichtlich Professor der Geschichte geworden sein. In der Tat nimmt in seinem Bildungsgang das Studium militärtechnischer Fachliteratur einen überraschend geringen Raum ein. Der junge Generalstabsoffizier beschäftigt sich mit Fremdsprachen, hört literaturgeschichtliche Vorlesungen, treibt eine vielsprachige Lektüre von geradezu universaler Weite, liest belletristische, natur- und geisteswissenschaftliche Bücher mit demselben Eifer, beschäftigt sich mit nationalökonomischen Werken, übersetzt in seinen reichlichen Mußestunden Gibbons vielbändige Geschichte der römischen Kaiserzeit, schreibt als literarische Erstlinge Novellen spätromantischen Stils, später historisch-politische Broschüren über die belgische und polnische Frage auf Grund einer sehr weitausgedehnten Quellenlektüre, technische Abhandlungen und Zeitungsaufsätze über das Eisenbahnwesen; dagegen scheint sein Interesse für die friderizianische und napoleonische Kriegsgeschichte den Rahmen des dienstlich Geforderten nicht allzuweit zu überschreiten, und unter den Schriften, die er selbst als richtunggebend für sein Leben bezeichnet hat, erscheint nur ein militärisches Werk: die Kriegsphilosophie des Clausewitz. Nur einen Teil der militärwissenschaftlichen Studien betreibt er mit wärmerem, über den dienstlichen Bedarf weit hinausgehendem Eifer: die Topographie und die historische Geographie. Das Reisen, das scharfe Beobachten von Natur- und Menschenwelt, die exakte Aufnahme historischer Landschaften mit dem Meßtischgerät, das Sammeln historischer, künstlerischer, politischer Eindrücke, das Studium fremden Volkstums, seiner sozialen und wirtschaftlichen Verhältnisse wird ihm zur Hauptleidenschaft, und ein glückliches Schicksal läßt es ihn darin schon bald zur Meisterschaft bringen. Dem praktischen Frontdienst schon als Sekondeleutnant entfremdet, bekommt er als preußischer Instruktionsoffizier beim türkischen Sultan, als Adjutant des Prinzen Heinrich in Rom, später als Begleiter des preußischen Kronprinzen auf Reisen an die Höfe Englands, Rußlands, Frankreichs alle Hauptländer Europas zu Gesicht, wird zum besten Kenner der kleinasiatischen Türkei und gewinnt als Kartograph der Türkei und Roms sowie als Darsteller des von ihm selbst erlebten türkischen Feldzugs seinen ersten Ruhm. Seine Reisebriefe — und nicht nur die aus der Türkei — gehören zu den erlesensten Stücken deutscher Prosa. Die Anschaulichkeit ihrer Schilderungen, die poetische Kraft und Anmut ihrer Sprache, die Fülle der unvergeßlich gezeichneten Bilder und Stimmungen — vielfach auch mit dem Zeichenstift oder Pinsel festgehalten — verrät ein künstlerisches Vermögen von seltener Kraft; aber sie sind auch Zeugnisse einer überraschend reichen und vielseitigen historisch-politischen Bildung, die ebensowohl ihre Landschaftsszenen mit historischen Vorgängen zu beleben wie modernste politische Verhältnisse, soziale und wirtschaftliche Zustände klar und sicher aufzufassen weiß. Gerade auch für Probleme des Wirtschafts-

lebens zeigt sich der Reisende besonders aufgeschlossen. Was er an Gedanken
über die wirtschaftliche Erschließung des Balkans und nahen Orients durch
deutsche Kolonisation entwickelt, wirkt als Vorwegnahme gewisser Ideen
Fr. Lists und des neudeutschen Imperialismus um 1900; sein eisenbahntech-
nisches Sachverständnis setzt in Erstaunen, und dabei sind es nicht so sehr
militärische wie wirtschaftpolitische Rücksichten, die seine Vorschläge für
den deutschen Bahnbau bestimmen. Übrigens blieb es nicht bei der akademischen Erörterung ökonomischer Probleme. Als Direktionsmitglied und Ak-
tionär der Hamburg-Berliner-Eisenbahngesellschaft hat Moltke schon 1841
praktisch am Aufbau des deutschen Eisenbahnwesens mitgewirkt; anderseits
war es einer seiner Lebensträume, als praktischer Landwirt großen Stils nach
modernstem agrartechnischem Verfahren zu wirtschaften. Erst die große
Dotation von 1866 hat ihm die teilweise Verwirklichung dieses Traumes
ermöglicht. Aber unter den Enttäuschungen des Sturmjahres 1848 wäre er
allen Ernstes bereit gewesen, seiner damals recht unbefriedigenden dienstlichen Stellung zu entsagen und etwa als Farmer in Australien sein Glück zu
versuchen. Wie er denn überhaupt an seinem militärischen Beruf keineswegs
mit besonderer Zähigkeit gehangen hat.

Zu dieser universalen Weite des geistigen Horizonts und der praktischen
Lebensinteressen hat er sich Stufe für Stufe aus engen und gedrückten Verhältnissen emporarbeiten müssen — sie ist ihm nicht geschenkt worden.
Seine Bildung ist durchaus selbsterworbener Besitz, weder Schulprodukt
noch in irgendeiner Weise durch Standestraditionen bedingt. Vergeblich
würde man in den Memoiren, Tagebüchern, Briefen der Standes- und Alters-
genossen Moltkes nach irgend etwas Vergleichbarem suchen, und wer etwa
die Schilderung liest, die sein getreuester Schüler Verdy du Vernois von dem
Kreise seiner engsten Mitarbeiter im Kriege 1870/71 gegeben hat, der kann
sich schwer dem Eindruck entziehen, daß unter diesen ausnahmslos dem
Kadettenkorps entstammenden Abteilungsvorständen, lauter vortrefflichen
Fachmenschen, der universale Geist des scheu bewunderten „Chefs" wie eine
Erscheinung aus einer anderen Welt gewirkt haben muß. Mit einem Wort:
er war gar kein „Fachmilitär" im prägnanten Sinn des Wortes, sondern
im Kern seines Wesens ein Humanist der Spät-Goethezeit — aber freilich
ein „Humanist" von sehr besonderer Art.

Zunächst hebt er sich von dem ganzen Lebensstil der Bildungswelt von
Weimar und Jena sehr deutlich ab, in der noch die großen Soldaten der
Befreiungskriege gelebt hatten und der unter seinen Amtsvorgängern ein

Mann wie Rühle von Lilienstern ganz und gar angehörte. Man braucht nur eine Zeile aus den wortreichen und empfindsamen Schriften Rühles neben die prachtvoll knappen, gemeißelten Sätze Moltkes zu stellen oder den poetisch schwungvollen, bilderreichen Stil eines Gneisenau-Briefes mit der strengen Sachlichkeit des Jüngeren zu vergleichen, um den Unterschied sogleich zu empfinden. Es ist der Unterschied zwischen einer Ideenwelt, die vorwiegend im ästhetisch-philosophischen Bereich wurzelt und ei er neuartigen, die weit stärker auf Erfassen der historisch-politischen Wirklichkeit drängt. Auch Moltke führt seinen „Faust" nicht bloß im Reisegepäck, sondern stets gegenwärtig im Kopfe mit sich; auch er kann (zumal in seinen Brautbriefen) in poetischen Bildern und Stimmungen schwelgen, die des romantischen Zaubers nicht entbehren, und der andächtige Genuß guter Musik ist ihm ein unentbehrliches Lebenselement. Aber er bleibt nirgends im bloß Empfundenen stecken; sein Stil drängt jederzeit über die rhetorisch wirksame Phrase hinaus zu strenger und knapper Sachlichkeit, sein Weltverständnis über das geistreiche Spiel mit Ideen zu prompter Schlüssigkeit, zu praktischer Entscheidung. Man spürt die Veränderung der geistigen Atmosphäre auch noch beim Vergleich der strategischen Denkschrift von Clausewitz, die im vierten Band der militärischen Korrespondenz Moltkes abgedruckt ist, mit dessen Ausarbeitungen über denselben Gegenstand: wieviel straffer, präziser, durchsichtiger ist da alles geworden! Nicht nur daß der Jüngere bereits mit einem fertigen Gedankengut hantiert, das der Ältere sich erst mühsam hatte erarbeiten müssen: man spürt doch auch den härteren, strafferen Willen zur Tat, dem die Reflexion um ihrer selbst willen nichts mehr gilt, wo praktische Strategie betrieben werden soll.

Ohne Zweifel: Moltke war ein Mann der nüchternen, hellen, modernen Wirklichkeit, der Wirklichkeit des 19. Jahrhunderts[1]), und nicht der romantisch-heroisierenden Wunschträume, ein Mann der praktischen Einsicht und nicht der philosophischen Beschaulichkeit. Aber verglichen mit den reinen Tatmenschen, die sonst den Typus des Feldherrn bilden, erscheint er dann doch wieder als der „gelehrte Offizier", der Akademikertypus unter den Generälen, als Mann der Besinnung und Planung mehr als der handfesten, wagenden Tat. Ganz gewiß fehlt es ihm nicht an Kühnheit der Entschlüsse; nie sind kühnere Aufmarschpläne ersonnen, kühnere Umfassungsoperationen durchgeführt worden, als die von 1866 und 1870. Aber es ist die Kühnheit des Gedankens, die sie auszeichnet — eine Kühnheit, die im Grunde nichts wagt, weil sie sich der absoluten Überlegenheit ihrer Planung und der unbedingten Zuverlässigkeit ihrer ausführenden Organe klar bewußt ist. Gedanken und Tat stehen in einem vollkommen harmonischen Verhältnis. Es fehlt Moltke auch nicht an persönlichem Ehrgeiz[2]); ohne Ehrgeiz und Geltungswillen ist noch nie ein großes Manneswerk gelungen. Aber was ihm gänzlich fehlt — und darin unterscheidet er sich sehr merkwürdig von anderen großen Feldherren der Geschichte — ist das Ruhmbedürfnis, die Eitelkeit des Glänzenwollens, das Bedürfnis der Selbstheroisierung. „Nicht der Glanz des Erfolges", schrieb er 1880 in Abwehrhaltung einem Verehrer[3]), „sondern die Lauterkeit des Strebens und das treue Beharren in der Pflicht... wird dereinst über den Wert eines Menschenlebens entscheiden... Wissen wir doch selbst nicht, was wir uns, was wir anderen oder einem höheren Willen zuzuschreiben haben. Es wird gut sein, in ersterer Beziehung nicht zu viel in Rechnung zu stellen." Ähnlich hat er es oft ausgesprochen: daß die „Verhältnisse" mehr entscheiden als der Wille des einzelnen und daß jeder Mithandelnde im großen Drama der Weltgeschichte zuletzt nur Werkzeug sei in einer höheren Hand. Wenn er an seine militärischen Triumphe dachte, so kam ihm das Bibelwort in den Sinn, daß „Gottes Kraft in dem Schwachen mächtig ist". Das führt zum religiösen Verständnis der eigenen Leistung als bloßer „Dienst", und eben in diesem Verständnis traf er sich mit Bismarck, seinem großen Mit- und Gegenspieler.

Nun kann freilich das Bewußtsein, von einer höheren Gewalt zu großen Aufgaben berufen zu sein, ebensowohl zur Selbstüberhebung, ja Selbstvergötzung wie zur Selbstdemütigung führen. Es kommt jeweils auf die Echtheit der religiösen Überzeugung an: ob darin (nach christlichem Verständnis) der das Geschehen bestimmende „höhere Wille" ganz ernst genommen wird, nämlich als göttlicher, der allem menschlichen Wollen unendlich überlegen ist, oder als bloße Bestätigung und ideologische Verklärung irdischen Tuns. Für Moltke galt ohne Zweifel — ebenso wie für Bismarck — noch das christliche Verständnis der Berufsidee. Aber mit einem sehr bemerkenswerten Unterschied: Bismarck bedurfte des Glaubens an eine göttliche Weltregierung, die uns als bloße Werkzeuge gebraucht, um die Last der Verantwortung zu ertragen, die ihm als Staatsmann oblag. Sein vom Luthertum her bestimmtes Weltverständnis begriff die eigene Lebensaufgabe als einen beständigen Kampf mit der Bosheit und Selbstsucht der Menschen und mit der Tücke des Zufalls, einer teuflischen Macht, die jeder vernünftigen Berechnung spottet. Fert unda nec regitur! Da bedurfte es schon des Vertrauens, und zwar eines völlig irrationalen Vertrauens auf eine göttliche Weltleitung, um den

Mut nicht zu verlieren zu jenem Sich-Entschließen im Ungewissen, jenem Vorantasten im Nebel, das die eigentliche Sphäre staatsmännischen Handelns bildet. „So hab ich's gewollt" sagte er zu einem Lobredner seiner Taten, „und so ganz anders ist's gekommen. Ich will Ihnen etwas sagen: ich bin froh, wenn ich merke, wo unser Herrgott hin will, und wenn ich dann nachhumpeln kann"[4]). „Je länger ich in der Politik arbeite", schrieb er nach seinen ersten großen Erfolgen 1864 einem ehemaligen Parteifreunde, „desto geringer wird mein Glaube an menschliches Rechnen." Ähnlich der Gattin bald darauf: „Das lernt sich in diesem Gewerbe recht, daß man so klug sein kann wie die Klugen dieser Welt und doch jederzeit in die nächste Minute geht wie das Kind ins Dunkle"[5]). Gewiß: dieses Bewußtsein hat seine Entschlußfreudigkeit keinen Augenblick lähmen können, und seine überreiche politische Phantasie stellte ihm jederzeit neue Aushilfen zur Verfügung. Er war ein ebensolcher Meister des praktischen Verstandes wie Moltke, der einmal die ganze Strategie als ein bloßes „System von Aushilfen" bezeichnet hat. Aber diese Strategie ruhte doch immer auf einem systematischen Aufmarschplan, an dessen „unfehlbare" Wirkung der Feldherr mit so eiserner Überzeugung glaubte, daß ihn kein Zufall darin irremachen, kein Versagen eines Unterführers und keine Enttäuschung in seiner ruhigen Siegeszuversicht erschüttern konnte. Überhaupt besaß Moltke, der Humanist, ein viel stärkeres Zutrauen zu den Fähigkeiten menschlicher Ratio, die Welt vernünftig zu gestalten, und zu dem unaufhaltsamen Fortschritt von Zivilisation und humaner Kultur. Wenn göttliche Weisheit die Welt regiert und uns als ihr Werkzeug einsetzt, so kommt es nur darauf an, daß jeder in „lauterem Streben und treuem Beharren in der Pflicht" das Seine tut, so wie sein Beruf es ihm zuweist, und es muß gelingen, der Unvernunft und des blinden Zufalls Herr zu werden. Der Vernunftsoptimismus und Fortschrittsglaube, der im Innersten der harmonischen Natur Moltkes wurzelte, war zwar gedämpft durch realistische Einsichten des modernen Empirismus und darum frei von den Illusionen des 18. Jahrhunderts; aber sein Weltverständnis entbehrte durchaus der tragisch-düsteren Züge.

Im Gegensatz dazu steckt hinter dem heroischen Lebenskampf Bismarcks eine tief resignierte Einsicht in die letztlich unverbesserliche Unvernunft und dämonische Bosheit der Welt, ein Bewußtsein davon, als letzter großer Vasall der alten monarchischen Weltordnung „dienstlich auf der Bresche zu stehen" und „anschlagsmäßig verbraucht zu werden". Aber Bismarck ist die geborene Führer- und Kämpfernatur, die sich mit einem trotzigen „Dennoch"

dem Weltlauf entgegenwirft und sich schon zutrauen darf, dem Teufel ein
Ohr abzulisten. Sein göttlicher Auftrag stellt ihn vor eine sehr ernste Verantwortung. Er ruft ihm das sittliche Ziel aller echten politischen Gemeinschaftsbildung, die Ordnungsaufgabe des Staates, ins Bewußtsein und bezeichnet zugleich eine letzte Grenze menschlicher Willkür und Machtkämpfe (die
zum Beispiel den Präventivkrieg grundsätzlich ausschließt). Aber das Bewußtsein dieser Verantwortung hindert den geborenen Kämpfer nicht, sich
selbst mit der Sache, für die er streitet, völlig gleichzusetzen und demgemäß
mit aller Leidenschaft für die eigene Macht zu kämpfen. Gewiß: sein politisches Lebenswerk gilt auch ihm, wie Moltke das seinige, als bloßer „Dienst".
Das bedeutet eine innere Distanz, die vor kleinlichem Ehrgeiz schützt: letzter
Antrieb alles Schaffens ist nicht das Bedürfnis nach äußerlichem Ruhm, glanz-
voller Stellung (jeden Tag wäre der Landedelmann sie hinzuwerfen bereit!),
sondern das leidenschaftliche Verbundensein mit der Sache des monarchischen
Staates, der er dient. Aber sich selbst und seine persönliche Macht davon
zu trennen ist Bismarck außerstande; er ist der naive Genius, der sich selbst
ganz in seinem Lebenswerk versprüht (in serviendo consumor!), die Voll-
natur, die viel zu unmittelbar in ihren Lebenskämpfen drinsteckt, um
zwischen Person und Sache viel zu unterscheiden, die liebt und haßt und mit
der schweren Last auch den Genuß der Macht für sich allein beansprucht,
sie mit keinem anderen zu teilen vermag.

Von solcher Naivität des Machtstrebens und Unmittelbarkeit des Lebens-
dranges ist Moltke sehr weit entfernt. Das Kämpferische, der robuste Lebens-
wille und Geltungsdrang ist seinem Wesen von Hause aus fremd — und
eben dies macht seine Erscheinung so einzigartig unter den großen Feld-
herrngestalten. In welcher Richtung sein persönlicher Ehrgeiz ging und
wie er selbst die Grenze seines Wesens empfand, das hat er sehr fein in seiner
Jugendnovelle „Die beiden Freunde" gezeichnet[6]). Da stellt er dem sorglos-
naiven, fröhlich-offenen, im Sturm die Herzen erobernden Tatmenschen
Graf Warten den verschlossen-ernsten, aber geistvoll-tiefen, vollkommen
selbstbeherrschten jungen Offizier Ernst von Holten gegenüber — sein
eigenes Mannesideal. Er kennt sehr genau seine Grenze: „Das Zweifeln ist in
seinem Charakter begründet", er „ist weit von Überschätzung seines eigenen
Wertes entfernt", er tritt bescheiden hinter den Vorzügen des andern zurück,
bemüht sich sogar, edelmütig dem Freunde das eigene Lebensglück zu opfern;
er gehört zu den Leuten, „die nie tolle Streiche, aber auch nie kluge machen,
Leute, deren Gläser stets noch voll sind, wenn wieder eingeschenkt wird".

Aber es ist sein heimlicher Ehrgeiz, die anderen dennoch zu übertrumpfen: vermöge seiner Geistesklarheit und eisernen Willenszucht, die auch in schwierigsten Lagen nicht versagt, die sich durch nichts verwirren läßt, immer mit Blitzesschnelle einen Ausweg findet, wo andere ratlos werden — kurzum durch geistige Überlegenheit. In solcher Überlegenheit steckt wohl immer ein Stück bewußter Selbsterziehung; Moltke hat sie sich besonders schwer er- kämpft. Er hat zuweilen seine natürliche „Schüchternheit" oder „Blödigkeit" beklagt, eine Folge, wie er meint, seiner lieblos-harten Jugenderziehung im dänischen Kadettenkorps; sie ließ ihn fast mit Neid auf andere blicken, denen die Selbstsicherheit des Herrenmenschen angeboren schien; ihm fehlte in der Tat die Unmittelbarkeit des reinen Tatmenschen, das Hinreißende der echten Führernatur. Nicht zufällig ist er dem Frontdienst seit seinen Leutnantstagen ferngeblieben — ihn drängte es offenbar nie zu einem Truppenkommando; schon 1855 äußerte er Zweifel, ob er fähig sein würde, eine Brigade zu führen. „Es ist wohl möglich", schrieb er damals seinem Bruder, „daß ich das, was ich leisten kann, bereits erreicht habe, und ich werde auf das leiseste Aviso in dieser Hinsicht sogleich zurücktreten." Auch seine vorgesetzten Generalstabschefs scheinen ihn für weniger geeignet für die praktische Truppenführung gehalten zu haben. Krauseneck stellte ihm 1836 eine Kommandierung als Militärattaché nach Paris in Aussicht, von Reyher urteilte Anfang der fünfziger Jahre merkwürdig kritisch in seinen Personalakten: „Endlich mangelt ihm die Kraft und Lebendigkeit, ohne welche ein Truppenbefehlshaber seine Autorität auf die Dauer nicht zu behaupten vermag"[7]). Ohne Frage war er kein Willens- und Tatmensch im Sinn des militärischen Normaltyps. Aber während solche Naturen ihre innere Sicherheit allein auf die Festigkeit ihres Willens gründen und in Momenten höchster Gefahr gewissermaßen die Augen schließen müssen, um nicht schwankend zu werden, war die unerschütterliche Ruhe und Sicherheit Moltkes, des Geistesmenschen, die auf den Schlachtfeldern Böhmens und Frankreichs immer wieder Staunen weckte, mehr noch das Ergebnis untrüg- lich klarer Einsicht als eines eisern disziplinierten Willens. In diesem Aller- persönlichsten, in der unlösbar engen Verbindung des Rationalen mit dem Ethischen, in dem praktischen Vernunftsoptimismus, trägt er zugleich ein Stück friderizianischen Erbes in sich.

*

Eben diese persönliche Eigenart Moltkes läßt aber nun die Frage, was ihn als Chef des Generalstabs in den Einigungskriegen zu der politischen Kriegsleitung in Gegensatz gebracht hat, was eigentlich hinter der tiefen gegenseitigen Verbitterung zwischen ihm und Bismarck während des Winters 1870/71 steckte, doppelt interessant und dringlich erscheinen. Ganz gewiß war es nicht, wie Bismarck meinte, Enge und Einseitigkeit eines Mannes, der sich „jahrelang immer nur mit einem und demselben beschäftigt" hat und darum nur für militärische Gesichtspunkte Sinn und Interesse besitzt. Geistige Beschränktheit, Enge eines rein militärischen Fachdenkens darf man gerade einem Moltke am allerwenigsten vorwerfen. Seine universalen Bildungsinteressen erfaßten auch die politische Sphäre, insbesondere die Probleme der Außenpolitik, wie noch zu zeigen sein wird, mit großer Energie. Ebensowenig dürfte man von politischem Ehrgeiz oder von Machtstreben des Militärs über die Grenze seines Fachressorts hinaus sprechen. Davor muß schon die Tatsache warnen, daß Moltke im Frieden (im Gegensatz zu seinem Schüler und Nachfolger Waldersee) niemals den leisesten Versuch gemacht hat, seine persönliche Vertrauensstellung beim Monarchen zu politischen Zwecken zu mißbrauchen. Er ist der politischen Führung des Ministerpräsidenten und Kanzlers mit vollster Loyalität auch da gefolgt, wo er mit ihren Methoden und Zielen keineswegs einverstanden war[8]). Mehr noch: er hat im Frieden nicht einmal versucht, den ressortmäßigen Einfluß seiner Behörde auf militärischem Gebiet zu erweitern oder ihren äußeren Rang unter den Reichsbehörden zu erhöhen; ja, selbst vom Recht des Immediatvortrages hat er im Frieden ohne besondere Aufforderung keinen Gebrauch gemacht, sondern nach dem Grundsatz gehandelt: „Seine Majestät wird mich ja rufen lassen, wenn er meinen Rat braucht." Nur im Kriege beanspruchte er, solange die Operationen im Gange waren, die Führung (das heißt die ausschlaggebende Beratung des Königs) für sich allein und wehrte sich mit höchster Eifersucht nicht nur gegen Übergriffe des Politikers in die rein militärische Sphäre, sondern ebenso gegen die Einmischung politischer Gesichtspunkte in die militärischen Erwägungen überhaupt. Was ihn zu solcher Haltung bestimmte, war weder ein Machtbedürfnis des Soldaten noch des Menschen — wenn auch persönliche Gereiztheit auf dem Höhepunkt des Konfliktes natürlich eine gewisse Rolle spielte. Bismarck, der nach Diplomatenart und als echt politische Kämpfernatur überall da persönliches Machtgelüst witterte, wo er auf sachlichen Widerspruch stieß, hat der ritterlichvornehmen Wesensart seines Gegenspielers bitter unrecht getan, wenn er gelegentlich im Ärger von seinem „Raubvogelprofil" sprach, das „immer raubvogelartiger" würde[9]). Moltkes Haltung war nie persönlich, sondern immer streng sachlich bestimmt, und es hat schwerlich jemals einen Feldherrn gegeben, der noch weniger als er von leidenschaftlichen Regungen, noch ausschließlicher von eiskalter Vernunft beherrscht wurde. Gerade die strenge, unbeirrbare Sachlichkeit war es ja, was ihm seine Überlegenheit über die leidenschaftlichen Willensmenschen sicherte — man könnte sagen: je weniger er von titanischem Wesen, von zwingender Gewalt der Führerpersönlichkeit an sich hatte, um so mehr war er auf diese Art von Überlegenheit angewiesen. Im Grunde war es denn auch die Andersartigkeit seiner Natur, die Bismarck ebenso zu Anerkennung, ja Bewunderung zwang, wie sie ihn menschlich erkältete und abstieß[10]). Durch sachlich bedeutende Leistung sich zu bewähren, auf welchem Gebiet auch immer, nicht aber durch Kampf und Sieg zur Macht aufzusteigen, ist von Jugend auf das Lebensziel Moltkes gewesen.

Nichts anderes als das Lebensgesetz des Krieges, wie er es verstand, kann also Moltke in Abwehrhaltung gegenüber Eingriffen der politischen Leitung getrieben haben.

Zweiter Abschnitt

Moltkes militärische Theorie vom Lebensgesetz des absoluten Krieges

Seine Ansichten vom Lebensgesetz des Krieges und von dem wahren Verhältnis zwischen Politik und Kriegführung hat Moltke auch theoretisch mehrfach ausgesprochen, in knappen, aber sehr präzis formulierten Sätzen:

I. „Die Politik bedient sich des Krieges für Erreichung ihrer Zwecke, sie wirkt entscheidend auf den Beginn und das Ende desselben ein, so zwar, daß sie sich vorbehält in seinem Verlauf ihre Ansprüche zu steigern oder aber mit einem minderen Erfolg sich zu begnügen. Bei dieser Unbestimmtheit kann die Strategie ihr Streben stets nur auf das höchste Ziel richten, welches die gebotenen Mittel überhaupt erreichbar machen. Sie arbeitet so am besten der Politik in die Hand, nur für deren Zweck, aber im Handeln *völlig* unabhängig von ihr"[1]). II. „Für den Gang des Krieges sind *vorwiegend* militärische Rücksichten maßgebend, die Ausnutzung seiner Erfolge oder Mißerfolge fällt wiederum der Politik anheim"[2]). III. Für den Gang der militärischen Operationen „können politische Momente nur insoweit Berücksichtigung finden, als sie nicht etwas miltärisch Unzulässiges oder Unmögliches fordern"[3]).

Diese Sätze sind für die Anschauungen des deutschen Generalstabs in der zweiten Jahrhunderthälfte grundlegend geworden. Sie enthalten, trotz ihrer bewußten Anlehnung an gewisse Formulierungen Carl von Clausewitz', eine deutliche Abkehr von dessen Grundanschauungen. Der Primat der politischen Führung auch während des Krieges wird bestritten. Der erste der oben zitierten Sätze gesteht der Politik zwar — was nur eine Selbstverständlichkeit ist — die allgemeine Zielsetzung des Krieges[4]) und einen entscheidenden Einfluß auf Beginn und Ende des kriegerischen Unternehmens zu. Dennoch steht er im schroffen Gegensatz zu jenen Thesen des Clausewitz, die es für „widersinnig" erklären, daß man überhaupt „rein militärische" Kriegsentwürfe machen könne, für „grundfalsch", eine Eigengesetzlichkeit des Krieges anzuerkennen von dem Augenblick an, wo die „Mine sich entladet", und für das „ABC der Kriegführung", daß auch während der Feldzüge die Politik auf den Gang der Operationen fortdauernd Einfluß behalten müsse[5]). Die Kriegsmaschine soll nach Moltke „im Handeln völlig unabhängig" von der politischen Leitung bleiben und ohne viel Rücksicht auf deren doch immer nur „unbestimmte", bald sich steigernde, bald sich mäßigende Ansprüche „ihr Streben stets nur auf das höchste Ziel richten, welches die gebotenen Mittel überhaupt erreichbar machen." Also der Feldherr hat nichts anderes im Auge zu behalten als die „absolute Gestalt des Krieges", wie Clausewitz das nennen würde. Die politische Auswirkung seiner Erfolge oder Mißerfolge ist nicht seine Sorge; und überhaupt kann auf politische Wünsche im Kriege (auch auf so dringende wie die beschleunigte Eroberung von Paris) nur soweit Rücksicht genommen werden, als sie nicht etwas „militärisch Unzulässiges" fordern — wobei über die „Zulässigkeit" selbstverständlich nur die militärische Führung zu urteilen hat.

Die Unvereinbarkeit dieser Sätze mit den Kriegslehren des Clausewitz ist auch im Generalstab nicht ganz unbemerkt geblieben. Aber daß sie einen vollständigen Bruch mit dessen Grundanschauungen bedeuten, hat man sich doch niemals einzugestehen gewagt, sondern sich mit allerhand nachträglichen Harmonisierungsversuchen beholfen[6]). In Wahrheit ist hier nichts zu verkleistern, sondern eine neue Stufe „rein militärischen" Denkens erreicht. Der Krieg, dem Clausewitz nur eine „eigene Grammatik", aber nicht Logik zugestehen wollte[7]), hat seine eigene, unausweichliche Sachlogik gewonnen.

Offenbar ist das zunächst nur eine konsequente — wenn auch einseitige —

Fortentwicklung der Idee des „absoluten Krieges", die wir früher schon als die eigentliche Neuentdeckung des Clausewitz bezeichneten (s. S. 81). Der Krieg ein erweiterter Zweikampf, sein Zweck das völlige Wehrlosmachen des Gegners durch physische Gewalt — wer diese Begriffe isoliert und konsequent zu Ende denkt, behält keinen Raum für die Einmischung politischer Momente. Der rationale Geist Moltkes strebt nach logisch sauberer Abtrennung der Zuständigkeitsbereiche. Hat die Politik sich einmal zum Kriege entschlossen, so ist dieser Zweikampf nach allen Regeln der Fechtkunst, das heißt der militärtechnischen Zweckmäßigkeit, bis zur eindeutigen Entscheidung durchzufechten. Solange die Kräfte des Kämpfenden nicht ermatten oder die Rücksicht auf Dritte ihn zu vorzeitigem Abbruch zwingt, ist es logisch undenkbar, daß durch Einmischung sachfremder Erwägungen in die Kampfhandlungen etwas anderes als Schaden angerichtet werden könnte. „Nie kann in die Philosophie des Krieges selbst ein Prinzip der Mäßigung hineingetragen werden", heißt es schon bei Clausewitz, „ohne eine Absurdität zu begehen." Nun ist aber die militärische Kraft Preußen-Deutschlands seit der großen Heeresreform von 1860 mit ihrer konsequenten Durchführung der allgemeinen Wehrpflicht und vollends seit dem Zutritt der süddeutschen Streitkräfte so groß geworden, daß sie der aller Nachbarn zunächst absolut überlegen erscheint — sofern sie nur technisch richtig eingesetzt wird. Die Politisierung der Nation, das heißt die Weckung ihres politischen Selbstbewußtseins und die Steigerung ihrer seelischen Kampfbereitschaft, hat seit den Tagen der Freiheitskriege nicht etwa nachgelassen, sondern ganz erheblich zugenommen. Die Erwartung des Clausewitz, es könne auch wieder einmal ein Zeitalter des Ermattens kriegerisch-politischer Energien, eine Epoche beschränkter Kampfziele, vorsichtiger Berechnung von Einsatz und Gewinn und sparsamer Aufwendung militärischer Mittel kommen, hat sich als Irrtum erwiesen. Der „absolute" Krieg ist praktisch die einzig mögliche Form des modernen Völkerduells geworden und demnach die Einmischung politischer Instanzen in seine technische Durchführung im allgemeinen überflüssig und schädlich. Um so schädlicher, als inzwischen die Ansprüche an das technische Können des leitenden Generalstabs in demselben Maße gewachsen sind wie die räumliche Ausdehnung und technische Lenkbarkeit der Operationen, aber auch ihre Gebundenheit an bestimmte technische Regeln im Zeitalter der Eisenbahnen und des elektrischen Telegraphen. Welche Erwägung sollte den Strategen hindern, auf das höchste überhaupt erreichbare Ziel, die völlige Wehrlosmachung des Gegners, hinzustreben?

Schafft er damit nicht die günstigste Voraussetzung für alles politische Handeln? Man muß sich darüber klar sein, schreibt General C. von der Goltz ganz im Sinne der Moltkeschen Kriegslehren, „daß der Krieg der Politik unter allen Umständen mit völliger Niederlage des Feindes dient. Durch Beachtung dieses Grundsatzes wird nicht nur der Politik die meiste Freiheit, sondern zugleich dem Gebrauch der Kräfte im Kriege der weiteste Spielraum verschafft"[8]).

Die logische Geschlossenheit des Gedankenganges ist absolut zwingend — aber nur unter drei Voraussetzungen: nämlich erstens, daß es keine natürliche Grenze des kriegerischen Kräfteeinsatzes gibt, deren Überschreitung selbst den militärischen Totalsieg praktisch sinnlos macht; zweitens, daß die völlige Niederwerfung und Wehrlosmachung des Gegners unter allen Umständen ein auch politisch wünschenswerter Kriegserfolg ist; drittens, daß politische und militärische Probleme sich überhaupt reinlich voneinander scheiden lassen. Alle drei Voraussetzungen hielt Moltke ohne weiteres für gegeben — ob mit Recht und ob mit mehr als zeitbedingter Gültigkeit, wäre erst noch zu fragen.

Unzweifelhaft hatte die Zeit sich gewandelt. Die Kabinette des 18. Jahrhunderts hatten aus dem Grund noch nicht unbedingt auf der völligen Wehrlosmachung des Gegners bestanden, weil ihre Kriegsziele noch ebenso begrenzt waren wie ihre Kriegsmittel und weil die Kosten des Einsatzes keinesfalls den höchstmöglichen Gewinn übersteigen sollten. Eine solche beschränkte Kriegspolitik hatte auch Clausewitz noch für möglich gehalten, wenn er auch schon geneigt war (s. S. 86), ihr den Makel menschlicher Unzulänglichkeit, Beschränktheit und Schwäche anzuhängen. Im Zeitalter der modernen Nationalkriege schien sie praktisch ausgeschlossen. Am klarsten hat das wieder (ganz im Geist der Moltkeschule) Colmar von der Goltz auseinandergesetzt. Der Krieg, meint er, hat sich der Einwirkung der Politik nicht entzogen; aber deren Einfluß vereinfacht sich gegen früher. Koalitionskriege, zu denen jeder Teilnehmer nur einen genau begrenzten Einsatz beisteuert, sind in Europa kaum noch denkbar[9]). Feldzüge mit beschränktem Einsatz wie den Deutsch-Dänischen von 1864 rechnen wir nur noch als militärische Exekution. Das Grundgesetz moderner Kriegführung dagegen kann man nur noch an den großen Nationalkriegen ablesen. „Geraten zwei europäische Mächte ersten Ranges aneinander, so wird stets ihre ganze organisierte Wehrkraft von Hause aus für die Entscheidung eingesetzt. Alle politischen Erwägungen, welche sich an die laue Halbheit von Bundesgenossen knüpften, fallen damit fort." Vor allem können mit den modernen Volksheeren Kriege nur noch um wirklich großer politischer Interessen willen begonnen werden; wo der äußere Anlaß zur Kriegserklärung nur ein geringfügiger ist, bildet er „nur den Vorwand für den politischen Haß, welcher aus einer lange andauernden Reibung entstand. Wir nähern uns in gewissem Sinn einem ursprünglichen Naturzustand, wo Kriege benachbarter Völker bloß aus Feindschaft hervorgehen können. Aber es besteht der Unterschied, daß die Feindschaft keine rein instinktive mehr ist, sondern dem Zusammenstoß idealer Interessen entspringt, zu dem Macht und Ansehen in ganz besonderer Weise gehören"[10]). Jedenfalls: die Kriegführung der neuen Zeit wird nicht von nüchternen Berechnungen des politischen Vorteils, sondern vom Haß der Völker angetrieben, und der Kampfeinsatz wird immer großartiger. „Bei der großen Wucht der kriegerischen Ereignisse unserer Zeit wird, sobald die Kanonen donnern, die Politik mehr als früher in den Hintergrund treten ... Jetzt steht von Hause aus *alles* auf dem Spiel, und das kriegerische Los muß vorerst fallen, wie es vom Geschick beschlossen ist."

Mit anderen Worten: der moderne Nationalkrieg, befreit von den Fesseln der Rücksichtnahme auf laue Bundesgenossen, kennt grundsätzlich weder eine Begrenzung der Kriegsziele noch der Kriegsmittel. Es geht darin immer um „Leben und Tod". Da gibt es keine „politischen" Rücksichten — weder ein berechtigtes Schonungsbedürfnis der eigenen oder der feindlichen Kräfte, noch eine Gefährdung des militärischen Enderfolges durch voreilige Triumphwünsche der Politik. Militärisch von Belang ist höchstens die Rücksicht auf die Haltung dritter Mächte — weil deren Eingriff das materielle Machtverhältnis verschieben würde. Erwägungen, die dem Bereich der Friedensordnung angehören, haben im Bereich des Machtkampfes nichts zu suchen, ehe dieser nicht eindeutig entschieden ist.

Aber wann tritt eine solche Entscheidung ein? Der Krieg von 1866, der Moltke und seiner Schule wohl immer als Idealfall vor Augen geschwebt hat, führte schon nach vierzehn Tagen zu einer wirklichen Entscheidungsschlacht, nach deren Verlust der Kampfwille der Wiener Regierung sehr rasch zusammenbrach. Aber das geschah nicht etwa deshalb, weil bereits die letzte Kraft der Donauländer erschöpft gewesen wäre! Die Wiener Regierung hatte sie nicht einmal aufgeboten; sie hatte weder die Möglichkeit noch den ernstlichen Willen, um des beschränkten Kampfziels, der Erhaltung ihrer deutschen Machtstellung willen, den letzten und höchsten Einsatz zu wagen. Vielmehr eilte sie, durch einen rechtzeitigen Friedensschluß womöglich

den äußeren Bestand ihres Länderbesitzes zu retten[11]). So hat Moltke selbst
— mit Recht — diesen „Bruderkrieg" von 1866 als bloßen Kabinettskrieg
empfunden und in Gegensatz zu dem „Existenzkampf" moderner Nationalkriege gestellt[12]). Aber gibt es auch im „Existenzkampf" großer Nationen
noch wirkliche „Entscheidungsschlachten"[13])? Schon die Erfahrungen des
Krieges von 1870/71 haben den deutschen Generalstab in dieser Hinsicht
schwer enttäuscht. Auch nach Sedan war die Widerstandskraft der französischen Nation noch lange nicht erschöpft. Der Erste und Zweite Weltkrieg haben unseren Erfahrungsschatz seitdem noch wesentlich bereichert.
Wenn es wirklich um die „Existenz" ganzer Völker — und nicht bloß ihrer
Regierungen oder Staatsformen — geht, dann kann es theoretisch nicht eher
eine „Entscheidung" und damit ein Ende des Krieges geben, als bis auch
die letzte Widerstandskraft einer der beiden Nationen restlos erschöpft ist.
Das kann bei sehr großer materieller Überlegenheit der einen Partei sehr
schnell der Fall sein. Wie aber, wenn es sich um zwei annähernd gleichstarke
Gegner handelt oder wenn der Schwächere von ihnen sich durch mächtige
Bundesgenossen zu verstärken vermag? Dann wird die Entscheidung sich
um so länger hinausziehen, je besser es auf beiden Seiten gelingt, die seelischen
Energien und wirtschaftlichen Kräfte der Völker für den Krieg zu mobilisieren, sie von der absoluten Lebensnotwendigkeit seines Durchhaltens um
jeden Preis, auch um den einer weitgehenden Vernichtung ihrer wirtschaftlichen und menschlichen Substanz, zu überzeugen, oder auch: sie durch organisierten Terror zum Einsatz der letzten Kraft und der höchsten Menschen-
opfer zu bringen. Die technischen Möglichkeiten einer solchen „Totalisierung"
des Krieges haben sich seit den Tagen Moltkes ganz gewaltig gesteigert. Das
„Kriegspotential" der europäischen Großvölker ist ins Unermeßliche gewachsen: die Zahl der militärisch erfaßbaren Menschenmassen, die Technik ihrer
Militarisierung, die Leistungsfähigkeit der Rüstungsbetriebe, die Masse und
zerstörerische Wirkung der modernen Waffen und Kriegsmaschinen. Die
Folge ist eine so ungeheuerliche Ansammlung von Kräftereserven, daß schon
die einzelnen Schlachten wochen-, ja monatelang genährt werden können und
daß schließlich keine Niederlage und Vernichtung noch so großer Armeen
im Felde mehr genügt, um den Kampfwillen des Besiegten auf einmal zu
brechen. Es bedarf eines vieljährigen, bis zur Vernichtung größter Kultur-
werte gesteigerten Ringens und Würgens, um den „Existenzkampf" von
Hundertmillionen-Völkern „rein militärisch" zu entscheiden — sofern die
politische Erwägung, die Frage nach dem Verhältnis von Gewinn und Opfer,

nach dem, was auf die Kampfepoche folgen soll, grundsätzlich ausgeschlossen bleibt, in der Meinung, das kriegerische Los müsse „vorerst fallen, wie es vom Geschick beschlossen ist". Die „Eigengesetzlichkeit" des Krieges, der Zwang des Technischen wächst in solchen Fällen weit über alles menschliche Planen und Wollen hinaus. Mit anderen Worten: das Verhältnis von Politik und Kriegführung kehrt sich um. Der Krieg wird aus einem Werkzeug zum Diktator der Politik.

Damit aber entsteht die sehr ernste Gefahr (wie schon die Erfahrungen des Ersten Weltkrieges handgreiflich zeigten), daß nicht mehr die Vernunft, sondern die blinde Leidenschaft regiert, das heißt, daß überhaupt nicht mehr gefragt wird, ob irgendein Sieg noch das Übermaß von Opfern lohnen könne, das seine Erringung erfordert; ob der Diktatfriede, auf den jeder „totale" Krieg seiner Natur nach hinstrebt, überhaupt imstande sei, eine dauerhafte Friedensordnung zu begründen. Offenbar ist er es nur dann, wenn die besiegte Nation dazu gebracht werden kann, ihre militärische Unterlegenheit als unabänderliches „Schicksal" hinzunehmen — unabänderlich zum mindesten für einige Menschenalter. Aber wird das in allen Fällen sich erzwingen lassen? Die Erfahrungen, die Europa seit 1815 in dieser Hinsicht gesammelt hat (mit dem besiegten Frankreich wie mit dem zusammengebrochenen Deutschland), sprechen eindeutig dagegen. Noch keine Siegerkoalition hat sich bisher imstande gezeigt, eine besiegte Nation dauernd niederzuhalten; schon die innere Festigkeit solcher Mächtegruppierungen reicht dazu nicht hin.

Wenn dem aber so ist, dann wird es höchst zweifelhaft, ob eine totale Niederwerfung des Kriegsgegners wirklich unter allen Umständen ein politisch wünschenswertes Kriegsziel ist. Bismarck war nicht der Meinung. Er hat es immer als seine Aufgabe betrachtet, die Kriegsgegner möglichst rasch wieder zu versöhnen und damit eine möglichst dauerhafte Friedensordnung zu begründen[14]). Nicht nur Österreich, sondern auch Frankreich gegenüber behielt er dieses Ziel schon während des Krieges beständig im Auge — das war der weitaus wichtigste Grund (wie sich noch zeigen wird) für seine Zusammenstöße mit dem Generalstabschef. Eben deshalb widerstrebte er auch dem Gedanken eines Diktatfriedens und hielt es für eine Utopie, ein Vierzigmillionenvolk ein für allemal militärisch „unschädlich" zu machen. Von grober Vergewaltigung fremder Lebensrechte hielt ihn vor allem sein immer waches Verantwortungsbewußtsein als europäischer Staatsmann zurück; er hätte es niemals auf sein Gewissen genommen, ganz Europa gegen

sich und das deutsche Volk herauszufordern[15]). Denn wenn er auch weit entfernt davon war, die praktische Wirkung des europäischen Gemeinschafts-
bewußtseins auf die Politik der modernen nationalen Großmächte zu überschätzen, so lebte er dennoch ganz in den Traditionen europäischer Diplomatie[16]). Er konnte spotten über eine Politik der Ohnmacht, die sich im
kritischen Moment auf Europa verließ statt auf die eigene Kraft oder die
das Schlagwort „Europa" zur Tarnung selbstsüchtiger Zwecke mißbrauchte[17]).
Aber er war sich immer bewußt, daß gerade Deutschland, das Land der Mitte,
keinen Schritt auswärtiger Politik tun dürfe, ohne seine Wirkung auf die
europäische Gesamtlage im voraus zu erwägen; eben deshalb erklärte er es
für das „ideale Ziel" deutscher Außenpolitik seit 1871, sich das Vertrauen
der großen Mächte durch friedliebende, gerechte und versöhnliche Haltung
zu erwerben. Deutschlands Mittellage zwang ihm nach seiner Ansicht eine
grundsätzlich friedliebende Haltung geradezu auf, seit das Ziel der nationalen Einigung einmal erreicht war, und keine Sorge quälte ihn nach seinem
Abgang mehr als die, daß Ungeduld, Eitelkeit oder nationale Empfindlich-
keit aus diesem Kurs herausdrängen könnten. Er selbst habe keinen seiner
Kriege begonnen, rief er seinen Nachfolgern in dem Erinnerungswerk mah-
nend zu[18]), ohne sorgsamste Überlegung, ob es auch einen Kampfpreis gab,
der die ungeheuren Opfer des modernen Volkskrieges wert war. „Internationale Streitigkeiten, die nur durch den Volkskrieg erledigt werden können, habe ich niemals aus dem Gesichtspunkte des Göttinger Komments und
der Privatmensurenehre aufgefaßt, sondern stets nur in Abwägung ihrer
Rückwirkung auf den Anspruch des deutschen Volkes, in Gleichberechtigung
mit den anderen großen Mächten Europas ein autonomes politisches Leben
zu führen."

Eine so strenge Begrenzung des Kriegszieles gestattet keine Eigengesetzlichkeit „rein militärischer" Kriegsleitung. „Aufgabe der Heeresleitung",
schreibt Bismarck, „ist die Vernichtung der feindlichen Streitkräfte, Zweck
des Krieges die Erkämpfung des Friedens unter Bedingungen, welche der von
dem Staat verfolgten Politik entsprechen. Die Feststellung und Begrenzung
der Ziele, welche durch den Krieg erreicht werden sollen, die Beratung des
Monarchen in Betreff derselben ist und bleibt während des Krieges wie vor
demselben eine politische Aufgabe, und die Art ihrer Lösung kann nicht ohne
Einfluß auf die Art der Kriegführung sein. Die Wege und Mittel der letzteren werden immer davon abhängig sein, ob man das schließlich gewonnene
Resultat oder mehr oder weniger hat erreichen wollen, ob man Landabtre-

tungen fordern oder auf solche verzichten, ob man Pfandbesitz und auf wie lange gewinnen will." Dazu kommt die beständige Rücksicht auf die Haltung dritter Mächte, ihre Neigung zur Einmischung, ihre voraussichtliche Haltung auf internationalen Konferenzen, auf die Gefahr der Entstehung weiterer Kriege, schließlich und vor allem die schwierige Aufgabe zu beurteilen, „wann der richtige Moment eingetreten sei, den Übergang vom Kriege zum Frieden einzuleiten". Das alles sind Dinge, die nicht nach einseitig militärischen Gesichtspunkten entschieden werden dürfen und zu deren Beurteilung „Kenntnisse der europäischen Lage erforderlich sind, welche dem Militär nicht geläufig zu sein brauchen, Informationen, die ihm nicht zugänglich sein können[19])".

Mit anderen Worten: es ist praktisch unmöglich, die von Moltke geforderte reinliche Scheidung zwischen politischen und militärischen Problemen überhaupt durchzuführen; das eine geht fortwährend in das andere über, und so ist nicht strenge Absonderung, sondern eine beständige „Wechselwirkung zwischen Diplomatie und Strategie in Beratung des Monarchen" erforderlich. Denn so gut wie der Heerführer die politischen Absichten der obersten Kriegsleitung kennen muß, so sehr bedarf diese der genauen und fortlaufenden Informationen über die militärische Lage und über die Absichten der strategischen Führung. Mehr noch: die Entscheidung über das politisch Wünschenswerte oder Notwendige „fordert einen vollberechtigten Einfluß auf die Richtung, die Art, den Umfang der Kriegführung" des Strategen. Denn das militärisch Erwünschte kann (wie Bismarck an der Hypothese eines siegreichen Feldzuges gegen Rußland mit nachfolgender Neuaufteilung russischen Gebietes erläutert), immer nur einen Teil der politischen Erwägungen bilden.

Damit ist auch die dritte der Voraussetzungen, auf denen Moltkes Ansicht vom richtigen Verhältnis von Politik und Kriegführung beruhte (vergleiche oben Seite 250) als unhaltbar erwiesen. Im Grunde besaß er selber diese Einsicht; mehr als einmal hat er sich in seinen Denkschriften auf die untrennbare Zusammengehörigkeit von Politik und Strategie berufen: „Die Trennung der Politik von strategischen Erwägungen ist ganz unmöglich." In letzter Instanz läßt sich das militärische Gebiet vom politischen nicht mehr trennen[20]). Aber so schrieb er, wenn es ihm darauf ankam, das Einflechten rein politischer Erwägungen in seine Aufmarschpläne oder die Erweiterung militärischer Abreden mit dem österreichischen Generalstab durch politische zu rechtfertigen; die logische Konsequenz aus solchen Sätzen zu ziehen, daß also auch der Politik die Einmischung in das militärische Gebiet erlaubt sein müsse, fiel ihm nicht ein. Die innere Widersprüchlichkeit dieser Haltung ist ihm sicherlich niemals bewußt geworden; uns aber bestätigt sie die Einsicht: daß es sich bei der Lehre von der angeblichen „Eigengesetzlichkeit" des Militärischen um eine lebensfremde Doktrin, um eine künstliche Zerreißung von Lebenszusammenhängen, zum mindesten um eine gewaltsame Übertreibung wirklich vorhandener Gegensätzlichkeiten handelt. Es gibt natürlich im Kriege, wie überall im Leben, eine gewisse Zwangsläufigkeit des Technischen, die niemand ungestraft mißachtet. Sie wird hier als besonders dringlich empfunden (und das war Moltkes berechtigtes Anliegen), weil jeder technische Mißgriff nicht nur unzählige Menschenleben aufs Spiel setzt, sondern — bei der Unwiederholbarkeit fast aller militärischen Situationen — den endgültigen Mißerfolg großer Operationen, unter Umständen des ganzen kriegerischen Unternehmens, das heißt aber die Niederlage zur Folge haben kann. Eine vernünftige politische Kriegsleitung wird auf diese Zwangsläufigkeiten die gebührende Rücksicht zu nehmen und das Urteil der militärischen Fachleute entsprechend ernsthaft zu werten haben. Aber das bedeutet noch lange nicht, daß sie von diesem Urteil, solange die kriegerischen Operationen andauern, einfach abhängig wäre, oder gar, daß die Strategie „im Handeln völlig unabhängig von der Politik" arbeiten dürfte, immer nur auf das höchste Ziel totaler Feindvernichtung ausgerichtet, wie Moltke meinte. Der Gefahr, daß politische Rücksichten den militärischen Erfolg verhindern, steht die andere, nicht minder große gegenüber: daß der verantwortliche Staatsmann zum Sklaven der Kriegstechnik, die Technik selbstherrlich, stärker als der Mensch, daß der militärische Totalerfolg gewissermaßen Selbstzweck wird. Ziel einer wahren Staatskunst muß es vielmehr sein und bleiben, trotz aller Verstrickung in technische Zwangsläufigkeiten sich souverän zu behaupten: neben den Kriegsbedürfnissen auch das Ziel einer gesunden, friedlichen Dauerordnung der Zukunft unverrückt im Auge zu behalten und sich zu keiner Maßnahme drängen zu lassen, die den Weg dahin endgültig verbaut. Das bedeutet kein leichtfertiges Sichhinwegsetzen über die Zwangsläufigkeiten der militärischen Technik; aber es bedeutet allerdings unter Umständen ein Hinwegschreiten über den Widerspruch militärischer Fachleute, sofern diese in bloß technischen Gedankengängen befangen sind.

Aber wie ungeheuer schwierig ist es, eine solche souveräne Haltung praktisch zu behaupten! Das hat uns nicht erst der Weltkrieg von 1914—18 gelehrt, sondern das zeigt schon die Geschichte Bismarcks. Seine Konflikte

mit Moltke sind gerade darum so lehrreich, weil hier die persönliche Rivalität
fast ganz hinter den sachlichen Meinungsverschiedenheiten zurücktritt. Im
Gegensatz zu früheren und späteren Konfliktsfällen war diesmal der Staatsmann dem Feldherrn an Wucht der Persönlichkeit, an kämpferischer Leidenschaft und rücksichtsloser Energie unzweifelhaft überlegen; es ist nicht auszudenken, welche Katastrophe erfolgt wäre, hätte neben dem Herrenmenschen Bismarck ein Soldat von ebenso rücksichtslosem Machtwillen gestanden! Dennoch konnte Bismarck seine eigenen Absichten in der Kriegführung von 1870 und dem Friedensschluß von 1871 nur sehr unvollkommen
und nur teilweise verwirklichen — sofern diese auf eine möglichst rasche
Beendigung des Krieges und weitgehende Schonung des unterlegenen Gegners
hinausliefen, mit dem Ziel: die außenpolitische Belastung des neudeutschen
Reiches durch französische Revanchebedürfnisse so gering wie nur möglich
zu halten. Was der Staatsmann vorbringen kann, um eine solche „mäßigende"
Einwirkung der Politik auf die Kriegführung zu begründen, sind der Natur
der Sache nach immer nur unsichere Erwägungen politischer Psychologie,
Vermutungen über die Wirkung bestimmter politischer Ereignisse auf das
Ausland, während der Soldat mit festgegebenen Größen, greifbaren materiellen Machtfaktoren zu rechnen hat. So gerät der Politiker, wie Bismarck
bitter empfand, allzu leicht in die Rolle des „Questenberg" in Wallensteins
Feldlager, und gerade im preußischen Generalstab war die Vorstellung, daß
die Feder des Diplomaten jedesmal verderbe, was das Schwert des Soldaten
gewonnen habe, längst zur festen Tradition erstarrt[21]). Moltke fand sie
neubestätigt durch die bösen Erfahrungen, die Dänemark im Kriege von
1864 und Frankreich in den entscheidenden Augustwochen von 1870 mit der
Einmischung politischer Instanzen in die Strategie gemacht hatten[22]) — daß
es sich hier um groben politischen Dilettantismus handelt, und daß man
(wie schon Clausewitz wußte[23]), zwischen guter und schlechter Politik zu
unterscheiden hat, die Fehler der schlechten aber nicht ohne weiteres ver-
allgemeinern darf, scheint ihm nicht in den Sinn gekommen zu sein. Wie ein
Schreckgespenst stand ihm immer das Bild ebenso endloser wie nutzloser
Verhandlungen von „Kriegsräten" alter und neuer Zeit vor Augen, in denen
man keinen klaren Entschluß findet, weil keiner die eigentliche Verantwortung trägt, und sehr mit Recht betont er die Notwendigkeit einheitlich-klarer
Befehlsverhältnisse im Kriege, in denen alles auf raschen und festen Entschluß
ankommt[24]). War diese einheitliche und rasche Befehlsgebung aber nicht aufs
schwerste gefährdet, wenn die politische Kriegsleitung in alle militärischen

Entschließungen hineinreden durfte — vollends ein parlamentarisch verantwortlicher Minister, der jeden Augenblick auf die verantwortungslose
öffentliche Meinung des Landes Rücksicht zu nehmen hatte? Und war es
nicht ein besonderer Vorzug preußischer Staats- und Heeresverfassung, daß
sie die oberste Kommandogewalt nicht einem parlamentarischen Kriegsminister, sondern einem formell unverantwortlichen, das heißt nur „vor
Gott und seinem Gewissen" verantwortlichen Monarchen zuwies?

Man sieht: auch Moltke hatte sehr gewichtige Argumente für seine Sache
vorzubringen, und es wäre ungerecht, wollte man mit Bismarck sein Widerstreben gegen die Teilnahme des Kanzlers am Militärvortrag ausschließlich
aus militärischer Ressorteifersucht und Geheimnistuerei der „Halbgötter"
des Hauptquartiers erklären. Ganz ohne sachlichen Grund wird seine Befürchtung nutzloser Debatten mit einem Nichtmilitär über operative Fragen
schwerlich gewesen sein[25]). Wir werden später noch sehen, daß Bismarck
durch ungerechte und voreilige Kritik an Moltkes Operationsplänen, durch
offenbare Verkennung militärischer Zwangsläufigkeiten eine sachliche Aussprache mit dem Generalstabschef zeitweise sehr erschwert, ja fast unmöglich gemacht hat (unten Abschnitt III). Aber das ändert nichts an der sachlichen Notwendigkeit gemeinschaftlicher Feststellung der Feldzugspläne im
Großen durch Staatsmann und Feldherrn. Grundsätzlich verlangte ja Bismarck auch nicht mehr. Er wünschte nicht etwa in Details der operativen
Entschlüsse hineinzureden, sondern begnügte sich mit der Forderung, nur
bei solchen militärischen Vorträgen zugezogen zu werden, die politische
Fragen berührten und beeinflußten, vor allem also bei den großen, grundlegenden Entscheidungen; darüber hinaus forderte er nur das Recht, je nach
Bedürfnis der politischen Lage sich militärische Informationen geben zu
lassen[26]). Wenn der Generalstab sich dagegen mit solcher Hartnäckigkeit
sträubte (Moltkes Mitarbeiter offenbar noch mehr als dieser selbst), so sicherte
er damit durchaus nicht eine einheitliche Kriegsleitung, sondern schuf im
Gegenteil innere Spannungen, die zeitweise zu einem vollen Dualismus, einem
völligen Auseinanderfall militärischer und politischer Leitung zu führen
drohten. Schwerlich wäre Bismarcks militärische Kritik so ungerecht ausgefallen, wäre er besser informiert gewesen. Man hat diese Gefahr im
Generalstab nicht ganz übersehen, auch wohl das Berechtigte des bismarckischen Anspruchs gelegentlich anerkannt[27]). Aber man fürchtete das persönliche Übergewicht, die rücksichtslose Energie und den Machtdrang des Kanzlers, der praktisch keine Ressortgrenze respektieren und bei gemeinsamem

Immediatvortrag wohl zumeist seinen Willen gegen den des zurückhaltend-ritterlichen Generalstabschefs durchsetzen würde. So pochte dieser auf sein Immediatverhältnis und verlangte volle Gleichberechtigung neben dem Kanzler und Ministerpräsidenten als politischem Berater der Krone[28])

Nach alledem erklärt sich das Spannungsverhältnis zwischen Bismarck und Moltke zum Teil aus der Besonderheit der beiden Persönlichkeiten, zum Teil aber auch aus der Eigenart des monarchisch-konstitutionellen Systems. Wir kennen bereits die Sonderstellung der Armee im königlichen Preußen; in den Konfliktsjahren war sie erst recht verschärft worden. Bismarck, der sein Ministerpräsidium ausdrücklich mit dem Auftrag übernommen hatte, die unbeschränkte „königliche Kommandogewalt" und das Immediatverhältnis der Armee zum Thron zu verteidigen, hat niemals daran denken dürfen, sich selbst in irgendeinem Sinn als übergeordnete politische Instanz im Verhältnis der Armee zu betrachten — etwa so, wie es der Staatskanzler Hardenberg nach den Reformen von 1808—14 tun durfte (vergleiche oben Kap. VII). Hier war, wenn irgendwo, die Grenze seiner Macht ganz scharf gezogen, und wie vorsichtig er vermeiden mußte, Empfindlichkeiten der „Militärs" gegen Machtansprüche des „Zivilministers" aufzuregen, merkt man noch deutlich genug an dem gedämpften Ton und der sorgsam überlegten, vielfach durchkorrigierten Form seiner Immediatbeschwerden über den Generalstab im Winter 1870/71[29]). Ohne Zweifel hat denn auch das Bewußtsein, an dieser Stelle gewissermaßen an eine Gefahrenzone zu rühren und während der Kriegsdauer in seinem sonst allmächtigen Vertrauensverhältnis zum König noch einen Rivalen dulden zu müssen — einen Rivalen, der in den eigentlichen Entscheidungstagen und -wochen den unbestrittenen Vorrang besaß und eifrig darauf bedacht war, eine undurchdringliche Atmosphäre vertraulicher „Militärvorträge" zu schaffen — dieses Bewußtsein hat ihn mehr als irgend etwas anderes gereizt und verstimmt. Dann konnte er wohl einmal im Kreise seiner Vertrauten stöhnen: „Wenn ich doch nur einmal die Gewalt hätte, zu sagen: so wird es und so nicht! — daß man sich nicht mit warum und darum abzuquälen, zu beweisen und zu betteln hätte bei den einfachsten Dingen! Das ging doch viel rascher bei Leuten wie Friedrich dem Großen, die selber Militärs waren und zugleich etwas vom Gang der Verwaltung verstanden und ihre eigenen Minister waren. Auch mit Napoleon. Aber hier, dieses ewige Reden- und Betteln-müssen!"[30]) Auf der anderen Seite fühlte sich Moltke, ohne eigentlich persönlichen Machtdrang, dienstlich verpflichtet, die Belange der Armee gegen

den „Zivilisten" zu verfechten, ihr Immediatverhältnis zum Thron mit pein-
licher Gewissenhaftigkeit zu wahren, auch jeden Schein einer Unterordnung
unter die politische Instanz zu vermeiden — nicht ohne Pedanterie[31]), aber
zuletzt doch nur als Vertreter und Träger altpreußischer Militärtradition,
so wie man sie seit 1848 in der Armee verstand; er war jetzt gewissermaßen
an die Stelle gerückt, an der 1860/61 die Roon, Manteuffel und Alvensleben
als Sprecher der Armee gestanden hatten[32]).

Man kann es nach alledem als eine unvermeidliche Folge der preußischen
Staats- und Heeresverfassung betrachten, daß aus dem Dualismus von zwei
einander gleichberechtigten obersten Beratern der Krone ein Machtkampf
wurde. Wieder erkennen wir die Nachwirkung des friderizianischen Vorbildes: theoretisch war die Einheit der Kriegführung dadurch voll gesichert,
daß der Roi-connétable beide Funktionen, die politische und die militärische,
in sich vereinigte, seine Berater nur als Werkzeuge selbstherrlicher (und
zuletzt von einer unbeirrbaren raison d'état bestimmter) Entschlüsse be-
nützte. Wie aber, wenn dem Herrscher dazu die überlegene Klarheit selbständiger politisch-militärischer Einsicht und die Festigkeit und Härte des
politischen Willens fehlte, ohne die große Entscheidungen nun einmal nicht
zu treffen sind? Dann entstand jenes gefährliche Vakuum an der entscheidenden Stelle, dessen katastrophale Auswirkung wir im Ersten Weltkrieg erlebt
haben: die Kriegsleitung fiel dann gänzlich auseinander. Auch Wilhelm I.
war kein Friedrich der Große. Wurden ihm zwei verschiedenartige, wohl gar
entgegengesetzte Entwürfe vorgelegt, so war es ihm fast unmöglich, ohne
mündliche Beratung durch einen Dritten (etwa den Generaladjutanten) sich
zu entscheiden[33]). Aber wenigstens war er gewissenhaft im Durchdenken aller
vorgetragenen Argumente, von lauterem Streben nach Gerechtigkeit erfüllt,
eifrig bemüht um Ausgleich der menschlichen Gegensätze und vor allem
(trotz mancher eigensinnig festgehaltenen Lieblingsideen) ganz frei von Über-
heblichkeit, also bereit, sich von einem Stärkeren führen zu lassen. Wer aber
die rücksichtslosere Energie, die größere Aktivität unter den beiden Haupt-
beratern der Krone besaß, daran konnte kein Zweifel sein. Im Gegensatz
zum Ersten Weltkrieg war es nicht die militärische, sondern die politische
Instanz, die zuletzt in allen großen Entscheidungen den Sieg davontrug.
Tatsächlich wurde so — wenn auch vielfach erst nach langen Schwankungen
und bitterem Streit — die Einheitlichkeit der Kriegführung gesichert. Aufs
große gesehen, sind die Reibungen zwischen Bismarck und Moltke doch ohne
verhängnisvolle Folgen geblieben.

Dazu trug nicht wenig bei, daß über alle Gegensätze hinweg doch auch wieder starke Gemeinsamkeiten des Denkens und Empfindens die beiden Männer verbanden. Bismarck trug, von Hause aus eigentlich viel stärker als Moltke in altpreußischer Tradition verwurzelt, sehr viel Bereitschaft in sich, militärischen Gedankengängen sich anzupassen und militärische Leistungen anzuerkennen[34]). Er konnte auch wohl von seiner angeborenen „Militärfrömmigkeit" sprechen, die erst durch die Erlebnisse von 1870/71 erschüttert worden sei. „In meiner Brust", äußerte er einmal übertreibend, „trage ich das Herz eines preußischen Offiziers — und das ist das Beste in mir." Auf der anderen Seite war Moltke nicht nur frei von jedem Bedürfnis, persönlich eine politische Rolle zu spielen, sondern überragte auch seiner historisch-politischen Bildung nach weit den soldatischen Durchschnittstypus. Er stand geistig viel zu hoch, um nicht die politische Genialität seines Gegenspielers auch da anzuerkennen, wo er persönlich anders dachte. Eben deshalb war er imstande, nicht bloß die Ressortgrenzen des Militärfachs auf das Korrekteste zu achten, sondern auch innerlich mitzugehen, wo der Erfolg die Meisterschaft Bismarcks bestätigte, und seine eigenen politischen Ansichten den von ihm geschaffenen Tatsachen bereitwillig anzupassen. So haben ihn seine ursprünglich weit mehr großdeutschen als borussischen Ideale nicht gehindert, die Auseinandersetzung von 1866 und Bismarcks großpreußisch-kleindeutsche Lösung der Einigungsfrage auch innerlich voll zu bejahen; ebenso hat er darauf verzichtet, seine eigenen Wünsche beim Waffenstillstand und Friedensschluß mit Frankreich in hartnäckiger Opposition durchzukämpfen, obwohl hier auch unmittelbar militärische Interessen berührt wurden; wichtiger noch: er hat niemals versucht, die von ihm grundsätzlich vertretene Politik der Präventivkriege gegen die Friedenspolitik des Kanzlers durchzusetzen, obwohl seine Haltung in dieser Frage mit seinen politischen Überzeugungen auf das engste zusammenhing.

Wir berühren damit einen Punkt von höchster allgemeiner, nicht bloß biographischer Bedeutsamkeit. Denn hinter dem Problem des Präventivkrieges verbirgt sich eine Gegensätzlichkeit historisch-politischer Gesamtanschauung, die bis in unsere Tage fortgedauert hat, und die Auffassung, die Moltke vertrat, hat nicht nur (wie sein ganzes Lebenswerk) Schule gemacht in weiten Kreisen des deutschen Offizierkorps, sondern ist weithin als Gemeingut der neudeutschen Bildungswelt zu betrachten. Man kann sie nur aus dem Zusammenhang der historisch-politischen Vorstellungen begreifen, die seit langem der deutschen Nationalbewegung eigentümlich waren. Alles historische Verständnis der Wandlungen im Verhältnis von Staatskunst und Kriegstechnik seit den Tagen Bismarcks und Moltkes hängt an diesem Punkt: an dem Durchdringen einer rein kämpferischen Auffassung der Politik.

Dritter Abschnitt

Politische Haltung Moltkes: Der Krieg als Schicksal

Die deutsche Bildungswelt war erst durch das erschütternde Erlebnis der Katastrophe von Jena, durch den Totalverlust deutscher Freiheit, zur Besinnung auf die Lebensansprüche unserer Nation geführt worden. Mit einem Aufstand gegen fremde Tyrannei, mit den Freiheitskriegen, hatte die deutsche Nationalbewegung begonnen; und in bewußter Opposition gegen das Staatsdenken des westeuropäischen Rationalismus hatten sich die Anfänge einer national-deutschen Staatsphilosophie von Herder und den Frühromantikern bis zu Hegel entwickelt. Der wichtigste Ertrag dieser Ideenbewegung „Vom Weltbürgertum zum Nationalstaat" war die Entdeckung der nationalen Staatspersönlichkeit, die zwischen dem Einzelnen und der Menschheit steht, alles individuelle Leben zu einer unlösbar festen Gemeinschaft zusammenschließt, und die den eigentlichen Träger der Weltgeschichte bildet. Statt eines kahl-abstrakten „Staatsvertrags", der alle Staatsbildung nach überall gleichen Wesensnormen bewirkt haben sollte, sah man jetzt eine Fülle individuell gearteter politischer Gemeinschaftsbildungen vor sich, jede von ihnen bestimmt durch einmalige, unwiederholbare nationale Erbanlagen (sogenannte Volksgeister), durch geschichtliche Schicksale und äußere Gegebenheiten. Das schwelgerische Entzücken der deutschen Romantik im Anblick dieser vielgestaltigen, unendlich formenreichen und lebensvollen Welt klingt noch bei Ranke nach, wenn er von der niemals auszumessenden Fülle der „realgeistigen Wesenheiten", der „moralischen Energien" und „schöpferischen Kräfte" spricht, die er in den Machtkämpfen der großen Nationalstaaten sich entfalten sieht. Aber vom ästhetischen Entzücken schritt die philosophische Weltbetrachtung schon sehr früh zu radikalen politischen Folgerungen fort.

Das deutsche Denken, jahrhundertelang, weit mehr von der kirchlichen als von der politischen Gemeinschaft her bestimmt, hatte sich nur schwer, auf vielen mühsamen Umwegen, zur Welt politischer Macht- und Interessenkämpfe hingefunden. Kirchlich-moralische Traditionen, in der Auf-

klärungszeit säkularisiert zu allgemeinen weltbürgerlichen Humanitäts-
idealen, hatten den friedsamen Deutschen lange den seelischen Zugang zu
dieser Welt versperrt. Aber nachdem der Durchbruch einmal vollzogen war,
die deutsche Bildungswelt im Erlebnis des napoleonischen Empire einmal erfaßt hatte, was der Verlust nationaler Unabhängigkeit und politischer Macht
bedeutet, vollzog sich der Umschlag in den führenden Geistern mit einer
Radikalität, die unseren westlichen Nachbarn von jeher unheimlich gewesen
ist. Wir sind auf diese Geisteswende schon einmal im Zusammenhang unserer
Betrachtungen gestoßen: im politischen Erlebnis des jungen Clausewitz (oben
Kap. III). Sie wiederholt sich fast gleichzeitig in Geistern der verschiedensten
Art und Herkunft. Es handelt sich dabei keineswegs nur um Gefühlsaus-
brüche kampflustigen Fremdenhasses, wie in den überschwänglichen, zuweilen maßlosen Haß- und Kampfgesängen eines Heinrich von Kleist oder
E. M. Arndt, sondern um eine Wendung der Nationalidee selbst ins Kämpferische. Man beobachtet sie besonders rein bei Fichte und Hegel, den Philosophen des neuen deutschen Idealismus. Fichte hatte noch 1800 in seinem
seltsamen Entwurf eines ökonomischen Vernunftstaates, des „geschlossenen
Handelsstaates", von einer Sicherung des Ewigen Friedens geträumt, sobald
erst einmal alle europäischen Nationen ihre „natürlichen Grenzen" erreicht
hätten. Im Unglücksjahr 1807 war dieser Traum endgültig zerronnen. Damals glaubte der Philosoph (ungefähr gleichzeitig mit Clausewitz) zu entdecken, daß in den außenpolitischen Lehren Machiavellis eine tiefe Wahrheit
stecke, die Einsicht nämlich in das Gesetz der Macht: „Wer nicht zunimmt,
der nimmt, wenn andere zunehmen, ab." Wie Gewappnete sah er jetzt mit
einemmal die politisch organisierten Nationen einander gegenüberstehen,
sich gegenseitig belauernd und jederzeit bereit, der eine dem anderen mit
einem Gewaltschritt zuvorzukommen. „Es ist gar nicht hinreichend, daß
du dein eigentliches Territorium verteidigst, sondern auf alles, was auf deine
Lage Einfluß haben kann, behalte unverrückt die Augen offen, dulde durchaus nicht, daß irgend etwas innerhalb dieser Grenzen deines Einflusses zu
deinem Nachteile verändert werde und säume keinen Augenblick, wenn
du darin etwas zu deinem Vorteil verändern kannst; denn sei versichert,
daß der andere dasselbe tun wird, sobald er kann; versäumst du es nun an
deinem Teile, so bleibst du hinter ihm zurück." In dieser Umschreibung
machiavellistischer Grundsätze liegt bereits in nuce eine philosophische Rechtfertigung des Präventivkrieges beschlossen. Ähnlich wie Clausewitz ist
Fichte der Meinung, die Kriegsübung dürfe nicht ausgehen, wenn die Mensch-

heit nicht erschlaffen solle; ja, in seinem Munde nimmt der machiavellistische Gedankengang sogleich eine schroff imperialistische Wendung: „Überdies will jede Nation das ihr eigentümliche Gute so weit verbreiten, als sie irgend kann, und so viel an ihr liegt, das ganze Menschengeschlecht sich einverleiben, zufolge eines von Gott eingepflanzten Triebes, auf welchem die Gemeinschaft der Völker, ihre gegenseitige Reibung aneinander und ihre Fortbildung beruht[1]).“

Diese mit echt fichtescher Gewaltsamkeit herausgeschleuderten Sätze bezeichnen nicht etwa das Ganze seiner Staatsphilosophie. Deren Streben ist eigentlich ganz und gar auf das utopische Ziel der Errichtung eines philosophischen Idealstaates gerichtet; die machtpolitischen Gedankengänge von 1807 erscheinen fast wie ein zeitweiliges Abirren auf fremde Bahnen. Er blieb im Grunde immer der Theologe, Prediger eines „subjektiven Idealismus“, der die irdische Welt zu einer höheren, jenseits der Sinnesschranken gesuchten moralischen Sphäre emporläutern wollte. Aber was seinem moralischen Pathos nur in Selbstübersteigerung, im Überschwang gleichsam möglich war: die pantheistische Verklärung der irdischen Machtkämpfe zu einem Schauspiel sich inkarnierender Weltvernunft, gelang um so besser, und mit tief nachhaltiger Wirkung, der glänzenden Dialektik Hegels.

Auch hier gab das politische Zeiterleben offensichtlich einen bedeutenden Anstoß. Hegels Schrift über die Verfassung Deutschlands (1802) entstand unter dem erschütternden Eindruck der Ohnmacht des alten Reiches gegenüber den Raubanfällen französischer Revolutionsheere. „Daß eine Menge einen Staat bilde, dazu ist ihr notwendig, daß sie eine gemeinsame Wehr- und Staatsgewalt bilde.“ Dieser Grundgedanke einer neuartigen, sehr mannhaften Staatslehre ist nicht aus Bücherlektüre und philosophischem Grübeln allein, sondern aus lebendiger Anschauung politischer Wirklichkeit erwachsen. Aber das war nun überhaupt die einzigartige Gabe des schwäbischen Philosophen: abstrakteste Begrifflichkeit eines streng systematischen Denkens mit ungewöhnlicher Hellsicht im Blick auf die Realitäten zu vereinigen. Das Reich der Wirklichkeit mit dem Reich der Vernunft zu versöhnen, die scheinbar undurchdringliche Wirrnis des geschichtlichen Lebens mit seinen tausend Zufällen als ein Geflecht vernünftiger Zusammenhänge, als einen ewig, wenn auch dialektisch gebrochenen Fortschritt der Idee, als Selbstverwirklichung der göttlichen Vernunft zu erweisen — das war der Grundgedanke seiner Geschichts- und Rechtsphilosophie, in der ein vielhundertjähriges Bemühen abendländischer Metaphysik um rationale Aufhellung des

Weltzusammenhangs gipfelt. In diesem System spielt der Staat als das wichtigste Organ der Weltvernunft und Träger alles höheren geschichtlichen Lebens eine entscheidende Rolle. Er ist die „Wirklichkeit der sittlichen Idee" als Inbegriff aller höheren Gemeinschaftsbildung; da es objektive Sittlichkeit nur in der Gemeinschaft, nicht aber in der Vereinzelung gibt, „hat das Individuum selbst nur Objektivität, Wahrheit und Sittlichkeit, sofern es ein Glied des Staates ist", und das Staatsgesetz ist für das denkende Bewußtsein sittliche Wahrheit. Die Hegelsche Philosophie, ursprünglich aus christlicher und antiker Überlieferung zugleich genährt, hat in ihrer letzten Gestalt einen Höchstgrad von Säkularisation christlicher Weltvorstellungen erreicht: Die religiöse Gemeinschaft ist ihres ehemaligen Ranges als höchste und eigentliche Form der „Verwirklichung der sittlichen Idee" ausdrücklich entkleidet und an die zweite Stelle verwiesen; an die erste Stelle ist die staatliche Gemeinschaft in weitgehender Erneuerung antiker Staatsideale[2]) gerückt. Der Staat „ist göttlicher Wille als gegenwärtiger, sich zu wirklicher Gestalt und Organisation einer Welt entfaltender Geist[3])". Damit entfällt aber auch jede Möglichkeit, sein Handeln nach allgemeinen Rechts- und Moralgrundsätzen zu beurteilen. „Der Staat hat keine höhere Pflicht, als sich selbst zu erhalten", hieß es schon 1802. Als „individuelle Subjekte" stehen die Staaten in souveräner Selbständigkeit einander gegenüber, jeder eine „sittliche Totalität", eine moralische Welt für sich, allein auf das „Recht seiner konkreten Existenz" verpflichtet, ohne irgendeinen anderen Richter über sich als den Weltgeist selbst, dessen Urteil sich in der Weltgeschichte offenbart. Weit erhaben über individuelles Glück, Leid, Verdienst und Schuld hilft die Weltgeschichte immer nur dem jeweils notwendigen Moment in der Selbstentfaltung der Idee zu seinem Recht, kennt jeweils nur *ein* epochemachendes Volk, gegen das alle anderen in absolutem Unrecht sind und benutzt den Krieg als praktisch unentbehrliches Mittel des weltgeschichtlichen Fortschritts. Die sittliche Rechtfertigung des Krieges sieht Hegel darin, daß Macht und Unabhängigkeit des Staates, als der großen Gesamtindividualität, dem Bereich geschichtlicher Notwendigkeit angehört, Leben und Eigentum der einzelnen Staatsbürger nur dem Bereich des Zufälligen, vergleichsweise Nichtigen; daraus folgt von selbst die Pflicht der bedingungslosen Aufopferung von Leben und Besitz des einzelnen für das Staatsganze. Hegel setzt allerdings voraus, daß der Staat dieses Opfer nur im Fall ernstlicher Bedrohung seiner Selbständigkeit in Anspruch nehmen, kleinere Streitigkeiten durch Berufssoldaten ausfechten wird. Aber er will es durchaus dem Ermessen jedes Staates überlassen, welchen Anlaß er als kriegerisch abzuwehrende Verletzung oder Bedrohung seines Rechts und seiner Ehre betrachten will; sein Ehrgefühl wird um so reizbarer sein, je kräftiger er ist und je mehr seine in langer innerer Ruhe aufgestaute Kraft nach außen drängt. „Überdem kann der Staat als Geistiges überhaupt nicht dabei stehenbleiben, bloß die *Wirklichkeit* der Verletzung (seiner Rechte) beachten zu wollen, sondern es kommt die *Vorstellung* von einer solchen als einer von einem anderen Staat drohenden *Gefahr,* mit dem Herauf- und Hinabgehen an größeren oder geringeren Wahrscheinlichkeiten, Vermutung der Absichten und so fort als Ursache von Zwisten hinzu." Der Präventivkrieg erfährt also auch hier seine philosophische Rechtfertigung[4]).

Sie ist keineswegs als Empfehlung einer hemmungslosen Kriegs- und Gewaltpolitik gemeint. Hegel hält ausdrücklich am Ausnahmecharakter des Krieges fest; er setzt als selbstverständlich voraus, daß auch im Kriege ein Band gegenseitiger Anerkennung der Staaten erhalten bleibt, „so daß im Krieg selbst der Krieg als ein Vorübergehensollendes bestimmt ist" und die Möglichkeit des Friedens nicht zerstört wird[5]). Aber freilich hat er durch seine radikale Umkehrung des Verhältnisses zwischen Individuum und staatlicher Gemeinschaft, wonach diese als das absolut Primäre erscheint[6]), allen pazifistischen Erwägungen einen Riegel vorgestoßen. Er ist so weit davon abgerückt, daß er dem Kriege nachrühmen kann, er bewahre die sittliche Gesundheit der Völker, „wie die Bewegung der Winde die See vor der Fäulnis bewahrt, in welche sie eine dauernde Ruhe, wie die Völker ein dauernder oder gar ewiger Friede versetzen würde". Ein Gedanke, der seitdem in zahllosen Variationen wiederholt worden ist![7]) Wie im Machiavelli-Aufsatz Fichtes ist die Außenpolitik ein Zustand dauernden — latenten oder offenen — Kampfes geworden. Von dem Bewußtsein einer staatlich-sittlichen Gemeinschaftsbildung oberhalb der Einzelstaaten, von der Fortdauer uralter Traditionen der Res publica Christiana des Mittelalters, von der Idee einer abendländischen Völkerfamilie, eines europäischen Staatenvereins oder Staatensystems, vom Intérêt general und Gleichgewicht Europas oder auch von einer abendländischen Kulturgemeinschaft ist bei Hegel so gut wie nichts mehr zu spüren[8]). Seine Staatsphilosophie ist der entschiedenste Ausdruck jener Geistesbewegung, die aus den alten Bindungen und Idealen eines europäischen Universalismus zu schroffer Individuation der Staatenwelt hindrängte und die im Kampf gegen das Universalreich Napoleons einen gewaltigen Auftrieb erhielt. An diesem Kampf selber war Hegel indessen in keiner Weise beteiligt; daran hinderte ihn schon die imperialistische Wendung seiner Gedankengänge: seine Lehre vom Weltvolk, der jeweils epochemachenden Staatsnation, neben deren Herrschaftsanspruch alle anderen weltgeschichtlich ohne Bedeutung und ohne echten Geltungsanspruch sind. So hatte ihm Bonaparte auf der Höhe seiner Siege durchaus als Träger des Weltgeistes erscheinen können. Ihm bot die geschichtlich-politische Welt nicht den Anblick eines Nebeneinanders von gleichberechtigten Staatspersönlichkeiten, sondern eines Nacheinanders der um die Weltherrschaft ringenden Nationen, deren Kämpfen um die Macht als ein Prozeß ständiger Höherentwicklung des Geistes gedeutet wurde.

Mit dieser kämpferischen Staats- und Geschichtsphilosophie hat er in erstaunlichem Maße Schule gemacht. Die penetrante Wirkung hegelischer Ideen ist fast in der gesamten historisch-politischen Literatur Deutschlands im 19. Jahrhundert zu verspüren, und zwar so, daß der Strom dieser Nachwirkungen je länger je mehr in die Breite ging, aber auch zunehmend sich verflachte: der innere Zusammenhang des idealistischen Systems ging verloren, die Staatsphilosophie wurde zur „politischen Weltanschauung", die philosophische Idee zum publizistischen Schlagwort[9]). Je mehr die deutsche Nationalbewegung, ernüchtert durch die Erfahrungen der achtundvierziger Revolutionsjahre und belehrt durch die praktischen Erfolge preußischer Machtpolitik unter Bismarck, „realpolitisch" zu werden sich bemühte, um so einseitiger prägten sich in ihr die kämpferischen Züge aus. Um die Jahrhundertmitte schildert Konstantin Rößler, wohl der bedeutendste unter den publizistischen Herolden der „Realpolitik", ganz im Geiste seines Lehrers Hegel die Weltgeschichte als einen Kampf der großen Mächte um die entscheidenden „strategischen Positionen", wobei es darauf ankomme, daß jeweils „ein mächtiges Volk sich der wichtigen Punkte wider den Willen und trotz der vereinigten Anstrengungen der übrigen Welt bemächtigt und sie behauptet"[10]). Die Vielheit der Staaten erschien ihm als ein beständiges Kämpfen um die Macht: „Ohne die Vielheit, ohne den Gegensatz der Staaten würde der Staat gar nicht als die wahre Macht aufgerichtet werden. So aber ist der Staat des Staates stärkster Feind. Um sich selbst zu erhalten, muß er sich als höchste Macht hervorbringen, das heißt seinen Begriff erreichen, und damit die Macht stark sei, muß sie das sittliche Leben entwickeln, denn nur die Sittlichkeit gibt dauernde und wahre Stärke"[11]). Das kämpferische Machtbedürfnis des Staates erscheint also geradezu als entscheidender Antrieb für die sittliche Gestaltung des öffentlichen Lebens. „Mit der Gewalt, mit dem Kampf beginnt der Mensch." „Die erste Form der Idealität, der erste imponierende Eindruck, unter welchem der Mensch dem Menschen erscheint, ist die Stärke, die Macht." „Jede Volksnatur hat das Recht, ja man muß sagen die Pflicht, den Bereich ihrer Macht soweit auszudehnen, als ihre Kraft reicht, das heißt in Wahrheit und auf die Dauer reicht. Von der Sentimentalität, andersgeartete Leute, die ja auch leben wollen, zu schonen, ja an ihnen allerlei vortreffliche Eigenschaften für Gegenwart und Zukunft zu entdecken, um deren willen es schade wäre, sie nicht zu schonen, kann dabei nicht die Rede sein ... Es war eine Ungereimtheit, mit welcher das doktrinenreiche 19. Jahrhundert und das sentimentale 18. die Welt beglückten, daß man alles nationelle Ungeziefer conservieren müsse. Die starken Nationen haben aber den Beruf und die Pflicht, die Welt zu theilen." Zwischen Völkern ist der Maßstab der physisch-geistigen Kraft der allein gerechte. „Es gibt zur Herrschaft nur einen Titel, die Kraft, und für diesen Titel nur einen Erweis, den Krieg. Die Kriegslose sind die Sprüche, welche die Völkerprozesse entscheiden, und diese Sprüche, wenn sie nur alle Instanzen durchlaufen, sind immer gerecht." Nur durch Krieg vollzieht sich der Fortschritt der Menschheit, daher ist der Krieg „das Notwendigste von allem, groß und wohlthätig." Zwar gibt es ein Völkerrecht, hervorgehend aus Regungen der Humanität und aus Klugheitsrücksichten, nämlich aus „dem Gefühle, daß keine Volksindividualität, auch die stärkste nicht, ein absolut negatives Verhalten gegen alle anderen Völkerindividuen durchführen kann". Dennoch bleibt es dabei, „daß die Machtsphäre des einzelnen Volkes immer nur durch offenen Kampf reguliert wird."

Solche Ansichten beschränkten sich keineswegs auf die Publizistik der Jahrhundertmitte. Noch schärfer zugespitzt findet man sie in rechtsphilosophischen Schriften hegelischer Richtung, vor allem bei Adolf Lasson[12]). „Jeder Staat", heißt es da, „ist jedem anderen von Natur an die Seite gesetzt; und der Sinn davon ist klar genug: jeder stachelt und spornt den anderen durch sein bloßes Dasein zu den größten Anstrengungen, sich ihm gegenüber zu behaupten und damit in aller Weise vollkommen zu werden und seine Bürger besser zu machen." Der Machtkampf hat also unmittelbar wohltätige Folgen für die öffentliche Sittlichkeit, dagegen ist das Streben nach dem Ewigen Frieden geradezu „unsittlich". Der Krieg ist „der einzige Prätor, der nicht nach einem Rechtsbuche, aber nach Gerechtigkeit über die Staaten das Urteil spricht. Der Maßstab seines Urteils ist der einzig rechte, denn seine Entscheidung gründet sich auf die Macht — der machtvolle Staat ist der bessere Staat, sein Volk ist das bessere Volk, seine Kultur die wertvollere Kultur — das ist die ewige Gerechtigkeit der Weltgeschichte." Da unbeschränkte Souveränität das Recht der reinen Selbstsucht mit sich bringt, muß „zwischen den Staaten jede rechtliche und sittliche Verbindung unmöglich" sein. Der „Traum von einer Rechtsordnung über und zwischen den Staaten ist ein wüster und widersinniger Traum, aus der Feigheit und falschen Sentimentalität geboren". Jede Rechtsfrage zwischen den Staaten wird zur Machtfrage, und wer die größte Gewalt hat, der behält Recht[13]).

In solchen Formulierungen ist die Lehre Hegels vom natürlichen Gegensatz der Staatspersönlichkeiten bereits auf die Spitze getrieben. Die großen nationalen Machtstaaten stehen einander in spröder Absonderung gegenüber, „ohne jede rechtliche und sittliche Verbindung", und der Krieg erscheint nicht bloß, wie bei Hegel, als praktisch unentbehrliches Hilfsmittel des weltgeschichtlichen Fortschritts, ja kaum noch als Ausnahmezustand, sondern geradezu als die höhere Form politischer Sittlichkeit. Aber mit alledem sind die Grundgedanken der hegelischen Rechtsphilosophie doch nur weiter zugespitzt, nicht eigentlich verändert oder erweitert. Erst in einem späteren Zusammenhang werden wir ihre Fortentwicklung unter dem Einfluß Darwinscher Lehren vom Kampf ums Dasein und von der „natürlichen Zuchtwahl" zu verfolgen haben; da wird dann die idealistische Rechtfertigung des Krieges als Verwirklichung sittlicher Vernunftideen durch eine „biologische" ergänzt werden. Schon jetzt aber leuchtet ein, welche starke Anziehungskraft die hegelische Gedankenwelt auf gebildete Berufssoldaten ausüben mußte. Soldatisches Denken neigt ohnedies dahin, den Staat wesentlich als Machtgebilde, als Veranstaltung zur kämpferischen Selbstbehauptung der Nation unter Nationen zu betrachten. „Die Hauptidee", schrieb Clausewitz 1824 an Gneisenau, „welche dem Staatsverband zu Grunde liegt, ist die Vertheidigung gegen den äußeren Feind, alles Übrige kann man *streng genommen* als faux frais betrachten"[14]). Eine höchst aufschlußreiche Bemerkung! Als praktische Konsequenz dieser Staatsauffassung ergab sich für den Soldaten ganz von selbst die friderizianische Devise „Toujours en vedette!", und ihre konkrete Anwendung fand diese Forderung mißtrauischer Wachsamkeit immer wieder in dem Verhältnis zu Frankreich. Es hieße Eulen nach Athen tragen, wollte man erst noch Belege sammeln für die wahrhaft fundamentale Bedeutung der deutsch-französischen Machtkonflikte zwischen 1792 und 1815 für alles politische Denken in Deutschland bis in die Tage Bismarcks. Das ganze System der Restauration war auf die Vorstellung gegründet, daß Frankreich der eigentliche Herd aller revolutionären Unruhe in Europa sei, die ganze Ideologie der deutschen Nationalbewegung lebte vom Gegensatz zum „welschen Erbfeind", der unsere geistige Selbständigkeit ebenso fortdauernd bedrohe wie unsere politische Freiheit.

*

Eben dies ist nun auch der Punkt, an dem sich die *politischen Vorstellungen Moltkes* am engsten mit der Ideenwelt des neudeutschen Nationalismus berühren. Sein inneres Verhältnis dazu ist nicht ganz leicht zu bestimmen, und man muß sehr vorsichtig unterscheiden zwischen dem, was er aus dem Berufsdenken des Soldaten heraus äußert, und dem, was die große nationale Bewegung seines Jahrhunderts ihm an politischen Ideen zugetragen hat. Es gibt eine große Fülle historisch-politischer Betrachtungen aus seiner Feder: literarische Studien, Briefe und militärische Denkschriften, in denen er die strategische Planung (im Gegensatz zu seinen Vorgängern) jedesmal auf Erwägungen der politischen Lage, oft bis in Einzelheiten, aufbaut. Aus diesen Aufzeichnungen spricht nicht nur eine überraschend reiche historische Bildung, sondern doch auch eine eigene politische Grundhaltung, die sich in sechs Jahrzehnten wenig verändert hat[15]). Moltke ist innenpolitisch gemäßigter Monarchist mit einer entschiedenen Vorliebe für aufgeklärte, volksfreundliche Reformen von oben her, außenpolitisch mehr deutsch als preußisch gestimmt, jedenfalls frei von allem borussischen Partikularismus, frei von Ressentiment gegen Österreich und unberührt von jenem persönlichen Vasallenverhältnis zur Hohenzollern-Dynastie, das dem altpreußischen Militäradel eigen war. Sein Nationalismus ist mehr völkischer als staatlicher Art, gesamtdeutsch in einem sehr weiten Sinn, aufgeschlossen für kolonisatorische Aufgaben des Deutschtums in aller Welt, besonders für Österreichs Sendung im europäischen Südosten, nicht ohne romantische Schwärmerei für einen Zusammenschluß aller germanischen Nationen gegen Slawen und Welsche, überzeugt von der natürlichen Interessengemeinschaft deutscher und englischer Politik. Bestimmte Forderungen an die praktische Tagespolitik ergeben sich aus alledem eigentlich nicht; es spricht nicht ein Tagespolitiker, ein Kämpfer oder auch nur ein Programmatiker zu uns, sondern ein gebildeter Geschichtsfreund, ein kluger Beobachter mit eher zu weitem als zu engem Blickfeld; man hört weniger die politische Leidenschaft als das allgemeine Bildungsinteresse reden. Nur da kommt Moltke in stärkere Erregung, wo das unmittelbare Interesse der Armee auf dem Spiel steht, wie vor allem im Sturmjahr 1848.

Was uns von alledem am meisten interessiert, ist Moltkes Stellung zum Krieg als moralisches Problem. Hier glaubt man die Einwirkung der deutschen Kriegsphilosophie des 19. Jahrhunderts mit Händen zu greifen. Als Vierzigjähriger, in seiner Schrift über Deutschland und Palästina, bekennt er sich „offen zu der vielfach verspotteten Idee eines allgemeinen europäischen Friedens". Vierzig Jahre später erklärt er: „Der Ewige Friede ist ein Traum, und nicht einmal ein schöner, und der Krieg ein Glied in Gottes Weltordnung. In ihm entfalten sich die edelsten Tugenden des Menschen, Mut und Entsagung, Pflichttreue und Opferwilligkeit mit Einsetzung des Lebens. Ohne den Krieg würde die Welt im Materialismus versumpfen." Das hätte genau so jeder Hegelianer schreiben können. Auch die moderne biologische Begründung des Krieges fehlt nicht: „Ist doch das Leben der Menschen, ja der ganzen Natur ein Kampf des Werdenden gegen das Bestehende, und nicht anders gestaltet sich das Leben der Völkereinheiten"[16]). Bei genauerem Zusehen zeigt sich nun freilich, daß ein totaler Umschlag der Ansichten nicht vorliegt. Auch schon 1840 hat Moltke nicht etwa an allgemeine Abrüstung in irgendeiner Form gedacht; und noch 1881 schreibt er das schöne, von echter Humanität zeugende Wort: „Wer möchte in Abrede stellen, daß jeder Krieg, auch der siegreiche, ein Unglück für das eigene Volk ist, denn kein Landerwerb, keine Milliarde können Menschenleben ersetzen und die Trauer der Familien aufwiegen"[17]). Auf dem Schlachtfeld von Königgrätz wollte Moltke das Gesicht abwenden, als er an dem grausigen Anblick zerschossener österreichischer Batterien vorbeiritt — im Innersten seiner tief humanen Natur saß sicherlich ein tiefer Abscheu vor den Grausamkeiten des Krieges[18]. Aber darüber half ihm — außer dem soldatischen Berufs- und Pflichtbewußtsein — sein optimistischer Vernunftglaube hinweg, der die verschiedenartigen Äußerungen über das Kriegsproblem zuletzt doch alle zur Einheit verbindet. Der unaufhaltsame Fortschritt allgemeiner Zivilisation bringt es schon ganz von selber dahin — so hofft er 1840 — daß die Kriege immer seltener werden. Ist doch „der ganze Gang der Weltgeschichte eine Annäherung zum Frieden." An Stelle des Kampfes Aller gegen Alle (des mittelalterlichen Fehdewesens) ist heute nur noch der Krieg weniger Großmächte gegeneinander zu erwarten, und diese werden um so seltener, je teurer die Kriege werden und je mehr sie das Wirtschaftsleben unterbrechen

und schädigen, Wirtschaftsgüter zerstören. „Sollte Europa nicht in Jahrzehnten oder in Jahrhunderten die gegenseitige Entwaffnung erleben?"
Diese radikal-pazifistische Hoffnung allerdings schwindet später. Die geschichtliche Erfahrung lehrt, daß Kriege unvermeidlich sind, solange es politische Interessengegensätze der großen Nationen gibt, über denen keine
richterliche Gewalt besteht. Der hegelische Gedanke, daß der Krieg ein
moralisches Stahlbad sei, wird jetzt eifrig aufgenommen (vielleicht durch
H. von Treitschke vermittelt, der Moltke im Alter nahe trat?), spielt aber
im ganzen seiner Erwägungen doch nur eine Nebenrolle[19]). Wichtiger (und
ebenfalls hegelisch gedacht) ist die sittliche Rechtfertigung des Krieges als
geschichtliche Notwendigkeit, als „Schicksal". Er ist kein Verbrechen, sondern
„ein letztes, aber vollkommen gerechtfertigtes Mittel, das Bestehen, die
Unabhängigkeit und die Ehre eines Staates zu behaupten." Immerhin: Moltke
erkennt nach wie vor an, daß er ein „Unglück" ist. „Aber wer vermag in
dieser Welt sich dem Unglück, wer der Notwendigkeit zu entziehen? Sind
nicht beide nach Gottes Fügung Bedingungen unseres irdischen Daseins?"
Das klingt beinahe lutherisch. Aber es ist nur im Rahmen eines unverwüstlichen humanitären Fortschrittsglaubens zu verstehen. Wir haben es mit
einer bloßen Kompilation heterogenster Gedankenelemente zu apologetischen Zwecken zu tun. Moltke wagt auch jetzt noch zu hoffen, daß „dies
letzte Mittel bei fortscheitender Kultur immer seltener zur Anwendung
komme" und daß die Kriegführung fortschreitend humaner wird. „Die Zeit
der Kabinettskriege gehört der Vergangenheit an." Er erwartet alles Heil
von der Einsicht aufgeklärter, verantwortungsbewußter Regierungen, die
nicht leichtsinnig das Schicksal ganzer Nationen aufs Spiel setzen werden.
(Offenbar schwebt ihm dabei Bismarck vor Augen.) Ist nicht die Verwilderung der Kriegssitten des 17. Jahrhunderts längst überwunden durch die
strenge Disziplin der modernen Berufsarmee, durch die allgemeine Wehrpflicht, die dem Heer die edelsten Elemente der Nation zuführt, durch die
administrative Fürsorge für die Truppenverpflegung, durch die schnelle
Beendigung der Feldzüge mit Hilfe rücksichtslos durchgeführter Operationen
innerhalb weniger Monate?

Man sieht: der ganze ungebrochene Kultur- und Vernunftoptimismus
des 19. Jahrhunderts lebt auch noch in dem alten Feldmarschall. Aber gleichzeitig ist der Soldat in ihm sorgsam darauf bedacht, sich die Freiheit des
kriegerischen Handelns durch keinerlei völkerrechtliche Bindungen einschränken zu lassen. Er will nichts wissen von einer vertraglichen Beschrän-

kung des Requisitionsrechts, nichts von der Einräumung kriegsrechtlicher Schutzbestimmungen für die freiwillige, nichtorganisierte Volkserhebung. „Die größte Wohltat im Kriege ist die schnelle Beendigung des Krieges, und dazu müssen alle nicht geradezu verwerflichen Mittel freistehen." Der Krieg geht keineswegs nur auf die Schwächung der feindlichen Streitmacht aus. „Nein, alle Hilfsquellen der feindlichen Regierung müssen in Anspruch genommen werden, ihre Finanzen, Eisenbahnen, Lebensmittel, selbst ihr Prestige." Mit anderen Worten: ausdrücklich wird für den Feldherrn das Recht zur Totalisierung des Krieges beansprucht. Droht daraus aber nicht die Gefahr einer neuen Verwilderung der Kriegführung? Moltke scheint diese Besorgnis nicht zu teilen. Er erwartet so gut wie nichts von völkerrechtlichen Abmachungen, um so mehr von der „allmälig fortschreitenden Gesittung", der „besseren religiösen und sittlichen Erziehung der Völker"[20]). Auf sie allein, nicht auf das kodifizierte Kriegsrecht will er bauen. Das wäre konsequent vom Standpunkt eines überzeugten Liberalen oder Demokraten, der an die im Grunde friedfertige Gesinnung der Masse glaubt. Aber es ist sehr merkwürdig im Munde eines aufgeklärten Monarchisten, der vernünftige Einsicht allein von den Regierungen erwartet, in dem Ehrgeiz politisierter Nationen dagegen die eigentliche Gefahrenquelle der neuen Zeit erblickt[21]) und der den Volkskrieg, den Massenkrieg, wie er ihn zuerst im Winter 1870/71 in Frankreich erlebt hat, als „Rückfall in die Barbarei" empfindet. Hat er noch gar nichts geahnt davon, daß alle Kriege der Zukunft Volkskriege, Massenkriege werden mußten, je mehr die Militarisierung der Massen und die Totalisierung der Kriegführung fortschritt — und daß damit ein „Rückfall in die Barbarei" eintreten könnte, gegen den alles, was man 1870/71 an Schrecklichkeiten erlebt hatte, zur Belanglosigkeit verblassen würde? In seiner letzten Reichstagsrede hat der Neunzigjährige mit höchstem Ernst auf die Gefahr eines Nationalitäten- und Rassenkampfes hingewiesen, die unserem Reich von den Leidenschaften der benachbarten Völker drohe und einen vielleicht siebenjährigen, ja am Ende gar dreißigjährigen Krieg der militarisierten Massen prophezeit. Aber von einer Erschütterung seines Vernunftsoptimismus ist in dieser Rede nicht das geringste zu spüren. Starke deutsche Rüstung und eine starke deutsche Regierung — das sind nach wie vor die sicheren Stützen seiner Hoffnung — auch nach dem eben erfolgten Sturz Bismarcks. Die Gefahr einer Lähmung, ja Zerstörung alles Kulturfortschritts durch den Krieg liegt noch außerhalb seines Horizonts. Bereits an der Schwelle des totalen Krieges der Zukunft stehend, lebt er doch noch

ganz in einer Epoche, die sich zutrauen durfte, die Dämonie kriegerischer
Zwangsläufigkeiten zu meistern durch ruhige, staatsmännische Vernunft.

Eben dieses Vertrauen auf die Vernunft, auf das Verantwortungsbewußtsein der Regierungen, dieses Mißtrauen gegen die Leidenschaften und den
Ehrgeiz der Völker unterscheidet den Nationalismus Moltkes grundsätzlich
von allem, was man nationalistischen Chauvinismus nennt. Mit Fremdenhaß, blind für das Lebensrecht anderer Nationen, oder gar mit hemmungslosem Macht- und Eroberungsdrang hat er gar nichts gemein; dafür ist er viel
zu humanitär gestimmt, viel zu sehr von Gerechtigkeitssinn und ritterlicher
Empfindung erfüllt, auch fremden Ansprüchen gegenüber, und viel zu wenig
beschränkt in seinem geistigen Horizont. Dänemark gegenüber ist er immer
für Schonung und für eine versöhnliche Haltung eingetreten: er wirkte nach
Kräften für Rückgabe des dänischredenden Teils von Nordschleswig an
Dänemark als eine Forderung der Gerechtigkeit[22]) und hat 1868 sogar in
Gegenwart des dänischen und schwedischen Gesandten bemerkt, er hielte es
für die weiseste Politik Preußens, durch Verzicht auf Alsen und Sundewitt
Versöhnung mit den skandinavischen Völkern zu suchen. Noch 1875 schlug
er dem Kanzler vor, durch eine Neuregulierung der schleswigschen Nord-
grenze die Dänen zu versöhnen und Deutschland dadurch die Flanke für die
künftige Auseinandersetzung mit Frankreich freizumachen. Dem Krieg
gegen Österreich hat er im innersten Herzen widerstrebt: er sah darin einen
„Bruderzwist", der „furchtbar" werden müsse und den Deutschland mit der
Hingabe von „Provinzen rechts und links an seine Nachbarn" würde zu
bezahlen haben[23]). Im Kronrat vom 29. Mai 1865, in dem man über Krieg
und Frieden mit Österreich beriet, empfand er es (nach Ausweis einer eigen-
händigen Niederschrift)[24]) sehr schmerzlich, daß niemand auf die begrün-
deten Ansprüche Österreichs, für seine Leistungen im dänischen Feldzug
entschädigt zu werden, Rücksicht nahm. Er hat deshalb auch gar nicht daran
gedacht, auf einer Demütigung der Österreicher durch triumphalen Einzug in
Wien zu bestehen, vielmehr sich dafür eingesetzt, mit dem geschlagenen Gegner
möglichst bald „ins reine zu kommen". Wohl hätte er den Siegeslauf nach
Königgrätz noch gerne bis zur Überschreitung der Donau fortgesetzt; aber genau so wie Bismarck blieb er von Rache- und Triumphbedürfnissen weit entfernt: „nicht Rache zu üben, sondern den eigenen Vorteil ins Auge zu fassen"
erklärte er für die Aufgabe der preußischen Politik. Über den Mißerfolg des
österreichischen Oberbefehlshabers Benedek hat er sich höchst ritterlich geäußert und ihn sogar gegen österreichische Kritiker in Schutz genommen[25]).

Um so auffallender ist die Schroffheit, mit der er sich jederzeit über den „Erbfeind" Frankreich geäußert hat und mit der er dem besiegten französischen Gegner gegenübergetreten ist. In dieser Frage teilte er rückhaltlos die Ansichten und Stimmungen der nationalen Bewegung Deutschlands seit den Freiheitskriegen: auch ihm erschien Frankreich als der gefährlichste, ewig unruhige Nachbar Deutschlands, als ein wahrer „Vulkan", die französische Nation unersättlich in ihrem Ehrgeiz und ihrer Begehrlichkeit nach deutschem Land, unberechenbar in ihren plötzlichen Wallungen, Launen und Leidenschaften, Napoleon III. als gefährlicher Abenteurer, undurchschaubar in seinen letzten Absichten, aber genötigt, um seines Prestiges willen beständig nach auswärtigen Erfolgen zu haschen. Die Überzeugung, daß der Krieg um die Rheingrenze eines Tages unvermeidlich kommen müsse, daß er aber auch das beste, sicherste, vielleicht sogar einzige Mittel sein müsse, die deutsche Nation unter Preußens Führung zu einigen, läßt sich in Moltkes Briefen schon seit 1831 verfolgen. Insbesondere sind alle seine militärischen Denkschriften von 1859 bis 1870 darauf aufgebaut und ist seine gesamte politische Haltung während dieses Jahrzehnts nur so zu verstehen. Schon 1859 setzt er sich mit Energie dafür ein, den günstigen Moment der italienischen Diversion zu benutzen, um gegen Frankreich loszuschlagen, einerlei, ob dieses nun einen Angriff auf die Rheingrenze plant oder nicht: „Nicht zur Abwehr einer unmittelbar zwingenden Bedrohung, sondern zur Vorbeugung künftiger Gefahren im Interesse Deutschlands, nicht für, aber mit Österreich"[26]). Während Bismarck denselben günstigen Moment zu einer Verstärkung preußischer Macht gegen Österreich zu benutzen gedachte, sieht Moltke das „germanische Zentrum Europas" ebenso auf dem Vorfeld der Lombardei wie am Rhein bedroht. Er will deshalb einfach losschlagen ohne lange Vorverhandlungen über Preußens militärische Führung im deutschen Bundeskrieg gegen Frankreich, bedingungslos und ohne Vorbehalt, allein im Vertrauen darauf, daß die Not des Krieges selbst schon die kleinen mittelstaatlichen deutschen Regierungen zwingen werde, sich dieser Führung zu unterstellen, zugleich in der Gewißheit, daß ein großer Schlachterfolg die preußische Monarchie ohne weiteres an die Spitze der Nation bringen müßte. Eine Hoffnung, die in seltsamem Widerspruch steht zu den praktischen Erfahrungen von 1814/15 und die nicht einmal von den eifrigsten Propagandisten des Nationalkrieges, den Altliberalen, geteilt wurde. Aber Moltke hat an diese Politik des Schwertes, das kurzerhand den gordischen Knoten der nationalen Frage durchhauen sollte, unverrückt festgehalten. Besonders

schroff in den militärpolitischen Verhandlungen, die er 1860 als preußischer
Bevollmächtigter über eine preußisch-österreichische Militärkonvention zu
führen hatte und die mehrfach eine hochpolitische Wendung nahmen, gerade
durch die Initiative Moltkes. (Man erwog damals im Kreise der Altliberalen
sogar seine Berufung zum Leiter der auswärtigen Politik!) In scharfem
Gegensatz zur Politik des Außenministers Schleinitz hat er damals (auf
dem Weg des Immediatvortrages beim König) den Abschluß eines Militär-
bündnisses betrieben, das ohne vorgängige politische Gegenleistung den
Österreichern den Besitz Venetiens gegen jeden Angriff nicht nur Frankreichs, sondern sogar Sardiniens sichern sollte; der gemeinsame Krieg gegen
Frankreich sollte militärisch vorbereitet werden ohne Rücksicht auf die
Gefahr, ihn durch die Vorbereitungen selbst zu provozieren. Denn Moltke
hielt nun einmal diesen Krieg auf die Dauer doch für unvermeidlich, betrachtete Venetien (in höchst einseitiger Vertretung militärgeographischer Gesichtspunkte) als ein unentbehrliches Außenwerk der mitteleuropäischen
Verteidigungsstellung und drängte als Soldat auf feste und klare Abreden
für den Kriegsfall. Was er nicht zu sehen schien, war die Gefahr, die österreichische Politik durch unbeschränkte Bündniszusagen in ihrem Starrsinn,
ihrer Leichtfertigkeit und militärischen Sorglosigkeit noch zu bestärken,
Preußen aber in die Rolle des freiwilligen Gefolgsmannes zu bringen[27]).

Dieselbe Überzeugung von der Unvermeidbarkeit des deutsch-französischen Machtkampfes hat Moltke dann auch weiterhin bestimmt. Eben deshalb war ihm der „Bruderkrieg" von 1866 so unheimlich und zuwider;
eben deshalb war er aber auch nach dem unerwartet raschen und großen
Erfolg des böhmischen Feldzugs bereit, Napoleons Einmischung mit einer
sofortigen kriegerischen Abrechnung, falls sie nötig würde, zu erwidern —
ohne freilich den Ernst der dadurch entstehenden Lage zu verkennen. Als im
Frühjahr 1867 um die Frage des deutschen Besatzungsrechtes in Luxemburg
der Krieg mit Frankreich auszubrechen drohte, riet er entschieden zum
Losschlagen, ehe Frankreich Zeit gehabt hätte, seine Rüstung zu verstärken,
während Bismarck bereit gewesen wäre, Napoleon den Erwerb Luxemburgs
zu gönnen, um ihn zufriedenzustellen — vorausgesetzt allerdings, daß dafür
eine Form gefunden würde, die den Eindruck preußischer Schwäche und
Nachgiebigkeit vor der Nation vermied. Moltke erschwerte diese Politik des
vorsichtigen Ausweichens durch ein Gutachten, das den militärischen Wert
der Festung Luxemburg und ihrer preußischen Besatzung weit stärker unter-
strich, als seiner sonst bekannten Meinung über den Wert befestigter Stellun-

gen im Aufmarschraum entsprach —wohl doch in der Absicht dadurch die Krise zu verschärfen und den König für den Krieg zu gewinnen[28]). Als in den folgenden Jahren die Rüstungen Frankreichs sich verstärkten und erste Anzeichen einer diplomatischen Verbindung zwischen dem Pariser und dem Wiener Hofe sich zeigten, sah der preußische Generalstabschef seine alte Ansicht bestätigt, daß der Krieg mit dem französischen Erbfeind unvermeidlich und ohne ihn die Einigung Gesamtdeutschlands nicht zu erreichen sei[29]). Er arbeitete dafür einen grundlegenden Aufmarschplan aus, der eine deutsche Kriegserklärung in dem Augenblick vorsah, in dem die Rüstungen in Österreich beginnen würden. „Der Schein der Aggression darf davon nicht abhalten"[30]). So blieb seine Haltung immerfort sprungbereit, und den Ausbruch der Julikrise 1870 hat er, wie Bismarck es anschaulich schildert, mit wahrem Aufatmen begrüßt: als endliche Lösung einer schwer empfundenen Spannung, als Erfüllung eines von Jugendtagen her genährten Traumes von deutscher Zukunft.

Offensichtlich ist an dieser Stelle die Haltung Moltkes nicht mehr rein aus militärischen Erwägungen zu erklären, sondern durch tiefgewurzelte politisch-historische Überzeugungen mitbestimmt[31]). Der stärkste Beweis dafür ist doch wohl die Tatsache, daß er an seiner Versöhnungspolitik gegenüber Dänemark noch 1875 festgehalten hat — zu einer Zeit, als Bismarck längst die Rückgabe nordschleswigscher Gebiete als praktisch unausführbar ansah, von Frankreich dagegen niemals etwas anderes als Feindschaft, Eroberungswillen und Revanche erwartete. Hätte er rein militärisch gedacht, so hätte er unmöglich 1868 und 1875 eine Politik vertreten können, die deutsches Grenzgebiet den Dänen preisgab ohne Rücksicht auf die militärischen Bedenken Bismarcks und auf die Empfindungen des Königs, der niemals freiwillig auf die Stätte des Triumphes von Düppel und Alsen verzichtet hätte. Dänemark, das Heimatland seiner Jugend, gehörte eben zum germanischen Volkstum, das er in einen ständigen Schicksalskampf mit der romanischen Welt verstrickt sah. Frankreich aber ist für ihn das Zentrum aller deutschfeindlichen Mächte, die Einigung Deutschlands nur im Sturm eines Krieges mit dem „Erbfeind" zu erreichen; sie bleibt ständig von Westen her bedroht. Der deutsch-französische Krieg erscheint ihm in den sechziger Jahren als eine unausweichliche, schicksalhafte Gegebenheit, da Frankreichs Ehrgeiz unersättlich, seine Feindschaft unversöhnlich ist, sein Prestigebedürfnis keinen deutschen Aufstieg zu großmächtlicher Stellung duldet: sein Losbruch ist nur eine Frage der Zeit, nicht der politischen Willensentscheidung.

Unter diesen Umständen empfiehlt es sich, ihn durch eigene frische Initiative zu eröffnen, den geeigneten Zeitpunkt selber auszuwählen und gleich mit dem ersten Stoß die Vorbereitungen des Gegners zu überrennen. Die Frage der Kriegseröffnung, der Initiativ-Zündung erscheint Moltke im wesentlichen als eine Frage militärischer Zweckmäßigkeit, eng zusammenhängend mit den technischen Problemen des Aufmarsches, nicht aber, wie Bismarck, dem Staatsmann, als eine hochpolitische Angelegenheit, von der die ganze Stellung Deutschlands vor Europa, sein außenpolitischer Kredit, die Haltung der Neutralen und der deutschen Bundesregierungen, nicht zuletzt aber auch die seelische Haltung der deutschen Nation abhängt: ihr gutes Gewissen, der Einklang von innerer und äußerer Kampfbereitschaft, ihr Glaube an das gute Recht der deutschen Sache in einem Kampf auf Leben und Tod. „Bismarcks Standpunkt ist unanfechtbar", sagte Moltke sehr kühl, als man ihm 1867 die Bedenken des Bundeskanzlers gegen einen Präventivkrieg um Luxemburgs willen mitteilte, „er wird uns aber seiner Zeit viel Menschenleben kosten" — wenn nämlich Frankreichs Rüstungen inzwischen weiter fortgeschritten sind[32]).

Er begriff diese Bedenken — aber er teilte sie nicht.

Der Krieg zwischen Deutschland und Frankreich ist also für Moltke nicht eine Frage sittlicher Verantwortung, sondern unabänderlich gegebenes Schicksal. Er betrachtet ihn auch nicht als ein europäisches Ereignis, das alle großen Mächte in seinen Bann zieht, ihr gegenseitiges Kräfteverhältnis verändern und darum ihr „Mächtekonzert" aufs stärkste beunruhigen muß, sondern als bloßen Zweikampf der beiden Völker, der keinen Dritten im Grunde etwas angeht. Ein solcher Zweikampf muß ausgetragen werden nach allen Regeln der Kunst, ohne störende Einmischung politischer Erwägungen, bis zu völliger Wehrlosigkeit des Gegners. Daher die auffallende Härte und Unerbittlichkeit, die der Generalstabschef in allen Verhandlungen mit französischen Unterhändlern während des Krieges zeigte und die in so merkwürdigem Widerspruch steht zu der im Grunde humanen Gesinnung des Mannes. „Im Kriege ist meine Hand eisern", hat er später einmal gesagt, als man ihn zur Übernahme des preußischen Ministerpräsidiums überreden wollte, „im Frieden aber zu weich"[33]). Diese Härte war nicht Auswirkung seiner Natur[34]), sondern seines Amtes, wie er es verstand: als Generalstabschef fühlte er sich verpflichtet, darüber zu wachen, daß kein militärischer Vorteil den „Diplomaten" geopfert, die Armee in keinem ihrer Triumphe verkürzt würde. Nationalistische Stimmungen des Hasses gegen den Feind klingen wohl hie und da einmal an (wie hätte es in der kämpferisch-erhitzten Atmosphäre des Hauptquartiers anders sein können!)[35]), aber sie haben seine Entschlüsse nicht eigentlich bestimmt.

Schon während der Übergabeverhandlungen von Sedan trat eine erste leise Differenz zwischen ihm und Bismarck hervor: während dieser womöglich jetzt schon mit Napoleons Hilfe zum Friedensschluß kommen wollte und sich darum bemühte, die Autorität des gefangenen Kaisers nicht mehr als unbedingt nötig zu schwächen, vielleicht ihm sogar die Verfügung über seine Armee zu belassen (eine Hoffnung, die freilich sogleich an Napoleons Widerstreben scheiterte), dachte der Generalstabschef nur an volle Ausnutzung des militärischen Triumphes. Dieselbe Haltung zeigte er gegenüber den vergeblichen, durch Monate fortgesetzten Bemühungen Bismarcks, den in Metz eingeschlossenen Marschall Bazaine als Friedensvermittler zu benützen, ihn mit der Exkaiserin und „Regentin" Eugenie in Verbindung zu setzen und womöglich mitsamt seinen Truppen freizulassen, wenn er dafür versprach, Frankreichs Unterwerfung unter die von Bismarck geforderten Friedensbedingungen zu erkämpfen. Es scheint, daß man den Generalstabschef in diese Pläne und Verhandlungen nur sehr unvollkommen eingeweiht hat, weil seine Opposition ebenso vorauszusehen war wie die des Prinzen Friedrich Karl, des Belagerers von Metz. Soweit er aber davon erfuhr, hat er sich diesen Bemühungen, die den militärischen Triumph von Metz um eines ungewissen politischen Effekts willen zu schmälern drohten, entschieden widersetzt.

Sein Kriegsplan ging auf gänzliche Vernichtung der feindlichen Streitkräfte, nicht auf militärische Teilaktionen aus, die durch diplomatische Verhandlungen abgelöst werden sollten, der Bismarcks dagegen auf ein möglichst rasches Kriegsende und Förderung einer neuen Regierungsautorität, mit der man Friede schließen könnte; ein solcher Friedensschluß versprach um so mehr Dauerhaftigkeit, je weniger zuvor die nationalistischen Leidenschaften in Frankreich durch einen langen Volkskrieg erhitzt, je weniger tief die Demütigung des französischen Selbstgefühls gegangen wäre. Nun hat freilich auch Moltke einen langen Volkskrieg weder gewünscht noch erwartet; er hielt nach der großen „Entscheidungsschlacht" von Sedan den Ausgang des Kampfes eigentlich für entschieden, da die Streitmacht des kaiserlichen Frankreich ja tatsächlich vernichtet war; eben deshalb hat er sich mit der Fortsetzung des Krieges auch nicht allzusehr beeilt. Aber von den Ideengängen Bismarcks blieb er gleichwohl sehr weit entfernt.

Dieser trug sich mit dem Gedanken, den weiteren Vormarsch ins Innere Frankreichs abzustoppen, da eine völlige Besetzung doch nicht möglich und eine allzu weite Ausdehnung der Fronten bei der numerisch immerhin begrenzten Stärke der deutschen Armee bedenklich sei; statt dessen wollte er Elsaß-Lothringen nebst einigen Pfändern für die späteren Kriegsentschädigungen hinter einer starken Verteidigungslinie okkupiert halten und nun abwarten, bis entweder das politische Chaos in Frankreich sich vollendete oder eine stabile Regierung sich bildete, die auf die deutschen Friedensbedingungen einzugehen bereit war. Das militärisch Bedenkliche dieses Vorschlages, der eine schnelle Wiederaufrichtung Frankreichs so sehr erleichterte, liegt auf der Hand. Er erinnert deutlich an den Stil der Kabinettskriege des 18. Jahrhunderts. Bismarck hat ihn denn auch nur gesprächsweise geäußert, als bloße Erwägung, ohne den Nachdruck eines amtlichen Schrittes, und hat ihn Mitte Oktober ganz fallen lassen. Als sich dann aber der Krieg unerwartet in die Länge zog und die weit über das Land verteilten deutschen Armeen zeitweise in ernste Bedrängnis gerieten, kam er wieder darauf zurück, nun auch in amtlichen Eingaben, tadelte die ganze Anlage des Feldzuges, den Vormarsch bis nach Paris, die Einschließung der Stadt mit unzureichenden Kräften, die verzögerte Belagerung, die Fortsetzung der Feldzüge bis in den Süden und Nordwesten Frankreichs. Moltke hatte sachlich ganz recht, wenn er sich mit Empörung gegen diese nachträgliche Kritik wehrte: der Feldzug ließ sich, nachdem Bismarcks Friedensbemühungen bei den Bonapartisten einmal gescheitert waren, weder in bloß defensiver Haltung gewinnen noch in forciertem Draufgängertum: die Erstürmung von Paris war ein blutiges Experiment, nur zu wagen nach gründlicher Vorbereitung, und auch die Besiegung der feindlichen Volksheere brauchte ihre Zeit. Bismarck hätte nur dann ein Recht gehabt, den Feldherrn zu tadeln, wenn er einen anderen, politisch und militärisch wirklich gangbaren Weg hätte aufzeigen können. Was er noch Ende Dezember empfahl, Konzentration der Heere auf ein kleineres Okkupationsgebiet[36]), bedeutete freiwilligen Verzicht auf eine volle Niederwerfung des Gegners und stand in offenbarem Widerspruch zu der Höhe der Friedensforderungen. War die allgemeine politische Lage wirklich so bedrohlich, die Gefahr neutraler Einmischung wirklich so groß, wie sie der Kanzler zu schildern wußte, dann blieb doch wohl nur ein Ausweg: Verzicht auf einen Teil des Friedenspreises (etwa auf Metz und Lothringen), um der französischen Nationalregierung oder den Bonapartisten den Frieden rascher annehmbar zu machen.

Dazu aber konnte sich der Minister aus später zu erörternden Gründen nicht entschließen. Und es bedeutete nur ein Verschieben der Verantwortlichkeit, wenn er nun die Schuld für den bedenklichen Verlauf der Ereignisse in einseitiger Verärgerung auf die „Militärs", ihren Eigensinn, ihren beschränkten politischen Horizont oder gar auf ihre angebliche Eroberungslust zu wälzen suchte. Man wird nicht anders urteilen können, als daß Bismarck mit seiner rein militärischen Kritik an den Operationen Moltkes (nicht mit seiner Beschwerde über die Geheimnistuerei des Generalstabs und sein Fernhalten von den entscheidenden Beratungen!) im Unrecht war — auch wenn man zugibt, daß militärischer Eigensinn und irrige Vorstellungen über die Angriffsmöglichkeiten im Hauptquartier des Kronprinzen die Vorbereitungen der Beschießung von Paris allzulange verzögert haben[37]). Seine offenbare Ungerechtigkeit hat die Debatte nicht nur unnötig verbittert, sondern eine sachliche Aussprache zwischen den leitenden Männern geradezu unmöglich gemacht, wie der unglückliche Verlauf des vom Kronprinzen veranstalteten Vermittlungsversuches am 13. Januar in peinlichster Form offenbarte.

Man gewinnt überhaupt den Eindruck, daß die unerwartete Umwandlung des Krieges zu einem echten Volkskrieg, die den Grundkonzeptionen bismarckischer Politik so gänzlich zuwiderlief, ihn in eine ständig zunehmende Nervosität hineingetrieben, zeitweise sogar eine gewisse Unsicherheit in ihm erzeugt hat über die Wahl der Mittel, die man anwenden sollte, um einen raschen Friedensschluß zu erzwingen. Beinahe unfehlbar war sein Urteil über die Wirkung politisch-militärischer Schritte auf „verständige Regierungen"[38]) — sehr viel weniger sicher über die Reaktion politisierter und patriotisch erregter Volksmassen. Nur so ist es wohl zu erklären, daß er amtlich empfohlen hat, die Leiden der französischen Zivilbevölkerung, aber auch die Schrecken der eigentlichen Kriegführung auf den Schlachtfeldern planmäßig zu steigern — in der Erwartung, dadurch die Franzosen rascher kriegsmüde zu machen und sie vom Zulauf zu ihren Mobilgarden und Franktireurbanden abzuschrecken. Er glaubte, daß weit mehr der politische Terror der von Gambetta organisierten Nationalregierung als echter Patriotismus die Massen im Kampf festhielte und wollte diesen Terror gleichsam übertrumpfen — immer in den Grenzen, aber doch bis an die äußerste Grenze des geltenden Völkerrechts[39]). Heute wissen wir, daß solche Rechnungen niemals stimmen — schon deshalb nicht, weil die nationale Solidarität unter dem Druck gemeinsamer Kriegsnot nur immer fester zusammengehämmert wird, je mehr dieser Druck zunimmt; aber auch deshalb nicht, weil es für eine terrorisierte und unter Kriegsgesetzen lebende Menge praktisch gar keine Möglichkeit gibt, sich zur politischen Opposition großen Stils zu formieren und ihre Volksführer zum Friedensschluß zu zwingen — so lange jedenfalls nicht, als der militärische Zusammenbruch noch nicht jede nationale Kriegsparole sinnlos gemacht oder alle öffentliche Ordnung aufgelöst hat. Die Ratschläge des amerikanischen Generals Sheridan, der im deutschen Hauptquartier weilte und auf Bismarck offenbar großen Eindruck machte, man möge die „totalitären" Methoden des amerikanischen Bürgerkriegs nachahmen und den Besiegten „nichts als die Augen übrig lassen, um den Krieg zu beweinen", waren also auch politisch verfehlt — ebenso verfehlt wie die Versuche des Zweiten Weltkriegs, eine pazifistische Revolution in Deutschland mit Hilfe gesteigerten Luftterrors zu erzeugen. Immerhin: zu Bismarcks Zeiten besaß man solche Erfahrungen noch nicht, und das System der Diktatur moderner Volksführer war noch längst nicht so vollkommen wie im 20. Jahrhundert ausgebildet. So betrachtet, wird man seinen Irrtum leichter begreiflich finden. Sicherlich war es der Irrtum einer Kämpfernatur, eines leidenschaftlichen Willensmenschen, der sich nur mit Mühe zu geduldigem Abwarten zwingt. Bismarcks zornige und nervöse Ungeduld hat ihn in den Monaten der größten Spannung recht häufig zu Äußerungen hingerissen über die Heimtücke der Franktireurs, über den Chauvinismus der Franzosen im allgemeinen, über ihre afrikanischen Truppen im besonderen und über die Notwendigkeit drakonischer Strafmaßnahmen, die recht brutal klingen. Sie fielen im Privatgespräch als unverbindliche Meinungsäußerungen, etwa bei einem Glase Wein. Seine amtlichen Denkschriften dagegen enthalten nichts als Äußerungen einer harten und kalten Staatsraison, die sich in ihren Berechnungen täuschen kann, die aber von ungezügelter Leidenschaft, von Haß- und Rachsucht nichts weiß.

Daß ihn in Wahrheit nichts anderes als der Wunsch nach raschem Friedensschluß bestimmte, zeigt der völlige Umschlag seiner Haltung gegenüber den Franzosen, sobald mit der Kapitulation von Paris die erste praktische Möglichkeit auftauchte, wirklich zu Ende zu kommen. Eben daraus aber erwuchs ein neuer Konflikt mit dem Generalstab, in dem die schon lange bestehende Spannung erst ihren Höhepunkt erreichte. Bismarck war entschlossen, alles aufzubieten, um aus dem Fall der großen Festung und Hauptstadt sogleich den Frieden hervorgehen zu lassen — am liebsten mit einer bonapartistischen Regierung, weil diese nunmehr ganz auf Deutschlands guten Willen angewiesen wäre und allein im Friedensbedürfnis der

Besitzenden ihre Stütze finden würde; aber auch eine republikanische Regierung, die sich friedenswillig zeigte, war er bereit anzuerkennen. Auf keinen Fall durften die Kapitulationsbedingungen durch allzu große Härte den Pariser Machthabern, die sie annehmen sollten, die moralische Basis ihrer Autorität zerstören und eine etwa friedenswillige Regierung in Bordeaux von weiteren Verhandlungen abschrecken. Bismarck hielt eben die französische Nation jetzt für friedensreif — es kam nur darauf an, ihr den Sprung über den Graben zu erleichtern; militärische Triumphbedürfnisse durften da keine Rolle spielen. Ganz anders dachte Moltke. Wir kennen erst seit kurzem den Wortlaut des Kapitulationsentwurfs, den er am 14. Januar, einen Tag nach seinem unglücklichen Gespräch mit Bismarck, dem König einreichte[40]). Sie fordert Kriegsgefangenschaft aller in Paris befindlichen Streitkräfte nach dem Muster von Sedan, Abführung der Linientruppen und Mobilgarden nach Deutschland, Auslieferung der ganzen Stadt, ihrer Festungswerke, der militärischen Ausrüstung, Fahnen, Adler und Waffen, Besetzung der Stadt, Bezahlung von fünfhundert Millionen Franken städtischer Kriegskontribution und Übernahme der Verpflegungskosten für die deutsche Besatzung, außerdem vorschußweise Zahlung von vier Milliarden Kriegskostenentschädigung aus Pariser Mitteln. Wie man sieht: Bestimmungen, die ausschließlich den Zweck verfolgen, den militärischen Triumph möglichst vollständig zu machen. Die Trennung des „Militärischen" vom „Politischen" ist mit solcher Radikalität durchgeführt, daß politische Konsequenzen nicht einmal erwogen werden; dabei hat Moltke gar nicht bemerkt, daß er mit seiner Kontributionsforderung eine hochpolitische Frage anrührte: das gesamte Pariser Besitzbürgertum, auf dessen Friedenssehnsucht Bismarck rechnete, hätte er damit gegen die Deutschen aufgebracht. Keine Pariser Regierung, die solche Bedingungen unterschrieb, hätte sich länger als ein paar Tage im Amte halten können; ein Chaos wäre entstanden, die Pariser Kommune schon jetzt in Aktion getreten, die gewaltsame Unterwerfung der Stadt unter deutsche Herrschaft ein blutiges und opfervolles Drama geworden. Der Friedensschluß mit Frankreich wäre in unbestimmte Entfernung gerückt. Moltke rechnete auch gar nicht damit; er dachte nur an den militärischen Vorteil, den die Eroberung des Verkehrsmittelpunktes und großen Waffenplatzes für die weitere Fortsetzung des Krieges bieten würde: bis tief in den Süden Frankreichs wollte er ihn fortsetzen, auch die letzten Hilfsquellen des Feindes in deutsche Gewalt bringen und diesen zuletzt, völlig wehrlos gemacht, zu einem Diktatfrieden zwingen[41]).

An demselben 14. Januar legte auch Bismarck dem König eine Denkschrift über den Waffenstillstand vor. Es scheint, daß er ursprünglich bereit
war, den militärischen Teil der Kapitulationsverhandlungen ganz und gar
den Vorschlägen des Generalstabes zu überlassen. Seine Eingabe beschränkt
sich ausdrücklich auf das Politische: auf die Frage, mit wem der Waffenstillstand und Friede am besten abzuschließen wäre und zu welchen Bedingungen[42]). Erst die Denkschrift Moltkes hat ihn, wie es scheint, von
der Notwendigkeit überzeugt, die Führung auch in den militärischen Kapitulationsverhandlungen ganz in die eigene Hand zu nehmen und den „Militärs" nicht mehr als eine Nebenrolle dabei zu gönnen; er selbst wollte den
Frieden, Moltke (wie der Kronprinz sich ausdrückte) den „Exterminations-
krieg"[43]) — der natürliche Gegensatz zwischen Heeres- und Staatsführung
klaffte in voller Tiefe auf. Es ist damals zu dem schwersten aller Zusammenstöße zwischen den Beratern der Krone gekommen. Bismarck hat die höchste
Energie aufgeboten, um in diesem entscheidenden Augenblick alle Macht
an sich zu reißen, seinen militärischen Gegenspieler auszuschalten; er hat
die ganze Summe langangehäufter Beschwerden gegen den Generalstab los-
gelassen, den Kampf um die Entscheidung des Königs mit stärkstem Geschütz geführt. Das Maß gegenseitiger Erbitterung stieg auf den Höhepunkt.
„Ich habe noch nie solche Erbitterung gegen einen Menschen erlebt, wie sie
augenblicklich gegen Bismarck herrscht" — so schildert Stosch die Stimmung
militärischer Kreise in diesen Tagen. Auf der anderen Seite grollte der
Kanzler: bisher sei er militärfromm gewesen, jetzt sei davon keine Rede
mehr, nach dem Kriege müsse das Militärwesen einen anderen Charakter
bekommen und dürfe nicht mehr so dominieren wie bisher[44]). Und der
König Wilhelm? Ihm zerriß der Meinungsgegensatz offenbar selber die
Seele. Die Friedensliebe des alten Herrn, die entschieden Bismarcks Ansichten zuneigte und vom Kronprinzen eifrig bestärkt wurde, stand im
Gegensaz zu seinem soldatischen Empfinden, das ihn immer in Sorge vor
einem „zweiten Olmütz", vor einer Verletzung der „Ehre der Armee"
schweben ließ. Diese innere Unsicherheit wird wesentlich dazu beigetragen
haben, ihn im letzten Stadium der Beratungen über die Kaiserproklamation,
die eben damals stattfinden sollte, so reizbar, bis zu Tränen erregbar, so
schroff gegen Bismarck werden zu lassen. Ganz offenbar war er der Aufgabe, in diesem entscheidenden Augenblick den Gegensatz von politischem
und militärischem Denken in sich zu überwinden, nicht gewachsen.
Aber wie immer war er auch diesmal schließlich bereit, sich von der klaren

Einsicht und dem festen Willen seines Kanzlers fortreißen zu lassen. Zwei Tage nach der Kaiserproklamation war dessen Sieg entschieden, ohne daß sich die Gründe dafür im einzelnen erkennen ließen. Als am Abend des 20. Januar ein französischer Parlamentär in Versailles erschien, haben Kaiser und Kronprinz das Ereignis zuerst mit Bismarck besprochen; die entscheidende Kapitulationsverhandlung mit Jules Favre führte Bismarck allein, der Generalstabschef wurde erst zu nachträglichen Beratungen über Annahme oder Verwerfung der vereinbarten Bedingungen zugezogen. Es gab darüber noch lange und peinliche Debatten im engsten Kronrat der „Paladine“; aber Bismarck ließ sich das Heft nicht mehr aus der Hand winden: daran, daß jetzt der Friede vorbereitet und nicht bloß eine Kampfpause vereinbart werden sollte, scheint kein Zweifel mehr zugelassen zu sein. Der Generalstabschef wurde durch zwei Kabinettsordres, die er als ebenso ungnädig wie ungerecht empfand, in die Schranken seines Ressorts verwiesen und zu loyaler Information des Kanzlers über die militärischen Operationen erneut angehalten. Er hat sie mit jener berühmten Beschwerde über Bismarck (vom 26. Januar) beantwortet, die in ihrem zunächst bekanntgewordenen, von dem Abteilungschef Bronsart von Schellendorff stammenden Konzept, wie eine Abschiedsforderung aussah und dem König nahelegte, auch die Leitung der militärischen Operationen dem Bundeskanzler zu übertragen. Heute wissen wir, daß Moltke nie im Ernst daran gedacht hat, eine so grobe Unbotmäßigkeit zu begehen und sich auch nicht, wie ein parlamentarischer Minister, zu ultimativen Abschiedsforderungen berechtigt fand[45]). Aber die volle Gleichberechtigung des Generalstabschefs neben dem Reichskanzler — zum mindesten im Kriege — hat er allerdings mit sehr bestimmten Worten verlangt. Vergebens! Die Beschwerde blieb ohne schriftliche Antwort (nur ein Randvermerk des Generaladjutanten läßt vermuten, daß sie mit wohlwollend-anerkennenden Worten des Königs mündlich erledigt worden ist). Und Bismarck setzte seinen Willen in allen Punkten durch, verabredete sogar mit Favre, ohne Mitwirkung Moltkes, die Einstellung des Geschützfeuers und andere militärische Einzelheiten. Der Waffenstillstand wurde zu sehr gemäßigten Bedingungen abgeschlossen: als „Konvention“, nicht als „Kapitulation“, unter Verzicht auf Besetzung der Stadt, Auslieferung der Gefangenen, Fahnen, Trophäen, auf die Milliardenzahlung und vorläufig sogar auf den Einzug deutscher Truppen. Jede äußere Demütigung des besiegten Frankreich wurde vermieden; den Bemühungen Moltkes um eine nachträgliche Verschärfung der Waffenstill-

standsbedingungen (aus Anlaß der Einzelkonventionen und der späteren
Verlängerung) gab Bismarck nicht nach, sondern setzte sich an diesem Punkt
höchst souverän über die Wünsche des Generalstabs und des Königs hinweg. Insbesondere hat er darauf verzichtet, irgendeine Rüstungsbeschränkung von den Franzosen zu fordern, wie sie Moltke schon im Waffenstillstand gern erreicht hätte. Den Einzug der siegreichen Truppen in Paris hat er
erst im Friedensvertrag durchgesetzt und auch dann bekanntlich nur in
enger zeitlicher und örtlicher Beschränkung.

Auf soldatischer Seite war man geneigt, das alles als bloße Schwäche
und Nachgiebigkeit zu empfinden. Über die Waffenstillstandsbedingungen
gab es zunächst viel Empörung in den höheren Stäben, die dann freilich
in der allgemeinen Freude über den Fall der großen Stadt rasch wieder
untergingen. Moltke selbst erschien den französischen Unterhändlern un-
nahbar, unerbittlich in der Strenge seiner militärischen Forderung; mehr als
je fühlte er sich verpflichtet, die Wünsche und Ansprüche der Armee gegenüber der Diplomatie zu vertreten: ihre Feder sollte nicht wieder verderben,
was das Schwert des Soldaten gewonnen hatte. „Ich muß der Disziplin der
Armee sehr sicher sein", hat er am 27. Januar zu Favre gesagt, „um es zu
wagen, ihr unsere Konvention zu bieten." Um so mehr ist zu bewundern,
wie sehr er selbst diese Disziplin bewährte und statt den Groll zu schüren,
statt eine politische Krise zu inszenieren, sich bemühte, die Erregung der
Generäle zu beschwichtigen. Man habe nicht weiter gehen können mit den
Waffenstillstandsforderungen, ließ er dem Kronprinzen von Sachsen sagen,
weil sonst die friedenswillige Regierung Favre gestürzt werden würde, an
deren Erhaltung in diesem Augenblick der deutschen Gesamtpolitik viel
gelegen sei[46]). An dieser Bereitschaft, sich den Staatsnotwendigkeiten unter-
zuordnen, hing zuletzt alles. In menschlich großartiger Selbstbeherrschung
ist er am 27. Januar, einen Tag nach jener bitteren Beschwerde, der Aufforderung Bismarcks zu einer Vorbesprechung der Waffenstillstandsbedingungen unter vier Augen gefolgt, hat sich mit ihm über das Unerläßliche
geeinigt und weiterhin mit der Rolle als bloßer militärischer Sachbearbeiter
und Berater des Staatsmannes begnügt.

Dafür erlebte er dann später die Genugtuung, daß Bismarck sehr viel
Verständnis zeigte für solche militärischen Forderungen, die mehr als ein
bloßes Triumphbedürfnis zur Grundlage hatten. Das gilt vor allem von
der Abtretung von Lothringen und Metz im Friedensvertrag. Die Tatsache,
daß sich an diesem Punkt die militär-geographische Erwägung gegen alle poli-

tischen Bedenken durchgesetzt hat, ist geschichtlich unendlich viel wichtiger und folgenreicher geworden als alles, was Moltke an Waffenstillstandsforderungen hatte aufgeben müssen.

Wir werden später noch die schwankenden Erwägungen zu verfolgen haben, in denen sich Bismarck zu dem Entschluß durchrang, außer dem Elsaß auch Lothringen und Metz als Siegesbeute endgültig festzuhalten (unten Abschnitt IV). Zweifelhaft war ihm niemals die Notwendigkeit materieller Sicherung gegen französische Revanchegelüste, sondern nur deren Umfang: ob die Annexion des fremdvölkischen Lothringen und seiner Festung Metz dazu unentbehrlich wäre, und ob nicht der Besitz von Straßburg und etwa noch des zum Departement Oberelsaß gehörenden Belfort ausreichen würde. In dieser Frage war er auf das Urteil der militärischen Sachverständigen angewiesen. Wenn sie ihm vorhielten, das viele um die Eroberung von Metz geflossene Blut mache es unmöglich, die Festung wieder herauszugeben, so wies er das ebenso ab wie den bei einzelnen Generalen hervortretenden Wunsch nach viel weitergehenden Eroberungen[47]). Aber Moltkes Urteil, der Besitz von Metz bedeute soviel wie eine Armee von mindestens 120000 Mann, während auf Belfort militärisch sehr geringer Wert zu legen sei[48]), hat ihn doch offensichtlich stark mitbestimmt in seinem Entschluß, auf dem Erwerb der lothringischen Festung zu bestehen und den französischen Unterhändlern dafür, gewissermaßen zum Trost, die Rückgabe von Belfort einzuräumen[49]). Nichts war besser geeignet, die Spannung zwischen ihm und dem Generalstab zu überwinden als dieser Ausgang der Friedensverhandlungen; umgekehrt hätte der Verzicht auf Metz diese Spannungen auf das äußerste verschärft. Man sieht das an dem Ingrimm, mit dem man im militärischen Hauptquartier die Nachricht aufnahm, Bismarck werde vielleicht zur Preisgabe Lothringens genötigt sein, um zum Frieden zu kommen. „Dies Aufgeben von Metz", schrieb Blumenthal in sein Tagebuch, „kommt mir wie eine Niederlage vor" und wird einen schrecklichen Sturm in Deutschland erregen. Ich kann es noch gar nicht glauben, daß alles Blut vor Metz umsonst (!) geflossen sein soll. Die gute militärische Grenze, die wir mit so vielen Opfern erkämpft haben, würde aufgegeben — bloß um Frieden zu bekommen; so kriegsmüde ist die Armee nicht; im Gegenteil, sie brennt darauf, wieder loszugehen." Kaiser und Kronprinz sind leider kriegsmüde, Bismarck „treibt eine zu feine Politik mit Voraussicht von Dingen, die mir nicht zutreffend scheinen. Bald sind es die auswärtigen Mächte, bald Schonung des Feindes, der nicht auf den Tod erbittert werden soll usw. Einem

einfachen Soldatenverstand erscheint das höchst komisch. Der niedergewor-
fene Feind muß so bleiben, daß er sich in hundert Jahren nicht wieder
erheben kann; es müssen ihm Fesseln angelegt werden, die ihn verhindern,
sobald an Revanche zu denken"[50]).

Im Grunde war das — nur in vergröberter Form — auch der Gedankengang Moltkes: Frankreich so zu schlagen, daß es sich in hundert Jahren
nicht wieder erheben könnte. Aber der Friede, den Bismarck schloß, enthielt
trotz aller „militärischen Verbesserungen" unserer Westgrenze keine Bestimmung, die den Niedergeworfenen daran hinderte, sobald als möglich
wieder aufzurüsten. Und so blieb ein scharfes Mißtrauen auf deutscher Seite
wach, die Franzosen würden sehr bald ihre Rache suchen. Der patriotische
Eifer, mit dem sie ihre Kriegslasten abtrugen, um die fremde Besatzung
noch vor den gesteckten Terminen loszuwerden, die Energie ihrer Wieder-
aufbauarbeit nach den großen Zerstörungen, die überraschend schnelle wirtschaftliche Erholung des Landes — alles weckte neue Besorgnisse. Schon im
Frühjahr 1872 erwartete Moltke, die französische Armee werde übers Jahr
stark genug sein, wieder Krieg anzufangen. Auch fremden Diplomaten
gegenüber verhehlte er solche Besorgnisse nicht. Im März 1873 erschreckte
er den englischen Botschafter durch die Bemerkung, über kurz oder lang
müsse der Krieg doch wieder ausbrechen, und vom rein militärischen Standpunkt müsse man sagen: je eher, je besser für Deutschland[51]). In der Tat
erwog er seit 1872 sehr ernsthaft die Möglichkeit eines Revanchekrieges
und entwarf dafür einen geheimen Aufmarschplan, der eine rein defensive
Haltung Frankreichs für unwahrscheinlich erklärte, die Möglichkeit, deut-
scherseits dem französischen Angriff zuvorzukommen, wenigstens andeu-
tete[52]) und als deutsches Kriegsziel bezeichnete: „Endlich den Vulkan zu
schließen, welcher seit einem Jahrhundert Europa durch seine Kriege wie
durch seine Revolutionen erschüttert." Aber wie sollte das geschehen? Wie
dachte er sich den neuen Diktatfrieden? Die Frage wurde ihm 1875 von
dem belgischen Gesandten Baron Nothomb gestellt, dem er ganz offen
erklärt hatte, Deutschland dürfe nicht abwarten, bis Frankreich mit seinen
Rüstungen fertig wäre, sondern müsse ihm zuvorkommen; durch rechtzeitiges Losschlagen könnten wir hunderttausend Mann Verluste sparen.
„Aber was wollen Sie mit dem besiegten Frankreich machen?" fragte der Gesandte. Die Antwort lautete sehr unsicher: „Das weiß ich nicht; das zu
entscheiden wird sicherlich eine große Verlegenheit sein. Ach! Der Krieg!
Der Krieg! Wenn man ihn, wie ich, aus der Nähe gesehen hat, kann man

nur tiefen Abscheu vor ihm haben. Er ist die schlimmste Geißel der Menschheit, und sicher muß man alles tun, um ihn zu vermeiden[53])." Falls der französische Bericht über dies Gespräch zutrifft, haben wir hier den klassischen
Ausdruck für die heimliche Problematik des moltkeschen Wesens vor uns.
Der Humanist erschaudert vor den Schrecken, der Rationalist einer kühlen
Staatsräson vor der barbarischen Zügellosigkeit des modernen Volkskrieges
mit seinem Völkerhaß; aber der Techniker des Vernichtungskrieges sieht
keinen anderen Weg als immer neue Vernichtungsschläge, um „den Vulkan
endlich zu schließen" — ohne doch der Konsequenz gesteigerten Völkerhasses und damit immer neuer Eruptionen des Vulkans zu entrinnen. Die
praktische Erfahrung hat den Feldherrn gelehrt, daß es im Volkskrieg der
modernen Massenheere kein Cannae und auch kein Königgrätz mehr gibt;
daß im Zeitalter der Nationalkriege nicht mehr das gegenseitige Verhältnis
der mobilen Feldarmeen, sondern der Reserven, der wirtschaftlichen und
moralischen Kriegspotentiale die letzte Entscheidung bringt. Seine eigenen
Feldzugspläne laufen seit 1871 auf eine Art von Ermattungsstrategie (freilich großartigen, friderizianischen Stils) hinaus. Was nutzt also — möchte
man fragen — das Prävenire, wenn es doch jedesmal zum Dauerkrieg kommt?
Dennoch sieht Moltke keinen anderen Ausweg, als den des „Zuvorkommens"
und der „vernichtenden Schläge". Das Denken bewegt sich in lauter Zwangsläufigkeiten, die einen unheimlichen Zirkel bilden[54]) — sobald im Verhältnis
der großen Nationen untereinander kein anderes Gesetz als das des ständigen Machtkampfes, des gegenseitigen Auflauerns gilt, sobald die Möglichkeit einer höheren Gemeinschaftsbildung, der Versöhnung, des friedlichen Interessenausgleiches und des festen Vertragsrechtes ausgeschlossen
bleibt.

Das Gespräch mit Nothomb stand im Zusammenhang der sogenannten
„Krieg-in-Sicht-Krise", die Bismarck im April 1875 hervorrief, als er gegen
das neue französische Heeresgesetz (dessen Tragweite zunächst vom deutschen Generalstab überschätzt wurde) durch einen von ihm entfesselten
Pressesturm[55]) und mancherlei diplomatische Druckmittel vorging — anscheinend in der Absicht, die Franzosen einzuschüchtern und womöglich das
Tempo ihrer Aufrüstung zu verlangsamen. Er hat es damals wohl gar nicht
ungern gesehen, daß Moltke im Gespräch mit auswärtigen Diplomaten recht
kriegerische Äußerungen fallen ließ[56]) — was ihn aber nicht hinderte, im
gegebenen Augenblick sehr unzweideutig von dem greisen Feldmarschall
abzurücken und ihn gelegentlich gar als politischen Dilettanten zu bezeich-

nen, dessen private Meinungsäußerungen keine Bedeutung hätten. Er selbst
hat damals keinen Augenblick an Präventivkrieg gedacht — so wenig wie
König Wilhelm, der sich mit größter Energie gegen jedes Spielen mit solchen
Plänen verwahrte[57]). Diesem friedlichen Kurs der offiziellen Politik hat
Moltke nicht etwa opponiert — von irgendwelcher Kriegslust kann bei ihm
gar keine Rede sein; aber als bittere Notwendigkeit glaubte er doch den
Krieg schon in den nächsten Jahren betrachten zu müssen[58]).

Dabei spielte eine Hauptrolle die Erwägung (die auch Bismarck gelegentlich verwendet hat), daß Frankreich sein hohes Militärbudget auf die Dauer
nicht werde tragen können und einen gewaltsamen Ausweg suchen müsse,
um davon wieder loszukommen. Aber die Prophezeiung traf nicht ein; es
stellte sich heraus, daß die Höhe der Militärkosten mehr durch den Neu-
aufbau als durch Dauerlasten bedingt, Frankreich jedenfalls nicht überlastet
war und daß die Friedensbedürfnisse des französischen Bürgertums noch
auf lange hinaus alle Revanchegelüste erstickten. Auch Moltke ließ sich
schließlich davon überzeugen, daß Frankreich ohne starke Alliierte nicht
wagen würde loszuschlagen. Um so wichtiger wurde für ihn seitdem die
russische Frage.

Im Gegensatz zu Bismarck betrachtete er auch sie mehr vom Gesichtspunkt der Nationalität und der in ihr schlummernden Zukunftsmöglichkeiten als von dem der dynastischen Beziehungen und der kühlen Staatsraison. Die ungeheure Weite des russischen Landes, das unheimlich rasche
Wachstum des russischen Volkstums, dieser „größten homogenen Masse
Menschen in der Welt", der starke Expansionsdrang der russischen Politik
— das alles hat ihn schon frühe beeindruckt; in seinen Reisebriefen aus
Moskau (1856) sagt er Rußland eine große Zukunft voraus. Wo aber Kräfte
sich ballen, ist er immer geneigt, sogleich auch gefährlichen Kampfwillen
und unversöhnliche Interessengegensätze anzunehmen. Daß eines Tages die
germanische Mitte Europas notwendig sich würde zur Wehr setzen müssen
gegen eine Vereinigung des „slawischen Ostens mit dem romanischen
Westen", ist ein Gedanke, der in seinen militärisch-politischen Denkschriften
seit 1859 immerfort wiederkehrt. Schon im Dezember 1859 hatte er einen
Aufmarschplan gegen Rußland entworfen in der (damals höchst unwahrscheinlichen) Voraussetzung, daß der östliche Nachbar mit dem westlichen
gegen Preußen zusammenwirken könnte. Im April 1871, noch vor Abschluß
des Frankfurter Friedens, war der erste Aufmarschplan für den Fall eines
Zweifrontenkrieges gegen das neue Reich bereits aufgestellt. Merkwürdig

weitsichtig glaubt Moltke schon damals, lange vor dem Entstehen des deutsch-österreichischen Zweibundes, vorauszusehen, daß Rußland eines Tages Preußen-Deutschland als Haupthindernis auf dem Wege nach Stambul betrachten werde; zwischen dem deutschen und russischen Volk, meint er, bestünde „unverkennbar eine gegenseitige Abneigung in Glauben und Sitten, ein Widerspruch in den materiellen Interessen"; beides würde verschärft durch den Aufstieg Deutschlands zur Großmacht, der auch die traditionellen Sympathien des russischen Hofes für den preußischen schwinden lassen müsse. Möglicherweise könnte auch die Eroberung von Danzig und Königsberg ein russisches Kriegsziel bilden. Ansichten, die denen Bismarcks, der keinen lebenswichtigen Interessengegensatz zwischen Deutschland und Rußland anerkannte, entschieden widersprechen. Aber es scheint sich auch weniger um feste Überzeugungen, gewonnen aus praktisch-politischer Erfahrung, zu handeln, als um bloße Hypothesen, abgeleitet aus geschichtlichen Reflexionen sehr allgemeiner Art und nur dazu bestimmt, gewissermaßen experimentierend Situationen auszumalen, Kriegslagen, die dann auf ihre militärtechnischen Möglichkeiten durchzurechnen sind. Unter der allgemeinen Voraussetzung, daß Rußland dem Deutschen Reich den Krieg erklärt, erscheint Österreich als natürlicher Bundesgenosse Deutschlands, Frankreich als natürlicher Alliierter der Russen — das ist der Kern aller historischen-politischen Erwägungen. Alles andere bleibt zweifelhaft: ob nun wirklich Ostpreußen ein erwünschtes Eroberungsziel für die Russen sein kann oder nicht, ob ihr Ehrgeiz mehr auf die Türkei oder mehr auf galizische Eroberungen gerichtet ist, ja ob überhaupt ein natürlicher Interessengegensatz zwischen ihnen und uns besteht oder nicht — darüber werden die verschiedenartigsten Angaben gemacht[59]).

Aber die Hypothese kriegerischer Spannungen zwischen Rußland und dem Reich wurde seit 1876 mehr und mehr zur Wirklichkeit. Der Kampf um das Erbe der alten türkischen Machtstellung auf dem Balkan entzweite die Ostmächte immer tiefer, und Bismarcks Bemühungen um friedlichen Interessenausgleich stießen auf immer größere Schwierigkeiten; der Zweibund von 1879 zog uns noch tiefer in die russisch-österreichischen Balkanhändel hinein; der Panslawismus begann seine Deutschenhetze, der Aufrüstung Frankreichs trat mehr und mehr auch eine russische zur Seite, und das Mißtrauen des deutschen Generalstabes wurde durch immer stärkere Belegung der westlichen Grenzgarnisonen Rußlands dauernd wachgehalten. Es begann die Epoche des Wettrüstens der großen Mächte, das Moltke schon

1872 mit Erschrecken hatte kommen sehen[60]) und das die europäische
Politik bis 1914 von Jahrzehnt zu Jahrzehnt mehr mit Spannungen erfüllt
hat. Das Gespenst des Zweifrontenkrieges richtete sich immer drohender vor
Deutschland auf, wenn auch vorläufig noch in weiter Ferne, und die strategischen Pläne Moltkes, die seiner Beschwörung dienen sollten, gewannen
immer mehr an praktischem Gewicht.

Der Grundgedanke seiner zahlreichen Denkschriften seit 1871 ist im
Kern immer derselbe: gegenüber der Doppelbedrohung reichen die militärischen Kräfte Deutschlands zu einem Totalsieg wie 1866 und 1870/71 nicht
mehr aus; auch sind lockende Eroberungsziele weder im Westen noch im
Osten zu finden[61]). Es bleibt uns nur die strategische Defensivhaltung, aber
eine Defensive wie die Friedrichs II. im Siebenjährigen Krieg, das heißt mit
taktischer Offensive von größter Wucht, um den Gegner zu lähmen und
zu ermatten, so lange, bis die Diplomatie Aussicht hat, einen befriedigenden
Interessenausgleich zustande zu bringen. Die entscheidende Frage innerhalb
eines solchen aktiven Verteidigungssystems war: ob das Hauptgewicht ihrer
Aktivität nach dem Westen oder nach dem Osten verlegt werden sollte.
Der Plan von 1871 gibt darauf keine klare Antwort; ein späterer vom
Februar 1877 rechnet nur mit einer russischen Kriegserklärung, erwartet
aber mit absoluter Sicherheit ein baldiges Eingreifen Frankreichs und will
diesem zuvorkommen, indem er „ohne Rücksicht darauf, welche Haltung
Frankreich bis dahin gezeigt hat", am fünften Mobilmachungstage deut-
scherseits den Franzosen den Krieg erklären läßt. Schon in der dritten
Kriegswoche hofft Moltke mit überlegenen Kräften eine „große Entscheidungsschlacht" im Westen geschlagen zu haben und dann die freiwerdenden
Truppenmassen nach Osten zu werfen, wo die Russen zum Aufmarsch
längere Zeit brauchen werden. Das ganze erinnert bereits an die Gescheh-
nisse von 1914; man sieht insbesondere hier schon jene unheimliche Zwangsläufigkeit wirksam, die zu überstürzten Kriegserklärungen aus rein militärischen Gründen führt, ohne Rücksicht auf die politische Wirkung, und
zum Drängen auf eine rasche militärische Entscheidung im Westen, für die
wegen des Doppelkrieges nur wenige Wochen zur Verfügung stehen; aber
Moltke macht sich keine Illusionen darüber, daß an ein zweites Sedan
unter den stark veränderten Verhältnissen (Bedrohung im Osten, Befestigung der französischen Ostgrenze, gewaltige Verstärkungen der Wehrkraft
Frankreichs) nicht mehr zu denken ist und daß auch nach einem großen
Erfolg gegen Frankreich der „Diplomatie überlassen werden muß, ob sie

uns, wenn auch nur auf der Grundlage des status quo ante, nach dieser einen Seite hin Ruhe schaffen kann." Es ist sehr wahrscheinlich, daß die ganze Anlage des Planes auf politische Wünsche Bismarcks zurückgeht, mit dem der Generalstabschef eben damals in engster Fühlung stand: der Kanzler wollte jede Provokation Rußlands vermeiden, hielt den Krieg mit dem östlichen Nachbarn für ein wenig aussichtsreiches, im Grunde uferloses Unternehmen und hat wohl immer daran festgehalten, daß Deutschland auch im Falle des Zweifrontenkrieges die eigentliche Entscheidung im Westen zu suchen habe[62]). Daran, daß Frankreich die Gelegenheit zur Revanche nicht versäumen werde, sobald Deutschland in einen Konflikt der Ostmächte verwickelt würde, hat er ernsthaft nicht gezweifelt — so wenig, daß er sogar entschlossen war, den offenen Kriegsausbruch nötigenfalls zu erzwingen. Denn sofern die Notwendigkeit des Krieges nicht eine bloße Vermutung oder geschichtsphilosophische These, sondern volle Gewißheit war, scheute auch er sich nicht, das Prävenire zu spielen[63]). Der Verzicht darauf hätte bedeutet, dem sicheren Feind den entblößten Rücken zu bieten, ihn geradezu einzuladen zum tödlichen Stoß in dem Augenblick, in dem die deutsche Heeresmacht im Osten in unabsehbare Kämpfe verstrickt war. Theoretisch ließ er zwar auch jetzt die Möglichkeit noch offen, daß Frankreich uns der Notwendigkeit eines Angriffs durch zuverlässige Friedensgarantien überheben könnte; aber praktisch hat er nicht an diese Möglichkeit geglaubt[64]). Auf keinen Fall wollte er, daß Deutschland sich in einen Krieg mit Rußland einließe, ehe seine Westgrenze völlig gesichert wäre.

In dieser Haltung hat er sich auch nicht durch das 1879 abgeschlossene Bündnis mit Österreich beirren lassen; nach wie vor widerstrebte er heftig jeder kriegerischen Verwicklung mit Rußland und wollte dem neuen Alliierten nur in äußerster Not, aber auch dann nicht ohne vorherige Sicherung der Westgrenze beispringen. Ebensowenig wie einst den französischen Krieg hat er jetzt den russischen und überhaupt den Zweifrontenkrieg als schicksalhafte Notwendigkeit betrachtet, als „zwangsläufig" in irgendeinem Sinn; sein ganzes, immer komplizierter werdendes Bündnissystem in den achtziger Jahren war nichts anderes als ein fortgesetztes Bemühen, dieser Zwangsläufigkeit zu entgehen. Jede Festlegung auf Feldzugspläne, die eine Anfangsoffensive im Osten an der Seite Österreichs vorsahen, barg die Gefahr in sich, die österreichische Angriffslust zu stärken, und nichts fürchtete Bismarck mehr, als daß die Österreicher im Vertrauen auf Deutschlands militärische Stärke eine leichtsinnige Expansionspolitik am Balkan betreiben, Rußland herausfordern und uns die ganze Last der Kriegführung aufbürden könnten. Um einer solchen Gefahr zu entgehen, erwog er (nach gutbeglaubigten Äußerungen)[65] schlimmstenfalls „die russische Neutralität im letzten Augenblick zu erkaufen, indem er Österreich (das heißt Österreichs Balkanansprüche) fallen ließ und den Russen damit den Orient überlieferte".

Ganz anders stellte sich die Sachlage dem militärischen Denken Moltkes dar. Hier kam alles auf schnelle und große Anfangserfolge an. Die aber waren nach dem Ausbau des französischen Festungssystems an der Maas und Mosel, Modernisierung und Vergrößerung des französischen Heeres und der entsprechenden Beschleunigung von Mobilmachung und Aufmarsch im Westen nicht mehr zu erringen — es sei denn, daß der Gegner zur Eroberung von Elsaß-Lothringen sich weit über seinen Festungsgürtel hinauswagte. Um so besser schienen seit dem Abschluß des Zweibundes die Aussichten dafür im Osten, wo die ungeschützte Grenze, die isolierte Lage Ostpreußens und der stark nach Westen vorspringende Keil der russisch-polnischen Gebiete ohnedies zu offensiver Kriegführung nötigten, wo aber vor allem durch das Zusammenwirken deutscher und österreichischer Armeen von Ostpreußen und Galizien aus große Möglichkeiten konzentrischer Umfassung sich boten und die Langsamkeit des russischen Aufmarsches einen raschen Anfangserfolg doppelt wahrscheinlich machte. Die Aufmarschpläne Moltkes sehen deshalb schon seit Dezember 1878 vor, daß die Hauptmacht des deutschen Heeres im Zweifrontenkrieg sofort im Osten offensiv vorgeht, während schwächere Kräfte im Westen die Verteidigung übernehmen — eine Aufgabe, die hier erleichtert wird durch die verhältnismäßige Kürze der Grenze, durch die starken natürlichen Hindernisse der Vogesenkämme und des Rheins, vor allem durch die großen elsaß-lothringischen und rheinischen Festungen und Waffenplätze. Auch die Rücksicht auf Österreich spielt dabei eine bedeutende Rolle: Reißt man die österreichische Armee nicht gleich zu Anfang zu einer großangelegten Offensive mit, so wird sie sich im Gefühl ihrer zahlenmäßigen Schwäche in lahmer Defensive erschöpfen, angeklammert an die Karpathenkämme, und den Russen Zeit lassen, ihre volle Schlagkraft in wochenlangen Aufmärschen zu entwickeln.

Eben an diesem Punkte aber sollten nun die militärischen Erwägungen Moltkes und die politischen Bismarcks in harter Gegensätzlichkeit aufeinanderstoßen. Lag das Heil wirklich in der großen, schwungvollen, deutsch-österreichischen Überraschungsoffensive im Osten, so kam offenbar alles darauf an, sie durch möglichst genaue militärische Verabredungen zwischen den beiden Generalstäben vorzubereiten, die Mobilmachungs- und Aufmarschpläne aufeinander abzustimmen, vor allem die von beiden Seiten einzusetzenden Truppenmassen und die für ihren Aufmarsch notwendigen Bahntransporte im voraus festzulegen. Diese Notwendigkeit ist denn auch zwischen den beiden Generalstäben seit 1882 mehrfach erörtert worden, hauptsächlich, wie es scheint, auf Anregung des Generalquartiermeisters Grafen Waldersee, der seit 1882 dem Generalfeldmarschall als Stellvertreter mit weitgehender Selbständigkeit in der Geschäftsführung beigegeben war. Der unruhige, tatendurstige Ehrgeiz dieses Jüngeren suchte das Bündnis mit Österreich militärisch zu aktivieren. Er traf sich mit dem österreichischen Generalstabschef in der Überzeugung, daß mit Sicherheit auf einen baldigen russischen Angriff zu rechnen sei und daß man ihm durch eine groß-angelegte Aggressive zuvorkommen müsse. Als im Zusammenhang mit der bulgarischen Krise im Herbst 1887 sich die Anzeichen mehrten, daß Rußland zum Kriege gegen Österreich rüste, ließ er eine Denkschrift für den Reichskanzler ausarbeiten, die offen zum Präventivkrieg an der Seite Österreichs in der Form eines sofortigen gemeinsamen Angriffs auf Rußland drängte. Die russischen Rüstungen und die politischen Stimmungen in Moskau und Petersburg wurden dabei in den düstersten Farben geschildert: als unmittelbare Kriegsvorbereitung, teilweise Mobilmachung, ja bereits als Beginn des Aufmarsches. Spätestens im Frühjahr werde der Krieg losbrechen, man müsse ihm jetzt schon zuvorkommen. Für diese Denkschrift und das sie noch steigernde politische Begleitschreiben hat Waldersee die Unterschrift Moltkes gewonnen. In einem Immediatvortrag Ende November, dem auch der Generalquartiermeister beiwohnte, betonte der alte Feldmarschall mit gehobener Stimme, „daß wir niemals Österreich im Stich lassen dürften"[66]).

Bismarck ließ sich durch diese Vorstellungen der Militärs nicht aus der Ruhe bringen. Im Besitz des eben erst abgeschlossenen Rückversicherungsvertrages mit Rußland teilte er ihre unmittelbaren Kriegsbesorgnisse keineswegs und lehnte den Präventivkrieg auch diesmal ganz entschieden ab. Wohl aber versuchte er die Denkschrift des Generalstabes dazu auszunützen, um die österreichische Regierung zu stärkeren Defensivrüstungen aufzustacheln. Er ließ sie nach Wien mitteilen mit dem Rate, durch rechtzeitige Verstärkung der galizischen Garnisonen sich gegen etwaige Überraschungen zu sichern. Aber diese Bemühung wurde durchkreuzt durch eine ganze andersartige Einwirkung von militärischer Seite her. Der österreichische Mili--

tärattaché Oberstleutnant Steininger meldete aus Berlin, daß Moltke für
ungesäumtes Losschlagen gegen Rußland sei; in demselben Sinn drängte
der deutsche Militärattaché Major von Deines in Wien beim österreichischen
Generalstab und beim Kaiser Franz Josef, denen er, entsprechend den Aufmarschplänen Moltkes für den Zweifrontenkrieg, eine bedeutende Hilfe-
leistung der deutschen Armee in Aussicht stellte. Damit handelte er ganz im
Sinn seines Auftraggebers, des Generalquartiermeisters Waldersee, der in
diesen Jahren durch Vermittlung des Barons Holstein sehr enge Verbindung
mit dem Auswärtigen Amt unterhielt und mit einigen jüngeren Diplomaten,
wie Holstein, Graf Berchem und Radowitz eine Art von „Kriegspartei"
gebildet zu haben scheint: in diesem Lager fand man Bismarcks kluges
Lavieren zwischen Österreich und Rußland allzu vorsichtig und kompliziert,
sein Vertrauen auf die Staatsraison der zaristischen Regierung durch die
Entwicklung des russischen Nationalismus überholt, sein rücksichtsloses
Abbremsen aller österreichisch-ungarischen Machtpolitik auf dem Balkan
bedenklich — ein neuer, forscherer Kurs deutscher Politik bereitete sich vor,
dessen Stunde mit der Thronfolge des jungen, schon eifrig umworbenen
Prinzen Wilhelm kommen sollte; unbedenklicher als der alte Kanzler
dachte man sich den Machtwünschen des neudeutschen Nationalismus zu
erschließen[67]).

In Wien war die Regierung keineswegs geneigt, sich von Deutschland in
einen Präventivkrieg gegen Rußland hetzen zu lassen und hatte es auch
mit der (vom Generalstabschef Beck längst empfohlenen) Verstärkung der
galizischen Grenzgarnisonen gar nicht eilig — aus finanzieller Schwäche,
technischen Bedenken und politischer Ängstlichkeit. Man bemerkte sehr
bald, daß in Berlin die militärischen und politischen Ansichten keineswegs
übereinstimmten, und Bismarck selbst klärte das anfängliche Mißverständnis
seines Wiener Botschafters, als wäre er neuerlich zu den Präventivpolitikern
übergegangen, sehr energisch auf. Dem Militärattaché von Deines ließ er mit
Abberufung drohen, weil er seine Befugnisse als militärischer Beobachter
weit überschritten habe, dem Grafen Waldersee gegenüber verbat er sich
in überaus unwirscher Weise jede Durchkreuzung seiner Politik[68]) und drohte
im Wiederholungsfall mit einer ultimativen Beschwerde beim Kaiser. Inzwischen aber war durch die widersprechenden, bald auf Bismarck, bald
auf den Generalstab zurückgehenden Meldungen aus Berlin in der Wiener
Diplomatie große Verwirrung entstanden und im österreichischen Generalstab die Hoffnung geweckt worden, jetzt endlich, da selbst Bismarck die

Lage so ernst zu beurteilen schien, könnte es gelingen, den deutschen Bundesgenossen zu festen Verpflichtungen im Kriegsfall zu bringen. Man plante, eine Militärkonvention abzuschließen, die vor allem eine bestimmte, möglichst große Truppenzahl als deutschen Beitrag zum Ostfeldzug festlegen sollte; auch gemeinsamer Beginn der Mobilmachung, gemeinsame Kriegserklärung, gleichzeitiger Beginn der Operationen und offensive Kriegführung sollten verabredet werden; schließlich sollten all diese Verpflichtungen auch für den Fall eines präventiven Angriffs der Österreicher gelten. Das war der Sinn der „Punktationen", die der österreichische Generalstab Ende Dezember durch seinen Militärbevollmächtigten Frhr. von Steininger in Berlin vorlegen ließ. Bismarck gestand eine Besprechung dieser Fragen zwischen Steininger und dem Generalstabschef Moltke zwar zu, sorgte aber in sehr eindeutiger Weise dafür, daß sie die Grundlinie seiner Politik nicht stören durfte und behielt sich selbst die letzte Entscheidung über alle Abmachungen vor. Er hat damals Moltke vom Inhalt des Rückversicherungsvertrages persönlich und vertraulich in Kenntnis setzen lassen und jede Begünstigung eines österreichischen Angriffs, mochte er militärisch noch so vorteilhaft erscheinen, rundweg abgelehnt. Hielt Österreich ihn für dringend geboten, so mochte es sich nach englischer, italienischer, türkischer und rumänischer Unterstützung umsehen; Deutschland ließ sich nicht darauf ein, das Defensivbündnis von 1879 durch irgendwelche militärischen „Punktationen" nachträglich in eine Offensivallianz umwandeln zu lassen. Er war sehr besorgt, wie er den österreichischen Außenminister wissen ließ, „daß die Berechtigung, unsere Monarchen politisch zu beraten, nicht faktisch unseren Händen entgleite und auf die Generalstäbe übergehe". Soldatenfäuste sollten ihm das feingesponnene Netz seiner diplomatischen Allianzen unter keinen Umständen verwirren oder gar zerreißen.

Der alte Moltke hat sich der Energie dieses mächtigen Willens wiederum gefügt — widerspruchs- und rückhaltlos schwenkte er in die Linie Bismarcks ein und erschien dessen Sohn, dem Staatssekretär, als „der ruhigste und besonnenste aller unserer Generäle". Aber natürlich konnten nun die Besprechungen mit dem österreichischen Militärbevollmächtigten keinerlei praktisches Ergebnis mehr haben. Nicht einen der militärischen Wünsche des Verbündeten wagte der greise Feldmarschall zu erfüllen, er beschränkte sich in seiner Antwort auf die „Punktationen" auf wenig besagende Allgemeinheiten und hüllte sich über den Umfang der deutschen Waffenhilfe gegen Rußland in ein undurchdringliches Schweigen[69]). Die Militärkonven-

tion fiel also ins Wasser. Gleichwohl hat Moltkes letzter großer Operationsplan vom Februar 1888 (der Österreich gegenüber natürlich geheim blieb) für
den Fall des Zweifrontenkrieges mehr als ein Drittel der deutschen Streitkräfte sogleich gegen Rußland angesetzt, und zwar zu sofortiger Offensive,
unbeirrt durch Bismarcks gegenteilige Ansichten. Nach wie vor erwartete er
den baldigen Kriegsausbruch im Osten. Auch Walderses und Holsteins
innerer Widerspruch gegen die Haltung Bismarcks blieb unverändert; beide
rechneten darauf, daß der Zwang der Ereignisse den Kanzler schon eines
Tages von der Aussichtslosigkeit seiner Friedenspolitik überzeugen und
ein jüngerer Herrscher den Kriegsentschluß finden würde, zu dem der neunzigjährige Kaiser Wilhelm nicht mehr zu bringen war. Einen Nachhall von
Einwirkungen Walderses stellt der bekannte Brief des Kronprinzen Wilhelm vom 10. Mai 1888 an Bismarck dar, der von einem Kriege gegen
Rußland dessen völlige und dauernde politische Lähmung erwartet und die
militärischen Erwägungen, die für eine Ostoffensive sprechen, noch einmal
scharf hervorhebt[70]. Noch bis in die Entlassung Bismarcks hinein spielte
dieser Gegensatz militärischer und politischer Ansichten eine Rolle.

Solange Bismarck noch am Ruder war, hat er über alle heimliche Opposition der Militärs und jüngerer Diplomaten hinweg die Einheitlichkeit der
diplomatischen Planung und Führung immer wieder durchgesetzt. Aber freilich: das militärische Problem des gemeinsamen Ostaufmarsches der Mittelmächte blieb ungelöst und ist bis in den Juli 1914 ungelöst geblieben, zu
schwerem Schaden der gemeinsamen Kriegführung. Die Schuld daran geht
gleichwohl nicht auf Bismarcks Konto. Er konnte auf eine genaue technische
Vorbereitung des Ostfeldzuges aus politischen Gründen verzichten, weil
damals auch eine längere Defensive im Osten noch gute Aussichten bot und
weil er im Grunde immer noch mit der Möglichkeit rechnete, einen Kampf
auf Leben und Tod mit Rußland durch diplomatische Auskunftsmittel im
letzten Augenblick zu beschwören; eben deshalb war er so ängstlich besorgt,
jede Offensivhaltung seines Bundesgenossen zu verhindern. Die Politik
seiner Nachfolger hat diese Linie verlassen, hat den Kampf mit den zwei
größten Kontinentalmächten mehr und mehr als schicksalhafte Notwendigkeit hingenommen und den Generälen in keiner Weise mehr hineingeredet.
Aber inzwischen hatte der deutsche Generalstab von sich aus, von rein
militärische Erwägungen bestimmt, den Moltkeschen Aufmarschplan wieder umgeworfen und sich auf einen großen Entscheidungskampf im Westen
festgelegt. So sehr festgelegt, daß der jüngere Moltke in große Verlegenheit

geriet, wenn ihn Conrad von Hötzendorff drängte, einen festen Termin für das Eingreifen der deutschen Hauptmacht im Osten zu nennen.

Die militärischen Techniker haben sich also schließlich volle Handlungsfreiheit erkämpft. Aber die „Zwangsläufigkeit" des kriegerischen Geschehens, vor der die Politik kapituliert hatte, war inzwischen auch ihnen über den Kopf gewachsen[70a]).

*

Man hat es als „eine Seite des strategischen Genius in Moltke" bezeichnet[71]), „daß er aus eigenem die auswärtige Politik Bismarcks mitdachte; meist in Übereinstimmung mit ihm, in einigen denkwürdigen Fällen aber auch in vollem Gegensatz gegen ihn". Wie unsere Übersicht über Moltkes militärisch-politische Denkschriften gezeigt hat, trifft das doch nur in sehr beschränktem Maße zu. Wohl hat er ein eigenes System historisch-politischer Vorstellungen entwickelt, das sich zuweilen mit denen Bismarcks zu decken scheint; vor allem war er ebensowenig wie dieser ein blinder Draufgänger, sondern hielt es mit dem Wahlspruch „Erst wägen, dann wagen" und hat als verantwortlicher Stratege den „Cauchemar des coalitions" nach 1871 eher noch schärfer empfunden als der Staatsmann. Aber von einem „Mitdenken" bismarckischer Außenpolitik kann man doch eigentlich nicht reden. Deren Grundzüge waren gänzlich andersartig (wie nachher noch genauer zu zeigen sein wird): vor allem war sie sehr viel beweglicher, vielgestaltiger, weniger starr gebunden an kämpferische Grundvorstellungen und darum reicher an Möglichkeiten. Für die Art des Moltkeschen Denkens besonders bezeichnend ist eine seiner ersten großen Denkschriften: Über die „militärisch-politische Lage Preußens" vom Frühjahr 1860, in der er zu begründen versucht, weshalb der Krieg mit Frankreich unvermeidlich eines Tages kommen muß. Frankreich, heißt es da, ist durch seine neueren großen Erfolge „das Haupt der Romanischen Welt geworden, es hat auch das Germanische Inselreich willenlos (!) an seine Politik gekettet", hat im Krimkrieg Rußland besiegt, im italienischen Feldzug Österreich gedemütigt — also ist „ein Stillstand auf dem Wege der Idées Napoléonnes nicht mehr zu erwarten, die Europäische Koalition, welche dem Vorschreiten entgegentreten könnte" nicht mehr möglich. „Frankreich hat bis jetzt für andere gekämpft, es wird nun für sich selbst kämpfen und erwerben. Die Theorien der Volksabstimmung, der Nationalitäten und der natürlichen Grenzen sind Handhaben für alle Zwecke, Heer und Flotte die Mittel für ihre Durchführung. England und Preußen sind an der Reihe (!), Cherbourg und Châlons bedrohen beide." Da aber eine Eroberung Englands praktisch wenig günstige politische Aussichten bietet, „liegt eine wirkliche Besitzerweiterung nur am Rhein. Dort steht Preußen und wahrscheinlich Preußen allein." Ja, im Hintergrund tauchen schon jetzt noch viel größere Gefahren einer ferneren Zukunft auf: „Ein Zusammenwirken des Slawischen Ostens mit dem Romanischen Westen gegen das Centrum Europas", das dann freilich alle germanischen Elemente zum Widerstand vereinigen müßte[72]). Bald nach 1871 nehmen diese Zukunftsbefürchtungen ernstere Gestalt an: das Gespenst des Zweifrontenkrieges taucht auf, und Rußlands Nachbarschaft erscheint jetzt ebenso gefahrdrohend wie die Frankreichs, der Konflikt im Osten auf die Dauer ebenso unvermeidlich, wie früher der im Westen; alle Kunst diplomatischer Allianzen wird an dieser Zwangsläufigkeit nichts ändern. Daher beschließt der greise Feldmarschall seine amtliche Laufbahn mit Plänen eines Präventivkrieges gegen Rußland.

So also spiegelt sich die politische Welt in den Augen der Soldaten. Die politische Phantasie bewegt sich in weiten, oft etwas vagen Horizonten. Das komplizierte Kräftespiel der Mächte und Interessen wird stark vereinfacht. Was interessiert, ist nur das Machtbedürfnis der Staaten und Völker, unter Ausschaltung fast aller persönlichen Faktoren, fast in hegelischer Art: man sieht nur noch Staatsraison gegen Staatsraison stehen, lauter Interessengegensätze ohne Beachtung der Gemeinsamkeiten, Lebenswillen kämpfend gegen Lebenswillen, wo es dann keine Verständigung mehr gibt. Alles wird auf den einen Nenner möglicher Kriegsmotive gebracht — eine Betrachtungsweise, die soldatischem Denken natürlich ist, aber gefährlich in ihrer Einseitigkeit für den politischen Laien und historischen Dilettanten, den sie mit ihrer Gradlinigkeit und anscheinend „realpolitischen" Nüchternheit besticht. Sie pflegt besonders jener Bildungsschicht zu imponieren, die ohne nähere Berührung mit der Tagespolitik und den praktischen Geschäften der Diplomatie doch gerne über Geschichte und Politik räsoniert, besonders über Außenpolitik und nationale Machtinteressen, mehr aus allgemeinem Bildungseifer als aus dem Bewußtsein eigener Mitverantwortung, und die nun vor allem für die großen dramatischen Szenen der Geschichte, für die Kriege und alles was mit ihnen zusammenhängt, sich interessiert. Moltke als Generalstabschef hatte dienstlich gar keine Veranlassung, sich für andere historisch-politische Fragen als für Spannungen zwischen den Großmächten und für die möglicherweise daraus erwachsenden kriegerischen Konflikte zu interessieren; die Möglichkeit friedlicher Lösungen zu beurteilen war nicht Sache seines Ressorts. So ist die Einseitigkeit der Geschichtsbetrachtung in seinen militärischen Denkschriften durchaus zweck- und berufsbedingt und als solche auch gerechtfertigt; denn zum Kampfgeist, der die Seele einer Armee bilden soll, gehört auch ein entsprechendes Geschichtsbild hinzu. Aber wer hier von selbständigem Mitdenken der Außenpolitik Bismarcks spricht, übersieht gerade diese berufsbedingte Einseitigkeit, übersieht zugleich den fundamentalen Unterschied, daß hier nicht ein Diplomat aus genauer Kenntnis der politischen Geschäfte und Persönlichkeiten redet, sondern ein Außenseiter mit sehr mangelhafter sachlicher Orientierung politische Zeitereignisse und Augenblickssituationen zu beurteilen versucht. Genaueres über den informatorischen Verkehr Moltkes mit dem Auswärtigen Amt läßt sich aus den Akten kaum noch ermitteln; sehr intensiv dürfte er nach der ganzen Art seiner Persönlichkeit, die vor aller politischen Betriebsamkeit (etwa in der Art Waldersees) zurückscheute, auch außerdienstlich kaum gewesen sein. Von der ungeheuren Zahl seiner Aufmarschpläne, operativen Studien und Entwürfen sind, wie die Akten des Generalstabes zeigen, nur sehr wenige auf unmittelbare Anregung oder Anforderung des Kriegsministers oder des Auswärtigen Amtes entstanden — die weitaus meisten tragen sozusagen rein akademischen Charakter: als vorsorgliche Planung für alle irgendwie denkbaren Fälle außenpolitischer Verwicklung — und es fehlt auch nicht an Beispielen dafür, daß kaum noch denkbare, ja praktisch undenkbare Fälle sorgsam durchdacht wurden[73]), als Zeugnisse eines unermüdlich tätigen Geistes, dem das Planen, Rechnen und Konstruieren ein wahres Lebensbedürfnis, eine unentbehrliche Übung, ein Mittel der Selbstorientierung geworden war. Nur in ausgesprochenen Krisenzeiten, wie vor allem 1865/66[74]), wird ein intensiver, schriftlicher und mündlicher Gedankenaustausch zwischen Moltke, Roon und Bismarck, auch wohl mit dem König und Militärkabinett erkennbar — wobei dann jedesmal die politischen Instanzen die angenehme Entdeckung machen, daß der Generalstabschef bereits mit fertigen Aufmarschplänen aufwarten kann, wenn der Krieg sich erst von ferne zu nähern beginnt.

Nur in einem Punkt kann man eine durchgehende Gemeinsamkeit zwischen dem politisch-historischen Weltbild Moltkes und dem Bismarcks feststellen: in der Überzeugung vom Primat der Außenpolitik. Aber sie ist bei dem Soldaten viel einseitiger, kämpferischer zugespitzt als bei dem Diplomaten. Den Clausewitzschen Satz, daß das Wesen des Staates die Verteidigung gegen den äußeren Feind sei, alles andere bloße „Nebenkosten", hätte Bismarck so nicht geprägt; der Clausewitzschüler Moltke konnte ihn ohne weiteres unterschreiben[75]). Ihm erschien die Außenpolitik der Großstaaten geradezu zwangsläufig zu immer neuen kriegerischen Auseinandersetzungen genötigt, ohne daß die Möglichkeit friedlichen Interessenausgleichs überhaupt sichtbar wurde — entsprechend jenem ehernen Gesetz der Macht, das Ranke gelegentlich so definierte: „Die großen Gewalten treiben sich durch ihren eigenen Impuls so weit fort, bis sie Widerstand finden" — denn die „Macht, einmal begründet, muß immerfort wachsen, weil sie die ihr entgegenstehende Feindseligkeit nicht ermessen kann."

Vierter Abschnitt

Die Haltung Bismarcks:
Der Krieg als Hilfsmittel verantwortlicher Staatskunst

Das Gesetz der Macht ist unausweichlich. Aber es darf nicht mißdeutet werden. Auch Ranke, der mit soviel andächtigem Staunen den beständigen Wettkampf der „Großen Mächte" als ein Ringen „realgeistiger Wesenheiten", „moralischer Energien" schilderte, als einen schöpferischen, lebenzeugenden Prozeß, in dem er geradezu den „idealen Kern der Geschichte des menschlichen Geschlechtes" erblicken wollte, und der sich bis zu der schroffen Formulierung versteigen konnte, das Wesen des Staates beruhe in seinem Gegensatz zu anderen Staaten — derselbe Ranke hütete sich dennoch vor einer einseitig kämpferischen Auffassung der Weltgeschichte. In ihm blieb doch immer ein Bewußtsein davon lebendig, daß die großen Nationen Europas über alle wechselnden Interessengegensätze hinweg eine höhere Gemeinschaft bilden, eine „romanisch-germanische" Völkerfamilie mit gemeinsamen politisch-geistigen Traditionen, deren Ursprung der Geschichtschreiber in der berühmten Einleitung seines Jugendwerkes schilderte. Damit berühren wir einen zweiten, der bisher dargestellten Ideenentwicklung entgegengesetzten Strom politischer Traditionen, der für das Verständnis unseres historischen Problems wichtig ist. Neben der individualisierenden Geschichtsbetrachtung des neudeutschen Nationalismus, die immer mehr zu einseitig kämpferischer politischer Haltung führte, hat im Deutschland des 19. Jahrhunderts doch auch noch die ältere, universal-politische Denkweise fortgelebt, die von der alten Gemeinsamkeit des christlichen Abendlandes wußte. Diese Tradition, vor allem in der Diplomatie lebendig, reicht von Metternich — über alle Gegensätzlichkeit der Zeiten und Persönlichkeiten hinweg — bis zu Bismarck hinüber.

Sie hängt an der Vorstellung einer europäischen Völkergesellschaft, welche die Staaten des christlichen Abendlandes zu einer moralischen Einheit (Societas nexusque moralis) verbindet. Noch bei Voltaire war diese Gemeinschaft „Europa", die säkularisierte Spätform der mittelalterlichen Res publica Christiana[1]), als eine Art von „Republik" vorgestellt worden. Sie legte der Politik ihrer Mitglieder gewisse Verpflichtungen gegenseitiger Rücksichtnahme auf, vor allem die Pflicht der Wahrung des „europäischen Gleichgewichtes". Die Gleichgewichtslehre, das Lieblingsthema der Historiker und Juristen des 18. Jahrhunderts, war von ihnen mehr und mehr im Sinn einer nicht nur anti-imperialistischen, sondern geradezu pazifistischen Rechtstheorie ausgebaut worden. Wenn keiner der europäischen Staaten — so lehrte man — ein so großes Übergewicht besitzt, daß er einen seiner Nachbarn unterdrücken kann, ohne sofort eine Mehrheit von Gegnern gegen sich aufzurufen, deren Vereinigung er unterlegen ist — dann ist der Friede Europas durch einen natürlichen Einklang von Sonder- und Gemeininteressen gesichert. Diese Hoffnung der Aufklärer, wie sie etwa Graf Hertzberg, der Minister Friedrichs des Großen, nach dem Tode seines Herrn und Meisters aussprach, hatte sich nun freilich rasch als Illusion erwiesen. Aber die Lehre vom „Gleichgewicht" war damit nicht widerlegt, sondern wurde im Zeitalter der Revolutionskriege erst recht wieder lebendig und von Publizisten wie Fr. Gentz als Waffe im Kampf gegen die französische Hegemonie verwandt. Störungen des europäischen Gleichgewichts zu verhindern oder zu beseitigen ist nach der Lehre des „natürlichen Völkerrechtes" Pflicht der bedrohten Großmächte, die sich dazu regelmäßig vereinigen müssen; insbesondere ist es die Aufgabe der großen Friedenskongresse: sie sollen jeweils am Ende großer Krisen die Machtverteilung so ausbalancieren, daß möglichst alle Teilnehmer zu ihrem Recht kommen, keiner übermäßig auf Kosten der anderen verstärkt beziehungsweise keiner allzusehr zugunsten anderer geschwächt wird. Denn Europa will sich als eine Völkergemeinschaft erhalten, als ein freies Neben- und Miteinander großer und kleiner Nationen, das jeder Hegemonie eines Übermächtigen widerstrebt. Zum Begriff einer echten Gemeinschaft aber gehört, wie Ranke am Schluß seiner berühmten Programmschrift über die „Großen Mächte" ausführt, ebensowohl freie Absonderung, mannigfaltige Eigentümlichkeit und Selbständigkeit eines jeden Mitgliedes wie ein höheres Gemeinsames, das alle zusammenbindet. Die mannigfaltige Eigentümlichkeit europäischer Nationen vor der Überwältigung und Uniformierung durch einen Übermächtigen zu retten — eben das war schon das letzte Ziel des „natürlichen Völkerrechtes" der Aufklärung gewesen, und insofern stellt die individualisierende und dynamische Geschichtsanschauung Rankes eine direkte Fortsetzung und Weiterbildung der alten mechanistischen Lehren vom europäischen „Gleichgewicht" und „Staatensystem" dar[2]).

Beide Begriffe erscheinen der geschichtlichen Wirklichkeit gegenüber ungemein blaß, abstrakt, vieldeutig und darum fragwürdig. Und doch kann sich in ihnen ein echtes Gemeinschaftsbewußtsein ausdrücken, dessen politische Wichtigkeit kaum überschätzt werden kann, sofern es sich in der Form einer realen Interessengemeinschaft durchzusetzen vermag. Bildet es doch praktisch die einzige Schranke des politischen Chaos im Verkehr der europäischen Staaten untereinander! Denn was bedeutet zuletzt der Gedanke einer „europäischen Ordnung", einer Societas moralis? Daß man sich gegenseitig das Lebensrecht gönnt; daß man einander auch als Gegner achtet; daß man dem „Recht des Stärkeren" eine äußerste Schranke zu setzen gewillt ist: die Schranke der unverletzbaren Vielgestaltigkeit des europäischen Lebens, die keine politische und geistige Uniformierung duldet. Vor allem: daß man außer den gewaltsamen auch noch friedliche Mittel zur Bereinigung von Interessengegensätzen kennt und daß man es grundsätzlich vorzieht, solche Gegensätze diplomatisch auszugleichen, statt sie ohne weiteres kriegerisch auszutragen. Schließlich: daß jeder Machtkampf sein Ziel und Ende finden muß in der Begründung einer möglichst dauerhaften, neuen europäischen Rechtsordnung. Dauerhaft ist aber nur eine solche Rechtsordnung, die auf echtem Interessenausgleich beruht, nicht auf Vergewaltigung der im Kampf Unterlegenen. Von diesem Gesichtspunkt aus betrachtet, erscheint das Werk des Wiener Kongresses, mit dem das friedlichste Jahrhundert der neueren europäischen Geschichte beginnt, besonders wohl gelungen. Jedenfalls ermißt man die praktische Bedeutung des Europagedankens am besten, indem man die schonende Behandlung, die Frankreich damals am Ende von dreiundzwanzig Kriegsjahren erfuhr, mit den Versailler Verträgen von 1919 vergleicht. Metternich, der für die Friedensschlüsse von 1814/15 am meisten Verantwortliche, lebte ebenso wie sein französischer Partner Talleyrand noch ganz und gar in den geistigen Überlieferungen des 18. Jahrhunderts. Daher die doktrinäre Starrheit seines Restaurations-

Systems, das der lebendigen politischen Bewegung zu wenig Raum gönnte. Aber das Prinzip des Gleichgewichts der Mächte und der europäischen Ordnung, das er vertrat, war auch im Zeitalter der beginnenden Nationalbewegung noch lebenskräftig und fortbildungsfähig. Ja, man darf sagen, daß der Gleichgewichtsgedanke in keinem früheren Jahrhundert eine so große praktische Rolle in der europäischen Diplomatie gespielt hat wie zwischen 1815 und 1914.

Zunächst war die in Wien geschaffene Ordnung Europas vorzüglich gegründet auf ein Prinzip innerpolitischer Homogenität, der Erhaltung der monarchischen Staatsform und der dynastischen Legitimität. Um der Erhaltung von Ruhe und Ordnung willen wurde ein förmlicher Areopag der fünf Hauptmächte, eine Pentarchie geschaffen, die als „europäisches Konzert" eine Art von Polizeiaufsicht über ganz Europa führen sollte. Das vertrug sich schlecht mit dem Gedanken der freien Völkergemeinschaft, auf dem die Mannigfaltigkeit und schöpferische Bewegtheit des europäischen Lebens doch beruht. Aber ließ sich der Grundgedanke des Gleichgewichts nicht sehr wohl mit dem Nationalitätsprinzip vereinigen, ja, ließ er sich nicht von daher noch ganz wesentlich bereichern und vertiefen? Europa als Gemeinschaft unabhängiger Staaten wird so zur Gemeinschaft freier Völker, von denen jedes das Recht auf freie Entfaltung aller in ihm liegenden kulturschöpferischen Fähigkeiten beanspruchen darf. Das schließt nicht jede Form politischer Führung durch einen Stärkeren, wohl aber jede Form politischer Unterdrückung aus. Aus dem starren „Gleichgewicht" wird ein freier, durch keinen hegemonischen Machtanspruch behinderter Wetteifer der Kräfte. Die natürliche Selbstsucht der Nationen aber wird durch gegenseitige Achtung und gegenseitige Anerkennung der fremden Lebensrechte begrenzt. Eben dadurch wird auch die gefährliche Vorstellung der hegelischen Rechtsphilosophie[3]) eingeschränkt, daß der Krieg, als Prozeß des lebendigen Weltgeistes, immer zu gerechten Entscheidungen führe; denn niemals wird ja in Wahrheit das Übergewicht der rohen physischen Kraft als Kriterium für den geschichtlichen Wert eines Volkstums gelten dürfen; nur soweit der Krieg zugleich einen Wettkampf „moralischer Energien", geistiger Qualitäten darstellt, hat sein Ausgang auch moralische Bedeutung. In solcher Weise fortgebildet zu einem dynamischen, nicht starr mechanistischen Prinzip — zum Prinzip des freien Wettkampfes nationaler Kräfte, der aber nicht zu brutaler Mißachtung und Vergewaltigung des Konkurrenten, zu einseitig übersteigertem Fremdenhaß führen darf, findet man den Grundsatz des

„europäischen Gleichgewichtes" auch in der deutschen Geschichtstheorie, Publizistik und Staatskunst des 19. Jahrhunderts an vielen Stellen wieder. Was Friedrich Meinecke als „Nachwirkungen des Universalismus" der Aufklärungszeit in der Ideenwelt der erwachenden deutschen Nationalbewegung beobachtet hat, läßt sich zumeist als eine solche Fortbildung der alten Gleichgewichtsidee und des europäischen Ordnungsgedankens deuten[4]). So will etwa Adam Müller die Gleichgewichtstheorie gelten lassen, sofern man darunter versteht: „Gleichmäßiges Wachstum, gegenseitiges Sichsteigern und -erheben der Staaten." Nationale Unabhängigkeit, freie Individualität der einzelnen europäischen Staaten und Kulturen bedeutet für ihn noch nicht einen Höchstwert; sie sollen vielmehr eine höhere Gemeinschaft bilden, eine Rechts- und Kulturgemeinschaft auf dem Boden christlicher Religion. Diese Gemeinschaft geht auch im Kriege nicht verloren, sofern sie wahre Rechtsgemeinschaft ist; denn „zum Wesen eines wahren Krieges gehört es, daß zwischen den kriegführenden Staaten etwas gemeinschaftlich sei" — nämlich „die Idee des Rechtes, wie sie sich in den großen ernsthaften Friedensschlüssen des 16. und 17. Jahrhunderts ausdrückt[5])." Auch Männer wie Stein und Niebuhr, die Vorkämpfer eines nationalen Macht- und Einheitsstaates der Deutschen, haben die europäische Staatengemeinschaft immer als eine verpflichtende Realität betrachtet; auf das Interesse Europas an einem Gleichgewicht der Kräfte hat Stein seine Befreiungs- und Verfassungspläne genau so wie Metternich aufgebaut[6]). Die spätere Entwicklung der nationalen Bewegung hat dann freilich das Europäertum im politischen Bewußtsein der gebildeten Deutschen immer mehr zurücktreten lassen — in merkwürdigem Gegensatz zu der betont universalen Ausrichtung ihrer Bildungsinteressen. Aber ganz ist es nie geschwunden; selbst bei den leidenschaftlichsten Propheten des Nationalismus, den kleindeutschen Historikern, findet man vereinzelte, sehr bemerkenswerte Zeugnisse dafür[7]).

Für Bismarcks politische Haltung war es entscheidend, daß seine geistige Entwicklung sich gänzlich außerhalb der großen Nationalbewegung des deutschen Bürgertums vollzogen hat. Indem er Deutschland als das gegebene Exerzierfeld preußischer Machtpolitik betrachtete, blieb er unberührt von dem idealistischen Schwung, aber auch von den Einseitigkeiten und Vorurteilen des neudeutschen Nationalismus. Der Anfang seiner politischen Laufbahn als preußischer Diplomat fiel in das Jahrzehnt des Krimkrieges — in eine Epoche reinster Kabinettspolitik der großen europäischen Höfe, in der das Schlagwort vom „europäischen Gleichgewicht" eine geradezu zentrale Rolle in allem Depeschenwechsel und vollends in den Verträgen spielte. Gerade die preußische Politik unter O. v. Manteuffel war ganz von der Bemühung beherrscht, durch klugen Interessenausgleich, Vermittlung, diplomatische Druck- und Aushilfsmittel einer kriegerischen Entscheidung zu entgehen. An diesen Aushilfen zur Sicherung des Friedens und der preußischen Neutralität hat Bismarck auf seine Weise kräftig mitgearbeitet; der Reichtum und die Kühnheit seiner politischen Phantasie, die unerschöpfliche Menge seiner Einfälle und Aushilfen haben seine Gegner schon damals verblüfft, seine Freunde erschreckt. Es fiel ihm nicht ein, in Frankreich den unversöhnlichen Erbfeind, die große Bedrohung Europas, den Herd europäischer Revolutionen zu sehen, in Napoleon III. den gefährlichsten Machtpolitiker der Epoche, mit dem in Verbindung zu treten unter allen Umständen verderblich sein müßte; er war überhaupt grundsätzlich abgeneigt, irgendeine Mächtekonstellation (wie die von 1813/14) zu verabsolutieren und wagte es schon in der Reaktionsepoche, eine diplomatische Annäherung an Frankreich als wirksamstes Hilfsmittel preußischer Machtpolitik zu empfehlen. Im Gegensatz zur öffentlichen Meinung Europas, aber auch fast aller Diplomaten der großen Höfe und zu den Berufssoldaten, wie Moltke und Roon, die sich von den militärischen Leistungen der napoleonischen Troupiers auf der Krim und in Italien imponieren ließen, blieb er weit entfernt von einer Überschätzung der französischen Macht. Nüchtern und hellsichtig wie kein zweiter durchschaute er schon früh die inneren Schwächen des zweiten Kaiserreichs, die geheime Unsicherheit und theatralische Pose des Abenteurers Louis Bonaparte[8]). Er traute sich selber zu, den großen Intriganten und Spieler diplomatisch zu überlisten, seinen Einschüchterungsversuchen aber an der Spitze der solide fundierten preußischen Militärmacht zu trotzen, nötigenfalls unter Aufruf aller nationalen Leidenschaften gegen Frankreich. Historisch-politischen Weitblick, Einordnung jeder Einzelfrage in große Zusammenhänge findet man im politischen Schrifttum Bismarcks auch; aber niemals bleibt sein historisch-politisches Räsonnement in Allgemeinheiten stecken. Niemals verdichtet es sich zur abstrakten Doktrin. Immer redet er aus der konkreten Erfahrung, aus den diplomatischen Geschäften selbst heraus, immer voll blutvoll lebendiger Anschauung der politischen Wirklichkeit, aus einer verblüffenden Kenntnis der Personen und Dinge, der Mit- und Gegenspieler, ihrer Neigungen und Schwächen, mit fast untrüglicher Witterung für die politische Wirkung jedes diplomatischen Schrittes und unerschöpflich im Ausdenken immer neuer Wege zum Ziel. Wie unendlich vielgestaltig sind zum Beispiel die Möglichkeiten preußischer Außenpolitik, die während der schleswig-holsteinischen Aktion und in den Jahren zwischen den Schönbrunner Konferenzen von 1864 und dem Kriegsausbruch von 1866 von ihm erwogen und erprobt wurden! Je tiefer man sich in die heute fast vollständig vor uns ausgebreiteten diplomatischen Akten dieser Jahre versenkt, um so mehr wächst das Erstaunen, um nicht zu sagen die Verwirrung der Historiker, sich spiegelnd in den verschiedenartigsten Deutungsversuchen[9]). Kein Schritt wird unternommen ohne sorgfältiges Abtasten des Geländes nach allen Seiten hin, ohne Erwägen aller nur denkbaren diplomatischen Auskunftsmittel, Auswege, unter Umständen Umwege zum Ziel. Er hat seine politische Methode dem Historiker Friedjung einmal im Rückblick auf die Vorgeschichte des Krieges von 1866 geschildert: „In der Politik kann man nicht einen Plan für lange Zeit festlegen und blind in seinem Sinne vorgehen. Man kann sich nur im großen die zu verfolgende Richtung vorzeichnen; diese freilich muß man unverrückt im Auge behalten, aber man kennt die Straßen nicht genau, auf denen man zu seinem Ziel gelangt. Der Staatsmann gleicht einem Wanderer im Walde, der die Richtung seines Marsches kennt, aber nicht den Punkt, an dem er aus dem Forste heraustreten wird. Ebenso wie er muß der Staatsmann die gangbaren Wege einschlagen, wenn er sich nicht verirren soll. Wohl war der Krieg mit Österreich schwer zu vermeiden, aber wer das Gefühl der Verantwortlichkeit für Millionen auch nur in geringem Maße besitzt, wird sich scheuen, einen Krieg zu beginnen, bevor alle anderen Mittel versucht sind. Es war stets ein Fehler der Deutschen, alles erreichen zu wollen oder nichts und sich eigensinnig auf eine bestimmte Methode zu steifen. Ich war dagegen stets erfreut, wenn ich der Einheit Deutschlands, auf welchem Wege immer, auch nur auf drei Schritte näher kam. Ich hätte jede Lösung mit Freuden ergriffen, welche uns ohne Krieg der Vergrößerung Preußens und der Einheit Deutschlands zuführte. Viele Wege führten zu meinem Ziele, ich mußte der Reihe nach einen nach dem anderen einschlagen, *den gefährlichsten zuletzt*. Einförmigkeit im Handeln war nicht meine Sache"[10]).

„Den gefährlichsten Weg zuletzt" — dieses Wort kennzeichnet ungemein treffend die Eigenart der bismarckschen Staatskunst, insbesondere das Wesen seiner Bündnispolitik. Er kannte genau so wie Moltke den Sachzwang, der unter Umständen einen kriegerischen Machtaustrag unvermeidlich macht. Gleich am Anfang seines Ministeriums hat er ganz kühl und nüchtern davon gesprochen, daß die deutsche Frage schwerlich anders als durch Einsatz von „Blut und Eisen" werde gelöst werden können, und deshalb eine starke Rüstung für Preußen unentbehrlich sei. Aber wie gänzlich haben ihn seine liberalen Gegner im In- und Ausland mißverstanden, wenn sie (bis heute) diese Wendung so ausdeuteten, als hätte er damit einer rohen Gewaltpolitik das Wort reden wollen! Weit entfernt von allem Abenteurer- und Glücksrittertum, hat er seine Verantwortung für jeden Kriegsentschluß sehr ernst genommen und nicht daran gedacht, sich diese Verantwortung durch Berufung auf irgendwelche geschichtlichen „Zwangsläufigkeiten" zu erleichtern. Ihm fehlte der humanistische Glaube an die rationale Durchsichtigkeit des Weltganzen. („Ich gebe mir Mühe, Gottes Willen zu verstehen, aber verstehen tue ich ihn nicht immer", sagte er wohl[11])), und so hielt er sich auch nicht für berechtigt, „der Vorsehung in die Karten zu sehen" und „der geschichtlichen Entwicklung nach eigener Berechnung vorzugreifen"[12]). Die Politik ist eine Sphäre fortwährender Ungewißheit, unvorhersehbarer Zufälle; die Not des Staatsmannes, stets im Nebel ungewisser Zukunftsmöglichkeiten zu tappen, auf einen schwankenden „Bülten" zu gehen, der jeden Augenblick einbrechen kann, und doch eben vorwärtsgehen, das heißt verantwortlich für eine lange Zukunft handeln zu müssen — diese Not hat Bismarck oft in packenden Bildern geschildert; sie gehört zu den meisterörterten Themen seiner Briefe, Reden und Schriften; denn sie rührte immer wieder den tiefsten Grund seiner Seele auf: nur in lutherischem Gottvertrauen vermochte er die Last dieser Verantwortung zu ertragen, wie er selber mehrfach bezeugt hat[13]). Weitaus am größten aber war diese Verantwortung gegenüber dem Kriegsentschluß. „Es ist leicht für einen Staatsmann", sagte er in seiner bekannten Olmützrede Dezember 1850 ... „mit dem populären Wind in die Kriegstrompete zu stoßen und sich dabei an seinem Kaminfeuer zu wärmen oder von dieser Tribüne donnernde Reden zu halten, und es dem Musketier, der auf dem Schnee verblutet, zu überlassen, ob sein System Sieg und Ruhm erwirbt oder nicht. Es ist nichts leichter als das, aber wehe dem Staatsmann, der sich in dieser Zeit nicht nach einem Grund zum Kriege umsieht, der auch nach dem Kriege noch stichhaltig ist"[14]). Das war in Oppositionshaltung zur Kriegsstimmung des Parlaments gesagt. Aber ohne Frage entsprach es seinen Überzeugungen, die er noch deutlicher 1867 anläßlich der Luxemburger Krise formulierte: „Nur für die Ehre seines Landes — nicht zu verwechseln mit dem sogenannten Prestige — nur für seine vitalsten Interessen darf ein Krieg begonnen werden. Kein Staatsmann hat das Recht ihn zu beginnen, bloß weil er nach seinem subjektiven Ermessen ihn zu gegebener Frist für unvermeidlich hält. Wären zu allen Zeiten die Minister des Äußeren ihren Souveränen beziehungsweise den Oberfeldherren in die Feldzüge gefolgt, wahrlich die Geschichte würde weniger Kriege zu verzeichnen gehabt haben. Ich habe auf dem Schlachtfelde und, was noch weit schlimmer ist, in den Lazaretten die Blüte unserer Jugend dahinraffen sehen durch Wunden und Krankheit, ich sehe jetzt aus diesem Fenster gar manchen Krüppel auf der Wilhelmstraße gehen, der heraufsieht und bei sich denkt, wäre nicht der Mann da oben, und hätte er nicht den bösen Krieg gemacht, ich säße jetzt gesund bei ‚Muttern‘. Ich würde mit diesen Erinnerungen und bei diesem Anblick keine ruhige Stunde haben, wenn ich mir vorzuwerfen hätte, den Krieg leichtsinnig oder aus Ehrgeiz oder auch aus eitler Ruhmsucht für die Nation gemacht zu haben. Ja, ich habe den Krieg von 1866 gemacht in schwerer Erfüllung einer harten Pflicht, weil ohne ihn die preußische Geschichte still gestanden hätte, weil ohne ihn die Nation politischer Versumpfung verfallen und bald die Beute habsüchtiger Nachbarn geworden wäre, und stünden wir wieder, wo wir damals standen, würde ich entschlossen wieder den Krieg machen. Niemals aber werde ich Seiner Majestät zu einem Kriege raten, welcher nicht durch die innersten Interessen des Vaterlandes geboten ist"[15]). Niemals, hat Bismarck oft versichert, werde er einen anderen deshalb zum Krieg herausfordern oder überfallen, weil er der Schwächere wäre und vielleicht später selbst anfangen könnte. Dafür wiege die Verantwortung „vor dem König, dem Vaterland und vor Gott" zu schwer[16]). Besonders eindrucksvoll hat der alte Kanzler sich in der berühmtesten seiner großen Reichstagsreden über den Präventivkrieg ausgesprochen, am 6. Februar 1888, als der Generalstab unter Waldersee und Moltke auf rechtzeitiges Losschlagen gegen Rußland gedrängt hatte: „Wenn wir in Deutschland einen Krieg mit der vollen Wirkung unserer Nationalkraft führen wollen, so muß es ein Krieg sein, mit dem alle, die ihn mitmachen, alle die ihre Opfer bringen, kurz und gut, mit dem die ganze Nation einverstanden ist. Es muß ein Volkskrieg sein. . . . Wenn wir schließlich (im Fall eines Präventivkrieges) zum Angriff kommen, so wird das ganze Gewicht der Imponderabilien, die viel schwerer wiegen als die materiellen Gewichte, auf der Seite unserer Gegner sein, die wir angegriffen haben . . . Es ist nicht die Furcht, die uns friedfertig stimmt, sondern gerade das Bewußtsein unserer Stärke, das Bewußtsein auch dann, wenn wir in einem mindergünstigen Augenblick angegriffen werden, stark genug zu sein zur Abwehr und doch der göttlichen Vorsehung es zu überlassen, ob sie nicht in der Zwischenzeit doch noch die Notwendigkeit eines Krieges aus dem Wege räumen wird ... Wir Deutsche fürchten Gott, aber sonst nichts in der Welt; und die Gottesfurcht ist es schon, die uns den Frieden lieben und pflegen läßt"[17].

Die Bismarckforschung der Zeit vor dem Ersten Weltkrieg setzte etwas darein, ihren Helden als klugen und harten „Realpolitiker" zu feiern und die machiavellistische Verschlagenheit seiner Diplomatie recht eindringlich auszumalen. Sie lieferte damit, ohne es zu wollen, Wasser auf die Mühlen seiner Ankläger von der liberal-demokratischen Seite. Heute, nachdem die Originalzeugnisse seines Wirkens in überwältigender Fülle vor uns liegen und das Erlebnis von zwei Weltkriegen nacheinander die Stimmungen jenes überschwänglichen nationalen Kraftbewußtseins von 1900 ernüchtert hat, erscheint uns seine Staatsmannschaft in ganz anderem Licht. Hüten wir uns davor, nunmehr in den umgekehrten Fehler zu verfallen und die dämonischen Züge im Wesen des großen Machtpolitikers zu leugnen, die Verschlagenheit und Härte seines großartig-wilden Kämpfertums abzuschwächen und zu verharmlosen! Ganz gewiß war er kein Friedenspolitiker im Sinn des angelsächsischen Pazifismus, kein Mann des friedlichen Agreement um jeden Preis, wie sein großer Gegenspieler Gladstone, sondern ein kontinentaler Machtpolitiker im Stil etwa Richelieus. Für die besonderen Voraussetzungen insularer und liberaler Politik, aus denen Gladstone handelte, brachte er ebensowenig Verständnis auf wie dieser für ihn. Er empfand das christlich-liberale Ethos des Engländers als unecht, ja als Heuchelei — sicherlich zu Unrecht; aber die Gegenseite verkannte ihrerseits (und verkennt es bis heute), daß auch in ihm ein christliches Ethos lebendig war. Nur daß es sich nicht auf allgemeine Prinzipien politischen Handelns festlegen ließ: es war ausschließlich ein Bewußtsein politisch-sittlicher Verantwortung in jeder konkreten Einzelentscheidung. In der politischen Haltung Bismarcks steckt mehr von politischem Kämpfertum als englisch-liberalem Denken erträglich schien. Aber grundsätzlich kämpferisch (im Sinn des späteren Militarismus der Weltkriegsepoche) war sie keineswegs. Kampfbereitschaft und Friedenswille schließen sich ja nicht aus, sondern gehören beim echten Staatsmann (insbesondere auf kontinentalem Boden) ebenso untrennbar zusammen wie persönlicher Ehrgeiz und Machtdrang mit selbstlosem Dienst für den Staat. Im übrigen bewegte sich das Denken Bismarcks im Rahmen einer Geschichtsepoche, die noch kein Erlebnis „totaler" Kriegführung im Stil des 20. Jahrhunderts hinter sich hatte. Er hat den Krieg als Mittel der

Machtpolitik nicht gescheut, sondern (wie das ganze 19. Jahrhundert) für moralisch gerechtfertigt angesehen, wenn er durch echte Lebensbedürfnisse des Staates gefordert wurde, das heißt wenn keine andere Möglichkeit bestand, als unhaltbar empfundene Zustände zu durchbrechen. Also nicht nur der reine Verteidigungskrieg scheint ihm erlaubt, sondern auch der Kampf zur Vergrößerung staatlicher Macht. Aber er hat das keineswegs als Freibrief für eine hemmungslose Eroberungspolitik betrachtet[18]), sondern nur für „vitalste Interessen" seines Landes fechten wollen. Nun ist das „Lebensinteresse" freilich ein sehr dehnbarer Begriff; es gibt eben (wie schon unsere einleitende Betrachtung darlegte) keine rationale Grenzscheide zwischen Machtkampf und Friedensordnung, sondern alles hängt hier von der „Gewissenhaftigkeit" des handelnden Staatsmannes ab, das heißt davon, daß er seine Entscheidung auf ein wirklich verantwortungsbewußtes Gewissen nimmt. Wer aber könnte heute noch leugnen, daß Bismarck von solchem Verantwortungsbewußtsein durchdrungen war? Seine ganze Bündnispolitik hat man — mit Recht — als ein kunstvolles „Ausgleichssystem" bezeichnet, nicht dazu geschaffen, um eine uferlose Kriegspolitik damit zu stützen, sondern im Gegenteil: um die anderen einem friedlichen Interessenausgleich zugänglich zu machen und so eine gesunde völkerrechtliche Gemeinschaftsordnung zu sichern[19]). Bis zur Reichsgründung von 1871 trägt diese Politik einen aktiv aufbauenden, in den beiden letzten Jahrzehnten einen rein erhaltenden Charakter.

Ohne die drei Einigungskriege war die Sammlung der Nation unter preußischer Führung und damit ihre Erhebung „aus dem Staube" politischer Ohnmacht und Schwäche nicht möglich. Ohne blutige Kämpfe ist die nationalpolitische Einigung keiner der Nationen gelungen, die an der Nationalbewegung des 19. Jahrhunderts beteiligt waren; nicht einmal der Schweiz und Amerika sind sie erspart geblieben. Bismarck hat sie deshalb bewußt in seine Rechnung eingestellt — ein echter Nachfahr Friedrichs des Großen, der nicht wollte, daß Preußen den Frieden aus Furcht hielte, sondern daß es mächtig genug sei, ihn gebieten zu können. Aber wie sehr unterscheidet sich doch seine Kriegspolitik von dem kecken Abenteuer des schlesischen Eroberungsfeldzugs! In bewußtem Gegensatz zu den Forderungen der öffentlichen Meinung ganz Deutschlands begann er den dänischen Krieg nicht als Eroberungsfeldzug unter Berufung auf das „nationale Interesse" und nicht unter Herausforderung Europas, sondern formell als Exekution zur Wiederherstellung des von Dänemark verletzten Völkerrechts. Die Annexion Schleswig-Holsteins für Preußen war nicht sein blindlings verfolgtes einziges Kriegsziel, sondern das Ergebnis einer überaus sorgsam vorbereiteten, durch Jahre hinausgezögerten diplomatischen Aktion, in die auch ein internationaler Mächtekongreß höchst kunstvoll eingeschaltet wurde, die elastisch mit einer ganzen Stufenfolge von Kriegszielen arbeitete und es verstand, die formelle Schuld am Scheitern eines Ausgleichsfriedens dem dänischen Gegner zuzuschieben.

Daß ohne kriegerische Auseinandersetzung mit Österreich kein Aufstieg Preußens zur Führerschaft in Deutschland möglich sein würde, hat Bismarck sehr früh erkannt; dennoch hat er das Kriegsbündnis mit Österreich 1864 nicht etwa von vornherein als Falle für den Kaiserstaat angelegt, um diesen in eine unhaltbare Lage hineinzumanövrieren (wie man früher gern vermutete); vielmehr hat er (nach Ausweis der neuerdings erschlossenen Quellen) jahrelang sehr ernst gemeinte Versuche gemacht, Österreich auf dem Weg über ein dualistisches Provisorium und auf friedlich diplomatische Weise aus der deutschen Führung herauszudrängen. Als dieser Versuch scheiterte, hat er es dennoch ausdrücklich (in Gastein 1865) verschmäht, den Streit um die schleswig-holsteinische Kriegsbeute als Kriegsanlaß zu benutzen und statt dessen ganz offen — zu allgemeiner Überraschung! — den Kampf um die Vorherrschaft in Deutschland proklamiert. Denn nur ein nationales Lebensinteresse, nicht aber irgendeine Frage zweiten Ranges im Stil der alten Kabinettspolitik sollte den „Bruderkrieg" vor der Nation rechtfertigen. Nach dem siegreichen Ausgang dieses zweiten Krieges hat Bismarck den größten Wert darauf gelegt, vor Europa nicht als hemmungsloser Kriegspolitiker zu erscheinen.

Die Sorge um den außenpolitischen Kredit seines Staates hat zweifellos eine große Rolle gespielt bei seinen Bemühungen, die Auseinandersetzung mit Frankreich hinauszuschieben, womöglich ganz zu vermeiden[20]). Auf die Dauer war sie freilich doch nicht zu umgehen; aber der Krieg von 1870/71 ist nicht als planmäßig angelegte Feuersbrunst entstanden, als Ergebnis einer kunstvoll eingefädelten Provokation, wie es selbst ein Teil der deutschen Forschung aufgefaßt hat, sondern aus echter Abwehrhaltung heraus. Es war ein nationales Lebensinteresse, den diplomatischen Intriguen Napoleons zur Einkreisung Deutschlands ein Ende zu machen, mit deren Hilfe dieser den Fortgang des Einigungswerkes lähmte; Bismarck hat das seit Frühjahr 1870 durch eine großangelegte Gegenintrigue versucht unter Ausnutzung der spanischen Thronkandidatur der Hohenzollern, die er heimlich förderte.

Gelang die diplomatische Überrumpelung Napoleons, so konnte der politische Effekt eine so schwere Bloßstellung des ohnedies schwankenden bonapartistischen Regimes werden, daß es darüber vollends zusammenbrach.
Gelang sie nicht — und ein unglücklicher Zufall ließ es mißlingen — so war
eine diplomatische Gegenoffensive Napoleons zu erwarten. Bismarck traute
sich aber die Kunst zu, die Trümpfe des großen Spielers noch zu übertrumpfen und ihn dadurch matt zu setzen, vielleicht gar zu einer friedlichen
Einigung über die deutsche Frage zu zwingen. Indem nun so zwei diplomatische Offensiven aufeinanderstießen, entstand freilich eine ernste Kriegsgefahr, die man auf deutscher Seite nicht zu scheuen brauchte — vorausgesetzt, daß hinter der diplomatischen Vordergrundsaktion das wahre Verhältnis der beiden Nachbarmächte deutlich sichtbar blieb: die nach außen
friedfertige, nur auf innerdeutsche Machtziele gerichtete Politik Preußens
in notgedrungener Abwehr französischer Eifersucht, die ihr den Aufstieg
zur deutschen Führungsmacht nicht gönnte und ihr eben darum eine diplomatische Niederlage aufzwingen wollte. Eben diesen wahren Sinn des diplomatischen Ringens vor aller Welt klar ans Licht zu stellen war der eigentliche Zweck jener kürzenden (und damit verschärfenden) Redaktion der
„Emser Depesche", aus der man später Bismarcks „Kriegsschuld" hat konstruieren wollen[21]).

In unserem Zusammenhang ist das alles darum wichtig, weil es zeigt,
daß Bismarck sich jederzeit sträubte, die Unvermeidbarkeit des Krieges einfach hinzunehmen, den Krieg gewissermaßen als „Schicksal" zu betrachten
— auch in den Fällen, in denen es um ganz große nationale Interessen ging
und in denen der nachrechnende Historiker ebenso wie schon damals Moltke,
der Soldat, das Schicksalhafte der Entscheidungen ganz deutlich zu sehen
glaubt. Auch in solchen Fällen hielt er es „für Torheit, wo nicht Verbrechen", sein Ziel auf kriegerischem Wege zu erstreben, solange noch nicht
alle Möglichkeit geschwunden war, es auch auf friedlichem Wege zu erreichen[22]). Während Moltke seit 1859 immer wieder darauf drängte, der
Krieg gegen Frankreich bei passender Gelegenheit als sicherstes Mittel zur
deutschen Einigung zu eröffnen, lehnte Bismarck eine solche Politik als
„Abschlagen unreifer Früchte", ja geradezu als dilettantisch und verantwortungslos ab[23]). Was aber von der diplomatischen Vorbereitung seiner
Kriege gilt, wird auch in ihrer Durchführung sichtbar: auch da sträubte er
sich, eine Zwangsläufigkeit anzuerkennen, die ihm den freien politischen
Entschluß lähmen wollte — die Zwangsläufigkeit des „Militärisch-Not-

wendigen", an der Moltke, wie schon erörtert, mit so viel Strenge festhielt. Und so ergibt sich das merkwürdige Bild, daß Bismarck, die geborene Kämpfernatur, im Verhältnis zu Moltke, dem geborenen Humanisten, als der Versöhnungsbereitere erscheint: im Frieden Gegner jedes Präventivkrieges und im Kriege auf möglichst rasche Wiederherstellung des Friedens, nötigenfalls unter Verzicht auf die äußerste Ausnützung militärischer Erfolge bedacht[24]).

Schließlich hat ihn diese Haltung mehr und mehr zum Hort des europäischen Friedens, zum vertrauenswürdigen Mittler, zum „ehrlichen Makler" Europas werden lassen. Die zweite Phase seiner Außenpolitik, seit der Gründung des Reiches, trägt (genau wie bei Friedrich dem Großen) durchaus erhaltenden Charakter. Man hat ihn deshalb öfters mit Metternich verglichen, und ohne Zweifel knüpfte er ganz bewußt an die Tradition Metternichs, an das außenpolitische System der Restaurationszeit an[25]). Aber während das System der Metternichschen „Pentarchie" und der „heiligen Allianz" auf ein starres Festhalten an der Machtverteilung von 1815 hinauslief und darum ziemlich rasch zerbröckelte, zeigte die Bündnispolitik Bismarcks eine erstaunliche Beweglichkeit: sie vermochte sich den ewig wechselnden Konstellationen der großen Politik bis 1890 in immer neuen, oft überraschenden Wendungen anzupassen und machte nirgends den aussichtslosen Versuch, eine „europäische Ordnung" oberhalb der nationalen Interessen der einzelnen Völker und Staaten oder gar in Widerspruch mit ihnen aufzubauen. Im Gegenteil: das Geheimnis ihrer Erfolge war gerade die Kunst des Interessenausgleichs, der Bereinigung von Interessengegensätzen soweit als irgend möglich durch friedliche Vereinbarung, wobei jeder Druck von einer Seite durch Gegendruck von der anderen aufgehoben oder doch ins Gleichgewicht gebracht wurde. Das Neben-, Mit- und Gegeneinander von Zwei- beziehungsweise Dreibund, Drei-Kaiser-Bündnis, später Rückversicherungsvertrag, Mittelmeer- und Balkanentente ist wohl die kunstvollste Bündnisorganisation, die jemals zur Aufrechterhaltung des „europäischen Gleichgewichtes" ersonnen worden ist. Sie konnte nur einem Meister europäischer Diplomatie gelingen, der die „wahren Interessen" der großen Höfe, auch der fremden, vollkommen durchschaute und das jeweilige Verhältnis von Sonder- und europäischem Gemeininteresse genau abzuschätzen wußte. Für ihn gab es keinen unauflöslichen Gegensatz zwischen nationaler und europäischer Politik; die europäische Staatengemeinschaft war als ein lebendiges, spannungsreiches, aber immer wieder zum Ausgleich drängendes Mit-

einander grundsätzlich gleichberechtigter großer Mächte gedacht. Jede von
ihnen hatte ihr volles Lebensrecht; keine von ihnen durfte entbehrt werden.
Das hat Bismarck nicht nur, in oft wiederholten Äußerungen, von Österreich-Ungarn gesagt, sondern ebenso von Rußland und sogar von Frankreich: dessen Fortbestehen als Großmacht, versicherte er in Petersburg 1887,
sei „für Deutschland ebenso Bedürfnis wie das jeder anderen der Großmächte", schon wegen des Gleichgewichtes gegen England und eine immerhin
mögliche englisch-russische Kombination[26]).

Wer mit so viel innerer Freiheit wie Bismarck das Lebensrecht fremder
Nationen anerkannte[27]), hat auch den Krieg niemals anders denn als ago-
nalen Wettstreit der Kräfte empfinden können, so daß ihn weder Haß noch
kämpferischer Ehrgeiz und militärisches Triumphbedürfnis daran hindern
durften, den Frieden zu dem Zeitpunkt und unter den Bedingungen zu
schließen, welche die kühle Staatsräson gebot: eine zugleich vom nationalen
wie vom europäischen Interesse diktierte Staatsräson, in der harte Selbstbehauptung und Versöhnlichkeit, Kampfbereitschaft und friedlicher Ord-
nungswille in seltener Vollendung miteinander ausgeglichen waren. Wenn
das soldatische Denken Moltkes den Frieden sich niemals anders gesichert
denken konnte als durch große Rüstungen, so wollte Bismarck neben der
Furcht auch das Vertrauen zur Grundlage einer dauerhaften Friedensordnung machen[28]). Wie sehr hat man seine Äußerungen über die Bindekraft
völkerrechtlicher Verträge mißdeutet! Daß „keine große Nation je zu bewegen sein wird, ihr Bestehen auf dem Altar der Vertragstreue zu opfern,
wenn sie gezwungen ist, zwischen beidem zu wählen", war eine realpolitische Einsicht, die ihm selbst immer wieder als Mahnung diente, sich auf
vertragliche Zusagen anderer nicht unbeschränkt zu verlassen. Es gehörte
zu der lebendigen Dynamik seines Bündnissystems, daß es sich den beständig wechselnden Mächtekonstellationen immer wieder anzupassen hatte.
Aber hat etwa Bismarck praktisch keine Vertragstreue gekannt? Den Deutschen Bund hat er gesprengt, um ihn sogleich durch einen unendlich verbesserten Neubau zu ersetzen; er hat dabei, entgegen der Bundesverfassung,
auch das Bündnis mit einer ausländischen Hilfsmacht gegen das Bundes-
mitglied Österreich nicht gescheut. Im übrigen aber gehörte das sorgsame
Innehalten völkerrechtlicher Verpflichtungen zu den selbstverständlichen
Grundsätzen seiner Bündnispolitik, die es meisterhaft verstand, ihre Ma-
schen so weit zu spannen, daß genug Beweglichkeit blieb für politische Aktivität[29]). Nur daß diese Aktivität seit 1871 in keiner Weise mehr auf

Erweiterung der deutschen Grenzen in Europa ausging, sich unter ausdrücklicher Berufung auf das Vorbild Metternichs immer wieder für „saturiert" erklärte und in ihrer letzten Entwicklungsphase sogar wieder mit jener „Solidarität der monarchisch-konservativen Interessen" zu rechnen begann, die der junge Bismarck einst, als seine romantisch-konservativen Parteifreunde ein förmliches System preußischer Außenpolitik daraus machen wollten, als bloße „Donquichoterie" verspottet hatte. Indessen ging es ihm in Wahrheit auch jetzt nicht darum, innenpolitische Parteiprinzipien zur Richtschnur europäischer Bündnispolitik zu erheben, sondern um die Behauptung nüchtern besonnener Staatsräson gegen den Ehrgeiz und die Leidenschaften der politisierten Völker. Insbesondere in Rußland kam alles darauf an, daß der Ehrgeiz des Panslawismus und der nationalistischen Bewegung überhaupt in Schranken gehalten wurde durch die Staatsräson zaristischer Regierungen, die um der Gemeinsamkeit monarchischer Interessen willen lieber am preußischen Königshof als in dem republikanischen Paris ihre Stütze suchten. Österreich-Ungarn, der Hauptverbündete Deutschlands, war ein Vielvölkerstaat, dessen ganzer Bestand davon abhing, daß die monarchische Tradition, die Autorität des habsburgisch-lothringischen Kaiserhauses erhalten blieb als stärkste Klammer der Einheit gegen die zentrifugalen Tendenzen des slawischen und ungarischen Nationalismus; nationalistischer Ehrgeiz drohte gerade hier alle Tage, eine außenpolitische Krise, den von Bismarck so gefürchteten Zusammenstoß herbeizuführen. Und auch der dritte Verbündete, Italien, war nur so lange bei der Allianz festzuhalten, als monarchische Regierungen ihre kluge Interessenpolitik, die sie an die Seite der Mittelmächte trieb, durchzusetzen vermochten gegen den Eroberungsdrang und Deutschenhaß der irredentistischen Bewegung.

Aber war ein solches System nüchtern besonnener Staatsräson der Kabinette gegen die Leidenschaften, den Ehrgeiz und Machtdrang der politisierten Völker auf die Dauer zu behaupten? Das ist die Schicksalsfrage der bismarckischen Außenpolitik. Betrachtet man seine Friedensschlüsse genauer, so erkennt man, daß doch auch er sich nicht mehr, wie einst Friedrich der Große und die Kabinette des 18. Jahrhunderts, ganz frei hat bewegen können in der Sphäre nüchtern-realpolitischer Staatsvernunft ohne Rücksicht auf die „öffentliche Meinung", wie sie von Presse und Parteien und anderen unkontrollierbaren Stimmungsmachern erzeugt wird.

Wie sehr hat er sich bemüht, den Friedensschluß mit Dänemark schnell und großzügig, ohne kleinliches Feilschen um kleinere Grenzstriche und

Geldentschädigungsfragen zustande zu bringen — nicht ohne heftige Reibungen mit König Wilhelm, der sehr geneigt war, das besetzte Jütland als
„erobertes Gebiet" zu betrachten, das er nicht ohne besondere Gegenleistung
der Dänen (über die Herzogtümer hinaus!) zurückgeben wollte[30]). Nach
dem Friedensschluß erschien es ihm als selbstverständliche Pflicht, den geschlagenen Gegner möglichst rasch wieder zu versöhnen; das zeigt besonders
eindrucksvoll seine telegraphische Anweisung an die Presseabteilung des
Auswärtigen Amtes (7. August 1864): „Der gereizte und feindliche Ton
gegen Dänemark nach dem Siege nicht würdig. Der Kampf nicht aus Haß
geführt, sondern für Regelung und Abwehrung. Härte gegen Dänemark
nicht beabsichtigt; keine Bedingungen eines übermütigen Siegers, die durch
Verletzung berechtigter nationaler Gefühle künftige freundliche Verhältnisse unmöglich machen. Die Abtrennung der Herzogtümer vollständig
erlangt. Dies genügt. Wenn Dänemark durch definitiven Frieden ernstlichen
Willen zeige, Vergangenheit abzutun, könnte ein naturgemäßes freundliches
Verhältnis hergestellt werden, dies liegt im Interesse beider Länder. Dänemark habe das Gefühl der Niederlage zu überwinden; der Sieger habe
keinen Anlaß, Erbitterung zu hegen oder zu provozieren"[31]). Das war deutlich genug. Aber noch stand die Frage der nordschleswigschen Grenzziehung,
der Randbezirke mit überwiegend oder rein dänischer Bevölkerung zwischen
beiden Nationen. Wir hörten schon, daß sich Moltke für ihre Rückgabe
an Dänemark eingesetzt hat. Sein nationales Empfinden war so frei von
eigennützigem Chauvinismus, daß er das Nationalitätsprinzip auch da
streng durchgeführt sehen wollte, wo es zuungunsten Deutschlands sprach.
Jedenfalls hier im Norden, wo die Vorstellung von einer höheren Gemeinschaft germanischer Rasse und Kultur mitschwang und den Verzicht erleichterte. Aber damit stand er innerhalb des neudeutschen Nationalismus
völlig allein — die Masse der Deutschen betrachtete Schleswig als eine un-
teilbare historische Einheit und den Artikel V des Prager Friedens, der eine
Abstimmung nordschleswigscher Distrikte über ihre nationale Zugehörigkeit vorsah, als eine höchst unerfreuliche Konzession an französische
Wünsche. Bismarck hat gelegentlich erzählt, daß er im Nikolsburger Hauptquartier ausschließlich bei Moltke Verständnis für dieses Nachgeben gefunden habe[32]). Wie dachte er selbst darüber?

Der innerste Kern seiner Überzeugungen läßt sich aus mancherlei widerspruchsvollen Äußerungen nur erschließen, nicht ablesen. Dem Ausland gegenüber hat er sich immer, besonders vor 1870, solange der Konflikt mit

Frankreich noch drohte, in hohem Maße versöhnungsbereit gezeigt. Der Botschafter Benedetti erfuhr aus seiner Umgebung, persönlich wäre der Minister sogar zur Preisgabe von Alsen und Düppel bereit, wenn nur nicht die unbedingte Weigerung König Wilhelms im Wege stünde[33]). Ja, er hat 1868 sogar den Dänen (in einer tief geheimen Vermittlungsaktion) die Anregung übermittelt, sie möchten durch den russischen Zaren auf das „Gemüt König Wilhelms" einzuwirken versuchen, damit dieser seinen Widerstand gegen eine südlichere Grenzziehung als die Gjemmerbucht. (für die Abstimmung) aufgäbe[34]). Ganz anders klingen seine fürs Inland bestimmten Äußerungen. Da erscheint die Volksabstimmung nordschleswigscher Gebiete einfach als Forderung Frankreichs, der man aus politischen Gründen nicht ganz ausweichen kann, deren praktische Durchführung aber auf einen möglichst kleinen Bezirk beschränkt und so eingerichtet werden muß, daß womöglich der Verbleib des Ganzen bei Preußen erreicht wird[35]). Tatsächlich hat er die Abstimmung immer wieder hinausgezögert und schließlich 1879 den Artikel V des Prager Friedens durch Vertrag mit Österreich wieder aufheben lassen, so daß auf der Gegenseite der Eindruck entstand, er habe es niemals ernst damit gemeint und die von ihm diplomatisch immer wieder erörterten Schwierigkeiten der Volksabstimmung und Grenzziehung nur als Vorwand benutzt, um sich einer unbequemen Verpflichtung zu entziehen. Heute, wo das gesamte Aktenmaterial von deutscher wie von dänischer Seite ausgebreitet vor uns liegt, sieht man indessen deutlich, daß Bismarck die Wahrheit sprach, wenn er im Reichstag und Landtag erklärte, er sei immer der Meinung gewesen, daß eine Bevölkerung fremder Nationalität, die beharrlich und eindeutig zum Nachbarstaat hinüberstrebe, keine Stärkung der Macht bilde, von der sie sich zu trennen wünsche; ferner: daß er ehrlich und eifrig bemüht gewesen ist, einen gangbaren Weg zur Lösung der nordschleswigschen Frage zu finden — um Dänemark zu versöhnen, um Frankreich zu gewinnen und um den europäischen Kredit seiner Politik zu stärken, die grundsätzlich keiner vertraglichen Verpflichtung sich entzog[36]). Aber je tiefer man in die langjährigen Verhandlungen des Kanzlers um diese Frage hineinblickt, um so deutlicher werden die Schwierigkeiten, die im Grunde alle aus *einer* Quelle stammen: aus der Verbissenheit des nationalen Gegensatzes, und zwar auf dänischer ebenso wie auf deutscher Seite. Eines Gegensatzes, der sich im Lauf der Jahre immer noch verschärft und jede sachlich-ruhige, den Bedürfnissen beider Parteien möglichst entsprechende Regelung der Streitfrage unmöglich macht. Weder über eine Abgrenzung der Abstim-

mungszone, die für Preußen politisch und militärisch tragbar wäre, war
mit Dänemark eine Einigung zu erzielen, noch über die Sicherung deutscher Minderheitenrechte auf dänischem Boden, auf die Bismarck besonderen Wert legen mußte, da eine reinliche Absonderung dänischen und
deutschen Volkstums praktisch unmöglich war und da die deutsche öffentliche Meinung jeden Schritt in dieser Sache mit höchstem Mißtrauen
verfolgte — einem Mißtrauen, das auch wohl zu empörten Kundgebungen der Parlamente wider dänische Wühlarbeit und gegen die
Preisgabe der „Grenzmark" führte. Überhaupt widerstrebte die deutsche
Öffentlichkeit, geführt vor allem von den Nationalliberalen, aber auch das
deutsche Beamtentum der Provinz und die Armee mit solcher Energie jeder
„Abtretung deutschen Bodens", daß Bismarck gar nicht daran denken
konnte, ohne augenscheinlichen äußeren Zwang (wie er nach 1870 nicht mehr
vorlag) die „up-ewig-Ungedeelten" zu einer Volksabstimmung aufzurufen.
Er konnte es um so weniger, als er selbst nach 1868, angesichts der Haltung
des Dänentums, an eine versöhnliche Wirkung irgendwelcher Grenzregulie-
rung nicht mehr glaubte[37]).

So war sein diplomatisches Handeln an dieser Stelle aufs stärkste mitbestimmt vom Druck der öffentlichen Meinung, des neudeutschen Nationalismus. Dasselbe gilt von der Regelung der Grenzfragen im Westen: in Luxemburg und Elsaß-Lothringen. Auf die Möglichkeit, durch den Erwerb von Luxemburg eine Art von Ersatz zu finden für den Prestigeverlust von 1866, hat
er Napoleon selber hingewiesen, und wir haben keinen Anlaß daran zu zweifeln, daß er persönlich bereit gewesen wäre, die Annexion des Ländchens durch
Frankreich geschehen zu lassen — vorausgesetzt, daß sie sich in einer Form
vollzog, die dem Ansehen Preußens in Deutschland keinen Eintrag tat, und
daß dadurch den Franzosen die resignierte Hinnahme der Ereignisse von
1866 wirklich erleichtert wurde: des Werdens einer nationalen Großmacht
auf deutschem Boden, die keinen fremden Einfluß auf die deutschen Verhältnisse mehr zuließ. Ohne Zweifel hat er Luxemburg nicht, wie die natio-
nalistisch erregte öffentliche Meinung Deutschlands im Frühjahr 1867, als
„deutsches Land" betrachtet und auf das preußische Besatzungsrecht in der
Festung (das mit der Auflösung des Deutschen Bundes ohnedies hinfällig
geworden war) ebenso geringen Wert gelegt wie auf die Festung überhaupt.
Eine französische Allianz, wie sie Napoleon anbot und der Botschafter
von der Goltz dringlich empfahl, mit dem Ziel einer Erweiterung der französischen Grenzen (über Belgien hinweg) und einer vertraglichen Sicherung

der deutschen Westgrenze, hat er sicherlich keinen Augenblick gewollt, auch wenn er sich zeitweise die Miene gab: das hätte geheißen, freiwillig die französische Gefahr auf dem Weg über Belgien an den Rhein heranzuführen und überdies England, wahrscheinlich auch Rußland ohne Not sich entfremden. Aber den Versuch, die Eifersucht der Franzosen durch die (im Grunde geringfügige) luxemburgische Grenzkorrektur zunächst zu beschwichtigen und so für den Aufbau der deutschen Einheit Zeit und Ruhe zu gewinnen, hat er doch nicht unterlassen wollen. Wenn seine Hoffnung schließlich scheiterte und die luxemburgische Krise ganz nahe an den Krieg heranführte, so war daran weniger der hartnäckige Widerstand König Wilhelms schuld, als die übermäßige Erregung der öffentlichen Meinung Deutschlands; die Rücksicht auf das nationale Prestige der preußischen Politik nötigte Bismarck von vornherein zu höchst komplizierten Umwegen bei der Einleitung der luxemburgischen Aktion, auf die Napoleon einzugehen weder bereit noch imstande war. Und so endete das Ganze mit einer wesentlichen Verschärfung statt mit einer Besserung der deutsch-französischen Beziehungen[38]).

Man sieht aus alledem, wie ungeheuer schwierig es war, den Geboten kühler Staatsräson zu folgen in einer Zeit, in der das „nationale Interesse" längst zum beherrschenden Schlagwort des Tages geworden war und die Politik der Kabinette mit eifersüchtigem Argwohn von der öffentlichen Meinung politisierter Nationen überwacht wurde. Ein Kabinettspolitiker wie Bismarck, der den mächtigen Strom der nationalen Bewegung zu benützen gedachte, um von ihm das Staatsschiff forttragen zu lassen an die von ihm selbst ins Auge gefaßten Zielpunkte, war immer in Gefahr, von der Strömung noch weiter fortgerissen zu werden, als er eigentlich wollte. Ganz und gar seinen eigenen, ursprünglichen Absichten gemäß hat er nur die Auseinandersetzung mit Österreich, einen im Grunde unpopulären Kabinettskrieg, durchführen und beenden können — nicht ohne harte Kämpfe mit dem König, wie man weiß, und mit dessen militärisch-dynastischer Empfindung, aber ohne Einmischung der öffentlichen Meinung. Das Ergebnis war ein so gemäßigter Friedensschluß, wie ihn niemand nach dem Totalsieg der preußischen Waffen erwartet hätte, eine wirkliche Vorbereitung friedlicher Dauerordnung und späterer Aussöhnung des österreichischen Gegners. Anders im Nationalkrieg von 1870. Er sollte alle Deutschen zu einer nationalen Front zusammenführen, um so das „kleindeutsche" Reich zu begründen. So hat Bismarck selbst die nationalen Leidenschaften schüren helfen und als

Kriegsziel über die Abwehr französischer Interventionspolitik hinaus sogleich die Parole ausgegeben, die elsass-lothringischen Grenzlande müssten deutsch werden. Damit hat er sich selbst jede Möglichkeit verbaut, vor endgültiger und totaler Niederwerfung des Gegners zum Frieden zu kommen — was er doch eigentlich wünschte; mehr noch: er hat dadurch dem Friedensschluß in den Augen der Franzosen, aber auch der meisten Neutralen den Charakter der Gewaltsamkeit gegeben; denn hinter dem Verlust dieser beiden Provinzen, deren Erwerb zu den stolzesten Erinnerungen ihrer Königszeit gehörte, trat für die Besiegten alles in Schatten, was Bismarck aufbot, um ihnen das Gefühl demütigender Unterwerfung unter ein Diktat zu ersparen. Müssen wir nun urteilen, daß der große Staatsmann an dieser entscheidenden Stelle seines Weges sich durch den Sturm aufgepeitschter nationaler Leidenschaften von der Linie kühler Staatsräson hat abdrängen lassen?

In seinem eigenen Bewußtsein keineswegs. Der Unterschied seiner Denkweise von der nationalen Hochstimmung des gebildeten Deutschland tritt gleich in der ersten Kriegswoche klar und scharf heraus. Niemals ist in seinen privaten Äußerungen und amtlichen Erlassen von der „Wiedergewinnung alten deutschen Volksbodens" oder von der Heimkehr eines deutschen Bruderstammes ins Reich die Rede, sondern ausschließlich von der Sicherung der Reichsgrenzen gegen neue Einfälle der Franzosen. Daß sie notwendig sei, wenn Süddeutschland jemals den Mut finden sollte, sich eng und vertrauensvoll an den Norden anzuschließen, war schon seit langem seine Überzeugung. Er hat sich dafür immer wieder auf eine Unterhaltung mit König Wilhelm I. von Württemberg berufen, die er als Frankfurter Bundestagsgesandter während des Krimkrieges gehabt hatte und die ihm tiefen Eindruck hinterlassen haben muß[39]). Ihre Summe war gewesen, daß Süddeutschland von der französischen Ausfallspforte Straßburg her längst okkupiert sein könnte, ehe Hilfe von Berlin da wäre, und daß deshalb die süddeutsche Politik immer bis zu einem gewissen Grade auf Frankreich Rücksicht nehmen müßte, solange sich das Elsaß in französischen Händen befände. In diesem Sinn hielt Bismarck den Erwerb des Elsaß für eine kaum entbehrliche Voraussetzung für die Ausdehnung des neudeutschen Reiches über die Mainlinie. Auf die Festung Straßburg, nicht auf das Elsaß und die Elsässer kam es ihm an[40]).

Nun war die Gewinnung des Elsaß für Deutschland schon eine Forderung der deutschen Patrioten von 1814 gewesen, die nationale Zugehörigkeit der Elsässer zum Alemannentum, die alte historische Einheit des Oberrheintales überhaupt nicht zu bestreiten, die Fülle altdeutscher Erinnerungen im Elsaß aus den glanzvollsten Zeiten deutscher Reichs- und Kulturgeschichte geradezu überwältigend — denkbar immerhin, daß sich Frankreich mit der Abtretung des Elsaß allein leichter abgefunden hätte als mit dem Verlust beider Provinzen, zumal das Nationalitätsprinzip ja gerade von Frankreich aus immer wieder der Welt verkündet worden war. Der Verlauf der Friedensverhandlungen scheint diese Auffassung zu bestätigen: mit der Abtrennung des Elsaß und des deutschen Teiles Lothringens hatte sich Thiers innerlich schon abgefunden, als er nach Versailles kam[41]) — sein Kampf ging nur noch um Metz, Belfort und die Grenzgebiete französischer Volkszugehörigkeit. Vor allem den Verlust des großen Waffenplatzes Metz bezeichnete er als unerträgliche Demütigung, die einem Dauerfrieden im Wege stehen würde. Warum hat Bismarck gleichwohl an dieser Erwerbung festgehalten? Wir hörten schon früher (Abschnitt III) von der Erbitterung hoher Militärs im Hauptquartier, als das Gerücht aufkam, er werde Metz schließlich fahren lassen. Hat ihn die Sorge vor dieser Opposition der Generäle bestimmt? War es darüber hinaus die Befürchtung, hochgespannte Erwartungen der deutschen öffentlichen Meinung zu enttäuschen, die er selbst nach dem ersten großen Siege durch seine Pressekundgebungen und diplomatischen Runderlasse hatte schüren helfen?

Seine Haltung in dieser Frage zeigt ein merkwürdiges, an ihm sonst ungewohntes Schwanken der Ansichten — freilich nur in den vertraulichen privaten Äußerungen, nicht nach außenhin in amtlichen Verlautbarungen: da hat er seit dem offiziellen Friedensprogramm vom 16. September außer auf Straßburg immer auch auf Metz deutsche Ansprüche angemeldet[42]). Vor allem hat er Lothringen schon im August 1870 aus der Verwaltung des besetzten Frankreichs losgelöst und dem Straßburger Generalgouvernement unterstellt. Eine russische Anregung, auf Metz zu verzichten und statt dessen das neutrale Luxemburg zu annektieren, wies er Ende Januar 1871 zurück; er wolle nicht als leichtfertiger Eroberungspolitiker erscheinen, der gegenüber Ohnmächtigen keine Neutralitätsrechte respektiert[43]). Seine ursprünglichen Forderungen an Frankreich wolle er nach dem opfervollen Winterfeldzug zwar nicht erweitern, dächte aber auch nicht dahinter zurückzugehen. Dennoch ist es fraglich, ob alle diese Kundgebungen mehr besagen als eine Wahrung deutscher Ansprüche nach außen mit dem geheimen Vorbehalt, unter Umständen dennoch davon nachzulassen[44]). Um so fraglicher, als in dem neuen Friedensprogramm, das er am 14. Januar König Wilhelm entwickelte, nur ganz unbestimmt von einer „Abtretung des bisherigen Straß-

burger Gouvernementsbezirks mit einigen Modifikationen" die Rede ist,
ohne besondere Erwähnung von Lothringen und Metz. In privaten Aussprachen hatte er schon seit September immer von neuem die stärksten
politischen Bedenken gegen den Erwerb fremdsprachlicher Gebiete in Lothringen geäußert, gelegentlich sogar die militärische Unentbehrlichkeit von
Metz entschieden angezweifelt[45]). Anfang November, als der Stillstand der
Operationen einen raschen Friedensschluß wünschenswert erscheinen ließ
und die deutschfeindliche Haltung der Lothringer der Verwaltung immer
stärkere Sorgen machte, scheint er nicht abgeneigt gewesen zu sein, mit Thiers
eine Friedensverhandlung unter Verzicht auf Metz anzuknüpfen[46]). Seine
Bedenken gegen die lothringische Erwerbung müssen noch gewachsen sein,
als seit dem Pariser Waffenstillstand die endgültige Entscheidung der Frage
in den Friedensverhandlungen unmittelbar dringend wurde. Mancherlei
Auswege wurden jetzt hin und her erwogen, wie man sie der deutschen
Politik besonders von England her im Interesse des europäischen Dauer-
friedens nahegelegt hatte. Die dort am meisten propagierte Idee einer Neutralisierung Elsaß-Lothringens unter europäischer Garantie und einer
Schleifung der Festungen Straßburg und Metz leuchtete Bismarck freilich am
wenigsten ein. Auf europäische, besonders englische Garantie gab er nichts.
weil sie im Ernstfall doch nicht wirksam würde. Eine Neutralisierung des
Elsaß, meinte er, würde Frankreich weit größeren Schutz gewähren als
Deutschland: wir wären dann praktisch an jedem Angriff gehindert, die Franzosen könnten ihre Truppen an unseren Küsten oder an denen verbündeter
Länder (wie etwa Dänemark oder Rußland) landen und uns damit anfallen:
vor allem wäre nicht darauf zu rechnen, daß die Elsässer und Lothringer, seit
Jahrhunderten französische Untertanen, im Ernstfall ihre Neutralität wie
die Schweizer, Belgier und Holländer mit der Waffe verteidigen und einen
französischen Durchzug verhindern würden; schon im Frieden würde dieses
Zwischenland nichts weiter als ein französischer Vasallenstaat, auf jeden
Fall ein Zentrum deutschfeindlicher Intrigen sein. Die Schleifung der Festungen böte keinen sicheren Schutz; sie wären im Ernstfall rasch wieder instand-
gesetzt und das Verbot ihrer Wiederherstellung im Frieden ließe sich nur
durch eine internationale Kontrolle wirksam machen, die von Frankreich
als äußerst drückendes Servitut, als peinliche Beschränkung seiner Hoheits-
rechte empfunden werden müßte. Eben dieses Bedenken sprach auch gegen
den Ausweg (auf den Bismarck selbst verfallen zu sein scheint), nach der
Schleifung von Metz an geeigneter Stelle, aber auf deutsch-lothringischem

Boden oder im Saargebiet, eine neue starke Grenzfestung zu bauen — ein Gedanke, der etwas Künstliches an sich hat, den Franzosen die politische Demütigung nicht ersparte und schwerlich auf Moltkes Zustimmung rechnen durfte. Ernsthafter scheint der Kanzler im letzten Augenblick doch wieder den Ankauf Luxemburgs und den Wiederaufbau der 1867 dort geschleiften Festung als Ersatz für Metz erwogen zu haben; aber hieß das nicht: den besiegten Gegner auf Kosten eines unbeteiligten Dritten schonen und Deutschland vor Europa in den Ruf hemmungsloser Eroberungssucht bringen? Der Gedanke schließlich, das Schicksal der deutschen Südwestgrenze von dem zufälligen Abstimmungsergebnis einer Volksbefragung der Elsaß-Lothringer abhängig zu machen, widerstrebte so gänzlich der Staatsräson bismarckischer Politik, daß — trotz der Befürwortung durch englische Stimmen — niemals, soviel man sieht, von ihm diskutiert worden ist[47]).

So erhoben sich gegen jeden Ausweg neue Bedenken. Trotzdem scheint es, als hätte Bismarck in den letzten Tagen vor dem Eintreffen von Thiers Unterstützung gesucht beim Großherzog von Baden und dessen gesinnungs-verwandtem Schwager, dem Kronprinzen Friedrich, um den König gegen die Stimme der Militärs für einen Verzicht auf Metz zu gewinnen; beide waren grundsätzliche Gegner jeder Annexion, zumal von französischem Sprachgebiet. Die Militärs, sagte er dem Großherzog, dächten zu wenig an die Zukunft, „in der wir doch nicht ewig feindlich gegen die Franzosen bleiben dürfen". „Die Frage sei, wie werden wir einen Frieden schließen können, der Aussicht auf Dauer hat, und da sei allerdings Lothringens Ein-verleibung eine große Erschwerung"[48]). Man sieht: es war nicht bloß die Abneigung gegen die Aufnahme fremdvölkischer Elemente in das Reich, was ihn bestimmte, sondern der Gedanke an einen Dauerfrieden. Er zögerte, einen Schritt zu tun, der die deutsch-französischen Beziehungen für immer vergiften würde.

Schließlich hat er ihn dennoch getan — und nicht nur deshalb, weil die „Militärs" darauf bestanden haben. Das Gutachten Moltkes hat ihn zwar stark mitbestimmt, wie wir schon früher (Abschnitt III) erörterten, aber den letzten Ausschlag hat es wohl doch nicht gegeben. Seine Erwägungen in den entscheidenden Tagen der Friedensverhandlungen kamen höchst un-mittelbar in einer Tischunterhaltung zutage: „Ich mag gar nicht so viele Franzosen in unserem Hause, die nicht drin sein wollen ... Die Militärs aber werden Metz nicht missen wollen, *und vielleicht haben sie recht*"[49]). Auch in ihm lebte ein Stück von preußischem Offiziersgeist. Vor allem: auch in ihm steckte ein tiefer Zweifel an der Versöhnbarkeit des gallischen Nachbarn. Diesen Zweifel hat er schon in seinen Runderlassen an die diplomatischen Vertretungen im neutralen Ausland am 13. und 16. September sehr deutlich ausgesprochen. Deutschland, heißt es darin, ist durch Frankreich zum Kriege gezwungen worden, den es doch, wie das Jahr 1867 gezeigt hat, durchaus zu vermeiden wünschte. „Angesichts dieser Tatsache dürfen wir unsere Garantie nicht in französischen Stimmungen suchen. Wir dürfen uns nicht darüber täuschen, daß wir uns infolge dieses Krieges auf einen baldigen neuen Angriff von Frankreich und nicht auf einen dauerhaften Frieden gefaßt machen müssen, und das ganz unabhängig von den Bedingungen, welche wir etwa an Frankreich stellen möchten. Es ist die Niederlage an sich, es ist unsere siegreiche Abwehr ihres frevelhaften Angriffs, welche uns die französische Nation nie verzeihen wird. Wenn wir jetzt ohne alle Gebietsabtretung, ohne jede Kontribution, ohne irgendwelche Vorteile als den Ruhm unserer Waffen aus Frankreich abzögen, so würde doch derselbe Haß, dieselbe Rachsucht ... in der französischen Nation zurückbleiben, und sie würde nur auf den Tag warten, wo sie hoffen dürfte, diese Gefühle mit Erfolg zur Tat zu machen." „Jeder jetzige Friede, auch ohne Gebietsabtretung, wird nur Waffenstillstand sein. Wir fordern Elsaß und Lothringen nicht als Vindikation alten Besitzes ... nur Deckung gegen den nächsten Angriff wollen wir." „In deutschem Besitz gewinnen Straßburg und Metz einen defensiven Charakter; wir sind in mehr als zwanzig Kriegen niemals die Angreifer gegen Frankreich gewesen", die Franzosen dagegen werden uns wieder anfallen, sobald sie sich durch eigene Kraft oder fremde Bündnisse stark genug dazu fühlen[50]). Diese Nation hat von jeher durch ihren Ehrgeiz Europa beunruhigt; seit dreihundert Jahren hat es kaum eine deutsche Generation gegeben, die sich nicht gezwungen sah, den Degen gegen Frankreich zu ziehen (ein von Bismarck öfters variiertes Thema)[51]); unter jeder Regierungsform haben die Franzosen immer denselben Angriffsgeist bewiesen. Die Garantien und Bündnisse von 1815 haben ihre Wirksamkeit längst verloren; so muß sich Deutschland jetzt selber schützen, und zwar durch materielle, nicht bloß moralische Sicherungen.

Es ist deutlich: hier redet ein anderer Bismarck als der kluge Diplomat der fünfziger und sechziger Jahre, der die allgemeine Überschätzung der französischen Gefahr in Deutschland nicht geteilt, der sich kühn über die Vorurteile seiner romantisch-konservativen Parteifreunde, aber auch über die patriotischen Stimmungen der Freiheitskriege (die wir in Moltke noch nachwirken sahen) hinweggesetzt und der sich zugetraut hatte, das Gespenst des französischen Krieges mit diplomatischen Mitteln zu beschwören, ja den großen Spieler Napoleon noch zu übertrumpfen und als Schachfigur in seinem eigenen Spiel zu verwenden. Was hier aus ihm spricht, ist zunächst ganz einfach jene urtümliche, kämpferische Form des Nationalbewußtseins, die er in seinen Memoiren als erste politische Empfindung seiner Jugendjahre schildert, nicht ohne Selbstironie, und auf Einflüsse der Plamannschen Erziehungsanstalt und der Burschenschaft zurückführt: „Was ich etwa über auswärtige Politik dachte, war im Sinn der Freiheitskriege, vom preußischen Offiziersstandpunkt gesehen. Beim Blick auf die Landkarte ärgerte mich der französische Besitz von Straßburg, und der Besuch von Heidelberg, Speyer und der Pfalz stimmte mich rachsüchtig und kriegslustig." Daß solche urtümliche Empfindungen durch das Erlebnis des Nationalkrieges wieder belebt wurden, ist ganz natürlich. Daß sie ihm im Augenblick des Friedensschlusses nicht etwa die ruhige Einsicht getrübt und ihn nicht rachsüchtig gestimmt haben, zeigen die Tatsachen: sein großzügig-vornehmes, bei aller sachlichen Härte doch ritterliches[52]), durch humorvolle Offenheit zuweilen verblüffendes Auftreten bei den Friedensverhandlungen, das auf die französischen Partner tiefen Eindruck machte, sein langes Sträuben gegen die Angliederung Lothringens, sein Bemühen, den Verlust von Metz seinem Verhandlungspartner durch die Rückgabe von Belfort und Nancy als „Schmerzensgeld" sowie durch Herabsetzung der Kriegsentschädigung von sechs auf fünf Milliarden erträglicher zu machen, sein Verzicht auf die von deutschen Kolonialfreunden gewünschte Wegnahme französischer Kolonien und vor allem (höchst folgenreich!) auf die Entwaffnung oder Rüstungsbeschränkung des besiegten Gegners, die Thiers selbst erwartet hatte. Ohne Zweifel wollte er — trotz jener Worte von der Unversöhnbarkeit Frankreichs, die er zur öffentlichen Rechtfertigung seiner Annexion gebrauchte — den Frieden so dauerhaft wie möglich und darum für den Besiegten wenigstens erträglich machen. Sein Handeln war frei von Haß. Aber freilich: er war von tiefstem Mißtrauen erfüllt und lebte in einer Umgebung, deren Mißtrauen noch stärker und keineswegs frei von Haßempfindungen war. So hat er die „materiellen Sicherungen", die Deutschland brauchte, noch um einen Schritt weiter ausgedehnt, als ihm vorher und nachher ganz geheuer schien[53]).

Der Friedensschluß mit Frankreich erhielt dadurch ein merkwürdig zwitterhaftes Gesicht. Es war kein Diktatfrieden im Stil Moltkes — denn er enthielt keine Rüstungsbeschränkung für den Besiegten; aber er war auch kein Versöhnungsfrieden im Stil des Bismarck von 1866, denn er verwundete das Selbstgefühl des Besiegten tödlich. Den Frieden von 1866 hatte Bismarck als Kabinettspolitiker geschlossen; den von Versailles und Frankfurt schloß er zwar nicht als Nationalist, aber doch unter dem Eindruck nationaler Gegensätze von unüberwindbarer Tiefe und Härte. Schon vor dem Krieg hatte er gelegentlich prophezeit, daß der Losbruch eines Nationalkrieges zwischen Deutschland und Frankreich eine ganze Kette von Kriegen zur Folge haben müßte. Eben deshalb hatte er sich verpflichtet geglaubt, ihn womöglich durch diplomatische Mittel zu verhindern[54]). Jetzt war sein Vertrauen auf diese Mittel tief erschüttert; denn der Nationalkrieg hatte die von ihm befürchtete Wirkung getan, hatte maßlose Leidenschaften, Stimmungen unversöhnlichen Hasses aufgerührt, deren keine Staatskunst mehr so leicht Herr werden mochte. So griff er zu den stärksten Grenzsicherungen, deren er habhaft werden konnte, ohne allzuviel Scheu, dadurch die Revanchestimmung noch zu verschärfen.

In die fatalistische Haltung des Nationalismus, die wir von Moltke her kennen, daß der Krieg ein übermächtiges Schicksal sei, dessen zwangsläufiger Eintritt sich allenfalls beschleunigen oder verlangsamen, nicht aber vermeiden lasse, ist er darum noch lange nicht zurückgesunken. Er hat die innere Entwicklung Frankreichs in den ersten Jahren nach 1871 mit schärfstem Mißtrauen überwacht, vor allem während des Kulturkampfes, aber sich jeder Einmischung in die Verfassungskämpfe enthalten, und ohne Zögern die Räumung des Landes beschleunigt[55]), als dessen unerwartet rasche wirtschaftliche Erholung eine Verkürzung der Zahlungstermine für die Kriegsschuld ermöglichte. Die rasche Aufrüstung der dritten Republik machte ihm freilich Sorge, und so hat er mehrfach versucht (1873 und 1875), durch diplomatische Einschüchterung ihre Beschränkung zu erreichen und damit gewissermaßen ein Versäumnis des Friedensschlusses von 1871 (im Sinne Moltkes) nachzuholen. Aber jeder Versuchung, mit kriegerischen Mitteln nachzuhelfen und eine angeblich später doch unvermeidliche Auseinandersetzung zu günstigem Zeitpunkt herbeizuführen, hat er (wie schon im Abschnitt III erörtert) entschieden widerstanden. Vielmehr als sich herausstellte, daß jene diplomatischen Druckmittel nicht nur vergeblich blieben, sondern obendrein die europäischen Großmächte gegen uns aufriefen und so das Gespenst einer politischen Einkreisung Deutschlands am Horizont auftauchen ließen, hat er sie schleunigst fallen lassen und statt neuer „materieller" nur noch diplomatische Sicherungen, in immer kunstvollerem Aufbau seines Bündnissystems gesucht. Weit entfernt davon, durch die vermeintliche Zwangsläufigkeit deutsch-französischer Kriegsgefahren sich schrecken zu lassen, hat er in den achtziger Jahren das allmähliche Abflauen der Kriegs- und Revanchestimmungen in Frankreich erhofft und nach Kräften gefördert, indem er die Franzosen durch tatkräftige Unterstützung ihrer Kolonial-politik vom Rhein abzulenken, ihren Ehrgeiz auf überseeische Ziele zu lenken suchte. Die Boulanger-Krise von 1887 belehrte ihn, daß damit die Kriegsgefahr noch nicht endgültig beschworen war. Sie blieb immer irgend-wo am Horizont als fernes Wetterleuchten stehen. Eine fortdauernde Stei-gerung deutscher Rüstung entsprechend dem Kräftezuwachs seines west-lichen Nachbarn, gehörte darum auch zu den unentbehrlichen Mitteln seiner Friedenspolitik. Aber bis zum letzten Tage seiner Amtstätigkeit ist er nie-mals um Auskunftsmittel verlegen gewesen, jeder neuauftauchenden europä-ischen Krise auf friedlich-diplomatischem Wege Herr zu werden.

Der Irrglaube radikaler Nationalisten und Imperialisten, der unter seinen Epigonen sich auszubreiten begann, als ob das Wesen der Politik sich im Machtkampf erschöpfe, hätte sich niemals auf Bismarck berufen dürfen. Trotz aller kämpferischen Dämonie, die seine Gestalt umwittert, erscheint uns Nachlebenden die Stiftung und Erhaltung einer dauerhaften Friedens-ordnung, auf der Grundlage nationaldeutscher Machtentwicklung, als das letzte Ziel seines Lebenswerkes.

Freilich: die unausgeglichene Spannung nationaler Leidenschaften, die der wichtigste seiner Friedensschlüsse hinterließ, lastete als eine schwere Hypo-thek auf unserer Zukunft. Auch wer sich sträubt, sie für gänzlich unüberwind-bar zu halten und eine Zwangsläufigkeit der Katastrophe von 1914 daraus abzuleiten, wird zugeben müssen, daß die geschichtlichen Folgen verhängnis-voll gewesen sind. Unleugbar hat der Krieg von 1870/71 zum ersten Mal jene unheimliche Problematik des modernen Nationalkrieges aufblitzen las-sen, aus der die großen Katastrophen unserer Epoche erwachsen sind. Und offensichtlich ist Bismarcks Staatskunst mit dieser Problematik nicht fertig geworden. Seine Staatsweisheit, die sich 1866 so glänzend bewährt hatte, ist hier an ihre Grenzen gestoßen[56]).

So weist seine Geschichte, die des letzten Kabinettspolitikers großen Stils, an dieser Stelle bereits in eine neue Epoche hinüber.

ANMERKUNGEN

ANMERKUNGEN ZUR EINLEITUNG

[1]) Über Entstehung und Gebrauch des Wortes „Militarismus" in den verschiedenen Staaten, vgl. *H. Herzfeld*: Der Militarismus als Problem der neuen Geschichte. Schola (Monatsschr.), I. Jg., 1946, H. 1, S. 41 ff. S. 13

[2]) *E. Ludendorff:* Der totale Krieg (1935), S. 10. — General *Alfred Krauß* in: „Die Wesenseinheit von Politik und Krieg als Ausgangspunkt einer deutschen Strategie" in: Deutschlands Erneuerung, V. Jg., 1921, H. 6, S. 324. S. 14

[3]) Vgl. hierfür und auch für das Folgende meine Schrift: Machtstaat und Utopie. Vom Streit um die Dämonie der Macht seit Machiavelli und Morus. 3. Aufl. 1943, neuere Auflagen u. d. T.: Die Dämonie der Macht. 6. Aufl., München 1948. Ferner meine Studie: Machiavelli und der Ursprung des modernen Nationalismus in: Vom sittlichen Problem der Macht. Bern 1948, S. 40—90. S. 16

[4]) Ich stelle hier nur die beiden Grenzfälle einander gegenüber. Natürlich gibt es dazwischen noch tausend Zwischenformen, die zahlenmäßig weit überwiegen. S. 18

[5]) Den inneren Dualismus des Politischen hat bekanntlich schon *Friedrich Meinecke* zum Gegenstand eines bedeutenden Buches, seiner „Idee der Staatsraison", gemacht. Es wird nützlich sein, gleich hier sich darauf zu besinnen, ob und inwiefern etwa seine begrifflichen Unterscheidungen sich mit der hier erörterten, aus der Analyse konkreter Konfliktsfälle, nicht etwa in theoretischer Abstraktion gewonnenen Gegenüberstellung von kämpferischer Machtballung und friedlicher Dauerordnung überschneiden oder überdecken. Meinecke sieht in der Staatengeschichte einen ewigen Kampf zwischen einer „Natur-" und „Nacht"seite der Politik, die er als „Kratos" bezeichnet, und einer idealen Lichtseite, die er ihr „Ethos" nennt. Die letztere ist wesentlich von „Ideen" beherrscht, die erstere von „animalisch"-niederen, egoistischen Instinkten. Im einzelnen ergibt sich eine überaus vielfarbige Variation von Kontrastbegriffen, denen teils moralische, teils juristische, teils metaphysische Kategorien zugrunde liegen: Egoismus und ethische Norm, Politik und Moral, Wirklichkeit und Idee, Macht und Recht, Egoismus und Vertragstreue, Natur und Geist, Natur und Kultur, Schicksal und Vernunft, Kausalität und Freiheit, Sein und Sollen, Finsternis und Licht. (Vgl. *C. Schmitts* Kritik: Positionen und Begriffe im Kampf mit Weimar—Genf—Versailles. 1940, S. 45 ff.) Daß zwischen diesen Begriffsreihen und unserer Kontrastierung von Machtkampf und Friedensordnung eine allgemeine Verwandtschaft besteht, ist selbstverständlich. Indessen möchte ich nicht verfehlen, ausdrücklich zu betonen, an welchen Punkten ich mich im Gegensatz zu Meinecke weiß. Erstens: Meine Unterscheidung ist nicht als moralische Abwertung des Kämpferischen schlechthin gemeint. Ein echtes „Ethos" besitzt der Machtkampf genau ebenso wie die Friedensordnung, wenn es auch mit deren Ethos in scharfen Gegensatz geraten kann; wir haben einen Katalog seiner „Tugenden" bereits skizzenhaft angedeutet. Gewiß, auch nach meiner Überzeugung darf das Kämpferische niemals Selbstzweck werden, und wahre geschichtliche Größe wird nur da erreicht, wo die im Kampf errungene Macht eine neue, bessere, das heißt den lebendigen Kräften eines Zeitalters besser angepaßte Ordnung schafft. Aber andererseits darf auch keine einmal bestehende Friedensordnung als absoluter, aller zeitlichen Bedingtheit entrückter sittlicher Wert verstanden werden. Aus der Notwendigkeit der Zerstörung S. 21

überalterter, der Verteidigung oder Erkämpfung lebendiger, echter Ordnungen empfängt das kämpferische Element sein wahres „Ethos", das heißt nicht nur sein eigentümliches moralisches Pathos, sondern auch sein letztes sittliches Recht. Zweitens: Meine Unterscheidung hat gar nichts zu tun mit dem neukantischen Begriffspaar „Sein und Sollen", „Kausalität und Freiheit", „Idee und Wirklichkeit", auch nichts mit der Gegenüberstellung von „Geist und Natur", „Geist und Macht". Der Geltungs- und Machtdrang ist dem Individuum und der Nation ebenso „natürlich" wie ihr Bedürfnis nach friedlicher Dauerordnung — der Kampftrieb ebenso natürlich wie der Trieb zur Geselligkeit, die Soziabilität; der unruhige Tatendrang (heute gern „Dynamik" oder „Aktivismus" genannt) ist ebenso naturgemäß wie das Bedürfnis nach Stetigkeit, Dauer, äußerer und innerer Ruhe. „Geist und Macht", die man so oft in der historischen Literatur kontrastiert findet, bilden nach meiner Meinung überhaupt kein echtes Gegensatzpaar. Daß der Machtkampf sehr häufig geistige Schöpfungen, auch solche höchsten Ranges, nicht nur zerstört, sondern auch wieder erzeugt, braucht man dem Historiker nicht erst zu sagen; auch Meinecke weiß und berichtet ja immer wieder von geisterweckenden Auswirkungen des politischen Kampfes. Ja man könnte sagen: ohne großen Ehrgeiz, in dem immer ein Stück rein vitalen Geltungs- und Machtdranges steckt, sind große geistige Schöpfungen kaum je entstanden. Und daß die großen „Mächte" keine roh-naturhaften, sondern „real-geistige" Wesenheiten sind, das geistige Leben Europas in ihren beständigen Kämpfen sich erst recht entzündet hat, ist eine Einsicht, die wir schon Ranke verdanken. Drittens: Ich halte es deshalb auch für eine gefährliche, weil allzu leicht mißverständliche Wendung, wenn so oft von der „Vergeistigung", „Läuterung" oder „Verklärung" politischer Machtkämpfe durch die „Ideen" die Rede ist. Meinecke spricht von dem „Hinüberwachsen der naturhaften Triebe zu Ideen", von dem „Übergang des triebhaften Lebens- und Machtwillens einer Nation in den sittlich verstandenen Nationalgedanken, der in der Nation das Symbol eines ewigen Wertes sieht" (S. 13), von einer Veredelung des „naturhaften" Machtstaates zu höherer Idealität; der Staat wird da zum „Kulturstaat", der die bloßen Machttriebe „versittlicht". Mir scheint durchaus nicht, daß der Machtkampf dadurch „ethisiert" wird, daß man ihn (angeblich oder wirklich) für irgendwelche „Ideen" führt, sondern allein dadurch, daß man ihn im Bewußtsein der sittlichen Verantwortung für den Fortbestand bzw. die Wiederherstellung echter sittlicher, also auch dauerhafter Gemeinschaft der Kämpfenden führt: von der zerbrochenen Rechtsordnung hinstrebend zu einer neuen, besseren und darum dauerhafteren Rechtsordnung (nicht bloße Gewaltordnung, weil rechtlose Gewalt immer und überall die Persönlichkeit und damit zugleich die Möglichkeit echter Gemeinschaftsbildung, auch unter den Staaten, aufhebt). Nicht auf die Idealität des politischen Strebens, sondern auf die „Staatsvernunft" kommt es also an, das heißt auf jene Verbindung von praktischer Einsicht in das Wirkliche mit sittlicher Vernunft, von der oben im Text die Rede ist. Das hat im Grunde schon Friedrich der Große gewußt, dessen „Staatsräson" mir deshalb auch viel mehr als Meinecke bedeutet, wie später noch zu erörtern ist. Die Selbstzügelung der Macht durch rechten Vernunftgebrauch (der unter Umständen durch zweckentsprechende Institutionen zu sichern wäre) ist ein ganz unzweifelhaftes, ebenso dringendes moralisches wie politisches Bedürfnis. Sehr viel fragwürdiger erscheint mir die Verklärung des Machtkampfes durch eine Idee, in deren Dienst sich die kämpfende Macht stellen soll. Ganz gewiß haben die größten Machtkämpfe der Geschichte immer auch zu irgendeiner „Idee" in Beziehung gestanden: die Perserkriege der Hellenen ebenso wie die Kreuzzüge und kaiserlichen Italienfahrten oder Slavenkämpfe des Mittelalters und die Türken- und Revolutionskriege der Neuzeit. Aber das Wesen dieser Kämpfe selbst als Machtkämpfe wird dadurch nicht im geringsten verändert; am wenigsten ist eine vernünftige Selbstbeschränkung der Macht von daher zu erhoffen — im Gegenteil! Das lehrt nicht nur die

Geschichte der Religionskämpfe früherer Jahrhunderte, das lehren noch viel lauter die Erfahrungen unserer eigenen Generation. Oder hat etwa der Übergang des „triebhaften Lebens- und Machtwillens der Nationen in den sittlich verstandenen Nationalgedanken, der in der Nation das Symbol eines ewigen Wertes sieht", irgend etwas zur „Ethisierung" der Machtkämpfe beigetragen, die der Erste Weltkrieg auf die Bühne brachte? Sind Illusionen jemals grausamer enttäuscht worden als der idealistische Glaube des nationalen Liberalismus aller europäischen Kulturländer an die veredelnde Kraft der „nationalen Idee" oder auch an die zähmende Wirkung der „europäischen Kultur"? Höchst fraglich bleibt immer, wie weit die kämpfende Macht der von ihr beanspruchten „Idee" wirklich dient, wieweit sie sich ihrer nur (als Aushängeschild) bedient. Nichts scheint leichter, als für wechselnde, oft höchst massive Machtziele jeweils eine verklärende „Idee" aufzutreiben: ihre Propheten stehen jederzeit gleichsam „auf Abruf" bereit.

In diesem Zusammenhang mag noch ein Wort über die Gefahren moderner „Ideenhistorie" überhaupt am Platze sein. Mir scheint die neuere deutsche Historie nachgerade in Gefahr, die praktisch-politische Bedeutung der Ideen für den Machtkampf erheblich zu überschätzen. Sonst könnte es nicht geschehen, daß sehr bekannte neuere Geschichtswerke ihre Leser glauben machen wollen, verfehlte und aussichtslose politische Unternehmungen ließen sich dadurch rechtfertigen, daß man auf die Größe, Ehrwürdigkeit und allgemeine Bedeutsamkeit der darin zum Ausdruck kommenden oder doch noch irgendwie fortlebenden „Ideen" hinweist — mögen diese noch so abstrakt, politisch unwirksam, zuweilen gar rein gelehrten Ursprungs sein. Selbst ein so bedeutendes und verdienstliches Werk wie H. v. Srbiks „Deutsche Einheit" ist von dieser Neigung, wie mir scheint, nicht frei. Jedenfalls darf sich die politische Geschichtschreibung durch das Vorbild seiner Darstellung nicht verführen lassen, zu einer Schilderung abstrakter „Ideenkämpfe" zu werden, sondern muß unbeirrt durch bloße Ideologien die konkreten Machtgegensätze im Auge behalten, die hinter dem schillernden Spiel immer neu auftauchender, bald aufleuchtender, bald wieder verblassender Ideen den Gang des politischen Lebens bestimmen.

⁶) Wenn *C. Schmitt* „Positionen und Begriffe" S. 52 feststellt, daß „wir von ratio und status (im Sinn des 17. Jahrhunderts) heute weit entfernt sind", so ist das natürlich kein Einwand gegen die Notwendigkeit einer echten „Staatsräson" überhaupt. Ohne echte Staatsräson gibt es auch im Zeitalter der modernen Massendemokratie keine gesunde Politik. S. 21

ANMERKUNGEN ZUM 1. KAPITEL

¹) Ob Kriegsleute auch in seligem Stand sein können (1526). WA. XIX, 648 f. S. 26
²) *Moltke*, Militärische Werke IV. Kriegslehren. Hg. vom Großen Generalstab, 1911, S. 1. S. 27
³) Die Politischen Testamente der Hohenzollern, hg. von *Küntzel und Haß*, Bd. I, 1911, S. 88 f. S. 29
⁴) Das soll natürlich nicht heißen daß erst das friderizianische Preußen sich an den Händeln der großen europäischen Mächte beteiligt habe; der Große Kurfürst, aber auch Maximilian I. und Max II., Emanuel von Bayern, Friedrich August II. von Sachsen-Polen, Johann Philipp Schönborn von Mainz und sehr viele andere große und kleine Reichsfürsten des 17. Jahrhunderts hatten sich schon lange vorher auf diesem Felde versucht. Aber keiner von ihnen erreichte dabei das Maß von äußerer Unabhängigkeit und großmächtlichem Ansehen wie der preußische König. S. 29

S. 30   **5**) Denkwürdigkeiten (1742), Abschnitt: Regierungsantritt. (Werke in deutscher Übersetzung hg. von *Volz*, Bd. II, S. 5 f.)

S. 30   **6**) Zuerst nachgewiesen von *A. Berney:* Friedrich der Große, Entwicklungsgeschichte eines Staatsmannes (1934), S. 123, Anm. 74.

S. 31   **7**) Vgl. dazu mein Buch „Europa und die deutsche Frage", München 1948, Kap. II und *R. Stadelmann:* „Deutschland und Westeuropa", 1948, S. 23, 26 ff. Ferner *St. Skalweit:* Frankreich und Friedrich der Große, Bonn 1952 und die dort benutzte Literatur.

S. 32   **8**) Ges. Werke VII, S. 197 ff.

S. 33   **9**) Vor allem Friedrich *Meinecke* hat mit Nachdruck darauf hingewiesen (Klassiker der Politik 8, S. 27 f. und Idee der Staatsräson 44) — stärker, als mir selbst richtig scheint; vgl. mein Buch: Die Dämonie der Macht, 6. Aufl., 1948, S. 190, Anm. 49 zum II. Kapitel; dazu meine Aufsatzsammlung: Vom sittlichen Problem der Macht, Bern 1948, S. 62 f. und Anm. 50.

S. 36   **10**) *Meinecke:* Idee der Staatsräson 357 meint, daß Friedrich niemals das barbarische Zwangssystem der preußischen Rekrutenwerbung zum Gegenstand humanitärer Betrachtungen gemacht habe. Indessen wird im Antimachiavelli Kap. 12 das Unvollkommene der preußischen Heeresergänzung ausdrücklich anerkannt. Über spätere Reformbemühungen vgl. *C. Jany:* Geschichte der preußischen Armee, II, 9 f. Im übrigen gehörte diese Form der Barbarei zum allgemeinen Lebensstil des 18. Jahrhunderts — wohl am barbarischsten war sie in der britischen Flotte, vgl. etwa die sehr lebendige Schilderung des „eighteenth century militarism" in dem vortrefflichen Buch des Amerikaners *Walter L. Dorn:* Competition for empire 1740—1763, New York 1940, Chapter III.

S. 36   **11**) „Betrachtungen über den gegenwärtigen politischen Zustand Europas", Ges. Werke (Übersetzung) I, 234. Ebenda S. 237, 242 näher ausgeführt: „Die Politik der Großstaaten war fast stets dieselbe. Ihr Grundzug war zu jeder Zeit, alles zu unterjochen, um die eigene Macht unaufhörlich zu erweitern. Ihre Klugheit bestand darin, den Kunstgriffen ihrer Feinde zuvorzukommen und das feinere Spiel zu spielen... Der Stärkere ist wie ein wütender Gießbach. Er schwillt über, reißt alles fort und ruft die verderblichsten Umwälzungen hervor."

S. 37   **12**) Vorrede zu den Denkwürdigkeiten von 1742, Ges. Werke (Übersetzung) Bd. II, 2.

S. 37   **13**) Politisches Testament von 1752 (Klassiker der Politik V), S. 63. Vgl. auch ebenda S. 55: „In der Politik ist es ein großer Fehler, stets hochmütig aufzutreten und alles mit Gewalt durchsetzen zu wollen, aber auch stets sich sanftmütig und nachgiebig zu zeigen." — *Meinecke:* Idee der Staatsräson deutet die im Text zitierte Stelle so, daß es Friedrich „mehr auf eine Rationalisierung als auf eine Ethisierung der Machtpolitik dabei abgesehen" habe; „Vernunft" habe ihm hier nicht sittliche Vernunft, sondern Zweckmäßigkeit des politischen Handelns bedeutet. Ich finde diese Vermutung unbegründet. Das humanitäre Element schwingt bei Friedrich immer mit, wenn er von Vernunft im Gegensatz zu den Leidenschaften handelt. Eine Empfehlung an seinen Nachfolger, er müsse seinen Ehrgeiz mit Klugheit in der Wahl der Mittel verbinden, hätte Friedrich entweder als Banalität oder als „machiavellistisch" empfunden. Die ganze Stelle handelt deutlich von dem sittlichen Problem des rechten Machtgebrauchs. Den Begriff der Staatsräson bei Friedrich dem Großen behandelt eine von mir angeregte Berliner Diss. von *Marianne Melcher:* Vernunftideal und Staatsräson bei Friedrich dem Großen (1944, Maschinenschrift).

S. 37   **14**) Ges. Werke II, 2: Vorrede von 1742.

S. 37   **15**) Cet homme extraordinaire, ce roi aventurier digne de l'ancienne chevalerie, ce héros vagabond dont tous les vertus, poussées à un certain excès, dégénéraient en vices... Antimachiavell, cap. 8, Oeuvres VIII 197. Ges. Werke VII, 33; vgl. auch die Betrachtungen über die militärischen Talente und den Charakter Karls XII. von 1759, Ges. Werke VI, 367 ff., bes. 369 und 380.

¹⁶) Das Nebeneinander von zwei Strömungen in Friedrichs Denken hat auch *Fr. Meinecke*   S. 38 Idee der Staatsräson Kap. 5 scharf herausgearbeitet. Wenn er nun öfters (z. B. S. 355) humanitäres „Aufklärungsideal" und „Staatsräson" als Gegensätze einander gegenüberstellt, so wird meines Erachtens nicht deutlich, daß für Friedrich selbst die Staatsräson eine ähnliche Aufgabe zu erfüllen hat wie die Humanität: nämlich die blinden Leidenschaften zu zügeln. Für ihn ist offenbar nicht (wie für Meinecke) der „Machtstaatsgedanke" oder gar die „Staatsräson" als solche etwas Dämonisch-Gefährliches, mit dem es zu ringen gilt, sondern gefährlich erscheint ihm nur eine von blinden Affekten statt von ruhiger Vernunft getriebene Machtpolitik. Dabei ist „Vernunft" (raison) immer zugleich, wie für das 18. Jahrhundert überhaupt, als „sittliche Vernunft" zu verstehen. Wird das Problem der Bändigung des Machtdämons so gefaßt, so wird man wohl kaum sagen dürfen (S. 344), daß es für die Denkweise der Aufklärungsphilosophie „noch" unlösbar war. Ferner ist wohl richtig, daß Friedrich als handelnder Staatsmann immer dem „Imperativ der Staatsnotwendigkeit" folgte, die sich regelmäßig gegen die „Forderungen der (reinen) Humanität" durchsetzte (S. 354); aber das bedeutet noch nicht, daß der Weg seines Handelns „stets ganz klar und ohne Problematik" war; denn was in jedem einzelnen Fall die Staatsnotwendigkeit fordert, ob Kampf oder friedlichen Ausgleich der Interessen, ob kriegerische oder politische Mittel, ob Wagnis oder Vorsicht, ob rücksichtsloses Opfern oder humanitäre Schonung, das ist niemals von vornherein ausgemacht; und auch die Bändigung natürlicher Leidenschaften durch Staatsräson vollzieht sich nicht ohne inneren Kampf. — Wie sich Friedrich das bändigende und mäßigende Wirken der Staatsvernunft praktisch vorstellte, zeigen, als besonders wichtige Beispiele, seine Äußerungen über den Vertragsbruch als Mittel der hohen Politik. Er ist als solches leider oft unentbehrlich — nicht weil er zum Wesen der Machtpolitik an sich gehörte, sondern weil er allgemein geübt wird, so daß jeder der Alliierten in Gefahr ist, vom anderen betrogen zu werden, und weil manchmal die pünktliche Vertragserfüllung über die Kraft des dazu rechtlich Verpflichteten geht. Gleichwohl ist der Vertragsbruch nicht nur politisch bedenklich, weil er den außenpolitischen Kredit des Handelnden gefährdet, sondern zugleich als Verletzung der „Rechtsschaffenheit" sittlich verwerflich. (Das wird, entgegen *Meineckes* Ansicht S. 382, dauernd festgehalten, nur daß seit 1752 die „staatsutilitarische" Erwägung hinzutritt.) Unter Umständen muß also das Sittengesetz im Staatsinteresse verletzt werden; aber es ist Aufgabe der politischen Vernunft, dafür zu sorgen, daß sich der Staatsmann „so wenig als möglich von der Rechtschaffenheit entfernt". Er wird sich ein „reines Herz" zu bewahren suchen, indem er nur da seine Vertragspflicht verletzt, wo eine klare force majeure ihn dazu zwingt, nicht aber aus „Schurkerei", Laune, Haßinstinkten und niedriger Selbstsucht. Der Machttrieb, der ihn zur Verletzung der Rechtsnorm drängt, darf also nicht blind, sondern soll durch vernünftige Einsicht in die höhere Staatsnotwendigkeit erleuchtet sein. Es handelt sich offenbar um einen Sonderfall des Gegensatzes zwischen aufgeklärter, sittlicher Vernunft und blindem Machttrieb.

¹⁷) Vgl. hierzu und auch sonst meine Biographie: Friedrich der Große. Ein historisches   S. 38 Profil. (3. Aufl.) 1953.

¹⁸) Politisches Testament von 1752, Übersetzung (Klassiker der Politik V), S. 28 f., 32 f.,   S. 39 37, 42, 52; von 1768: ebenda 240. Im französischen Original vgl. die Ausgabe von *B. Volz* (Ergänzungsband zur Politischen Korrespondenz) 1920.   S. 39

¹⁹) Gegen die Auffassung von *G. B. Volz*, Einleitung zu Klassiker der Politik VIII, S. 18 f.

²⁰) Politisches Testament von 1768, Übersetzung in Klassiker der Politik V, S. 129 und   S. 41

169. An der letztgenannten Stelle verteidigt Friedrich den Soldatenstand gegen die Angriffe pazifistischer Franzosen aus dem Kreise der Enzyklopädisten: „Es gibt keine schönere und nützlichere Kunst als die Kriegskunst, wenn sie von anständigen Menschen geübt wird" — nämlich von solchen, die den Frieden des Landes zu schützen suchen. In diesem Zusammenhang ist auch an die überaus große Bedeutung christlicher Volkserziehung für die preußischen Armeen des 18. Jahrhunderts zu erinnern, die bis in die Freiheitskriege nachwirkt. Vgl. dazu neuerdings *R. Höhn:* Revolution, Heer, Kriegsbild (1944), S. 392 ff.

S. 41   [21]) Natürlich fehlte es auch damals nicht an Gegensätzen, zuweilen heftigen Konflikten zwischen Heeerführung und Politik. Man kennt sie besonders aus der Geschichte Marlboroughs und des Prinzen Eugen. Meistens entspringen sie aus mangelnder Einsatz- und Opferbereitschaft der politischen Staatsleitung im Kriege; doch kann es auch vorkommen, daß die Politik zu stärkerer Aktivität der militärischen Operationen drängt, während der Heerführer zaudert und vorsichtige Manöver dem Schlachteinsatz vorzieht (vgl. Maria Theresia und Feldmarschall Daun). Was aber in solchen Konflikten noch fast völlig fehlt, ist der grundsätzliche Anspruch des Feldherren (wie ihn später Moltke erhob), als militärischer Fachmann in der Sphäre seiner operativen Entschließungen von der Einmischung politischer Erwägungen unbehelligt zu bleiben — überhaupt die ressortmäßige Abgrenzung von Politik und Heerführung gegeneinander. Besonders anschaulich wird das fortwährende und selbstverständliche Ineinandergreifen beider Sphären in der Biographie des Prinzen Eugen. Vgl. die sorgfältige Studie von *Eb. Ritter:* Politik und Kriegführung. Ihre Beherrschung durch Prinz Eugen 1704 (Schriften der kriegsgeschichtlichen Abteilung im historischen Seminar Berlin, Heft 10), 1934.

S. 42   [22]) Der von *Hans Delbrück* ausgehende Streit, ob Friedrich II. „Vernichtungs-" oder „Ermattungsstratege" gewesen sei, ist heute überholt, da jetzt wohl allgemein anerkannt wird, daß der Ausdruck „Ermattungsstrategie", sofern darunter eine mehr oder weniger reine Manöverstrategie verstanden wird, auf die friderizianische Kriegführung nicht paßt. Ich will diese Diskussionen hier nicht wieder aufrühren und verweise für meine eigene Anschauung auf das 8. Kapitel meiner Friedrichbiographie. Mir scheint aber, daß die Auseinandersetzung fruchtbarer verlaufen wäre, hätte sie sich von Anfang an weniger einseitig auf das Gebiet der militärischen Technik beschränkt und mehr das Verhältnis von Politik und Heerführung in der Weise ins Auge gefaßt, wie es hier versucht wird.

S. 44   [23]) Politische Testamente a. a. O. 169.

S. 45   [24]) Politisches Testament von 1752, ebenda S. 58.

S. 46   [25]) Daß es ein Hauptschlag, womöglich eine kriegsentscheidende Schlacht werden müßte, das hat Friedrich gemeint, wenn er am 27. 12. 57 an Algarotti (Polit. Corresp. XIV, 172 = Oeuvres t. 18, 103) schrieb: „Wir haben noch nichts getan, ehe wir nicht Cäsar nachahmen am Tage von Pharsalus." Auf diese und ähnliche Briefstellen gründet *W. Elze* Friedrich der Große (2. Aufl., 1939), S. 104 ff., 123 f., seine Behauptung, Friedrich habe in Böhmen 1757 eine „deutsche Einigungsschlacht" schlagen wollen, die dazu dienen sollte, nach Besiegung der österreichischen Armee sich von Maria Theresia als „immerwährender Generalleutnant oder Reichsfeldmarschall" den Oberbefehl über ihre Heere übertragen zu lassen, um dann an der Spitze der preußischen Armee, der Reichsarmee, der Armeen der einzelnen Reichsfürsten und der österreichisch-ungarischen Armee sich in das Reich zu wenden, um alle Fremden, insbesondere die Franzosen, zu vertreiben. Diesen phantastischen „Einigungsplan", der dann in Kolin gescheitert sein soll, macht Elze geradezu zur Hauptsache seines Buches; da er schlechthin allem ins Gesicht schlägt, was wir sonst von der Allianzpolitik Friedrichs und insbesondere von seinem Verhalten gegenüber Frankreich wissen und was sich 1757 auch die kühnste Phantasie erträumen konnte, müßten schon sehr starke Beweise beigebracht werden, um davon zu überzeugen. Was aber Elze an Quellenbelegen beibringt (aus der Polit. Corresp., den Depeschen und dem Tagebuch Mitchells und dem Briefwechsel des Königs mit seiner Schwester), beweist nur, daß Friedrich in seiner bedrängten Lage im Frühjahr 1757 Rettung erhoffte durch eine große Entscheidungsschlacht wie einst Cäsar in scheinbar hoffnungsloser Lage bei Pharsalus oder wie die Franzosen 1712 bei Denain oder die Österreicher 1683 am Kahlenberg bei Wien usw. Friedrichs „Pharsalus" soll, wie das Cäsars bei Plutarch, die große, wunderbare Wendung bringen; schon die Ausdeutung des antiken Pharsalus als „Einigungsschlacht" hat etwas Willkürlich-Gewaltsames. — Der Sinn der Briefe nach Bayreuth ist ganz deutlich: Friedrich warnt die kleinen Reichsfürsten davor, sich den antipreußischen Maßnahmen des Reiches, insbesondere der Januar 1757 beschlossenen Aufstellung eines Reichsheeres gegen Preußen anzuschließen und empfiehlt sich ihnen (zugleich die ängstlich gewordene Schwester tröstend) als Schützer ihrer Libertät gegen die habsburgische Servitut. Mit Reichsreformplänen oder nationaler Erhebung gegen Frankreich hat das natürlich gar nicht zu tun; vgl. auch das Schreiben an den Markgrafen vom 26. 2. 1757: Polit. Corresp. XIV, Nr. 8656. Elze hätte noch eine weitere Pharsalusäußerung gegenüber dem Prinzen Heinrich vom April 1757 anführen können (Tagebuch Henckels von Donnersmarck, 1. 5. 1757, zitiert von *Koser*, H. Z. 93, S. 73); aber auch da ist nur von einer „über das Geschick des Reiches entscheidenden" Schlacht die Rede. Übrigens stand am 27. 12. 1756, als der Name „Pharsalus" zum erstenmal auftaucht, der Feldzugsplan von 1757 noch in keiner Weise fest, und noch am 2. 5. 1757 gedachte der König nach gewonnener Hauptschlacht seine Armee gegen Österreich und Frankreich zu teilen (Polit. Corresp. XV, 2, an Schwerin). — Was nun die gegenüber dem englischen Gesandten Mitchell getane Äußerung anlangt, er wünschte wohl die Österreicher so herunterbringen zu können, daß sie später bereit wären, ihre Verbindung mit Frankreich zu lösen, ja wohl gar ihre Truppen zum Kampf gegen Frankreich zur Verfügung zu stellen (s. Memoirs and papers of Sir Andrew *Mitchell*, ed. *Bisset* 1850, Bd. I, S. 334), so ergibt sich deren politische Tendenz eindeutig aus dem Zusammenhang: alles kam darauf an, Georg II. zum aktiven Widerstand gegen Frankreich zu ermutigen und durch ihn auch die neutralitätssüchtige hannoversche Regierung mit fortzureißen; daß es sich hierbei um höchst gewagte Luftschlösser handelte, hat der König nicht einmal dem Engländer gegenüber verheimlicht. Denn an der von Ranke S. W. 30, 299, N. 4 zitierten Stelle fährt Friedrich fort (vgl. auch Polit. Corresp. XV, 62): „but this from their pride was hardly to be expected." Rankes Zitat ist also irreführend! Und vollends von einer Reichsfeldherrnschaft Preußens zur Befreiung Deutschlands, wie Elze sich das ausmalt, ist nicht mit einer Silbe die Rede. Davon hat auch Ranke, auf den sich Elze als Kronzeugen beruft, nicht das geringste gewußt, wenn er auch nach seiner Art, an dramatischen Höhepunkten seiner Erzählung über äußerste Möglichkeiten der geschichtlichen Wendung nachzusinnen, den historischen „Moment" einer möglichen Vereinigung beider deutschen Mächte pointierend hervorhebt, ohne diese Möglichkeit doch ganz ernst zu nehmen. — Am wenigsten überrascht es, daß Wilhelmine Mitte Juni 1757 von Befürchtungen der Franzosen zu melden weiß, der König könne sie am Ende wieder einmal (wie schon 1742 und 1745) durch eine rasche Aussöhnung mit Österreich auf ihre Kosten düpieren. Zu allem Überfluß haben wir Äußerungen des Königs, in denen er ein Bündnis zwischen Preußen und Österreich für ebenso unmöglich erklärt wie die Vereinigung von Feuer und Wasser: Polit. Corresp. VI, 150 (24. 6. 1748). Von der anderen Seite lauten die Äußerungen nicht weniger eindeutig. So erklärte Maria Theresia dem englischen Gesandten Keith in der letzten Audienz, die er am 13. 5. 1756 erhielt: „... She would own freely to me, that She and the King of Prussia were incompatible together, and that no consideration upon earth should ever make her enter into an alliance, where he was a Party" (an Holdernesse, 16. 5. 1756, most secret. Freundl. Mitteilung von W. Michael aus den Papieren des Record Office).

ANMERKUNGEN ZUM 2. KAPITEL

S. 51   ¹) Vgl. meine Biographie des Frh. vom Stein (1931), Bd. I, S. 187 ff., 210 ff.

S. 51   ²) „Der Herr und der Diener, geschildert mit patriotischer Freyheit." Frankfurt 1759, S. 19/20. Vgl. dazu (auch für das folgende) *H. H. Kaufmann:* Fr. C. v. Moser als Politiker und Publizist (Quellen und Forschungen zur hessischen Geschichte XII), 1931, S. 19 ff.

S. 52   ³) *A. W. Rehberg:* Über die Staatsverwaltung deutscher Länder und die Dienerschaft des Regenten. Hannover 1807, S. 29. Diese Schrift fällt bereits in die Epoche der Romantik und der Steinschen Staatsreformen, aber der Geist altständischer Tradition, den sie widerspiegelt, ist schon viel älteren Datums.

S. 52   ⁴) A. a. O. S. 239 f.

S. 52   ⁵) *F. C. v. Moser:* Beherzigungen, 1763, S. 131.

S. 54   ⁶) „Über den Patriotismus", 1777, zitiert nach *R. Höhn:* Der Soldat und das Vaterland während und nach dem Siebenjährigen Kriege, in: Festschrift Ernst Heymann I Rechtsgeschichte, Weimar 1940, S. 282. Die interessante Quellenstudie Höhns bringt noch weitere Belege für die Umwandlung der politischen Atmosphäre im spätfriderizianischen Preußen.

S. 54   ⁷) Meine Antwort auf die Danksagungen des Landes nach Aufhebung der Leibeigenschaft und einiger Abgaben (Einblattdruck). Karlsruhe, 19. September 1785.

S. 56   ⁸) Vgl. den Schlußabsatz des Traktates vom Ewigen Frieden. Phil. Bibl. Bd. 47 I (1913) S. 169. Den streng rechtsphilosophischen Charakter der kantischen Friedensschriften betont mit Recht *J. Ebbinghaus* Kants Lehre vom Ewigen Frieden und die Kriegsschuldfrage (Philosophie und Geschichte Heft 23), 1929. Er tritt besonders eindrucksvoll heraus in den Metaphysischen Anfangsgründen der Rechtslehre § 57 (Phil. Bibl. 42, S. 176 ff.). Hier ist denn auch mit sehr klaren Worten die „künftige Gründung eines dauerhaften Friedens" als der einzig legitime Zweck des Krieges bezeichnet. Über die „Erhabenheit" des Krieges vgl. Kritik der Urteilskraft § 28.

S. 57   ⁹) *Berenhorst:* Betrachtungen über die Kriegskunst, 1. Abt. 1798, S. 203, zitiert nach *H. Rothfels:* C. v. Clausewitz (1920), S. 37, N. 27.

S. 57   ¹⁰) Ein besonders hübsches Beispiel dafür zitiert *Bertrand de Jouvenel:* Après la défaite (1941), S. 65, aus den Memoiren des Marschalls Villars, der sein Zusammentreffen mit Prinz Eugen am 26. 11. 1713 zu Friedensverhandlungen in Rastatt, nach elfjährigem Krieg, schildert: „Sobald ich den Prinzen von Savoyen im Hof des Schlosses wußte, ging ich vor das Schloß auf die Höhe der Freitreppe, indem ich mich entschuldigte, daß ich als Krüppel nicht heruntersteigen könnte. Wir umarmten uns mit den Gefühlen einer alten und echten Freundschaft, welche die langen Kriege und gegensätzlichen Unternehmungen nicht verändert hatten... Wir regelten gemeinsam die Tageseinteilung. Es wurde abgemacht, daß wir abwechselnd der eine beim andern mit den Hauptpersonen des Gefolges speisen wollten und daß es abends in meiner Wohnung, die am bequemsten war, ein Spiel geben sollte..." De Jouvenel stellt dem eine eigene Jugenderinnerung gegenüber: wie gefangene Tiere sah er die Vertreter Deutschlands hinter dem Gitter des Versailler Parks auf und ab gehen, darauf wartend, zur Empfangnahme des Diktates gleichsam vorgeführt zu werden. — *J. J. Moser:* Versuch des neuesten europäischen Völkerrechts IX 1 (1779), S. 145, berichtet, der österreichische Hof habe 1756 darüber geklagt, daß dem König von Polen-Sachsen in dem festen Lager zu Pirna die Zufuhr von Lebensmitteln durch die Preußen abgeschnitten sei; diese indessen hätten versichert, daß sie den Bedarf der königlichen Tafel frei passieren ließen.

S. 57   ¹¹) Hier wäre vor allem an die nicht seltenen Beispiele ritterlichen Edelmuts zu erinnern, in denen französische Offiziere von Adel sich scheuten, vom Kaiser befohlene harte Vergeltungsmaßnahmen an den Einwohnern des besetzten feindlichen Gebietes zu vollstrecken

Oder an die seltsame Vorstellung, daß es für einen kriegsgefangenen Offizier nicht ganz ehrenhaft sei, ohne Lösegeld zu entfliehen, und zwar auch dann, wenn er kein Ehrenwort gegeben hatte und bewacht wurde. *Max Jähns* Über Krieg, Frieden und Kultur, 1893, S. 280, berichtet von einem Fall, in dem die englische Regierung freiwillig das Lösegeld für einen so entkommenen Marineoffizier (der ohnedies in Paris die Guillotine hatte befürchten müssen!) nachzahlte!

[12]) Vgl. etwa das von *R. Koser* H. Z. 93 (1904), S. 240, zitierte Kursächsische Dienst-   S. 58
reglement von 1752: „Eine Bataille ist die wichtigste und gefährlichste Kriegsoperation. In einem offenen Lande ohne Festung kann der Verlust derselben so decisiv sein, daß sie selten zu wagen und niemals zu raten ist ... Das Meisterstück eines großen Generals ist, den Endzweck einer Campagne durch scharfsinnige und sichere Manoeuvres ohne Gefahr zu erhalten." Oder das Lob Massenbachs für Prinz Heinrich: „Durch kühne Märsche schmeichelte er dem Glück ... glücklicher als Cäsar bei Dyrrhachium, größer als Condé bei Rocroi, gleich dem unsterblichen Berwick erfocht er ohne Schlacht den Sieg." Zitiert bei *v. d. Goltz:* Von Roßbach bis Jena, 2. Aufl., 1906, S. 375.

[13]) Abhandlung über die allgemeinen Grundsätze der Kriegskunst. Münster, Frankfurt   S. 58
und Leipzig 1783 (übersetzt von Tempelhoff), Einl. S. XVIII, zitiert nach *Rothfels* a. a. O. 41.

[14]) Bd. I, § 10, S. 10. Zitiert nach *M. Lehmann:* Scharnhorst I, 1886, S. 17.   S. 59

[15]) Von Roßbach bis Jena, 2. Aufl., 361. Reiches Quellenmaterial zur Veranschaulichung   S. 59
der Rokokostrategie findet sich in ·dem Werk von *R. Höhn:* Revolution, Heer, Kriegsbild, 1944, bes. S. 46 ff. Ebenda S. 237 ff. eine eingehende, meines Erachtens etwas überschwengliche Würdigung der Kriegslehren v. Bülows. In seiner neuen Schrift „Scharnhorsts Vermächtnis" (1952) erscheinen Berenhorst und Bülow geradezu als Revolutionäre der Kriegskunst und Vorläufer der Reformideen Scharnhorsts, was mir nicht einleuchtet. Siehe auch *E. Hagemann:* Die deutsche Lehre vom Kriege I: Von Berenhorst bis Clausewitz, 1940.

ANMERKUNGEN ZUM 3. KAPITEL

[1]) Eine elegante, auch mit unbekanntem Wiener Archivmaterial unterbaute Darstellung   S. 64
des vielverhandelten Themas bietet *E. Dard:* Napoléon et Talleyrand, Paris 1935, seit 1938 auch deutsch. Gründlicher durchgearbeitet ist die Talleyrandbiographie von *G. Lacour-Gayet*, zwei Bände 1930, der gegenüber die in Deutschland vielgelesene Lebensdarstellung von *Duff Cooper* als unkritische und eilige journalistische Mache erscheint. Prüft man die Quellen im einzelnen, so zeigt sich übrigens (was ich hier nur andeuten kann), daß Talleyrand die Rolle als Mann der europäischen Friedensordnung, die er sich selbst zuschreibt, zwar programmatisch schon 1792 verkündet, in der Praxis aber keineswegs einwandfrei durchgehalten hat: weder 1797 in den Tagen der ägyptischen Eroberungspläne noch 1803 in der Affäre Enghien noch 1808 bei der Überrumpelung der spanischen Bourbonen — ein unreiner Geist, dessen privater Ehrgeiz seine historische Mission mehrfach durchkreuzte und dessen Friedensbemühungen obendrein schwer belastet sind durch den Nachweis, daß er sie sich vom Landesfeind sehr hoch bezahlen ließ. — Zu vgl. auch *Louis Madelin:* Talleyrand, 1944.

[2]) Vgl. dazu meine Schrift: Die Dämonie der Macht, 6. Aufl., 1948, S. 32 ff., S. 127 f.   S. 65

[3]) Unmittelbar nach Unterzeichnung des Friedens von Campoformio, am 18. 10. 1797,   S. 65
schreibt Napoleon an Talleyrand: „Le moment actuel nous offre un beau jeu. Concentrons toute notre activité du côté de la marine et détruisons l'Angleterre. Cela fait, l'Europe est à nos pieds." Corresp. III, S. 392. Er selbst bezeichnet als Ziel seines Ehrgeizes in den

Memoiren von St. Helena (Paris 1823) I 46: „S'emparer de l'autorité, rendre à la France ses jours de gloire en donnant une direction forte aux affaires publiques." Talleyrand bezeichnet im Gegensatz dazu sein eigenes Lebensziel folgendermaßen: „Essayer de faire rentrer la France dans la société Européenne." Mémoires, p. p. Duc de Broglie 1891, I, S. 254.

S. 65   [4]) So Napoleon selbst in dem berühmten Gespräch mit Metternich am 26. Juni 1813 in Dresden nach dem (freilich viel späteren) Bericht der Memoiren Metternichs: Aus Metternichs nachgelassenen Papieren I (1880), S. 155.

S. 66   [5]) Selbst Scharnhorst nannte noch 1802 den napoleonischen Grundsatz des konzentriert Drauflosgehens und Schlagens „einen verzweifelten Entschluß, bei welchem alle Strategie aufhört". Denkw. d. Berl. Milit. Ges. 1802, I, S. 56. Militärische Schriften Scharnhorsts, hg. von H. Goltz, S. 262. Siehe auch Rothfels: Carl v. Clausewitz Politik und Krieg (1921), S. 53, v. d. Goltz: Von Roßbach bis Jena und Auerstedt, 2. Aufl., 1906, S. 369.

S. 67   [6]) Vgl. dazu die immer noch beste, sorgsam abwägende Darstellung von C. Frh. v. d. Goltz: Von Roßbach bis Jena und Auerstedt, 2. Aufl., 1906. Das Neuartige der Kriegführung Napoleons haben als Kriegstheoretiker zuerst Clausewitz und Jomini (Traité des grandes opérations militaires contenant l'histoire des campagnes de Frédéric II comparées avec celles de l'Empereur Napoléon. 2. ed. 1811, erfaßt und dargestellt.

S. 67   [7]) Vom Kriege, Skizzen zum 8. Buch, VI, B.

S. 67   [8]) Schreiben an die Braut 3. 10. 1807 bei K. Linnebach: Karl und Marie v. Clausewitz, 1916, S. 139. Auch bei C. Schwartz: Leben des Generals C. v. Clausewitz (1878), I, S. 292, und in der Sammlung: Politische Schriften und Briefe, hg. von Rothfels (1922), S. 21.

S. 68   [9]) Rothfels: C. v. Clausewitz. Politik und Krieg, 1920, Anhang, S. 201 (Aufzeichnung von 1803).

S. 68   [10]) Vgl. etwa den Brief an die Braut vom 5. 10. 1807, bei Schwartz I, 296: Klage über „den Rückschritt des europäischen Menschengeschlechts", den Clausewitz aber doch nur darin sieht, daß die europäischen Völker ihre nationale Freiheit wieder verlieren, die sie sich in so vielen Jahrhunderten seit Zerstörung des altrömischen Imperiums erkämpft hatten!

S. 68   [11]) Besonders bezeichnend hierfür der Aufsatz über Deutsche und Franzosen bei Schwartz I, S. 73 ff.; Politische Schriften (Auswahlband), S. 35 ff.

S. 68   [12]) Rothfels a. a. O. 76.

S. 68   [13]) Ebenda, S. 206, 211.

S. 68   [14]) Schwartz I, 293.

S. 69   [15]) Hegel: Die Verfassung Deutschlands (1802), Abschnitt: Begriff des Staates.

S. 69   [16]) Rothfels a. a. O. 198.

S. 69   [17]) Ebenda, 212; für das folgende: ebenda 216, 211 ff.

S. 69   [18]) Operationsplan von 1806, bei Schwartz I, 221 f.

S. 69   [19]) Rothfels: Anhang S. 217.

S. 70   [20]) Reisejournal vom 25. 8. 1807 bei Schwartz I, 109; auch in dem Auswahlband: „Poli-
S. 70   tische Schriften und Briefe", S. 24 ff.

S. 70   [21]) Historische Briefe über die großen Kriegsereignisse im Oktober 1806, Minerva 1807 II, 1 ff.; bei Schwartz II, 483.

S. 70   [22]) Briefe an die Braut 1807: Schwartz I, 230, 288 f. Noch in den „Nachrichten über Preußen in seiner großen Katastrophe" (a. a. O. 430; in den Politischen Schriften, hg. von Rothfels 216) heißt es: „Eine einfache Monarchie, in welcher das politische Leben des Bürgers nicht durch Teilnahme an den äußerlichen Institutionen hervorgerufen wird, muß von Zeit zu Zeit Krieg haben oder es muß wenigstens die Regierung in einer kriegerischen Stellung überall keck vorschreiten, überall mit Ehre und Erfolg auftreten, gefürchtet, geehrt, im Besitz des Vertrauens ihrer Klientschaft sein, damit dem Stolz und Selbstgefühl des Bürgers geschmeichelt werde."

²³) Er konnte noch nichts davon wissen, weil der Begriff einer politischen Volksgemein- S. 70 schaft ihm noch fehlte. Dagegen weiß und rühmt er, daß der Krieg die großen Talente ans Licht bringt: Discorsi III, 16.

²⁴) So Kant in der „Kritik der Urteilskraft", § 28. S. 70

²⁵) Derselbe Kant spricht in seinen „Metaphysischen Anfangsgründen der Rechtslehre", S. 71 II. Hauptteil, § 62 (Ausgabe von Vorländer in der Philos. Bibl. Bd. 42, 4. Aufl., 1922, S. 185) von dem unwiderruflichen Veto der moralisch-praktischen Vernunft: „Es soll kein Krieg sein", und in der Schrift „Vom Ewigen Frieden" (Philos. Bibl. 47, I, 2. Aufl., 1922, S. 146) von dem unwiderstehlichen Willen der Natur, „daß das Recht zuletzt die Ober- gewalt erhalte". Ebenda S. 148 wird der „Handelsgeist" als Hilfsmittel der Natur zu diesem Zweck gerühmt und S. 144 sehr kritisch über die Philosophen geurteilt, die „eine innere Würde des Krieges an sich selbst als Veredlung der Menschheit" anerkennen.

²⁶) Die Deutschen und die Franzosen (1807) *Schwartz* I, 73 ff., bes. 86; auch in Politische S. 72 Schriften, S. 35 ff.

²⁷) Weitere Belege für diesen Gedankengang bei *Rothfels* a. a. O. S. 114 ff. Über sein S. 72 Verhältnis zu Fichte ebenda 132 f.

²⁸) Dabei wird sich in späterem Zusammenhang auch noch zeigen, daß gerade die strenge S. 73 Konsequenz seiner machtpolitischen Betrachtung ihn davor bewahrt hat, in jene morali- sierende (statt agonale) Auffassung des Kämpfens zu verfallen, die man sonst an den Patrioten der Erhebungszeit beobachtet.

²⁹) Man beachte die nahe Verwandtschaft, aber auch den Unterschied zu Humboldts S. 73 berühmter Formulierung in seiner Denkschrift über die deutsche Verfassung vom Dezember 1813: „Deutschland muß frei und stark seyn, nicht bloß, damit es sich gegen diesen oder jenen Nachbar oder überhaupt gegen jeden Feind vertheidigen könne, sondern deswegen, weil nur eine auch nach außen hin starke Nation den Geist in sich bewahrt, aus dem auch alle Segnungen im Innern strömen; es muß frei und stark seyn, um das, auch wenn es nie einer Prüfung ausgesetzt würde, nothwendige Selbstgefühl zu nähren, seiner National- entwicklung ruhig und ungestört nachzugehen und die wohlthätige Stelle, die es in der Mitte der europäischen Nationen für dieselben einnimmt, dauernd behaupten zu können." — Vgl. auch mein Buch „Europa und die deutsche Frage", S. 57 ff.

³⁰) *Pertz:* Gneisenau III, Beilage I, S. 623 ff., auszugsweise auch in Politische Schriften S. 74 und Briefe, S. 80 ff.

³¹) „Es ist richtig, daß die Wahrscheinlichkeit des Erfolges gegen uns ist, aber bei welchem S. 75 politischen System würde die uns nicht entgegen sein ...? Darin besteht ja unser Unglück, daß wir von allen Seiten mit Abgründen umgeben sind. Wie kann man die Wahrscheinlich- keit eines glücklichen Erfolges fordern? Genug, daß er nicht unmöglich ist; wer mehr fordert, widerspricht sich selbst ... Man kann ja nicht einen Schritt vorwärts tun in dem Raisonnement, welches sich den beliebten Namen der ruhigen Überlegung vorzugsweise anmaßt, ohne festzusitzen zwischen den entschiedensten Widersprüchen. Der Verstand allein soll entscheiden, hört man überall rufen. Als ob die Angst nicht eine Äußerung des Gemütes wäre, als ob bei ihr ein freies Urteil des Verstandes zugegeben werden könnte! Alles, was man zugeben kann, ist, daß beide Glaubensbekenntnisse, für den Widerstand wie für die Unterwerfung, in gleichem Maße aus dem Gemüt hervorgehen; aber das eine Gemütsinteresse ist der Mut, das andere die Furcht. Die Furcht lähmt den Verstand, der Mut belebt ihn." *Pertz* a. a. O. 642.

³²) Vgl. auch dessen charakteristische Randglossen zu Clausewitz' zweiter Bekenntnis- S. 75 schrift, *Pertz:* Gneisenau III, 641.

S. 76   **33**) *Alfred Stern:* Abhandlungen und Aktenstücke zur Geschichte der preußischen Reformzeit (1885), S. 93 ff. *Max Lenz:* Napoleon I. und Preußen, Kleine historische Schriften (1910), S. 315 ff.

S. 78   **34**) Die hier folgenden Ausführungen habe ich schon 1943 in der Festnummer d. Hist. Zeitschr. für Meinecke (Jg. 167, S. 41—65) veröffentlicht. Über die (sehr komplizierte) Entstehungsgeschichte des Werkes „Vom Kriege" und über die Reihenfolge und Bedeutung seiner verschiedenen Umarbeitungen ist zu vergleichen *H. Rosinski:* Die Entwicklung von Clausewitz' Werk „Vom Kriege", Hist. Zeitschr., 151, 1935; *Eberh. Kessel:* Zur Entstehungsgeschichte von Clausewitz' Werk „Vom Kriege", ebenda 152, 1935; *ders.:* Zur Genesis der modernen Kriegslehre. Die Entstehungsgeschichte von Clausewitz' Werk „Vom Kriege". Wehrwissenschaftliche Rundschau, 3. Jg. 1953, H. 9; allmählich scheint sich eine Art von Clausewitzphilologie zu entwickeln. Über die Nachwirkung des Buches und seiner wechselnden Mißverständnisse und Mißdeutungen vergleiche jetzt die Neuausgabe von *W. Hahlweg* (16. Aufl., Bonn, Dümmler, 1952), Einleitung mit sorgsamsten Einzelnachweisen bis zur unmittelbaren Gegenwart.

S. 78   **35**) Vom Krieg, 3. Buch, VI. Grundsätze der Kriegführung für den Kronprinzen (Anhang zu: Vom Kriege), I, 1.

S. 78   **36**) Eine Verbindung mit „erhitzter und enthusiastischer Einbildungskraft mit dem kältesten, ausharrendsten und berechnendsten Verstand" bezeichnet Bonaparte in seinem berühmten Brief an Talleyrand vom 7. Oktober 1797 (Correspondence III, 490) als sein Ideal; ähnlich schon in seinem Discours de Lyon. Das klingt ähnlich wie die Ausführungen Clausewitz' (Vom Kriege, Ausgabe von W. v. Scherff, Militärische Klassiker I, 1880, S. 50), der den bloßen Verstand nur durch ein starkes Gefühl zu schöpferischer Leistung angeregt sieht und eine „Legierung von Gemüt und Verstand" für den großen Feldherrn fordert. Aber sehr charakteristisch für den Gegensatz romanischer und germanischer Geistesart ist dann doch wieder die starke Zurückhaltung, mit der Clausewitz die Bedeutung der Phantasie und des genialen Einfalls für die kriegerische Leistung beurteilt (ebenda S. 48, Abs. 4, Abs. 7) und seine ausgesprochene Vorliebe für die kühlen statt der heißen Köpfe (S. 51, Abs. 2).

S. 79   **37**) Vgl. dazu seine berühmte Darstellung: Nachrichten über Preußen in seiner großen Katastrophe. Kriegsgesch. Einzelschr., hg. vom Großen Generalstab, H. 10, Berlin 1888, mit ihrer unvergleichlich scharfen, aber erbarmungslosen Charakteristik militärischer Führer.

S. 81   **38**) Das wird besonders deutlich aus den Briefen an Major i. G. v. Roeder vom 22. und 24. Dezember 1827 (veröffentlicht als Sonderheft der Militärwissenschaftlichen Rundschau März 1937), in denen er unmittelbar nach dem Abschluß seines Hauptwerkes und noch ganz erfüllt von dessen Grundgedanken gewisse operative Aufgaben kritisiert, die der Chef des Großen Generalstabes v. Müffling dem Adressaten gestellt hatte. Hier geht die individualisierende Neigung soweit, daß er geradezu den praktischen Wert schematisierender Operationsaufgaben des Generalstabes bestreitet, da sich die Fülle der möglichen politischen Situationen nicht im voraus berechnen lasse, diese aber für jede praktische operative Aufgabe entscheidend werden müßten. „Jeder große kriegerische Entwurf geht aus einer solchen Masse von *individuellen* Umständen hervor, die ihn so und nicht anders bestimmen, daß es unmöglich ist, einen fingierten Fall so festzustellen, wie der wirkliche es sein würde." „Der Krieg ist kein selbständiges Ding, sondern die Fortsetzung der Politik mit veränderten Mitteln, daher sind die Hauptlineamente alle großen strategischen Entwürfe größtenteils politischer Natur und immer um so mehr, je mehr sie das Ganze des Krieges und Staates umfassen" (S. 6). Von 50 Kriegen der wirklichen Kriegsgeschichte sind vielleicht 49 nicht Niederwerfungs- und Vernichtungskriege, sondern Kriege mit beschränktem Ziel gewesen. Auch der Vernichtungskrieg sieht zwar „unpolitisch" aus, ist aber weder

der „Normalkrieg" noch entbehrt er des politischen Prinzips, nur daß dieses hier eben Vernichtung des Gegners heißt.

[39]) Sie ist mit voller logischer Konsequenz entwickelt im 1. Kap. des 1. Buches, das S. 81 Clausewitz kurz vor seinem Tode als das einzige bezeichnet hat, das er als vollendet betrachte. Die darin entwickelte Unterscheidung zwischen dem absoluten Krieg (Niederwerfungskrieg) und dem Krieg mit beschränktem Ziel, die ihm erst während der Arbeit an den ersten sechs Büchern klar geworden zu sein scheint, betrachtete er selbst als grundlegend; er kommt in den (anscheinend unvollendeten) Skizzen zum 8. Buch sehr ausführlich darauf zurück und bringt hier noch gewisse Ergänzungen, die für unser Thema besonders wichtig sind. Meine Analyse im Text hält sich zunächst an die Darlegungen des 1. Buches und zieht das 8. dann noch ergänzend heran. Übrigens faßt das 8. Buch, das den „Kriegsplan" behandeln soll, die Grundgedanken des ganzen Werkes auf eine so großartig eindrucksvolle Weise zusammen, daß man es wohl als das wichtigste und trotz seiner fragmentarischen Gestalt reifste bezeichnen kann.

[40]) Grundsätzlich wichtige Polemik bei Clausewitz, 3. Buch, XVI. S. 82

[41]) Das letztere scheint man auch in der Schule des Preuß. Generalstabs immer recht S. 82 stark empfunden zu haben, vgl. das Vorwort und die Kommentare des Herausgebers von Scherff (in den „Milit. Klassikern des In- und Auslandes", Berlin 1880), der das Buch eine Lehrschrift allenfalls für angehende Feldherren, schon nicht mehr für kommandierende Generäle nennt (S. V), und die handlichen Lehrsätze und Anweisungen insbesondere für die Taktik des Gefechts vermißt.

[42]) 1. Buch, II; nähere Ausführungen über Verteidigung und Angriff auf Kriegstheatern, S. 85 auf denen keine große Entscheidung gesucht wird: 6. Buch, XXX; 7. Buch, XVI.

[43]) Bekanntlich hat *Hans Delbrück* in vielen seiner Schriften diese Auffassung vertreten S. 85 und sich dabei hauptsächlich auf die im Vorwort abgedruckte „Nachricht" von 1827 gestützt; vgl. seinen Bericht über die darob entstandene Kontroverse in seiner „Geschichte der Kriegskunst", Bd. IV, S. 439 ff. Die beste Widerlegung bietet die ausgezeichnete Studie *v. Caemmerers*: „Die Entwicklung der strategischen Wissenschaft im 19. Jahrhundert" (Bibl. der Politik und Volkswirtschaft, H. 15), 1904, S. 71 f.

[44]) Ausgabe v. Scherff, S. 32, auch für das folgende. Ich zitiere auch weiterhin die Seiten- S. 86 zahlen nach v. Scherff.

[45]) 1. Buch, I, 8, S. 7; vgl. ferner 6. Buch, XXX, S. 479: Warnung vor Überschätzung S. 86 der Manöverstrategie. Ebenda S. 481: „Der Krieg mit großen Entscheidungen ist nicht nur viel einfacher, sondern auch viel naturgemäßer, von inneren Widersprüchen freier, objektiver" usw. — 8. Buch, II, S. 540: Inertie der Masse schwer zu überwinden. 3. Buch, XVI, S. 157 f.: „Warum die ungeheuren Anstrengungen eines Krieges machen, wenn man damit nichts hervorbringen will als ähnliche Anstrengungen beim Feinde?" Nur Furchtsamkeit, Unentschlossenheit, mangelhafte Einsicht, kleinliche Ansicht der Dinge kann sich mit halber Aktivität begnügen. Vgl. auch die bei *v. Caemmerer* a. a. O. zitierten Belegstellen (Buch 4, III und XI; Buch 6, XXIV, XXX; Buch 8, Kap. 3 ad B und Kap. 9).

[46]) 8. Buch, VI A, S. 564. S. 86

[47]) 8. Buch, III A, S. 543; ebenda II, S. 541. S. 86

[48]) An vielen Stellen des Buches „Vom Kriege" und in den außerordentlich zahlreichen S. 87 kriegsgeschichtlichen und strategischen Studien der „Hinterlassenen Werke".

[49]) 8. Buch, III B, S. 554, und II, S. 540 f. S. 88

[50]) 8. Buch, III B, S. 545; ähnlich 1. Buch, I, 27, S. 18. S. 88

[51]) Oben S. 83. S. 89

[52]) Moltkes Militärische Korrespondenz, hg. vom Großen Generalstab IV (1902), S. 188. S. 89

[53]) Oben S. 83/84. S. 89

S. 89   ⁵⁴) 8. Buch, VI B, S. 566. Nähere Erläuterung ebenda S. 567: „Freilich dringt das p⌐litische Element nicht tief in die Einzelheiten des Kriegs hinunter; man stellt keine Vedetten auf und führt keine Patrouillen nach politischen Rücksichten, aber desto entschiedener ist der Einfluß dieses Elements bei dem Entwurf zum ganzen Kriege, zum Feldzuge und oft selbst zur Schlacht."

S. 90   ⁵⁵) 1. Buch, I, 8, S. 7, wird als Kriegspotential nur kurz erwähnt: „Das Land mit seiner Oberfläche und Bevölkerung", ersteres nur als Kriegstheater, letztere nur als Rekrutierungsquelle.

S. 90   ⁵⁶) Sie ist auch Ludendorff aufgefallen: Der totale Krieg (1935), S. 27 f. Ihr entspricht der völlige Verzicht auf irgendeine moralisch-politische Rechtfertigung des Krieges, wodurch sich das Buch wohl am auffallendsten von aller früheren Kriegsphilosophie unterscheidet. Die Frage nach dem Kriegszweck wird gleich zu Anfang (I, 2) „als etwas nicht zum Kriege selbst gehöriges" kühl der Politik zur Verantwortung überwiesen. Von der in den früheren Aufzeichnungen und Briefen Clausewitz' so hochgepriesenen erziehlichen Aufgabe des Krieges ist nur andeutungsweise einmal die Rede: eine kühne Kriegführung ist das einzige heutzutage mögliche Mittel, das Volk zur Wehrhaftigkeit und zu kühnem Soldatengeist zu erziehen. 3. Buch, VI, am Schluß.

S. 90   ⁵⁷) Nur ganz gelegentlich wird einmal erwähnt, daß „sich in zwei Völkern und Staaten solche Spannungen, eine solche Summe feindseliger Elemente finden können (infolge politischer Erregung der Massen), daß ein an sich sehr geringes politisches Motiv eine weit über seine Natur hinausgehende Wirkung, eine wahre Explosion hervorbringen kann". 4. Buch, I, 11. Sonst ist, soviel ich sehe, immer nur von der „natürlichen Trägheit" (Inertie) der Massen die Rede.

S. 91   ⁵⁸) 1. Buch, I, 23—24. Der Ausdruck ist so allgemein und unbestimmt, daß sich daraus nicht mit Sicherheit entnehmen läßt, was Spätere, wie z. B. der Moltkesche Generalstab, gern daraus abgelesen hätten: daß die Politik nichts verlangen dürfe, was dem militärischen *Bedürfnis* (wie z. B. nach Fortsetzung eines siegreichen Feldzuges bis zur Vernichtung der feindlichen Streitkräfte) widerspricht. Etwas weiter geht eine spätere Äußerung in der Darstellung der Feldzüge von 1799, II. Teil (Hinterlassene Werke über Krieg und Kriegführung, VI, 2. Aufl., 1858, S. 326): „Es stehen nirgends so sehr als in der Kriegführung Zweck und Mittel in beständiger Wechselwirkung; mit wie vielem Rechte auch die politischen Absichten den Dingen die erste Richtung geben, das Mittel, nämlich der Kampf, kann nie als ein totes Instrument betrachtet werden; aus ihm selbst, aus seinem reichen Lebensprozesse schießen tausend Motive hervor, die wichtiger und gebieterischer werden können, als alle ursprünglichen politischen es waren." Damit soll aber nur begründet werden, daß die Kriegsleitung nicht von einem weit entfernten zivilen Kabinett aus erfolgen kann (wie 1799 von Wien aus), sondern nur vom Hauptquartier des Feldherrn aus. Diese Forderung findet sich auch schon in dem Buch „Vom Kriege", 8. Buch, VI B, S. 570, Abs. 1.

S. 91   ⁵⁹) 8. Buch, VI B, S. 569. Die hier in Anführungszeichen gesetzten Worte sind von Clausewitz selbst gesperrt gesetzt.

S. 91   ⁶⁰) So Clausewitz selbst: 8. Buch, III B, S. 551 ff.

S. 92   ⁶¹) Dieser ursprüngliche Wortlaut der Erstauflage (8. Buch, VI B) ist in der Hahlwegschen Erstausgabe wiederhergestellt gegen die folgende Fassung aller späteren Auflagen (seit der 2. Aufl., die der Schwager Clausewitz', Graf Brühl, besorgte): „damit er in den wichtigsten Momenten an dessen Beratungen und Beschlüssen teilnehme." *Gisb. Beyerhaus:* Der ursprüngliche Clausewitz, Wehrwissenschaftl. Rundschau, März 1953, macht daraus eine grundstürzende Änderung, der er einen ganzen Aufsatz widmet!

S. 93   ⁶²) Vgl. das folgende Kapitel über den Krieg von 1815.

[63]) Aufsatz „Umtriebe" (1819—1823?) in Politische Schriften und Briefe, hg. von   S. 93
H. Rothfels S. 194 f.

[64]) „Vom Kriege", 8. Buch, VI B, S. 570 ff.   S. 93

[65]) An Gneisenau, 9. 9. 1824 *(Pertz-Delbrück:* Gneisenau, V, 504): „Die Hauptidee,   S. 95
welche dem Staatsverband zum Grunde liegt, ist die Vertheidigung gegen den äußeren
Feind, alles Übrige kann man strenge genommen als faux frais betrachten." Die Einigung
Deutschlands kann er sich nur durch das Schwert denken: „wenn einer seiner Staaten alle
anderen unterjocht." Aufsatz „Umtriebe" a. a. O. 171. — Höchst absprechend urteilt er
über die Bestrebungen zur Politisierung der Nation und hält „jenes unruhige Staatsleben,
wo der Gedanke an das, was der Staat gestern getan hat, heut tut und morgen tun wird,
den Bürger in der Nacht das Auge nicht ruhig schließen läßt", für geradezu krankhaft. Das
laufe nur auf ein Cliquenwesen hinaus, während „die Masse des Volkes doch nur gaffender
Zuschauer bleibt" (ebenda S. 176).

[66]) Siehe oben S. 83.   S. 96

ANMERKUNGEN ZUM 4. KAPITEL

[1]) Näheres zur Charakteristik seiner politischen Ideenwelt und seines tiefgeheimen   S. 97
politischen Ehrgeizes siehe in meiner Schrift: Gneisenau und die deutsche Freiheitsidee
(Sammlung Philosophie und Geschichte, H. 37), Tübingen 1932, aus der ich im folgenden
einzelne Partien wiederhole. Dort auch Nachweis der Zitate.

[2]) Für den geschichtlichen Zusammenhang der patriotischen Aufstandspläne von 1808   S. 101
und für die Haltung Steins vgl. meine Biographie Steins, Bd. II, Kap. 11.

[3]) Die (ungedruckte) Dissertation meines Schülers *Ulrich Meurer:* Die Rolle nationaler   S. 103
Leidenschaft der Massen in der Erhebung von 1813 gegen Napoleon (Freiburg 1953), führt
aus einem sehr reichen Quellenmaterial den Nachweis, daß es sich bei der so legendär
umrankten freiwilligen „Volkserhebung" von 1813 um militärisch relativ unbedeutende
Kräfte handelte und daß von einem politisch und militärisch wirksam gewordenen „Volks-
haß" gegen Napoleons Herrschaft keine Rede sein kann, soweit die Masse des Volkes in
Betracht kommt.

[4]) Siehe oben S. 74.   S. 104

[5]) *H. v. Srbik:* Metternich, der Staatsmann und der Mensch, Bd. I, 1925, Buch 3.   S. 105

[6]) *W. v. Unger:* Blücher (II, 1908, S. 139, 155, und passim *Pertz-Delbrück:* Gneisenau   S. 107
IV (1880), S. 146.

[7]) Vgl. den Briefwechsel Metternichs mit Schwarzenberg in: Österreichs Teilnahme an   S. 108
den Befreiungskriegen, hg. von *Richard Fürst Metternich-Winneburg* und *Alfons Frh. v.*
Klinkowström. 1887. Anhang: Aus dem Hauptquartier der verbündeten Armeen, S. 768
bis 834. Dazu *G. Roloff:* Politik und Kriegführung während des Feldzuges von 1814, 1891.
Für die Haltung Steins vgl. meine Steinbiographie, Bd. II, S. 239 ff.

[8]) Vgl. dazu meine Steinbiographie, Bd. II, Kap. 16/17.   S. 109

[9]) Vgl. hierzu meine Steinbiographie, Bd. I, S. 445 ff. und Bd. II, passim. Ferner die   S. 111
(ungedruckte) Dissertation meines Schülers *K. Kindler:* Die Entstehung des neudeutschen
Nationalismus in den Befreiungskriegen, Freiburg 1950.

[10]) *Pertz-Delbrück:* IV, 169.   S. 111

[11]) Ebenda S. 150. An Stein 9. 1. 14. Vgl. auch sein Schreiben an Gibsone 19. 11. 14,   S. 111
ebenda 289.

S. 113   ¹²) Briefwechsel mit Clausewitz 18. 2. und 27. 2. 1815: *Pertz-Delbrück* IV, 322. Über den historisch-politischen Zusammenhang dieser Pläne vgl. *F. Meinecke:* H. v. Boyen, II, 17 f.

S. 113   ¹³) An Hardenberg 15. Mai 1814, a. a. O. IV, S. 254 f.

S. 114   ¹⁴) Vgl. Blüchers Schreiben vom 26. 4. 1815 an seinen Vetter Blücher-Altona in: Blüchers Briefe, hg. von *W. v. Unger* (1913), S. 269. Die berühmte Wendung kehrt immerfort wieder: so in der von Grolman aufgesetzten Eingabe an den König vom 24. 6. 1815: *v. Conrady:* Grolman, II (1895), S. 318, vor allem in dem bekannten Pariser Trinkspruch Blüchers, über den v. Nostitz in seinen Tagebüchern berichtet: Kriegsgeschichtl. Einzelschr. VI, 70. Vgl. auch *Varnhagen van Ense:* Denkwürdigkeiten und vermischte Schriften, VII (1864), S. 169 f., dessen Darstellung aber ziemlich verworren ist. Die äußeren Vorgänge des Konfliktes stellt die Greifswalder Dissertation von *W. Petonke:* Der Konflikt zwischen Preußens Staats- und Heeresleitung ... Juli—November 1815 (1906), ohne eigentlichen Deutungsversuch und ohne kritische Stellungnahme zusammen. *G. Wohlers:* Die staatsrechtliche Stellung des Generalstabs in Preußen und dem Deutschen Reich (1921); S. 22 ff., scheint die Schärfe des Konflikts daraus erklären zu wollen, daß der Blüchersche Generalstab nicht unter straffer Leitung des Kriegsministers stand. Aber es handelt sich hier nicht um Organisationsfehler, sondern um tieferliegende Gegensätze. Den Kriegsminister Boyen betrachtete Blücher offenbar als Helfer und Gesinnungsgenossen im Kampf mit den „Deplomatikern": Grolman an Boyen 17. 7. 15, bei *Conrady:* Grolman, S. 341.

S. 114   ¹⁵ Nostitz' Bericht bei *v. Ollech:* Geschichte des Feldzugs von 1815 (1876), S. 298. *v. Müffling:* Aus meinem Leben (1855), S. 237.

S. 114   ¹⁶) Blüchers Briefe, hg. von *W. v. Unger,* 1913, S. 289 (26. 6. 1815 an seine Frau).

S. 114   ¹⁷) An Gibsone 19. 11. 14: *Pertz-Delbrück* IV, S. 289. Dazu die sehr interessanten kritischen Bemerkungen zur Note Castlereaghs vom 2. 9. 15: ebenda 464 ff. und die Eingabe an den König vom 8. 7.: ebenda S. 574 ff.

S. 114   ¹⁸) An Müffling 29. 6. 15. *Pertz-Delbrück* IV, 544. Der scharfe Widerspruch, den damals der junge E. L. von Gerlach gegen alle Haß- und Rachestimmungen der Patrioten, insbesondere Grolmans, erhob, kennzeichnet die Echtheit seiner christlichen Gesinnung, s. Aufz. I, 86 ff., und *Leonie v. Keyserling:* Studien zu den Entwicklungsjahren der Brüder Gerlach (Heidelberg, Abh. 36), 1913, S. 56 ff.

S. 116   ¹⁹) *Conrady:* Grolman II, 344, vgl. auch ebenda 341.

S. 117   ²⁰) Ebd. S. 367 f. Sperrung von mir. Die Eingabe findet sich auch in den Tagebüchern Nostitz' a. a. O. 92 und in den Briefen Blüchers, hg. von *Unger* (1933), S. 320 f.

S. 117   ²¹) Mitgeteilt von *H. Ulmann:* Die Anklage des Jacobinismus in Preußen im Jahre 1815, H. Z. 95, S. 442.

S. 117   ²²) Vgl. jedoch unten Kap. 5 die Anfänge der Reaktion im Heerwesen.

S. 117   ²³) So erklärt sich wohl schon sein beschwichtigender Brief an Blücher: *Pertz-Delbrück:* IV, 595 (29. 7. 15).

S. 120   ²⁴) *Pertz-Delbrück:* Gneisenau IV, 581 f.

S. 120   ²⁵) Vgl. *v. Müffling:* Aus meinem Leben (1855), S. 219, 225 ff., 231. Diese recht „malcontenten" Memoiren gehören zu den interessantesten Berichten aus der Zeit der Befreiungskriege. Sie zeigen mit überraschender Schärfe den Gegensatz des immer nüchtern und kühl rechnenden, in der Schule Scharnhorsts zu sorgsamer Erwägung aller Umstände erzogenen, gleichwohl ebenso aktiven wie persönlich schneidigen Generalstabsoffiziers zu dem leicht aufbrausenden, schwungvoll optimistischen, zuweilen aber auch wieder zu verstörter Unsicherheit neigenden Enthusiasten Gneisenau. Dieser wird in seinen Vorzügen ebenso anschaulich charakterisiert wie in seinen Schwächen: der Abneigung, „beglückende Selbsttäuschung durch nüchterne Wahrheiten zu zerstören", der Übertreibung in seinen Anforderungen wie in seinen Gefühlsäußerungen, einem gewissen Mangel an strenger Sachlichkeit und Beherrschtheit. Gar kein Verständnis hat der Generalstäbler für Gneisenaus Bedürfnis nach publizistischer Wirkung: seinen Stil empfindet er als „phrasen- und blumenreich", seine politischen Erwägungen und patriotischen Leidenschaften als fremd-artig-störend: Gneisenau gilt ihm als „Haupt einer Partei (der Tugendbündler), die ihren Sitz in der Armee hatte" (S. 47). Bei alledem war Müffling selbst keineswegs vom Geist der Erhebungszeit unberührt — im Gegenteil! Seine Denkschrift vom 5. 7. 1821, in der er das Landwehrinstitut gegen reaktionäre Bestrebungen verteidigt (H. Z. 70, 1893, S. 282ff.) gehört zu den eindrucksvollsten Zeugnissen dieses Geistes selbst, obwohl oder gerade weil sie auch vor den technischen Mängeln der Landwehr die Augen nicht ver-schließt. In der bisherigen Literatur, deren Urteil sich auch die neueste Charakterisierung durch E. Weniger im wesentlichen anschließt (Goethe und die Generäle, im Jb. d. Freien deutschen Hochstifts, Frankfurt a. M. 1936/40, S. 479ff., mit interessanter Ergänzung S. 532ff.) scheint mir das typisch Bedeutsame der Müfflingschen Kritik an Gneisenau und dem Geist des Blücherschen Hauptquartiers völlig verkannt zu sein. Die Parallelstellung mit Knesebeck durch Weniger finde ich gänzlich verfehlt. Nach den mir bekanntgewordenen Akten des Generalstabs dürfte Müfflings Tätigkeit als Chef des Generalstabs der Armee 1821—29 für dessen weitere Entwicklung geradezu grundlegend gewesen sein. Er als erster hat grundsätzlich (im Gegensatz selbst zu Clausewitz) die Generalstabsoffiziere nicht als bloße Ausführungsorgane, sondern als mitverantwortliche Berater ihrer Kommandeure betrachtet, wie seine bedeutende Instruktion vom 14. 1. 1822 zeigt, deren Durchsetzung freilich erst Moltke im Lauf der Einigungskriege gelang. Moltke hat über diesen seinen Vorgänger sehr günstig geurteilt: Gespräche, hg. von Kessel, S. 89, nach A. Mels: Erlebtes und Erdachtes II, 1885, S. 190ff. — Eine ganz andere Persönlichkeit ist Grolman, den sich Gneisenau dann 1815 zum Quartiermeister wählte. In ihm erscheint die politische Leiden-schaftlichkeit erst vollends zum Extrem gesteigert. Er trägt offenbar die Haupschuld an der Verschärfung des Konfliktes in Paris 1815; vgl. Tagebuch des Generals Grafen No-sitz II (= Kriegsgeschichtl. Einzelschr. d. Gr. Generalstabs, VI, 1885), S. 68ff., 80, 87 u. ö.

²⁶) Sehr bemerkenswert ist in diesem Zusammenhang, daß zwischen Gneisenau und [S. 120] Clausewitz 1831, als sie zum erstenmal als Befehlshaber und Stabschef in unmittelbare dienstliche Berührung miteinander traten, sich ein ganz ähnlicher Gegensatz entwickelt zu haben scheint, wie einst zwischen Gneisenau und Müffling. Clausewitz spricht von man-gelnder „Logik" im Denken des Feldherrn, dieser empfindet seinen Berater als allzu „un-gläubig" und kritisch. Vgl. den Briefwechsel zwischen Carl und Marie v. Clausewitz, hg. v. Linnebach (1916), S. 455, 461, 478.

²⁷) „Geschichtlich werden die Engländer die schönste Rolle in dieser Katastrophe spielen. [S. 121] Denn sie scheinen nicht wie wir hergekommen zu sein mit der Leidenschaft der Rache und Wiedervergeltung, sondern wie ein züchtigender Meister mit stolzer Kälte und tadelloser Reinheit — kurz vornehmer als wir." An die Gattin, 12. 7. 1815. Dazu Tagebuch von Juli 1815, beides in: Carl und Marie v. Clausewitz. Ein Lebensbild — hg. v. K. Linne-bach, 1916, S. 395ff. Auch bei Schwarz: Clausewitz II, 158ff. und in der Sammlung: Polit. Schriften und Briefe, hg. von Rothfels, 1922, S. 121ff.

²⁸) Pertz-Delbrück IV, 544 und Müffling: Aus meinem Leben (1855), S. 239.   [S. 122]

²⁹) An Gräfin Voß, 2. 8. 1815. Pertz-Delbrück IV, 599.   [S. 123]

348

ANMERKUNGEN ZUM 5. KAPITEL

S. 126   [1]) Besonders schön formuliert in einem Gutachten Müfflings von 1821, veröffentlicht von *Meinecke*, H. Z. 70, 284: „Wo nicht bei gleicher Gefahr gleiche Verdienste des Vornehmen wie des Geringen, des Reichen wie des Armen stattfinden, wo es Kasten gibt, welche nichts, und Kasten, welche alles für das Allgemeine tun müssen, da kann sich kein reiner Begriff von Vaterland entwickeln, und wo der nicht ist, da bleibt alle Liebe zum König ein bloßer Glaubensartikel." Über Müfflings politische Haltung (konservativ, aber gemäßigt fortschrittlich) vgl. die Aktenmitteilungen *L. Dehios:* Wittgenstein u. d. letzte Jahrzehnt Friedrich Wilhelms III. Forsch. zur brandenb.-preuß. Gesch., 35, 1923, S. 216 ff.

S. 127   [2]) Über die beständige Antinomie zwischen unbedingtem Gehorsam in den mittleren und unteren und selbständige Entschließungsfreiheit in der höheren Führung handelt sehr geistvoll die militärrechtliche Studie von *Erich Schwinge:* Gehorsam und Verantwortung in: Mitt. d. Univ.-Bundes Marburg, 1939, H. 3. — Der Leser wird dem hier folgenden Abschnitt des Textes die Stunde seiner Entstehung (1943) wohl anmerken.

S. 128   [3]) Vgl. dazu General *v. Rabenau:* Von Geist und Seele des Soldaten 1941.

S. 129   [4]) Vgl. dazu *Hegel:* Grundlinien der Philosophie des Rechts, § 328: „Das Leben daransetzen, ist freilich mehr als den Tod nur fürchten, aber ist sonach das bloß Negative, und hat darum keine Bestimmung und Wert für sich; — das Positive, der Zweck und Inhalt gibt diesem Mute erst die Bedeutung; Räuber, Mörder, mit einem Zwecke, welcher Verbrechen ist, Abenteurer mit einem sich in seiner Meinung gemachten Zwecke usf. haben auch jenen Mut, das Leben daran zu setzen." Erst die Hingabe für das Allgemeine gibt nach Hegel „der Tapferkeit eine höhere Gestalt".

S. 129   [5]) Von der Nachwirkung der Befreiungskriege in der deutschen Geschichts- und Kriegsphilosophie des 19. Jahrhunderts wird unten Kap. 8, Abschn. III, die Rede sein.

S. 129   [6]) R. v. L. (Rühle von Lilienstern): Aufsätze über Gegenstände und Ereignisse des Kriegswesens, Bd. I, Berlin 1818, bei Mittler. Darin Nr. 4: Apologie des Krieges; Nr. 5: Von d. Verh. d. Kriegskunst z. Staatskunst. Beide Aufsätze sind Teile des schon 1814 ersch. Buches „Vom Kriege". Nr. 4 findet sich außerdem in Schlegels Deutschem Museum, Bd. III, 1813, S. 158—173, 177—192, dort gez. m. „Oberst v. Rühl". Die Ausführungen sind, wie eine v. Meinecke angeregte Berliner Diss. v. *Gertrud Köhler* (1922) nachgewiesen hat, keineswegs original, sondern geradezu sklavisch an Adam Müllers „Elemente der Staatskunst" angelehnt, großenteils sogar in wörtlicher Wiederholung; doch spiegeln sie darüber hinaus, besonders in den Abschnitten über militärische Volkserziehung, gedankliches Gemeingut der Erhebungszeit sehr gut wieder. So heißt es etwa in Nr. 5: Der Krieg bietet ebensoviele Versuchungen zur Sünde wie Gelegenheit zur Bewährung von heroischer Tapferkeit und Pflichterfüllung. „Wer diese doppelte Feuerprobe glücklich überstand, der hat die Weihe fürs ganze Leben empfangen, und ein Volk, das im Kriege seine Ehre und sittliche Würde makellos und unbefleckt erhält, legt ein unverwerfliches Zeugnis seines inneren Adels und ehrwürdigen Nationalcharakters ab." Überdies „erzeugt sich erst in der äußeren Bedrängnis des Krieges der wahre unauflösliche Nationalverband, wird alles Gift der Friedensfaulheit in seinem Glühfeuer verflüchtigt, er zähmt die Wilden, stählt die Weichlichen, lehrt in und durch die Entbehrung genießen". Das sind Formulierungen, die rein äußerlich an den jungen Clausewitz mit seinem „Aufpeitschen des trägen Tiers" durch den Krieg erinnern (s. o. S. 69/70). Aber Clausewitz denkt viel einseitiger an das Erwerben kämpferischer Tugend. Nach R. v. L. wird ein Volk durch den Krieg zugleich zum Frieden, das heißt zu bürgerlicher Tugend erzogen. „Daß der Krieg aber auf den Charakter des Volkes wirklich diesen glücklichen Einfluß äußere und nicht umgekehrt sittliche

Verwilderung und Entwöhnung von aller Friedenstugend bewirke, ist die Sache der Nationalerziehungskunst." Während im Krieg das Schicksal selbst erziehlich wirkt, ist es Aufgabe der Nationalerziehung, die darin sich bildenden wilden Triebe zu beschneiden, die darin erzeugten Tugenden zu befördern. Kriegerische und bürgerlich-friedliche Tugenden sollen sich eben gegenseitig ergänzen und im Gleichgewicht halten. „Wie im Krieg für den Frieden, so muß im Frieden die Nation für den Krieg erzogen werden." Dabei ist für R. v. L. noch selbstverständlich, daß mit der Armee die Kirche sich in die Erziehungsaufgabe teilt. Denn „ohne Religion gibt es ohnehin für die Menschen keine wahrhaft bindende Gemeinschaft; auf sie muß also alle nationale Gesinnung basiert sein" (S. 192). Das ist ein sehr bezeichnender Zug für die Gesinnung der Freiheitskämpfer in der Umgebung des Frhrn. vom Stein, zu der R. v. L. gehörte. Ebenso bemerkenswert und charakteristisch ist die Mischung des politischen Ethos mit dem kriegerischen in seinem militärischen Erziehungsideal: Mut, Gehorsam und Ehrgefühl. „Mut (damit wir uns recht verstehen) ist die klare und allgegenwärtige Disposition der Seele zur Freiheit in allen Gestalten; ein siegreiches Gefühl, welches über den Menschen kommt, wenn er durch eine schöne Gewohnheit dahin gebracht wird, die ihm gesetzlich errichteten Schranken zu lieben, sie mit Freiheit anzuerkennen, weil er sich der Kraft bewußt ist, sie umzustürzen." Also offenbar das Gegenteil von blinder „Disziplin"!

Über Rühle von Lilienstern, der 1813 im Blücherschen Stabe, dann als Organisator der gesamtdeutschen Streitkräfte im Steinschen Verwaltungsrat sehr erfolgreich tätig war, 1821—37 Chef des Preußischen Großen Generalstabs (unter Müffling als Chef des Generalstabs der Armee), zuletzt Direktor der Berliner Kriegsakademie und Generalinspekteur des Militärbildungswesens wurde und eine unglaublich vielseitige, wenn auch stark kompilatorische Schriftstellerei entfaltete, brachte das (von ihm 1816 begründete) Militärwochenblatt in den Beiheften zum Oktober-Dezember 1847 als Nachruf eine dokumentierte, anonyme Biographie und (unvollständige) Schriftenübersicht. H. v. Treitschke, der das Buch „Vom Kriege" recht überschwänglich rühmt, als „wissenschaftliches Programm der modernen deutschen Heeresverfassung" (Dt. Gesch. I., 589 f.), zitiert daraus bezeichnenderweise nur die gegen Kants Lehre vom ewigen Frieden gerichteten Stellen und einige programmatische Sätze, in denen von „Militarisierung der Völker" die Rede ist. In Rühle, der Heinr. v. Kleist, Adam Müller u. Fr. Gentz befreundet war, jahrelang in weimarischen Diensten stand und zu Goethes Kreis gehörte, verkörpert sich wohl am markantesten die Verbindung von soldatischer Erziehung mit schöngeistiger Allgemeinbildung, die für das militärische Führertum der Erhebungszeit charakteristisch ist. Vgl. auch die neueste Charakteristik durch *Erich Weniger*, Jb. d. fr. dtsch. Hochstifts, Frankfurt a. M. 1936/40, S. 481 ff., 532 ff. Das Buch von *L. Sauzin* Rühle von Lilienstern et son Apologie de la Guerre, Paris 1937, war mir nicht erreichbar.

⁷) Gespräch mit Steffens nach einem Dienstbericht an Hardenberg v. 19. 4. 1813, bei S. 130 *Lehmann* Scharnhorst II, 560. Die Lebenserinnerungen von Steffens (Was ich erlebte, 1840 bis 1844) machen die ursprüngliche Fremdheit des gebildeten Deutschen der Goethezeit gegenüber dem soldatischen Wesen besonders anschaulich — wie überhaupt viele Memoiren der Befreiungszeit. — Übrigens findet man den Kampf gegen die stehenden Heere, die bei ungeheuren Kosten bloß zur „Entnervung und Entartung der Völker" dienen, deren Gemeinsinn und kriegerischen Geist zerstören helfen, ganz ebenso bei Gneisenau! Vgl. seine Denkschr. v. August 1808, H. Z. 86, S. 92 f.; ferner *Pertz* Gneisenau I, 320 (Aufz. von 1807). Diese Stelle wurde schon von der liberalen Opposition der Konfliktszeit ausgenützt.

⁸) Vgl. *Meinecke*: Boyen II, 143 ff. Auch die Breslauer Universität, an der doch 1813 die S. 130 Erhebung der studentischen Jugend begonnen hatte, war darunter.

S. 131   [9]) a. a. O. S. 53, 106. Diese allgemeine Grundhaltung wird in der ausführlichen Wiedergabe der Rotteckschen Gedankengänge bei *R. Höhn:* Verfassungskampf und Heereseid. Der Kampf des Bürgertums um das Heer 1815—50. 1938, S. 19 ff. nicht erkennbar. Im übrigen verdanke ich dieser wertvollen Forschungsarbeit mit ihrer reichen Sammlung aus verschollenen publizistischen Quellen und Archivbeständen sehr viel Anregung und Förderung. — Der Rottecksche Protest hat übrigens seine unmittelbaren Vorläufer in den Schriften *Benjamin Constants:* Über die Gewalt (1814), übersetzt von H. Zbinden, Bern 1942, S. 37 ff. Kap. I, 10, und: Cours de politique constitutionelle, esquisse de constitution (1814), deutsche Übers. v. Buß: Sämtl. Polit. Werke Constants. Bd. IV.

S. 131   [10]) S. 54.

S. 132   [11]) a. a. O. 86 ff.

S. 132   [12]) S. 69.

S. 134   [13]) Der Milizkrieger soll das Wahlrecht behalten, der Berufssoldat darf es nicht ausüben (S. 116).

S. 134   [14]) Dabei hofft R. bezeichnenderweise, daß die Volksvertretung den Akademikerstand, dessen Dienst der Nation besonders wichtig ist und dessen Verluste besonders schwer ersetzbar sind, möglichst schonend und nur im Fall der „allerdringendsten Noth" ins Feuer schicken wird. S. 131 f. Anm.

S. 135   [15]) a. a. O. S. 190 f.

S. 135   [16]) Es ist sehr bemerkenswert, daß die ersten Entwürfe Scharnhorsts von 1807—08 zur Schaffung einer Miliz (Provinzialtruppe) neben dem stehenden Heer noch sehr stark den Vorschlägen Rottecks ähnelten! Die neue Truppe soll ausdrücklich nicht aus den ausgedienten Mannschaften des stehenden Heeres, sondern ganz selbständig, und nur aus den wohlhabenden Klassen gebildet werden, die sich selbst Ausrüstung und Unterhalt beschaffen können; sie soll auch unter selbstgewählten Offizieren des gebildeten Bürgerstandes, nicht unter Offizieren der stehenden Armee dienen. Also eine richtige Bürgerwehr! Das wird teilweise mit der Notwendigkeit einer Tarnung dieser neuen Truppe als bloße Polizeitruppe motiviert, in erster Linie aber mit der Notwendigkeit, die „Nationalmiliz" auf den neuen Geist patriotischer Freiwilligkeit zu begründen, und diesen Geist, so heißt es, „wird sie nie bekommen, wenn sie vorher durch die stehende Armee gehen muß, wenn ihre Selbständigkeit durch einen eingebildeten Druck gelähmt wird." Daß der gebildete Bürger durch das Joch des verachteten alten Zwangsheeres gehen könnte, vermag sich Scharnhorst noch nicht vorzustellen! Sehr charakteristisch ist aber auch die folgende, in früheren Publikationen unterdrückte Stelle: „Man darf nicht fürchten, daß eine solche Miliz gefährlich wird, wenn sie aus der bemittelten Klasse der Untertanen besteht... Nur eine Miliz aus der niederen Klasse kann Bedenklichkeiten veranlassen." Diese Klasse soll deshalb nach wie vor das Rekrutenmaterial für die stehende Armee liefern! Das ist gewiß auf die Gesinnung Friedrich Wilhelms III. berechnet. Trotzdem bestätigt es von neuem, wie stark und selbstverständlich das ständische Selbstbewußtsein der „oberen Klassen" auch im Reformerkreis noch lebendig war. Immediatbericht der Militärreorganisationskommission (Entwurf) vom 15. 3. 1808: Die Reorganisation d. Preuß. Staates unter Stein und Hardenberg, 2. Teil: Das Preuß. Heer v. Tilsiter Frieden bis zur Befreiung 1807—1814, Bd. I, hg. von *Vaupel* (Publ. am Preuß. Staatsarchiv 94) 1938, S. 321, dazu *Lehmann:* Scharnhorst II, 91 f.

S. 137   [17]) Vgl. die Darstellung von *C. Frhr. v. d. Goltz:* Kriegsgeschichte Deutschlands im 19. Jahrh., II. (1914), S. 18 ff., für das folgende vor allem *Fr. Meineckes:* Boyen, Bd. II. Eine durch sehr exakte Angaben ausgezeichnete Darstellung des langsamen Veraltens der Einrichtungen von 1814 bietet auch *Rudolf v. Gneist:* Die Militärvorlage von 1892 u. d. preuß. Verfassungskonflikt von 1862—66. 1893. Sehr anschaulich wird die Verzopfung der Armee (einschl. der Kriegsakademie) und die zunehmende Sterilität des Berliner geistigen Lebens in den letzten Jahrzehnten Friedrich Wilhelms III. geschildert in den Lebenserinnerungen *Jul. v. Hartmanns* (1882) Bd. I, bes. S. *140 ff.*

[18]) Sir *Robert Wilson:* Private diary of travels usw. with the European armys 1812—14, ed. H. Randolph. London 1861, T. II, p. 229. Das Gespräch ist undatiert, wird aber im Zusammenhang einer Unterhaltung mit Zar Alexander erwähnt, die am 17. 11. 1813 stattfand. *Pertz-Delbrück:* Gneisenau, IV, 162, gibt das Zitat in einer etwas übertreibenden Übersetzung Th. Bernhardis wieder. S. 140

[19]) Mifflings eigene Haltung erhellt am besten aus seinem Schreiben an Gneisenau vom 15. 2. 1816 aus Paris: *Pertz-Delbrück:* Gneisenau V, 84 ff. Sie ist das Gegenteil von politisch-reaktionärer Gesinnung, zeigt aber deutliche Abneigung gegen die Propagandisten von der Art Arndts, Jahns und Görres' und Besorgnis vor deren Einfluß auf die Haltung der Armee. In seinen Memoiren bezeichnet er auch Gneisenau mehrfach (z. B. S. 47, 195) als „Parteihaupt". S. 141

[20]) Correspondance diplomatique du Comte Pozzo di Borgo et du comte de Nesselrode I. (1890) 219 ff., 5./17.. 10. 1815. S. 141

[21]) So meldet Gneisenau an Boyen 16. 9. 15: *Pertz-Delbrück* IV, 631. Vgl. auch ebenda IV, 612; ferner V, 85 (Clausewitz). Nach Steins Aufzeichnungen (bei *Botzenhart* Nachlaßwerk V, 273) fiel die Äußerung gegenüber den Generaladjutanten, besonders Repnin; nach den Tagebüchern von Nostitz (a. a. O. VI, 71) stammte sie vom Großfürsten Constantin und nicht vom Zaren selbst. S. 141

[22]) Belege bei *Pertz-Delbrück* V, 22 f. S. 141

[23]) Am eindrucksvollsten ist wiederum, gerade wegen ihrer rein machtpolitischen Einstellung und ihrer nüchternen Kritik an der Ideologie des Frühliberalismus, die Darstellung von Clausewitz. Vgl. bes. s. Aufsatz „Umtriebe", bei *Schwartz* a. a. O. II, 200 ff., in der Sammlung von *Rothfels*, S. 153 ff.; die ältere Datierung auf 1819 wird von Rothfels sicher mit Recht verworfen, da die Haltung sehr viel schroffer antiliberal ist als in den 1819 entstandenen Studien über Vorteile und Nachteile der Landwehr, über die Rothfels ebenda S. 242 berichtet, dazu vgl. auch *Schwartz* II, 288—93. S. 142

[24]) Ebendies hatte Frhr. vom Stein zweifellos im Auge, wenn er in seiner Denkschrift vom 5. 11. 22 (Plan zu einer provinzialständischen Verfassung) schrieb: „Die reine Bürokratie wird hauptsächlich dadurch verderblich, daß sie den Gemeingeist lähmt, der nur durch unmittelbare Teilnahme am öffentlichen Leben sich bildet, zunächst aus der Liebe zur Genossenschaft, zur Gemeinde, zur Provinz entspringt und sich stufenweise zur Vaterlandsliebe erhebt. Endlich stehen gegenwärtig die militärischen und bürgerlichen Institutionen miteinander im Widerspruch; diese lähmen den Gemeingeist, jene setzen ihn voraus, indem sie vor allem das Opfer ihres Gutes und Blutes zur Vaterlandsvertheidigung fordern. Diese Mängel der Bureaucratie können theils gehoben, theils gemindert werden durch Gemeinde-, Crayss- und Provinzialverfassungen" usw. *Botzenhart:* Frhr. vom Stein Briefwechsel, Denkschriften und Aufzeichnungen VI, 120 f. Es ist schwer verständlich, wie C. *Schmitt:* Staatsgefüge und Zusammenbruch des Zweiten Reiches (1934) sich auf dieses Zitat für seine These berufen konnte. Vgl. dazu *F. Hartung:* H. Z. 151, 531. S. 143

[25]) Für die Herbstkrisis 1862 vgl. *Zechlin:* Bismarck u. d. Grundlegung der deutschen Großmacht (1930), S. 291 ff., 324 ff. dazu das folgende Kapitel. Für die Haltung Wilhelms seit 1833 vgl. Militär. Schriften weiland Kaiser Wilhelms d. Gr. (1897) Bd. I, 152 ff., 176 ff., Bd. II, 175 ff., 453 u. v. a. St. (s. Register unter „Dienstzeit"); dazu Kaiser Wilhelms d. Gr. Briefe, Reden u. Schriften, hg. v. *E. Berner* I, 88, 110, u. ö. S. 145

[26]) Mil. Schr. I, 366. Sperrung von mir. S. 146

[27]) Militär. Schriften K. Wilhelms, Bd. I, 337, 351. Im einzelnen wirkt die Denkschrift S. 146

Boyens von 1841 über die Landwehr überaus altfränkisch, ja vielfach rein rhetorisch, im Sachlichen fast hilflos.

S. 147   ²⁸) 1833 wirft er den Siegern von 1815 vor, daß sie durch Anerkennung statt Ausrottung der Revolution die Zukunft der europäischen Monarchien schwer gefährdet hätten. An Natzmer 1. 4. 1833, s. Briefe, Reden u. Schriften I, 113. Vgl. auch ebenda 137: An Schöne 7. 9. 1840. Gespräch mit Leop. v. Gerlach, 31. 1. 1845 (s. dessen Tagebuch I, 105) und Briefe, Reden usw. I, 145. Polit. Denkschr. 1845, ebenda I, 148 ff. nach Treitschkes Auszug.

S. 148   ²⁹) Für alle Einzelheiten verweise ich auch hier auf die ausgezeichnete, durchweg quellenfrische Darstellung von *Reinh. Höhn:* Verfassungskampf und Heereseid 1938.

S. 150   ³⁰) So z. B. v. Moltke, vgl. dessen Brief an seinen Bruder Adolf 17. 11. 48, in der Auswahl von Moltkes Briefen von *W. Andreas,* II, 28. Auch Prinz Wilhelm hat anfangs die loyale Haltung der Landwehr mit stärkstem Lob anerkannt: Mil. Schr. II, 15. Beide Zitate auch bei *E. R. Huber:* Heer und Staat (1938), S. 174.

S. 150   ³¹) Abg. Schwenzner 29. 5. 61: Sten. Ber. 1861, S. 1485. Längeres Zitat bei *G. Wohlers:* Die staatsrechtliche Stellung des Generalstabes (1921), S. 76, Anm. 75.

S. 150   ³²) Eine neuerliche Zusammenstellung solcher Fälle, teilweise nach ungedruckten Akten, bei *Höhn* a. a. O., S. 311 ff.

S. 150   ³³) Das folgende nach *R. Höhn* a. a. O., S. 222 ff., 230 ff. und nach *K. G. v. Rudloff:* Handbuch des preußischen Militärrechts, Teil I, 1826, bes. §§ 478 ff., 538 ff.

S. 151   ³⁴) Rudloff weiß auch nichts von einer Schranke des sittlichen Gewissens gegenüber dieser Gehorsamspflicht. Von dem „natürlichen oder vielmehr göttlichen Recht" ist nur da die Rede, wo das Recht der obersten Staatsgewalt erörtert wird, alle Machtmittel für die Erhaltung des öffentlichen Rechtes in Bewegung zu setzen, die „mit den unumstößlichen Vorschriften des natürlichen Rechtes vereinbar sind" (§ 479).

S. 151   ³⁵) 1859: 65 Prozent Secondeleutnants, 78 Prozent Stabsoffiziere, 91 Prozent Generäle von Adel, nach *L. Simon:* Der preußische Konstitutionalismus, in Demokratische Studien, hg. von *Walesrode,* 1861, S. 8; zitiert bei *E. Zechlin* a. a. O. 180. Die Rangliste von 1861, zitiert in den Stenogr. Berichten des Abgeordnetenhauses 1862, Bd. 7 (= Anl. III) S. 1203, nennt unter den höheren Offizieren bei Infanterie und Kavallerie 750 Adlige, 91 Bürgerliche, bei Pionieren, Train und Artillerie 50 Adlige, 107 Bürgerliche.

S. 152   ³⁶) Zitate bei *R. Höhn* a. a. O. 254 ff. aus einer Schrift O. v. Platens, 1843, und der Militär-Literatur-Zeitung von 1831. Dazu die liberale Kritik ebenda S. 276 N. 2: „Hier ist also gar kein Geist der beste Geist. Er heißt Disziplin."

S. 152   ³⁷) Militärische Schriften Kaiser Wilhelms, Bd. II, 344 ff. Auch in Denkwürdigkeiten aus dem Leben *Roons,* II, 5. Aufl., 1905, S. 521 ff.

S. 154   ³⁸) Vgl. die noch immer unüberholte Arbeit von *Hermann Witte:* Die Reorganisation des preußischen Heeres durch Wilhelm I. 1910.

S. 155   ³⁹) Seine Haltung in der Frage der nationalen Einigung vor 1866 zu untersuchen, wäre gewiß eine lohnende Aufgabe. Vgl. die von mir angeregte Dissertation von *Ursula Tempel:* Preußentum und Deutschtum im politischen Empfinden des preußischen Offizierskorps von Jena bis Sedan. Dissertation, Freiburg 1945, Maschinenschrift. Über die geistigen Wandlungen des preußischen Offizierstandes und die Kämpfe um die Reform des militärischen Bildungswesens, besonders der Kadettenanstalten, vgl. *F. Meineckes* Boyen, II, 110 ff., 467 ff., 510 ff. u. ö.

S. 155   ⁴⁰) Näheres bei *R. Höhn* a. a. O. 263 ff.

S. 156   ⁴¹) Die außerordentliche Vielseitigkeit seiner wissenschaftlichen Bildung hat *Andrea v. Harbou:* Dienst und Glauben in der Staatsauffassung A. v. Roons (Neue deutsche Forschungen, Bd. 95, Berlin 1936) entgegen der üblichen Simplifizierung seiner Gestalt mit Glück zur Geltung gebracht

⁴²) Roon als Redner (1895), I, 25.   S. 156

⁴³) Auch dieser Gedanke stammt schon aus dem Vormärz, vgl. *R. Höhn* a. a. O., 275 ff. S. 156
Für Roons Auffassung der Armee als „große Volksschule" und „Bildungsschule der Nation überhaupt" vgl. Roon als Redner, I, S. 70 (27. 5. 61); S. 296 (16. 9. 62) und II, S. 150 ff. (20. 3. 65); S. 182 (23. 3. 65).

ANMERKUNGEN ZUM 6. KAPITEL

¹) Die Tendenz, beide als geistig nahe verwandt hinzustellen und die grundsätzlichen S. 160 Unterschiede zwischen ihnen zu verwischen, beherrscht auch offensichtlich *Ad. Wahls* Studien zur Geschichte der Konfliktszeit, 1914.

²) Vetter Georgs v. Vincke, ehemaliger Generalstabsoffizier, dem Prinzregenten persön- S. 160 lich nahestehend.

³) Sten. Ber. des Abgeordnetenhauses, 1859, Bd. I, S. 621 ff. (2. 4. 1859), und Bd. III S. 161 (Anlage Nr. 56), S. 378. Im Plenum trug v. Bockum-Dolffs die liberalen Besorgnisse ausführlicher vor: Bd. I, S. 626.

⁴) Sten. Ber. 1859, Bd. I, S. 623. Die Stelle ist von *H. Witte* a. a. O., S. 74 ff., nicht S. 162 beachtet. Vgl. damit die von *Leop. v. Gerlach* berichtete angebliche Äußerung: Denkwürdigkeiten, II, S. 655.

⁵) *Leop. v. Gerlach:* Denkwürdigkeiten, II, S. 712. In der Militärkommission von 1860 S. 162 wurde der Widerspruch der Militärvorlage zu den „bündigen" Zusagen Bonims scharf kritisiert.

⁶) Das Wichtigste: Sten. Ber. 1860, Bd. V, „Anlagen", Teil III, Nr. 171, S. 1236 ff.: S. 162 Bericht vom 30. 4. 1860 (Berichterstatter: Stavenhagen). Derselbe Bericht auch in der Sammlung sämtlicher Drucksachen des H. d. A., 1860, Bd. V, Nr. 204. Ein zweiter Bericht, über die Streichungen der Kommission an der Regierungsvorlage vom 5. 5. 60, findet sich in den „Anlagen", Teil III, als Nr. 173, S. 1263 ff., und in den „Drucksachen", Bd. VI, als Nr. 229. Zu vergleichen ist auch der Bericht der Etatkommission über die *provisorische* Geldbewilligung für die Reorganisation (Pauschalsumme) vom 9. 5. 60, „Anlagen" Nr. 132, S. 937 ff. Recht ausführlich wird die Beratung der Militärkommission von 1860 von *Parisius:* Hoverbeck, I, 173 ff., behandelt. Am eifrigsten setzte sich danach der alte Harkort, ein begeisterter Landwehroffizier von 1813/14, für Erhaltung der Landwehr ein. Ich habe auch die zum Teil sehr ausführlichen handschriftlichen Protokolle, Gr. Preuß. Generalstab, Arch. Rep. 169 C, Abschnitt 52 m. 9, durchgesehen.

⁷) Vgl. dazu noch besonders den Bericht der Etatkommission vom 9. 5. 60: Anlage III, S. 163 S. 937, und Vinckes Rede vom 15. 5. 60: Sten. Ber. II, 1122 ff.

⁸) „Allseitig mit Freude begrüßt", heißt es im Bericht der Etatkommission vom 9. 5. 60: S. 163 Anlage III, Nr. 132, S. 938.

⁹) Diese Diskussion ist merkwürdigerweise in den handschriftlichen Sitzungsprotokollen S. 163 nicht erwähnt, sondern nur in Stavenhagens Schlußbericht. Immerhin wird zum 6. 3. 60 (Bl. 101 f.) von Protesten verschiedener Mitglieder gegen das Stellvertretungssystem berichtet. Am 20. 3. spricht Roon von der Notwendigkeit der dreijährigen Dienstzeit, „solange man nicht eine Berufsarmee haben könne, die bei uns unmöglich sei" (Bl. 138). Am 24. 3. weist Oberstlt. v. Hartmann in der Kritik des Stavenhagenschen Entwurfs auf die französischen Heereseinrichtungen mit ihrer caisse de dotation und dem dadurch geschaffenen großen Stamm von Kapitulanten und alten Troupiers hin. „Zu einem ähnlichen

Institut, zur Annahme der Stellvertretung, führte die Herabsetzung der dreijährigen Dienstzeit auf eine zweijährige" (Bl. 158). Ähnliche Erwägungen (Ersatz des dritten Jahrgangs durch Berufssoldaten) scheinen Roon vorzuschweben, wenn er gelegentlich bemerkt: „Auf dem finanziellen Gebiete liege die Entscheidung, ob man später von der dreijährigen zur zweijährigen Dienstzeit zurückgehen könne" (Bl. 186).

S. 164　　¹⁰) Statt 243 Linienbataillonen sollten 162 Linien- und 81 Landwehrbataillone aufgestellt werden. Im Mobilmachungsfall sind die mobilen Landwehrbataillone der Infanterie als dritte Bataillone angesetzt. Daneben wird es möglich sein, aus dem ersten Aufgebot meist auch noch je ein Besatzungsbataillon aufzustellen. Komm.-Bericht (Anlagen III), 1242. Im Wortlaut des Berichts S. 1242 B muß sich ein Druckfehler befinden. Es heißt dort Zeile 14: die Regimenter sollten aus je drei (statt zwei) Linienbataillonen und einem Landwehrbataillon bestehen. Daß zwei gemeint ist, ergibt sich schon aus den Reden Vinckes im Preußischen Abgeordnetenhaus vom 15. 5. 60: Sten. Ber. II, 1123 f., und vom 12. 9. 62, Sten. Ber. III, 1620, aber auch aus dem Sachzusammenhang.

S. 165　　¹¹) Um diese Haltung zu verstehen, ist es nützlich sich klarzumachen, wie gering damals noch (im Verhältnis zu den heutigen Kriegen) der Anteil des bürgerlichen Reserve- und Landwehroffiziers an den kriegerischen Lorbeeren war. Bei der Mobilmachung 1870 wurden einberufen: 1990 Reserveoffiziere, 4279 Landwehroffiziere. Sie traten zu einem Friedensetat von annähernd 13 000 aktiven Offizieren der norddeutschen Bundesarmee. Die Offiziersverluste waren am größten in den Augustschlachten, doch konnte sich der Nachschub an Offizieren bis Ende September auf 574 beschränken. Im ganzen sind bis zum 9. Mai 1871 dem Feldheer als Offiziersersatz nachgeführt worden: 165 Reserve-, 164 Landwehr-, 835 aktive Offiziere. Die Landwehrbataillone, denen die Hauptmasse der inaktiven Offiziere angehörte, wurden 1864 überhaupt nicht, 1870/71 erst im Laufe der Winterschlachten teilweise an der Front eingesetzt; von den preußischen blieben damals 17 überhaupt immobil, und Moltke hatte beträchtliche Schwierigkeiten, bei Roon einen ausreichenden Nachschub an Besatzungstruppen durchzusetzen. Der ganz einseitige Ausbau der Heeresorganisation von 1860 wurde dabei spürbar und hätte bei längerer Kriegsdauer noch viel mehr hervortreten müssen: alles war an die Kräftigung der aktiven Formationen des stehenden Heeres gedacht, die Landwehr-Formationen waren gar nicht als Feldtruppe gedacht. Ihnen fehlten deshalb auch alle eigenen Ersatzbataillone, was dann beim Eintreten von Frontverlusten nicht geringe Schwierigkeiten hervorrief. Auch war die Landwehrpflicht nach oben viel zu eng begrenzt (nach dem Wehrgesetz von 1867 mit dem 32. Lebensjahr!), und Roon sträubte sich, mit den Einziehungen darüber hinauszugehen. Siehe *Gustaf Lehmann: Die Mobilmachungen 1870/71.* 1905, S. 105 ff., 158 ff. Es ist wohl als sicher anzunehmen, daß die von Stavenhagen 1860 vorgeschlagene Organisation den Aufgaben eines wirklichen Volkskrieges besser angepaßt war, bzw. leichter sich hätte anpassen lassen. In der Militärkommission von 1860 mußte sich der Regierungskommissar gegen die „mehrfach ausgesprochene" Ansicht wenden, als ob die Landwehroffiziere künftig keine ausreichende und für sie passende Verwendung finden würden. Er rechnete mit der Einberufung von 1200 Offizieren des Beurlaubtenstandes für die mobile Armee, 1900 für die Ersatztruppen, 3000 für die eigentliche (neue) Landwehr, insgesamt also über 6000 Offiziere (Handschriftl. Protokolle, S. 83 ff.).

S. 165　　¹²) *Leop. v. Gerlach:* Denkwürdigkeiten, II, 710 ff. Gerlach war geradezu unglücklich über die Haltung der Liberalen: Wo blieb dabei der so heiß erwünschte Konflikt? Er selbst hielt die Landwehr für eine „Hauptwaffe" des Liberalismus. „Die Aufhebung der stehenden Armee war ein Hauptaxiom des Tugendbundes, und Boyen arbeitete redlich an seiner Realisierung" (II, 709). Man sieht, wie in der Generation der Freiheitskriege (Gerlach—Harkort!) die prinzipiellen Gegensätze noch in alter Schärfe weiterlebten, während sie in der neuen längst am Verblassen waren. Der Minister Roon erklärte Gerlach, der „schwache Widerstand der Liberalen gegen die Landwehrbeseitigung" sei die Folge eines „weichlichen Humanitätsgedankens" (gemeint ist wohl der Wunsch, die älteren Jahrgänge zu schonen?). In diesen Zusammenhang gehört wohl auch das folgende Gespräch Bernhardis mit Max Duncker vom 12. 6. 61. Duncker: „Die neue Organisation der Armee ließe sich leicht definitiv durchsetzen, wenn man den Leuten in unwesentlichen Dingen... einige Concessionen macht, — wenn man die 81 Ersatzbataillone, die errichtet werden müssen, „Landwehr" nennt, dann sind die Leute zufrieden!" Bernhardi: „Sollten sie wirklich so dumm sein?" M. Duncker (beteuernd): „Sie sind so dumm." *Bernhardi*, IV, 139 f.

[13]) Sten. Ber. 1860, Bd. III, S. 1576 f.   S. 165

[14]) Ebenda S. 1636 f.: „Die Stifter unserer Landwehr sind ausgegangen von den Worten S. 165 unseres Johannes Müller, daß alle wahre Freiheit beruht auf den beiden Grundfesten, daß die Bürger Kriegsmänner und die Kriegsmänner gute, verständige Bürger sind." In der Tat ein letzter, echter Nachklang der Ideen von 1813!

[15]) Georg v. Vincke, 12. 9. 62, Sten. Ber. III, 1620. Ausdrücklich erklärte Vincke, S. 165 daß ihn nicht etwa die (in der Tat wenig einleuchtenden) Bedenken der Regierung gegen den Kommissionsvorschlag von dessen Untunlichkeit überzeugt hätten. Zur Stimmung des Landes vgl. auch die Äußerungen Sybels: *Bernhardi: Tagebücher*, III, 321 (17. 4. 60). Daß man aber gerade auch in der Provinz vielfach stimmungsmäßig der Landwehr nachtrauerte, zeigen Unterhaltungen wie die von *Bernhardi*, IV, 26, 66, u. ö. aufgezeichneten.

[16]) Sten. Ber. 1862, III, S. 1567, 1586, 1662 f., 1696. Ähnlich mißbilligte G. v. Vincke S. 166 in der Militärkommission von 1860 die Bezeichnung der Landwehr als „Hort der Freiheit des Landes". Die Armee müsse unbedingt außerhalb aller Politik gehalten werden. Handschriftl. Protokolle 20. 3. 60, Bl. 140.

[17]) Besonders deutlich: Max Duncker und Sybel 18. 11. 61 bei *Heyderhoff-Wentzcke:* S. 166 Deutscher Liberalismus, I, 70. Der Unterschied, den *E. R. Huber:* Heer und Staat (1938, S. 202) zwischen „Volksheer" der Erhebungszeit und „Bürgerheer" der sechziger Jahre macht, ist mir nicht verständlich. Was insbesondere R. Gneist als Ideal vorschwebte, wird aus seiner Landtagsrede deutlich: eine wehrhafte Volksfreiheit, die sich auf altgermanische Vorbilder beruft. Und wie weit ist vollends seine Schrift von 1893 über die Militärvorlage von 1892 in ihrem historischen Teil von Verherrlichung der alten Landwehr entfernt! Die meisten der Altliberalen wird man als Geisteserben Dahlmanns auffassen dürfen, dessen Ansicht besonders deutlich in folgendem Satz seiner Politik von 1835 wird: „Ein Parlament, welches die Kriegsmacht befehligt, ist der Krone Sturz" (Ziffer 117, Ausg. in Klassiker der Politik, Bd. 12, S. 111).

[18]) v. Grolman, v. Krauseneck, v. Müffling, v. Witzleben, v. Prittwitz (dessen Broschüre S. 167 siehe Mil. Schr. K. Wilhelms, Bd. II, 1867 f., anonym, dazu *L. Schneider:* K. Wilhelm I., Bd. I, 113), Peucker, v. Webern (*Bernhardi*, V, 13), u. a. m. Noch 1862 sprach sich eine Generalkommission, der u. a. auch Moltke angehörte, für die Möglichkeit einer Verkürzung der praktischen Dienstzeit auf 2½ Jahre und weitgehende Beurlaubungen aus. Mil. Schr. K. Wilhelms, Bd. II, 467—469. — Für die Motive der Liberalen vgl. *Bernhardi*, III, 318. Dazu vgl. folgende Stelle aus einem mir vorliegenden, bisher ungedruckten Briefe des konservativen Fraktionsführers Moritz v. Blanckenburg an Roon vom März 1862: „Der wundeste Punkt für Euch bleibt das Geld! Es ist keineswegs wahr, daß die Patrioten vor Begierde brennen, für den Militäretat mehr Steuer zu bewilligen — man thut es, wenn es nicht anders sein kann. Die Verwendungen für die Armee sind im großen ganzen unpopulär. Die neuen Organisationen sind noch unpopulärer, u. a. wegen des fünfundzwanzigprozentigen Zuschlages! Ich würde glauben, daß Ihr neuen Minister (Roon und v. d. Heydt) für alle Zukunft gewonnenes Spiel habt, wenn es Euch gelingt, 1. dem Lande

zu beweisen, Ihr wollt nicht Unterthänigkeit, Peitsche und Polizeiknüppel wieder einführen, sondern bessernde Hand! 2. den Militäretat in einer ganzen Summe vorzulegen; die Details sind von größtem Übel! Sie verführen einen wirklich gewissenhaften Abgeordneten, der den Daumen auf dem Beutel halten soll und muß, die Details in ihrer Notwendigkeit zu prüfen — ich weiß, wie blutsauer es z. B. mir geworden ist, s. Zt. ausdrücklich für die Amüsetten (über die fast jeder Militär selbst lachte) eine halbe Million zu bewilligen. 3. wenn Ihr. gleich damit debutiert, daß der 25prozentige Zuschlag fortfällt! Die Liberalen haben stets mehr Steuer gebracht, die Konservativen haben den 25prozentigen Zuschlag zuerst abgeschafft (speziell mein Verdienst) — wenn nun das konservative Ministerium gleich damit debutiert, so wird das einen ungeheuren Eindruck machen und abgesehen davon, daß es eine richtige Maßnahme ist, auch das Durchgehen des Militäretats erleichtern."

S. 167   [19]) Statt 243 Bataillonen mit jährlich 170 Mann Entlassung 162 Batl. mit jährlich 255 Mann Entlassung; beides ergibt jährlich 41 310 Mann Reserven. Batl.-Stärke in beiden Fällen: 510.

S. 169   [20]) Er berief sich kurzerhand auf das Wehrgesetz von 1814 mit seiner dreijährigen Dienstpflicht oder bestritt die sachliche Zuständigkeit der Abgeordneten für militärtechnische Fragen, deutete die von ihnen angeführten militärischen Autoritäten um oder bezweifelte ihre Kompetenz, oder er deutete an, in dieser vielumstrittenen Frage sei noch nicht das letzte Wort gesprochen. Das Zentrum des Reorganisationsproblems werde dadurch gar nicht berührt oder dergleichen mehr. — Bei der Beurteilung des sachlichen Wertes der dreijährigen Dienstzeit ist zu berücksichtigen, daß die Infanteristen der drei Einigungskriege zum weitaus größten Teil nur $2^{1}/_2$ Jahre ausgebildet waren, da aus Sparsamkeitsgründen seit 1862 regelmäßige Winterbeurlaubungen des dritten Jahrgangs durchgeführt wurden.

S. 169   [21]) Vgl. oben Anmerkung 17, Bernhardis Kritik: Tagebuch III, 263, 15. 2. 60. Die Streichungen der Militärkommission von 1860: Anlage III, Nr. 173. Unzweifelhaft verfehlt war dabei die Streichung der Friedens-Trainformationen, deren Fehlen 1849 und 1859 sehr üble Folgen gehabt hatte. Der Fehler wurde 1861 von der Kommission selbst korrigiert.

S. 169   [22]) So Vincke-Olbendorf zu Bernhardi, 11. 3. 60, Tagebuch III, 284 f. Teilweise bestätigt durch Voigts-Rhetz, den Chef des Allgem. Kriegsdepartements im Kriegsministerium, 16. 3. 60: ebenda 295 f., noch deutlicher durch Oberstlt. Hartmann ebenda, 309 f., 4. 4. 60. Ähnliche Besorgnisse bei General Etzel, 28. 4. 60, ebenda 325.

S. 169   [23]) Bernhardi, III, 276 u. ö. Bekanntlich war die öffentliche Meinung vom Ministerium selbst vor Eröffnung des Landtages nur auf sechs statt auf neun Millionen Taler vorbereitet.

S. 170   [24]) Sten. Ber. 1860, II, 1113 ff., 15. 5. 60.

S. 170   [25]) Vgl. dazu Bernhardi, III, 326 f. Oberstlt. Hartmann versichert, daß Manteuffel systematisch die Aufnahme bürgerlicher Landwehroffiziere in das Offizierkorps aus Anlaß der Heeresverstärkung sabotiere. Ebenda 331: Zurücksetzung bürgerlicher Offiziersanwärter aus liberalen Familien. Ähnlich IV, 67 f. Auch Moltke ist der Meinung, daß man bei der Aufnahme von bürgerlichen Anwärtern vorsichtig sein muß, sofern sie „die Gesinnung nicht mitbringen, die man in der Armee bewahren muß". Ebenda IV, 166.

S. 171   [26]) Bernhardi, III, 272, 27. 2. 60; 290, 15. 3. 60.

S. 171   [27]) Ebenda 281.

S. 171   [28]) Für H. v. Sybel vgl. Bernhardi, III, 313, 320 f., für Max Duncker ebenda 321 f. und Polit. Briefwechsel, hg. von Joh. Schultze, 1923. — Für L. Häußer: Bernhardi, III, 308. Für J. G. Droysen vgl. dessen Briefwechsel ed. Hübner, für H. Baumgarten dessen berühmten Aufsatz: Der deutsche Liberalismus. Eine Selbstkritik (1860), in: Historisch-politische

Aufsätze und Reden, 1894, 128 ff. Die geistreiche „Selbstkritik" Baumgartens unterschätzt offensichtlich den Widerstand des Regenten und seiner Umgebung gegen jeden entschieden liberalen Kurs. Viele der Fragen, die er stellt, sind aber auch heute noch nicht beantwortet; vor allem bedürfte die Haltung des Ministeriums Auerswald gegenüber dem Regenten und gegenüber der altliberalen Partei noch immer der aktenmäßigen Aufklärung.

²⁹) *Bernhardi*, III, 320.						S. 171

³⁰) Außer den parlamentarischen Verhandlungen vgl. hierzu, was *Bernhardi*, IV, 310 f.,	S. 172
323, über eine konservative Loyalitätsadresse an den König im April 1860 berichtet.

³¹) Präsident Wentzel bei *Bernhardi*, III, 331. Bernhardi selbst erklärte die Staven-	S. 173
hagenschen Kommissionsvorschläge für eine unpraktikable „Abenteuerlichkeit", allerdings ohne nähere Begründung; er scheint sie für eine einfache Rückkehr zu dem System von 1815—59 zu halten: ebenda 306, 330 f. Dazu IV, 110 f. („alberne Opposition").

³²) Die bei *Andrea v. Harbou:* Dienst und Glaube in der Staatsauffassung Roons (1936),	S. 173
S. 67, und auch sonst in der Literatur auftauchende Behauptung, die Wehrvorlage sei von den liberalen Ministern „noch schnell vor der Ernennung Roons zum Kriegsminister vor das Haus gebracht worden", ist falsch: Roons Ernennung erfolgte am 4. 12. 59, die Gesetz- vorlage wurde am 10. 2. 60 eingebracht. Eine Durchsicht des Protokolls des Staatsministe- riums war mir leider infolge der Kriegsumstände nicht möglich.

³³) Sten. Ber. 1860, Bd. II, 1122 ff., 15. 5. 60. Sollte dieses Kontrollrecht mehr als	S. 174
bloßer Schein sein, so schloß es freilich notwendig ein Recht des Mitredens über den Umfang der Rekrutierungen und damit der Dienstpflicht mit ein. *E. R. Huber:* Heer und Staat, S. 207 f., meint: „Wäre das Abgeordnetenhaus mit seiner Forderung auf die zwei- jährige Dienstzeit durchgedrungen, so hätte es im Gegensatz zum König Richtung und Inhalt der Heeresreform bestimmt, das heißt die militärische Kommandogewalt wäre parlamentarisiert worden und die unabhängige Krongewalt wäre durch das parlamen- tarische System abgelöst gewesen." Das ist genau der Standpunkt, den das Militärkabinett seit dem Hochsommer 1860 einnahm, wonach jedes Mitreden des Parlaments in Organi- sationsfragen „Parlamentarisierung" der Kommandogewalt bedeutete. War diese Auf- fassung richtig, so durfte die Regierung des Königs weder 1860 noch später (im ganzen bis 1866 fünfmal) dem Landtag ein Wehrpflichtgesetz vorlegen, ebensowenig Bismarck 1867 dem Norddeutschen Reichstag. Wenn dies dennoch geschah, so war ganz sicher nicht schwächliche Nachgiebigkeit gegen parlamentarische Machtgelüste der Grund, sondern das auch von den Liberalen (so besonders von dem Juristen R. Gneist) betonte echt konsti- tutionelle Bedürfnis, die Grundfragen der Heeresorganisation durch gesetzliche Festlegung der alljährlichen Diskussion zu entziehen. Offenbar war es aber inkonsequent, den Landtag ausdrücklich durch eine Gesetzvorlage zur Mitwirkung an der Heeresorganisation auf- zufordern, ihm aber gleichzeitig das Recht dazu zu bestreiten.

³⁴) Sten. Ber., Anlage III, S. 1244 (Bericht vom 30. 4. 60).				S. 174

³⁵) Sten. Ber. 1860, II, 1127, 15. 5. 60. In liberalen Kreisen vermutete man die Absicht,	S. 174
durch die voreilige Formation der neuen Regimenter das Haus zum Bruch, das heißt zur Ablehnung der neun Millionen zu reizen. Vinckes tadelnde Bemerkung war da als be- schwichtigendes „Ventil" der allgemeinen Erregung gemeint: *Bernhardi*, III, 338. Gleichwohl wollte ihn Roon in erster Erregung auf Pistolen fordern und ließ sich davon nur mit Mühe durch Alvensleben und Manteuffel abhalten. Statt dessen verlangte er von den altliberalen Ministern, daß sie ihn durch schroffe Forderungen an den Kammerpräsidenten (in Form einer Regierungserklärung) vor künftigen Beleidigungen schützen müßten, sah deren Verlegenheit aber voraus und wollte diese benützen, um ihre Stellung beim Regenten mit Hilfe Manteuffels und Alvenslebens weiter zu erschüttern. Gleichzeitig rief Manteuffel die Hilfe des Regenten an; er müsse seine Minister wirksam schützen in ihrer Amtstätigkeit,

und im Grunde sei gar nicht Roon, sondern der Regent selbst beleidigt, denn Vincke habe eine Handlung in Kommandosachen der Armee als „ungeschickt" bezeichnet, also eine Handlung, „die unmittelbar von E. K. H. Allerhöchstselbst ausgegangen ist, — oder der König hat eben nicht mehr den Oberbefehl der Armee unmittelbar, sondern führt ihn unter kriegsministerieller Verantwortlichkeit". Manteuffel an den Regenten 15. 5. 60 (Konzept), Roon an Manteuffel 16. 5. 60 (Ausf.). Ich entnehme dies dem teilweise im Hausarchiv Charlottenburg (H. A., Rep. 192 M) teilweise im Preuß. Geh. Staatsarchiv Dahlem (G. St. A., Rep. 92, Edwin Manteuffel) beruhenden Nachlaß Manteuffels, aus dem ich eine größere Reihe von Stücken, die sich auf den Heereskonflikt beziehen, zu veröffentlichen gedachte, sobald auch der Nachlaß König Wilhelms und die Manteuffelbriefe im Nachlaß Roons wieder zugänglich wären, die während des Krieges nicht greifbar waren. Inzwischen sind die letzteren (120 Briefe) mit dem gesamten Nachlaß Roons im Nationalarchiv der USA in Washington aufgetaucht, wo sie *Gordon A. Craig* benutzte: Portrait of a political general, E. v. Manteuffel and the constitutional conflict in Prussia, in: Political Science Quarterly LXVI, 1, Mass. 1951. Was Craig an Zitaten daraus bringt, bestätigt meine Darstellung, ohne sie wesentlich zu ergänzen. Übrigens ist aus seiner Feder eine größere Darstellung über ein diesem Buch sehr nahe verwandtes Thema zu erwarten. — Im folgenden zitiere ich die Manteuffelnachlässe nur kurz mit H. A. bzw. G. St. A.

S. 174   **36**) Wer eigentlich die Zurückziehung der Regierungsvorlage und Umwandlung der Heeresorganisation in eine reine Budgetfrage zuerst angeregt hat, ist noch eine offene Frage. Nach Bernhardi scheint es, als hätten die Liberalen zum mindesten darauf gehofft. Anderseits meint Leop. Gerlach (Denkwürdigkeiten, II, 729), vielleicht habe er einigen Einfluß darauf gehabt, durch Roon und Manteuffel. Das ist aber wohl ein Irrtum. Manteuffel bestürmt am 6. 3. den Regenten, er möge, falls die Minister nicht binnen acht Tagen die Abstimmung des Hauses über die Militärvorlage erreichen, selbst vor beiden Häusern des Landtags erscheinen und schnelle Erledigung verlangen. „Keine preußische Volksvertretung wird einem solchen Ausspruch des Königs ungehorsam seyn" „. . . denn Preußen will einen persönlichen König, keinen Scheinkönig." Am 21. 4., als er durch Alvensleben hört, es sei davon die Rede, das Kühnsche Amendement anzunehmen und die Militärvorlage vorläufig zurückzuziehen, ist er entsetzt über jede Form von „Kompromiß" in der Reorganisationsfrage, warnt Wilhelm vor Unentschlossenheit im Stil seines Bruders Fr. W. IV. und rät, sich nur ja ganz unnachgiebig zu zeigen, so würden sich die Minister schon fügen und der „Crisis" ein Ende machen. „In Preußen gedeihen die Dinge nur, wenn der König befiehlt, die Minister gehorchen." Wilhelm habe sich gegenüber den Generälen der Armee wiederholt auf seine Pläne festgelegt, jede Form von Kompromiß würde dazu führen, daß „die Armee das Gefühl bekömmt, E. K. H. haben ihre Geschicke nicht mehr in der Hand, sondern haben dies Königrecht den Kammern abgetreten" (H. A.). Ein seitdem unzählig oft, und immer mit bestem Erfolg, von Manteuffel wiederholtes Argument! — In einem großen, für Roon bestimmten Rückblick Manteuffels vom 14. 11. 62 (H. A.) heißt es, der König habe erst auf „wiederholte und bestimmte Anträge des gesamten Staatsministeriums" auf das „Compromiß" der provisorischen Bewilligung sich eingelassen.

S. 175   **37**) Daher wohl auch seine starke Antipathie gegen die Vermittlernatur Bonins, Denkwürdigkeiten, I, 5. Aufl., 363 ff., 388 f.

S. 175   **38**) *K. H. Keck:* Das Leben des Generals Edwin v. Manteuffel, 1890, S. 119, zitiert nach *W. Gradmann:* Die politischen Ideen E. v. Manteuffels und ihre Auswirkungen auf seine Laufbahn. Diss. phil. Tübingen 1932, S. 79, dazu *Bernhardi*, III, 309, IV, 286. In merkwürdigem Widerspruch dazu steht, was Manteuffel selbst an Ranke über seine Sabotage eines Steuergesetzes unter der neuen Ära erzählt, *A. Dove:* Ausgewählte Schriftchen, 1898, 243 f. Übrigens hat Manteuffel die Rolle des unpolitischen Militärberaters nicht lange innegehalten. Spätestens 1860/61 hält er sich in keiner Angelegenheit zurück, die er zum Sturz des altliberalen Kabinetts ausnützen zu können hofft.

³⁹) *Leop. Gerlach:* Denkwürdigkeiten, II, 716, dazu *Roon:* Denkwürdigkeiten, II, S. 175 385 f. (8. 2. 59). Manteuffels eigener großer Rückblick auf die Geschichte der Armeereform in einer Aufzeichnung, die er nach dem Bruch mit Roon am 2. 2. 65 zu seiner Selbstrechtfertigung niederschrieb (H. A.), berichtet, er habe nach Kenntnisnahme des Boninschen Entwurfs seine eigenen Ideen über Armeereform zu Papier gebracht, der Prinzregent habe sie aber verworfen, und seitdem habe er nur noch dessen Ansichten in allen Phasen der Verhandlungen vertreten, und gegen alle Abschwächungsversuche verteidigt. Offenbar ist hier auf eine Badener Denkschrift Manteuffels vom Oktober 1859 angespielt, die Roon in einem Schr. v. 7. 10. 59 sehr lobt und Manteuffel selbst noch in einem Schr. an Roon v. 4. 10. 62 (H.A.) erwähnt, und zwar in einem Zusammenhang, in dem von der Unmöglichkeit die Rede ist, das Parlament von militär. Bedürfnissen zu überzeugen. Leider ließ sich diese Denkschrift während des Krieges archivalisch nicht ermitteln.

⁴⁰) *Leopold Gerlach:* Denkwürdigkeiten, II, S. 729. Oberstlt. Hartmann erzählte Bern- S. 175 hardi (III, 310): „Es sei General Manteuffel, der die Militärvorlagen bis auf ihre jetzige Höhe hinaufgetrieben hat. Gen. Manteuffel habe nicht dulden wollen, daß die Sache ohne ihn gemacht werde, und da er ursprünglich keinen Anteil gehabt, habe er sich eben selbst hier eingemischt. Es ist ihm geglückt und nun ist die Sache hoffnungslos verfahren" (4. 4. 60). Hartmann und Voigts-Rhetz haben als Bearbeiter der Militärvorlage im Kriegsministerium das fortdauernde Hinaufschrauben der Forderungen durch den Regenten erlebt. Ob ihre Versicherung, Manteuffel stecke dahinter, mehr als bloße Vermutung war, steht dahin; es wird aber durch den Brief Roons vom 8. 11. 59 (Denkwürdigkeiten, I, 395 f.) sehr wahrscheinlich. Aktenmäßig nachweisbar ist nur, daß Manteuffel jede, auch die geringste Konzession mit den schärfsten Mitteln bei dem Monarchen bekämpfte. Im liberalen Lager war man 1862 überzeugt, Manteuffel „habe von Anfang an die Militärvorlage so gewendet, daß sie das Mittel werden sollte, das Ministerium zu stürzen". *Bernhardi,* IV, 184. Diese Befürchtung war nach Ausweis der Akten vollkommen begründet.

⁴¹) Denkwürdigkeiten (5. Aufl.), I, 390 (1. 12. 59). Die hier beschuldigten „hinter S. 176 Bonin stehenden Bürokraten" sind wohl Voigts-Rhetz und Hartmann; (dazu vgl. auch *Leop. Gerlach,* Denkwürdigkeiten, II, 702). Im Sommer 1860 wurden beide aus dem Ministerium entfernt. Der von ihren Kameraden veranstalteten Abschiedsfeier blieb Roon ostentativ fern: Roon an Manteuffel, 20. 6. 60. — Wie *A. v. Harbou,* a. a. O. 65 Roon alle „politischen Ambitionen" als Minister absprechen kann, verstehe ich nicht. An den Intrigen gegen Bonin hatte er allerdings wohl keinen direkten Anteil, vgl. dazu Denkwürdigkeiten, I, 364, 387, 395 f. Aber seit Herbst 1859 zeigt ihn der Briefwechsel dauernd in aller intimster Zusammenarbeit mit Manteuffel an dessen Kampf gegen die liberalen „Gespielen" beteiligt. Immer wieder teilt er dem Generaladjutanten zur Verwertung in seinem Immediatvortrag Vorgänge aus dem Ministerconseil u. dgl. mit. Vgl. auch *Fr. Hartung,* Forsch. zur brandenb.-preuß. Gesch., 44, S. 24, Nr. 4.

⁴²) Manteuffel an Roon, 29. 5. 60, bei *R. Schmidt-Bückeburg:* Das Militärkabinett der S. 176 preußischen Könige und deutschen Kaiser. 1933, S. 72.

⁴³) Unterhaltung mit Leop. v. Gerlach, 6. 12. 60, dessen Denkwürdigkeiten, II, 760; S. 176 vgl. auch ebd. 738 f.

⁴⁴) Sten. Ber. 1861, Bd. VII, Anlage Nr. 176. Der Finanzminister Patow ging noch viel S. 176 weiter, indem er im Fall unzureichender Finanzen eine spätere Verkürzung der Dienstzeit in Aussicht stellte (S. 1360).

⁴⁵) Sten. Ber. 1861, Bd. III, S. 1410 ff. (27. 5. 61). S. 177

⁴⁶) Sten. Ber. 1861, Bd. III, S. 1431 ff. (28. 5. 61). S. 178

S. 178   [47]) Der Briefwechsel zwischen ihnen, der mir in einer Abschrift vorliegt, die ich 1919 nach einem Besuch von Zimmerhausen anfertigen durfte (später wurden die Originale im G. St. A. deponiert), setzt natürlich in diesen Monaten des Beisammenseins aus. Er ist aber gerade in den Kampfjahren unmittelbar vor dem Eintritt Bismarcks ins Ministerium erstaunlich intensiv und trägt den Charakter einer gegenseitigen politischen Gewissensberatung; nach dem Eintritt Bismarcks wird Blanckenburg als altvertrauter Jugendfreund des großen Mannes mehrfach zu Hilfe gerufen und um Ratschläge gebeten, wie man diese ebenso geniale wie schwierig zu behandelnde Persönlichkeit zu nehmen habe.

S. 178   [48]) Denkwürdigkeiten, II, 24 (18. 6. 61).

S. 179   [49]) „Was uns noch retten kann." (*H. Rosenberg:* Die nationalpolit. Publizistik Deutschlands usw., I, Nr. 575.) Hier wird S. 78 f. mit der Twesten auch sonst eigenen Klarheit deutlich erkannt, daß sich der Gegensatz der Parteien in der Militärfrage neuerlich immer mehr um die Ausdehnung der königlichen Befehlsgewalt dreht. Das Militärkabinett insbesondere vertrete „grundsätzlich das Prinzip, die Armeeangelegenheiten von dem ganzen übrigen Organismus des Staates getrennt zu halten, jeden anderen Einfluß, jede andere Rücksicht abzuschneiden". Manteuffel antwortete bekanntlich mit der Forderung zu einem Pistolenduell, in dem er Twesten nicht unerheblich verletzte. Vor dem Gang zum Duell hinterließ er dem König eine Art von „politischem Testament" für den Fall seines Todes, das er aber dann doch auch nach dem Duell abgehen ließ. Darin heißt es: „Mein Geschick übereilt mich. Noch einen Herzensruf, Ew. Majestät. Ändern Sie die Gesetzgebung, wenn sie nicht gestattet, daß Beamte in ihrer Beamtenehre geschützt bleiben — und wenn zehn Ministerien darüber wechseln müßten." Der König möge mißbilligen, daß das Ministerium nicht gegen Twestens Broschüre eingeschritten sei, und neue Gesetzesvorlagen fordern, „wenn die bestehenden schlecht sind". (Also: Preßordonnanzen!) „Sehen E. M. die Preußischen Zustände an, es wird nicht regiert in E. M. Intentionen, die öffentliche Meinung des Tages herrscht, Corrumpirung und Partheiungen greifen um sich und die Armee wird systematisch als der Nation feindselig hingestellt. Nur E. M. Weisheit, Festigkeit, das auf E. M. ganze Persönlichkeit begründete Vertrauen der Nation, wenn sie weiß, daß E. M. Allerhöchstselbst hervortreten, kann hier retten. Zeit, E. M., ist nicht zu verlieren. Ich habe keine Feindschaft im Herzen, gegen niemand, aber E. M. Minister sind der Aufgabe nicht gewachsen. Wählen E. M. Minister nach Minister bis Allerhöchstdieselben einen wirklichen Mann finden. Nur den gegenwärtigen Zustand lassen E. M. nicht mehr lange fortdauern, sonst nimmt die Verwirrung der Begriffe immer mehr überhand, wird das Vertrauen zu Allerhöchstdero Person immer mehr untergraben und dann kommt ein Moment, wo auch E. M. persönliche Eigenschaften nicht mehr ausreichen." Man sieht: hier wie der Paladin der Krone von dem Schrecken der Erfahrungen des März 1848 nicht mehr loskommt. (Zwei Schreiben v. 24. 5. 61, G.St.A.) Über *K. Twesten* liegt jetzt eine aktenmäßig fundierte Studie vor, in der (ungedruckten) Dissertation meiner Schülerin *Veronika Renner.* Karl Twesten als Vorkämpfer des Rechtsstaates, Freib. Diss. 1954.

S. 179   [50]) Vgl. *Hartung:* Verantwortl. Regierung, Kabinette und Nebenregierungen im konstitutionellen Preußen. Forsch. zur brandenburg.-preuß. Gesch., 44, S. 24.

S. 179   [51]) Diese Auffassung stammt offenbar aus einem juristischen Gutachten über Begnadigungsrecht des Königs, Ministerverantwortlichkeit und Contrasignatur, das Manteuffel dem Minister kurz vorher zugeleitet hatte und das dieser geradezu begeistert in einem Schreiben v. 24. 2. 61 lobt wegen seiner Darlegung, „daß der König von Preußen lediglich durch Selbstbeschränkung, also ohne äußerliche Beschränkung der eigenen Freiheit, ein beschränkter Monarch ist" (H. A.).

S. 180   [52]) *Roon:* Denkwürdigkeiten, II, 38 ff.

S. 180   [53]) Denkwürdigkeiten, I, 152 ff. (25. 3. 48).

[54]) Bernhardi kündigte er diese Maßnahme zu dem gleichen Zeitpunkt an, in denen   S. 181
er die politischen Stimmungen der „Armee" gegen die liberalen Reformgesetze aufbot.
Bernhardi IV, 114 (13. 4. 61). Manteuffel scheint beständig von Furcht vor dem Eindringen
des liberalen Zeitgeistes gequält gewesen zu sein. Schon das Erscheinen einer wissenschaftlichen Militärzeitschrift suchte er aus diesem Grunde zu verhindern. Auch den Einwand,
diese könne ja in allen politischen Fragen der Vorzensur des Kriegsministers unterstellt
werden, ließ er nicht gelten: „Das geht nicht, denn dadurch würde der Kriegsminister ein
politischer Minister, und das darf er nicht sein!"(!). Ebenda IV, 220. Dem Kronprinzen
gegenüber bezeichnete er es als ein besonderes Verdienst König Wilhelms, die Armee von
der Politik fernzuhalten. „Darauf beruht ihr innerer Gehalt und Zusammenhang. Offiziere, welche politisch aufgetreten sind (sc. im liberalen Sinn), sind vor das Ehrengericht
gestellt oder von S. M. unmittelbar entlassen worden." Denkschr. v. 27. 6. 63, bei *H. O.
Meisner:* Der preuß. Kronprinz im Verfassungskampf 1863 (1931), S. 100, ähnlich S. 141.
1863 wollte er den König durchaus bestimmen, ohne förmliche Befragung des Ministeriums
das politische Wahlrecht der Heeresangehörigen zu beseitigen. „Es liegt in meinen Augen
hier gar keine Staatsministerial-, sondern eine rein militärische Frage vor: die Frage nämlich, was die Armee ertragen kann, was zu ihrem Zusammenhalt Bedingnis ist. Das kann
kein Civilminister wissen und beurtheilen." Nur die Frage der Durchführung, ob Ergänzung der kgl. Order durch ein regelmäßiges oder durch ein oktroyiertes Gesetz, dürfe
im Ministerium (Bismarck!) beraten werden. Bleibe das Wahlrecht der Armee bestehen,
so könne er „nicht mehr für den Zusammenhalt der Armee einstehen", so werde das Vertrauen der Armee zu einem Kriegsherren, der sie nicht vor dem Faktionswesen schützen
könne, sinken usw. (15. 9. 63, G.St.A.). Die von Roon nach langen Beratungen im Staatsministerium erwirkte A. K. O. v. 28. 9. 63, die das Wahlrecht der Offiziere und Mannschaften nicht förmlich abschaffte, sondern nur seine Ausübung untersagte, ging Manteuffel längst nicht weit genug. *E. Immel:* A. v. Roons Entwicklungsgang, Berlin. Diss.,
1936, S. 57 f. Von der praktischen Bedeutung dieses militärischen Wahlrechts gibt ein
königl. Handbillett an Manteuffel vom 5. 4. 62 einen wunderbaren Begriff: Der König
erteilt darin auf Anfrage des Prinzen Hohenlohe dem „Potsdamer Militär" die Erlaubnis,
„für P. zu stimmen", sofern nur noch ein Demokrat außer P. in Betracht komme. „Haben
die Militairs noch einen *dritten,* etwa jetzt = ministeriell, also *keinen* Réactionär?, so
mögen sie dem ihre Stimme geben." (G.St.A., Abschr.)

[55]) Denkwürdigkeiten, II, 55, 78. Wie stark man auch gegenüber dem Kronprinzen das   S. 181
Druckmittel der Berufung auf den „Geist der Armee" anwandte, um ihn von den Liberalen
abzuwenden, zeigt u. a. *Bernhardi* IV, 339.

[56]) Am klarsten hat das wohl damals Sybel gesehen und auch ausgesprochen, vgl. seine   S. 182
Landtagsrede vom 11. 5. 63.

[57]) Als General fühlte er sich trotz seiner Ministerstellung zu unbedingtem Gehorsam   S. 183
gegen den König verpflichtet. Unter Berufung auf diese Pflicht weigerte er sich im Dezember 1861, den Widerstand des Kabinetts gegen königliche Wünsche in der Frage der
Ministerverantwortlichkeit mitzumachen. *Zechlin:* a. a. O. 210 f. nach den Ministerialakten.

[58]) Immediatschreiben vom 11. 8. 60, zitiert nach *Zechlin:* a. a. O., 307 f. Dazu Gespräch   S. 184
mit dem Kronprinzen ebenda.

[59]) *L. Dehio:* Deutsche Rundschau, Bd. 213, S. 99. In noch derberer Art will damals   S. 184
der alte Wrangel dem König mit dem Ungehorsam der Armee gedroht haben, wenn er
aus Scheu vor dem Konflikt mit den Demokraten sein königliches Amt im Stich ließe. Ebd.

[60]) Denkwürdigkeiten, II, 44 ff.   S. 184

[61]) Schreiben vom 9. 7.; 23. 7.; 24. 8. aus Zimmerhausen (ungedr.). In letzterem heißt es: S. 185
„Ich war nur der Meinung, daß Du vielleicht den rechten Moment versäumt hast, dem

Faß den Boden auszuschlagen; ich war der Meinung, daß, wenn Du stramm bliebest und dies wirklich plumpe und elende Kompromiß nicht unterschrieben hättest, daß Du dann vielleicht gesiegt hättest!? Mir persönlich wäre es nicht möglich gewesen zu unterschreiben." Wie niedergeschlagen Roon selbst über seinen Mißerfolg war und wie ernstlich er jetzt an Rücktritt dachte, zeigt sein Briefwechsel mit Manteuffel in diesen Wochen, aus dem *E. Immel:* a. a. O., S. 35, einige Sätze mitteilt; er fürchtet, bei längerem Verbleiben im Staatsministerium *„würde die Armee an mir irre, und damit bin ich vernichtet".* Auch hier sieht man wieder den Generaladjutanten im Hintergrund am Werk. Am 27./28. 6. 61 schreibt er dem König in einer Art von Denkschrift über den Gang der Verhandlungen, Roon könne seine Stellung im Ministerium moralisch nicht länger halten, wenn der König in der Huldigungsfrage nachgeben sollte. Es handle sich um „das vollständige Aufgeben des selbständigen Königthums in Preußen" und darum, „ob E. M. oder ob ein Ministerium in Preußen regiren solle". „E. M. wollen die Hoheit der Krone auch bei einer parlamentarischen Verfassung aufrechterhalten, die Minister wollen die Krone dem Parlament unterwerfen" (weil sie meinen, daß Erbhuldigung nicht ohne Verfassungsänderung möglich sei), „das Eine ist Preußisch, das Andere ist Nachahmung Louis Philipps. Wohin letzteres führt, weiß die Welt". Sollten „die Minister nicht zum Gehorsam zurückkehren", so müsse der König „die nöthigen Änderungen treffen" (G. St. A.).

S. 185   **62)** Darüber zu vgl. der Brief Blanckenburgs an Roon v. 8. 12. 61, Denkwürdigkeiten, II, 56 f., den ich aus dem Original vervollständigen kann, S. 57 muß es heißen: „Auguste wird jetzt schon Waldeck den Hof machen und bald einsehen..." usw. „Die jetzt aufgeregten Wellen sind übrigens nicht ganz leicht zu beruhigen, etwas Blut wird doch fließen müssen — und das haben verschuldet?" usw.

S. 185   **63)** Denkwürdigkeiten, II, 52.

S. 185   **64)** Briefe an Manteuffel, bei *Immel* 41. Danach wurde mit v. d. Heydt ein förmlicher Feldzugsplan gegen die Altliberalen verabredet, schon im Februar! Die baldige Herbeiführung eines Konflikts mit der Kammer beabsichtigte Roon schon im Dezember: *Bernhardi* IV, 172; vgl. auch 208 f. (15. 2.).

S. 185   **65)** *L. Dehio:* Die Pläne der Militärpartei und der Konflikt. D. Rundschau, Bd. 213, (Okt.—Dez. 1927), S. 99. Leider gibt Dehio keine Daten der von ihm benutzten Schriftstücke an. Offenbar sind die militär. Pläne schon im November—Dezember 1861 entstanden; am 16. 1. hat der König die geheimen Marschbefehle unterzeichnet, nachdem der Landtag am 14. 1. zusammengetreten war. In den Zusammenhang dieser Bürgerkriegsstimmung gehört wohl auch das Glückwunschschreiben, das der Komm. General v. Steinmetz zu Neujahr 1862 vorzulegen wagte. Er drängt darin ziemlich unverblümt auf Entlassung des liberalen Ministeriums; es müsse wieder dahin kommen, daß der König selbst und nicht das Parlament durch ein ihm homogenes Ministerium regiere! Wilhelm I. nahm diesen Wink sehr gnädig auf. *v. Krosigk:* Generalfeldmarschall v. Steinmetz (1900), S. 190.

S. 185   **66)** Twesten behauptete im Abgeordnetenhaus Sept. 1862, sogar nach den Wahlen von 1861, „wäre noch eine Einigung außerordentlich leicht gewesen, wenn man die Gegensätze nicht künstlich verschärft hätte" (Sten. Ber. 1862, III, S. 1702).

S. 185   **67)** Die neue Darstellung aus den Ministerialakten bei *Zechlin,* a. a. O., 225 ff., zeigt, daß der Konflikt aus Anlaß des Antrags Hagen den konservativen Ministern nur den hochwillkommenen Anlaß bot, die neue Ära gewaltsam zu beenden. Roon trug sich schon im Februar mit großen Hoffnungen auf günstige, durch Einwirkung der Regierung zu beeinflussende Neuwahlen (*Bernhardi,* IV, 208 ff.). Danach ist der alte Streit zwischen *A. Wahl* und *L. Bergsträsser* über die ursprüngliche Absicht des Antrags Hagen nur noch von geringem Interesse. Wenn nicht bei diesem, so wäre es bei einem anderen Anlaß zur Auflösung gekommen.

⁶⁸) Sten. Ber. 1861, III, S. 1412 (27. 5. 61).   S. 186

⁶⁹) Brief an v. Saucken-Julienfelde. 30. 8. 62 abgedruckt in: Roon als Redner, I, 317 ff.,   S. 187
auch in *Parisius*, Hoverbeck, II, 65 ff.

⁷⁰) Blanckenburg an Roon, 7. 4. 62, dazu der oben (Anm. 17) zitierte Brief v. März 62.   S. 187

⁷¹) *Bernhardi*, IV, 172 ff., 227. Blanckenburg berichtete an Roon fortlaufend über die   S. 187
Wahlorganisation der Konservativen und ihre Erfolge auch außerhalb des Adelsstandes.
U. a. meint er, ein Haupthindernis „guter" Wahlen sei die Meinung der konservativen
Wähler: „Der König will uns nicht", was zur Wahlenthaltung führe (März 62). Die
Abschaffung des fünfundzwanzigprozentigen Steuerzuschlags rät er mehrfach an. Vgl.
oben Anm. 17, vor allem auch deshalb, weil seine Forterhebung nicht ohne Befragen der
Kammer möglich wäre, was die Regierung Roon-v. d. Heydt von deren Beschlüssen abhängig mache. (Schr. v. 7. 4. 62.) Erstaunlich ist, wie früh das Mißtrauen Manteuffels
gegen Kompromißneigungen selbst dieses konservativen Ministeriums einsetzte. Bereits
am 25. 3. (Conc., exp. 26. 3. G.St.A.) warnt er den König vor den Ersparnisabsichten v. d.
Heydts, die durch einen in die Presse gelangten Brief des Finanzministers an Roon be-
kanntgeworden waren. Der König habe sich öffentlich mehrfach auf die Mindestforde-
rungen seines Reformprogramms festgelegt. „Nicht nur die Armee, sondern die ganze
Nation und alle Europäischen Cabinete wissen dies." Ein Nachgeben würde das Vertrauen
der Armee zum König tief erschüttern: „die Folgen für den inneren Gehalt der Armee
sind unberechenbar" (!). „Das Schreiben des Finanzministers steht auf dem Boden, daß
nicht die Stellung des Königs, nicht dessen positiver Befehl, nicht die Aufrechterhaltung
der Schlagfertigkeit der Armee das Wesentliche bei der Frage ist, sondern daß selbst auf
Kosten aller beider die Gewinnung der Majorität des Abgeordnetenhauses das Entscheidende wird." Roon sei gewiß im Herzen anderer Meinung, aber der König müsse ihm
in seiner schwierigen Lage helfen durch Verweis auf die Ordre vom 2. 12. 61, betreffs die
Grenzen der Ersparnisse und striktes Verbot jeder Minderung der Cadrestärken und der
Dienstzeit, und zwar recht schnell, ehe Zeit zur Ausarbeitung von Vermittlungsplänen
bliebe. — Am 6. 4. hetzte Manteuffel den König von neuem gegen v. d. Heydt auf (ebenda).

⁷²) Sten Ber. 1862, Bd. VII (Anl. Teil III), Nr. 126: Bericht d. Etatkommission.   S. 188

⁷³) Darüber s. schon oben S. 165 f.   S. 189

⁷⁴) Sten. Ber. 1862, III, 1567. Ausdrücklich erklärte er, die Reorganisation enthalte   S. 189
keine materiellen Verletzungen der Wehrgesetze von 1814/15. Über diesen Punkt hat er
also damals schon ähnlich gedacht wie in seiner späteren Darstellung in der Geschichte
der Reichsgründung, II, 385 f., die sonst mit vollendeter Kunst des Verschleierns und
Glättens über seine eigene kämpferische Haltung in der Konfliktzeit hinweggleitet, die
Gegensätze von ehedem nur noch im Licht der späteren Erfolge des organisierten Heeres
sieht, das Mißtrauen der Liberalen gegen ihre „reaktionären" Gegner und ihr Bestehen auf
der zweijährigen Dienstzeit beinahe ironisch abtut.

⁷⁵) Sten. Ber. Herrenhaus, 1862. Anlage 1, S. 3.   S. 190

⁷⁶) Sten. Ber. Abghs., 1862, III, 1565 (11. 9. 62). Erklärung v. d. Heydts in Sperrdruck.   S. 190

⁷⁷) Twesten an Lipke, 9. 9. 62, bei *Heyderhoff:* Deutscher Liberalismus, I, 115. Droysen   S. 190
an M. Duncker, 3. 9. 62. Briefwechsel ed. *Hübner*, II, 796.

⁷⁸) Sten. Ber. 1862. III, 1568. Die Rede Sybels zeigt in höchst denkwürdiger Weise, wie   S. 190
stark damals der Gedanke der Volkstümlichkeit des Heeres in dem späteren Bismarck-
offiziosus noch lebendig war — oder doch von ihm unterstrichen werden konnte, um
auf seine Wähler und die Fortschrittsleute zu wirken. Auch wenn die zweijährige Dienstzeit unsinnig, ja ein bloßes „Stümpersystem" wäre, müßte sie dennoch angenommen werden, weil nun einmal „das Herz und der Pulsschlag des preußischen Volkes" bei dieser

Forderung wäre und auch rein militärisch alles darauf ankäme, daß die Armee volkstümlich bleibe. Bei so eindeutig erklärtem Volkswillen bleibe „kein Minister dem Volke, kein König Gott dem Herrn noch weiter verantwortlich" für die Aufrechterhaltung einer unpopulären Institution.

S. 191   [79]) Twesten an Lipke, 17. 7. 62, bei *Heyderhoff*, a. a. O., I, 106. *Philippson*, Max v. Forckenbeck, S. 90 ff. Daß Roon noch am 31. 8. den Konflikt bis Frühjahr 1863 hinausschieben zu können hoffte, schreibt er selbst an Bismarck: Denkwürdigkeiten, II, 111. Sehr beachtlich ist in diesem Briefe auch die Wendung, S. 110: Es sei „altritterliche Pflicht, den König herauszuhauen, *auch wenn er, wie geschehen, sich muthwillig in Gefahr begab*". Das kann sich wohl doch nur auf sein starres Festhalten an der zweijährigen Dienstzeit beziehen. — Auch Droysen glaubte zu beobachten, daß „man" auf seiten der Regierung die Krisis bis 1863 hinauszuzögern suche: an M. Duncker, 3. 9. 62, Briefwechsel, hg. v. *Hübner*, II, 797.

S. 191   [80]) Manteuffel an Roon, 1. 8. 62, bei *Schmidt-Bückeburg:* Das Militärkabinett; S. 85.

S. 191   [81]) *Bernhardi*, IV, 325.

S. 192   [82]) Denkwürdigkeiten, II, 116 f. Roon macht sich hier, nicht ohne Gewissenskämpfe, für den nunmehr unvermeidlich gewordenen Verfassungskonflikt stark und deutet die Vorgänge so um, als wäre sein Vermittlungsversuch an der Hartnäckigkeit der Abgeordneten und nicht vielmehr des Königs gescheitert.

S. 192   [83]) Das Aktenmaterial fand sich im Heeresarchiv: Kriegsminist. Zentr. Dep. V, 4, 2, 1, vol. 2; Adhibendum ad V, 4, 2, 1; dazu: Materialien (ungeheftet) ad V, 4, 2, 1. Hier läßt sich die Entstehung der Dienstpflichtvorlage von 1863 Schritt für Schritt genau verfolgen. Dazu kommt der Nachlaß Manteuffels im G. St. A. u. H. A. (Schriftwechsel mit Roon Okt.—Dez. 1862 und Schr. an Wilhelm I. v. 14. 12. 62). Wichtige Stücke sind gedruckt im Mil. Schr. K. Wilhelms, Bd. II, 479 ff., das Aktenmaterial des Kriegsministeriums ist benutzt von *L. Dehio:* Bismarck und die Heeresvorlagen der Konfliktszeit, H. Z., 144, 31 ff. Was D. an Argumenten vorbringt, um die geistige Urheberschaft Bismarcks an diesem Entwurf wahrscheinlich zu machen, ist keineswegs zwingend. Zu vgl. auch *Bernhardi*, IV, 330 f.; V, 4, 11, 19, 155, schon von *Ad. Wahl:* Beitr. z. Gesch. d. Konfliktszeit, 93 ff. benutzt. Der Wortlaut der Motive, S. 479 f., scheint mir eigentlich besser in die Situation des September, *vor* der Streichung des gesamten Militäretats, zu passen als in den Oktober.

S. 194   [84]) Sten. Ber. 1860, Bd. V (Anlage III), Nr. 171, S. 1245: Bericht d. Mil.komm. Dazu oben (Anm. 8a). — Rud. v. Gneist erinnerte sich einer längeren Unterhaltung, in der Roon sich „sehr beifällig" über den Gedanken ausgesprochen habe, eine Wehrsteuer der durch Auslosung dienstfrei Gebliebenen zu erheben unter Berufung auf den belgischen Gesandten Nothomb (Die Militärvorlage v. 1892 usw., S. 43).

S. 194   [85]) S. o. S. 163 u. Anm. 9). Ein undat. Promemoria im Nachlaß Manteuffels H. A. (Bl. 231 f.), der Handschr. nach wohl v. Alvensleben, vermutet, die Kammer werde sich „den ganzen Handel mit Emphase verbitten, weil er aus der Ehre Militär zu sein ein Onus macht, das ablösbar mit Geld sein soll".

S. 194   [86]) Brief an Samwer, 26. 9. 62, bei *Philippson:* Leben Kaiser Friedrichs III. (1900), S. 423. Zu Bernhardi, 26. 12. 62: dessen Tagebücher, IV, 330 f. Über Denkschriften Dunckers mit demselben Ziel, die kurz vor dem 9. 11. entstanden, berichtet ganz kurz *R. Haym:* Leben Max Dunckers (1891) S. 274. Von „Einstandsgeldern" oder dergleichen ist in dem, was man bisher über die Pläne Dunckers weiß, nirgends die Rede. Daß auch Sybel mit Erhöhung der Kapitulantenzahl (mit „Doppelsold") einverstanden war und selbst die Linke (Harkort) dafür zu gewinnen glaubte, zeigte das Schreiben von J. G. Droysen an M. Duncker, 3. 9. 62, in Droysens Briefwechsel, II, S. 796. Über Vermittlungsvorschläge, die Georg v.

Vincke der Regierung nahebrachte, sprach dieser selbst andeutend im Landtag: 19. 9. 62, Sten. Ber. III, 1754.

⁸⁷) *Bernhardi*, IV, 331.   S. 194

⁸⁸) Ebenda, V, 19 f. (15. 1. 63). Vincke will die nicht einberufenen Militärpflichtigen S. 195 ein Simplum ihrer Einkommen- oder Klassensteuer als Entschädigungsgeld in die Armeekasse zahlen lassen und „nicht zugeben, daß durch alle diese Veranstaltungen das Wesen unserer Armee wesentlich verändert werden könnte". Eine starke Vermehrung der Berufssoldaten erklärte er auch im Abgeordnetenhaus für unentbehrlich bei Einführung der zweijährigen Dienstzeit; als besonderen Anreiz zum Langdienen schlug er dort die Einrichtung von Subaltern-Offizierstellen für langgediente Kapitulanten (Feldwebelleutnants) vor. Sten. Ber. III, 1591 (11. 9. 62).

⁸⁹) Sten. Ber. 1862, III, 1638 f. (12. 9. 62). Derselbe Gedanke, daß zwar die eigentliche S. 195 Organisation des Heeres ausschließlich Sache des Kriegsherrn und der laufenden Verwaltung sein müsse, die allgemeinen Grundlagen der Aushebung und der Umfang der Dienstpflicht dagegen der festen gesetzlichen Ordnung bedürften, wurde von R. Gneist auch in seiner Flugschrift „Die Lage der preußischen Heeresorganisation am 29. 9. 1862" ausgeführt, unter Hinweis auf das „abschreckende" und für festländische Staaten mit allgemeiner Wehrpflicht unmögliche Beispiel des englischen Parlaments, das den Bestand des dortigen Söldnerheeres als reine Budgetfrage behandle. Gneist konnte sich später mit Recht rühmen, damit einen Gedanken der bismarckischen Regierung vorausgenommen zu haben. Roons Zustimmung: Roon als Redner, I, 222 f. Auch Sybel schlug vor, die „jährliche Votierung der Stärke der Armee durch ein festes Wehrgesetz zu beseitigen". Er dachte aber (im Gegensatz zu Roons Entwurf) an eine feste Rekrutenzahl: *Droysen*, Briefwechsel, II, 796.

⁹⁰) Vgl. seinen Brief an Vincke-Olbendorf, 13. 4. 57, bei *L. Dehio*, H. Z. 144, S. 33.   S. 195

⁹¹) Vgl. dazu auch seine Äußerungen zum Kronprinzen am 19. 9.: „Er sei seit 33 Jahren S. 195 gegen eine kürzere Dienstzeit als drei Jahre und könne jetzt sich selber sowohl wie auch der Welt gegenüber nicht eine so große Inkonsequenz begehen. Vor Gott und seinem Gewissen stünde dieser Entschluß fest. Er sei gebunden durch (die) Erklärung, daß jenes dreijährige Dienstprinzip nebst Armeeorganisation seine Überzeugung sei, mit der er stehe und falle." Kaiser Friedrichs Tagebücher von 1840 bis 1866, hg. *H. O. Meisner* (1929), S. 160.

⁹²) Denselben Anstoß nahmen die Konservativen. In den Briefen Blanckenburgs an S. 195 Roon findet sich hinter einem Schreiben vom 17. 8. eine undatierte „Beilage politischen Inhalts", die aber erst aus dem Spätherbst (November?) stammen kann. Darin heißt es: „Dein Plan mit dem Procentsatz der Bevölkerung steigend und fallend gefällt mir nicht. Jetzt hat der König *mehr* Recht — er hebt aus *alle* die können. Mit dem Geldpunkt? Das scheint mir eine Täuschung zu sein, denn wenn auch der Procentsatz gesetzlich ist — darum bleibt die Berechtigung doch bestehen, das Geld zu beschneiden." Blanckenburg zieht also die formale (praktisch rein fiktive) Unbeschränktheit des königlichen Aushebungsrechtes einer gesetzlichen Sicherung des Heeresetats vor: ein Musterbeispiel parteidoktrinärer Verbissenheit! Im Gegensatz dazu hat Moltke 1865 im Gespräch mit Bernhardi die gesetzliche Festlegung der Heeresfriedensstärke auf ein Prozent der Bevölkerung und eines Normaletats von pauschal 40 Millionen als die beste Lösung des Konflikts bezeichnet: *Bernhardi*, IV, 169 f.

⁹³) K. Friedrichs Tagebuch a. a. O. S. 161. Alvensleben fügt hinzu: „Wenn Papa nach- S. 196 gäbe, sei es mit der Armee vorbei, in deren Namen er sagen könne, daß sie vertrauensvoll auf Papa blicke. Der König werde festbleiben... Die einzigen Stützen der Krone seien Herrenhaus und Armee, weil in ersterem die Väter der Offiziere säßen, was beim Abgeordnetenhaus nicht der Fall sei. Gegenwärtiges Abgeordnetenhaus sei nichts als Demo-

kratengesindel. Nachgeben führe zum Sturz alles Bestehenden, er habe so genau die Revolutionsgeschichte studiert und wisse dies."

S. 196   [94]) Über den Ursprung dieser These vgl. *E. Zechlin:* Bismarck und die Grundlegung der deutschen Großmacht (1930), S. 277. Blanckenburg entwickelt bereits in einem ungedruckten Schreiben vom 7. 4. 62 die Möglichkeit, auch ohne neues Budgetgesetz auf Grund des alten Budgets weiter zu regieren, sofern keine *neuen* Steuern gebraucht werden. Das sei ohne Rechtsbruch möglich. Wie sehr sich die Konservativen im September 1862 bereits an den Gedanken gewöhnt hatten, man könne auch ohne Etatgesetz auskommen, zeigt die Rede von Gottbergs am 11. 9. 62 im Abgeordnetenhaus: Sten. Ber. 1862, III, S. 1581. Im Herrenhaus berichtete am 10. 10. 62 v. Below-Hohendorf, wie ihn Fr. Stahl vor langer Zeit darauf verwiesen habe, daß der § 109 gestatte, allen Gefahren eines zu weitgehenden parlamentarischen Budgetrechts zu begegnen. Sten. Ber. 1862, S. 174. Sehr merkwürdig ist die unbegrenzte Verehrung, mit der die konservativen Redner von der „gewaltigen Gestalt" des Rechtslehrers J. Stahl reden, dem Preußen den so wertvollen § 109 seiner Verfassung verdanke; so habe er verhindert, daß Preußen nicht ein belgisches oder englisches Scheinkönigtum bekam.

S. 196   [95]) Die Besorgnis, König Wilhelm werde einen Konflikt schließlich doch nicht durchhalten, spielt in Roons vertrautem Briefwechsel mit Blanckenburg eine große Rolle. Über die Einzelheiten der Berufung Bismarcks und der vorangehenden Conseilsitzung vgl. *E. Zechlin* a. a. O., 291 ff.

S. 197   [96]) Ganz unzweideutig steuerten Manteuffel und Alvensleben in den Herbstmonaten 1862 auf den Konflikt los, von dem Manteuffel überzeugt war, daß er, wenn es „zum ernstesten Ausbruch kommt, zum Heile des Landes siegreich beigelegt werden wird" (gestrichene Stelle im Konzept eines Promemoria für Roon 14.11., Hausarchiv). Für das „unumschränkte persönliche Commando des Königs" möchte er, wenn nötig, „Blut fließen lassen". Denn er „glaubt nicht mehr an die Möglichkeit einer gesunden Versöhnung durch Paktiren, der König hat die Aufgabe, die Verfassung festzustellen und die Nation durch die Crisis zu führen". Hauptsache ist jetzt, die Altliberalen, diese „erbittertsten Feinde", gänzlich niederzukämpfen und den Weg der schwächlichen Konzessionen endlich zu verlassen, den neuerdings leider auch Roon betreten hat. Es ist höchste Zeit dazu, denn schon glaubt die Armee an keine Grenze der Konzessionen mehr, seit die Regierung trotz aller feierlichen Erklärungen des Königs sich in der Frage der dreijährigen Dienstzeit nicht mehr fest zeigt (4. 10., Hausarchiv). Auch Bismarcks erstes Auftreten wird mit viel Mißtrauen betrachtet: wird er sein Wort von der Lösung der Krisis durch „Blut und Eisen" auch zur Wahrheit machen — zeigt er nicht bereits Kompromißneigungen? Manche seiner Äußerungen machen entschieden einen „trüben Eindruck" (8. 10., ebenda). Möchte Roon doch „um Gotteswillen zu dem unvermeidlichen, bevorstehenden Kampf um den Rechtsboden die Moral intakt erhalten!" Wozu bedarf es überhaupt eines Reorganisationsgesetzes? Eine gesetzliche Bestimmung über Verlängerung der aktiven Dienstverhältnisse genügt vollauf. Gegen die vom Roon vorgelegte Novelle zum Dienstgesetz wird demnach jedes nur denkbare Argument vorgebracht. M. erkennt sogleich richtig: „Der ganze Gedanke des Volkes in Waffen ist aufgegeben" (14.11., Hausarchiv). Aber der Kampf dagegen geht fort, auch nachdem das „Einstandsgeld" der nur zweijährig Dienenden gestrichen ist: das Ganze „schmeckt eben nach Conzessionen!" Mit doktrinärer Verbissenheit wird immer von neuem, trotz Roons und Bismarcks zähem Widerstand, gegen die gesetzliche Festlegung der Aushebungsziffer als angebliche Beschränkung der königlichen Willensfreiheit angerannt — in vielen, zum Teil endlos langen Denkschriften für den König und den Kriegsminister. Sie bringe den König, heißt es am 5. 12. (an Roon), den „unbeschränkten und geborenen Kriegsherren in das Verhältniß eines englischen Commander in chief unter

Aufsicht und Controlle der Landesvertretung... Die Frage zwischen Königs- und Parlaments-Heer liegt einfach hierin." Statt den Kampf um diese Frage hinauszuschieben, „muß Atout gespielt werden" — worauf Roon sogleich erwidert (7. 12.): „Ich für meine Person bin zu dieser Spielart wohl bereit und auch vielleicht nicht ganz ungeeignet dazu. Aber ich und Sie, wir Alle haben die Karten eben nicht in der Hand, sondern ein Anderer, der es gegen die Spielregel hält atout zu ziehen... Es kann geboten sein, durch Rücksicht der Selbsterhaltung, va banque zu spielen, aber ich glaube noch nicht, daß die Selbsterhaltung durch die großen dienstlichen Inconvenienzen, die Sie betonen — so schwer sie auch wiegen — schon auf dem Spiele steht. Aber es kann auch aus diesen Gründen ein Brumaire nothwendig werden; wo aber ist der Bonaparte?"

In den heftigen Auseinandersetzungen dieser Dezemberwochen, in denen Manteuffel mit Abschiednehmen droht und Roons Haltung unter Bismarcks Einfluß immer sicherer, klarer und dem Militärkabinett gegenüber immer selbständiger wird, bereitet sich ganz deutlich jene Entfremdung zwischen den beiden Männern vor, die dann in einer letzten schwierigen Auseinandersetzung im Januar 1865 zum Bruch führen sollte. (Ich behalte mir eine aktenmäßige Darstellung vor.) Wie tief sie jetzt schon war, läßt folgendes eigenhändige Billett ahnen, mit dem „v. A." (offenbar Gustav v. Alvensleben) am 31. 12. 62 drei Aktenstücke, darunter wohl das große Promemoria Manteuffels an den Kriegsminister vom 29. 12., zurücksandte: „Mit großem Dank gebe ich die interessanten Anlagen hiermit zurück. Sie kämpfen gegen eitle, breitspurige Rechthaberei, wie wäre es sonst möglich, Ihnen in einer *Capital*frage so unlogisch gedachte elende Gründe, — nein Sophismen entgegenzustellen! Professor und Bürocrat ist er, kein General!" — Einzelne Teile dieser Korrespondenz siehe schon bei *Schmidt-Büdkeburg:* Militärkabinett, S. 85 f., *Immel:* A. v. Roons Entwicklungsgang, S. 54. Vgl. auch *L. Dehio:* H. Z. 144, 38 ff.

⁹⁷) Die Forckenbeckschen Amendements des Frühjahrs 1863 zeigen deutlich diese   S. 198 Tendenz: Beschränkung der Militärgerichtsbarkeit, Aufhebung der militärischen Ehrengerichte, der Kadettenhäuser, Beförderung von Unteroffizieren zu Offizieren, Beschränkung der Militärpensionen für die höheren Dienstgrade, Erhöhung des Mannschafts- und Unteroffizierssoldes, Gleichstellung der Linientruppen mit der Garde, Lockerung der Kasernierung usw. Im einzelnen ist für den Fortgang des Militärkonflikts auf das sorgsame Tatsachenreferat von *Fritz Löwenthal:* Der preußische Verfassungsstreit 1862—66 (Münchener Dissertation 1914), zu verweisen.

⁹⁸) Vgl. dazu *L. Dehio:* H. Z. 144. *Roon:* Denkwürdigkeiten, II, 325, 331 f. u. ö. Die   S. 198 Rede Roons vom 9. Mai 1863 läßt erkennen, daß er persönlich auch auf dem Höhepunkt des Konflikts bereit gewesen wäre zu einer gesetzlichen Festlegung der Friedensstärke und Regelung der Rekrutierung, obwohl er die Regierung dazu nicht für verfassungsmäßig *verpflichtet* hielt; auch erkannte er die Forderung einer gesetzlichen Regelung der Landwehrorganisation ausdrücklich als sachlich berechtigt an. Roon als Redner, I, 476 ff.

⁹⁹) Vgl. dafür seinen Brief an v. Saucken-Julienfelde vom 30. 8. 62 in: Roon als Redner,   S. 198 I, 317 f., und sein Schreiben an Großherzog Friedrich von Baden 14. 11. 63 bei *Oncken:* Großherzog Friedrich I. von Baden und die deutsche Politik von 1854 bis 1871 (1927), Bd. I, 452 ff.

¹⁰⁰) Herrenhaus, 11. 10. 62, Sten. Ber. 200 ff.   S. 199
¹⁰¹) Bernhardi, IV, 338 f.   S. 199
¹⁰²) Die Zahl der Wehrpflichtigen jedes Jahrgangs umfaßte in Preußen um 1860 etwa   S. 201 180 000, von denen rund 110 000 als tauglich galten, aber nur 63 000, also rund 60 Prozent der für tauglich Erklärten, eingestellt wurden. *Ziekursch:* Politische Geschichte des neuen deutschen Kaiserreiches (1925), I, 40. *G. Lehmann:* Die Mobilmachung von 1870/71 (1905),

zählt in Anlage 12 „Übersicht betr. Zusammensetzung der mobilen Formationen infolge der Mobilmachung im Jahre 1870" als „neueingestellte Freiwillige" nur insgesamt 1124 in der ganzen Armee des norddeutschen Bundes auf (S. 287 f.). Als mit den ersten Ersatztruppen nach den verlustreichen Augustschlachten 1870 eine größere Anzahl Einjährig-Freiwilliger in Frankreich eintraf, äußerte König Wilhelm Unzufriedenheit, weil diese Leute den schweren Kriegsstrapazen noch nicht gewachsen schienen und mehr Eifer und guten Willen als Kriegstüchtigkeit mitbrächten. „Es sei unverantwortlich, wenn man dem Wunsche... der jungen Leute und selbst dem ihrer Eltern nachgebe und sie auf den Kriegsschauplatz schicke, ohne daß sie die volle körperliche Reife erlangt." So erfreulich der Enthusiasmus der jungen Leute auch sei, „so dürfe man mit so kostbarem Material, wie der gebildeten Jugend des Landes, doch nicht so sorglos umgehen". *L. Schneider: Aus dem Leben Kaiser Wilhelms*, II, S. 233.

S. 201   [103]) Siehe oben Anm. 11 zu S. 165.

S. 202   [104]) Über die Einzelheiten vgl. meine Aktenstudie: Die Entstehung der Indemnitätsvorlage von 1866, H. Z. 114, S. 17 ff.

S. 202   [105]) Mein soeben genannter Aufsatz S. 24 (Entwurf Twestens). Die Übergehung der wehrrechtlichen Frage wurde in der Kommission und dem Plenum des Abgeordnetenhauses sowohl von der fortschrittlichen Opposition wie von den Nationalliberalen bemerkt. Letztere waren ausdrücklich bereit, nach den Erfolgen von 1864 und 1866 die Heeresorganisation anzuerkennen, verwiesen aber dafür auf den norddeutschen Reichstag.

S. 202   [106]) Nämlich in der Festsetzung einer prozentual nach der Bevölkerungszahl bemessenen Heeresstärke nebst Pauschquantum der Ausgaben für jeden Soldaten; vgl. *L. Dehio*, H. Z. 144. *R. A. Huber: Heer und Staat*, dem ich in seiner Beurteilung der Indemnitätsvorlage S. 224—238 gegen *C. Schmitt* durchaus zustimme, hebt sehr richtig S. 239 die Absonderung der wehrrechtlichen Frage von der budgetrechtlichen hervor, verkennt aber meines Erachtens S. 239 ff., daß eine absolutistische Kommandogewalt in Fragen der Heeresorganisation 1866 von Bismarck nicht behauptet, sondern gesetzliche Vereinbarung mit dem norddeutschen Reichstag statt mit dem Preußenparlament vorbehalten wurde.

S. 203   [107]) Erinnerung und Gedanken, Buch II, Kap. X, Abschn. 5. Meine Ausgabe (Gesammelte Werke, XV), S. 293 ff.

ANMERKUNGEN ZUM 7. KAPITEL

S. 207   [1]) siehe oben S. 173.

S. 209   [2]) u. a. durch Errichtung einer praktisch übergeordneten Militärorganisationskommission, durch ein sehr kompliziertes Verhältnis zum Generaldirektorium, durch das neuerrichtete Militärkabinett u. a. m. Zum einzelnen vgl. etwa *Marschall v. Bieberstein:* Verantwortlichkeit und Gegenzeichnung bei Anordnungen des Obersten Kriegsherrn, 1911, S. 127 ff.

S. 211   [3]) *Bronsart v. Schellendorf:* Der Dienst des Generalstabes, I, 1875, S. 14 ff. Grundlegend: Die Reorganisation der preußischen Armee nach dem Tilsiter Frieden. Beiheft zum Militärwochenblatt 1858—1866 mit Aktenbelegen. — Die Reorganisation des preußischen Staates unter Stein und Hardenberg, II, 1, hg. von *Vaupel* (Publ. an Preuß. Staatsarchiven, 94), 1938. Massenbachs Denkschrift von 1795 in *v. Massenbach:* Memoiren zur Geschichte des preußischen Staates unter den Regierungen Friedrich Wilhelm II. und Friedrich Wilhelm III., Bd. II, 1809, 168 ff. u. d. T. „Über die Notwendigkeit der engeren Verbindung der Kriegs- und Staatskunde." Auf einen Verfassungsplan von ähnlicher Grundrichtung, den Massenbach am 2./8. Juli 1806 dem König einreichte, habe ich in meinem Stein, I, 491 Anm. 59 und 492 Anm. 70 hingewiesen. Die Lebensbeschreibung Massenbachs von *L. G. v. d. Knesebeck:* Das Leben des Obersten Christian L. A. Reichsfreiherrn von und zu Massenbach, o. J. (1924), ist eine dürftige Anfängerarbeit, hat aber den handschriftlichen Nachlaß benützt. — Für die Anfänge und die spätere Entwicklung des Generalstabes vgl. außer Bronsart *G. Wohlers:* Die staatsrechtliche Stellung des Generalstabes in Preußen und dem Deutschen Reich. Geschichtliche Entwicklung bis zum Versailler Frieden 1921. *Max Jähns:* Feldmarschall Moltke, II, 1, Kap. 9 (1902). Die technische Entwicklung der Generalstabsarbeit wird am deutlichsten in der ausgezeichneten Studie *v. Caemmerers:* Die Entwicklung der strategischen Wissenschaft im 19. Jahrhundert (1904, Bibl. der Politik und Volkswirtschaft, 15). Wertvoll war mir auch die Durchsicht der von der kriegsgeschichtlichen Abteilung des OKW 1935 für den Dienstgebrauch angefertigten Darstellung: „Generalstabsdienstweg und Generalstabs-Verantwortlichkeit", mit reichen Aktenauszügen, die mir zur Einsicht zur Verfügung stand. Über die Entwicklung des Militärkabinetts und des Kabinettswesens überhaupt *R. Schmidt-Bückeburg:* Das Militärkabinett der preußischen Könige und deutschen Kaiser. Seine geschichtliche Entwicklung und staatsrechtliche Stellung 1787 bis 1918. Berlin 1933. Einige wichtige Ergänzungen und Berichtigungen durch *K. Jany:* Forschungen zur brandenburgisch-preußischen Geschichte, Bd. 45, 1933, S. 409—413. *H. O. Meisner:* Der Kriegsminister 1814—1914. Ein Beitrag zur militärischen Verfassungsgeschichte, 1940. *Ders.:* Zur neueren Geschichte des preußischen Kabinetts — Forschungen zur brandenburgisch-preußischen Geschichte, Bd. 36, 1924. *Fr. Hartung:* Verantwortliche Regierung, Kabinette und Nebenregierungen im konstitutionellen Preußen. Forschungen zur brdb.-preuß. Gesch., Bd. 44, 1932. Die Rolle der Generaladjutanten unter Friedrich II. und die Anfänge des Militärkabinetts 1787 behandelt die äußerst sorgsame Aktenuntersuchung von *R. Arnold:* Die Anfänge des preußischen Militärkabinetts, in Historische Aufsätze, Festgabe für Karl Zeumer, 1910, S. 169 ff. Das Buch von *W. Görlitz:* Der deutsche Generalstab. Geschichte und Gestalt 1657—1945, hat ein sehr vielseitiges Material fleißig gesammelt, trägt aber mehr kompilatorischen Charakter und ist nicht frei von groben Irrtümern.

⁴) „Es können Feldzüge nur dann gut geführt, Staaten nach außen gut regiert werden, S. 211 wenn die Kenntnisse des Feldherrn und des Staatsmanns sich in einer Person vereinigen, vereinzelt bleiben sie einseitige Soldaten oder listig-schwache Diplomaten." *Boyen:* Erinnerungen, I, 272. Noch viel deutlicher äußert sich Scharnhorst in einem von *S. Mette:* Vom Geist deutscher Feldherrn (Zürich 1938), S. 54, veröffentlichten kriegsgeschichtlichen Fragment über den italienischen Feldzug von 1800: „Die Erfahrungen aller Zeiten haben bewiesen, daß bei allen Entwürfen, wo nicht die politischen Aussichten und militärischen Möglichkeiten, wo nicht die Berechnung der Hilfsmittel zum Kriege und die Beurteilung des richtigen Gebrauchs derselben — mit einem Wort, wo nicht Politik und Kriegskunst miteinander innigst vereint war, auch selten große Dinge gesthahen... Wo das Geheime Kabinett bloß nach rein militärischem Grundsatz verfährt, wird es ebenso fehlerhaft zu Werke gehen, als wo es bei seinen politischen Entwürfen nicht durch eine gründliche Kenntnis der militärischen Verhältnisse, nicht durch militärische Rücksichten geleitet wird. Hier müssen sich immer beide vereinigen. Dies war die Stärke der Franzosen während des Wohlfahrtsausschusses, und solange Carnot einer der fünf Direktoren war. Dieser Gegenstand ist sehr wichtig für das Wohl und die Erhaltung eines Staates." Das erinnert sehr viel deutlicher an die Clausewitzschen Kernlehren als der phrasenhafte und inhaltsleere Satz D. v. Bülows, den *R. Höhn:* Revolution, Heer, Kriegsbild (1944), S. 270, zitiert und der meines Erachtens noch nichts von Clausewitzschem Denken erkennen läßt.

⁵) In dem bereits früher (S. 129, Anm. 6) angeführten Aufsatz „Von dem Verhältnis S. 211 der Kriegskunst zur Staatskunst", dem ein „in Gemäßheit höheren Auftrags" für den Stein-

schen Zentralverwaltungsrat 1814 ausgearbeiteten Entwurf einer Reichskriegsverfassung angehängt ist; dieser sollte einem „anderweitig angefertigten Reichsverfassungsentwurf" (wohl Steins) zur Ergänzung dienen. Im einzelnen zeigt der Aufsatz so viel Anklänge an Sätze des Clausewitz, daß seine Lektüre durch den Verfasser der Kriegsphilosophie mehr als wahrscheinlich ist. Ich hebe einiges heraus: „Die Kriegskunst ist unstreitig ein Bestandteil der Staatskunst im weiteren Sinn." Die Diplomatie, von Rühle als „Umgangskunst der Staaten" bezeichnet, „wird zur Zeit des Krieges Kriegsführungskunst genannt werden müssen"; beide sind ihrer Natur nach auf das innigste miteinander verschmolzen. Nur da gibt es „große politische Resultate, wo die Diplomatik (oder die Politik, wie sie wohl auch genannt zu werden pflegt) Hand in Hand mit der Kriegskunst geht, wo entweder beide Angelegenheiten ihren unmittelbaren Vereinigungspunkt in der Person des Fürsten selber finden, oder wo die gemeinsame höchste Leitung dem obersten Heerführer überlassen ist oder wo der Minister der auswärtigen Angelegenheiten hinlänglich in die Geheimnisse der Kriegskunst eingeweiht war, um dem Entwurf der militärischen Operationen gewachsen zu sein und alle kriegerischen Verhältnisse des Staates und seiner Nebenstaaten ihrem ganzen Gewichte nach beurteilen zu können." Leider ist aber gewöhnlich weder der Diplomat militärisch geschult noch der Feldherr politisch ausreichend orientiert. Demgegenüber fordert Rühle eine „diplomatische Kriegskunst". Auch die Kriegführung ist zum großen Teil ein politisch-diplomatisches Geschäft. R. v. L. denkt zunächst an die Aufkündigung des Friedens, das Werben von Bundesgenossen, die Anlage des Kriegsplans mit Rücksicht auf die Interessen der Verbündeten und auf die Notwendigkeit, eine günstige Haltung der Neutralen zu erreichen. Aber nicht nur „der uranfängliche Operationsplan" hat eine durchaus politische Grundlage, sondern während des ganzen Krieges müssen die politischen Verhältnisse und Ereignisse auf den Gang der Operationen zurückwirken. „Es ist ein allgemeiner und doch sehr schädlicher Irrthum, daß man sich einbildet, die Kriegführung im Großen sei eine rein militärische Operation." Viele schätzenswerte militärische Schriftsteller eifern gegen die Einmischung der Diplomatie in die Kriegführung; sie erwarten davon eine Lähmung der Operationen oder auch gesteigerte Aktivität und Schlachtenexperimente im militärisch unzweckmäßigsten Augenblick. „Allerdings haben diese Männer recht, wenn sie bloß den *Krieg* ins Auge fassen, nicht aber den *Staat,* dessen Zwecken er dienen und unterworfen sein soll." Gewiß schadet oft der Eigensinn militärisch unkundiger Diplomaten, aber ebensooft die Ruhmsucht des Soldaten und seine abenteuernde Fechtlust, die den Staat an den Rand des Abgrunds bringen kann. Napoleon verstand aus seiner Diplomatie noch mehr Nutzen zu ziehen als aus seinen Schlachten; er ging immer auf politische Erfolge aus, nicht auf militärische Triumphe. Jeder Krieg muß schließlich ein Ende nehmen; je weniger Kräfteaufwand er erfordert, um so besser. Den Krieg zu beenden, ist aber ebenso ein militärisches wie ein diplomatisches Geschäft; diplomatische und militärische Tätigkeit ergänzen sich nicht nur, sondern sie überschneiden sich. Diplomaten und Generalstabsoffizere sollten deshalb „bis auf einen gewissen Grad gemeinsam ausgebildet werden", jedes diplomatische Korps und jedes „Generalkriegsbüro" in schicklichem Verhältnis aus diplomatischen und militärischen Mitgliedern zusammengesetzt sein. Hier beruft sich R. v. L. auf die École militaire Friedrichs des Großen und auf die Projekte Massenbachs.

Man sieht bei aller Ähnlichkeit vieler Formulierungen zugleich den starken Unterschied zwischen R. v. L. und Clausewitz. Jener weiß noch nichts vom Ideal des „absoluten" Krieges, das offenbar die eigentliche Entdeckung des Clausewitz ausmacht; er steht dem Geist der Kabinettskriege des 18. Jahrhunderts ein ganzes Stück näher. Seine Grundüberzeugung spricht sich schon in seiner Auseinandersetzung mit Kant aus („Apologie des Krieges", in den hier zitierten Aufsätzen als Nr. 4, wiederholt aus Schlegels Deutschem Museum, Bd. III,

1813, S. 158—173, 177—182): Der Staat kann nicht einseitig, wie bei Kant, als Friedens-
und Rechtswahrer aufgefaßt werden, da das Recht selbst beständig in der Entwicklung
begriffen ist, also zuweilen der Erneuerung bedarf, was nicht ohne Machtkampf gelingt.
Anderseits darf der Kampf nie Selbstzweck werden. Kämpferische und friedestiftende
Funktion des Staates stehen gleichberechtigt nebeneinander. „Der ganze Staat soll vollständig in gleichem Maße mit Friedens- und mit kriegerischem Geist getränkt sein" (heißt
es in der Abhandlung über das Verhältnis der Kriegskunst zur Staatskunst S. 180), und
das muß sowohl in der Diplomatie und im Kriege wie in der inneren Politik wie in der
Nationalerziehung zum Ausdruck kommen. Daraus folgt in der inneren Politik ein
wohlabgestimmtes Mit- und Nebeneinander von wirtschaftlicher Wohlfahrtspflege und
wirtschaftlicher und finanzieller Kriegsrüstung, in der Nationalerziehung ein Gleichgewicht
von religiöser Erziehung zu bürgerlicher Tugend und kriegerischer Ausbildung zur
Erzeugung von Mut, Gehorsam und Ehrgefühl; Militär und Kirche wirken zusammen,
den einzelnen aus seiner Privatexistenz herauszureißen und zu selbstlosem Einsatz für die
Gemeinschaft zu bringen. In diesem Zusammenhang sieht R. v. L. sehr viel deutlicher als
Clausewitz die Notwendigkeit einer planmäßigen wirtschaftlichen Kriegsrüstung. Kriegs-
und Finanzminister müssen eng zusammenarbeiten, da die ökonomische Leistungsfähigkeit
des Staates „fast den wichtigsten Einfluß hat" auf das Gelingen militärischer Operationen.

⁶) Darüber sehr anschaulich *H. v. Boyen:* Erinnerungen, II, 35 ff. Bekanntlich pflegte   S. 212
Kaiser Wilhelm I. im hohen Alter bei den eintönig vorgelesenen „Vorträgen" gewisser
Kabinettsräte zu entschlummern.

⁷) *Frh. vom Stein:* Briefwechsel, Denkschriften und Aufzeichnungen, hg. von *Botzen-*   S. 213
hart: II, 374 (18. 2. 08). Gneisenau konnte sich ohne Überordnung des Premierministers
über alle anderen, auch den Kriegsminister, ein Gelingen der Reformen nicht vorstellen,
und auch Scharnhorst setzte auf seine Unterstützung alle Hoffnung. *Beguelin:* Denkwürdigkeiten, S. 16 (29. 8. 07). Brief Scharnhorsts 2. 2. 08 bei *Lehmann:* Scharnhorst, II,
26. Dazu mein Stein, I, S. 542, Anm. 29 zu S. 460 und 521, Anm. 28 zu S. 370. Ergänzend
zu der Darstellung meiner Steinbiographie ist jetzt zu vergleichen *W. Döring:* Die Entwicklung der wehrpolitischen Ideen des Frh. vom Stein, in: Welt als Geschichte, Jg. 6, 1940,
S. 15 ff.

⁸) *Botzenhart:* a. a. O., II, 452.   S. 213
⁹) Mein „Stein", I, 521, Anm. 28 zu S. 370.   S. 214
¹⁰) Wie *Marschall v. Bieberstein:* a. a. O. 139, auf Grund der Verordnungen vom   S. 215
27. 10. 1810 betont. Vgl. dazu aber *Boyen:* Erinnerungen, II, 64 ff.

¹¹) Wenn *G. Wohlers* a. a. O., 22 f., meint, der Fehler sei 1815 gewesen, daß königliches   S. 216
Hauptquartier und Kriegsleitung nicht örtlich miteinander vereinigt waren (insbesondere
habe das Fehlen des Kriegsministers Boyen im Hauptquartier Blüchers bewirkt, daß der
Konflikt so schroffe Formen annahm), so vermisse ich jeden Quellenbeleg dafür, daß Boyen
irgendwie ausgleichend gewirkt hätte. Keinesfalls hätte er als Kriegsminister den polternden
Feldmarschall besser in seine Schranken weisen können als der Staatskanzler mit Hilfe
des Königs.

¹²) Vgl. etwa *Schmidt-Bückeburg, Wohlers,* a. a. O. *H. O. Meisner:* Der Kriegsminister   S. 216
(1940). *E. R. Huber:* Heer und Staat in der deutschen Geschichte (1938), S. 118 ff.

¹³) So wie es in Österreich 1801—1809 unter Erzherzog Karl der Fall war.   S. 217

¹⁴) Das ist der sachliche Grund für die bekannte Forderung des Grafen Waldersee, den   S. 217
Geschäftsbereich des Generalstabes schon im Frieden wesentlich zu erweitern — ein Wunsch,
den ich (im Gegensatz etwa zu Schmidt-Bückeburg) nicht aus bloßem persönlichem Ehrgeiz
erklären möchte, obwohl es daran ganz gewiß nicht fehlte; auch die Vereinigung von

Generalstabschef und Kriegsminister durch Falkenhayn 1915 hängt damit zusammen. Vgl. dazu auch: *K. L. v. Oertzen:* Grundzüge der Wehrpolitik (1933), S. 132 f.

S. 218   **15**) Die Frage scheint mir noch nicht genügend geklärt, wieweit Scharnhorst sich als praktischer Stratege (er fiel ja schon nach Groß-Görschen aus) von den Vorurteilen der gelehrten Papierstrategie wirklich losgekämpft hat, die ihm in seiner Jugend auf der Kriegsschule des Grafen Wilhelm v. Schaumburg-Lippe beigebracht waren. Das aus dem Nachlaß *R. Stadelmanns* veröffentlichte Scharnhorstfragment: Scharnhorst - Schicksal und geistige Welt, 1952, bringt zwar einige sehr interessante Beiträge zur Kritik des praktischen Strategen, zum Teil im Anschluß an Schlieffens Kritik des Feldzugs von 1806, vermittelt aber in seinem offenbar unfertigen Zustand kein klares Bild.

S. 218   **16**) In diesem Sinn entwarf Grolman schon im Oktober 1814 eine Art von allgemeinem Dienstplan. *Conrady,* II, 390 ff.

S. 219   **17**) A. K. O. vom 21. 1. 1821. Das 2. Departement behält danach die Aufbewahrung und Verwaltung der Karten, Zeichnungen, Bücher, Instrumente usw. sowie des Lithographischen Instituts, doch unter Oberleitung des Chefs des Generalstabs. Anschaffungen hat der Kriegsminister selbst zu bewilligen, Rechnungslegung und Kassenführung hat das 2. Departement; der Kriegsminister fordert militärisch-technische Gtuachten und dergleichen beim Chef des Generalstabes direkt ein. Durch eine Verfügung Müfflings vom 30. 1. 21 wurde der sogenannte Generalstabsdienstweg für den Schriftverkehr der Generalstabsoffiziere mit dem Generalstabschef eingeführt und damit das 2. Departement ebenso wie der Truppenkommandeur als Zwischeninstanz ausgeschaltet.

S. 219   **18**) H. A. Chef des Generalstabs der Armee Acta betr. Organisation des Generalstabs 1814—1826, XII, 1, Vol. 2. Reinkonzept ohne Unterschrift und Datum, nach einer Registraturnotiz aus der Zeit vom 21. 9. 20 bis 25. 1. 21, ohne Zweifel von Müffling: Bericht an den Kriegsminister v. Hacke über den bei einer soeben vorgenommenen Revision vorgefundenen Zustand des Generalstabs (am 21. 9. 1820 wurde Müffling zum Chef des Vermessungswesens, am 11. 1. 1821 zum Chef des Generalstabes der Armee, am 25. 1. 1821 Rühle zum Chef des Großen Generalstabes ernannt). Müffling setzt auseinander, daß der Generalstab drei Aufgaben zu lösen hat: 1. Dienst bei den Truppenkommandos. 2. Sammlung des Materials und Vorbereitung des Krieges. 3. Lehrtätigkeit an den höheren militärischen Schulanstalten. — „Es ist die Meynung aufgestellt worden, als ob *ein* Chef diesen Geschäften vorstehen könnte, allein wenn man erwägt, wie unser ganzes militärisches Erziehungswesen, die Anstellung der höheren Offiziere, und die Leitung der Operationen im Kriege mit dem Generalstab zusammenhängt, so übersieht man bald, daß *nur in dem Kriegs-Minister, in welchem sich alle Angelegenheiten der Armee vereinigen,* ein vollkommener Chef des Generalstabes bestehen kann." Er rät, die Plankammer, Kriegsgeschichte, Landesrekognoszierungen usw. im 2. Departement des Kriegsministeriums unterzubringen und damit auch die Direktion des Militärschulwesens sowie die Oberexaminationskommission zu vereinigen, weil der Generalstab alle guten Köpfe unter dem Offiziernachwuchs kennen müsse.

Man sieht, wie gänzlich es Müffling noch fern lag, eine Immediatstellung für seine Behörde neben dem Kriegsministerium zu beanspruchen, und wie entschieden er an der Boyenschen militärischen Zentralorganisation festhielt.

S. 219   **19**) So die A. K. O. vom 11. 1. 1821, abgedr. bei *K. v. Priesdorff:* Soldatisches Führertum, Bd. IV = Teil VII, S. 313. Sie wird ungenau zitiert in einem Gutachten d. Allgem. Depart. vom 13. 5. 83 über die Immediatstellung des Generalstabes: H. A. Kriegsmin. Minist. Abt. V, 2, 1, Nr. 6, noch ungenauer von Bronsart v. Schellendorff in einer bei *G. Wohlers,* a. a. O., S. 75, Anm. 48, zitierten Denkschrift vom 24. 11. 1888, wo nur von „Einverständnis" des Kriegsministers „bei *wichtigen* Anordnungen und Vorschlägen" die Rede ist.

In seinem Buch „Der Dienst des Generalstabes", 1875, S. 23, behauptet Bronsart sogar, durch die A. K. O. v. 1821 (er gibt irrtümlich das Datum 25. 1.) sei eine förmliche Immediatstellung des Generalstabs begründet worden. Das ist eine für die Tendenzen der Moltkezeit sehr bezeichnende Geschichtskonstruktion. — Umgekehrt scheint mir die Darstellung von Wohlers die Abhängigkeit des Generalstabschefs vom Kriegsminister zu übertreiben; daß er mit dem Kriegsminister bis 1859 nur durch Vermittlung des allgemeinen Kriegsdepartements habe verkehren dürfen (S. 26), finde ich aktenmäßig nicht begründet, wenn auch der Schriftverkehr großenteils über das Departement lief. — Die Auflösung des 2. Departements des K. M. erfolgte durch A. K. O. vom 31. 8. 24, die Ernennung Rühles zum Verbindungsoffizier durch A. K. O. vom 3. 2. 25.

²⁰) Darüber eingehend: *Marschall v. Bieberstein*, a. a. O., 84 ff. S. 220

²¹) Daß dies von Anfang an, schon 1809 unter Scharnhorst, der Fall war, hat *Jany*, S. 221 Forsch., Bd. 45, 410 ff., gegen *Schmidt-Bückeburg* gezeigt.

²²) Zwei Denkschriften vom Dezember 1888 bei *Schmidt-Bückeburg*, a. a. O., 167 ff. S. 223

²³) Auch Boyen hielt auf Grund seiner praktischen Erfahrung in langjährigen Immediat- S. 224 vorträgen das System des Premierministers, der die Einheit des Ministeriums dem König gegenüber vertritt und einen festen politischen Kurs steuert, für die preußische Monarchie für das weitaus beste: Erinnerungen, II, 42.

²⁴) Immerhin zeigt der Rücktritt Boyens und Grolmans in der Verfassungskrise von S. 225 1819, wie sehr sich auch die Generale vor der Nation politisch verantwortlich fühlen konnten; in beiden wirkten die Ideen der Erhebungsjahre nach.

²⁵) So der Zustand nach 1870, wie ihn etwa *Bronsart v. Schellendorff*, a. a. O., 70 ff., S. 225 wiedergibt. Näheres auch im zweiten Band dieses Werkes.

²⁶) Vgl. s. Schr. an Roon, 6. 1. 62, bei *Schmidt-Bückeburg*, a. a. O., S. 86. Immerhin S. 226 hat Friedrich Wilhelm IV. zeitweise, wie Leop. v. Gerlach a. d. Frühjahr 1853 berichtet (Denkwürdigkeiten, II, 28), daran gedacht, den konstitutionellen Kriegsminister praktisch auszuschalten (und der Armee zugleich eine Sonderstellung zu geben), indem er einen „von ihm allein abhängigen commander in chief" ernannte. Das wäre wohl der Prinz von Preußen geworden (vgl. auch *Hartung*, Forsch. zu Brdbg.-preuß. Gesch., 44, S. 20 f.). Hier handelt es sich aber nicht um einen organischen Ausbau, sondern um eine bewußte Durchbrechung des konstitutionellen Systems. Diesem commander hätte natürlich jede politische Kontrolle gefehlt.

²⁷) *Zechlin*, a. a. O., 211, Anm. 1 (Staatsministerialprotokoll). S. 228

²⁸) Im Gegensatz zur Marine! Hier gab es keine friderizianische Tradition, und hier konnte — wenigstens vor der Regierung Wilhelms II. — nicht einmal die Fiktion aufkommen, als wäre der König technisch im Stande, die Kriegsleitung persönlich zu übernehmen. Und schließlich war die Marine noch so klein, daß ihr Chef an militärischem Rang nur einem Corpskommandanten des Heeres glich. So ist denn hier tatsächlich ein eigenes Oberkommando mit weitgehend selbständiger Befehlsgewalt geschaffen worden — allerdings erst seit 1859. Damals entstand ein Marine-Oberkommando, das seine Kommandogewalt völlig getrennt von den Verwaltungsgeschäften ausübte; die letzteren fielen einem „Marineministerium" als Teil des Kriegsministeriums anheim. Erst Bismarck hat in dem Bedürfnis, die endlosen Reibereien der beiden Marinebehörden zu beseitigen und das gesamte Marinewesen unter seine eigene politische Oberleitung zu bringen, Kommando und Ministerium 1870 miteinander vereinigt.

²⁹) Erlaß an das Staatsministerium vom 1. 7. 49, bei *Schmidt-Bückeburg*, S. 40 ff. (nach S. 229 Deutsche Revue, Jg. 32, 1907, S. 155 f.).

³⁰) *K. Jany*, Forsch., 45, S. 412. S. 230

S. 231   ³¹) Über den Zeitpunkt der (zunächst heimlichen) Wiedererrichtung des Militärkabinetts, vgl. *F. Hartung*, a. a. O., S. 21.

S. 232   ³²) Diese politische *Absicht* ist so eindeutig und so vielfach bezeugt, daß sie durch den juristisch-dogmatischen Nachweis *v. Marschalls* (a. a. O., 552 ff., besonders 570—575), die konstitutionelle Verantwortlichkeit des Ministers werde juristisch durch das Fehlen der Gegenzeichnung von Kabinettsordres und deren Ausfertigung in einer nebengeordneten Immediatbehörde keineswegs vermindert oder gar aufgehoben, nicht berührt werden kann.

S. 233   ³³) In ersterem gebe ich *Schmidt-Bückeburg*, a. a. O., 73 ff., recht; das letztere scheint er mir zu verkennen. Seine Auffassung, daß der König nach Erlaß der Verfassung keinen Generaladjutanten mehr als unmittelbaren Ratgeber in Heeresangelegenheiten gebrauchen durfte (S. 81), scheint mir überspitzt und aus Art. 44 nicht zu begründen. Auch dann nicht, wenn man mit v. Marschall die Ausübung der Kommandogewalt als „Regierungsakt" im Sinn d. Art. 44 auffaßt. Daß die Liberalen des Landtags von 1860 nicht daran dachten, dem König eine vom Parlament nicht kontrollierte Kommandogewalt überhaupt zu be- streiten, habe ich schon im vorigen Kapitel (S. 173, Abs. 2 u. ö.) hervorgehoben. Wichtig ist die Feststellung von *H. O. Meisner* (Der Kriegsminister, S. 26), daß Roon selbst die End- redaktion der A. K. O. vom 18. 1. 61 vollzogen hat.

S. 233   ³⁴) Immerhin hat Bismarck schon gleich im Oktober 1862 versucht, E. Manteuffel auf einen ehrenvollen Diplomatenposten ins Ausland abzuschieben! *F. Hartung*, a. a. O., 30.

S. 233   ³⁵) Vgl. etwa den von *R. Stadelmann:* Das Jahr 1865 u. d. Problem von Bismarcks deutscher Politik (1933), Anh. S. 79 ff., publizierten Brief an Wilhelm I. vom 28. 5. 65.

S. 235   ³⁶) Vgl. *Zechlin:* Bismarck und die Grundlegung der deutschen Großmacht, S. 319.

S. 235   ³⁷) Schriftwechsel zwischen Kriegsminister v. Reyher und Generalstabschef v. Krausen- eck, April 1848: v. R. verlangt, daß alle Berichte des Generalstabs an den König durch das Kriegsministerium gehen; v. Kr. erklärt, er habe die Berichte der Truppengeneralstabs- chefs immer immediat durch das Militärkabinett vorgelegt; es sei Sache des Königs, dem Kriegsminister davon Mitteilung zu machen. Auch sei lt. kgl. Willensäußerung dem General- stabschef die Auswahl seiner Offiziere für die Ausführung kgl. Sonderaufträge selbst über- lassen. Heeresarchiv Kriegsminist. Minist. Abt. A. g. betr. Generalstab und Adjutantur 1817 bis 1886. V, 2, 1, 6.

S. 235   ³⁸) Vgl. Moltkes Militär. Korrespondenz, Bd. 1—4. Die erste dieser Denkschriften for- derte der Kriegsminister nicht 1859 an, wie *G. Wohlers*, a. a. O., 26, meint (der dabei die Denkschrift vom 7. 2. 59, Bd. IV, S. 1—35, im Auge hat), sondern auf Antrag des Allgem. Kriegsdepartements am 24. 11. 57; sie wurde vorgelegt am 28. 11. 57, s. Militär. Korr. III, S. 1 ff.; dazu H. A. Kriegsmin. Armeeabt. II, 2, 1—2, Vol. III.

S. 236   ³⁹) So berichtet das Allgem. Kriegsdep. am 13. 5. 83 (Heeresarchiv Kriegsminist. Minist. Abt. V, 2, 1, Nr. 6), anläßlich einer Stellungnahme zu dem Antrag auf förmliche Ver- leihung des Immediatvortrags an den Generalstab auch im Frieden. Die Stellung des General- stabschefs sei praktisch ebenso immediat gewesen wie die der kommandierenden Generäle.

S. 236   ⁴⁰) Im Rahmen gewisser, seit 1852 mehrfach wiederkehrender Anträge auf Erweiterung und Reorganisation des Generalstabes wird dem Kriegsminister am 19. 3. 61 ein Prome- moria des Allgem. Kriegsdep. (Referent: Oberst v. Alvensleben) vorgelegt, das u. a. eine gründlichere Schulung des Nachwuchses für den Generalstab und Gehaltsverbesserungen für dessen Offiziere wünscht. Die A. f. d. p. A. (Edwin v. Manteuffel) erhebt schwere Bedenken (er fürchtet besonders Einsparungen an anderen Stellen des Militäretats, die das Prinzip der dreijährigen Dienstzeit gefährden!), ebenso das Mil.Ök. Dep. Das A. K. Dep. weist diese Bedenken zurück; Roon gibt eine Bleistiftentscheidung, die vor allem auf regelmäßigen Frontdienst der Generalstabsoffiziere drängt, die theoretische Ausbildung auf ein bestimmtes Höchstmaß begrenzt und bemerkt: „Im Generalstab wurde *immer* mit

Wasser gekocht auch unter Friedrich Wilhelm III." Doch will er den Reorganisationsplan vor weiteren Schritten dem Generalstabschef vorgelegt haben. Eine Schlußnotiz vom 19. 7. 61 besagt, daß S. M. mit den Vorschlägen Roons sich einverstanden erklärt habe; doch liegt keine weitere Verfügung, auch keine Stellungnahme Moltkes bei den Akten. H. A. Kriegsminist. Minist. Abt. V, 2, 1, 6. Moltke hat aber seinerseits natürlich nicht auf die Initiative in der Frage der Reform des Generalstabes verzichtet. Schon am 20. 5. 59 beantragte er bei Bonin einen Etat für wissenschaftlich gebildete Offiziere, die länger beim Generalstab bleiben sollen, ohne allzu häufige Verwendung an der Front, weil die wissenschaftlichen Arbeiten des Generalstabs, besonders die militärgeographischen und historischen Studien, sonst nicht genügend gefördert werden können. Am 29. 5. setzt er sich für die Erweiterung der unzulänglichen Mittel des Generalstabs ein — ein Antrag, der seitdem noch oft wiederholt wird (Heeresarchiv Rep. 4, A 1). Der Antrag vom 20. 5. dürfte in einem gewissen Gegensatz stehen zu dem Bestreben des Vorgängers v. Krauseneck, die Kommandierung zum Generalstab als immer nur vorübergehend zu handhaben: dessen Denkschr. vom 8. 3. 43, Rep. 4, Z 1.

⁴¹) Verfügung Moltkes an den Chef des Generalstabs des Gardekorps vom 6. 3. 61.   S. 236

⁴²) Denkschr. d. Generalmaj. Petersen, Chef d. Generalstabs d. II. A. K. vom Dezember   S. 236
1864, in den Akten d. Mil. Kab. betr. Generalstab, Bd. 1. (Mir aus der Wiedergabe in der Dienstschrift „Generalstabsdienstweg u. Generalstabsverantwortlichkeit" bekannt.) Die sehr interessante Denkschrift betont, daß die Verantwortlichkeit der Generalstabschefs bei den Truppenkommandeuren in allen europäischen Heeren besser und klarer geregelt sei als in dem preußischen, wo einzig Müffling durch seine Instruktion von 1822 einen ernsthaften Versuch unternommen habe, sie zu mitverantwortlichen Beratern, statt zu bloßen Gehilfen des Kommandeurs zu machen. Diese Instruktion sei indessen den Kommandobehörden nicht mitgeteilt worden und praktisch unbeachtet geblieben. Es sei ganz dem Takt, d. h. dem subjektiven Belieben des Kommandeurs überlassen, ob er seinen Chef befragen wolle oder nicht; die verhängnisvollen Folgen hätten sich jetzt im Kriege gegen Dänemark deutlich gezeigt. „Man kann dreist behaupten, daß jeder dringende Moment verpaßt, jede Situation falsch beurteilt ist."

⁴³) Durch eine Verfügung an alle Chefs der Korps-Stäbe vom 4. 8. 62, betr. doppelte   S. 237
Unterstellung der Truppen-Generalstabsoffiziere unter den Chef des Gr. Generalstabs und den Truppenkommandeur. — Die Besetzung der Truppen-Generalstabsstellen im Falle der Mobilmachung erfolgte durch das Militärkabinett nach Anhörung der Vorschläge Moltkes: vgl. Mil. Korresp. I, Nr. 17, S. 54: Moltke an Manteuffel, 3. 12. 64.

ANMERKUNGEN ZUM 8. KAPITEL - ABSCHNITT I

¹) Vgl. *Rud. Stadelmann:* Moltke u. d. 19. Jahrhundert. H. Z 166 (1942), und das nach-   S. 241
gelassene Werk: Moltke u. d. Staat (1950), das ich bereits 1944 im Manuskript benutzen durfte. Die weitgehende sachliche und zeitliche Parallelität unserer Moltkestudien betrachte ich als einen besonderen und seltenen Glücksfall. Ich verdanke den Arbeiten Stadelmanns sehr viel, sowohl in der Gesamtauffassung der Persönlichkeit Moltkes wie an Einzelanregungen und Hinweisen — wieviel im einzelnen, ist bei der Gleichzeitigkeit unserer Studien nicht immer leicht zu sagen. Abweichungen meiner Auffassung werde ich nicht überall ausdrücklich vermerken.

²) Das hat *R. Stadelmann* mit Recht hervorgehoben und belegt im Gegensatz zu manchen   S. 242

älteren, allzu flach charakterisierenden biographischen Versuchen. Vgl. jedoch unten Anmerkung 8.

S. 242   ³) Ges. Schr. V, 174.

S. 243   ⁴) *Schiffers:* Bismarck als Christ. (4. A. 1915), S. 97.

S. 243   ⁵) An Below-Hohendorf, 16. 5. 64: G. W. 14, II, S. 667. An die Gattin, 20. 7. 64,
ebenda 672.

S. 244   ⁶) Ges. Schr. I, 40 ff.

S. 245   ⁷) Nach *v. Priesdorff:* Soldat. Führertum, VII, 380, (1852/53). Abschiedsgedanken
1855: Ges. Schr. V, 152.

S. 246   ⁸) Sorgsamer Nachweis im einzelnen bei *Stadelmann,* a. a. O., bes. in Kap. IV. Noch
stärker als St. möchte ich den völligen Mangel an politischem Ehrgeiz und Machthunger
betonen.

S. 247   ⁹) *M. Busch:* Tagebuchblätter I, 299.

S. 247   ¹⁰) „Das war ein ganz seltener Mensch, ein Mann der systematischen Pflichterfüllung,
eine eigenartige Natur, immer fertig und unbedingt zuverlässig, dabei kühl bis ans
Herz hinan." Bismarck zu einer Leipziger Abordnung, 23. 5. 1895. Zit. bei *R. Stadelmann,*
S. 32, nach *H. v. Poschinger:* Bismarck. Neue Tischgespräche u. Interviews (1899), II, 256.

ANMERKUNGEN ZUM 8. KAPITEL - ABSCHNITT II

S. 247   ¹) „Strategie": Mil. Werke II, 2: Taktisch-strategische Aufsätze (1900), S. 291; abgedr.
auch: Kriegsgeschichtl. Einzelschr., hg. vom Großen Generalstab, H. 13 (1890). Die kompi-
lierende Zusammenstellung von Moltkezitaten, aus Aufsätzen, Denkschriften, kriegsgeschichtl. Arbeiten u. Briefen, die der Gr. Generalstab unter dem Titel: „Moltkes Kriegslehren. Die operativen Vorbereitungen zur Schlacht" als IV. Teil in die „Militär. Werke"
Moltkes eingefügt hat, ist als historische Quellenvorlage unbrauchbar. Hier wird auf eine
gänzlich ungeklärte Weise Moltkesches Gedankengut mit Zusätzen der Bearbeiter und
Herausgeber vermischt. Der Satz z. B. (S. 13): „Die Politik läßt sich von der Strategie
leider (!) nicht trennen", ist in dieser Form bei Moltke nirgends nachweisbar. Ebensowenig
der bedenkliche Satz: „Was die Politik mit seinen (sc. des militärischen Führers) Siegen
oder Niederlagen anfangen kann, ist nicht seine Sache, deren Ausnützung ist vielmehr
allein Sache der Politik." Man sieht, wie von den Epigonen die Haltung des Meisters
dogmatisiert und versteift wird. *Von Haeften* in seinem bekannten Aufsatz über Bismarck
und Moltke, Preuß. Jahrb. 177, S. 97, zitiert diese Sätze ganz unbefangen als Original.

S. 247   ²) Bemerkungen zu dem Werk W. v. Blumes: „Strategie." 1882 mitget. in d. Preuß.
Jahrb., Bd. 111, 1903, S. 228. Man beachte die (von mir durch Sperrungen hervorgehobene)
stillschweigende Abschwächung des „völlig unabhängig" und „vorwiegend militärische"
Rücksichten!

S. 248   ³) Denkschrift über die Beschießung von Paris vom 30. 11. 70, Mil. Korr. III, S. 417.

S. 248   ⁴) Noch deutlicher in einem Schreiben an General Hegemann-Lindencrone vom 9. 11. 74
über den Krieg von 1864, veröff. in d. dän. Historisk Tidsskrift u. danach i. d. Preuß.
Jahrb. 181 (1919), S. 268: „Nach meiner Ansicht kann dem Kommandierenden (zu Beginn
eines Feldzugs) nur eine sehr allgemeine Instruktion, mehr die politische als die militärische, erteilt werden."

S. 248   ⁵) S. o. Kap. III, S. 83 f., 89, 91; vgl. auch den Satz, Buch I, Kap. 1, Nr. 23: „Die
Politik wird also den ganzen kriegerischen Akt durchziehen und einen fortwährenden Einfluß auf ihn ausüben, soweit es die Natur der in ihm explodierenden Kräfte zuläßt."

⁶) *Von Caemmerer:* Die Entwicklung der strategischen Wissenschaft im 19. Jahrh., 1904   S. 248
(Bibl. d. Pol. u. Volkswirtsch., S. 15), eine durch Klarheit und Unabhängigkeit des Urteils
ausgezeichnete Arbeit, nimmt S. 68 f. eindeutig Stellung auf seiten von Clausewitz und
Bismarck gegen Moltke und dessen Schüler Verdy. *W. v. Blume:* Strategie, 1882, S. 25 f.,
schließt sich ziemlich eng an Moltkes Sätze an, betont jedoch darüber hinaus, daß militärische Erwägungen auch schon bei dem Beschluß über Krieg und Frieden mitspielen müssen
und erkennt an, daß die Politik bei mangelnden militärischen Erfolgen wieder in den
Vordergrund rücke. In seiner Schrift: Die Beschießung von Paris 1870/71 (1899), S. 12,
erkennt er sogar an, daß „auch im Verlauf der Kriegshandlungen nicht selten die Heeresleitung politische Gesichtspunkten Einfluß auf ihre Entschließungen verstatten muß."
Nur müsse „der fachmännischen Einsicht der Heeresleitung so freie Hand wie möglich
gelassen werden." Eine sehr verständige Formulierung! *Verdy du Vernois:* Studien über
den Krieg, III. Teil Strategie, H. 1 (1902), S. 51 ff., analysiert ausführlich die Clausewitzschen Sätze, um sich vorsichtig von ihnen zu distanzieren. Er möchte lieber eine
„Wechselwirkung" zwischen Politik und Kriegführung statt einer Abhängigkeit dieser
von jener anerkennen. Außerdem sieht er ein, daß es „militär-politische" Fragen gibt, die
allein nach militärischen Erwägungen nicht entschieden werden können (wie z. B. die
Frage nach der militärisch-politischen Bedeutung Napoleons III. vor und nach Sedan),
zieht daraus aber nur die Folgerung, daß dann eben die Heeresleitung auch politische
Erwägungen anstellen müsse und dürfe. Moltkes Sätze möchte er dahin „ergänzen", daß
einerseits schon vor Kriegsausbruch strategische Erwägungen die Politik mitbestimmen
müssen, andererseits in gewissen Fällen doch auch politische Momente (wie z. B. die Rücksicht auf dritte Mächte) den Gang der kriegerischen Operationen beeinflussen werden.
Vgl. auch seine interessanten Briefe an den österreichischen Generalstabschef Grafen Beck
vom 27. 1. und 13. 2. 96, bei *v. Glaise-Horstenau: Franz Josefs Weggefährte.* (1930),
S. 468 ff.

⁷) Siehe oben S. 89.   S. 248
⁸) Das Volk in Waffen. 1. Aufl., 1883, zit. nach der 5. Aufl., 1899, S. 129.   S. 250
⁹) Die Vorstellung, daß es vor allem die Form der Koalitionskriege sei, die eine Ver- S. 250
mischung politischer und militärischer Erwägungen notwendig mache, kehrt in dem militärischen Schrifttum der Moltkeschule immer wieder. *W. v. Blume:* Die Beschießung von
Paris u. d. Ursachen ihrer Verzögerung, 1899, S. 17, zieht daraus in etwas primitiver
Weise den Schluß, daß der deutsch-französische Nationalkrieg, als reines Duell sich ab-
spielend, in seiner Durchführung keiner besonderen Eingriffe von politischer Seite bedurft hätte.

¹⁰) *V. d. Goltz,* a. a. O., 126 ff. (auch für das folgende). Die „Machtstellung" hat auch S. 251
Moltke gelegentlich als „ideales Gut" bezeichnet. Ges. Schr. III, 426.

¹¹) Letzte Darstellung bei *v. Srbik:* Deutsche Einheit, IV, 456 ff.   S. 252

¹²) Über den angebl. Kriegsrat in d. Kriegen König Wilhelms I. Ges. Schr. III, 426.   S. 252
Bismarcks Protest dagegen: *Penzler:* Fürst Bismarck nach seiner Entlassung, II, 200, 209 ff.

¹³) Die Frage ist schon *R. Stadelmann,* a. a. O., Kap. IV, aufgeworfen.   S. 252

¹⁴) Vgl. unter vielen Selbstzeugnissen die Reichstagsrede vom 11. 1. 1887, G. W., XIII, S. 253
209 ff., besonders aber die Anweisung an die Presseabt. des Ausw. Amtes vom 7. 8. 64 (Ges.
Werke, IV, 531).

¹⁵) Hier nur ein Beleg unter unzähligen: Als Wilhelm II. in seinem Schreiben vom   S. 258
10. Mai 1888 es als einen militärischen Fehler bezeichnete, daß wir 1870/71 den Gegner
nicht „wirklich vernichteten" und Frankreichs Kampfmittel nicht „ausgiebig zerstörten",
setzte Bismarck an den Rand die Glosse: „40 Millionen! Und Europa?" Gedanken und

Erinnerungen, II, 141, in meiner Ausgabe G. W., XV, 555. Dazu vgl. das vorangegangene
Schreiben an Kronprinz Wilhelm vom 9. Mai 1888: Zerstörung der „Kampfesmittel"
Rußlands ist unmöglich; 1871 haben wir trotz gründlicher Zerstörung der Armee ein
Wiederaufrüsten Frankreichs nicht verhindern können: Gr. Pol., VI, S. 304.

S. 254   [16]) Darüber siehe Näheres unten in Abschnitt III.

S. 254   [17]) Erinnerung und Gedanke, G. W., XV, 315, 317; Gr. Pol., II, S. 88 (Diktat vom
9. 1. 76: „Ich habe das Wort Europa immer im Munde derjenigen Politiker gefunden, die
von anderen Mächten etwas verlangten, was sie im eigenen Namen nicht zu fordern
wagten."

S. 254   [18]) Erinnerung und Gedanke, G. W., XV, 422.

S. 254   [19]) G. W., XV, 313 f. (Kap. „Versailles").

S. 255   [20]) Beschwerde Moltkes über Schleinitz, 17. 1. 61. Veröffentlicht von *R. Stadelmann:*
Moltke und die deutsche Frage, Festgabe für K. A. v. Müller, 1943, S. 33. Aufmarschplan
vom 10. 10. 79, bei *Schmerfeld:* Aufmarschpläne 1871 bis 1890. H. 7 d. Forsch. u. Darst.,
aus dem Reichsarchiv, S. 83, ähnlich am 7. 2. 59: Mil. Korr., IV, 4 u. ö.

S. 257   [21]) Moltke an seinen Bruder Adolf, 1. Jan. 1852 (nach der Lektüre von Pertz: Leben
Steins). „Unsere Diplomaten stürzten uns von jeher ins Unglück, unsere Generale retteten
uns stets." Mitgeteilt von *R. Stadelmann:* Moltke und die deutsche Frage, Festschrift für
K. A. v. Müller, S. 24. Dazu vgl. General *v. Voigts-Rhetz,* 1. 4. 71, in dessen Briefen aus
den Kriegsjahren 1866 und 1870/71, 1906, S. 342.

S. 257   [22]) Mil. Werke, III, 2 (Kriegsgeschichtl. Arb. 1899), S. 81, behandelt Moltke sehr kritisch
die Kriegsleitung der Dänen durch einen parlamentarisch verantwortlichen Minister: „Der
der Nation verantwortliche Minister wird unter dem Druck der öffentlichen Stimmung,
schwungvoller Phrasen in der Nationalversammlung und dem Geschrei der Parteien schwerlich aus rein militärischen Rücksichten verfahren. Ist einmal der Krieg erklärt, so muß
dem Oberfeldherrn die volle Freiheit gelassen werden, nach eigenem Ermessen zu handeln.
Eine schwere Verantwortlichkeit lastet auf ihm, vor Gott und seinem Gewissen — die vor
einem Staatsgerichtshof verschwindet daneben, und deshalb ist überall der Monarch der
richtige Oberfeldherr, welcher nach der Theorie zwar unverantwortlich ist, in Wirklichkeit
aber die schwerste Verantwortung trägt, denn wer setzt mehr als er ein, wo es sich um
Krone und Szepter handelt?" Der Aufsatz stammt von 1875. — Über die verhängnisvolle
Einwirkung der Politik auf die Operationen Bazaines hat sich Moltke mehrfach geäußert:
Zusammenstellung seiner Kriegslehren (Mil. Werke, IV), S. 37 ff.

S. 257   [23]) Vom Kriege, 8. Buch, VI B, S. 570 ff. Vgl. oben Kap. III, S. 93, Anm. 64.

S. 257   [24]) Eben deshalb versicherte er (stark übertreibend), daß weder 1866 noch 1870/71
jemals ein Kriegsrat abgehalten worden sei (Ges. Schr., III, 427), und betonte gelegentlich,
daß der König ausnahmslos seinem militärischen Rat gefolgt sei. Vgl. auch seine Immediateingabe vom 25. 1. 71, Preußische Jahrbücher 177, S. 100, Abs. 2, und die höchst charakteristischen Meinungsäußerungen von Mitgliedern des Generalstabs, über die *L. Schneider:* Aus
dem Leben Kaiser Wilhelms, Bd. II, 237 (Sept. 1870), berichtet: Man schien hier „die
Anwesenheit des Bundeskanzlers im Hauptquartier nicht allein für überflüssig, sondern
sogar für schädlich zu halten ... In der Tat könne ein fortdauernder politischer Beirat die
Kraft und Schnelligkeit der militärischen Aktion nur hemmen und den raschen Entschlüssen
durch langsames Erwägen die Spitze abbrechen." Im Kriege habe die Diplomatie sich völlig
zurückzuhalten und abzuwarten, bis der Soldat ihr den Feind gebunden und wehrlos
wiederausliefere usw.

S. 258   [25]) Vgl. etwa die bekannten Eingriffe Bismarcks in den Aufmarschplan von 1866 (Be-
lassung des VIII. A. K. am Rhein, Weisungen an Falckenstein), die Auseinandersetzung
über die Umgehung der Floridsdorfer Linien oder Moltkes Beschwerde über die lange und

nutzlose Diskussion vom 8. 2. 71 über eine Verstärkung der 2. Armee während des Waffenstillstands, in der schließlich doch nach Moltkes Wünschen entschieden wurde: Quellen
bei *Klein-Wuttig:* Politik und Kriegführung in den deutschen Einigungskriegen (1934),
S. 155 f., aufgezählt; die wichtigste Quelle ist Bronsarts Tagebuch, das in dem Aufsatz
„Moltke in Versailles", Mil. Wochenblatt, 1902, Sp. 2972, benutzt ist. Auch in der Frage
der Beschießung von Paris wird man anerkennen müssen, daß die schwerwiegenden technischen Bedenken Moltkes gegen eine verfrühte Beschießung von Bismarck und Roon nicht
genügend gewürdigt wurden. Übrigens bleibt es für moderne Begriffe schwer verständlich,
weshalb der Kriegsminister, wenn er die Beschießung für so dringend hielt, nicht mehr
Energie auf die rechtzeitige Beschaffung eines ausreichenden Fuhrparkes aus der Heimat für
die Artillerietransporte verwandte. Eine große Denkschrift Roons vom 30. 11. 70 (vom
König eingefordert 28. 11.; Akten des Mil.-Kab., XXIV, Vol. I) sucht alle Schuld auf
Versagen „der meiner amtlichen Einwirkung nicht unterstehenden Landtransporte" und
Überlastung der Bahnstrecke bis Nanteuil zu schieben. In offenbarem Gegensatz zu der
gleichzeitigen Denkschrift Moltkes (Mil. Korr., III, 417 ff.) behauptet er, bei gutem Willen
wären noch 14 000 Kolonnen- und 600 bis 800 Depotpferde der Feldarmee verfügbar
gewesen, auch noch sehr viele Pferde durch die Kavallerie zu requirieren möglich. Vom
Generalstab sei kein Antrag auf Beschaffung von Landtransportmitteln an das Kriegsministerium ergangen, doch habe Roon von sich aus 500 starke Fahrzeuge in der Heimat
ankaufen lassen. Vergleicht man die Darstellung Moltkes, so dürfte doch wohl diese Beschaffung reichlich spät erfolgt sein, und offenbar erst auf Anregung des Armeeober-
kommandos III. Roon hat wohl zu lange — in altpreußischer Sparsamkeit — sich auf die
Requisition von unzulänglichen Landfuhrwerken und Pferdematerial verlassen. Einen
Nachklang seiner finanziellen Besorgnisse könnte man in Bismarcks Erzählung, G. W., XV,
322, Zeile 27—36, finden. — Die Arbeit von O. *Bihler:* Die Beschießung von Paris 1870/71
und die Ursachen ihrer Verzögerung (Tübinger Diss. 1932), macht kaum den Versuch gerechter Würdigung der technischen Bedenken und Hemmungen, sondern läuft auf eine
ganz einseitige Anklage Blumenthals und seines (gewiß nicht zu bestreitenden) Doktrina-
rismus hinaus.

²⁶) Immediateingabe vom 18. 11. und 5. 12. 70: G. W., VI b, Nr. 1920, 1950.   S. 258
²⁷) Mitteilungen von Haeftens aus dem Tagebuch eines ungenannten Generalstäblers,   S. 258
nämlich Bronsart v. Schellendorfs, Preuß. Jahrbücher 177, S. 96. Danach hätte Bronsart die
Notwendigkeit der Zusammenarbeit von militärischer und politischer Leitung anerkannt.
Aus demselben Tagebuch stammt (nach frdl. brieflicher Mitteilung von Dr. Haß) auch die
Nachricht, daß Bronsart als Chef der Operationsabteilung durch eine Art von Abschiedsgesuch den König gezwungen habe, auf die Durchführung seiner Weisung zu verzichten,
nach der Bismarck zu politisch bedeutsamen Militärvorträgen zugezogen und jeweils auf
Wunsch über die militärische Lage informiert werden sollte. *Hermann Haß:* Der Kanzler
und das Heer (1939), S. 30 f. Bronsarts Tagebuch behandelt diese Dinge sehr ausführlich.
Wie der Kronprinz (Tagebuch S. 319, 8. 1. 71) berichtet, war aber Moltke selbst darüber
empört, daß Bismarck Auskunft über rein strategische Fragen verlangte.

²⁸) Immediat-Beschwerde vom 25./26. 1 71, bei *Stadelmann:* Moltke und der Staat,   S. 259
434 ff. Vgl. auch unten Anm. 45 zu Abschn. III. Dieser Anspruch kommt auch noch in der
Darstellung v. Blumes deutlich zum Ausdruck, der den Ansprüchen Bismarcks auf Beteiligung an den Militärvorträgen entgegenhält, dieser habe es ja auch seinerseits „dem Chef
des Generalstabes der Armee ganz überlassen, wie und wo er sich die für ihn notwendigen
politischen Informationen verschaffte". *v. Blume:* Beschießung von Paris, S. 19. Die Klage
über mangelnde politische Information des Generalstabes findet sich schon 1866: Mil. Korr.,
II, 351, 355 f.

S. 259 ²⁹) Eine dieser Beschwerden, deren Berechtigung nach dem bisher bekannten Aktenbestand schwer zu beurteilen war, die vom 5. 12. 70 (G. W., VI, b, 1950) läßt sich aus den Akten des Mil.-Kab. (XXIV, Vol. I) näher aufklären. Versailles, 5. 12. 70, Immediatbericht Bismarcks, eigenh.: „E. M. bitte ich ehrfurchtsvoll, vor allerh. Entscheidung über eine mit der Pariser Regierung einzuleitende Unterhandlung mich zum Vortrage über diesen meinen Geschäftskreis wesentlich berührende Frage huldreich verstatten zu wollen. v. Bismarck." Dazu Marginalentscheidung (Bleistift): „Da Oberst v. Bronsart Ihre Einwilligung zum Abgange des Ihnen vorgelegten Schreibens des Generalstabschefs von Moltke an Trochu mitbrachte, so habe ich den Abgang genehmigt. Wünschen Sie diesen Abgang noch aufzuschieben bis nach Ihrem Vortrage bei mir, so wollen Sie dies sogleich an p. Moltke sagen lassen. Ich werde Sie um 3 Uhr erwarten. W. 5. XII. 70." Es folgt die Beschwerde Bismarcks, Ges. Werke, VI, b, 1950; Ausfertigung, pr. 6. 12. Dazu Marginalie des Königs: „Dem General Graf Moltke und Kriegsminister zum Vortrage V[ersailles] 6. 12. 70. W." „Gelesen G. Moltke, 7. 12. 70." Weitere Marginalia zu Nr. 1950: 1) zu S. 616, Zeile 4 ... „mir nicht unbedenklich schiene ... „Warum hat Bronsart das nicht mitgeteilt?" 2) Zu Blatt 616, Zeile 10 ... mir nicht zugegangen ist ...„?" 3) Zu Seite 616, Zeile 15 ... überhaupt nicht einverstanden ... „Wenn dies statt des *Einverständnisses* bestellt worden wäre, so unterblieb die Absendung des Briefes. Eine solche Bestellung scheint H. Bronsart nicht erhalten zu haben?" 4) Zu Seite 617, Zeile 2: ... meine Zuziehung zu befehlen ... „wird stets wie bisher geschehen, wenn wirklich politische Fragen zu erörtern sind". 5) Zu Seite 617, Zeile 3—4 ... Fragen über die militärische Situation richten ... „Versteht sich von selbst. W." „Nach diesen Randbemerkungen den Bericht des Oberstlt. v. Bronsart dem Gr. Bismarck motiviert beantwortet. W. 10. 12. 70."

Versailles, 7. 12. 70: *v. Bronsart an v. Moltke* berichtet, daß er dem Kanzler am 5. 12. nach 10 Uhr vorm. das Konzept des Schreibens an Trochu wörtlich vorgelesen hat mit der Frage, ob dagegen politische Bedenken bestünden. Hat dann Bismarck über den Sieg bei Orléans über die Loire-Armee berichtet. Bismarck wollte das Wort volontièrement gestrichen haben, und zwar, wie er sagte, nur aus stilistischen Gründen, was auch geschah. Bismarck äußerte ferner Bedenken, ob nicht der Eindruck bei Trochu entstehen könnte, daß unsere Lage übel sei und wir bloß Einschüchterungsversuche machten. Bronsart bestritt diese Möglichkeit. Bismarck erklärte darauf, „daß er gegen die Absendung des Briefes grundsätzlich keine Bedenken hätte", man sollte aber den Fall von Orléans erst abwarten, der darin angekündigt war. Bronsart versicherte, das sei auch Moltkes Ansicht. Bismarck bemerkte ferner: Wenn es infolge der Absendung des Briefes zu weiteren Verhandlungen käme, so möge man sich nicht auf die rein militärische Kapitulation beschränken, sondern zugleich Friedensverhandlungen anstreben. Bronsart erfuhr dann im Vorzimmer des Königs, daß Orléans eingenommen sei und trug daraufhin einfach vor, daß Bismarck einverstanden sei; über die Verhandlungen erstattete er sogleich Bericht an den Generalstabschef.

Danach kann wohl kein Zweifel mehr bestehen, daß die Militärs völlig korrekt verfahren sind und Bismarck erst nach der Unterredung mit Bronsart wieder bedenklich wurde. Er war dann enttäuscht, als er mit seiner Bitte um vorgängigen Immediatvortrag zu spät kam, da er erwartet hatte, daß der Fall von Orléans noch auf sich warten ließe.

S. 259 ³⁰) *M. Busch:* Tagebuchblätter, I, 371 (9. 11. 70).

S. 260 ³¹) Vgl. etwa den etwas kleinlichen, allerdings mehr von dem Generalquartiermeister Podbielski als von Moltke ausgehenden Streit um die Etappenverwaltung in Reims. G. W., VI, b, Nr. 1797, und die dort zitierten Quellen; dazu *L. Schneider:* Aus dem Leben Kaiser Wilhelms, Bd. II, 233 ff.

S. 260 ³²) Siehe oben Kap. VI.

³³) Vgl. den höchst instruktiven und klugen Brief v. Stoschs an den Kronprinzen vom S. 260
14. 1. 71, Anhang zum Kriegstagebuch des Kronprinzen, S. 483, auf den mich R. Stadelmann aufmerksam machte.

³⁴) Das ist das Thema des Buches von *Hermann Haß:* Der Kanzler und das Heer (1939). S. 260

ANMERKUNGEN ZUM 8. KAPITEL - ABSCHNITT III

¹) Machiavelli-Aufsatz von 1807, Philos. Bibl. (Fel. Meiner), Bd. 163 d, 2. Aufl., 1919 S. 264
(Erg.-Bd. d.Werke). Vgl. *Gerhard Ritter:* Die Dämonie der Macht, 6. Aufl., 1948, S. 141.
Fr. Meinecke: Die Idee der Staatsraison (1924), III. Buch, Kap. 2. Weltbürgertum und
Nationalstaat, Buch I, Kap. 6, zeigt eingehend, wie fremdartig sich der Machiavelli-Aufsatz
von 1807 im Ganzen der Fichteschen Staatsphilosophie eigentlich ausnimmt.

²) Wie jäh der Umschlag erfolgte und wie stark dabei die Schicksalsidee und die Griechen- S. 265
begeisterung Hölderlins mitgewirkt hat, verfolgt man sehr lehrreich an der Hand hegelischer
Manuskripte bei *Franz Rosenzweig:* Hegel und der Staat (1920), besonders Bd. I, 86 ff.

³) Grundlinien der Philosophie des Rechtes (1824), §§ 257, 258, 270. S. 265

⁴) Philosophie des Rechtes, §§ 321, 323—326, 331, 334—337, besonders 335. S. 266

⁵) A. a. O. § 338. Für das folgende: § 324. S. 266

⁶) „Allen Wert, den der Mensch hat, alle geistige Wirklichkeit hat er allein durch den S. 266
Staat." Philosophie der Weltgeschichte, ed. *Lasson* (Phil. Bibl., 171 a), Bd. I, S. 90. Ein Satz
von unheimlicher Tragweite!

⁷) Er taucht bei Hegel schon sehr früh auf: schon die Phänomenologie des Geistes (1807) S. 266
weiß davon. Vgl. darüber die schon zitierte ungedruckte Dissertation von *K. Kindler:*
Die Entstehung des neudeutschen Nationalismus in den Befreiungskriegen, Freiburg 1950.

⁸) Nur in einem von Gans stammenden Zusatz (aus Kollegheften?) zu § 339 der Rechts- S. 266
philosophie (Ausg. von Lasson, Phil. Bibl., 124, S. 371) heißt es: „Die europäischen Nationen
bilden eine Familie nach dem allgemeinen Prinzip ihrer Gesetzgebung, ihrer Sitten, ihrer
Bildung, und so modifiziert sich hiernach das völkerrechtliche Betragen in einem Zustande,
wo sonst das gegenseitige Zufügen von Übeln das Herrschende ist." Also ein ganz dünnes
Band herkömmlicher gegenseitiger Rücksichtnahme wird immerhin anerkannt; eine sittliche Verpflichtung scheint es nicht zu bedeuten. Die „Heilige Allianz" ist für Hegel nur
eine „relative und beschränkte" Staatenverbindung (Zus. zu § 259 ebenda S. 350).

⁹) Hegels Nachwirkung hat im einzelnen, nicht ohne Einseitigkeiten und Übertreibungen, S. 267
das Buch von *Hermann Heller:* Hegel und der nationale Machtstaatgedanke in Deutschland, 1921, geschildert. Über die Stellung Rankes und der historischen Schule innerhalb
dieser Ideenentwicklung vgl. meine Schrift „Geschichte als Bildungsmacht", 2. Aufl., 1947,
S. 51 ff., sowie mein Buch „Europa und die deutsche Frage", 1948, S. 66 ff., und unten
Abschn. IV.

¹⁰) „Sendschr. an den Politiker der Zukunft" (mir nicht zugänglich, daher zitiert nach S. 267
Heller, a. a. O., S. 186).

¹¹) System der Staatslehre. A. Allgemeine Staatslehre, 1857, S. 408. Für das folgende: S. 267
ebenda S. 376, 380, 538, 547, 556.

¹²) Prinzip und Zukunft des Völkerrechtes (1871), hier zitiert nach *Heller,* a. a. O., S. 268
199 ff. Noch weitergehende Äußerungen eines kriegerischen Nationalismus siehe in: Das
Kulturideal und der Krieg, 1868.

¹³) Stark gemildert in der Form kehren dieselben Grundgedanken wieder im „System S. 269

der Rechtsphilosophie", 1882, §§ 36 und 37. Hier erscheint das Machtinteresse des Staates als fixe Größe, die sich jeder Regulierbarkeit durch menschlichen Willen entzieht und gewissermaßen zwangsläufig in die Machtkonflikte hineintreibt. „Es gibt nur *eine* Moral, und das ist die Moral für Menschen, für vernünftige Wesen, die sich ihre Zwecke frei setzen können. Eine Moral für Staaten gibt es überhaupt nicht, die Staaten handeln weder recht noch unrecht, weder sittlich noch unsittlich, sondern nur ihrer Natur gemäß, und das mit Notwendigkeit und ohne Wahl. Sie suchen ihr Interesse mit klugem Eigennutz." Diesem Interesse um einer vermeintlichen Vertragsmoral willen widerstreben wäre für die Obrigkeit unsittlich. „Die höchste Pflicht der Obrigkeit ist, selbstlos den Willen des Staates zu vollziehen, das heißt als Obrigkeit tätig zu sein im Sinn des klugen Eigennutzes des Staates." Ein fixiertes zwischenstaatliches Recht wäre schon deshalb unvernünftig, weil jedes fixierte Recht die Individuen im wesentlichen als einander gleich behandelt, der Unterschied des Wertes zwischen den Volksgeistern und ihren Staaten dagegen für den Entwicklungsgang der Menschheit von allzu entscheidender Bedeutung ist. „Gerecht ist, daß das höherstehende, für die Culturzwecke wertvollere Volk auch einen höheren Wirkungskreis auf dem Schauplatz der Geschichte erhalte." Das läßt sich nicht durch Rechtsparagraphen regeln, sondern nur durch den „geschichtlichen Prozeß, der mit der ihm immanenten Vernunft sicher und unwandelbar die gerechte Entscheidung herbeiführt". Das geschieht zumeist in der Form des Krieges, der gewaltsamen Entscheidung. „Wo es normal zugeht, da sind es nicht sowohl die Herrscher oder die Völker, die zu tätlicher Gewalt greifen, sondern die Staaten selbst tun es (!) vermittels der ihren Willen vertretenden Personen." Die Kriegsentscheidung ist gerecht, weil nicht die rohe Kraft, sondern die überlegene Kultur siegt, die in höherer staatlicher Organisation, in entwickelterer sittlicher Kraft und Einsicht ihren Ausdruck findet. Nicht die rohe Kraft behauptet sich, sondern die harmonisch, vernünftig geordnete. „Das siegreiche Volk wird das führende, vorbildliche Volk. Die großen Kulturepochen haben sich darum an die Entscheidung der Kriege angelehnt." In Sieg und Triumph, in Schmach und Niederlage offenbart sich das Richteramt der Weltgeschichte; der Richterspruch ist gerecht, weil kein Sieg und keine Niederlage definitiv ist ohne den Willen der Menschen, die sich darin ergeben."

Wie man sieht, wird die großartige Geschlossenheit des hegelischen Systems hier noch einmal sehr eindrucksvoll sichtbar. Aber auch die Zeitbedingtheit des zugrunde liegenden Bildes der geschichtlichen Wirklichkeit wird spürbar, wenn wir auf S. 408 von der natürlichen Hemmung kriegerischer Hybris durch das Gleichgewicht der Mächte hören, das jeden Kriegserfolg ungewiß macht, oder S. 411 den Satz lesen, daß nur bei kurzer Kriegsdauer und eng begrenzter Zerstörung von Kulturwerten seine segensreichen Folgen für die Neubelebung der Kultur eintreten können, die L. von den großen kriegerischen Erscheinungen erwartet.

S. 269   [14]) *Pertz-Delbrück:* Leben Gneisenaus, V, 504. — Eine mittelbare oder unmittelbare Abhängigkeit des Clausewitz von Hegel anzunehmen liegt kein Anlaß vor. Die von *H. Heller* S. 203 zitierte Schrift des Oberstleutnant *P. Creuzinger:* Hegels Einfluß auf Clausewitz (1911), ist nichts weiter als der schrullenhafte Einfall eines philosophischen Dilettanten.

S. 270   [15]) *R. Stadelmann* (Moltke und der Staat) geht dieser politischen Ideenwelt mit liebevoller Sorgfalt auf allen Stufen ihrer Entfaltung nach. Durch seine eindrucksvolle Darstellung ist die ältere monographische Literatur vollständig überholt: sowohl *R. Peschke* (Moltkes Stellung zur Politik bis zum Jahre 1857, Berl. Diss. 1912; und Moltke als Politiker, Preuß. Jahrbücher 158, 1914, und *R. Rapp:* Moltkes politische Anschauungen, Freiburger Diss. (Maschinenschr. 1925), die ihm beide den eigentlich politischen Sinn absprechen, wie *O. Schiff:* Moltke als politischer Denker, Preuß. Jahrbücher 181 (1920), der ihn (sicher mit

Recht) gegen den Vorwurf verteidigt, politisch nur die Durchschnittsmeinung des preußischen Offizierstandes zu teilen. *Stadelmann* erkennt zwar an, daß ihm gewisse Eigenschaften des politischen Kämpfertums fehlen, möchte ihm aber doch als bedeutenden politischen Denker von großer Selbständigkeit erweisen und verweilt mit besonderer Sympathie bei seinen „großdeutschen" und „dualistischen" Reichsidealen sowie bei verwandten Ideengängen des Schwaben Wolfg. Menzel. Ich vermag ihm in dieser Sympathie nicht zu folgen und finde auch die praktische Wichtigkeit der „großdeutschen" Ideen für Moltkes politische Haltung etwas überschätzt. Es bleibt doch wohl dabei, daß für Moltke die Politik mehr Bildungsinteresse als Lebenselement war und ihn nur da tiefer berührte, wo sie für den Soldaten unmittelbar wichtig wurde.

[16]) Briefwechsel mit Bluntschli und Goubareff 1880/81, Ges. Schr., V, 194 ff., auch für   S. 270
das folgende.

[17]) A. a. O., 200. Ähnlich in einem Schreiben vom 28. 2. 1879 (Briefe, hg. von *Andreas*,   S. 271
II, 455): „. . . daß jeder Krieg, auch der siegreiche, ein nationales Unglück ist."

[18]) Briefe an Braut und Frau und andere Anverwandte, II (1894), S. 327. Im Krimkrieg   S. 271
spricht er von „Menschenschlächterei": Ges. Schr., IV, 156; den Volkskrieg 1870 nennt er „einen Rückschritt zur Barbarei" (An Adolf v. Moltke, 27. 10. 70, ebenda 205). Im Oktober 1870 findet er, es sei „schade um jeden Einzelnen, der noch fällt, wo das Schicksal des Krieges entschieden ist". Ges. Schr., V, 178. — In den frühesten Schriften der dreißiger Jahre klingen die Äußerungen noch pazifistischer. — Hier wird gelegentlich sogar vom Krieg überhaupt als einer Äußerung „roher barbarischer Triebe" gesprochen: Ges. Schr., II, 225.

[19]) Sehr stark hat Moltke die erzieherische Aufgabe der allgemeinen Wehrpflicht hervor-   S. 272
gehoben: der Militärstand erzieht „zu körperlicher Rüstigkeit und geistiger Frische, zu Ordnung und Pünktlichkeit, zu Treue und Gehorsam, zu Vaterlandsliebe und Mannhaftigkeit". Rede vom 16. 2. 74: Ges. Schr., VII, 108. Ähnlich ebenda S. 13 f.: Entwurf zu einer Rede im Zollparlament.

[20]) Ges. Schr., V, 194. Briefe, hg. von *Andreas*, II, 455.   S. 272

[21]) Letzte Reichstagsrede vom 14. 5. 90: Ges. Schr., VII, 138. Ähnlich schon in dem   S. 273
Schreiben an Goubareff vom 10. 2. 81. Ges. Schr., V, 200 f.: „Möchten nur überall die Regierungen stark genug sein, um zum Kriege drängende Leidenschaften der Völker zu beherrschen." Vgl. auch Einleitung zur Geschichte des deutsch-französischen Krieges 1870/71, Ges. Schr., III.

[22]) Briefe an Braut und Frau, II (1894), 173, vom 16. 9. 64. Kaiser Friedrichs Tage-   S. 274
bücher 1848—66, S. 359. Vor allem: Bismarck und die nordschleswigsche Frage, hg. von *Platzhoff, Rheindorf, Tiedje* (1925), S. 397. Dem Gesandten v. Schweinitz sagte er 1869 „Alsen könnten wir abtreten mit Ausnahme von Sonderburg". (*Schweinitz:* Denkwürdigkeiten, 249 = *Kessel:* Gespräche, 125.) Nach Benedettis Bericht erklärte er es im April 1868 dem dänischen und schwedischen Gesandten gegenüber für ausreichend, wenn Preußen statt Alsen und Düppel die Halbinsel Droacker behielte und von dort aus mit seinen Kanonen Sonderburg und die Durchfahrt zum Alsen- und Flensburger Fjord beherrsche. Origines Dipl., XXI, Nr. 6632, p. 153 f., dazu *A. Friis:* De Nordslesvisk spørgsmaal, II, 8 f., 53, 72 f. Es ist interessant, diese Äußerungen mit den zivilstrategischen Phantasien zu vergleichen, die der Nationalist *Joh. Haller:* Bismarcks Friedensschlüsse (1916), S. 21 f., entwickelt.

[23]) Ges. Schr., IV, 181 (An seinen Bruder Adolf, 20. 5. 66).   S. 274

[24]) Auswärtige Politik Preußens, VI, 180.   S. 274

[25]) Ungedruckte Anweisung an die militärischen Unterhändler in Prag, 22. 8. 66, nach   S. 274
R. Stadelmann, a. a. O., Kap. 2, Anm. 262 und 265. Briefe an die Gattin, 23. 7. 66, Ges. Schr., VI, 455. *Friedjung:* Kampf um die Vorherrschaft, II, 580 f. Für weitere Einzelheiten

verweise ich auf die vortreffliche Untersuchung meiner Schülerin *Anneliese Klein-Wuttig*: Politik und Kriegführung in den deutschen Einigungskriegen 1864, 1866 und 1870/71, Abh. für mittlere und neuere Geschichte, hg. von G. Ritter u. a. H. 75, Berlin 1934, die das bis 1934 bekannte Quellenmaterial erschöpfend auswertet, sowie auf die sehr eingehende, durch archivalische Neufunde bereicherte Darstellung von *R. Stadelmann* a. a. O. Dieser Hinweis enthebt mich zugleich der Notwendigkeit, die viel erörterten Streitigkeiten im Hauptquartier von 1870/71 nochmals im einzelnen zu schildern. R. Stadelmann hat auch die Krisen von 1867, 1875 und 1887 (Fragen des Präventivkriegs) so eingehend behandelt, daß ich mich hier damit begnügen darf, seine Ergebnisse auszuwerten.

S. 275   ²⁶) Mil. Korr., IV, 103 f. (19. 5. 59).

S. 276   ²⁷) Eingehende aktenmäßige Darstellung der Verhandlungen durch *R. Stadelmann: Moltke und die deutsche Frage*, in: Stufen und Wandlungen der deutschen Einheit. Festgabe für K. A. v. Müller, 1943. Ich begreife nicht, wie St. in seiner (sachlich verdienstvollen) Darstellung die politische Unmöglichkeit der Haltung Moltkes fast gänzlich verkennen, alle Schatten auf die Person des (gewiß recht unbedeutenden) Außenministers Schleinitz häufen und gerade aus diesen unglücklichen Verhandlungen zu einem überaus positiven Urteil über Moltkes politische Fähigkeiten gelangen konnte. Wenn er Moltkes Überzeugung, daß im Kriege sich alle berechtigten Machtansprüche Preußens von selber durchsetzen würden, einen „tiefen und richtigen Glauben an die ordnende Kraft des Handelns" nennt, so bin ich der gegenteiligen Meinung. Bismarck wußte sehr genau, weshalb er den Krieg gegen Frankreich nicht eher unternahm, als bis er sich die Mittelstaaten zu bedingungsloser militärischer und politischer Gefolgschaft im Kriege verpflichtet hatte.

S. 277   ²⁸) *R. Stadelmann: Moltke und der Staat*, Kap. III. Die Enttäuschung Bismarcks kommt deutlich zum Ausdruck in seinen Depeschen an v. d. Goltz: A. P. P. VIII, 316, 332. Er benützt das Gutachten aber sofort dazu, um den diplomatischen Druck auf Frankreich zu verstärken.

S. 277   ²⁹) An Bruder Adolf, 24. 1. 68, Ges. Schr., IV, 188 f.

S. 277   ³⁰) Mil. Korr., III, 115 (Winter 1868/69).

S. 277   ³¹) Davon hat mich — entgegen meiner ursprünglichen Auffassung — die Darstellung R. Stadelmanns und eine sorgsame Nachprüfung des von ihm gesammelten Quellenmaterials überzeugt.

S. 278   ³²) Gespräch mit Bethusy-Huc, Ges. Schr. V, 298. Gespräche, hg. v. *E. Kessel*, 105, vgl. auch das höchst charakteristische Gespräch mit dem Gesandten v. Schweinitz, 12. 12. 69. Denkwürdigkeiten 249 (b. *Kessel*, S. 125). „Wenn Österreich rüstet, müßten wir eigentlich Frankreich sofort den Krieg erklären, damit wir mit ihm fertig sind, ehe Österreich, welches drei Monate braucht, kriegsbereit ist. Denn es würde ein sicheres Zeichen sein vom Einverständnis mit Napoleon und von des letzteren Absicht, uns anzugreifen, wozu er allein nicht stark genug ist."

S. 278   ³³) Zu dem früheren Kultusminister v. Mühler, 1872: *W. Reichle:* Zwischen Staat und Kirche. Das Leben und Wirken des preußischen Kultusministers Heinrich v. Mühler, 1938, S. 427. Vgl. auch das ausgezeichnete Urteil des franz. Botschafters Gontaut-Biron, 1875: „Il a un horreur sincère de la guerre, quoique ce soit à elle qu'il doive sa position actuelle; mais il trouve qu'une fois engagée il faut la continuer jusqu'au bout et s'efforce d'en retirer tous les avantages possibles en écrasant l'adversaire", bei *P. Vasili:* La société de Berlin, Paris 1884, p. 130 f. Ich verdanke beide Zitate Hinweisen R. Stadelmanns.

S. 278   ³⁴) Ich würde darum auch nicht mit *R. Stadelmann* (H. Z. 166, S. 305) von „nationalpolitischem" Blick sprechen.

S. 279   ³⁵) Vgl. etwa das Gespräch mit dem Kronprinzen am 8. 1. 71: „Wir müssen diese Nation der Lügner bis aufs Äußerste bekämpfen und endlich niederwerfen." Großherzog

Friedrich I. von Baden, Tagebücher, hg. v. *H. Oncken*, II, 300. Zu beachten ist indessen, daß Moltke in der Behandlung der Franktireurs viel weniger leidenschaftlich vorging, als Bismarcks Wünschen und Vorstellungen entsprach!

[36]) Immediateingabe vom 28. 12. 70/8. 1. 71, Ges. W. VI b, S. 648 ff. Besonders charak-   S. 280
teristisch für das Denken Bismarcks ist in dieser Eingabe die Bemerkung: es sei „eine Situation geschaffen, in welcher unser Fortschreiten zum Ziele des Friedens... in keinem Verhältnis zu den Opfern an Menschen und an Geld (!) steht, welche es kostet" — ein Satz, den jeder Kabinettspolitiker des 18. Jh. hätte schreiben können.

[37]) Was ja auch v. Blume: Beschießung von Paris, S. 44, zugibt.   S. 281
[38]) Denkschrift vom 14. 12. 70, G. W. VI b, S. 634.   S. 281
[39]) Dieselbe Denkschrift. Private Äußerungen bei *M. Busch,* in den Tagebüchern *Kaiser*   S. 281
Friedrichs III., bei *Stosch,* und in vielen anderen Memoiren. Über die völkerrechtliche Lage vgl. *Bluntschli:* Das moderne Völkerrecht, 3. A., 1878; über die Haltung der deutschen Truppen. *Gabriel Monod:* Allemands et Français, 1872. Die Bismarck-Biographie von *E. Eyck,* Bd. II, unterstreicht die Härte der Bismarckschen Äußerungen über den Kampf mit der Zivilbevölkerung, mit den Zuaven usw., ohne mit genügender Klarheit zwischen privaten und amtlichen Äußerungen zu unterscheiden und ohne zu beachten, daß der Terror der Franktireurs nur mit Gegenterror zu dämpfen war, in gewissen völkerrechtlichen Grenzen, die auch Bismarck in seinen amtlichen Empfehlungen i. a. nicht überschritten hat. Schließlich ist zu beachten, daß der Kanzler nicht ganz im Unrecht war, wenn er meinte, daß drastische Vergeltungsmaßnahmen von der Armee vielfach nicht wirklich durchgeführt würden.

[40]) *A. O. Meyer:* Bismarck und Moltke vor dem Fall von Paris und beim Friedensschluß in: S. 283
Stufen und Wandlungen der deutschen Einheit 1943 (Festschr. f. Srbik).

[41]) Gespräch m. d. Kronprinzen, 8. 1. 71: Großherzog Friedrich, a. a. O., II, 300. Stadel-   S. 283
manns Auffassung, daß hier eine doktrinäre Versteifung der Clausewitzschen Lehre vom wahrhaften Krieg („Niederwerfungsstrategie") vorliegt, scheint mir durch den Einwand *A. O. Meyers,* a. a. O., Moltke habe nur im „vorliegenden Fall" keine andere Möglichkeit gesehen, zum Frieden zu kommen, nicht widerlegt.

[42]) Ges. W. VI b, Nr. 2005, p. 665 ff.   S. 284
[43]) Kaiser Friedrich III., Kriegstagebuch, S. 325, am 8. 1. 71.   S. 284
[44]) *Stosch:* Denkwürdigkeiten, 227. Großherzog Friedrich, Bd. II, 328.   S. 284
[45]) Der aktenmäßige Vorgang ist zuerst ziemlich ungenau von *v. Haeften,* Preuß. Jhb.,   S. 285
177 (1919), geschildert worden. Eine erste Berichtigung a. d. Akten d. Militärkabinetts brachte ich selbst in einem Kriegsvortrag, der vervielfältigt erschien u. jetzt in d. Festschrift. f. Rothfels „Deutschland und Europa", 1951, S. 69 ff., abgedruckt ist. Dadurch veranlaßt hat *R. Stadelmann:* Moltke u. d. Staat, 434 ff., Moltkes Eingabe in d. verschied. Stadien der Entstehung abgedruckt und faksimiliert. Vgl. auch die aktenmäß. Behandlung v. *W. Förster:* Moltke. Persönlichkeit u. Werk, 1943, S. 34.

[46]) *E. E. v. Krause:* Ein deutsches Soldatenleben (1901), S. 140. Ähnlich in der Reichstags-   S. 286
rede vom 14. 4. 74, Ges. Schr. VII, 117.

[47]) So z. B. General Alvensleben, der Frankreich bis zur Marne zu behalten wünschte.   S. 287
M. Busch: Tagebuchblätter I, 103.

[48]) Schon 1867 erklärte Moltke die Befestigungsarbeiten bei Belfort für „ganz irr-   S. 287
elevant": Mil. Korr. III, 79. Auch in den Aufmarschplänen von 1872/73 spielt Belfort nur eine Nebenrolle: Aufmarschpläne 1871/90, hg. v. *Schmerfeld* (1929), S. 19—25. Vgl. auch Brief a. s. Bruder Adolf: Ges. Schr. IV, 29 (11. 3. 71). Näheres in *Stadelmanns* Moltkebuch.

S. 287   [49]) Er versicherte es selbst immer wieder. Tagebuch d. Kronprinzen, 399. Großherzog Friedrich, Bd. II, 381, 393.

S. 288   [50]) Tagebücher a. d. Jahren 1866 u. 1870/71 (1902), 263 f. Sehr bemerkenswert ist die Unterhaltung, die Blumenthal zwei Tage vorher mit dem Kronprinzen hatte (ebenda 201 f.). Dort wagte er nicht, offen gegen die Bereitschaft des hohen Herrn zum Verzicht auf Metz zu opponieren, sondern wollte sich mit Schleifung der Festung begnügen, wenn Metz wirklich „durch und durch französiert" sei.

S. 288   [51]) *Fitzmaurice:* Life of the second Earl Granville (1905), Vol. II, 49 (Gespräch mit Odo Rusell, 1. 3. 73). — Gespräche, hg. von *Kessel*, 174 ff. (Gespräch mit Gontaut-Biron), 25. 4. 72 nach Gontauts Memoiren.

S. 288   [52]) Aufmarschpläne, 1871—90, hg. v. Schmerfeld (1929), S. 20 u. 25, ebenda S. 23: *„Gleichviel, wer zuerst den Krieg erklärt,* ausgehen wird er von der französischen Regierung."

S. 289   [53]) Documents diplomatiques français, 1871—1914, I, 1 (1929), Nr. 406, p. 441. Amtl. Bericht Gontaut-Birons nach der Erzählung Baron Nothombs. Die Stelle ist nach den Memoiren Gontauts auch von *Kessel:* Gespräche Moltkes, S. 180 f., wiedergegeben. Ein Reflex des Berichtes, den Nothomb in Brüssel erstattet hat, findet sich in den D. d. f. I, 1, p. 450, Nr. 413. Über die Bedeutung des Nothomb-Gespräches vgl. auch *R. Stadelmann,* a. a. O., 291 f.

S. 289   [54]) Das hat der französische Botschafter de Gontaut-Biron einmal Ed. Manteuffel vorgehalten, als ihm dieser fortwährend von der „Unvermeidlichkeit" des Revanchekrieges in der Situation Frankreichs sprach. „Inévitable dis-je? Je ne la crois pas telle, car je suis convaincu, qu'il y a d'autres moyens pour réparer ses désastres; mais si on la jugeait telle ici, il faudrait donc croire que l'Allemagne ne nous a imposé une paix aussi onereuse qu'avec la conviction que tôt ou tard la France, comme étouffée dans ses conditions, la violerait et serait invinciblement amenée à recommencer la guerre?" Doc. dipl. frc. I, 1, 431 (30. 4. 75).

S. 289   [55]) Seine indirekte Urheberschaft ist jetzt durch die Schreiben Aegidis an den Redakteur Kruse von der Kölnischen Zeitung eindeutig erwiesen: Deutscher Liberalismus im Zeitalter Bismarcks, hg. von *Wentzcke*, Bd. II, (1926), p. 124. Über den neuesten Stand des Problems und die Haltung Moltkes vgl. bes. *R. Stadelmann*, a. a. O., 284 ff.

S. 289   [56]) Außer mit Gontaut auch noch nachweisbar: Gespräch mit Odo Russell, 2. 5.; dessen Depesche veröffentlicht von *W. Taffs:* Slavonic Review IX, 1930/31, p. 634 ff. u. in: Lord Odo Russell (1938). Inhaltswiedergabe bei *Kurt Meine:* England und Deutschland, 1871—76 (Eberings Hist. Studien 306, 1937), S. 157. Danach sagte Moltke, nach seiner Ansicht werde der Friede nicht gebrochen von der Macht, die zuerst marschiere, sondern von derjenigen, welche die Notwendigkeit der Verteidigung einer anderen herausfordere. Die Wirkung auf die englische Politik war sehr stark und Bismarcks Verwunderung über deren Haltung (Gr. Pol. I, 281) sachlich nicht ganz gerechtfertigt. Weitere Äußerungen über die Kriegsgefahr gegenüber Miquel s. bei *Treitschke*, Briefe IV, 414; gegenüber M. Mohl s. *Stadelmann*, a. a. O., S. 515, Anm. 81.

S. 290   [57]) Gr. Pol. I, 282. Kaiser Wilhelm hält das Praevenire unter Staaten für sittlich verantwortungslos; es zerstöre alle Sympathien der öffentlichen Meinung der Welt.

S. 290   [58]) Ähnlich dachte offenbar der Kriegsminister v. Kameke: Gr. Pol. I, 295, Anm. Privatschreiben Hohenlohes an Bismarck, 21. 4. 75. Der Versuch von *W. Kloster:* Der deutsche Generalstab und der Präventivkriegsgedanke (1932), die kriegerischen Äußerungen Moltkes 1875 zu bagatellisieren bzw. zu bestreiten, ist als verfehlt zu betrachten. Richtig ist nur, daß von einem politischen Zwiespalt zwischen Moltke und Bismarck diesmal keine Rede war.

⁵⁹) Aufmarschpläne 1871—90, hg. von *Schmerfeld* (1929). Nach der Denkschrift vom S. 291
27. 4. 71 ist die russisch-deutsche Feindschaft in völkischen Interessengegensätzen begründet,
(S. 5), die Provinz Preußen ein „höchst erwünschtes" russisches Kriegsziel (S. 11); auch am
3. 2. 77 (S. 65) und im April 1879 (S. 77) wird sie als „nächstliegendes Eroberungsobjekt"
bezeichnet. In einer Aufzeichnung vom Anfang der achtziger Jahre (S. 108), erscheint
es dagegen als zweifelhaft, „ob eine so schwerwiegende Vermehrung des deutschen Elementes bei der augenblicklichen Stimmung der Nation erwünscht sein kann"; dem Panslawismus dürfte Galizien doch näher liegen. Dagegen stellte Moltke sonst, z. B. am
27. 4. 71 (S. 5), die Türkei, Stambul und die Dardanellen als Hauptziel der Russen hin.
Ist in der Denkschrift von 1871 von einem natürlichen deutsch-russischen Interessengegensatz die Rede, so beginnt die Ausarbeitung vom 3. 2. 77, S. 65, mit den Worten: „Es ist
schwer einzusehen, welchen gerechtfertigten Anlaß Rußland haben könnte, sich mit Frankreich zu verbünden . . ." „Der Zweck des Krieges könnte wohl nur eine neue Erweiterung
seines schon so unermeßlichen Ländergebietes sein", nämlich Erwerbung der ost- und west-
preußischen Seehäfen; ähnlich heißt es 1880 (S. 87): „Ein triftiger Grund dafür, daß
Rußland uns allein angreifen sollte, ist kaum erfindlich." Sein eigentlicher Gegner ist
Österreich, Deutschland erst in zweiter Linie wichtig, also genau umgekehrt wie in der
Niederschrift vom April 1871! (S. 5.)

⁶⁰) Unterhaltung mit Gortschakow, 1872: Moltke „faisait observer, que ces grandes S. 292
armées de l'Europe étaient quelque chose d'effrayant". Bericht Gontauts nach Mitteilungen
Gortschakows, 14. 9. 72. Doc. dipl. frc. I, 1, 184.

⁶¹) Im Westen allenfalls Belfort, im Osten nichts, was wir brauchen könnten, statt S. 292
dessen vielleicht die unangenehme Notwendigkeit einer Wiedererrichtung Polens. Im
übrigen sind die Russen „unangenehme Nachbarn, sie haben absolut nichts, was man ihnen
selbst nach dem siegreichsten Krieg abnehmen könnte. — Gold haben sie nicht und Land
können wir nicht brauchen." Zu Lucius v. Ballhausen, siehe dessen Bismarck-Erinnerungen,
S. 139. Vgl. auch die knappe Übersicht von *P. Rassow:* Der Plan des Feldmarschall Grafen
Moltke für den Zweifrontenkrieg 1871—90, (Breslau 1936); R. verkennt m. E. den gleich
zu erörternden Gegensatz zwischen Bismarck und Moltke in der Frage der Feldzugspläne.

⁶²) Vgl. das Gespräch mit dem Botschafter v. Schweinitz am 28. 10. 81: Er ist (im S. 293
Gegensatz zu neuen Plänen Moltkes) für Offensive im Westen, Defensive im Osten, denn
„in Rußland fehle es an Objekten, durch deren Besitznahme man den Krieg beenden
könne". *Schweinitz:* Denkwürdigkeiten, II, 174. Lebhafte Verhandlungen über die west-
östliche Kriegsgefahr zwischen dem Generalstabschef und dem Auswärtigen Amt zu Anfang
1877 läßt das Geheimjournal des Großen Generalstabes (Heeresarchiv) erkennen. Über
ein gemeinsames Vorgehen Bismarcks und Moltkes in der Kriegsfrage Februar 1877
berichtet *W. Windelband:* Bismarck u. d. europäischen Großmächte 1879—1885, (1940),
S. 49 f. Danach haben beide gemeinsam, mit Unterstützung des Kriegsministers v. Kameke, in langem Kampf mit Wilhelm I. eine Verstärkung der westlichen Grenzgarnisonen
durchgesetzt. Aus Windelbands Aktenreferat ergibt sich indessen nicht, ob Bismarck den
Aufmarschplan Moltkes vom 3. 2. 77 (*Schmerfeld:* Aufmarschpläne, S. 65 ff.) kennengelernt, noch weniger, ob er dem darin enthaltenen Präventivgedanken zugestimmt hat.
Nach seiner Haltung i. J. 1887 ist es indessen wahrscheinlich, s. Anmerkung 64! Auch
im Osten suchte Bismarck Sicherung der Grenze gegen einen plötzlichen Überfall der
Russen durch Verstärkung der Grenzgarnisonen, während Moltke aus militärtechnischen
Gründen es besser fand, den Russen mit der eigenen Mobilmachung zuvorzukommen,
was aber dem Reichskanzler nicht zusagen wollte: *Schmerfeld:* Aufmarschpläne, 109 ff.,
(1880).

S. 293   63) Theoretisch hat sich Bismarck darüber in der Reichstagsrede vom 4. 11. 71 sehr offen
ausgesprochen: G. W. XI, 204. Er faßt das rechtzeitige Zuschlagen in solchen Fällen als
angriffsweise Verteidigung auf und beruft sich dafür auf das Beispiel Friedrichs d. Gr.
Es gibt in einem Lande von der zentralen Lage Preußen-Deutschlands häufig Fälle, in
denen der feindliche Angriff nur durch rechtzeitiges Losschlagen abgewehrt werden kann.
Und es ist „Pflicht der Regierung . . . daß, wenn wirklich ein Krieg nicht vermieden werden
kann, dann die Regierung denjenigen Zeitpunkt wählt, ihn zu führen, wo er für das
Land, für die Nation mit den geringsten Opfern, mit der geringsten Gefahr geführt
werden kann". Daß er mit dieser letzten Formulierung in eine gewisse Spannung zu seiner
sonst geäußerten scharfen Ablehnung des Präventivkrieges geriet (s. darüber unten
Abschn. IV), hat er im Reden offenbar nicht empfunden — auch an diesem Punkt ein
Mann der praktisch-konkreten Einzelentscheidung, nicht der Doktrin. — Eine ähnliche
Wendung siehe im Erlaß an Arnim vom 30. 10. 73 (Gr. Pol. I, 221): „Keine Regierung würde
so töricht sein, für den Krieg, sobald sie gegen ihren Wunsch ihn als unvermeidlich
betrachten muß, dem Gegner nach Belieben die Wahl von Zeit und Gelegenheit zu überlassen und den Augenblick abzuwarten, der dem Feind der genehmste ist."

S. 293   64) Das alles wird ganz deutlich an seiner Stellungnahme zur Kriegsgefahr von 1887.
Im Fall eines österreichisch-russischen Krieges will er sofort Frankreich angreifen, nötigenfalls durch deutsche Kriegserklärung — es sei denn, daß der Friede mit Frankreich „ge-
sicherter ist als jetzt". Falls Österreich der Angreifer im Osten ist, will er die Teilnahme
Deutschlands an seinem Krieg von dem Verlauf des französischen Feldzugs abhängig
machen, aber auch im gegenteiligen Fall erst nach Sicherstellung der Westgrenze im Osten
eingreifen: Gr. Pol. VI, 27 u. 68 (Dezember 1887).

S. 294   65) Zu Graf Hatzfeld, siehe dessen Schr. a. Holstein, 18. 6. 95: Gr. Pol. IX, S. 353.

S. 295   66) Denkschrift und Begleitschr. vom 30. 11. 87: Schmerfeld: Aufmarschpläne. Urheberschaft Waldersees: Waldersee: Denkwürdigkeiten, I, 338 f. Generalfeldmarschall Graf v.
Waldersee in s. militär. Wirken, hg. v. Hans Mohs, II, (1929), 299 ff.

S. 296   67) Mancherlei aktenmäßige Nachweise in der sehr detaillierten Darstellung von
H. Krausnick: Holsteins Geheimpolitik in der Ära Bismarck, 1886—90 (1942), bes.
S. 149 ff. Im übrigen vgl. Gr. Pol. Bd. VI; v. Glaise-Horstenau: Franz Josefs Weggefährte.
Das Leben des Generalstabschef Grafen Beck (1930), S. 306 ff., und außer den älteren die
neuere Darstellung der Krise in Stadelmanns Moltke-Buch.

S. 296   68) Dabei passierte ihm das Mißverständnis, als hätte Waldersee den Österreichern
gegenüber die Wahrscheinlichkeit eines russischen Angriffs überhaupt bestritten. In Wahrheit bestand der Gegensatz darin, daß Waldersee die von Bismarck gewünschte Verstärkung der galizischen Grenzgarnisonen jetzt nicht für vordringlich hielt, dagegen auf
einen möglichst bald zu eröffnenden Offensivkrieg gegen Rußland drängte. Nur das letztere
hat Bismarck in den Gedanken und Erinnerungen, Bd. III, 135 (= G. W. XV, 554), in
Erinnerung behalten. Über das Mißverständnis siehe jetzt H. Krausnick, a. a. O., 151 ff.
Die Mitteilung der Moltke-Walderseeschen Denkschrift vom 30. 11. nach Wien (am 9. 12,
Waldersee, a. a. O., 421 f.) geschah nur deshalb, um dem vermeintlichen „Optimismus"
der Äußerungen Waldersees über die Kriegsgefahr entgegenzuwirken und den österreichischen Rüstungseifer anzufeuern.

S. 297   69) v. Glaise-Horstenau, a. a. O., 463. Die in Punkt 3 der Antwort zugestandene Verwendung von „mehr als der Hälfte der deutschen Macht gegen Rußland" im Fall französischer Neutralität besagte praktisch nichts, da ja niemand auf französische Neutralität
rechnete.

S. 298   70) Gedanken und Erinnerungen, III, 136 ff. = G. W. XV, 554 ff.

S. 299   70a) Vgl. dazu m. Aufsatz: Die Zusammenarbeit der Generalstäbe Deutschlands und Österreich-Ungarns vor dem I. Weltkrieg, in: Festschr. f. H. Herzfeld 1958, S. 523 ff. Über Moltke-Waldersees Aufmarschpläne seit 1887 vgl. auch *Eb. Kessel*, Moltke (1958), S. 713 ff.

[71]) *P. Rassow*, a. a. O., S. 5.   S. 299

[72]) Milit. Korr., III, S. 16 ff., Nr. 3. Frühjahr 1860. Ähnliche Deduktionen an vielen   S. 300
anderen Stellen, vgl. etwa die Denkschr. v. 27. 4. 71, Aufmarschpläne, hg. von *Schmerfeld*,
S. 5, Abs. 3: Rußland *muß* eines Tages sich gegen Deutschland wenden.

[73]) Beispiele: Denkschr. vom Dezember 1859 über Zweifrontenkrieg gegen Rußland u.   S. 301
Frankreich: Ausgew. Werke, hg. von *Schmerfeld*, Bd. IV, 20 f. Aufmarschpläne für den
Krieg gegen Frankreich, Österreich, Rußland: Frühjahr 1860, Mil. Korr. III, Nr. 1.
Gegen Bayern, Österreich und Frankreich um der kurhessischen Streitfragen willen. Ebenda
Bd. III, Nr. 2. Aufmarschpläne gegen einen französisch-österreichischen Angriffskrieg zwischen 1877 und 1879: *Schmerfeld:* Aufmarschpläne 15 und 17. Im übrigen ist die Zahl der
noch ungedruckten Studien und Entwürfe, größtenteils von Moltkes eigener feiner Hand,
erstaunlich. Sie lagen im Heeresarchiv Potsdam meist ohne alle Aktenvorgänge eingeordnet.
Mein Versuch, mit Hilfe des Geheimjournals des Chefs des Generalstabs (1869—1914),
vom Verkehr der Chefs mit dem A. A. eine exakte Vorstellung zu gewinnen, ergab, daß
der schriftliche Verkehr in ruhigen Zeiten sehr unbedeutend war und sich hauptsächlich
auf die gegenseitige Mitteilung von Auslandsnachrichten bezog. Sehr vieles ist offenbar
nur mündlich zwischen beiden Stellen erörtert worden. Leider war mir das politische
Archiv des A. A. im Kriege nicht zugänglich.

[74]) Davon erhielt ich eine besonders lebendige Vorstellung aus dem Aktenbd.: A III,   S. 301
1, I, im Kriegsarchiv d. Gr. Generalstabs (Heeresarchiv). Ähnlich auch aus dem Band
„Vorbereitung zum Kriege 1864" ebenda XXVII Z 2314, III, II, 1, der allerdings Moltke
noch ganz als beratendes Organ des Kriegsministers erscheinen läßt. Vgl. zu dieser Frage
auch meinen Vortrag: Kriegführung und Politik im Reiche Bismarcks, in der Festschrift für
H. Rothfels: Deutschland und Europa (1951).

[75]) Vgl. s. Rede vom 16. 2. 74. Ges. Schr. VII, 106: Es „ist das erste Bedürfnis eines   S. 302
Staates, zu existieren, sein Dasein nach außen gesichert zu sehen... nach außen von
Staat zu Staat schützt nur die Macht". In den Ges. Schr., Bd. II, findet sich ein Aufsatz,
„Die westl. Grenzfrage", der nach der Feststellung *Eb. Kessels*, H. Z. 161 (1940), S. 436,
zwar nicht von Moltke stammt, sondern von Wolfg. Menzel, aber bei der engen Berührung beider Autoren Moltkes Ansichten zweifellos entspricht und die Lehre vom
Primat der Außenpolitik sehr nachdrücklich einschärft. Deutschland müsse lernen, heißt
es S. 227 f., alle politischen Fragen „aus dem größeren nationalen Gesichtspunkt anzusehen und über inneren Zwistigkeiten nie die auswärtige Politik zu vergessen". „Wir müssen
uns selbst mitten im Frieden immer wie ein großes Heer und im Feldlager und im
Angesicht eines mächtigen Feindes betrachten... Wir müssen immer nur Front machen
gegen den Feind von außen."

ANMERKUNGEN ZUM 8. KAPITEL - ABSCHNITT IV

[1]) Vgl. darüber *W. Fritzemeyer:* Christenheit und Europa. Zur Geschichte des euro-   S. 303
päischen Gemeinschaftsgefühls von Dante bis Leibniz, 1931. (Beiheft 23 der Hist. Ztschr.)
Wichtig ist vor allem, daß schon die mittelalterliche „Christenheit" sich mehr als Gemeinschaft empfand denn als Herrschaftsverband des sacrum imperium.

S. 304 **²)** Nachgewiesen in der ausgezeichneten Abhandlung von *Herm. von Caemmerer:* Rankes große Mächte und die Geschichtschreibung des 18. Jh., in der Festschrift für Max Lenz: Studien und Versuche zu neueren Geschichte (1910). Besonders wichtig für unseren Zusammenhang ist der Nachweis, daß sowohl bei Ancillon wie bei Fr. Gentz und Heeren das „Gleichgewicht" als Voraussetzung der Unabhängigkeit freier Völker und eines gesicherten Friedens erscheint. Im Ganzen der Entwicklung seit dem 16. Jhr. hat bekanntlich die Gleichgewichtstheorie die verschiedenartigsten Anwendungen gefunden; vor allem kann sie einerseits als Sicherung der „Staatenrepublik" gegen „Universalherrschaft" erscheinen, andererseits als Gleichgewicht von zwei Großmächten oder Mächtegruppen zugunsten eines neutralen Dritten, der das „Zünglein an der Waage" bildet. S. darüber etwa *H. Meisner:* Vom europäischen Gleichgewicht. Pr. Jbb. 176 (1919).

S. 305 **³)** Siehe oben! In gemildert-vorsichtiger Form auch bei Ranke im Polit. Gespräch: „Du wirst mir wenig wichtige Kriege nennen können, von denen sich nicht nachweisen ließe, daß die wahre moralische Energie den Sieg behauptete."

S. 306 **⁴)** *Meinecke:* Weltbürgertum und Nationalstaat, Buch I, passim. Es entspricht den politischen Stimmungen der Vorkriegsepoche um 1907, wenn solche „Nachwirkungen des Universalismus" dem Verf. als eine noch anhaftende Unvollkommenheit erscheinen. Heute könnten diese Nachweisungen eine ganz andersartige Bedeutung gewinnen angesichts der Übertreibung kämpferischer und imperialistischer Züge in der Ideenwelt des erwachenden neudeutschen Nationalismus, mit der die modernste englische Kriegspropaganda arbeitete; vgl. etwa das Buch: The Roots of National Socialism 1783—1933, von *Rohan d'O. Butler,* London 1941. — Das stoffreiche, aber ein wenig oberflächliche Buch von *Eberh. v. Vietsch:* Das europäische Gleichgewicht (1942) bemüht sich um den Nachweis, daß die Gleichgewichtsidee, als ein spezifisches Produkt westeuropäischen Denkens, auf deutschem Boden immer nur als Fremdgewächs aufgetreten sei. Diese These läßt sich nur durch künstliche Übersteigerung der nationalen Gegensätze einleuchtend machen. Zutreffend erscheint mir dagegen die Beobachtung daß die starke Betonung der Gleichgewichtsidee im Westeuropa des 19. Jh. irgendwie mit dem Ermatten des politischen Elans der Franzosen und dem Sekuritätsbedürfnis des britischen Empire zusammenhängt.

S. 306 **⁵)** *Adam Müller:* Elemente der Staatskunst (1809), 4., 6., 10., 33. Vorlesung. Auch an die Lehre von der Einheit des „europäischen Staatensystems" durch den Historiker Heeren ist hier zu erinnern.

S. 306 **⁶)** Für Niebuhr vgl. *Meinecke,* a. a. O., 216, 218 ff. Für Stein vgl. meine Biographie, bes. die Auseinandersetzung mit *Meinecke,* Bd. II, S. 366 ff., 387 f.

S. 306 **⁷)** Vgl. etwa *J. G. Droysen:* Historik, hg. von Hübner (1937), S. 262: „Es liegt in der fortschreitenden völkerrechtlichen Entwicklung der Gedanke nahe, daß die Staaten unter gewissen Gesichtspunkten, wie des Handels, der Bildung, des Rechtes usw., ja doch eigentlich eine große Gemeinschaft bilden, in der die schroffe Scheidung durch den Machtbegriff zwar nicht völlig abgetan, aber doch für die wichtigsten Verhältnisse und für den geregelten Gang der Dinge ohne Anwendbarkeit sei. Das ist der Gedanke, welcher seit dem Imperatorenreich in immer anderer Gestalt versucht worden, endlich in der Form des Staatensystems durchgedrungen ist. Nicht die Katholizität der Kirche hat diesen Segen über das menschliche Geschlecht zu bringen vermocht, auch nicht die Kabinettspolitik der Allianzen und contrepoids, wie sie seit dem Dreißigjährigen Krieg sich entwickelt hat, sondern die mit der fortschreitenden Gedankenbewegung gewonnene Einsicht, daß die großen sittlichen Gemeinsamkeiten, in denen der Mensch lebt, wohl im Verhältnis zum Staat, zu dessen Schutz und Ehre stehen, aber mitnichten nur für ihn und durch ihn erwachsen und mit seinen Grenzen beschlossen sind." Es folgt ein Protest gegen den „exaltierten Begriff vom Staat, wie ihn die Doctrinen der letzten vier Menschenalter gefunden haben", — nämlich gegen die blinde Verabsolutierung der Staatsgewalt, deren furchtbare Konsequenz die Erfahrungen der achtundvierziger Revolution, besonders in Frankreich, gezeigt hätten. Es habe sich da „ein Abgrund von Gefahren für die edelsten sittlichen Güter aufgetan". Man sieht: dieser Universalismus lebt aus dem liberalen Freiheitssinn, der sich nicht allzusehr einengen lassen will durch nationalpolitische Bindungen. — Dasselbe gilt von den gelegentlichen Protesten H. v. Treitschkes gegen ein Übermaß nationalistischer „Borniertheit", die *Fr. Meinecke*, a. a. O., 502, zusammenstellt.

⁸) Vgl. dazu meine Studie: Bismarck u. d. Rheinpolitik Napoleons III. in: Rhein. Vierteljahresblätter XV—XVI, 1950/51.   S. 307

⁹) Vgl. *R. Stadelmann:* Das Jahr 1865 u. d. Problem von Bismarcks deutscher Politik.   S. 308
1933 (Beiheft 29 der Hist. Zeitschr.), und *H. v. Srbik:* Deutsche Einheit, Bd. IV, bes. Buch 9, Kap. 3—7. Eine quellenmäßige Auseinandersetzung mit den Stadelmannschen Thesen behalte ich mir für später vor. Hier sei nur so viel angedeutet, daß ich keine der von Bismarck versuchten „dualistischen" und „konservativen" Lösungen der deutschen Verfassungsfrage für endgültig halte und glaube erweisen zu können daß jede von ihnen bewußt die Möglichkeit einer kriegerischen Machtentscheidung offen ließ. Es handelt sich immer nur darum, Österreichs deutsche Machtpositionen zu untergraben — aber möglichst so, daß die kriegerische Entscheidung vermieden oder doch vertagt wurde. Weitere Andeutungen weiter unten im Text.

¹⁰) *H. Friedjung:* Kampf um die Vorherrschaft II, 4. Aufl., S. 545 f., (13. 6. 90) = Ges.   S. 308
W. IX, 49 f.

¹¹) Ansprache am 1. 4. 95, Ges. W. XIII, 556.   S. 309

¹²) Gedanken und Erinnerungen, II, 93.   S. 309

¹³) Vgl. etwa Ged. u. Erg., II, 157 f.; *M. Busch:* Tagebuchblätter I, 447 ff.; Briefe an   S. 309
Braut und Gattin passim. *A. O. Meyer:* Bismarcks Glaube im Spiegel der „Losungen und Lehrtexte". Münch. histor. Abh. I, 1 (1933), bes. S. 7 ff. u. die ältere Literatur über Bismarcks religiöse Haltung. Besonders eindrucksvoll ist das Gespräch mit *R. v. Keudell*, am 30. 11. 63 (Fürst und Fürstin B., S. 136), im Moment des ersten Kriegsentschlusses: „Daß Sie, der Sie mich solange und so gut kennen, denken, ich wäre in diese große Sache hineingegangen wie ein Fähnrich, ohne mir den Weg klarzumachen, den ich vor Gott verantworten kann, das vertrage ich nicht, das hat mir den Schlaf zweier Nächte gestört."

¹⁴) Ges. W. X, 103 f.   S. 309

¹⁵) Ges. W. VII, 186 f., nach *Poschinger:* Bismarck u. d. Parlamentarier, III, 285. Ganz   S. 310
ähnliche Äußerungen meldet der württembergische Gesandte H. v. Spitzemberg an Varnbüler vom 2. 4. 67: „Es sollte jeder Minister des Äußern gezwungen werden, mit ins Feld zu ziehen und namentlich das Elend in den Lazaretten mit anzusehen, dann würde keiner den Krieg leicht nehmen." Ausw. Pol. Prs. VIII, 558, Anm. Ähnliches berichtet ferner Großherzog Friedrich v. Baden, 14. 4. 67. *Oncken:* Großherzog Friedrich, Bd. II, 86; vgl. auch Gespräch mit Gymnasiallehrern, August 1867 (Ges. Werke, VII, 219): „Wer nur einmal in das brechende Auge eines sterbenden Kriegers auf dem Schlachtfelde geblickt hat, der besinnt sich, bevor er einen Krieg anfängt." Ferner Gespräch mit Völderndorff, Mai 1868 (Ges. W. VII, 261), oder mit Graf Keyserling, 10. 10. 68 (Ges. W. VII, 264). Ganz offenbar haben die seelischen Eindrücke von 1866 bei Bismarck noch jahrelang stark nachgewirkt.

¹⁶) Ges. W. VII, 198: Gespräch mit v. Löw, 4. 6. 67. Ebenda 261: Gespräch mit Völdern-   S. 310
dorff, Mai 1868, unter starker Betonung des christlichen Motivs. Ges. W. IX, 14: Gespräch mit des Houx, 25. 4. 90. Ebenda, S. 207: Gespräch m. H. Kleser, 31. 5. 92 u. ö.

¹⁷) Die Zahl der Äußerungen Bismarcks über den Präventivkrieg und seine moralisch-   S. 311
politische Unmöglichkeit ist sehr groß. Besonders interessant sind die von Herbert Bismarck redigierten Ausführungen vom 16. 2. 87 (Gr. Pol. VI, 172 ff.), wo sich Bismarck auf die

sehr lange Friedfertigkeit Frankreichs gegenüber Deutschland und England nach der Niederlage von 1815 beruft. Vgl. ferner Gr. Pol. VI, 304 ff., Ges. W. VII, 186. Zu beachten ist, daß er das rechtzeitige Losschlagen angesichts einer *unmittelbar* und *zweifellos* bevorstehenden Kriegsgefahr nicht als verantwortungsloses Prävenire betrachtete, s. d. Reichstagsrede vom 4. 11. 71., Ges. W. XI, 204 (schon oben im Abschn. III zitiert). Eine sehr eingehende aktenmäßige Untersuchung zur Aufhellung dieses scheinbaren Widerspruches bietet die (ungedr.) Dissert. meines Schülers *Rud. Koop:* Bismarck und der Präventivkrieg. Freiburg 1953, der sehr mit Recht betont, daß für die praktisch-politische Entscheidung Bismarcks niemals theoretische Erwägungen (auch nicht solche über Recht oder Unrecht des Präventivkrieges im allgemeinen) maßgebend waren, sondern immer nur die Erwägung des politisch Gebotenen im konkreten Fall; was aber jeweils politisch geboten ist, das wird nicht ohne Bewußtsein auch der sittlichen Verantwortung des Handelnden bestimmt.

S. 312   [18]) Vgl. seine Ansprache am 1. 4. 95 an die studentische Jugend: „Wir Deutsche hatten (1875) keinen Grund mehr, Krieg zu führen; was wir brauchten, hatten wir; darüber hinaus zu fechten, aus Eroberungsbedürfnis, für die Annexion von Ländern, deren wir zu unserer Genugtuung nicht bedurften, ist mir als Ruchlosigkeit erschienen: ich möchte sagen: als eine bonapartistische Ruchlosigkeit, als eine ausländische, die nicht in unserem germanischen Gerechtigkeitsgefühl liegt." Ges. W. XIII, 557 f. Zur richtigen Würdigung dieser Friedensrede des Achtzigjährigen muß man die Olmützrede von 1850 daneben halten, die zum mindesten Verständnis dafür durchblicken läßt, daß „jemand einen Krieg gern führen könnte, der keinen anderen Grund hat, als daß sein König und Kriegsherr sagt: dies Land gefällt mir, ich will es besitzen". (Ges. W. X, 106.) Die Neigung zum Erobern steckte sehr wohl in dem jungen Bismarck; aber als verantwortlicher Staatsmann hat er ihr nur in den klar bezeichneten Grenzen des zweifellosen nationalen Bedürfnisses nachgegeben.

S. 312   [19]) Vgl. Graf *v. Mandelsloh:* Politische Pakte u. völkerrechtl. Ordnung, in: 25 Jahre Kaiser-Wilhelm-Gesellschaft, Bd. III, S. 230—234.

S. 313   [20]) Gespräch mit Th. v. Bernhardi, VII, 375 (10. 5. 67). Auf Bernhardis Einwand, daß Frankreich bestimmt seine bisherige Vormachtstellung in Europa nicht ohne Krieg aufgeben werde, antwortet B. einfach aber bestimmt: „Das mag sein; das ist aber noch kein Grund, den Krieg zu provozieren . . ." Sein Hauptgrund, der eigentliche, richtige ist" (nach Bernhardi), „damit Preußen nicht als der beständige Störenfried in Europa angeklagt und verschrien werde." Charakteristischerweise fügt der Nationalliberale Bernhardi hinzu: „NB. was würde das eigentlich schaden?"

S. 314   [21]) Die diplomatische Vorgeschichte des siebenziger Krieges ist dadurch in schwere Verwirrung geraten, daß Bismarck nachträglich (bes. in den Gedanken und Erinnerungen) seinen Anteil an der spanischen Thronkandidatur zu verhüllen bzw. abzustreiten suchte. Die aktenmäßige Aufdeckung dieses Anteils durch *R. Fester* führte dann zu einer höchst einseitigen Übertreibung seines „Machiavellismus". Die von Bismarck selbst (schon in den Denkschriften für Wilhelm I.) vorgeschobenen Gründe für ein angebliches „realpolitisches" Interesse Preußens an der Berufung eines Hohenzollerischen Prinzen nach Madrid haben die Forschung erst recht in die Irre geleitet. Ich kann mich nicht davon überzeugen, daß Bismarck im Ernst irgendwelche politisch-militärische Rückenbedrohung Frankreichs von der Berufung eines Sigmaringischen Prinzen auf den spanischen Thron erwartet hat; noch weniger dürften wirtschaftliche Motive eine Rolle gespielt haben. Ihm konnte überhaupt an der Beendigung des Chaos in Spanien nicht viel gelegen sein; er betrachtete das als eine „Fontanelle", die eine Wunde im Rücken des Empire offen hielt und damit dessen Ehrgeiz dämpfen half. Festers These, daß er vor allem eine französisch-italienische Einigung auf der Basis einer Ablösung französischer Truppen in Rom durch spanische habe verhindern wollen, ist sehr künstlich und wird durch die späteren Ereignisse eher widerlegt: Frankreich zog auch ohne spanische Ablösung seine Truppen zurück. *Thimmes* Vermutung (Bismarck, Ges. W. VI b, S. 269), er habe das Ansehen der Hohenzollerndynastie so heben wollen, daß diese für das Kaisertum reif würde, scheint mir quellenmäßig ebenso schwach begründet wie sachlich unwahrscheinlich. Gänzlich abzuweisen ist (was auch schon *Thimme*, a. a. O., mit Recht betont) die *Delbrück*sche These, Bismarck habe den Präventivkrieg provozieren wollen. Dazu hätten sich andere, weit günstigere Gelegenheiten geboten. H. *Onckens* eindrucksvoller Hinweis (Rheinpolitik Napoleons III., Bd. I, S. 100 ff.) auf die Einkreisungspolitik Napoleons als Hintergrund der ganzen spanischen Affäre trifft den politischen Kern der Sache, doch geht Oncken m. E. viel zu weit in der Annahme eines bewußten Kriegswillens bei Napoleon und Ollivier seit dem 6. 7. 70. Ich glaube eindeutig beweisen zu können, daß auch hier nur ein diplomatischer Triumph beabsichtigt war, der dann zum Schrecken des Kaisers und seines liberalen Ministerpräsidenten in die Alternative: diplomatische Niederlage oder Krieg? hineinführte. Auch Bismarck hat offenbar anfangs stark mit der Kriegsscheu Napoleons gerechnet. Diese knappen Andeutungen müssen hier genügen. Eine gründliche, den gesamten Quellenbestand erschöpfende und aus dem Sigmaringer Archiv noch erweiternde Behandlung der Frage hat mein Schüler *Jochen Dittrich* in einer umfangreichen Freiburger Dissertation 1948 geliefert. Leider ist sie noch ungedruckt, doch hat D. die wichtigsten Resultate in einem Aufsatz der Zeitschr. „Welt als Geschichte", Jg. 53, H. 1, zusammengefaßt. Die vorsichtig wägende Darstellung von *E. Marcks*: Der Aufstieg des Reichs, II, 420 ff., kommt über ein Abschattieren der verschiedensten, z. T. ganz unwahrscheinlichen Deutungsmöglichkeiten der Absichten Bismarcks nicht recht hinaus. Was *E. Eyck* im II. Band seiner Bismarckbiographie zur Genesis des Krieges vor 1870/71 bietet, ist das Plädoyer eines Staatsanwalts, nicht die Analyse eines Historikers.

²²) *M. Busch:* Tagebuchblätter, I, 7 (27. 2. 1870). Vgl. das Urteil Stoschs: Denkwürdig-   S. 314
keiten, 181, Brief vom 5. 4. 70 an Freytag: „Bismarck verfolgt unausgesetzt sein großes Ziel, die Einigung Deutschlands, und möchte sie *ohne Krieg* gewinnen." Ähnlich die Äußerungen zu Keudell, Dezember 1869: Bismarck weigert sich, den Krieg mit Frankreich zu suchen. „Man müsse fortfahren, die Ursachen eines möglichen Kriegsfalles wegzuräumen, und der beruhigenden Wirkung der Zeit vertrauen" usw. Er setzte damals seine Hoffnungen auf Napoleons zunehmende Krankheit und die friedfertige Haltung des neuen liberalen Ministeriums Ollivier, Ges. W. VII, 302 = *Keudell:* Fürst und Fürstin, B. 419. An anderen Stellen wird mit Napoleons raschem Tod oder dem Sturz seines Thrones gerechnet. Vgl. auch Gespräch mit Völderndorff, Mitte Mai 1868: „Es ist doch immer auch die Möglichkeit vorhanden, daß wir schließlich auch ohne Krieg zum Ziel gelangen… und der müßte ein schlechter Christ und ein gewissenloser Mensch sein, der nicht schon um solcher Möglichkeit willen alles aufbieten würde, seinen Mitbürgern einen, wenn auch siegreichen Krieg zu ersparen." Ges. W. VII, 261.

²³) Erlaß an Frhr. v. Werther, Ges. W. VI b, S. 2, 26. 2. 69: „Daß die deutsche Einheit   S. 314
nur durch gewaltsame Ereignisse gefördert werden würde, halte auch ich für wahrscheinlich. Aber eine ganz andere Frage ist der Beruf, eine gewaltsame Katastrophe herbeizuführen und die Verantwortlichkeit für die Wahl des Zeitpunktes. Ein willkürliches, nur nach subjektiven Gründen bestimmtes Eingreifen in die Entwicklung der Geschichte hat immer nur das Abschlagen unreifer Früchte zur Folge gehabt… hinter der wortreichen Unruhe, mit der Leute *außerhalb der Geschäfte* nach dem Stein der Weisen suchen, der sofort die deutsche Einheit herstellen könnte, verbirgt sich in der Regel eine flache und jedenfalls impotente Unbekanntschaft mit den Realitäten und ihren Wirkungen… Wir können die Uhren vorstellen, aber die Zeit geht deshalb nicht rascher, und die Fähigkeit

zu warten, während die Verhältnisse sich entwickeln, ist eine Vorbedingung praktischer Politik."

S. 315   [24]) Vgl. darüber oben Abschn. II.

S. 315   [25]) Vgl. darüber eingehend: *v. Srbik:* Metternich II, 531 ff. Über die Bedeutung des Gleichgewichtsgedankens in der Politik Bismarcks vgl. *Ewald Kleisinger:* Bismarck und der Gedanke d. europ. Ordnung. Jurist. Diss. Jena 1938 (gleichzeitig in Buchausgabe, Würzburg, Triltsch). In erstaunlichem Maße wird der friedesichernde Charakter der bismarckischen Außenpolitik nach 1871 im III. Band der gr. Biographie von *E. Eyck* verkannt.

S. 316   [26]) An Schweinitz, 25. 2. 87: Gr. Pol., VI, 177 f. Auch die gegenwärtige Feindschaft Frankreichs kann eine deutsche Politik, die mit langen Sichten rechnet, von diesem Standpunkt nicht abbringen. Im Fall des Krieges "würden wir noch den Frieden bieten." Natürlich ist das alles für die Russen gesagt, enthält aber doch einen Kern fester, auch sonst bezeugter Überzeugung. Vgl. z. B. Gepräch mit Henri des Houx, 24./25. 4. 90 (Ges. W., IX, 16): Integrität Frankreichs ebenso wie die Österreichs eine europäische Notwendigkeit. Oder der Erlaß an v. d. Goltz vom 30. 1. 67 (Ges. W., VI, 251): Preußen hat größtes Interesse an einer Lösung der orientalischen Frage, "welche aus Frankreich ein zufriedenes und friedliebendes Mitglied der *europäischen Gemeinschaft* macht".

S. 316   [27]) Erlaß an v. d. Goltz, 20. 2. 65. Ges. W. V, 94: "Wir dürfen davon (d. i. von der zweideutigen Haltung Frankreichs) nicht befremdet, nicht verletzt sein. Frankreich schuldet uns nichts. Es würde nur dem Gebot eines natürlichen Egoismus folgen, indem es seine Stellung uns gegenüber, indem es uns selbst auszunutzen suchte..." usw. Ähnliche Stellen sind zahlreich. Wohl am bekanntesten: die Ablehnung jeder Interventions- und Prestigepolitik in der Reichstagsrede vom 6. 2. 88: Ges. W. XIII, 331, Abs. 2.

S. 316   [28]) Ges. W., XV, 364[30]—365[8] (= Ged. u. Erg. II, 175, Abs. 3) u. ö.

S. 316   [29]) In klassischer Form wird das dargelegt in der großen Reichstagsrede vom 6. 2. 88: Ges. W., XIII, 340, Abs. 3. Die Dreibundverträge gelten, wie alle völkerrechtlichen Verträge, nur mit der clausula rebus sic stantibus. Sind sie unerfüllbar geworden durch Wandel der Verhältnisse, so muß das offen erklärt werden, da kein Staatsmann gezwungen werden kann, um des Vertragsbuchstabens willen sein Volk ins Verderben zu führen. Aber eine solche Selbstopferung verlangt auch in Wahrheit kein Vertrag. Die Verträge "sind nur der Ausdruck der Gemeinschaft in den Bestrebungen und den Gefahren, die die Mächte zu laufen haben". Man will gemeinsam Gefahren abwehren, "den Frieden, der den einen so teuer ist wie den anderen, gemeinsam schützen... Dieses Bestreben und dabei auch das gegenseitige Vertrauen, daß man die Verträge hält und daß durch die Verträge keiner von dem anderen abhängiger wird, als seine eigenen Interessen es vertragen — das alles macht diese Verträge fest, haltbar und dauerhaft."

S. 318   [30]) Ges. W., IV, 516 ff.; Ausw. Pol. Preußens, V, 230, 237.

S. 318   [31]) Ges. W., IV, 531.

S. 318   [32]) Graf Friis an Quaade, 27. 6. 69: Det Nordslesvigske Spørgsmaal, II, 588, S. 259, wiederholt: *Fr. Hähnsen:* Ursprung und Geschichte des Artikels V des Prager Friedens, II (1929), 257.

S. 319   [33]) Bericht Benedettis, 8. 2. 68. Origines diplom., XX, 353 f.

S. 319   [34]) Berichte Quaades vom 27. 3. und 3. 4. 68: Det Nordslesvigske Spørgsmaal, I, 430—32, II, 446, und bei *Hähnsen,* a. a. O., II, 213 f.

S. 319   [35]) Vgl. etwa Erlaß an den Oberpräsidenten Frhr. v. Scheel-Plessen, 31. 7. 66: *Hähnsen,* II, 6 ff.

S. 319   [36]) Dieser Nachweis *Platzhoffs* in der Einleitung zu dem oben zitierten Aktenwerk ist m. E. durch die nachfolgende (sachlich in den meisten Punkten berechtigte) Kritik nicht erschüttert und durch die ergänzende Publikation *Hähnsens* nur bestätigt worden. — Vgl. ferner Bismarcks Reichstagsrede, 24. 9. 67, Rede im Preuß. Abgeordnetenhaus, 20. 12. 66.

[37]) Klarste Darstellung seiner Erwägungen in dem Promemoria Bülows vom 28. 4. 75, S. 320 und Schreiben an Moltke vom 1. 5. 75 bei *Platzhoff*, a. a. O., Nr. 307, 308, S. 397 ff.

[38]) Wertvolles neues Quellenmaterial zur luxemburgischen Krise bietet (außer den Ges. S. 321 W., Bd. VI, den Origines Dipl. t. XIII—XVI und *H. Oncken*: Rheinpolitik Napoleons, Bd. II) der Dokumentenanhang des Buches von O. Graf *zu Stolberg-Wernigerode*: Rob. H. Graf v. d. Goltz, 1941.

[39]) Ged. u. Erg., I, 99 = Ges. W., XV, 73. Dazu die Reden vom 22. 1. 64 u. 2. 5. 71. S. 322

[40]) Zu *M. Busch*, II, 172, 5. 9. 70: „Metz und Straßburg ist's, was wir brauchen und uns S. 322 nehmen wollen — die Festungen. Das Elsaß... ist Professorenidee."

[41]) „Comprenant qu'il serait inutile de revendiquer ce qui était déjà perdu..." *Thiers*: S. 323 Notes et souvenirs p. 118. Vgl. auch seinen privaten Vorschlag schon am 8. 8. 70, das Elsaß gegen belgisch-wallonisches Gebiet einzutauschen: *Rheindorf*: England und der dtsch.-franz. Krieg 1870/71 (1923), S. 137. Ferner seine Unterredung mit dem Kronprinzen am 22. 2. 71 *Großherzog Friedrich I.* von Baden, II, 390: „Die Abtretung vom Elsaß werde in ganz Frankreich schwer empfunden, aber man werde sie mit Resignation hinzunehmen wissen, wenn nur Metz und Lothringen Frankreich erhalten bleiben." Dazu *Kaiser Friedrich III.*: Kriegstagebuch, 391. Vgl. ferner die Versicherungen Gontaut-Birons, 1875, eine Rückgabe Lothringens würde alle Gemüter in Frankreich mit Deutschland aussöhnen: Gr. Pol. I, 276 (Aufzeichnung von Radowitz).

[42]) Ges. W., VI b, 501. S. 323

[43]) Ges. W., VI b, 2015, S. 678 f. S. 323

[44]) Nur in diesem Sinn ist offenbar der Ärger zu verstehen, den er Ende September über S. 323 die Mahnungen einzelner deutscher Presseorgane zur Mäßigung in den Friedensbedingungen äußerte. Er hielt das für eine Erschwerung seiner Verhandlungstaktik, da er wünschte, sich auf recht hohe Forderungen der deutschen öffentlichen Meinung berufen und dann je nach Bedarf nachlassen zu können: *M. Busch*: Tagebuchblätter I, 250, 253 f. Vgl. dazu *A. Klein-Wuttig*, a. a. O., 159.

[45]) *L. Bamberger*: Bismarcks großes Spiel, (1932), S. 206. Unterredung vom 4. 11. 70. S. 324 *M. Busch*, II, 168 f.: Tischgespräch vom 21. 2. 71: Man könnte mit den französischen Milliarden auch anderswo eine geeignete Festung anlegen. Ähnlich die Mitteilung Abekens an Großherzog Friedrich vom 10. 2. 71: dessen Tagebuch, II, 367.

[46]) Thiers Notes et souvenirs, p. 96 f., p. 118. Dazu die Mitteilungen von *F. Hirth*, S. 324 Preuß. Jahrb. 183, S. 179, 185, aus dem Originalnachlaß Thiers', in dem die soeben zitierte Stelle fehlt, aber von der Möglichkeit eines sofortigen Friedensschlusses mit Verlust nur einer Provinz die Rede ist. Ferner Mitteilungen Thiers' an Lord Lyons, Jan. 1871, bei *Newton*, I, 358. Zur Kritik der Memoiren Thiers' vgl. *G. Küntzel*: Thiers u. Bismarck, (1905), S. 55 f. *Rheindorf*: England u. d. deutsch-franzős. Krieg, (1923), 140. *A. Klein-Wuttig*, a. a. O., 160. Die Bedenken *H. Herzfelds*: Deutschland u. d. geschlagene Frankreich 1871—73, (1924), S. 12 f. gegen die Zuverlässigkeit der Nachrichten von Thiers sind allerdings nicht leicht zu nehmen. Aber auch J. Favre will bei den Unterredungen von Ferrières aus Bismarcks Munde *zunächst* nur die Forderung des Elsaß gehört haben. *Jules Simon*: Le gouvernement de M. Thiers, I, (1880), 111.

[47]) Erwägungen Bismarcks: *Kaiser Friedrich III.*: Kriegstagebuch, 396 f., 388. *Groß-* S. 325 *herzog Friedrich*, Bd. II, 367, 389, 393. *M. Busch*, II, 168 f. Reichstagsrede vom 2. 5. 71. Englische Ratschläge und Interventionsbemühungen Gladstones: *Rheindorf*, a. a. O., 132 f., 135, 139, 141 f.

[48]) *Großherzog Friedrich*, a. a. O., II, 367, 389. Von Keudell erfuhr der Großherzog, S. 325

gesprächsweise habe der Kanzler im September oder Oktober geäußert, der Zuwachs französischer Elemente und französischer Abgeordneter im Reichstag sei höchst unerwünscht; „Elsaß, das etwas deutscher ist, genügt uns vollständig, und die Grenze sichert uns vor künftigen Einfällen der Franzosen."

S. 325   [49]) *M. Busch*, II, 169: am 21. 2. 71, ähnlich bei *Waldersee*: Denkwürdigkeiten, I, 163: „als während der Verhandlungen sich jemand bei ihm erkundigte, wie es mit Metz werden würde, hat er erwidert: Ich fürchte, wir haben es schon auf dem Halse."

S. 326   [50]) Ges. W., VI b, 1801, 1806, 1808.

S. 326   [51]) Besonders berühmt die Darlegung in der Kapitulationsverhandlung von Sedan: „In zwei Jahrhunderten hat Frankreich dreißigmal Deutschland den Krieg erklärt." (*Ducrot:* La journée de Sedan, 1871, p. 60.)

S. 327   [52]) Bezeichnend dafür die Bemerkung in dem Brief an die Gattin vom 27. 2. 71: „Es wurde mir sehr schwer, so hart gegen ihn (Thiers) zu sein, wie ich mußte."

S. 327   [53]) Bereits am 27. 2. 71, schreibt er der Gattin: „Gestern haben wir endlich unterzeichnet, mehr erreicht, als ich für meine persönliche politische Berechnung nützlich halte. Aber ich muß nach oben und nach unten Stimmungen berücksichtigen, die eben *nicht* rechnen. Wir nehmen Elsaß und Deutsch-Lothringen, dazu auch Metz mit sehr unverdaulichen Elementen..." Mit verblüffender Offenherzigkeit sprach er sich am 13. 8. 71 gegenüber dem (ihm persönlich noch unbekannten!) französischen Geschäftsträger de Gabriac aus (Doc. dipl. t., I, 1, 62): „Je ne me fais d'illusion, il est absurde pour nous de vous avoir pris Metz qui est français. Je ne voulais pas le garder pour l'Allemagne. L'Etat-Major m'a demandé si je pouvais garantir que la France ne prendrait sa revanche. J'ai répondu que j'en étais au contraire très convaincu, et que cette guerre était la première de celles qui éclateraient entre l'Allemagne et la France, mais qu'elle serait suivie de bien d'autres. Dans cette situation, m'a-t-on dit, Metz est un glacis derrière lequel la France peut mettre cent mille hommes. Nous l'avons dû le garder. J'en dirai autant de l'Alsace et de la Lorraine. *C'est une faute que nous avons commise en vous la prenant, si la paix devait être durable,* car pour nous ces provinces sont un embarras. — Une Pologne, ai-je ajouté, avec la France derrière. — Oui, m'a dit le Chancelier — une Pologne avec la France derrière."

S. 328   [54]) Vgl. auch Erlaß an Graf Münster, 12. 5. 75, Gr. Pol., I, 274: „Der Krieg zwischen zwei so großen Nationen ist nicht mit einem Feldzuge abzumachen, sondern daraus wird eine Serie von Kriegen entstehen; dies war das entscheidende Motiv für die Zurückhaltung 1867."

S. 328   [55]) Vgl. dazu die Schriften von *H. Herzfeld:* Deutschland und das geschlagene Frankreich, 1871—1873. 1924 und *K. Linnebach:* Deutschland als Sieger im besetzten Frankreich 1924.

[56]) Die Erörterung der Kriegsziele Bismarcks 1870/71 ist seit der Erstauflage dieses Buches auf eine neue Grundlage gestellt durch die wichtige, auf breiten Quellenstudien und sorgsamster Analyse beruhende Arbeit von *Walter Lipgens:* Bismarck, die öffentliche Meinung und die Annexion von Elsaß und Lothringen 1870, in H. Z. 199, August 1964. L. weist nach, daß vor dem Sieg von Sedan nur überraschend wenige Stimmen laut wurden, die sich für den Erwerb des Elsaß einsetzten, daß namhafte Nationalliberale dagegen Bedenken äußerten, Bismarck aber die Annexionspropaganda schon im August durch seine Presseorgane und -verbindungen kräftig einheizen ließ. Sowohl die Motive der Annexion wie ihre politischen Folgen werden ausführlich untersucht, letztere überaus kritisch beurteilt.

NACHWORT ZUR ZWEITEN UND DRITTEN AUFLAGE

Eine Neuauflage des ersten Bandes meines Werkes ist notwendig geworden, längst ehe der zweite erscheinen konnte. Dessen Ausarbeitung, die ich 1959 zu vollenden hoffe, hat sich viel länger hinausgezögert, als ich 1954 erwartete: teils durch das Dazwischentreten anderer Arbeitsaufgaben (wie vor allem der Neugestaltung meiner Stein-Biographie), teils durch zeitraubende Archivarbeiten und Quellensammlungen für die innere Geschichte des Ersten Weltkriegs, teils durch die Ausarbeitung von Sonderstudien, die als Vorbereitung auf den zweiten Band unentbehrlich waren. Es sind die folgenden: 1. Der Schlieffenplan. Kritik eines Mythos. München (R. Oldenbourg) 1956. 2. Die Zusammenarbeit der Generalstäbe Deutschlands und Österreich-Ungarns vor dem Ersten Weltkrieg, in: Festschrift für Hans Herzfeld, Berlin 1958, Seite 523 bis 549. 3. Die deutschen Militärattachés und das Auswärtige Amt. (Sitzungsberichte der Heidelberger Akademie der Wissenschaften 1959, 1. Abh.) 4. Die Wehrmacht und der politische Widerstand gegen Hitler, in: Schicksalsfragen der Gegenwart, herausgegeben vom Bundesministerium für Verteidigung, Band I, 1957, Seite 349 bis 381, wiederholt in: Lebendige Vergangenheit, München (R. Oldenbourg) 1958, Seite 184 bis 212.

Das Erscheinen meines Werkes hat ein weites internationales Echo geweckt; eine italienische Ausgabe ist bereits in Vorbereitung (im Verlag Einaudi, Turin). Die wissenschaftliche Kritik fand sich einigermaßen dadurch gehemmt, daß noch nicht das Ganze vorliegt. Zu einer Umarbeitung des Werkes hat sie mich nicht veranlaßt; bis auf wenige Stellen, die ich berichtigte bzw. ergänzte, stellen die 2. und 3. Auflage einfach einen photomechanischen Neudruck der 1. dar. Von der seit 1954 erschienenen einschlägigen Literatur ist das wichtigste Buch Eberhard Kessels große Moltke-Biographie (1958). Sie ignoriert meine Darstellung vollständig (auch in dem beigefügten Literaturverzeichnis) und bietet mir keinen Anlaß zu irgendwelchen Korrekturen. Kessels Auffassung der Konflikte zwischen Moltke und Bismarck, die ich (in gewissem Sinn) als Verharmlosung empfinde, vermag ich nicht zu folgen. Die ausführlichste und weitaus bedeutsamste Kritik meines Buches hat Ludwig Dehio in der Historischen Zeitschrift, Band 180 (1955), Seite 43 bis 64, geliefert. Sie bringt eine sehr dankenswerte Gesamtwürdigung, beleuchtet allerdings in der Hauptsache nur das erste Kapitel näher. Sich mit dieser Besprechung ausführlich auseinanderzusetzen, würde sehr viel Raum

erfordern und, wie ich fürchte, wenig Erfolg versprechen. Dehio sieht in der
preußisch-deutschen Geschichte von Friedrich dem Großen bis zu Adolf Hitler,
wenn ich ihn recht verstehe, eine einzige, im wesentlichen kontinuierliche
Kette von Äußerungen „militärischer Staatsräson", in der es wohl graduelle,
aber keine prinzipiellen Unterschiede gibt. Das steht zu meinen Geschichts-
vorstellungen und politischen Begriffen in einem so grundsätzlichen Gegensatz, daß Einzelerörterungen schwerlich zu einem Ausgleich führen könnten.
Hätte er recht, d. h., wäre Adolf Hitler wirklich in irgendeinem Sinne der
legitime Erbe und Fortsetzer alt-preußischer „militaristischer Staatsräson",
so wäre mein Buch *politisch* umsonst geschrieben (vgl. S. 31). Aber vielleicht lassen sich wenigstens einige Mißverständnisse, die sich zum Teil auch
in der Kritik H. Herzfelds (Vierteljahreshefte für Zeitgeschichte, 1956, Seite
367 ff.) wiederfinden, in Kürze aufklären.

 1. Ich denke nicht daran, die Gefahren „militaristischer", d. h. einseitig
kämpferischer Politik in der preußischen und deutschen Geschichte erst mit
dem 20. Jahrhundert virulent werden zu lassen und die „altpreußische Tradition" seit Friedrich dem Großen davon einfach freizusprechen, insbesondere dem großen Preußenkönig eine „Generalabsolution" zu erteilen, dessen
dämonische Wesenszüge ich auch in meiner Biographie durchaus nicht etwa
verhüllt oder verklärt habe. Noch weniger bestreite ich natürlich die bedeutende Rolle, die Ruhmsucht, Machthunger und militärischer Ehrgeiz von
jeher in aller Politik gespielt haben — auch nicht in den paar (vielleicht nicht
überall vorsichtig genug formulierten) Sätzen, die ich dem älteren deutschen
Fürstenstand widmete. Ich wundere mich, daß meine Darstellung so mißverstanden werden konnte, trotz alles dessen, was ich über Friedrichs II.
Überfall auf Schlesien, über das Hauptquartier Blüchers, über den Starrsinn
Wilhelms I., über Roon, Edwin Manteuffel und selbst über Moltke sage —
vor allem: trotz meiner ausführlichen Schilderung „militaristischer" Züge im
deutschen Geistesleben seit Fichte und Hegel (S. 262 ff). Aber freilich: jeder
Historiker weiß (oder sollte doch wissen), daß es in der geschichtlichen Wirklichkeit weder Tugenden noch Fehler in Reinkultur gibt; es gibt immer
nur relative Vollkommenheit und relative Mängel; auch echte und falsche
Staatskunst sind keine absoluten Größen (vgl. dazu meine Einleitung). Daß
es „Militarismus" in aller preußischen Geschichte gegeben hat, so wie es
Dehio meint, daß nämlich die preußischen Herrscher von jeher kämpferische,
auf eine starke Armee gestützte Machtpolitik getrieben haben und daß die
Armee in ihrem Staat eine ungewöhnlich große Rolle spielte, ist eine Selbst-

verständlichkeit, die jedermann kennt und weiß. Mir kommt es aber auf den Nachweis an, daß und warum es zu einer förmlichen Umkehrung des natürlichen Verhältnisses von Staatskunst und Kriegshandwerk doch erst in der nachbismarckischen Epoche gekommen ist.

2. Das Problem, von dem mein Buch handelt, ist ein politisch-historisches, kein soziologisches. „Staatskunst und Kriegshandwerk" ist sein Titel; vom „Problem des Militarismus" ist zwar (erläuternd) im Untertitel die Rede, aber auch dieses ist nur als Problem der Politik verstanden. Nachträglich könnte ich bedauern, daß ich den verschwommenen und vieldeutigen Terminus „Militarismus" überhaupt in den Titel mit aufgenommen habe. Denn er hat in der Diskussion über mein Buch nur Unheil gestiftet. Was mich interessiert, ist nicht der Gegensatz „Militarismus" und „Staatsräson" (wie Dehio meint), sondern der von echter und einseitig kämpferischer Staatsmannschaft, von wahrer „Staatskunst" und falscher, die ihre Aufgabe einseitig vom „Kriegshandwerk" her versteht. Daß dieser Gegensatz sich rational überhaupt nicht auflösen läßt und daß es keine eindeutige begriffliche Definition „wahrer Staatsmannschaft" gibt, brauche ich nicht erst von meinen Kritikern zu lernen. Aber ich habe einleitend darauf hingewiesen, daß eine praktische Lösung doch immer da gefunden wird, wo der Staatsmann hinter dem (unvermeidlichen) Kampf um die Macht als letztes Ziel nicht den Machtbesitz als solchen, sondern in und mit ihm die Sicherung einer vernünftigen Dauerordnung erstrebt, und zwar im Bewußtsein sittlicher Verantwortlichkeit.

Dehio scheint die Zielsetzung einer „friedlichen Dauerordnung", deren Erfolg auf einer für alle beteiligten Nationen befriedigenden oder doch erträglichen Machtverteilung beruht, für utopisch und die große Politik für das Feld unaufhaltsam ewiger Kämpfe um die „Hegemonie" zu halten. Ich weigere mich, diesen grundsätzlichen Pessimismus mitzumachen, und sehe keine andere Möglichkeit, den verantwortungsbewußten Staatsmann vom gewissenlosen Abenteurer zu unterscheiden, als durch die von mir versuchte, gewiß niemals eindeutige Definition der allgemeinen politischen Zielsetzung. Das erste Kapitel meines Buches gilt dem Nachweis, daß König Friedrich II., als Gesamterscheinung betrachtet, kein gewissenloser Abenteurer, sondern ein verantwortungsbewußter Staatsmann gewesen ist. Daß auch da, wo er von „Staatsräson" redet, ein Bewußtsein sittlicher Verantwortung, ein Streben nach ethisch verstandener Vernünftigkeit, nicht bloß nach Zweckmäßigkeit mitschwingt, habe ich im Gegensatz zu Meinecke behauptet — nicht

etwa, daß seine „Staatsraison" einfach mit „Ethos" gleichzusetzen sei. Im
übrigen habe ich den Terminus „Staatsraison" in meinem Buch, soviel ich
sehe, kaum noch irgendwo gebraucht. Der Vorwurf Dehios, daß ich die
„Staatsraison", die ein dämonisches Zwitterwesen sei, ganz allgemein ins
Ethische verkläre, finde ich unbegründet. Noch seltsamer ist sein Mißverständnis, „ich billigte sittliche Staatsvernunft einem Militärstaat immer nur
so lange zu, als er glücklich aufsteigt", mache also das sittliche Urteil vom
äußeren Erfolg abhängig (a. a. O. S. 58 ff.). Schließlich möchte ich mich dagegen verwahren, auf ein paar abstrakte Begriffe, die immer nur als Ab-
kürzungen der historischen Wirklichkeit dienen können, einseitig festgelegt
zu werden.

   3. Man hat mir von mehreren Seiten vorgeworfen, meine Definition des
„Militarismus" sei zu eng. Ich verkennte, daß „Militarismus" auch da anzu-
treffen sei, wo eine überdimensionierte Armee das ganze bürgerliche Leben
mit ihren militärischen Lebens- und Denkformen überwältigt, wie es in
Preußen schon seit Friedrich Wilhelm I. der Fall gewesen sei. Ich bestreite
die Möglichkeit einer solchen Ausweitung des unklaren Begriffs „Militarismus" keineswegs, auch nicht die Tatsache, daß im alten Preußen schon seit
Friedrich Wilhelm I. ein starkes soziales Übergewicht des Militärs auf der
bürgerlichen Gesellschaft lastete und vor allem den Dienst des Beamtentums
mit militärischem Geist durchtränkte. Später, seit der strengen Durchführung der allgemeinen Dienstpflicht für die Jugend der höheren Stände, hat
sich sogar eine gewisse „Militarisierung" alles deutschen Lebens vollzogen.
Davon habe ich auch auf S. 205, S. 127 ff u. ö. schon gesprochen und komme
im zweiten Band auf die durch Friedrich Wilhelm I. begründete Gesell-
schaftsordnung noch einmal zurück (5. Kapitel). Im Zusammenhang meiner
Problemstellung wird das alles aber erst von dem Augenblick an wichtig, als
aus der „Militarisierung" sich bestimmte Rückwirkungen auf den Gang der
auswärtigen Politik (oder doch auf die Haltung der leitenden Staatsmänner)
erkennen lassen. Eben dies aber war, wie ich meine, erst in der wilhelmini-
schen Epoche der Fall.

Freiburg, Oktober 1964   *Gerhard Ritter*

PERSONENVERZEICHNIS

A

Abbt, Thomas, Popularphilosoph (* 1738 † 1766) 53

Aegidi, Ludwig, Professor der Rechte, Vortr. Rat im Auswärtigen Amt (* 1825 † 1901) 386

Alexander der Große (* 356 v. Chr. † 323) 15, 88

Alexander I., Kaiser von Rußland (* 1777 † 1825) 112, 141

Algarotti, François, Schriftsteller, Kammerherr Friedrichs d. Gr. (* 1712 † 1764) 336

Alkibiades, athenischer Staatsmann (* um 450 v. Chr. † 404) 14

Altenstein, Carl Frhr. v. Stein zum A., preuß. Staatsmann (* 1770 † 1840) 212, 215

Alvensleben, Gustav v., preuß. General, (* 1803 † 1881) 10, 174 f., 183, 196, 260, 357 f., 364 ff., 385

Alvensleben, v., Oberst und Referent im preuß. Kriegsministerium (1861) 374

Ancillon, Johann Peter Friedrich, preuß. Staatsm. (* 1767 † 1837) 142, 390

Anhalt, Heinrich Wilhelm v., preuß. General (* 1734 † 1801) 208

Arndt, Ernst Moritz, patriotischer Schriftsteller (* 1769 † 1860) 109, 111, 129, 151, 263, 351

Auguste, Königin von Preußen, deutsche Kaiserin (* 1811 † 1890) 362

B

Bazaine, François Achille, franz. Marschall (* 1811 †1888) 279

Baumgarten, Hermann, Historiker (* 1825 † 1903) 356 f.

Beck-Rzikowsky, Friedrich Graf v., österr.-ungar. Generalstabschef (* 1830 † 1920) 296, 377, 388

Belle-Isle, Charles Fouquet de, franz. Marschall (* 1684 † 1761) 92

Benedek, Ludwig Ritter v., österr. Feldherr (* 1804 † 1881) 274

Below-Hohendorf, Alexander v., konservativer Politiker (* 1800 † 1889) 366

Benedetti, Vincent, Graf, franz. Diplomat (* 1817 † 1900) 319, 383, 394

Berchem, Graf v., Unterstaatssekretär im Auswärtigen Amt 296

Berenhorst, Georg Heinrich v., Militärschriftsteller 59

Bernstorff, Albrecht Graf v., preuß. Minister (* 1809 † 1874) 185, 187, 190, 196

Beyme, Karl Friedrich, preuß. Kabinettsrat (* 1765 † 1838) 51

Bernhardi, Theodor v., Militärschriftsteller (* 1802 † 1885) 169, 171 f., 191, 194, 355 f., 361, 365, 392

Bismarck, Herbert v., Staatssekretär im Auswärtigen Amt (* 1849 † 1904) 297, 391

Bismarck, Otto v. (* 1815 † 1898) 10, 14, 20 f., 109, 128, 144, 157, 171, 185, 190, 192, 195 ff., 200 ff., 207, 224, 227, 233, 234 f., 238, 242, ff., 246 f., 253 ff., 267, 269, 272 ff., 306 ff., 351, 360 f., 364, 366 ff., 374, 377 ff., 383, 385 ff., 391 ff., 395 f.

Blanckenburg-Zimmerhausen, Moritz v., Abgeordneter und Gutsbesitzer (* 1815 † 1888) 162, 169, 177 ff., 185, 187, 355, 360 ff., 365 f.

Blücher, Gebhard Leberecht, Fürst v. Wahlstatt, preuß. Generalfeldmarschall (* 1742 † 1819) 14, 93, 105 ff., 111 ff., 120, 123, 140, 156, 182, 216 ff., 345 f., 371

Blumenthal, Leonhard Graf v., preuß. Generalfeldmarschall (* 1810 † 1900) 287, 379, 386

Bockum-Dolffs, Heinrich v., preuß. Abgeordneter und Fraktionsführer 353

Bonin, Adolf v., preuß. General (* 1803 † 1872) 154, 156, 161, 175, 232, 353, 358 f.

Bose, Julius v., preuß. General (* 1809 † 1894) 192

Boulanger, Georges, franz. General (* 1837 † 1891) 329

Boyen, Leopold Hermann Ludwig v., preuß. General (*1771 † 1848) 99, 116, 125, 134, 135 f., 139, 142, 146, 155 f., 162, 163 f., 176, 209, 211, 216 ff., 220 f., 229, 346, 352, 371, 373

Brandenburg, Friedrich Wilhelm, Graf v., preuß. General und Minister (* 1792 † 1850) 230

Braunschweig, Karl Wilhelm Ferdinand, Herzog zu Braunschweig und Lüneburg (* 1735 † 1806) 210, 212

Braunschweig, Ernst August v., siehe Ernst August

Brissot de Warwille, Jaques Pierre, franz. Revolutionär (* 1754 † 1793) 60

Bronsart v. Schellendorf, Paul, Abteilungschef im Großen Generalstab (* 1832 † 1891) 223, 285, 372 f., 379 f.

Bülow, Dietrich Heinrich v., Militärschriftsteller (* 1757 † 1808) 59, 369, 395

Bülow, Friedrich Wilhelm v., preuß. General (* 1755 † 1816) 120

Bülow, Ludwig Friedrich Victor, preuß. Finanzminister (* 1774 † 1825) 138

Büsch, Johann Georg, Gründer der Hamburger Handelsakademie (* 1728 † 1800) 55

C

Cäsar, Cajus Julius (* 100 v. Chr. † 44) 15, 37, 98

Carnot, Lazare, Graf, franz. Kriegsminister (* 1753 † 1823) 63

Childerich III., König der Franken, 751 durch Pipin abgesetzt (* um 734 † 754) 176

Choiseul, Etienne-François, Duc de, franz. Staatsmann (* 1719 † 1785) 92

Clausewitz, Karl v., preuß. General und Militärschriftsteller (* 1780 † 1831) 14, 60, 67 ff., 102, 104, 109, 111, 113, 120 f., 142, 156, 209, 211, 239, 241, 248 ff., 257, 263, 269, 301 f., 340 f., 343 f., 347, 351, 370, 377

Conrad v. Hötzendorf, Franz, Graf, österr. Generalstabschef (* 1852 † 1925) 299

Constant, Benjamin, franz. liberaler Schriftsteller (* 1767 † 1830) 350

D

Dahlmann, Friedrich Christoph, Historiker (* 1785 † 1860) 355

Darwin, Charles, engl. Naturforscher und Biologe (* 1809 † 1882) 269

Daun, Josef Maria Leopold, österr. Feldmarschall (* 1705 † 1766) 336

Deines, Johann Georg v., preuß. Militärattaché in Wien (* 1845 † 1911) 296

Droysen, Joh. Gustav, Historiker (* 1808 † 1884) 356, 364

Duncker, Max, Historiker (* 1811 † 1886) 171, 194, 355 f., 364

E

Eichhorn, Karl Friedrich, deutscher Rechtshistoriker (* 1781 † 1854) 140

Elisabeth, Petrowna, Kaiserin von Rußland (* 1709 † 1762) 47

Enghien, Ludwig, Herzog v. (* 1772 † 1804) 114

Epaminondas, thebanischer Feldherr († 362 v. Chr.) 98

Ernst August, von Braunschweig-Lüneburg, Kurfürst von Hannover († 1698) 27

Etzel, preuß. General 356

Eugen, Prinz von Savoyen (* 1663 † 1736) 14, 336, 338

Eugénie, Kaiserin von Frankreich (* 1826 † 1920) 279

Eulenburg, Friedrich Albrecht (gen. Fritz), Graf zu, preuß. Staatsmann (* 1815 † 1881) 202

F

Falckenstein, Eduard Vogel v., preuß. General (* 1797 † 1885) 378

Falkenhayn, Erich v., Generalstabschef und Kriegsminister (* 1861 † 1922) 372

Favre, Jules, franz. Staatsmann (* 1809 † 1880) 285 f., 395

Fénélon, François de Salignac de la Mothe, franz. Erzbischof, Prediger und Schriftsteller (* 1651 † 1715) 34, 55

Fichte, Joh. Gottlieb (* 1762 † 1814) 56, 69, 72, 82, 110, 125, 263 f., 266, 341, 381

Forckenbeck, Max v., liberaler Parlamentarier (* 1821 † 1892) 191, 367

Franz Josef I., Kaiser von Österreich, König von Ungarn (* 1830 † 1916) 296

Friderici, Christoph Konrad Wilhelm, gelehrter Jurist (* 1726 † 1769) 57

Friedjung, Heinrich, österr. Historiker (* 1851 † 1920) 308

Friedrich der Große (* 1712 † 1786) 15, 29 ff., 55, 57, 70, 141, 154, 200, 207 ff., 211 f., 222 f., 232, 239, 245, 260, 269, 289, 292, 303, 312, 315, 317, 332, 335 ff., 369 f., 388

Friedrich III., deutscher Kaiser (* 1831 † 1888) 196, 239, 281, 284 f., 287, 325, 361, 384 ff., 395

Friedrich I., Großherzog von Baden (* 1826 † 1907) 325, 385, 391

Friedrich August II., Kurfürst von Sachsen (* 1696 † 1763) 28, 333

Friedrich Karl, Prinz von Preußen, preuß. Generalfeldmarschall (* 1828 † 1884) 10, 279

Friedrich Wilhelm I., Kurfürst von Brandenburg (* 1620 † 1688) 25, 333

Friedrich Wilhelm I., König von Preußen (* 1688 † 1740) 28, 231

Friedrich Wilhelm II., König von Preußen (* 1744 † 1797) 51, 208, 210

Friedrich Wilhelm III., König von Preußen (* 1770 † 1840) 101, 103 f., 107, 117, 137, 139 ff., 186, 211 ff., 218, 220 f., 224, 350, 371, 375

Friedrich Wilhelm IV., König von Preußen (* 1795 † 1861) 140, 147, 175, 227, 229 ff., 358

G

Gabriac, Joseph Marquis de, franz. Diplomat 396

Gambetta, Léon, franz. Politiker (* 1838 † 1882) 281

Gentz, Friedrich v., Publizist und Politiker (* 1764 † 1832) 303, 349, 390

Gerlach, Ernst Ludwig v., konservativer Politiker (* 1795 † 1877) 346

Gerlach, Leopold v., preuß. General und konservativer Politiker (* 1790 † 1861) 175, 227, 230, 233, 352, 354 f., 358, 373

Gibbon, Edward, engl. Historiker (* 1737 † 1794) 239

Gladstone, William Ewart, liberaler engl. Staatsmann (* 1809 † 1898) 311

Gneisenau, August Graf Neithardt v., preuß. Generalfeldmarschall (* 1760 † 1831) 72, 75, 78, 81, 93, 97, 100 f., 103 ff., 109 ff., 116 f., 120, 122 ff., 140 ff., 156, 182, 213, 217, 220, 241, 346 f., 349, 351, 371

Gneist, Rudolf v., deutscher Jurist und liberaler Politiker (*1816 † 1895) 165, 195, 355, 357, 365

Görres, Johann Joseph v., deutscher Gelehrter und Journalist (* 1776 † 1848) 109, 351

Goltz, August Friedrich Ferdinand v. d., preuß. Kabinettsminister (* 1765 † 1832) 213

Goltz, Colmar Frhr. v. d. , preuß. General (* 1843 † 1916) 59, 250

Goltz, Robert Heinrich Ludwig Graf v. d., preuß. Diplomat (* 1817 † 1869) 320, 394

Gontant-Biron, Vicomte de, franz. Botschafter (* 1818 † 1890) 384, 386 f., 395

Gortschakow, Alexander Michailowitsch, Fürst, russ. Staatskanzler (* 1798 † 1883) 387

Gottberg, v., konservativer preuß. Landtagsabgeordneter 366

Grawert, Julius August Reinhold v., preuß. General (* 1746 † 1821) 59

Griesheim, Karl Gustav Julius v., preuß. General (* 1798 † 1854) 156

Grolman, Karl Wilhelm Georg v., preuß. General (* 1777 † 1843) 109, 116 f., 114 f., 146, 163, 216 ff., 347, 355, 372 f.

H

Hardenberg, Karl August Frhr. v., preuß. Staatsmann (* 1750 † 1822) 99, 108, 116 f., 123, 140 f., 212 f., 215 f., 223 f., 227, 259, 371

Harkort, Friedrich Wilhelm, Industrieller und Politiker (* 1793 † 1880) 354

Hartmann, Julius v., preuß. Generalstabsoffizier (* 1817 † 1878) 353, 356, 359

Häußer, Ludwig, Historiker (* 1818 † 1867) 356

Heeren, Arnold, Historiker (* 1760 † 1842) 390

Hegel, Georg Wilhelm Friedrich (* 1770 † 1831) 68 f., 71, 129, 262 ff., 269, 271 f., 300, 305, 348, 381 f.

Heinrich IV., König von Frankreich (* 1553 † 1610) 78

Heinrich, Prinz von Preußen (* 1726 † 1802) 57, 339

Heinrich Friedrich Karl, Prinz von Preußen (* 1781 † 1846) 239

Helvetius, Claude-Adrien, franz. Philosoph (* 1715 † 1771) 55

Henri des Houx, Pseudonym für Durand Morimban, franz. Journalist („Matin") 394

Herder, Johann Gottfried (* 1744 † 1803) 56, 262

Hertzberg, Ewald Friedrich, Graf v., preuß. Minister (* 1725 † 1795) 303

Heydt, August v. d., preuß. Staatsmann (* 1801 † 1874) 185, 187, 190, 196, 355, 362 f.

Hitler, Adolf (* 1889 † 1945) 14, 21, 30, 47

Hohenlohe, Chlodwig Karl Fürst zu Hohenlohe-Waldenburg-Schillingsfürst, deutsch.

Botschafter in Paris 1874—85, später Reichskanzler (* 1819 † 1901) 361, 386

Hohenlohe, Kraft, Prinz zu Hohenlohe-Ingelfingen, preuß. General (*1827 † 1892) 361

Holbach, Dietrich, Baron v., franz. Philosoph (* 1723 † 1789) 55

Hölderlin, Friedrich (* 1770 † 1843) 381

Holstein, Friedrich v., deutscher Diplomat (* 1837 † 1909) 296, 298

Humboldt, Wilhelm, Frhr. v. (* 1767 † 1835) 71 f., 123, 142, 341

J

Jahn, Johann Friedrich Ludwig Christoph, Begründer der deutschen Turnkunst (* 1778 † 1852) 109, 351

Johann, Erzherzog, österr. Feldmarschall (* 1782 † 1859) 148

Johann Philipp Schönborn, Erzbischof, siehe unter Schönborn

Josef II., deutscher Kaiser (* 1741 † 1790) 51, 53, 55

Justi, Johann Heinrich Gottlob, deutscher Kameralist (* 1717 † 1771) 55

K

Kamptz, Karl Christoph Albert, Heinr. v., preuß. Staatsmann (* 1769 † 1849) 142

Kameke, Georg v., preuß. Kriegsminister (* 1816 † 1893) 386 f.

Kant, Immanuel, (* 1724 † 1804) 56, 70, 341, 370 f.

Karl I., König von England (* 1600 † 1649) 184

Karl XII., König von Schweden (* 1682 † 1718) 20, 37 f., 45, 78, 335

Karl Friedrich, Großherzog von Baden (* 1728 † 1811) 54

Keudell, Robert v., preuß. Diplomat (* 1824 † 1903) 393, 395

Kircheisen, Friedrich Leopold v., preuß. Minister (* 1749 † 1825) 142

Kleist, Heinrich v. (* 1777 † 1811) 103, 263, 349

Kleist-Retzow, Hans Hugo v., preuß. Konservativer (* 1814 † 1892) 198

Knesebeck, Karl Friedrich v. d., preuß. General und Staatsmann (* 1768 † 1848) 141

Köckeritz, Karl Leopold v., preuß. General, († 1821) 221

Krauseneck, Wihelm Johann, preuß. General, (* 1775 † 1850) 168, 237, 245, 355, 374 f.

Krauß, Alfred, österr. General 331

Kruse, Redakteur der Köln. Zeitung 386

L

Lasson, Adolf, Jurist und Rechtsphilosoph 268

Leopold II., Großherzog von Toskana (* 1747 † 1792) 51

List, Friedrich, deutscher Sozialökonom (* 1789 † 1846) 240

Lloyd, D. H. v., engl. General und Militärschriftsteller 58

Locke, John, engl. Philosoph (* 1632 † 1704) 34

Louis Philipp, König der Franzosen, (* 1773 († 1850) 362

Lottum, Hinrich Christoph Karl Hermann, Reichsgraf v., preuß. General (* 1773 † 1830) 213 f.

Ludendorff, Erich, deutscher Feldherr (* 1865 † 1937) 11, 14, 82, 331, 344

Ludwig XIII., König von Frankreich (* 1601 † 1643) 114

Ludwig XIV., König von Frankreich (* 1638 † 1715) 20, 55, 114

Ludwig XVI., König von Frankreich (* 1710 † 1774) 184

Ludwig XVIII., König von Frankreich (* 1755 † 1824) 120, 122 f.

Luther, Martin (* 1483 † 1546) 26, 242

Lyons, Richard B. P., Graf, brit. Diplomat (* 1817 † 1887) 395

M

Machiavelli, Nicolò (* 1469 † 1527) 16, 18, 33 f., 37, 39, 69 f., 118, 263 f., 266, 311, 341

Manteuffel, Edwin, Frhr. v., deutscher Feldmarschall (* 1809 † 1885) 10, 169, 174 ff., 178, 180 f., 183 f., 191, 193, 196 f., 226, 231 ff., 260, 356 ff., 362 ff., 366, 374, 386

Manteuffel, Otto Theodor, Frhr. v., preuß. Staatsmann (* 1805 † 1882) 227, 307

Maria Theresia, Königin von Ungarn und Böhmen, Erzherzogin von Österreich (* 1717 † 1780) 36, 43, 46, 336 f.

Marc Aurel (* 121 n. Chr. † 180) 37

Marlborough John Churchill, Herzog v., engl. General und Staatsmann (* 1650 † 1722) 336

Martens, Georg Friedrich v., Diplomat und Publizist (* 1756 † 1821) 57

Marwitz, Friedrich August Ludwig v. d., preuß. General (* 1777 † 1837) 142

Massenbach, Christian v., preuß. Oberst
(* 1758 † 1827) 59, 210 f., 339, 368 ff.
Maximilian I., Kurfürst von Bayern (* 1573
† 1651) 333
Maximilian II. Emanuel, Kurfürst v. Bayern
(* 1662 † 1726) 27, 333
Mecklenburg, Karl Friedrich August, Herzog von Mecklenburg-Strelitz, preuß. General (* 1785 † 1837) 138, 142, 220
Meinecke, Friedrich, Historiker (* 1862
† 1954) 71, 306
Mencken, Anastasius Ludwig, preuß. Kabinettsrat (* 1752 † 1801) 51
Menzel, Wolfgang, Publizist (* 1798 † 1873)
383, 389
Metternich, Klemens Fürst v., (* 1773 † 1859)
14, 20, 65, 97, 99, 105, 107 ff., 112, 125,
303 f., 306, 315, 317, 340, 345
Mirabeau, Honoré, Graf v., franz. Staatsmann (* 1749 † 1791) 60
Moltke, Helmuth, Graf v., (* 1800 † 1891)
10 f., 14, 27, 46, 85, 156, 235 ff., 270 ff.,
307 f., 310, 314 ff., 318, 325 ff., 347, 352,
354 f., 365, 374 f., 377 ff., 382 ff.
Moltke, Helmuth v., Generalstabschef bei
Ausbruch d. 1. Weltkrieges (* 1848 † 1916)
11, 298
Montecuccoli, Raimond, Graf v., Kaiser-
licher Feldherr (* 1609 † 1680) 57
Montesquieu, Charles de, franz. philosoph.
Schriftsteller (* 1689 † 1755) 55
Moritz, Prinz v. Oranien, Statthalter der
nördl. Niederlande († 1625) 57
Moser, Friedrich Karl v., Publizist u. Staatsmann (* 1723 † 1798) 51 f.
Moser, Johann Jakob v., Publizist, Jurist,
Staatsmann (* 1701 † 1785) 57
Möser, Justus, polit.-historisch. Schriftsteller
(* 1720 † 1794) 56
Müffling, Friedrich Karl Ferdinand, Frhr. v.,
preuß. Generalfeldmarschall (* 1775
† 1851) 120, 141, 209, 217 ff., 237, 342,
346 ff., 355, 372, 375
Mühler, Heinrich v., preuß. Kultusminister
(* 1817 † 1874) 384
Müller, Adam Heinrich, Publizist (* 1779
† 1829) 348 f., 390

N

Napoleon I. Bonaparte (* 1769 † 1821) 15,
20, 46, 57, 60, 63 ff., 75 f., 78, 87 f.,
97, 99, 105 ff., 111 ff., 120 ff., 130 f., 139,
154, 216 f., 239, 259, 267, 339 f., 342,
345

Napoleon III., Kaiser von Frankreich
(* 1808 † 1873) 186, 194, 275 f., 279,
307, 313 f., 320 f., 327, 377, 393
Neipperg, Wilhelm Bernhard, Graf v., österreich. Feldherr (* 1684 † 1774) 43
Neumann, August Wilhelm v., preuß. General, Direktor der A. f. d. p. A. 229, 230
Niebuhr, Barthold Georg, Staatsmann und
Historiker (* 1776 † 1831) 306, 390
Nikolai, Ferdinand Friedrich v., württemb.
Generalmajor u. Militärschriftsteller
(* 1730 † 1814) 211
Nostitz, Ferdinand Graf v., N.-Rieneck,
preuß. General (* 1777 † 1866) 347
Nothomb, Jean Baptist Baron, belg. Ge-
sandter in Berlin (* 1805 † 1881) 288,
289, 364, 386

O

Ollivier, Emile, franz. Staatsmann (* 1825
† 1913) 393
Osse, Melchior v., Jurist und Staatsmann
(* 1506 † 1557) 26

P

Patow, Robert Frhr. v., preuß. Minister
(* 1804 † 1890) 174, 177, 185, 359
Peucker, Eduard v., preuß. General (* 1791
† 1876) 355
Perthes, Clemens Theodor v., Staatsrechts-
lehrer (* 1809 † 1867) 178, 181, 191
Phull, Karl Ludwig August v., preuß. Offizier, später russ. General (* 1757 † 1826)
59
Pipin der Jüngere, Maior domus i. Neustrien
seit 751 König (* 714 † 768) 176
Podbielski, Theophil v., preuß. General
(* 1814 † 1879) 380
Podewils, Heinrich Graf v., preuß. Staatsmann (* 1695 † 1760) 30, 48
Pozzo di Borgo, Charles-André, Graf, russ.
Diplomat (* 1764 † 1842) 141
Prittwitz, v., preuß. General u. Landtags-
abgeordneter 170, 355

Qu

Quaade, Georg Joachim v., dän. Diplomat
394
Quesnay, François, Begr. d. Physiokratismus
(* 1694 † 1774) 55

R

Radowitz, Joseph Maria v., preuß.-deut-
scher Diplomat (* 1839 † 1912) 296

Radzivill, Wilhelm Fürst v., preuß. General, (1797 † 1870) 154

Ranke, Leopold v., (* 1795 † 1886) 71, 129, 231, 262, 302 ff., 332, 337, 358, 381, 390

Rauch, Gustav v., preuß. General (* 1774 † 1841) 230

Reyher, Karl Friedrich Wilhelm v., preuß. General (* 1786 † 1857) 237, 245, 374

Richelieu, Armand Jean du Plessis, Herzog v. (* 1585 † 1642) 311

Robespierre, Maximilien de (* 1758 † 1794) 62, 63

Roon, Albrecht, Graf v., preuß. General u. Kriegsminister (* 1803 † 1879) 10, 125, 144, 152, 154, 155, 156, 157, 160, 162, 163, 165, 167, 168, 174, 175, 176, 178, 179, 180, 181, 182, 183, 184, 185, 187, 189, 190, 191, 192, 193, 194, 195, 196, 197, 198, 199, 200, 201, 225 f., 228, 232 ff., 260, 301, 307, 352 ff., 361 ff., 374 f.

Rößler, Konstantin, Publizist u. Historiker (* 1820 † 1896) 267

Roeder, v., preuß. Major i. Generalstab unter Müffling 342

Rotteck, Karl Wenzeslaus Rodecker v., Historiker und liberaler Politiker (* 1775 † 1840) 130, 132 ff., 160, 350

Rousseau, Jean-Jacques (* 1712 † 1778) 55

Rudloff, K. G. v., Jurist 352

Rühle v. Lilienstern, August, preuß. General (* 1780 † 1847) 128, 129, 135, 211, 218 f., 241, 348 f., 370, 373

Russell, Lord Odo William, brit. Botschafter (* 1829 † 1884) 386

S

Saint-Pierre, Charles-Irénée Castel, Abbé de, franz. Schriftsteller (* 1658 † 1743) 56

Sallust, Gajus S. Crispus, röm. Historiker (* 87 v. Chr. † um 35) 17

Savigny, Friedrich Karl v., Rechtsgelehrter (* 1779 † 1861) 140

Seckendorf, Veit Ludwig v., Staatsmann u. Polyhistoriker (* 626 † 1692) 27

Sheridan, Philip Henry, amerik. General (* 1831 † 1888) 282

Spitzemberg, Wilhelm Hugo Frhr. v., württemberg. Gesandter (* 1825 † 1888) 391

Scharnhorst, Gerhard Johann David v., preuß. General (* 1755 † 1833) 58, 59, 72, 78, 90, 100, 103 f., 135, 211 ff., 216 f., 220 f., 346, 350, 369, 371 ff.

Scheel-Plessen, Frhr. v., preuß. Oberpräsident in Schleswig-Holstein 394

Schill, Ferdinand v., preuß. Major, (* 1776 † 1809) 139

Schleiermacher, Friedrich, protest. Theologe, Prediger u. Philosoph (* 1768 † 1834) 125

Schleinitz, Alexander Gustav Graf v., preuß. Außenminister (* 1807 † 1885) 276, 378, 384

Schlieffen, Alfred Graf v., preuß. Generalstabschef (* 1833 † 1913) 10 f., 372

Schmalz, Theodor Anton Heinrich, Jurist u. Kameralist (* 1760 † 1831) 141

Schmerling, Anton Ritter v., österr. Staatsmann (* 1805 † 1893) 186

Schuckmann, Kaspar Friedrich v., preuß. Staatsmann (* 1755 † 1834) 142

Schulze-Delitzsch, Franz Hermann, liberal. Politiker und Nationalökonom (* 1808 † 1883) 160, 186, 198

Schönborn, Joh. Philipp, Kurfürst v. Mainz (* 1605 † 1673) 333

Schwarzenberg, Felix, Fürst zu, österr. Staatsmann (* 1800 † 1852) 228

Schwarzenberg, Karl Philipp, Fürst zu, österr. Heerführer (* 1771 † 1820) 93, 108, 345

Schweinitz, Lothar v., deutscher Botschafter (* 1822 † 1901) 383, 387

Schwerin, Kurt Christ. Graf v., preuß. Heerführer (* 1684 † 1757) 46

Schwerin-Putzar, Maximilian Graf v., preuß. Minister (* 1804 † 1872) 165, 166, 189

Stahl, Friedrich Julius, Kons. Rechtsphilosoph u. Politiker (* 1802 † 1861) 366

Stavenhagen, Friedrich, preuß. General (* 1796 † 1869) 162, 165, 189, 357

Steffens, Henrik, Philosoph u. Naturforscher (* 1773 † 1845) 130, 349

Stein, Karl Frhr. vom und zum (* 1757 † 1831) 72, 75, 99 ff., 104, 109, 111, 123, 142, 212 ff., 224, 306, 345, 351, 370 f., 390

Steininger, Carl Frhr. v., österr. Militärbevollmächtigter in Berlin 296, 297

Steinmetz, Karl Friedrich v., preuß. Generalfeldmarschall (* 1796 † 1877) 154, 362

Stosch, Albrecht v., preuß. General, deutscher Admiral (* 1818 † 1896) 284, 381, 393

Sybel, Heinrich v., Historiker (* 1817 † 1895) 10, 165, 171, 189 f., 198, 355 f., 361, 363

T

Talleyrand, Charles Maurice, Hzg. v., (* 1754 † 1838) 64 f., 304, 339 f., 342

Thiers, Adolphe, franz. Historiker u. Staatsmann (* 1797 † 1838) 323 ff., 327, 395 f.

Thile, Ludwig Gustav v., preuß. General (* 1781 † 1852) 221

Treitschke, Heinrich v., Historiker (* 1834 † 1896) 129, 272, 349, 391

Tresckow, Udo v., preuß. General (* 1808 † 1885) 234

Trochu, Louis Jules, franz. General (* 1815 † 1896) 380

Turenne, Henry de, franz. Marschall (* 1611 † 1675) 57

Twesten, Karl, liberaler Parlamentarier (* 1820 † 1870) 166, 178, 189, 191, 197, 233, 360, 362 f., 368

V

Varnbüler, Friedrich K. G., Frhr. V. von und zu Stemmingen, württemberg. Minister (* 1809 † 1889) 391

Vattel, Emerich v., sächs. Diplomat und Publizist (* 1714 † 1767) 57

Venturini, Georg, Militärtheoretiker 59

Varnhagen v. Ense, Karl August, Schriftsteller (* 1785 † 1858) 346

Verdy du Vernois, Julius v., preuß. Kriegsminister (* 1832 † 1910) 240, 377

Villars, Claude, Herzog v., Marschall von Frankreich (* 1653 † 1734) 338

Vincke, Georg, Frhr. v., preuß. Parlamentarier (* 1811 † 1875) 159 f., 165, 170, 173 f., 178 ff., 189, 191, 353 ff., 357 f., 365

Vincke-Olbendorf, Karl, Frhr. v., preuß. Offizier und Vertrauter des Prinzen Wilhelm (* 1800 † 1869) 160, 165, 166, 170 f., 189, 194, 196, 356, 365

Voigts-Rhetz, Constantin v., preuß. General (* 1809 † 1877) 356, 359

Voltaire, François Marie Aronet de (* 1694 † 1778) 32, 34, 38, 55, 303

W

Wagener, Hermann, Publizist und konservativer Parlamentarier (* 1815 † 1889) 176, 179, 186

Waldeck, Benedikt, Jurist und liberaler Parlamentarier (* 1802 † 1870) 160, 165, 198, 362

Waldersee, Alfred Graf v., preuß. General (* 1832 † 1904) 11, 246, 295, 296, 298, 301, 310, 371, 388

Webern, Emil v., preuß. General (* 1790 † 1878) 355

Wellington, Sir Arthur Wellesley, Herzog v., engl. Feldherr (* 1769 † 1852) 120 ff.

Wieland, Christoph Martin (* 1733 † 1813) 52

Werther, Karl Frhr. v., preuß. Diplomat (* 1809 † 1894) 393

Wilhelm I., deutscher Kaiser und König von Preußen (* 1797 † 1888) 9 f., 134, 144 ff., 149 ff., 154, 157, 159 ff., 167 ff., 179 ff. 186 f., 191 f., 194 ff., 202, 220, 226, 228, 232, 234 ff., 246, 259 f., 276 f., 283 f., 287, 290, 296, 298, 301, 318 f., 321, 323, 351, 357 ff., 364 ff., 368, 371, 377 ff., 386

Wilhelm II., deutscher Kaiser und König von Preußen (* 1859 † 1941) 223, 296, 298, 373, 377 f.

Wilhelm I., König von Württemberg (* 1781 † 1864) 322

Wilhelm, Graf von Schaumburg-Lippe (* 1724 † 1777) 58, 372

Winterfeldt, Hans Karl v., preuß. General (* 1707 † 1757) 46

Wittgenstein, Wilhelm Ludwig Georg, Fürst zu Sayn-Wittgenstein-Hohenstein, preuß. Minister (* 1770 † 1851) 138, 142, 224

Witzleben, Job v., preuß. General (*1783 † 1837) 221, 355

Wrangel, Friedrich v., preuß. Generalfeldmarschall (* 1784 † 1830) 361

Y

York v. Wartenburg, Joh. David, Graf, preuß. General (* 1759 † 1793) 120, 139

Z

Zedlitz, Karl Abraham, Frhr. v., preuß. Minister (* 1731 † 1793) 54